9급/7급 공무원 시험대비 **최신판**   동영상강의 www.pmg.co.kr

브랜드만족
1위
박문각

20
24

박문각 공무원

강성빈
행정법총론

OX
+요약노트

| 기출 OX지문 1380개 수록
| 방대한 행정법을 체계적으로 압축 정리

강성빈 편저

기출OX+핵심요약을 한번에! 압축요약서

박문각

이 책의 **머리말**

최근의 출제경향을 보면, 공무원 행정법은 철저하게 판례와 조문을 중심으로 출제가 이루어지고 있고, 이에 따라 판례 원문 및 조문의 내용이 선지에 그대로 출제되거나 또는 이를 소폭 변형 내지 응용하여 선지에 싣는 방식으로 출제가 이루어지고 있습니다. 이와 같은 출제경향에 적절히 대비하기 위해서는 판례(판결요지) 및 법조문의 표현 병식이 눈에 익도록 '기본이론서' 중심의 학습이 필요하고, 이는 제가 다양한 채널을 통해 항상 강조한 내용이 되기도 합니다. 특히 최근의 출제경향상 전공과목의 난도가 계속하여 상승하고 있는 점을 고려할 때, '기본이론서 중심의 깊이 있는 공부'의 중요성은 더 말씀드릴 필요조차 없을 것입니다.

다만, 1년도 채 되지 않는 짧은 기간 동안 행정법뿐만 아니라 국어·영어·한국사, 거기에 또 하나의 다른 전공과목까지 공부해야 하는 수험생들의 과중한 수험부담을 고려할 때, 상대적으로 볼륨이 큰 기본이론서만을 가지고 시험 직전까지 공부를 이어가기에는 그 자체로 부담스러운 것 또한 사실입니다. 이러한 수험부담을 조금이라도 덜어드리고자 하는 목적으로 작년에 요약노트 초판을 발간하게 되었고, 2024 개정판에는 기존의 요약서로서의 성격에 더하여 객관식 대비 문제집으로서의 기능까지 할 수 있도록 다량의 기출 OX문제를 수록하였습니다. 다시 말해 본 교재는 요약노트와 OX문제집 이상 두 가지 기능을 동시에 수행하는 교재가 되고, 수험생들께서는 본 교재만으로도 완벽한 시험 대비를 할 수 있을 것입니다.

본 교재의 주요 특징은 다음과 같습니다.

첫째, 방대한 행정법총론의 모든 내용을 압축·요약하여 정리하였습니다. 콤팩트한 내용정리를 통해 이론에 대한 빠른 회독이 가능하게 하였고, 여기에 가독성을 높이기 위한 다양한 장치(색, 서체, 기호, 표 등)를 더하여 '반복회독'이라는 목표를 가장 효율적으로 달성할 수 있게 하였습니다.

둘째, 2010.부터 2023. 9.까지 시행된 국가직·지방직 9/7급 시험 및 그 외 국회·소방(간부)·군무원 등 다양한 직렬의 시험에서 기출된 OX선지 1,380개를 수록하였습니다. 적지 않은 수의 OX문제를 통해 각 주제의 출제 포인트를 정확히 파악할 수 있도록 하였고, 또 요약노트와의 연계를 활용하여 공부한 이론(개념)을 OX문제풀이를 통해 바로바로 복습할 수 있도록 하였습니다.

본 교재의 활용방법은 다음과 같습니다.

첫째, 본 교재는 볼륨이 슬림한 만큼 행정법총론의 주요 내용을 매우 압축하여 서술하였고, 따라서 초회독 단계에서는 본 교재를 통해 공부하는 것은 그다지 좋은 공부방법이 되지 못할 것입니다. 본 교재는 최소 기본이론서를 1-2회독 이상 진행한 수험생들을 위해 집필된 교재가 되고, 기본이론서 회독을 통해 '판례와 조문의 서술 내지 표현 방식'이 어느 정도 익숙해진 수험생들이 '빠르게 반복회독'을 진행하는 데 도움을 드리려고 만든 교재가 됩니다. 따라서 본 교재는 기본이론서를 대략 1-2회독 이상 진행한 수험생들께서 '빠른 회독'을 목표로 하실 때 활용하시면 가장 좋은 효과를 거두실 수 있을 것입니다.

둘째, 공무원 행정법 시험은 결국 80개의 선지에 대한 OX를 정확히 답할 수 있는지를 묻는 시험이라 할 수 있고, 그런 측면에서 OX정리를 통한 공부는 매우 효과적인 공부방법이 되는 것이라 할 수 있겠습니다. 수험생들께서는 OX문제의 '무한반복'을 통해 문제(선지)를 보자마자 정오판단이 가능할 정도로 꾸준히 훈련을 하실 것을 당부드립니다.

셋째, 본 교재는 기본적으로 박문각 공무원 학원에서 진행하는 저자의 강의교재가 되는 만큼, 강의를 수강하며 활용하면 학습효과를 배가시킬 수 있을 것입니다. 본 교재 중 요약노트 부분에 대해서는 이론 강의인 단정행(단시간에 정복하는 행정법총론) 커리, OX문제풀이 부분에 대해서는 오정행(OX로 정리하는 행정법총론) 커리를 수강하실 것을 추천드립니다.

본 교재가 발간되는 데 있어서 많은 분들의 도움이 있었습니다. 무엇보다 저자가 오직 연구와 강의에만 집중할 수 있도록 지지와 응원을 아끼지 않아주시는 상무님께 진심으로 감사의 말씀을 올립니다. 또 출간의 세세한 사항까지 직접 관리해 주시는 이사님, 그리고 글자 하나하나까지 꼼꼼히 읽어가며 편집을 진행해 주신 편집부 직원분들께도 감사의 말씀을 드립니다.

본 교재가 2024 시험에서 여러분의 행정법 고득점과 합격을 이끌 훌륭한 무기가 되기를 바라며, 힘든 수험생활의 걸음걸음마다 하나님의 인도하심과 은혜가 가득하기를 진심으로 기원합니다.

2023. 11.

변호사 강성빈

Part 01   행정작용법

Part 02   행정쟁송법

강성빈 행정법총론

OX +요약노트

행정작용법

주제 01 법치행정의 원리

1 의의

행정기본법 제8조(법치행정의 원칙)
행정작용은 법률에 위반되어서는 아니 되며, 국민의 권리를 제한하거나 의무를 부과하는 경우와 그 밖에 국민생활에 중요한 영향을 미치는 경우에는 법률에 근거하여야 한다.

2 법률우위의 원칙

• 행정작용은 법률에 위반되어서는 안 됨(행정의 법률에의 구속)

• 소극적 의미의 원칙(이미 존재하는 법률을 위반하여서는 안 된다는 의미)

• 행정의 모든 영역에 적용(사법형식의 행정작용 포함)

3 법률유보의 원칙

• 행정작용이 행해지기 위해서는 법률의 근거가 있어야 한다는 원칙

• 행정조직의 근거가 되는 조직규범은 당연히 요구됨
  ➡ 법률유보의 원칙에서 말하는 법률이란 '작용법적' 근거(작용규범)를 의미함

• 적극적 의미의 원칙(적극적 입법 작용 통해 근거 마련하여 행정작용 가능)

• 법률의 범위: 국회 제정의 법률(형식적 의미의 법률) + 위임입법 가능(법률에 '근거한' 규율)
  – 법률유보: 법률에 '의한' 규율 + 법률에 '근거한' 규율
    ➡ 기본권 제한의 형식이 반드시 법률의 형식일 필요 없음(위임입법 가능)

• 법률유보의 적용 범위: 중요사항유보설(본질사항유보설)
  – 국민의 기본권에 영향을 미치는 중요한 사항은 법률의 근거 필요
  – 법률의 근거 요부 + '법률의 규율 정도(밀도)'
  – 중요성 판단 기준: 기본권 관련성

4 주요 판례

- 법 규정: if 운전면허 취소 ➡ 택시면허 취소 ○

  ∴ even if 운전면허 취소사유 존재, 아직 취소 × ➡ 택시면허 취소 × (∵ 법 규정 없음)

중요사항 ○ (법률의 근거 필요)	중요사항 × (법률의 근거 불요)
• 텔레비전 방송수신료 금액의 결정 • 토지등소유자가 정비사업을 시행하는 경우에 있어서 사업시행인가 신청 시 필요한 토지등소유자의 동의요건을 정하는 것 • 토지초과이득세법 상 기준시가 • 지방의회 의원에 대한 유급보좌인력을 두는 것 • 양도소득세 부과와 관련한 자산의 취득 및 양도시기 • 병의 복무기간 • 법외노조 통보	• 텔레비전 방송수신료 징수업무 • 재건축·재개발조합이 정비사업을 시행하는 경우에 있어서 사업시행인가 신청 시 필요한 토지등소유자의 동의요건을 정하는 것 • 입주자대표회의 동별 대표자의 자격 • 한국전력공사의 전기요금의 결정

주제 02 행정입법

1 행정입법 개관

- 행정입법: 행정기관이 제정한 일반적·추상적 규범
  - 일반적: 불특정 다수인 ⬌ 개별적: 특정인
  - 추상적: 불특정 사건 ⬌ 구체적: 특정 사건
- 법규명령과 행정규칙
  - 법규명령: 대외적 구속력(재판규범) ○, 상위법령의 수권 필요
  - 행정규칙: 대외적 구속력(재판규범) ×, 상위법령의 수권 불요

2 법규명령

① 의의

- 대통령령(시행령), 총리령·부령(시행규칙)

- 대통령령 > 총리령·부령(○) / 총리령 > 부령(×)

- 국회규칙, 대법원규칙, 헌법재판소규칙, 중앙선거관리위원회규칙, 감사원규칙

- 위임명령과 집행명령
  - 위임명령: 상위법의 개별 수권 필요, 국민의 권리의무에 관한 새로운 내용 규정 가능
  - 집행명령: 상위법의 개별 수권 불요, 상위법령의 집행을 위한 절차·형식에 관한 사항만을 규정
    ➡ 국민의 권리의무에 관한 새로운 내용을 정할 수 없음

- 공포하여 시행됨으로써 효력 발생

② 적법 요건

(1) 상위법령의 위임(수권)

- 위임이 없거나 위임의 범위를 초과한 경우 ➡ 대외적 구속력 ×

- 위임이 있었는지 여부의 판단 기준: 모법의 입법 취지 + 관련 조문 전체의 유기적·체계적 해석
  ➡ 모법에 직접적인 수권규정 없다고 하여 당연히 위임 없는 것은 아님

- 법 개정 전·후의 내용을 모두 심사
  - 사후 위임의 근거규정 입법: 그때부터 유효
  - 사후 위임의 근거규정 소멸: 그때부터 무효

- 하위법령에서 수권법령의 조항을 구체적으로 명시할 필요 ✕

(2) 위임의 방법: 포괄위임의 금지

- 포괄적 위임 ✕, 구체적 위임 ○

- 구체적 위임 여부의 판단 기준: 예측가능성(하위 법령에 규정될 내용의 대강을 예측할 수 있으면 됨)

- 구체성의 정도
  - 국민의 권리제한 or 의무부과(ex) 처벌, 조세): 구체성 엄격(형사처벌, 세금도 위임 가능)
  - 급부행정 or 사실관계의 다양성·가변성: 구체성 완화

- 예외 조례, 공법적 단체의 정관에 위임하는 경우 ➡ 포괄적 위임 허용(∵ 자주성 보장)

- 위임의 허용 범위: 법률유보 원칙상 본질적 사항에 대해서는 위임 불가능

- 재위임: 위임받은 사항의 대강을 정하고 특정사항을 범위를 정하여 재위임 가능

(3) 조례에 대한 위임

> **지방자치법 제28조(조례)** ① 지방자치단체는 **법령의 범위**에서 그 사무에 관하여 조례를 제정할 수 있다. 다만, 주민의 권리 제한 또는 의무 부과에 관한 사항이나 벌칙을 정할 때에는 **법률의 위임**이 있어야 한다.

- 자치사무에 대한 조례 제정
  - 원칙 법률의 위임 불요
  - 예외 주민의 권리 제한, 의무 부과, 벌칙: 법률의 위임 필요(포괄위임 허용)

- 기관위임사무에 대한 조례 제정: 원칙 불가능 / 예외 수권 있는 경우 가능(포괄위임 금지)

③ 법규명령의 하자

- 모법합치적 해석: if 하위법령이 수권법령(모법)에 위반되는지 여부가 불명확
  ➡ 모법에 위반되지 않는 것으로(합치되는 것으로) 해석(∵ 법적 안정성)

- 법규명령이 성립·효력 요건을 갖추지 못하거나, 법규명령의 내용이 상위법에 위반되는 경우
  ➡ 하자 있는 법규명령: 무효

- 하자 있는 법규명령에 근거한 처분: 원칙적으로 취소사유(∵ 대법원 판결 전까지는 위헌·위법성 명백 ✕)

④ 법규명령의 소멸

• 모법의 효력 상실 또는 모법에 대한 위헌 결정 ➡ **법규명령도** 당연실효

• 개정된 모법의 시행에 필요한 사항을 규정하고 있는 집행명령 ➡ **효력 유지**

⑤ 법규명령에 대한 사법적 통제 : 구체적 규범통제

• 헌법 규정

> **헌법 제107조** ② 명령·규칙 또는 처분이 헌법이나 법률에 위반되는지 여부가 **재판의 전제**가 된 경우 대법원은 이를 최종적으로 심사할 권한을 가진다.

• 구체적 규범통제의 심판 대상 : 재판의 전제성이 인정되는 조항에 한정됨

• 구체적 규범통제의 효력 : 당해 사건에 한하여 적용 배제(일반적으로 효력 상실 ×)
  ➡ 대법원은 행정안전부장관에게 통보 : 행정안전부장관은 관보에 게재

• 처분적 법규명령 ➡ **법규명령 그 자체를 대상으로 항고소송 or 헌법소원 가능** (ex) 두밀분교폐지 조례)

⑥ 행정입법부작위

• 법규명령 제·개정의무가 있음에도 입법을 하지 아니하는 것

• 입법부의 위임에 따른 행정부의 행정입법의무(작위의무)가 존재함을 전제
  – if 작위의무 ○ ➡ **권력분립, 법치행정의 원칙에 위배**
  – if 작위의무 × ➡ **행정입법부작위 ×**
  – ex) 행정입법의 제정 없이 상위법령의 규정만으로도 집행이 가능한 경우 ➡ **작위의무 ×**

• 권리구제방법
  – 부작위위법확인소송 : 불가능(∵ 행정입법부작위 ≠ 처분의 부작위)
  – 헌법소원 : 가능
  – 국가배상 : 가능 (ex) 군법무관 보수에 대한 대통령령의 입법부작위)

3 **행정규칙**

① 의의

- 행정부 내부의 사무처리기준을 정한 일반적·추상적 규범 ➡ **법률의 위임 : 불요**

- 종류 : 훈령, 지시, 예규, 고시 등

- 특별한 성립·효력 요건 없음 ➡ **법규명령과 달리 공포 절차도 불요**

- ⓔⓧ 한수원의 공급자관리지침 중 등록취소 및 거래제한조치 관련 규정, 개인택시운송사업 면허지침 등

② 효력

(1) **대내적 구속력** ○ : 수범기관인 행정기관은 복종의무 ○ ➡ **위반 시 징계사유 ○**

(2) **대외적 구속력**

- 원칙 대외적 구속력 × ➡ ∴ **행정규칙 위반 : 곧바로 위법 × or 행정규칙에 부합 : 곧바로 적법 ×**
  - ⓔⓧ 전결규정에 위반하여 행한 전결권 없는 보조기관의 처분 ➡ **당연무효 ×**
  - But 권력분립의 원칙상 법원은 행정규칙(재량준칙)에 따른 처분을 최대한 존중

- 예외1 행정의 자기구속의 원칙 성립하는 경우 ➡ **평등·신뢰보호의 원칙에 따라 대외적 구속력 ○**

- 예외2 법령보충규칙 ➡ **수권법령과 결합하여 대외적 구속력 ○**

③ 행정규칙에 대한 통제

- 하자 있는 행정규칙 : 무효(내부적 효력도 인정 ×)

- 권리구제방법
  - 대외적 구속력 × ➡ **구체적 규범통제의 대상 ×, 항고소송 ×**
  - 행정의 자기구속의 원칙 성립 or 법령보충규칙
    ➡ **구체적 규범통제 ○, (처분성 인정되는 경우) 항고소송·헌법소원 ○**

4 형식과 내용의 불일치

① 법규명령 형식의 행정규칙

형식		내용		판례
법규명령	시행령	행정규칙		법규명령
	시행규칙	행정규칙	인허가의 기준	법규명령
			제재처분의 기준	행정규칙

② 행정규칙 형식의 법규명령(법령보충규칙)

(1) 의의

- 법령의 위임에 따라 국민의 권리의무에 관한 내용적 사항을 규정한 행정규칙

- 가능한지? 가능 ○ (∵ 헌법에서 정한 위임입법의 형식은 '예시적' ⟷ '열기적')

- 성질은? 법규명령(∵ 수권법령과 결합하여 법규성 ○) ➡ 대외적 구속력 ○

- 상위법령의 위임 ○ But 형식·절차사항 규정 ➡ 행정규칙

(2) 주요 내용

- 허용 범위 : 전문적·기술적 사항 or 경미한 사항으로서 위임이 불가피한 경우에만 가능

- 법규명령의 한계(상위법의 위임, 포괄위임금지 등) 그대로 적용

- 모법이 특정한 형식 정하여 위임 ✕
  - ex '고용노동부장관이 정하는 바에 의한다.' ➡ 법령보충규칙 제정 가능

- 모법이 특정한 형식 정하여 위임 ○ ➡ 그 형식에 따라야 함
  - if 모법이 법규명령에 위임하였음에도 행정규칙으로 규정 ➡ 대외적 구속력 ✕
  - ex '총리령으로 정한다.' ➡ 법령보충규칙 제정 불가능

기출 ○✕ Check

0001 행정작용은 법률에 위반되어서는 아니 되며, 국민의 권리를 제한하거나 의무를 부과하는 경우와 그 밖에 국민생활에 중요한 영향을 미치는 경우에는 법률에 근거해야 한다. 23. 지방 (   )

0002 개인택시운송사업자의 운전면허가 아직 취소되지 않았더라도 운전면허 취소사유가 있다면 행정청은 명문 규정이 없더라도 개인택시운송사업면허를 취소할 수 있다. 19. 국가 (   )

0003 법률유보의 원칙에서 요구되는 법적 근거는 작용법적 근거를 의미한다. 19. 국가 (   )

0004 헌법재판소는 예산도 일종의 법규범이고, 법률과 마찬가지로 국회의 의결을 거쳐 제정되며, 국가기관뿐만 아니라 일반국민도 구속한다고 본다. 따라서 법률유보원칙에서 말하는 법률에는 예산도 포함된다. 13. 지방 (   )

0005 법률유보의 원칙은 국민의 기본권실현과 관련된 영역에 있어서는 입법자가 그 본질적 사항에 대해서 스스로 결정하여야 한다는 요구까지 내포하고 있다. 19. 국가 (   )

0006 규율대상이 국민의 기본권 및 기본적 의무와 관련한 중요성을 가질수록 그리고 그에 관한 공개적 토론의 필요성 또는 상충하는 이익 사이의 조정 필요성이 클수록, 그것이 국회의 법률에 의해 직접 규율될 필요성은 더 증대된다고 보아야 한다. 23. 지방 (   )

정답 & ○✕ 풀이

0001 ○ 행정기본법 제8조(법치행정의 원칙) 행정작용은 법률에 위반되어서는 아니 되며, 국민의 권리를 제한하거나 의무를 부과하는 경우와 그 밖에 국민생활에 중요한 영향을 미치는 경우에는 법률에 근거하여야 한다.

0002 ✕ 구 여객자동차운수사업법에는 관할관청은 개인택시운송사업자의 운전면허가 취소된 때에 그의 개인택시운송사업면허를 취소할 수 있도록 규정되어 있을 뿐 그에게 운전면허 취소사유가 있다는 사유만으로 개인택시운송사업면허를 취소할 수 있도록 하는 규정은 없으므로, 관할관청으로서는 비록 개인택시운송사업자에게 운전면허 취소사유가 있다 하더라도 그로 인하여 운전면허 취소처분이 이루어지지 않은 이상 개인택시운송사업면허를 취소할 수는 없다. 대법원 2008. 5. 15. 선고 2007두26001 판결

0003 ○ 조직규범은 행정기관이 그 권한을 행사하기 위한 기본적 전제가 되므로, 법률유보의 원칙에서 말하는 법률은 조직규범이 아닌 작용규범을 의미한다.

0004 ✕ 헌법재판소는 "예산은 일종의 법규범이고 법률과 마찬가지로 국회의 의결을 거쳐 제정되지만 법률과 달리 국가기관만을 구속할 뿐 일반국민을 구속하지 않는다."라고 하여 예산은 법률유보원칙에서 말하는 법률에 포함되지 않는 것으로 본다(헌법재판소 2006. 4. 25. 선고 2006헌마409 결정).

0005 ○ 오늘날 법률유보원칙은 단순히 행정작용이 법률에 근거를 두기만 하면 충분한 것이 아니라, 국가공동체와 그 구성원에게 기본적이고도 중요한 의미를 갖는 영역, 특히 국민의 기본권실현과 관련된 영역에 있어서는 국민의 대표자인 입법자가 그 본질적 사항에 대해서 스스로 결정하여야 한다는 요구까지 내포하고 있다(의회유보원칙). 헌법재판소 1999. 5. 27. 선고 98헌바70 결정

0006 ○ 어떠한 사안이 국회가 형식적 법률로 스스로 규정하여야 하는 본질적 사항에 해당되는지는, 구체적 사례에서 관련된 이익 내지 가치의 중요성, 규제 또는 침해의 정도와 방법 등을 고려하여 개별적으로 결정하여야 하지만, 규율대상이 국민의 기본권 및 기본적 의무와 관련한 중요성을 가질수록 그리고 그에 관한 공개적 토론의 필요성 또는 상충하는 이익 사이의 조정 필요성이 클수록, 그것이 국회의 법률에 의해 직접 규율될 필요성은 더 증대된다. 대법원 2015. 8. 20. 선고 2012두23808 판결

0007 납세의무자에게 조세의 납부의무뿐만 아니라 스스로 과세표준과 세액을 계산하여 신고하여야 하는 의무까지 부과하는 경우에 신고의무불이행에 따른 납세의무자가 입게 될 불이익은 법률로 정하여야 한다. 17. 국가 7급 (　　)

0008 법률유보의 원칙은 '법률에 의한 규율'만을 요청하는 것이 아니라 '법률에 근거한 규율'을 요청하는 것이기 때문에 기본권의 제한에는 법률의 근거가 필요할 뿐이고 기본권제한의 형식이 반드시 법률의 형식일 필요는 없다. 23. 지방 (　　)

0009 헌법재판소는 텔레비전방송수신료의 금액결정은 납부의무자의 범위 등과 함께 수신료에 관한 본질적인 중요한 사항이므로 국회가 스스로 행하여야 하는 사항에 속한다는 입장이다. 13. 지방 (　　)

0010 헌법재판소는 토지등소유자가 도시환경정비사업을 시행하는 경우, 사업시행인가 신청시 필요한 토지등소유자의 동의 정족수를 정하는 것은 국민의 권리와 의무의 형성에 관한 기본적이고 본질적인 사항으로 법률유보 내지 의회유보의 원칙이 지켜져야 할 영역이라고 한다. 17. 국가 (　　)

0011 지방의회의원에 대하여 유급보좌인력을 두는 것은 지방의회의원의 신분·지위 및 그 처우에 관한 현행 법령상의 제도에 중대한 변경을 초래하는 것으로서, 이는 개별 지방의 회의 조례로써 규정할 사항이 아니라 국회의 법률로써 규정하여야 할 입법사항이라고 한다. 17. 국가 (　　)

0012 헌법재판소는 구 「토지초과이득세법」상의 기준시가는 국민의 납세의무의 성부 및 범위와 직접적인 관계를 가지고 있는 중요한 사항임에도 불구하고 해당 내용을 법률에 규정하지 않고 하위법령에 위임한 것은 헌법 제75조에 반한다고 판단한 바 있다. 16. 사복 (　　)

0013 자격이나 신분 등을 취득 또는 부여할 수 없거나 인가, 허가, 지정, 승인, 영업등록, 신고 수리 등을 필요로 하는 영업 또는 사업 등을 할 수 없는 사유는 법률로 정하여야 한다. 22. 국회 8급 (　　)

0014 중앙행정기관의 장이 정한 훈령·예규 및 고시 등 행정규칙은 상위법령의 위임이 있다고 하더라도 「행정기본법」상의 '법령'에 해당하지 않는다. 22. 국가 7급 (　　)

0015 중앙선거관리위원회규칙은 법규명령이므로 구체적 규범통제의 대상이 될 수 있다. 23. 지방 (　　)

0016 집행명령은 상위법령의 집행에 필요한 세칙을 정하는 범위 내에서만 가능하고 새로운 국민의 권리·의무를 정할 수 없다. 19. 지방 (　　)

0017 집행명령은 새로운 법규사항을 규정하지 않으므로 법령의 수권 없이 제정될 수 있다. 12. 지방 (　　)

0018 법률의 시행령은 법률에 의한 위임 없이도 법률이 규정한 개인의 권리·의무에 관한 내용을 변경·보충하거나 법률에 규정되지 아니한 새로운 내용을 규정할 수 있다. 23. 지방 (　　)

PART **01**

0007 ○ 법인세, 종합소득세와 같이 납세의무자에게 조세의 납부의무뿐만 아니라 스스로 과세표준과 세액을 계산하여 신고하여야 하는 의무까지 부과하는 경우에는 신고의무 이행에 필요한 기본적인 사항과 신고의무불이행 시 납세의무자가 입게 될 불이익 등은 납세의무를 구성하는 기본적, 본질적 내용으로서 법률로 정하여야 한다. 대법원 2015. 8. 20. 선고 2012두23808 판결

0008 ○ 법률유보의 원칙은 '법률에 의한' 규율만을 뜻하는 것이 아니라 '법률에 근거한' 규율을 요청하는 것이므로 기본권 제한의 형식이 반드시 법률의 형식일 필요는 없고 법률에 근거를 두면서 헌법 제75조가 요구하는 위임의 구체성과 명확성을 구비하기만 하면 위임입법에 의하여도 기본권 제한을 할 수 있다 할 것이다. 헌법재판소 2005. 2. 24. 선고 2003헌마289 결정

0009 ○ 텔레비전방송수신료는 대다수 국민의 재산권 보장의 측면이나 한국방송공사에게 보장된 방송자유의 측면에서 국민의 기본권 실현에 관련된 영역에 속하고, 수신료금액의 결정은 납부의무자의 범위 등과 함께 수신료에 관한 본질적인 중요한 사항이므로 국회가 스스로 행하여야 하는 사항에 속하는 것임에도 불구하고 한국방송공사법 제36조 제1항에서 국회의 결정이나 관여를 배제한 채 한국방송공사로 하여금 수신료금액을 결정해서 문화관광부장관의 승인을 얻도록 한 것은 법률유보원칙에 위반된다. 헌법재판소 1999. 5. 27. 선고 98헌바70 결정

0010 ○ 토지 등 소유자가 도시환경정비사업을 시행하는 경우 사업시행인가 신청시 필요한 토지 등 소유자의 동의는 개발사업의 주체 및 정비구역 내 토지등소유자를 상대로 수용권을 행사하고 각종 행정처분을 발할 수 있는 행정주체로서의 지위를 가지는 사업시행자를 지정하는 문제로서 그 동의요건을 정하는 것은 국민의 권리와 의무의 형성에 관한 기본적이고 본질적인 사항이므로 국회가 스스로 행하여야 하는 사항에 속하는 것임에도 불구하고 사업시행인가 신청에 필요한 동의정족수를 토지등소유자가 자치적으로 정하여 운영하는 규약에 정하도록 한 것은 법률유보원칙에 위반된다. 헌법재판소 2012. 4. 24. 선고 2010헌바1 결정

0011 ○ 지방의회의원에 대하여 유급보좌인력을 두는 것은 지방의회의원의 신분·지위 및 그 처우에 관한 현행 법령상의 제도에 중대한 변경을 초래하는 것으로서, 이는 개별 지방의회의 조례로써 규정할 사항이 아니라 국회의 법률로써 규정하여야 할 입법사항이다. 대법원 2013. 1. 16. 선고 2012추84 판결

0012 ○ 토초세법상의 기준시가는 국민의 납세의무의 성부 및 범위와 직접적인 관계를 가지고 있는 중요한 사항이므로 이를 하위법규에 백지위임하지 아니하고 그 대강이라도 토초세법 자체에서 직접 규정해 두어야만 함에도 불구하고, 토초세법 제11조 제2항이 그 기준시가를 전적으로 대통령령에 맡겨 두고 있는 것은 헌법상의 조세법률주의 혹은 위임입법의 범위를 구체적으로 정하도록 한 헌법 제75조의 취지에 위반된다. 헌법재판소 1994. 7. 29. 선고 92헌바49,52 결정

0013 ○ 행정기본법 제16조(결격사유) ① 자격이나 신분 등을 취득 또는 부여할 수 없거나 인가, 허가, 지정, 승인, 영업등록, 신고 수리 등을 필요로 하는 영업 또는 사업 등을 할 수 없는 사유는 법률로 정한다.

0014 × 행정기본법 제2조(정의) 이 법에서 사용하는 용어의 뜻은 다음과 같다.
　　1. "법령등"이란 다음 각 목의 것을 말한다.
　　　가. 법령: 다음의 어느 하나에 해당하는 것
　　　　1) 법률 및 대통령령·총리령·부령
　　　　2) 국회규칙·대법원규칙·헌법재판소규칙·중앙선거관리위원회규칙 및 감사원규칙
　　　　3) 1) 또는 2)의 위임을 받아 중앙행정기관(「정부조직법」 및 그 밖의 법률에 따라 설치된 중앙행정기관을 말한다. 이하 같다)의 장이 정한 훈령·예규 및 고시 등 행정규칙

0015 ○ 헌법 제114조 ⑥ 중앙선거관리위원회는 법령의 범위 안에서 선거관리·국민투표관리 또는 정당사무에 관한 규칙을 제정할 수 있으며, 법률에 저촉되지 아니하는 범위 안에서 내부규율에 관한 규칙을 제정할 수 있다(주: 위 규정을 근거로 중앙선거관리위원회는 법규명령의 성격을 갖는 규칙을 제정할 수 있고, 그 규칙은 헌법 제107조 제2항에 따라 구체적 규범통제의 대상이 됨).

0016 ○ 위임명령과 달리 상위명령의 집행을 위하여 필요한 절차·형식 등 세부적·기술적 사항을 규정하는 집행명령은 새로운 법규사항(국민의 권리의무에 관한 사항)을 규정할 수 없다.

0017 ○ 집행명령은 새로운 법규사항, 즉 국민의 권리의무와 관련된 새로운 사항을 규정하지 않으므로 구체적·개별적 위임이 없더라도 직권으로 제정될 수 있다(헌법 제75조에 포괄적 근거규정이 있음).

0018 × 법률의 시행령은 모법인 법률에 의하여 위임받은 사항이나 법률이 규정한 범위 내에서 법률을 현실적으로 집행하는 데 필요한 세부적인 사항만을 규정할 수 있을 뿐, 법률에 의한 위임이 없는 한 법률이 규정한 개인의 권리·의무에 관한 내용을 변경·보충하거나 법률에 규정되지 아니한 새로운 내용을 규정할 수는 없다. 대법원 2020. 9. 3. 선고 2016두32992 전원합의체 판결

0019 법령의 위임이 없음에도 법령에 규정된 처분 요건에 해당하는 사항을 부령에서 변경하여 규정한 경우에는 그 부령의 규정은 행정명령의 성격을 지닐 뿐 국민에 대한 대외적 구속력은 없다. 20. 국가 (   )

0020 법률의 시행령이나 시행규칙의 내용이 모법 조항의 취지에 근거하여 이를 구체화하기 위한 것인 때에는 모법의 규율 범위를 벗어난 것으로 볼 수 없다. 이러한 경우에는 모법에 이에 관하여 직접 위임하는 규정을 두지 않았다고 하여도 이를 무효라고 볼 수 없다. 21. 국가 (   )

0021 법규명령이 법률상 위임의 근거가 없어 무효이더라도 나중에 법률의 개정으로 위임의 근거가 부여되면 그때부터는 유효한 법규명령으로서 구속력을 갖는다. 18. 국가 (   )

0022 구법의 위임에 의한 유효한 법규명령이 법 개정으로 위임의 근거가 없어지게 되면 그 때부터 무효인 법규명령이 되므로, 어떤 법령의 위임 근거 유무에 따른 유효 여부를 심사하려면 법 개정의 전·후에 걸쳐 모두 심사하여야만 그 법규명령의 시기에 따른 유효·무효를 판단할 수 있다. 10. 국가 7급 (   )

0023 법률의 위임에 의하여 효력을 갖는 법규명령이 법개정으로 위임의 근거가 없어지게 되더라도 효력을 상실하지 않는다. 22. 국가 (   )

0024 법령의 위임관계는 반드시 하위법령의 개별조항에서 위임의 근거가 되는 상위법령의 해당 조항을 구체적으로 명시하고 있어야만 하는 것은 아니다. 16. 지방 (   )

0025 다양한 사실관계를 규율하거나 사실관계가 수시로 변화될 것이 예상되는 분야에서는 다른 분야에 비하여 상대적으로 입법위임의 명확성·구체성이 완화된다. 17. 지방 (   )

0026 급부행정 영역상의 위임입법에 있어서는 기본권침해 영역보다 구체성의 요구가 다소 약화되어도 무방하다.
11. 지방 (   )

0027 헌법에서 채택하고 있는 조세법률주의의 원칙상 과세요건과 징수절차에 관한 사항을 명령·규칙 등 하위법령에 구체적·개별적으로 위임하여 규정할 수 없다. 21. 국가 (   )

0028 특히 긴급한 필요가 있거나 미리 법률로 자세히 정할 수 없는 부득이한 사정이 있어 법률에 형벌의 종류·상한·폭을 명확히 규정하더라도, 행정형벌에 대한 위임입법은 허용되지 않는다. 19. 국가 (   )

0029 법률의 시행령이 형사처벌에 관한 사항을 규정하면서 법률의 명시적인 위임 범위를 벗어나 처벌의 대상을 확장하는 것은 위임입법의 한계를 벗어난 것으로 그 시행령은 무효이다. 22. 지방 (   )

0030 자치조례에 대한 법률의 위임은 반드시 구체적으로 범위를 정하여 할 필요가 없으며 포괄적인 것으로 족하다.
22. 지방 (   )

0019 ○ 법령의 위임이 없음에도 법령에 규정된 처분 요건에 해당하는 사항을 부령에서 변경하여 규정한 경우에는 그 부령의 규정은 행정청 내부의 사무처리 기준 등을 정한 것으로서 행정조직 내에서 적용되는 행정명령의 성격을 지닐 뿐 국민에 대한 대외적 구속력은 없다고 보아야 한다. 대법원 2013. 9. 12. 선고 2011두10584 판결

0020 ○ 시행령의 내용이 모법의 입법 취지와 관련 조항 전체를 유기적·체계적으로 살펴보아 모법의 해석상 가능한 것을 명시한 것에 지나지 아니하거나 모법 조항의 취지에 근거하여 이를 구체화하기 위한 것인 때에는 모법의 규율 범위를 벗어난 것으로 볼 수 없으므로, 모법에 이에 관하여 직접 위임하는 규정을 두지 않았다고 하더라도 이를 무효라고 볼 수 없다. 대법원 2016. 12. 1. 선고 2014두8650 판결

0021 ○ 법규명령의 경우 구법에 위임의 근거가 없어 무효였더라도 사후에 법개정으로 위임의 근거가 부여되면 그때부터는 유효한 법 규명령이 된다. 대법원 1995. 6. 30. 선고 93추83 판결

0022 ○ 일반적으로 법률의 위임에 의하여 효력을 갖는 법규명령의 경우, 구법에 위임의 근거가 없어 무효였더라도 사후에 법개정으로 위임의 근거가 부여되면 그 때부터는 유효한 법규명령이 되나, 반대로 구법의 위임에 의한 유효한 법규명령이 법개정으로 위임 의 근거가 없어지게 되면 그 때부터 무효인 법규명령이 되므로, 어떤 법령의 위임 근거 유무에 따른 유효 여부를 심사하려면 법개정의 전·후에 걸쳐 모두 심사하여야만 그 법규명령의 시기에 따른 유효·무효를 판단할 수 있다. 대법원 1995. 6. 30. 선고 93추83 판결

0023 ✕ 일반적으로 법률의 위임에 의하여 효력을 갖는 법규명령의 경우, 구법에 위임의 근거가 없어 무효였더라도 사후에 법개정으로 위임의 근거가 부여되면 그 때부터는 유효한 법규명령이 되나, 반대로 구법의 위임에 의한 유효한 법규명령이 법개정으로 위임 의 근거가 없어지게 되면 그 때부터 무효인 법규명령이 되므로, 어떤 법령의 위임 근거 유무에 따른 유효 여부를 심사하려면 법개정의 전·후에 걸쳐 모두 심사하여야만 그 법규명령의 시기에 따른 유효·무효를 판단할 수 있다. 대법원 1995. 6. 30. 선고 93추83 판결

0024 ○ 법령의 위임관계는 반드시 하위법령의 개별조항에서 위임의 근거가 되는 상위법령의 해당 조항을 구체적으로 명시하고 있어야 만 하는 것은 아니라고 할 것이다. 대법원 1999. 12. 24. 선고 99두5658 판결

0025 ○ 다양한 사실관계를 규율하거나 사실관계가 수시로 변화될 것이 예상될 때에는 위임의 명확성의 요건이 완화되어야 한다. 헌법 재판소 1991. 2. 11. 선고 90헌가27 결정

0026 ○ 처벌법규나 조세법규와 같이 국민의 기본권을 직접적으로 제한하거나 침해할 소지가 있는 영역에서는 구체성·명확성의 요구 가 강화되어 그 위임의 요건과 범위가 일반적인 급부행정의 영역에서보다 더 엄격하게 제한되어야 한다(주 : 반대해석하면 급 부행정 영역에 있어서는 기본권침해 영역보다 구체성의 요구가 다소 완화될 수 있음). 헌법재판소 1996. 6. 26. 선고 93헌바2 결정

0027 ✕ 헌법 제38조, 제59조에서 채택하고 있는 조세법률주의의 원칙은 과세요건과 징수절차 등 조세권행사의 요건과 절차는 국민의 대표기관인 국회가 제정한 법률로써 규정하여야 한다는 것이나, 과세요건과 징수절차에 관한 사항을 명령·규칙 등 하위법령 에 위임하여 규정하게 할 수 없는 것은 아니다. 대법원 1994. 9. 30.자 94부18 결정

0028 ✕ 형벌법규에 대하여도 특히 긴급한 필요가 있거나 미리 법률로서 자세히 정할 수 없는 부득이한 사정이 있는 경우에 한하여 수권법률이 구성요건의 점에서는 처벌대상인 행위가 어떠한 것일거라고 이를 예측할 수 있을 정도로 구체적으로 정하고, 형벌 의 점에서는 형벌의 종류 및 그 상한과 폭을 명확히 규정하는 것을 조건으로 위임입법이 허용되며 이러한 위임입법은 죄형법정 주의에 반하지 않는다. 헌법재판소 1996. 2. 29. 선고 94헌마213 결정

0029 ○ 법률의 시행령은 모법인 법률의 위임 없이 법률이 규정한 개인의 권리·의무에 관한 내용을 변경·보충하거나 법률에서 규정 하지 아니한 새로운 내용을 규정할 수 없고, 특히 법률의 시행령이 형사처벌에 관한 사항을 규정하면서 법률의 명시적인 위임 범위를 벗어나 그 처벌의 대상을 확장하는 것은 죄형법정주의의 원칙에도 어긋나므로, 그러한 시행령은 위임입법의 한계를 벗어난 것으로서 무효이다. 대법원 2017. 2. 21. 선고 2015도14966 판결

0030 ○ 조례에 대한 법률의 위임은 법규명령에 대한 법률의 위임과 같이 반드시 구체적으로 범위를 정하여 할 필요가 없다. 법률이 주민의 권리의무에 관한 사항에 관하여 구체적으로 범위를 정하지 않은 채 조례로 정하도록 포괄적으로 위임한 경우에도 지방 자치단체는 법령에 위반되지 않는 범위 내에서 주민의 권리의무에 관한 사항을 조례로 제정할 수 있다. 대법원 2017. 12. 5. 선고 2016추5162 판결

0031 법률이 공법적 단체 등의 정관에 자치법적 사항을 위임한 경우에는 헌법 제75조가 정하는 포괄적인 위임입법의 금지는 원칙적으로 적용되지 않지만, 그 사항이 국민의 권리·의무에 관련되는 것일 경우에는 적어도 국민의 권리·의무에 관한 기본적이고 본질적인 사항은 국회가 정하여야 한다. 21. 국가 (   )

0032 지방자치단체는 법령에 위반되지 않는 범위 내에서 자치사무에 관하여 주민의 권리를 제한하거나 의무를 부과하는 사항이 아닌 한 법률의 위임 없이 조례를 제정할 수 있다. 20. 지방 (   )

0033 법률에서 위임받은 사항에 관하여 대강을 정하고 그 중의 특정사항을 범위를 정하여 하위법령에 다시 위임하는 경우에는 재위임이 허용된다. 이러한 법리는 조례가 「지방자치법」에 따라 주민의 권리제한 또는 의무부과에 관한 사항을 법률로부터 위임받은 후, 이를 다시 지방자치단체장이 정하는 '규칙'이나 '고시' 등에 재위임하는 경우에도 마찬가지이다. 21. 국가 (   )

0034 총리령·부령의 제정절차는 대통령령의 경우와는 달리 국무회의 심의는 거치지 않아도 된다. 23. 국가 (   )

0035 어느 시행령의 규정이 모법에 저촉되는지가 명백하지 않은 경우에는 모법과 시행령의 다른 규정들과 그 입법취지, 연혁 등을 종합적으로 살펴 모법에 합치된다는 해석도 가능한 경우라면 그 규정을 모법위반으로 무효라고 선언해서는 안 된다. 21. 지방 7급 (   )

0036 일반적으로 시행령이 헌법이나 법률에 위반된다는 사정은 그 시행령의 규정을 위헌 또는 위법하여 무효라고 선언한 대법원의 판결이 선고되지 않은 상태에서도 그 시행령 규정의 위헌 내지 위법 여부가 객관적으로 명백하다고 할 수 있으므로, 이러한 시행령에 근거한 행정처분의 하자는 무효사유에 해당한다. 18. 국가 (   )

0037 법규명령의 위임근거가 되는 법률에 대하여 위헌결정이 선고되더라도 그 위임에 근거하여 제정된 법규명령은 별도의 폐지행위가 있어야 효력을 상실한다. 21. 지방 (   )

0038 집행명령은 상위법령이 개정되더라도 개정법령과 성질상 모순·저촉되지 아니하고 개정된 상위법령의 시행에 필요한 사항을 규정하고 있는 이상, 개정법령의 시행을 위한 집행명령이 제정·발효될 때까지는 여전히 그 효력을 유지한다. 19. 지방 (   )

0039 대법원 이외의 각급법원도 구체적 규범통제의 방법으로 법규명령 조항에 대한 위헌·위법 판단을 할 수 있다. 23. 지방 (   )

0040 법원이 법률 하위의 법규명령이 위헌·위법인지를 심사하려면 그것이 재판의 전제가 되어야 하는데, 여기에서 재판의 전제란 구체적 사건이 법원에 계속 중이어야 하고, 위헌·위법인지가 문제 된 경우에는 그 법규명령의 특정 조항이 해당 소송사건의 재판에 적용되는 것이어야 하며, 그 조항이 위헌·위법인지에 따라 그 사건을 담당하는 법원이 다른 판단을 하게 되는 경우를 말한다. 23. 국가 7급 (   )

0041 법원이 구체적 규범통제를 통해 위헌·위법으로 선언할 심판대상은, 해당 규정의 전부가 불가분적으로 결합되어 있어 일부를 무효로 하는 경우 나머지 부분이 유지될 수 없는 결과를 가져오는 특별한 사정이 없는 한, 원칙적으로 해당 규정 중 재판의 전제성이 인정되는 조항에 한정된다. 20. 국가 7급 (   )

PART
01

0042 행정입법이 대법원에 의하여 위법하다는 판정이 있더라도 일반적으로 그 효력이 상실되는 것은 아니다.

정답 & ○×풀이

0031 ○ 법률이 공법적 단체 등의 정관에 자치법적 사항을 위임한 경우에는 헌법 제75조가 정하는 포괄적인 위임입법의 금지는 원칙적으로 적용되지 않는다고 봄이 상당하고, 그렇다 하더라도 그 사항이 국민의 권리·의무에 관련되는 것일 경우에는 적어도 국민의 권리·의무에 관한 기본적이고 본질적인 사항은 국회가 정하여야 한다. 대법원 2007. 10. 12. 선고 2006두14476 판결

0032 ○ 지방자치법 제28조(조례) ① 지방자치단체는 법령의 범위에서 그 사무에 관하여 조례를 제정할 수 있다. 다만, 주민의 권리 제한 또는 의무 부과에 관한 사항이나 벌칙을 정할 때에는 법률의 위임이 있어야 한다.

0033 ○ 법률에서 위임받은 사항을 전혀 규정하지 않고 재위임하는 것은 복위임금지 원칙에 반할 뿐 아니라 위임명령의 제정 형식에 관한 수권법의 내용을 변경하는 것이 되므로 허용되지 않으나, 위임받은 사항에 관하여 대강을 정하고 그 중의 특정사항을 범위를 정하여 하위법령에 다시 위임하는 경우에는 재위임이 허용된다. 이러한 법리는 조례가 지방자치법 제22조 단서에 따라 주민의 권리제한 또는 의무부과에 관한 사항을 법률로부터 위임받은 후, 이를 다시 지방자치단체장이 정하는 '규칙'이나 '고시' 등에 재위임하는 경우에도 마찬가지이다. 대법원 2015. 1. 15. 선고 2013두14238 판결

0034 ○ 대한민국 헌법 제89조. 다음 사항은 국무회의의 심의를 거쳐야 한다.
3. 헌법개정안·국민투표안·조약안·법률안 및 대통령령안

0035 ○ 어느 시행령의 규정이 모법에 저촉되는지의 여부가 명백하지 아니하는 경우에는 모법과 시행령의 다른 규정들과 그 입법 취지, 연혁 등을 종합적으로 살펴 모법에 합치된다는 해석도 가능한 경우라면 그 규정을 모법위반으로 무효라고 선언하여서는 안 된다. 대법원 2001. 8. 24. 선고 2000두2716 판결

0036 × 일반적으로 시행령이 헌법이나 법률에 위반된다는 사정은 그 시행령의 규정을 위헌 또는 위법하여 무효라고 선언한 대법원의 판결이 선고되지 아니한 상태에서는 그 시행령 규정의 위헌 내지 위법 여부가 해석상 다툼의 여지가 없을 정도로 명백하였다고 인정되지 아니하는 이상 객관적으로 명백한 것이라 할 수 없으므로, 이러한 시행령에 근거한 행정처분의 하자는 취소사유에 해당할 뿐 무효사유가 되지 아니한다. 대법원 2007. 6. 14. 선고 2004두619 판결

0037 × 법규명령의 위임근거가 되는 법률에 대하여 위헌결정이 선고되면 그 위임에 근거하여 제정된 법규명령도 원칙적으로 효력을 상실한다. 대법원 2001. 6. 12. 선고 2000다18547 판결

0038 ○ 상위법령이 개정됨에 그친 경우, 개정법령과 성질상 모순, 저촉되지 아니하고 개정된 상위법령의 시행에 필요한 사항을 규정하고 있는 이상 그 집행명령은 상위법령의 개정에도 불구하고 당연히 실효되지 아니하고 개정법령의 시행을 위한 집행명령이 제정, 발효될 때까지는 여전히 그 효력을 유지한다. 대법원 1989. 9. 12. 선고 88누6962 판결

0039 ○ 헌법 제107조 ② 명령·규칙 또는 처분이 헌법이나 법률에 위반되는 여부가 재판의 전제가 된 경우에는 대법원은 이를 최종적으로 심사할 권한을 가진다(주: 따라서 대법원 아닌 각급법원도 법규명령의 위헌·위법 여부가 재판의 전제가 된 경우 그 위헌·위법 여부를 심사할 수 있음).

0040 ○ 법원이 법률 하위의 법규명령, 규칙, 조례, 행정규칙 등이 위헌·위법인지를 심사하려면 그것이 '재판의 전제'가 되어야 한다. 여기에서 '재판의 전제'란 구체적 사건이 법원에 계속 중이어야 하고, 위헌·위법인지가 문제 된 경우에는 규정의 특정 조항이 해당 소송사건의 재판에 적용되는 것이어야 하며, 그 조항이 위헌·위법인지에 따라 그 사건을 담당하는 법원이 다른 판단을 하게 되는 경우를 말한다. 대법원 2019. 6. 13. 선고 2017두33985 판결

0041 ○ 법원이 구체적 규범통제를 통해 위헌·위법으로 선언할 심판대상은, 해당 규정의 전부가 불가분적으로 결합되어 있어 일부를 무효로 하는 경우 나머지 부분이 유지될 수 없는 결과를 가져오는 특별한 사정이 없는 한, 원칙적으로 해당 규정 중 재판의 전제성이 인정되는 조항에 한정된다. 대법원 2019. 6. 13. 선고 2017두33985 판결

0042 ○ 헌법 제107조 제2항은 위헌·위법한 법규명령에 대한 사법심사방법으로 구체적 규범통제를 정하고 있는 바, 재판 과정에서 대법원이 어떠한 법규명령에 대한 위헌·위법성을 확인하였다 하더라도, 구체적 규범통제의 성격상 그 법규명령은 당해 사건에 한하여 그 적용이 배제될 뿐 일반적으로 효력을 상실하게 되는 것은 아니다.

0043 행정소송에 대한 대법원 판결에 의하여 명령·규칙이 헌법 또는 법률에 위반된다는 것이 확정된 경우, 대법원은 지체없이 그 사유를 해당 법령의 소관부처의 장에게 통보하여야 한다. 19. 국가 (　　　)

0044 처분적 법규명령은 무효등확인소송 또는 취소소송의 대상이 된다. 23. 지방 (　　　)

0045 명령·규칙 그 자체에 의하여 직접 기본권이 침해되었을 경우에는 그것을 대상으로 하여 헌법소원심판을 청구할 수 있다. 14. 국가 (　　　)

0046 행정입법부작위의 위헌·위법성과 관련하여, 하위 행정입법의 제정 없이 상위 법령의 규정만으로 집행이 이루어질 수 있는 경우에도 상위 법령의 명시적 위임이 있다면 하위 행정입법을 제정하여야 할 작위의무는 인정된다. 16. 지방 (　　)

0047 행정입법부작위는 부작위위법확인소송의 대상이 된다. 23. 지방 (　　)

0048 국민의 구체적인 권리의무에 직접적으로 변동을 초래하지 않는 추상적인 법령의 제정 여부 등은 부작위위법확인소송의 대상이 될 수 없다. 18. 국가 (　　)

0049 대통령령의 입법부작위에 대한 국가배상책임은 인정되지 않는다. 21. 지방 (　　)

0050 행정처분이 법규성이 없는 내부지침 등의 규정에 위배된다고 하더라도 그 이유만으로 처분이 위법하게 되는 것은 아니며, 내부지침 등에서 정한 요건에 부합한다고 하여 반드시 그 처분이 적법한 것이라고 할 수도 없다. 22. 소방 (　　)

0051 행정규칙의 공표는 행정규칙의 성립요건이나 효력요건은 아니나, 「행정절차법」에서는 행정청은 필요한 처분기준을 당해 처분의 성질에 비추어 될 수 있는 한 구체적으로 공표하도록 하고 있다. 18. 국가 (　　)

0052 행정기관 내부의 사무처리준칙에 불과한 행정규칙은 공포되어야 하는 것은 아니므로 특별한 규정이 없는 한, 수명기관에 도달된 때부터 효력이 발생한다. 22. 지방 7급 (　　)

0053 행정관청 내부의 사무처리규정에 불과한 전결규정에 위반하여 원래의 전결권자 아닌 보조기관 등이 처분권자인 행정관청의 이름으로 행정처분을 한 경우, 그 처분은 권한 없는 자에 의하여 행하여진 것으로 무효이다. 20. 국가 (　　)

0054 행정규칙이 이를 정한 행정기관의 재량에 속하는 사항에 관한 것인 때에는 그 규정 내용이 객관적 합리성을 결여하였다는 등의 특별한 사정이 없는 한 법원은 이를 존중하는 것이 바람직하다. 21. 지방 7급 (　　)

0055 한국수력원자력 주식회사가 조달하는 기자재, 용역 및 정비공사, 기기수리의 공급자에 대한 관리업무 절차를 규정함을 목적으로 제정·운용하고 있는 '공급자관리지침' 중 등록취소 및 그에 따른 일정 기간의 거래제한조치에 관한 규정들은 상위 법령의 구체적 위임 없이 정한 것이어서 대외적 구속력이 없는 행정규칙이다. 22. 국가 (　　)

0043　✕　행정소송법 제6조(명령·규칙의 위헌판결등 공고) ① 행정소송에 대한 대법원판결에 의하여 명령·규칙이 헌법 또는 법률에 위반된다는 것이 확정된 경우에는 대법원은 지체없이 그 사유를 행정안전부장관에게 통보하여야 한다.

0044　○　조례가 집행행위의 개입 없이도 그 자체로서 직접 국민의 구체적인 권리의무나 법적 이익에 영향을 미치는 등의 법률상 효과를 발생하는 경우 그 조례는 항고소송의 대상이 되는 행정처분에 해당한다(주 : 법규명령이 그 자체로서 직접 국민의 구체적인 권리의무나 법적 이익에 영향을 미치는 등의 법률상 효과를 발생하는 경우 그러한 법규명령은 항고소송의 대상이 되는 행정처분에 해당하므로, 이와 같은 처분적 법규명령에 대해서는 취소소송 등 항고소송을 제기할 수 있음). 대법원 1996. 9. 20. 선고 95누8003 판결

0045　○　입법부·행정부·사법부에서 제정한 규칙이 별도의 집행행위를 기다리지 않고 직접 기본권을 침해하는 것일 때에는 모두 헌법소원심판의 대상이 될 수 있는 것이다. 헌법재판소 1990. 10. 15. 선고 89헌마178 결정

0046　✕　만일 하위 행정입법의 제정 없이 상위 법령의 규정만으로도 집행이 이루어질 수 있는 경우라면 하위 행정입법을 하여야 할 헌법적 작위의무는 인정되지 아니한다. 헌법재판소 2005. 12. 22. 선고 2004헌마66 결정

0047　✕　부작위위법확인소송의 대상이 될 수 있는 것은 구체적 권리의무에 관한 분쟁이어야 하고 추상적인 법령에 관하여 제정의 여부 등은 그 자체로서 국민의 구체적인 권리의무에 직접적 변동을 초래하는 것이 아니어서 그 소송의 대상이 될 수 없다. 대법원 1992. 5. 8. 선고 91누11261 판결

0048　○　부작위위법확인소송의 대상이 될 수 있는 것은 구체적 권리의무에 관한 분쟁이어야 하고 추상적인 법령에 관하여 제정의 여부 등은 그 자체로서 국민의 구체적인 권리의무에 직접적 변동을 초래하는 것이 아니어서 그 소송의 대상이 될 수 없다. 대법원 1992. 5. 8. 선고 91누11261 판결

0049　✕　구 군법무관임용법 제5조 제3항과 군법무관임용 등에 관한 법률 제6조가 군법무관의 보수의 구체적 내용을 시행령에 위임했음에도 불구하고 행정부가 정당한 이유 없이 시행령을 제정하지 않은 것은 불법행위에 해당한다(주 : 대통령령을 제정하지 아니한 입법부작위가 국가배상책임을 구성하는 것으로 본 사례). 대법원 2007. 11. 29. 선고 2006다3561 판결

0050　○　행정처분이 법규성이 없는 내부지침 등의 규정에 위배된다고 하더라도 그 이유만으로 처분이 위법하게 되는 것은 아니고, 또 내부지침 등에서 정한 요건에 부합한다고 하여 반드시 그 처분이 적법한 것이라고 할 수도 없다. 처분의 적법 여부는 그러한 내부지침 등에서 정한 요건에 합치하는지 여부가 아니라 일반 국민에 대하여 구속력을 가지는 법률 등 법규성이 있는 관계 법령의 규정을 기준으로 판단하여야 한다. 대법원 2018. 6. 15. 선고 2015두40248 판결

0051　○　행정규칙은 법규적 효력이 없으므로 법규명령과 달리 그것이 성립하거나 효력을 발함에 있어서 공포를 요하지 않는다. 한편 행정절차법은 필요한 처분기준을 해당 처분의 성질에 비추어 되도록 구체적으로 정하여 공표하도록 정하고 있다(행정절차법 제20조).

0052　○　행정부 내부의 사무처리준칙에 불과한 행정규칙은 그 성립에 있어서 특별한 요건이 요구되지 않는다. 따라서 법규명령과 달리 그 효력을 발하기 위한 요건으로 공포가 필요한 것도 아니며, 통상 수범기관(수명기관)에 도달함으로써 효력이 발생한다.

0053　✕　전결과 같은 행정권한의 내부위임은 법령상 처분권자인 행정관청이 내부적인 사무처리의 편의를 도모하기 위하여 그의 보조기관 또는 하급 행정관청으로 하여금 그의 권한을 사실상 행사하게 하는 것으로서 법률이 위임을 허용하지 않는 경우에도 인정되는 것이므로, 설사 행정관청 내부의 사무처리규정에 불과한 전결규정에 위반하여 원래의 전결권자 아닌 보조기관 등이 처분권자인 행정관청의 이름으로 행정처분을 하였다고 하더라도 그 처분이 권한 없는 자에 의하여 행하여진 무효의 처분이라고는 할 수 없다. 대법원 1998. 2. 27. 선고 97누1105 판결

0054　○　(생략) 재량권 행사의 기준으로 마련된 행정청 내부의 사무처리준칙 즉 재량준칙이라 할 것이고, 추가감면 신청 시 그에 필요한 기준을 정하는 것은 행정청의 재량에 속하므로 그 기준이 객관적으로 보아 합리적이 아니라든가 타당하지 아니하여 재량권을 남용한 것이라고 인정되지 않는 이상 행정청의 의사는 가능한 한 존중되어야 한다. 대법원 2013. 11. 14. 선고 2011두28783 판결

0055　○　한국수력원자력 주식회사가 조달하는 기자재, 용역 및 정비공사, 기기수리의 공급자에 대한 관리업무 절차를 규정함을 목적으로 제정·운용하고 있는 '공급자관리지침' 중 등록취소 및 그에 따른 일정 기간의 거래제한조치에 관한 규정들은 공공기관으로서 행정청에 해당하는 한국수력원자력 주식회사가 상위법령의 구체적 위임 없이 정한 것이어서 대외적 구속력이 없는 행정규칙이다. 대법원 2020. 5. 28. 선고 2017두66541 판결

0056 행정규칙의 내용이 상위법령이나 법의 일반원칙에 반하는 것이라면 행정내부적 효력도 인정될 수 없다.

22. 국가 7급 (　　)

0057 법령보충적 행정규칙은 물론이고 재량권 행사의 준칙이 되는 행정규칙이 행정의 자기구속원리에 따라 대외적 구속력을 가지는 경우에는 헌법소원의 대상이 될 수 있다. 23. 국가 (　　)

0058 항정신병 치료제의 요양급여 인정기준에 관한 보건복지부 고시가 다른 집행행위의 매개 없이 그 자체로서 직접 국민의 구체적인 권리의무와 법률관계를 규율하는 성격을 가질 때에는 항고소송의 대상이 되는 행정처분에 해당한다. 22. 국가 (　　)

0059 「국토의 계획 및 이용에 관한 법률」 및 같은 법 시행령이 정한 이행강제금의 부과기준은 단지 상한을 정한 것에 불과한 것이므로 행정청에 이와 다른 이행강제금액을 결정할 재량권이 있다. 15. 지방 7급 (　　)

0060 구 「청소년보호법」 제49조 제1항, 제2항에 따른 동법 시행령 제40조 [별표 6]의 위반행위의종별에따른과징금처분기준은 법규명령에 해당하고 과징금처분기준의 수액은 최고한도액이 아니라 정액이다. 13. 국가 (　　)

0061 "경찰공무원의 채용시험 또는 경찰간부후보생공개경쟁선발시험에서 부정행위를 한 응시자에 대하여는 당해 시험을 정지 또는 무효로 하고, 그로부터 5년간 이 영에 의한 시험에 응시할 수 없게 한다."라고 규정한 경찰공무원임용령 제46조 제1항은 그 수권형식과 내용에 비추어 이는 행정청 내부의 사무처리기준을 정한 재량준칙에 해당한다. 10. 국가 (　　)

0062 부령의 형식으로 정해진 제재적 행정처분의 기준은 그 규정의 성질과 내용이 행정청 내부의 사무처리준칙을 정한 것에 불과하므로 대외적으로 국민이나 법원을 구속하는 것은 아니다. 22. 국가 (　　)

0063 구 「식품위생법 시행규칙」 제53조가 정한 [별표 15]의 행정처분기준은 구 「식품위생법」 제58조에 따른 영업허가의 취소 등에 관한 행정처분의 기준을 정한 것으로 대외적 구속력이 있다. 14. 지방 (　　)

0064 구 「여객자동차 운수사업법」 제11조 제4항의 위임에 따라 시외버스운송사업의 사업계획변경에 관한 절차, 인가기준 등을 구체적으로 규정한 구 「여객자동차 운수사업법 시행규칙」 제31조 제2항 제1호, 제2호, 제6호는 행정청 내부의 사무처리준칙을 규정한 행정규칙에 불과하여 대외적 구속력이 없다. 14. 지방 (　　)

0065 헌법이 인정하고 있는 위임입법의 형식은 예시적인 것으로 보아야 할 것이고, 그것은 법률이 행정규칙에 위임하더라도 그 행정규칙은 위임된 사항만을 규율할 수 있으므로, 국회입법의 원칙과 상치되지도 않는다.

20. 군무원 (　　)

0066 법령의 규정이 특정 행정기관에게 법령 내용의 구체적 사항을 정할 수 있는 권한을 부여하면서 권한행사의 절차나 방법을 특정하지 아니한 경우에는 수임 행정기관은 행정규칙으로 법령 내용이 될 사항을 구체적으로 정할 수 있다. 20. 국가 (　　)

0056 ○ 행정규칙의 내용이 상위법령에 반하는 것이라면 법치국가원리에서 파생되는 법질서의 통일성과 모순금지 원칙에 따라 그것은 법질서상 당연무효이고, 행정내부적 효력도 인정될 수 없다. 이러한 경우 법원은 해당 행정규칙이 법질서상 부존재하는 것으로 취급하여 행정기관이 한 조치의 당부를 상위법령의 규정과 입법 목적 등에 따라서 판단하여야 한다. 대법원 2019. 10. 31. 선고 2013두20011 판결

0057 ○ 행정규칙이 법령의 규정에 의하여 행정관청에 법령의 구체적 내용을 보충할 권한을 부여한 경우나 재량권행사의 준칙인 규칙이 그 정한 바에 따라 되풀이 시행되어 행정관행이 이루어지게 되면, 평등의 원칙이나 신뢰보호의 원칙에 따라 행정기관은 그 상대방에 대한 관계에서 그 규칙에 따라야 할 자기구속을 당하게 되는 경우에는 대외적인 구속력을 가지게 되는바, 이러한 경우에는 헌법소원의 대상이 될 수도 있다. 헌법재판소 2001. 5. 31. 선고 99헌마413 결정

0058 ○ 어떠한 고시가 일반적·추상적 성격을 가질 때에는 법규명령 또는 행정규칙에 해당할 것이지만, 다른 집행행위의 매개 없이 그 자체로서 직접 국민의 구체적인 권리의무나 법률관계를 규율하는 성격을 가질 때에는 행정처분에 해당한다. 대법원 2006. 9. 22. 선고 2005두2506 판결

0059 ✕ 국토계획법 및 국토의 계획 및 이용에 관한 법률 시행령이 정한 이행강제금의 부과기준은 단지 상한을 정한 것에 불과한 것이 아니라, 위반행위 유형별로 계산된 특정 금액을 규정한 것이므로 행정청에 이와 다른 이행강제금액을 결정할 재량권이 없다고 보아야 한다. 대법원 2014. 11. 27. 선고 2013두8653 판결

0060 ✕ 구 청소년보호법 제49조 제1항, 제2항에 따른 같은 법 시행령 제40조 [별표 6]의 위반행위의 종별에 따른 과징금 처분기준은 법규명령이기는 하나 (중략) 여러 요소를 종합적으로 고려하여 사안에 따라 적정한 과징금의 액수를 정하여야 할 것이므로 그 수액은 정액이 아니라 최고한도액이다. 대법원 2001. 3. 9. 선고 99두5207 판결

0061 ✕ 경찰공무원임용령 제46조 제1항은 행정청 내부의 사무처리기준을 규정한 재량준칙이 아니라 일반 국민이나 법원을 구속하는 법규명령에 해당하므로, 그에 의한 처분은 재량행위가 아니라 기속행위라고 한 사례. 대법원 2008. 5. 29. 선고 2007두18321 판결

0062 ○ 제재적 행정처분의 기준이 부령 형식으로 규정되어 있더라도 그것은 행정청 내부의 사무처리준칙을 규정한 것에 지나지 않아 대외적으로 국민이나 법원을 기속하는 효력이 없다. 대법원 2019. 9. 26. 선고 2017두48406 판결

0063 ✕ 구 식품위생법 시행규칙 제53조에서 [별표 15]로 식품위생법 제58조에 따른 행정처분의 기준을 정하였다고 하더라도 이는 형식만 부령으로 되어 있을 뿐, 그 성질은 행정기관 내부의 사무처리준칙을 정한 것으로서 행정명령의 성질을 가지는 것이다. 대법원 1995. 3. 28. 선고 94누6925 판결

0064 ✕ 구 여객자동차 운수사업법 시행규칙 제31조 제2항 제1호, 제2호, 제6호는 구 여객자동차 운수사업법 제11조 제4항의 위임에 따라 시외버스운송사업의 사업계획변경에 관한 절차, 인가기준 등을 구체적으로 규정한 것으로서, 대외적인 구속력이 있는 법규명령이라고 할 것이고, 그것을 행정청 내부의 사무처리준칙을 규정한 행정규칙에 불과하다고 할 수는 없다(주 : 시행규칙의 내용이 제재적 처분기준을 정하고 있는 것이 아니라 수익적인 인허가의 기준을 정하고 있는 경우, 그 기준은 법규명령으로 봄). 대법원 2006. 6. 27. 선고 2003두4355 판결

0065 ○ 국회입법에 의한 수권이 입법기관이 아닌 행정기관에게 법률 등으로 구체적인 범위를 정하여 위임한 사항에 관하여는 당해 행정기관에게 법정립의 권한을 갖게 되고, 입법자가 규율의 형식도 선택할 수 있다 할 것이므로, 헌법이 인정하고 있는 위임입법의 형식은 예시적인 것으로 보아야 할 것이고, 그것은 법률이 행정규칙에 위임하더라도 그 행정규칙은 위임된 사항만을 규율할 수 있으므로, 국회입법의 원칙과 상치되지도 않는다. 헌법재판소 2006. 12. 28. 선고 2005헌바59 전원재판부

0066 ○ 법령의 규정이 특정 행정기관에게 법령 내용의 구체적 사항을 정할 수 있는 권한을 부여하면서 권한행사의 절차나 방법을 특정하지 아니한 경우에는 수임 행정기관은 행정규칙이나 규정 형식으로 법령 내용이 될 사항을 구체적으로 정할 수 있다. 대법원 2012. 7. 5. 선고 2010다72076 판결

0067 재산권 등과 같은 기본권을 제한하는 작용을 하는 법률이 입법위임을 할 때에는 법규명령에 위임함이 바람직하고, 금융감독위원회의 고시와 같은 행정규칙 형식으로 입법위임을 할 때에는 적어도 「행정규제기본법」 제4조 제2항 단서에서 정한 바와 같이 법령이 전문적·기술적 사항이나 경미한 사항으로서 업무의 성질상 위임이 불가피한 사항에 한정된다. 20. 군무원 (   )

0068 행정 각부의 장이 정하는 고시는 법령의 규정으로부터 구체적 사항을 정할 수 있는 권한을 위임받아 그 법령 내용을 보충하는 기능을 가진 경우라도 그 형식상 대외적으로 구속력을 갖지 않는다. 18. 국가 (   )

0069 대법원은 행정적 편의를 도모하기 위해 법령의 위임을 받아 제정된 절차적 규정을 법령보충적 행정규칙으로 본다. 14. 국가 (   )

0070 상위법령에서 세부사항 등을 시행규칙으로 정하도록 위임하였으나, 이를 고시 등 행정규칙으로 정하였더라도 이는 대외적 구속력을 가지는 법규명령으로서 효력이 인정된다. 19. 지방 (   )

정답 & ⭕❌ 풀이

0067 ⭕ 행정규칙은 법규명령과 같은 엄격한 제정 및 개정절차를 요하지 아니하므로, 재산권 등과 같은 <u>기본권을 제한하는 작용을 하는 법률이 입법위임을 할 때에는 대통령령, 총리령, 부령 등 법규명령에 위임함이 바람직하고, 고시와 같은 형식으로 입법위임을 할 때에는</u> 적어도 행정규제기본법 제4조 제2항 단서에서 정한 바와 같이 법령이 <u>전문적·기술적 사항이나 경미한 사항으로서 업무의 성질상 위임이 불가피한 사항에 한정된다</u> 할 것이고, 그러한 사항이라 하더라도 <u>포괄위임금지의 원칙상 법률의 위임은 반드시 구체적·개별적으로 한정된 사항에 대하여 행하여져야 한다.</u> 헌법재판소 2016. 2. 25. 선고 2015헌바191 결정

0068 ❌ 행정기관에 <u>법령의 구체적 내용을 보충할 권한을 부여한 법령규정의 효력에 의하여 그 내용을 보충하는 기능을 갖게 된다</u> 할 것이므로 <u>이와 같은 행정규칙, 규정은 당해 법령의 위임한계를 벗어나지 아니하는 한 그것들과 결합하여 대외적인 구속력이 있는 법규명령으로서의 효력을 갖게 된다.</u> 대법원 1987. 9. 29. 선고 86누484 판결

0069 ❌ 위와 같은 작성요령은 법률의 위임을 받은 것이기는 하나 법인세의 부과징수라는 <u>행정적 편의를 도모하기 위한 절차적 규정으로서 단순히 행정규칙의 성질을 가지는 데 불과하여 과세관청이나 일반국민을 기속하는 것이 아니다.</u> 대법원 2003. 9. 5. 선고 2001두403 판결

0070 ❌ <u>상위법령에서 세부사항 등을 시행규칙으로 정하도록 위임하였음에도 이를 고시 등 행정규칙으로 정하였다면 그 역시 대외적 구속력을 가지는 법규명령으로서 효력이 인정될 수 없다.</u> 대법원 2012. 7. 5. 선고 2010다72076 판결

행정행위의 의의 및 기속행위와 재량행위

1 행정행위의 의의

> **행정소송법 제2조(정의)** ① 이 법에서 사용하는 용어의 정의는 다음과 같다.
> 1. '처분등'이라 함은 행정청이 행하는 구체적 사실에 관한 법집행으로서의 공권력의 행사 또는 그 거부와 그 밖에 이에 준하는 행정작용 및 행정심판에 대한 재결을 말한다.

① 행정청의 행위

- 조직법상 의미 × 기능적 의미 ○ ➡ 행정권한을 위임·위탁받은 행정기관, 공공단체, 사인 등 포함

② 구체적 사실에 대한 행위

- 일반적·추상적 행위(ex 행정입법): 처분 ×

- 일반적·구체적 행위: 처분 ○(일반처분)
  - 대인적 일반처분: 청소년유해매체물결정 및 고시
  - 대물적 일반처분: 횡단보도 설치, 개별공시지가결정, 개발제한구역지정 등

③ 법적 행위

- 국민의 권리의무에 직접적으로 영향을 미치는 행위

- 행정조직의 내부행위: 처분 ×

- 사실행위(ex 도로 보수, 경계 측량, 표지판 설치 등): 처분 ×

④ 권력적 단독행위

- 행정청이 우월한 지위에서 일방적으로 국민의 권리의무에 영향을 미치는 행위

- 비권력적 작용(ex 공법상 계약, 행정지도 등): 처분 ×

⑤ 공법행위

- 사법형식의 행위(ex 국유 일반재산의 매각 또는 대부 등): 처분 ×

2 기속행위와 재량행위

① 의의

- 기속행위 : 법에서 정한 요건이 충족되면 반드시 일정한 행위를 하거나 하지 말아야 하는 행정행위

- 재량행위 : 요건이 충족되었더라도 행정청에게 행위를 할 것인지, 어떠한 행위를 할 것인지 재량이 인정되는 행정행위

- 기속재량행위
  - 원칙 기속행위
  - 예외 if 중대한 공익상 필요 ○ ➡ 법령상 제한사유 없더라도 신청을 거부할 수 있는 행위
  - ex 주유소등록, 건축허가, 사설납골시설(묘지) 설치신고의 수리, 채광계획인가, 산림형질변경허가, 산림훼손, 입목굴채허가, 토사채취 등

② 구별기준

- 법문언기준설 : 1차적으로 법규정의 문언, 2차적으로 일체의 사정을 종합적으로 고려하여 판단

- 수익적 행정행위 : 재량행위

기속행위	재량행위
• 음주측정 불응 시 운전면허취소	• 귀화허가
• 보충역에 대한 공익근무요원 소집처분	• 난민인정 결정의 취소
• 육아휴직 중인 여성공무원의 복직 및 출산휴가 신청	• 출입국관리법상 체류자격 변경허가
• 식품위생법상 일반음식점 영업허가	• 재외동포에 대한 사증발급
• 난민 인정	• 개발제한구역 내 개발행위허가
• 거짓 또는 부정한 방법으로 지급받은 유가보조금 환수처분	• 주택건설사업계획의 승인
• 학교법인 이사취임승인처분	• 공유수면의 점용·사용허가
• 국유재산의 무단점유에 대한 변상금 부과·징수	• 토지형질변경허가
• 교육환경보호구역에서 일정한 건축물을 건축하려는 자가 제출한 교육환경평가서의 승인	• 개인택시 운송사업면허
	• 여객자동차 운송사업면허 또는 사업계획 변경인가
	• 복수의 민간공원추진자 중 특정 제안자를 우선협상대상자로 지정
	• 야생동·식물보호법 상 용도변경승인 등
	• 비관리청 항만공사 시행허가
	• 가축분뇨법에 따른 처리방법 변경허가
	• 허가 없이 토지형질변경한 자에 대한 시정명령
	• 학교용지부담금 부과

③ 구별 실익

(1) 사법심사 방식

- 기속행위: 법원이 사실인정과 법규의 해석·적용을 통해 일정한 결론 도출 후 그 결론에 비추어 처분의 위법 여부를 독자의 입장에서 판단

- 재량행위: 일정한 결론 도출 없이, 재량의 한계 일탈 여부만 판단

(2) 부관의 부가가능성

- 기속(재량)행위: 법률에 근거 없는 한 부관 부가 불가능 ➡ **부관을 부가하더라도 무효**

- 재량행위: 법률에 근거 없더라도 부관 부가 가능

(3) 선원주의 적용 여부

- 선원주의: 경원관계에 있어서 먼저 요건 충족하여 신청한 자에게 허가 등 처분을 해야 하는 원칙

- 기속행위: 선원주의 적용 ○ / 재량행위: 선원주의 적용 ×

④ 재량의 한계

> **행정소송법 제27조(재량처분의 취소)**
> 행정청의 재량에 속하는 처분이라도 재량권의 한계를 넘거나 그 남용이 있는 때에는 법원은 이를 취소할 수 있다.

- 심사기준: 비례의 원칙 등 행정법의 일반원칙 위반, 사실오인, 재량의 불행사, 재량의 해태 등
  - 재량의 불행사 ➡ 그 자체로 재량권 일탈·남용 (ex) 유승준 사례)

재량권 일탈·남용 ○	• 유사휘발유 판매사실을 몰랐던 양수인에 대하여 한 6개월의 사업정지처분 • 관련 사정을 고려하지 않고 의료기관의 개설명의인 또는 비의료인 개설자를 상대로 요양급여 전액을 징수하는 경우 • 조달청과 우수조달물품을 납품하는 계약을 체결한 후 프리미엄급 의자를 납품한 업체에 대하여 한 입찰참가자격제한처분 • 면허발급의 우선순위에 해당함이 명백함에도 개인택시운송사업면허 거부처분을 한 경우 • 경찰공무원에 대한 징계위원회 심의과정에서 감경사유인 공적사항이 제시되지 않은 경우
재량권 일탈·남용 ×	• 신호위반 운전자로부터 1만원 뇌물을 수수한 경찰공무원에 대한 해임 • 음주운전 또는 음주측정거부를 이유로 한 운전면허취소 (원칙적으로 공익 > 사익) • 전국공무원노조 간부 10여명과 함께 시장의 사택 방문한 자에 대한 파면처분 • 생물학적 동등성 시험자료 일부에 조작이 있음을 이유로 한 의약품 회수·폐기 • 생활협동조합 명의를 빌려 의료기관을 개설한 실질적 개설자에 대한 요양급여비용 전액 징수 • 뇌물수수 사실을 은폐하기 위해 고소인을 무고한 경찰공무원에 대하여 한 해임처분 • 수입녹용의 성분이 기준치 0.5% 초과했음을 이유로 한 전량 폐기 또는 반송

⑤ 기타 판례가 재량행위로 본 사례

• 교과서 검정	• 현역복무 부적합자 전역 결정
• 공무원임용 면접전형	• 사법시험 2차 시험 등 논술형 시험 채점행위
• 시험의 합격기준(절대/상대평가) 결정	• 수능시험 및 대학별 입학전형
• 국립묘지의 영예성 훼손 여부 판단	• 국토계획법상 개발행위허가
• 예방접종으로 인한 질병·장애·사망 인정 여부 결정	• 국방부장관 또는 군부대장의 전문적·군사적 판단
• 건설공사를 위한 고분발굴허가	• 신의료기술의 안전성·유효성 평가
• 국립대학교 총장임용(정성평가)	• 문화재 보존을 위한 사업인정 등 처분

주제 04 허가

1 의의

- 질서유지(공익)를 위해 잠정적으로 제한되거나 금지된 국민의 자유를 회복시켜주는 것(명령적 행위)

- ex 건축허가, 일반음식점 영업허가, 운전면허 등

2 법적 성질

- 원칙 기속행위
  - ex 식품위생법상 대중음식점영업허가, 기부금품모집허가, 주류판매업 면허, 토지분할신청

- 예외 기속재량행위
  - ex 건축허가, 산림훼손, 입목굴채허가, 토사채취, 사설묘지설치

- 주된 허가가 기속행위더라도 의제되는 인·허가가 재량행위인 경우, 주된 허가도 그 범위에서는 재량행위
  - ex 개발행위허가(토지형질변경허가)가 의제되는 건축허가, 공유수면점용허가가 의제되는 채광계획인가

3 허가의 신청

- 신청 필수 × ➡ 신청 없이도 허가 가능 ex 집합금지해제
  - if 신청 내용과 다른 허가 ➡ 허가는 무효 × ex 개축허가신청에 대한 대수선 및 용도변경허가

- 허가의 기준시

  > **행정기본법 제14조(법 적용의 기준)** ② 당사자의 신청에 따른 처분은 법령등에 특별한 규정이 있거나 처분 당시의 법령등을 적용하기 곤란한 특별한 사정이 있는 경우를 제외하고는 **처분 당시의 법령등에 따른다.**

4 허가의 효과

① 허가권자의 이익

- 원칙 공익 보호의 결과 얻게 된 반사적 이익 ➡ 원고적격 ×

- 예외 허가의 근거 또는 관련 법규의 해석상 법률상 이익(사익 보호성) 도출 ➡ 원고적격 ○

- ex 근거 법규가 거리제한 규정을 두는 등 해당 업자들 사이의 과당경쟁으로 인한 경영의 불합리 방지도 목적으로 하는 경우 ➡ **원고적격 ○**
- (거리제한 규정 ○) 담배 일반소매인의 신규 '일반'소매인에 대한 이익 ➡ **법률상 이익 ○**
- (거리제한 규정 ×) 담배 일반소매인의 신규 '구내'소매인에 대한 이익 ➡ **법률상 이익 ×**

② 다른 법률상 제한

- if 허가 ○ ➡ 허가 대상 행위에 대한 금지만 해제될 뿐, 다른 법률에 의한 금지는 해제 ×

- ex if 공무원이 식품위생법상 영업허가 ○

  ➡ 식품위생법상 금지 해제 ○, But 국가공무원법상 영리업무금지 해제 ×

③ 무허가행위의 효과

- 위법 ➡ 행정상 강제집행, 행정벌 등

- 사법상 효력 : 무효 × ex 건축허가 없이 건물을 건축하여도 사법상 건물의 소유권은 취득함)

④ 건축허가 관련 주요 판례

- 건축허가 ➡ 허가 대상 건축물에 대한 권리변동에 수반하여 이전, 인적 요소는 형식적 심사

- 건축허가 명의자와 실제로 건물을 건축한 자가 다른 경우
  ➡ 건축허가 명의와 관계없이 실제로 건물을 건축한 자가 건물의 소유권 취득함

- 건축허가 시 정한 공사 착수기간이 지난 후 공사에 착수한 경우
  ➡ 특별한 공익상 필요가 인정되지 않는 한 그러한 사정만으로 건축허가 취소할 수 없음

- 식품접객업 영업허가를 신청한 건물이 무허가건물인 경우 ➡ 식품접객업 영업허가를 받을 수 없음

5 허가의 기간 및 갱신

① 의의

- 허가 자체의 존속기간 : 기간 경과 ➡ 허가 실효

- 허가 조건의 존속기간(갱신기간) : 갱신기간 도래 ➡ 허가 실효 × 조건의 개정(갱신) 고려 ○

- 구별기준 : 허가의 대상이 되는 사업의 성질 고려
  - 허가기간이 사업의 성질상 부당하게 짧은 경우 : 허가조건의 존속기간(ex 사도개설허가의 공사기간)
  - But 허가조건의 존속기간인 경우에도 허가기간 연장 위해서는 종기 전 갱신 신청을 하여야 함
    ➡ ∴ if 갱신 신청 ✕ 기간 도과 ➡ 허가 실효

② 허가조건의 존속기간

- 유효기간(갱신기간) 내 갱신 신청 ○ ➡ 특별한 사정이 없는 한 갱신 거부 불가능
  - if 갱신 ○ ➡ 종전 허가는 동일성 유지한 채 계속 존속 ∴ 갱신 전 사유를 이유로 갱신 후 제재처분 가능
  - 갱신으로 인해 허가기간이 부당하게 짧은 경우에 해당하지 않게 된 경우 ➡ 갱신 거부 가능
  - if 갱신 신청하였으나 행정청이 갱신 가부 결정 ✕ ➡ 유효기간 지나도 허가 실효 ✕

- 갱신제 운용 ➡ 상대방은 '공정한 심사' 요구할 권리 ○
  - 공정한 심사 : 심사기준이 사전에 마련 ＋ 공표 ∴ 공표된 심사기준의 중대한 변경 ➡ 원칙적으로 허용 ✕

- 유효기간 내 갱신 신청 ✕
  - 허가는 실효됨
  - 유효기간 이후의 갱신 신청 : 갱신 신청 ✕, 새로운 허가의 신청 ○
    ∴ 허가요건의 충족 여부 새로이 판단하여 허가 또는 거부처분 가능

③ 허가자체의 존속기간

- 기간 경과 : 허가는 당연히 실효
  - ex 어업에 관한 허가 또는 신고 ➡ 기간연장제도 부존재 ∴ 유효기간 경과 시 당연실효

- 기간 연장 신청 : 갱신 신청 ✕, 새로운 허가의 신청 ○

6　허가 받은 영업 등의 양도

① 의의

- 영업허가의 양도 : 허가받은 영업 일체를 양도인과 양수인 간의 합의로 양수인에게 이전하는 것

- 대물적 허가 : 별도의 규정 없어도 양도 가능

- 대인적 허가 : 원칙적으로 양도 불가

② 영업허가 양도의 성질

- 영업허가 양도 시 영업양도양수 사실에 대한 신고 필요(지위승계신고)

- 지위승계신고 : 수리를 요하는 신고(수리 있어야 효과 발생)
  - 신고 수리(처분) : 양도인에 대한 허가 철회 + 양수인에 대한 신규 허가
  ∴ 양도인에 대해서 불이익한 처분 ➡ 행정절차법상 사전통지 및 의견청취절차 거칠 필요 O

- 신고 수리 전, 양도인에 대한 영업허가 취소 ➡ 양수인은 영업허가취소를 다툴 법률상 이익 O

- 신고 수리 전, 양수인의 법 위반행위 ➡ 수리 전에는 지위승계 효과 발생 ✕
  ∴ 여전히 양도인이 허가(명의)자 ➡ 제재처분의 상대방은 허가명의자인 양도인 O

- if 기본행위인 영업양도가 무효 ➡ 수리처분의 무효확인을 구할 법률상 이익 O

③ 제재처분의 효과 및 제재사유의 승계

- 명문의 규정이 있는지 여부를 불문하고 원칙적으로 양수인에게 승계(∵ 대물성)

- **최신판례**
  - 유가보조금 부정수급 사례) 선의의 양수인에게도 승계 O But 양수인의 책임 범위 ➡ 승계 이후부터
  - 개설자가 요양기관 폐업 후 새로 요양기관 개설한 사례) 승계 ✕(∵ 개설자에 대하여 제재 가능)
  - 종전 사업시행자에 취소사유 O But 변경승인 과정에서 새롭게 심사 ➡ 승계 ✕

7 허가와 구별개념 : 예외적 승인

- 사회적으로 유해한 행위를 원칙적으로 금지하고 예외적인 경우에만 허용(억제적 금지의 해제)

- 법적 성질 : 재량행위

- ex 개발제한구역 내 건축허가, 학교환경위생정화구역 내 금지해제, 마약류 사용허가, 사행행위 영업허가, 토지보상법상 타인 토지 출입허가

주제 05 특허와 인가

1 특허

① 의의

- 특정인에 대하여 새로운 권리·능력 등을 부여(설정)하는 행위(설권행위)

- ex 버스운송사업면허, 폐기물처리업허가, 도로점용허가, 공유수면점용허가, 공무원임명, 귀화허가 등

② 법적 성질

- 협력을 요하는 행정행위 : 반드시 신청 필요

- 재량행위

- 법률상 이익(∵ 배타적·독점적 지위 부여)

③ 판례가 특허로 본 사례

• 광업권 설정	• 도로, 하천, 공유수면 점용허가
• 지구별 어업협동조합의 업무구역 내 어업면허	• 공유수면매립면허
• 재개발·재건축 조합설립인가	• 공증인 인가·임명
• 토지등소유자에 대한 사업시행인가	• 출입국관리법상 체류자격 변경허가
• 귀화허가	• 보세구역 설영특허
• 개인택시운송사업면허	• 대기오염물질 총량관리사업장 설치 또는 변경허가
• 마을버스운송사업면허	• 개발촉진지구 내 지역개발사업 실시계획승인
• 자동차운수사업면허	

2 인가

① 의의

- 타인의 법률행위를 보충하여 그 행위의 법적 효과를 완성시켜주는 행정행위(보충행위)

② 판례가 인가로 본 사례

• 학교법인 임원취임승인(기속)	• 재단법인 정관변경허가
• 재단법인 임원취임승인(재량)	• 사회복지법인의 정관변경허가(재량)
• 국토이용관리법상 토지거래허가(기속)	• 조합설립추진위원회 구성승인처분
• 공익법인의 기본재산처분허가(재량)	• 개인택시운송사업면허 양도·양수 인가
• 사업시행계획인가(재량)	• 공유수면매립면허 양도·양수 인가
• 관리처분계획인가(기속)	• 자동차관리사업자 조합설립인가(재량)
	• 도시정비법 상 조합의 정관변경인가

③ 인가의 효과

- 기본행위의 법적 효력 발생

- 무인가행위 : 사법상 무효 ○ But 처벌 대상 ✕

④ 권리구제방법

- if 기본행위 무효 ➡ 인가도 무효(∴ 기본행위도 여전히 무효)

- if 기본행위에 취소사유 존재 ➡ 기본행위가 취소되지 않는 한 인가는 유효, 취소되면 인가도 실효

- if 기본행위에만 하자 존재 ➡ 기본행위에 대한 소송 ○, 인가에 대한 항고소송 ✕(∵ 법률상 이익 ✕)

- if 기본행위 하자 ✕, 인가 자체에만 하자 ○ ➡ 인가에 대한 항고소송 ○

그 밖의 행정행위

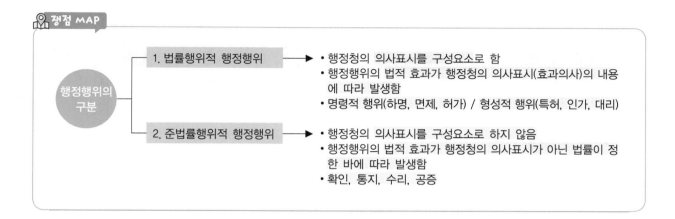

쟁점 MAP

행정행위의 구분

1. 법률행위적 행정행위
   - 행정청의 의사표시를 구성요소로 함
   - 행정행위의 법적 효과가 행정청의 의사표시(효과의사)의 내용에 따라 발생함
   - 명령적 행위(하명, 면제, 허가) / 형성적 행위(특허, 인가, 대리)

2. 준법률행위적 행정행위
   - 행정청의 의사표시를 구성요소로 하지 않음
   - 행정행위의 법적 효과가 행정청의 의사표시가 아닌 법률이 정한 바에 따라 발생함
   - 확인, 통지, 수리, 공증

---

1 확인

- 특정한 사실 또는 법률관계의 존부나 정부를 공적으로 확인하는 행위

- 확인의 예

• 당선인결정	• 행정심판의 재결
• 장애등급결정	• 이의신청의 결정(재결)
• 국가유공자등록결정	• 소득금액의 결정
• 민주화운동 관련자 결정	• 발명특허
• 국가시험 합격자 결정	• 준공검사(사용검사)
• 교과서검정	• 친일반민족행위자의 재산에 대한 국가귀속결정
• 도로·하천구역 결정	• 국방전력발전업무훈령에 의한 연구개발확인서 발급

2 공증

- 특정한 사실 또는 법률관계의 존부를 공적으로 증명하는 행위

- 주요 판례

처분성 ○	처분성 ×
• 건설업면허증 및 면허수첩 재교부 • 의료유사업자의 자격증 갱신발급 • 지목변경신청 반려 • 건축물용도변경신청 반려 • 토지/건축물대장 직권말소 • 건축물대장 작성신청 거부 • 구분소유 건축물을 하나의 건축물로 건축물대장 합병	• 무허가건물관리대장에서 삭제 • 토지대장의 소유자명의변경신청 거부

3 통지

- 특정인 또는 불특정 다수인에게 일정한 사실을 알림으로써 법적 효과를 발생시키는 행위

- 주요 판례

처분성 ○ (통지로 본 사례)	처분성 × (단순한 사실의 통지로 본 사례)
• 재임용거부 취지의 임용기간만료 통지 • 과징금 감면신청에 대한 감면불인정 통지	• 국가공무원법상 당연퇴직의 통지 • 국가공무원법상 정년퇴직 발령 • 국민건강보험 가입자자격변동 통지

4 수리

- 수리를 요하는 신고에 있어서의 수리(처분)

- 비교 수리를 요하지 않는 신고의 수리 : 단순한 접수행위(사실행위)에 불과(처분 ×)

- 지위승계신고 수리 있은 후, 기본행위가 무효로 된 경우 ➡ 수리도 무효(항고소송의 법률상 이익 ○)

기출 ⓄⓍ Check

0071 시·도경찰청장이 횡단보도를 설치하여 보행자 통행방법 등을 규제하는 것은 국민의 권리·의무에 직접 관계가 있는 행위로서 행정처분이다. 22. 지방 (   )

0072 권한 있는 장관이 행한 국립공원지정처분에 따라 공원관리청이 행한 경계측량 및 표지의 설치는 행정처분이다.
14. 국가 (   )

0073 기속행위와 재량행위의 구분은 당해 행위의 근거가 된 법규의 체재·형식과 그 문언, 당해 행위가 속하는 행정 분야의 주된 목적과 특성, 당해 행위 자체의 개별적 성질과 유형 등을 모두 고려하여 판단하여야 한다.
20. 지방 (   )

0074 산림형질변경허가시 법령상의 금지 또는 제한지역에 해당하지 않더라도 국토 및 자연의 유지와 상수원 수질과 같은 환경의 보전 등을 위한 중대한 공익상의 필요가 있을 경우 그 허가를 거부할 수 있다. 12. 지방 (   )

0075 법규에 명문의 근거가 없음에도 환경보전이라는 중대한 공익상의 이유로 산림훼손허가를 거부하는 것은 법률유보의 원칙에 비추어 허용되지 않는다. 17. 국가 7급 (   )

정답 & ⓄⓍ 풀이

0071 ○ 도로교통법 제10조 제1항의 취지에 비추어 볼 때, 지방경찰청장이 <u>횡단보도를 설치</u>하여 보행자의 통행방법 등을 규제하는 것은 행정청이 특정사항에 대하여 의무의 부담을 명하는 행위이고 이는 국민의 권리의무에 직접 관계가 있는 행위로서 <u>행정처분이라고 보아야 할 것이다.</u> 대법원 2000. 10. 27. 선고 98두8964 판결

0072 ✕ 건설부장관이 행한 국립공원지정처분은 그 결정 및 첨부된 도면의 공고로써 그 경계가 확정되는 것이고, <u>시장이 행한 경계측량 및 표지의 설치</u> 등은 공원관리청이 공원구역의 효율적인 보호, 관리를 위하여 이미 확정된 경계를 인식, 파악하는 <u>사실상의 행위로 봄이 상당하며, 위와 같은 사실상의 행위를 가리켜 공권력행사로서의 행정처분의 일부라고 볼 수 없고,</u> 이로 인하여 건설부장관이 행한 공원지정처분이나 그 경계에 변동을 가져온다고 할 수 없다. 대법원 1992. 10. 13. 선고 92누2325 판결

0073 ○ 행정행위가 그 재량성의 유무 및 범위와 관련하여 이른바 기속행위 내지 기속재량행위와 재량행위 내지 자유재량행위로 구분된다고 할 때, 그 구분은 <u>당해 행위의 근거가 된 법규의 체재·형식과 그 문언, 당해 행위가 속하는 행정 분야의 주된 목적과 특성, 당해 행위 자체의 개별적 성질과 유형 등을 모두 고려하여 판단하여야 한다.</u> 대판 2001. 2. 9. 선고 98두17593 판결

0074 ○ <u>산림형질변경허가</u>는 법령상의 금지 또는 제한지역에 해당하지 않더라도 신청 대상 토지의 현상과 위치 및 주위의 상황 등을 고려하여 국토 및 자연의 유지와 상수원 수질과 같은 환경의 보전 등을 위한 <u>중대한 공익상의 필요가 있을 경우 그 허가를 거부할 수 있다.</u> 대법원 2000. 7. 7. 선고 99두66 판결

0075 ✕ <u>산림훼손행위</u>는 국토의 유지와 환경의 보전에 직접적으로 영향을 미치는 행위이므로 법령이 규정하는 산림훼손 금지 또는 제한지역에 해당하는 경우는 물론 <u>금지 또는 제한지역에 해당하지 않더라도</u> 허가관청은 산림훼손허가신청 대상토지의 현상과 위치 및 주위의 상황 등을 고려하여 국토 및 자연의 유지와 환경의 보전 등 중대한 공익상 필요가 있다고 인정될 때에는 허가를 <u>거부할 수 있고, 그 경우 법규에 명문의 근거가 없더라도 거부처분을 할 수 있다.</u> 대법원 1997. 9. 12. 선고 97누1228 판결

0076 국유재산의 무단점유에 대한 변상금 징수의 요건은 「국유재산법」에 명백히 규정되어 있으므로 변상금을 징수할 것인가는 처분청의 재량을 허용하지 않는 기속행위이다. 22. 지방 (   )

0077 귀화허가는 강학상 허가에 해당하므로, 귀화신청인이 귀화 요건을 갖추어서 귀화허가를 신청한 경우에 법무부장 관은 귀화허가를 해 주어야 한다. 21. 국가 7급 (   )

0078 「여객자동차 운수사업법」상 개인택시운송사업면허 및 「출입국관리법」상 체류자격 변경허가는 모두 재량행위이 다. 22. 지방 (   )

0079 「국토의 계획 및 이용에 관한 법률」상 개발행위허가는 허가기준 및 금지요건이 불확정개념으로 규정된 부분이 많아 그 요건에 해당하는지 여부는 행정청의 재량판단의 영역에 속한다. 20. 지방 (   )

0080 주택재건축사업시행의 인가는 상대방에게 권리나 이익을 부여하는 효과를 가진 이른바 수익적 행정처분으로서 법령에 행정처분의 요건에 관하여 일의적으로 규정되어 있지 아니한 이상 행정청의 재량행위에 속한다.
10. 국가 (   )

0081 마을버스운송사업면허의 허용 여부는 운수행정을 통한 공익실현과 아울러 합목적성을 추구하기 위하여 보다 구 체적 타당성에 적합한 기준에 의하여야 할 것이므로 행정청의 재량에 속하는 것이라고 보아야 한다.
20. 지방 (   )

0082 구 「수도권대기환경특별법」상 대기오염물질 총량관리사업장 설치허가는 재량행위이다. 22. 지방 (   )

0083 「국가공무원법」상 휴직 사유 소멸을 이유로 한 신청에 대한 복직명령은 재량행위이다. 22. 지방 (   )

0084 재량권의 일탈이란 재량권의 내적 한계를 벗어난 것을 말하고, 재량권의 남용이란 재량권의 외적 한계를 벗어난 것을 말한다. 15. 국가 (   )

0085 건설공사를 계속하기 위한 매장문화재의 발굴허가신청에 대하여, 이를 원형 그대로 매장되어 있는 상태를 유지 하기 위해 「문화재보호법」 등 관계법령이 정하는 바에 따라 내린 허가권자의 불허가 조치는 재량권의 일탈·남 용에 해당하지 아니한다. 14. 지방 7급 (   )

0086 기속행위의 경우 법원이 사실인정과 관련 법규의 해석·적용을 통하여 일정한 결론을 도출한 후 그 결론에 비추 어 행정청이 한 판단의 적법 여부를 독자의 입장에서 판정한다. 20. 국가 7급 (   )

0087 재량행위에 대한 사법심사의 경우 법원은 행정청의 재량에 기한 공익판단의 여지를 감안하여 독자의 결론을 도 출함이 없이 당해 행위에 재량권의 일탈·남용이 있는지 여부만을 심사한다. 16. 국가 (   )

0076 ○ <u>국유재산의 무단점유 등에 대한 변상금 징수의 요건은 국유재산법 제51조 제1항에 명백히 규정되어 있으므로 변상금을 징수할 것인가는 처분청의 재량을 허용하지 않는 기속행위</u>이고, 여기에 재량권 일탈·남용의 문제는 생길 여지가 없다. 대법원 1998. 9. 22. 선고 98두7602 판결

0077 ✕ <u>귀화허가</u>는 외국인에게 대한민국 국적을 부여함으로써 국민으로서의 법적 지위를 포괄적으로 설정하는 행위에 해당한다. 한편, 국적법 등 관계 법령 어디에도 외국인에게 대한민국의 국적을 취득할 권리를 부여하였다고 볼 만한 규정이 없다. 이와 같은 귀화허가의 근거 규정의 형식과 문언, 귀화허가의 내용과 특성 등을 고려해 보면, <u>법무부장관은 귀화신청인이 귀화 요건을 갖추었다 하더라도 귀화를 허가할 것인지 여부에 관하여 재량권을 가진다</u>고 보는 것이 타당하다. 대법원 2010. 10. 28. 선고 2010두6496 판결

0078 ○ 여객자동차운수사업법에 따른 <u>개인택시운송사업 면허는 특정인에게 권리나 이익을 부여하는 재량행위</u>이고, 행정청이 면허 발급 여부를 심사함에 있어 이미 설정된 면허기준의 해석상 당해 신청이 면허발급의 우선순위에 해당함이 명백함에도 불구하고 이를 제외시켜 면허거부처분을 하였다면 특별한 사정이 없는 한 그 거부처분은 재량권을 남용한 위법한 처분이다. 대법원 2002. 1. 22. 선고 2001두8414 판결
출입국관리법상 체류자격 변경허가는 신청인에게 당초의 체류자격과 다른 체류자격에 해당하는 활동을 할 수 있는 권한을 부여하는 일종의 <u>설권적 처분의 성격</u>을 가지므로, 허가권자는 신청인이 관계 법령에서 정한 요건을 충족하였더라도, 신청인의 적격성, 체류 목적, 공익상의 영향 등을 참작하여 허가 여부를 결정할 수 있는 <u>재량을 가진다.</u> 대법원 2016. 7. 14. 선고 2015두48846 판결

0079 ○ 국토의 계획 및 이용에 관한 법률상 <u>개발행위허가는 허가기준 및 금지요건이 불확정개념으로 규정된 부분이 많아 그 요건에 해당하는지 여부는 행정청의 재량판단의 영역에 속한다.</u> 그러므로 그에 대한 사법심사는 행정청의 공익판단에 관한 재량의 여지를 감안하여 원칙적으로 재량권의 일탈·남용이 있는지 여부만을 대상으로 하고, 사실오인과 비례·평등원칙 위반 여부 등이 판단 기준이 된다. 대법원 2021. 3. 25. 선고 2020두51280 판결

0080 ○ 주택재건축<u>사업시행의 인가</u>는 상대방에게 권리나 이익을 부여하는 효과를 가진 이른바 <u>수익적 행정처분</u>으로서 법령에 행정처분의 요건에 관하여 일의적으로 규정되어 있지 아니한 이상 <u>행정청의 재량행위에 속하므로,</u> 처분청으로서는 법령상의 제한에 근거한 것이 아니라 하더라도 공익상 필요 등에 의하여 필요한 범위 내에서 여러 조건(부담)을 부과할 수 있다. 대법원 2007. 7. 12. 선고 2007두6663 판결

0081 ○ <u>마을버스운송사업면허의 허용 여부</u>는 사업구역의 교통수요, 노선결정, 운송업체의 수송능력, 공급능력 등에 관하여 기술적·전문적인 판단을 요하는 분야로서 이에 관한 행정처분은 운수행정을 통한 공익실현과 아울러 합목적성을 추구하기 위하여 보다 구체적 타당성에 적합한 기준에 의하여야 할 것이므로 그 범위 내에서는 법령이 특별히 규정한 바가 없으면 <u>행정청의 재량에 속하는 것</u>이다. 대법원 2002. 6. 28. 선고 2001두10028 판결

0082 ○ 구 수도권대기환경특별법 제14조 제1항에서 정한 <u>대기오염물질 총량관리사업장 설치의 허가 또는 변경허가는 특정인에게 인구가 밀집되고 대기오염이 심각하다고 인정되는 수도권 대기관리권역에서 총량관리대상 오염물질을 일정량을 초과하여 배출할 수 있는 특정한 권리를 설정하여 주는 행위로서 그 처분의 여부 및 내용의 결정은 행정청의 재량에 속한다.</u> 대법원 2013. 5. 9. 선고 2012두22799 판결

0083 ✕ <u>육아휴직 중인 여성 교육공무원이 출산휴가 요건을 갖추어 복직신청을 하는 경우는 물론 그 이전에 미리 출산을 이유로 복직신청을 하는 경우에도 임용권자는 출산휴가 개시 시점에 휴직사유가 없어졌다고 보아 복직명령과 동시에 출산휴가를 허가하여야 한다.</u> 대법원 2014. 6. 12. 선고 2012두4852 판결

0084 ✕ 재량의 외적 한계를 벗어난 것을 재량의 일탈, 재량의 내적 한계를 벗어난 것을 재량의 남용이라 한다.

0085 ○ 구 문화재보호법 제44조 제1항 단서 제3호의 규정에 의한 '건설공사를 계속하기 위한 고분발굴허가'는 재량행위이다(신라시대의 주요한 역사·문화적 유적이 다수 소재한 선도산에 위치한 고분에 대한 발굴불허가처분이 재량권의 일탈 또는 남용이 아니라고 한 사례). 대법원 2000. 10. 27. 선고 99두264 판결

0086 ○ 행정행위를 기속행위와 재량행위로 구분하는 경우 양자에 대한 사법심사는, <u>기속행위의 경우 그 법규에 대한 원칙적인 기속성으로 인하여 법원이 사실인정과 관련 법규의 해석·적용을 통하여 일정한 결론을 도출한 후 그 결론에 비추어 행정청이 한 판단의 적법 여부를 독자의 입장에서 판정하는 방식</u>에 의하게 된다. 대법원 2005. 7. 14. 선고 2004두6181 판결

0087 ○ 재량행위의 경우 <u>행정청의 재량에 기한 공익판단의 여지를 감안하여 법원은 독자의 결론을 도출함이 없이 당해 행위에 재량권의 일탈·남용이 있는지 여부만을 심사하게 된다.</u> 대법원 2005. 7. 14. 선고 2004두6181 판결

0088 사실의 존부에 대한 판단에도 재량권이 인정될 수 있으므로, 사실을 오인하여 재량권을 행사한 경우라도 처분이 위법한 것은 아니다. 20. 국가 7급 (   )

0089 법령에 과징금의 임의적 감경사유가 있음에도 감경사유에 해당하지 않는다고 오인하여 과징금을 감경하지 않은 경우, 그 과징금 부과처분은 재량권을 일탈·남용한 위법한 처분이 아니다. 14. 지방 7급 (   )

0090 허가는 일반적 금지를 해제하여 본래의 자유를 회복시켜 주는 명령적 행위라고 할 수 있다. 11. 국가 (   )

0091 주류판매업면허는 강학상의 허가로 해석되므로 「주세법」에 열거된 면허제한사유에 해당하지 아니하는 한 면허관청으로서는 임의로 그 면허를 거부할 수 없다. 14. 지방 (   )

0092 건축허가권자는 중대한 공익상의 필요가 없음에도 관계 법령에서 정하는 제한사유 이외의 사유를 들어 건축허가 요건을 갖춘 자에 대한 허가를 거부할 수 있다. 19. 국가 (   )

0093 「국토의 계획 및 이용에 관한 법률」에 의해 지정된 도시지역 안에서 토지의 형질변경행위를 수반하는 건축허가는 재량행위에 속한다. 19. 국가 (   )

0094 건축허가 신청 후 건축허가기준에 관한 관계 법령 및 조례의 규정이 신청인에게 불리하게 개정된 경우, 당사자의 신뢰를 보호하기 위해 처분 시가 아닌 신청 시 법령에서 정한 기준에 의하여 건축허가 여부를 결정하는 것이 원칙이다. 18. 지방 (   )

0095 이미 허가한 영업시설과 동종의 영업허가를 함으로써 기존 업자의 영업이익에 피해가 발생한 경우 기존 업자는 동종의 신규 영업허가의 취소소송을 제기할 수 있는 원고적격이 인정된다. 19. 지방 (   )

0096 한약조제시험을 통하여 약사에게 한약조제권을 인정함으로써 한의사들의 영업상 이익이 감소되었다고 하더라도 이러한 이익은 사실상의 이익에 불과하다. 14. 지방 (   )

0097 허가는 근거법상의 금지를 해제하는 효과만 있을 뿐, 타법에 의한 금지까지 해제하는 효과가 있는 것은 아니다.
19. 지방 (   )

0098 허가를 받지 않고 행한 영업행위는 행정상 강제집행이나 처벌의 대상은 되지만, 행위 자체의 법률적 효력은 영향을 받지 않는 것이 원칙이다. 19. 지방 (   )

0099 건축허가시 건축허가서에 건축주로 기재된 자는 당연히 그 건물의 소유권을 취득하며, 건축 중인 건물의 소유자와 건축허가의 건축주는 일치하여야 한다. 14. 지방 (   )

0100 건축허가는 대물적 허가에 해당하므로, 허가의 효과는 허가대상 건축물에 대한 권리변동에 수반하여 이전되고 별도의 승인처분에 의하여 이전되는 것은 아니다. 19. 국가 (   )

0088 ✕ 재량행위에 대한 법원의 사법심사는 당해 행위가 사실오인, 비례·평등의 원칙 위배, 당해 행위의 목적 위반이나 부정한 동기 등에 근거하여 이루어짐으로써 재량권을 일탈·남용한 위법이 있는지 여부만을 심사하게 되는 것이나, 법원의 심사결과 행정청의 재량행위가 사실오인 등에 근거한 것이라고 인정된다면 이는 재량권을 일탈·남용한 것으로서 위법하여 그 취소를 면치 못한다. 대법원 2001. 7. 27. 선고 99두2970 판결

0089 ✕ 실권리자명의 등기의무를 위반한 명의신탁자에 대하여 부과하는 과징금의 감경에 관한 '부동산 실권리자명의 등기에 관한 법률 시행령' 제3조의2 단서는 임의적 감경규정임이 명백하므로, 그 감경사유가 존재하더라도 과징금 부과관청이 감경사유까지 고려하고도 과징금을 감경하지 않은 채 과징금 전액을 부과하는 처분을 한 경우에는 이를 위법하다고 단정할 수는 없으나, 위 감경사유가 있음에도 이를 전혀 고려하지 않았거나 감경사유에 해당하지 않는다고 오인한 나머지 과징금을 감경하지 않았다면 그 과징금 부과처분은 재량권을 일탈·남용한 위법한 처분이라고 할 수밖에 없다. 대법원 2010. 7. 15. 선고 2010두7031 판결

0090 ○ 통설은 강학상 허가를 질서유지를 위해 잠정적으로 제한되거나 금지된 국민의 자연적 자유를 회복시켜주는 명령적 행위로 본다.

0091 ○ 주류판매업 면허는 설권적 행위가 아니라 주류판매의 질서유지, 주세 보전의 행정목적 등을 달성하기 위하여 개인의 자연적 자유에 속하는 영업행위를 일반적으로 제한하였다가 특정한 경우에 이를 회복하도록 그 제한을 해제하는 강학상의 허가로 해석되므로 주세법 제10조 제1호 내지 제11호에 열거된 면허제한사유에 해당하지 아니하는 한 면허관청으로서는 임의로 그 면허를 거부할 수 없다. 대법원 1995. 11. 10. 선고 95누5714 판결

0092 ✕ 건축허가권자는 건축허가신청이 건축법 등 관계 법규에서 정하는 어떠한 제한에 배치되지 않는 이상 당연히 같은 법조에서 정하는 건축허가를 하여야 하고, 중대한 공익상의 필요가 없음에도 불구하고, 요건을 갖춘 자에 대한 허가를 관계 법령에서 정하는 제한사유 이외의 사유를 들어 거부할 수는 없다. 대법원 2006. 11. 9. 선고 2006두1227 판결

0093 ○ 국토의 계획 및 이용에 관한 법률에 따른 토지의 형질변경허가는 그 금지요건이 불확정개념으로 규정되어 있어 그 금지요건에 해당하는지 여부를 판단함에 있어서 행정청에 재량권이 부여되어 있다고 할 것이므로, 국토계획법에 따른 토지의 형질변경행위를 수반하는 건축허가는 재량행위에 속한다. 대법원 2013. 10. 31. 선고 2013두9625 판결

0094 ✕ 허가 등의 행정처분은 원칙적으로 처분시의 법령과 허가기준에 의하여 처리되어야 하고 허가신청 당시의 기준에 따라야 하는 것은 아니며, 비록 허가신청 후 허가기준이 변경되었다 하더라도 그 허가관청이 허가신청을 수리하고도 정당한 이유 없이 그 처리를 늦추어 그 사이에 허가기준이 변경된 것이 아닌 이상 변경된 허가기준에 따라서 처분을 하여야 한다. 대법원 2006. 8. 25. 선고 2004두2974 판결

0095 ✕ 허가를 통해 얻게 되는 기존업자의 영업상 이익은 원칙적으로 반사적 이익에 불과하므로, 기존 업자는 원칙적으로 동종의 신규 영업허가의 취소소송을 제기할 수 있는 원고적격이 인정되지 않는다.

0096 ○ 한의사 면허는 경찰금지를 해제하는 명령적 행위(강학상 허가)에 해당하고, 한약조제시험을 통하여 약사에게 한약조제권을 인정함으로써 한의사들의 영업상 이익이 감소되었다고 하더라도 이러한 이익은 사실상의 이익에 불과하고 약사법이나 의료법 등의 법률에 의하여 보호되는 이익이라고는 볼 수 없다. 대법원 1998. 3. 10. 선고 97누4289 판결

0097 ○ 허가가 있으면 당해 허가의 대상이 된 행위에 대한 금지가 해제될 뿐 다른 법률에 의한 금지까지 해제되는 것은 아니다.

0098 ○ 무허가행위는 위법한 행위가 되어 행정상 강제집행이나 행정벌의 대상이 될 수 있으나, 무허가행위라 하여 그 사법상 효력까지 당연히 부인되는 것은 아니다.

0099 ✕ 건축허가는 시장·군수 등의 행정관청이 건축행정상 목적을 수행하기 위하여 수허가자에게 일반적으로 행정관청의 허가 없이는 건축행위를 하여서는 안 된다는 상대적 금지를 관계 법규에 적합한 일정한 경우에 해제함으로써 일정한 건축행위를 하도록 회복시켜 주는 행정처분일 뿐, 허가받은 자에게 새로운 권리나 능력을 부여하는 것이 아니다. 그리고 건축허가서는 허가된 건물에 관한 실체적 권리의 득실변경의 공시방법이 아니며 그 추정력도 없으므로 건축허가서에 건축주로 기재된 자가 그 소유권을 취득하는 것은 아니며, 건축중인 건물의 소유자와 건축허가의 건축주가 반드시 일치하여야 하는 것도 아니다. 대법원 2009. 3. 12. 선고 2006다28454 판결

0100 ○ 건축허가는 대물적 성질을 갖는 것이어서 허가대상 건축물에 대한 권리변동에 수반하여 자유로이 양도할 수 있는 것이고, 그에 따라 건축허가의 효과는 허가대상 건축물에 대한 권리변동에 수반하여 이전되며 별도의 승인처분에 의하여 이전되는 것이 아니다. 대법원 2010. 5. 13. 선고 2010두2296 판결

0101 건축허가는 대물적 성질을 갖는 것이어서 행정청으로서는 허가를 할 때에 건축주 또는 토지 소유자가 누구인지 등 인적 요소에 관하여는 형식적 심사만 한다. 22. 지방 (   )

0102 허가에 붙은 기한이 그 허가된 사업의 성질상 부당하게 짧아 그 기한을 허가조건의 존속기간으로 볼 수 있는 경우에 허가기간이 연장되기 위하여는 그 종기가 도래하기 전에 그 허가기간의 연장에 관한 신청이 있어야 한다. 20. 국가 (   )

0103 사도개설허가에서 정해진 공사기간은 사도개설허가 자체의 존속기간을 정한 것이라 볼 수 있으므로 공사기간 내에 사도로 준공검사를 받지 못하였다면 사도개설허가는 당연히 실효된다. 23. 국회 8급 (   )

0104 허가에 붙은 기한이 그 허가된 사업의 성질상 부당하게 짧아서 이 기한이 허가 자체의 존속기간이 아니라 허가조건의 존속기간으로 해석되는 경우에는 허가 여부의 재량권을 가진 행정청은 허가조건의 개정만을 고려할 수 있고, 그 후 당초의 기한이 상당 기간 연장되어 그 기한이 부당하게 짧은 경우에 해당하지 않게 된 때라도 더 이상의 기간연장을 불허가할 수는 없다. 21. 국가 (   )

0105 허가조건의 존속기간 내에 적법한 갱신신청이 있었음에도 갱신가부의 결정이 없으면 주된 행정행위는 효력이 상실된다. 11. 지방 (   )

0106 연장신청이 없는 상태에서 허가기간이 만료하였다면 그 허가의 효력은 상실된다. 11. 지방 (   )

0107 종전의 허가의 유효기간이 지난 후의 기간연장신청은 새로운 허가신청으로 보아 법의 관계규정에 의하여 허가요건의 적합여부를 새로이 판단하여 허가여부를 결정해야 한다. 10. 국가 (   )

0108 유료직업 소개사업의 허가갱신은 허가취득자에게 종전의 지위를 계속 유지시키는 효과를 갖는 것에 불과하고, 갱신 후에는 갱신 전의 법위반사항을 불문에 붙이는 효과가 발생하는 것은 아니다. 15. 지방 (   )

0109 구 「관광진흥법」에 의한 지위승계신고를 수리하는 허가관청의 행위는 사실적인 행위에 불과하여 항고소송의 대상이 되지 않는다. 21. 지방 (   )

0110 「식품위생법」상 허가영업자의 지위승계신고수리처분을 하는 경우 「행정절차법」 규정 소정의 당사자에 해당하는 종전의 영업자에게 행정절차를 실시하여야 한다. 22. 지방 (   )

0111 법령상 채석허가를 받은 자의 명의변경제도를 두고 있는 경우, 명의변경신고를 할 수 있는 양수인은 관할 행정청이 양도인의 허가를 취소하는 처분에 대해 취소를 구할 법률상 이익이 인정된다. 13. 국가 7급 (   )

PART 01

0101 ○ 건축허가는 대물적 성질을 갖는 것이어서 행정청으로서는 허가를 할 때에 건축주 또는 토지 소유자가 누구인지 등 인적 요소에 관하여는 형식적 심사만 한다. 대법원 2017. 3. 15. 선고 2014두41190 판결

0102 ○ 허가에 붙은 기한이 그 허가된 사업의 성질상 부당하게 짧은 경우에는 이를 그 허가 자체의 존속기간이 아니라 그 허가조건의 존속기간으로 보아 그 기한이 도래함으로써 그 조건의 개정을 고려한다는 뜻으로 해석할 수는 있지만, 그와 같은 경우라 하더라도 그 허가기간이 연장되기 위하여는 그 종기가 도래하기 전에 그 허가기간의 연장에 관한 신청이 있어야 하며, 만일 그러한 연장신청이 없는 상태에서 허가기간이 만료하였다면 그 허가의 효력은 상실된다. 대법원 2007. 10. 11. 선고 2005두12404 판결

0103 × 사도개설허가에서 정해진 공사기간 내에 사도로 준공검사를 받지 못한 경우, 이 공사기간을 사도개설허가 자체의 존속기간(유효기간)으로 볼 수 없다는 이유로 사도개설허가가 당연히 실효되는 것은 아니라고 한 사례. 대법원 2004. 11. 25. 선고 2004두7023 판결

0104 × 당초에 붙은 기한을 허가 자체의 존속기간이 아니라 허가조건의 존속기간으로 보더라도 그 후 당초의 기한이 상당 기간 연장되어 연장된 기간을 포함한 존속기간 전체를 기준으로 볼 경우 더 이상 허가된 사업의 성질상 부당하게 짧은 경우에 해당하지 않게 된 때에는 관계 법령의 규정에 따라 허가 여부의 재량권을 가진 행정청으로서는 그 때에도 허가조건의 개정만을 고려하여야 하는 것은 아니고 재량권의 행사로서 더 이상의 기간연장을 불허가할 수도 있는 것이며, 이로써 허가의 효력은 상실된다. 대법원 2004. 3. 25. 선고 2003두12837 판결

0105 × 유효기간 내에 적법한 갱신신청이 있었음에도 갱신가부의 결정이 없는 경우에는 유효기간이 지나도 행정행위의 효력은 상실되지 않는다.

0106 ○ 허가에 부가된 기간이 허가조건의 존속기간이라 하더라도, 갱신신청 없이 허가기간이 경과하면 허가의 효력은 상실된다.

0107 ○ 종전의 허가가 기한의 도래로 실효한 이상 원고가 종전 허가의 유효기간이 지나서 신청한 이 사건 기간연장신청은 그에 대한 종전의 허가처분을 전제로 하여 단순히 그 유효기간을 연장하여 주는 행정처분을 구하는 것이라기보다는 종전의 허가처분과는 별도의 새로운 허가를 내용으로 하는 행정처분을 구하는 것이라고 보아야 할 것이어서, 이러한 경우 허가권자는 이를 새로운 허가신청으로 보아 법의 관계 규정에 의하여 허가요건의 적합 여부를 새로이 판단하여 그 허가 여부를 결정하여야 할 것이다. 대법원 1995. 11. 10. 선고 94누11866 판결

0108 ○ 유료직업 소개사업의 허가갱신은 허가취득자에게 종전의 지위를 계속 유지시키는 효과를 갖는 것에 불과하고 갱신 후에는 갱신 전의 법위반사항을 불문에 붙이는 효과를 발생하는 것이 아니므로 일단 갱신이 있은 후에도 갱신 전의 법위반사실을 근거로 허가를 취소할 수 있다. 대법원 1982. 7. 27. 선고 81누174 판결

0109 × 구 「관광진흥법」 제8조 제4항에 의한 지위승계신고를 수리하는 허가관청의 행위는 단순히 양도・양수인 사이에 이미 발생한 사법상 사업양도의 법률효과에 의하여 양수인이 그 영업을 승계하였다는 사실의 신고를 접수하는 행위에 그치는 것이 아니라, 영업허가자의 변경이라는 법률효과를 발생시키는 행위이다. 따라서 행정청이 구 관광진흥법 또는 구 체육시설법의 규정에 의하여 유원시설업자 또는 체육시설업자 지위승계신고를 수리하는 처분은 종전 유원시설업자 또는 체육시설업자의 권익을 제한하는 처분이다. 대법원 2012. 12. 13. 선고 2011두29144 판결

0110 ○ 행정청이 구 식품위생법 규정에 의하여 영업자지위승계신고를 수리하는 처분은 종전의 영업자의 권익을 제한하는 처분이라 할 것이고 따라서 종전의 영업자는 그 처분에 대하여 직접 그 상대가 되는 자에 해당한다고 봄이 상당하므로, 행정청으로서는 위 신고를 수리하는 처분을 함에 있어서 행정절차법 규정 소정의 당사자에 해당하는 종전의 영업자에 대하여 위 규정 소정의 행정절차를 실시하고 처분을 하여야 한다. 대법원 2003. 2. 14. 선고 2001두7015 판결

0111 ○ 채석허가가 대물적 허가의 성질을 아울러 가지고 있고 수허가자의 지위가 사실상 양도・양수되는 점을 고려하여 수허가자의 지위를 사실상 양수한 양수인의 이익을 보호하고자 하는 데 있는 것으로 해석되므로, 수허가자의 지위를 양수받아 명의변경신고를 할 수 있는 양수인의 지위는 단순한 반사적 이익이나 사실상의 이익이 아니라 산림법령에 의하여 보호되는 직접적이고 구체적인 이익으로서 법률상 이익이라고 할 것이고, 채석허가가 유효하게 존속하고 있다는 것이 양수인의 명의변경신고의 전제가 된다는 의미에서 관할 행정청이 양도인에 대하여 채석허가를 취소하는 처분을 하였다면 이는 양수인의 지위에 대한 직접적 침해가 된다고 할 것이므로 양수인은 채석허가를 취소하는 처분의 취소를 구할 법률상 이익을 가진다. 대법원 2003. 7. 11. 선고 2001두6289 판결

0112 사실상 영업이 양도·양수되었지만 승계신고 및 수리처분이 있기 전에 양도인이 허락한 양수인의 영업 중 발생한 위반행위에 대한 행정적 책임은 양수인에게 귀속된다. 22. 지방 (   )

0113 관할 행정청은 여객자동차운송사업의 양도·양수에 대한 인가를 한 후에도 그 양도·양수 이전에 있었던 양도인에 대한 운송사업면허 취소사유를 들어 양수인의 사업면허를 취소할 수 있다. 22. 지방 (   )

0114 개발제한구역 내의 건축물의 용도변경허가는 공공의 질서를 위하여 잠정적으로 금지하고, 법상의 요건을 갖춘 경우에 그 금지를 해제하여 본래의 자유를 회복시켜 주는 행위로 기속행위이다. 14. 국가 7급 (   )

0115 「도시 및 주거환경정비법」에 근거한 조합설립인가처분은 행정주체로서의 지위를 부여하는 설권적 처분이고, 조합설립결의는 조합설립인가처분의 요건이므로, 조합설립결의에 하자가 있다면 그 하자를 이유로 직접 항고소송의 방법으로 조합설립인가처분의 취소 또는 무효확인을 구하여야 한다. 23. 국가 (   )

0116 구 「도시 및 주거환경정비법」상 토지소유자들이 조합을 설립하지 아니하고 직접 도시환경정비사업을 시행하고자 하는 경우에 내려진 사업시행인가처분은 설권적 처분의 성격을 가진다. 23. 지방 (   )

0117 토지 등 소유자들이 도시환경정비사업을 위한 조합을 따로 설립하지 아니하고 직접 그 사업을 시행하고자 하는 경우, 사업시행계획인가처분은 일종의 설권적 처분의 성격을 가지므로 토지 등 소유자들이 작성한 사업시행계획은 독립된 행정처분이 아니다. 22. 지방 7급 (   )

0118 「여객자동차 운수사업법」에 의한 개인택시운송사업면허는 특정인에게 권리나 이익을 부여하는 행정행위로서 법령에 특별한 규정이 없는 한 재량행위이다. 21. 국가 7급 (   )

0119 재외동포에 대한 사증발급은 행정청의 기속행위에 속하는 것으로서, 재외동포가 사증발급을 신청한 경우에 구 「출입국관리법 시행령」 [별표 1의2]에서 정한 재외동포체류자격의 요건을 갖추었다면 사증을 발급해야 한다. 23. 국가 7급 (   )

0120 공유수면의 점용·사용허가는 특정인에게 공유수면 이용권이라는 독점적 권리를 설정하여 주는 처분이 아니라 일반적인 상대적 금지를 해제하는 처분이다. 22. 지방 (   )

0121 관세법 소정의 보세구역 설영특허는 공기업의 특허로서 그 특허의 부여 여부는 행정청의 자유재량에 속하고, 설영특허에 특허기간이 부가된 경우 그 기간의 갱신 여부도 행정청의 자유재량에 속한다. 15. 사복 (   )

정답 & OX 풀이

0112 ✕ 사실상 영업이 양도·양수되었지만 아직 승계신고 및 그 수리처분이 있기 이전에는 여전히 종전의 영업자인 양도인이 영업허가자이고, 양수인은 영업허가자가 되지 못한다 할 것이어서 행정제재처분의 사유가 있는지 여부 및 그 사유가 있다고 하여 행하는 행정제재처분은 영업허가자인 양도인을 기준으로 판단하여 그 양도인에 대하여 행하여야 할 것이고, 한편 양도인이 그의 의사에 따라 양수인에게 영업을 양도하면서 양수인으로 하여금 영업을 하도록 허락하였다면 양수인의 영업 중 발생한 위반행위에 대한 행정적인 책임은 영업허가자인 양도인에게 귀속된다고 보아야 할 것이다. 대법원 1995. 2. 24. 선고 94누9146 판결

0113 ○ 개인택시 운송사업을 양수한 사람은 양도인의 운송사업자로서의 지위를 승계하는 것이므로, 관할관청은 개인택시 운송사업의 양도·양수에 대한 인가를 한 후에도 그 양도·양수 이전에 있었던 양도인에 대한 운송사업면허 취소사유를 들어 양수인의 사업면허를 취소할 수 있고, 가사 양도·양수 당시에는 양도인에 대한 운송사업면허 취소사유가 현실적으로 발생하지 않은 경우라도 그 원인되는 사실이 이미 존재하였다면, 관할관청으로서는 그 후 발생한 운송사업면허 취소사유에 기하여 양수인의 사업면허를 취소할 수 있는 것이다. 대법원 2010. 4. 8. 선고 2009두17018 판결

0114 ✕ 개발제한구역 내에서는 구역지정의 목적상 건축물의 건축 및 공작물의 설치 등 개발행위가 원칙적으로 금지되고, 다만 구체적인 경우에 이러한 구역지정의 목적에 위배되지 아니할 경우 예외적으로 허가에 의하여 그러한 행위를 할 수 있게 되어 있음이 그 규정의 체제와 문언상 분명하고, 이러한 예외적인 개발행위의 허가는 상대방에게 수익적인 것이 틀림이 없으므로 그 법률적 성질은 재량행위 내지 자유재량행위에 속하는 것이다. 대법원 2004. 3. 25. 선고 2003두12837 판결

0115 ○ 행정청이 도시 및 주거환경정비법 등 관련 법령에 근거하여 행하는 조합설립인가처분은 단순히 사인들의 조합설립행위에 대한 보충행위로서의 성질을 갖는 것에 그치는 것이 아니라 법령상 요건을 갖출 경우 도시 및 주거환경정비법상 주택재건축사업을 시행할 수 있는 권한을 갖는 행정주체(공법인)로서의 지위를 부여하는 일종의 설권적 처분의 성격을 갖는다고 보아야 한다. (중략) 조합설립결의는 조합설립인가처분이라는 행정처분을 하는 데 필요한 요건 중 하나에 불과한 것이어서, 조합설립결의에 하자가 있다면 그 하자를 이유로 직접 항고소송의 방법으로 조합설립인가처분의 취소 또는 무효확인을 구하여야 하고, 이와는 별도로 조합설립결의 부분만을 따로 떼어내어 그 효력 유무를 다투는 확인의 소를 제기하는 것은 원고의 권리 또는 법률상의 지위에 현존하는 불안·위험을 제거하는 데 가장 유효·적절한 수단이라 할 수 없어 특별한 사정이 없는 한 확인의 이익은 인정되지 아니한다. 대법원 2009. 9. 24. 선고 2008다60568 판결

0116 ○ 구 도시 및 주거환경정비법 제8조 제3항, 제28조 제1항에 의하면, 토지 등 소유자들이 그 사업을 위한 조합을 따로 설립하지 아니하고 직접 도시환경정비사업을 시행하고자 하는 경우에는 (중략) 그렇다면 토지 등 소유자들이 직접 시행하는 도시환경정비사업에서 토지 등 소유자에 대한 사업시행인가처분은 단순히 사업시행계획에 대한 보충행위로서의 성질을 가지는 것이 아니라 구 도시정비법상 정비사업을 시행할 수 있는 권한을 가지는 행정주체로서의 지위를 부여하는 일종의 설권적 처분의 성격을 가진다. 대법원 2013. 6. 13. 선고 2011두19994 판결

0117 ○ 도시환경정비사업을 직접 시행하려는 토지 등 소유자들은 시장·군수로부터 사업시행인가를 받기 전에는 행정주체로서의 지위를 가지지 못한다. 따라서 그가 작성한 사업시행계획은 인가처분의 요건 중 하나에 불과하고 항고소송의 대상이 되는 독립된 행정처분에 해당하지 아니한다고 할 것이다. 대법원 2013. 6. 13. 선고 2011두19994 판결

0118 ○ 여객자동차 운수사업법에 의한 개인택시운송사업의 면허는 특정인에게 권리나 이익을 부여하는 행정청의 재량행위이다. 대법원 2004. 11. 12. 선고 2004두9463 판결

0119 ✕ 재외동포에 대한 사증발급은 행정청의 재량행위에 속하는 것으로서, 재외동포가 사증발급을 신청한 경우에 출입국관리법 시행령 [별표 1의2]에서 정한 재외동포체류자격의 요건을 갖추었다고 해서 무조건 사증을 발급해야 하는 것은 아니다. 대법원 2019. 7. 11. 선고 2017두38874 판결

0120 ✕ 구 공유수면관리법에 따른 공유수면의 점·사용허가는 특정인에게 공유수면 이용권이라는 독점적 권리를 설정하여 주는 처분으로서 그 처분의 여부 및 내용의 결정은 원칙적으로 행정청의 재량에 속한다고 할 것이고, 이와 같은 재량처분에 있어서는 그 재량권 행사의 기초가 되는 사실인정에 오류가 있거나 그에 대한 법령적용에 잘못이 없는 한 그 처분이 위법하다고 할 수 없다. 대법원 2004. 5. 28. 선고 2002두5016 판결

0121 ○ 관세법 제78조 소정의 보세구역의 설영특허는 보세구역의 설치, 경영에 관한 권리를 설정하는 이른바 공기업의 특허로서 그 특허의 부여여부는 행정청의 자유재량에 속하며, 특허기간이 만료된 때에 특허는 당연히 실효되는 것이어서 특허기간의 갱신은 실질적으로 권리의 설정과 같으므로 그 갱신여부도 특허관청의 자유재량에 속한다. 대법원 1989. 5. 9. 선고 88누4188 판결

0122 토지거래허가구역 내의 토지거래계약에 대한 행정청의 허가는 강학상 인가에 해당한다. 19. 국가 (   )

0123 「사회복지사업법」상 사회복지법인의 정관변경을 허가할 것인지 여부는 주무관청의 정책적 판단에 따른 재량에 맡겨져 있다. 18. 국가 7급 (   )

0124 재단법인의 정관변경에 대한 행정청의 허가는 강학상 인가에 해당한다. 19. 국가 (   )

0125 재건축조합이 수립하는 관리처분계획에 대한 행정청의 인가는 강학상 인가에 해당한다. 19. 국가 (   )

0126 구 「도시 및 주거환경정비법」상 조합설립추진위원회 구성승인처분은 조합의 설립을 위한 주체인 추진위원회의 구성행위를 보충하여 그 효력을 부여하는 처분이다. 23. 지방 (   )

0127 「자동차관리법」상 자동차관리사업자로 구성하는 사업자단체인 조합 또는 협회의 설립인가처분은 동차관리사업자들의 단체결성행위를 보충하여 효력을 완성시키는 처분에 해당한다. 23. 지방 (   )

0128 재단법인의 임원취임을 인가 또는 거부할 것인지 여부는 주무관청의 권한에 속하는 사항이라고 할 것이고, 재단법인의 임원취임승인 신청에 대하여 주무관청이 이에 기속되어 이를 당연히 승인(인가)하여야 하는 것은 아니다. 20. 국가 (   )

0129 공익법인의 기본재산 처분에 대한 허가의 법률적 성질이 형성적 행정행위로서의 인가에 해당하므로, 그 허가에 조건으로서의 부관의 부과가 허용되지 아니한다. 20. 국가 (   )

0130 공유수면매립면허의 공동명의자 사이의 면허로 인한 권리의무양도약정은 면허관청의 인가를 받지 않은 이상 법률상 아무런 효력도 발생할 수 없다. 20. 국가 (   )

0131 주택재건축조합의 정관변경에 대한 시장·군수등의 인가는 그 대상이 되는 기본행위를 보충하여 법률상 효력을 완성시키는 행위로서 시장·군수등이 변경된 정관을 인가하면 정관변경의 효력이 총회의 의결이 있었던 때로 소급하여 발생한다. 22. 지방 7급 (   )

0132 재단법인의 정관변경 결의에 하자가 있더라도, 그에 대한 인가가 있었다면 기본행위인 정관변경 결의는 유효한 것으로 된다. 21. 국가 7급 (   )

0133 기본행위가 성립하지 않거나 무효인 경우에 인가가 있어도 당해 인가는 무효가 된다. 15. 국가 (   )

0134 유효한 기본행위를 대상으로 인가가 행해진 후에 기본행위가 취소되거나 실효된 경우에는 인가도 실효된다. 15. 국가 (   )

0122 ○ 국토이용관리법상 토지거래허가가 규제지역 내의 모든 국민에게 전반적으로 토지거래의 자유를 금지하고 일정한 요건을 갖춘 경우에만 금지를 해제하여 계약체결의 자유를 회복시켜 주는 성질의 것이라고 보는 것은 위 법의 입법취지를 넘어선 지나친 해석이라고 할 것이고, 규제지역 내에서도 토지거래의 자유가 인정되나 다만 위 허가를 허가 전의 유동적 무효 상태에 있는 법률행위의 효력을 완성시켜 주는 인가적 성질을 띤 것이라고 보는 것이 타당하다. 대법원 1991. 12. 24. 선고 90다12243 판결

0123 ○ 사회복지법인의 정관변경을 허가할 것인지의 여부는 주무관청의 정책적 판단에 따른 재량에 맡겨져 있다고 할 것이고, 주무관청이 정관변경허가를 함에 있어서는 비례의 원칙 및 평등의 원칙에 적합하고 행정처분의 본질적 효력을 해하지 않는 한도 내에서 부관을 붙일 수 있다. 대법원 2002. 9. 24. 선고 2000두5661 판결

0124 ○ 민법 제45조와 제46조에서 말하는 재단법인의 정관변경 "허가"는 법률상의 표현이 허가로 되어 있기는 하나, 그 성질에 있어 법률행위의 효력을 보충해 주는 것이지 일반적 금지를 해제하는 것이 아니므로, 그 법적 성격은 인가라고 보아야 한다. 대법원 1996. 5. 16. 선고 95누4810 판결

0125 ○ 도시재개발법 제34조에 의한 행정청의 인가는 주택개량재개발조합의 관리처분계획에 대한 법률상의 효력을 완성시키는 보충행위이다. 대법원 2001. 12. 11. 선고 2001두7541 판결

0126 ○ 조합설립추진위원회 구성승인은 조합의 설립을 위한 주체인 추진위원회의 구성행위를 보충하여 효력을 부여하는 처분이다. 대법원 2014. 2. 27. 선고 2011두2248 판결

0127 ○ 자동차관리법상 자동차관리사업자로 구성하는 사업자단체인 조합 또는 협회의 설립인가처분은 국토해양부장관 또는 시·도지사가 자동차관리사업자들의 단체결성행위를 보충하여 효력을 완성시키는 처분에 해당한다. 대법원 2015. 5. 29. 선고 2013두635 판결

0128 ○ 재단법인의 임원취임이 사법인인 재단법인의 정관에 근거한다 할지라도 이에 대한 행정청의 승인(인가)행위는 법인에 대한 주무관청의 감독권에 연유하는 이상 그 인가행위 또는 인가거부행위는 공법상의 행정처분으로서, 그 임원취임을 인가 또는 거부할 것인지 여부는 주무관청의 권한에 속하는 사항이라고 할 것이고, 재단법인의 임원취임승인 신청에 대하여 주무관청이 이에 기속되어 이를 당연히 승인(인가)하여야 하는 것은 아니다. 대법원 2000. 1. 28. 선고 98두16996 판결

0129 ✕ 공익법인의 기본재산에 대한 감독관청의 처분허가는 그 성질상 특정 상대에 대한 처분행위의 허가가 아니고 처분의 상대가 누구이든 이에 대한 처분행위를 보충하여 유효하게 하는 행위라 할 것이므로 그 처분행위에 따른 권리의 양도가 있는 경우에도 처분이 완전히 끝날 때까지는 허가의 효력이 유효하게 존속한다. 또한 위 처분허가에 부관을 붙인 경우 그 처분허가의 법률적 성질이 형성적 행정행위로서의 인가에 해당한다고 하여 조건으로서의 부관의 부과가 허용되지 아니한다고 볼 수는 없고, 다만 구체적인 경우에 그것이 조건, 기한, 부담, 철회권의 유보 중 어느 종류의 부관에 해당하는지는 당해 부관의 내용, 경위 기타 제반 사정을 종합하여 판단하여야 할 것이다. 대법원 2005. 9. 28. 선고 2004다50044 판결

0130 ○ 공유수면매립의 면허로 인한 권리의무의 양도·양수에 있어서의 면허관청의 인가는 효력요건으로서, 위 각 규정은 강행규정이라고 할 것인바, 위 면허의 공동명의자 사이의 면허로 인한 권리의무양도약정은 면허관청의 인가를 받지 않은 이상 법률상 아무런 효력도 발생할 수 없다. 대법원 1991. 6. 25. 선고 90누5184 판결

0131 ✕ 도시 및 주거환경정비법 제20조 제3항은 조합이 정관을 변경하고자 하는 경우에는 총회를 개최하여 조합원 과반수 또는 3분의 2 이상의 동의를 얻어 시장·군수의 인가를 받도록 규정하고 있다. 여기서 시장 등의 인가는 그 대상이 되는 기본행위를 보충하여 법률상 효력을 완성시키는 행위로서 이러한 인가를 받지 못한 경우 변경된 정관은 효력이 없고, 시장 등이 변경된 정관을 인가하더라도 정관변경의 효력이 총회의 의결이 있었던 때로 소급하여 발생한다고 할 수 없다. 대법원 2014. 7. 10. 선고 2013도11532 판결

0132 ✕ 인가는 기본행위인 재단법인의 정관변경에 대한 법률상의 효력을 완성시키는 보충행위로서, 그 기본이 되는 정관변경 결의에 하자가 있을 때에는 그에 대한 인가가 있었다 하여도 기본행위인 정관변경 결의가 유효한 것으로 될 수 없다. 대법원 1996. 5. 16. 선고 95누4810 전원합의체 판결

0133 ○ 기본행위가 성립하지 않거나 무효인 경우, 인가가 있다 하여 무효인 기본행위가 유효로 되는 것은 아니고 이 경우 그 인가 또한 무효이다.

0134 ○ 외자도입법 제19조에 따른 기술도입계약에 대한 인가는 기본행위인 기술도입계약을 보충하여 그 법률상 효력을 완성시키는 보충적 행정행위에 지나지 아니하므로 기본행위인 기술도입계약이 해지로 인하여 소멸되었다면 위 인가처분은 무효선언이나 그 취소처분이 없어도 당연히 실효된다. 대법원 1983. 12. 27. 선고 82누491 판결

0135 인가처분에 하자가 없다면 기본행위에 하자가 있다 하더라도 따로 그 기본행위의 하자를 다투는 것은 별론으로 하고 기본행위의 무효를 내세워 바로 그에 대한 행정청의 인가처분의 취소 또는 무효확인을 소구할 법률상의 이익이 없다. 20. 국가 (   )

0136 주택재개발정비사업조합이 수립한 사업시행계획에 하자가 있음에도 불구하고 관할 행정청이 해당 사업시행계획에 대한 인가처분을 하였다면, 그 인가처분에는 고유한 하자가 없더라도 사업시행계획의 무효를 주장하면서 곧바로 그에 대한 인가처분의 무효확인이나 취소를 구하여야 한다. 23. 지방 (   )

0137 형성적 행정행위는 명령적 행정행위와 함께 법률행위적 행정행위에 속하며, 이에는 특허 · 인가 · 대리가 속한다.
15. 국가 7급 (   )

0138 행정청의 의사표시를 요소로 하는 법률행위적 행정행위 중에서 명령적 행위에는 하명, 허가, 대리가 속한다.
23. 국가 7급 (   )

0139 특정의 사실 또는 법률관계의 존재를 공적으로 증명하여 공적 증거력을 부여하는 행정행위는 확인행위로서 당선인결정, 장애등급결정, 행정심판의 재결 등이 그 예이다. 23. 국가 7급 (   )

0140 「친일반민족행위자 재산의 국가귀속에 관한 특별법」에 따른 친일재산은 친일반민족행위자 재산조사위원회가 국가귀속결정을 하여야 비로소 국가의 소유로 된다. 18. 교행 (   )

0141 건축허가관청은 특단의 사정이 없는 한 건축허가내용대로 완공된 건축물의 준공을 거부할 수 없다.
19. 지방 7급 (   )

0142 방위사업법령 및 '국방전력발전업무훈령'에 따른 연구개발확인서 발급은 사업관리기관이 개발업체에게 해당 품목의 양산과 관련하여 수의계약의 방식으로 국방조달계약을 체결할 수 있는 지위가 있음을 인정해 주는 확인적 행정행위로서 처분에 해당한다. 21. 국회 8급 (   )

0143 의료유사업자 자격증 갱신발급행위는 강학상 인가에 해당한다. 11. 사복 (   )

0144 지적공부 소관청의 지목변경신청 반려행위는 항고소송의 대상이 되는 행정처분에 해당한다. 12. 국가 (   )

0145 건축물대장 소관청의 용도변경신청 거부행위는 국민의 권리관계에 영향을 미치는 것으로서 항고소송의 대상이 되는 행정처분에 해당한다. 22. 국가 7급 (   )

0146 지적공부 소관청의 토지대장 직권말소행위는 항고소송의 대상이 되는 행정처분에 해당한다. 14. 지방 7급 (   )

정답 & ○× 풀이

0135 ○ 학상의 '인가'에 속하는 행정처분에 있어서 인가처분 자체에 하자가 있다고 다투는 것이 아니라 기본행위에 하자가 있다 하여 그 기본행위의 효력에 관하여 다투는 경우에는 민사쟁송으로서 따로 그 기본행위의 취소 또는 무효확인 등을 구하는 것은 별론으로 하고 기본행위의 불성립 또는 무효를 내세워 바로 그에 대한 감독청의 인가처분의 취소를 구하는 것은 특단의 사정이 없는 한 소구할 법률상의 이익이 있다고 할 수 없다. 대법원 1995. 12. 12. 선고 95누7338 판결

0136 ✕ 도시재개발법 제34조에 의한 행정청의 인가는 주택개량재개발조합의 관리처분계획에 대한 법률상의 효력을 완성시키는 보충행위로서 그 기본 되는 관리처분계획에 하자가 있을 때에는 그에 대한 인가가 있었다 하여도 기본행위인 관리처분계획이 유효한 것으로 될 수 없으며, 다만 그 기본행위가 적법·유효하고 보충행위인 인가처분 자체에만 하자가 있다면 그 인가처분의 무효나 취소를 주장할 수 있다고 할 것이지만, 인가처분에 하자가 없다면 기본행위에 하자가 있다 하더라도 따로 그 기본행위의 하자를 다투는 것은 별론으로 하고 기본행위의 무효를 내세워 바로 그에 대한 행정청의 인가처분의 취소 또는 무효확인을 소구할 법률상의 이익이 있다고 할 수 없다. 대법원 2001. 12. 11. 선고 2001두7541 판결

0137 ○ 법률행위적 행정행위는 명령적 행위와 형성적 행위로 구분되고, 이 중 형성적 행위에는 특허, 인가, 대리가 있다.

0138 ✕ 하명, 허가는 법률행위적 행정행위 중 명령적 행위이나, 대리는 법률행위적 행정행위 중 특허, 인가와 함께 형성적 행위에 속한다.

0139 ✕ 특정의 사실 또는 법률관계의 존재를 공적으로 증명하여 공적 증거력을 부여하는 행정행위는 확인이 아닌 공증(행위)이다.

0140 ✕ 친일반민족행위자 재산의 국가귀속에 관한 특별법 제3조 제1항 본문, 제9조 규정들의 취지와 내용에 비추어 보면, 같은 법 제2조 제2호에 정한 친일재산은 친일반민족행위자 재산조사위원회가 국가귀속결정을 하여야 비로소 국가의 소유로 되는 것이 아니라 특별법의 시행에 따라 그 취득·증여 등 원인행위시에 소급하여 당연히 국가의 소유로 되고, 위 위원회의 국가귀속결정은 당해 재산이 친일재산에 해당한다는 사실을 확인하는 이른바 준법률행위적 행정행위의 성격을 가진다. 대법원 2008. 11. 13. 선고 2008두13491 판결

0141 ○ 허가관청은 특단의 사정이 없는 한 건축허가내용대로 완공된 건축물의 준공을 거부할 수 없다고 하겠으나, 만약 건축허가 자체가 건축관계 법령에 위반되는 하자가 있는 경우에는 비록 건축허가내용대로 완공된 건축물이라 하더라도 위법한 건축물이 되는 것으로서 그 하자의 정도에 따라 건축허가를 취소할 수 있음은 물론 그 준공도 거부할 수 있다고 하여야 할 것이다. 대법원 1992. 4. 10. 선고 91누5358 판결

0142 ○ 국방전력발전업무훈령에 의한 연구개발확인서 발급은 개발업체가 '업체투자연구개발' 방식 또는 '정부·업체공동투자연구개발' 방식으로 전력지원체계 연구개발사업을 성공적으로 수행하여 군사용 적합판정을 받고 국방규격이 제·개정된 경우에 사업관리기관이 개발업체에게 해당 품목의 양산과 관련하여 경쟁입찰에 부치지 않고 수의계약의 방식으로 국방조달계약을 체결할 수 있는 지위(경쟁입찰의 예외사유)가 있음을 인정해 주는 '확인적 행정행위'로서 공권력의 행사인 '처분'에 해당하고, 연구개발확인서 발급 거부는 신청에 따른 처분 발급을 거부하는 '거부처분'에 해당한다. 대법원 2020. 1. 16. 선고 2019다264700 판결

0143 ✕ 의료법 부칙 제7조의 의료유사업자 자격증 갱신발급행위는 의료유사업자의 자격을 부여 내지 확인하는 것은 아니고, 그 자격의 존재를 증명하는 공증행위이므로 소정기간 내에 자격증 갱신발급을 받지 못하여도 자격 자체는 아무런 영향이 없으니 의료유사업자는 그 자격에 대한 불안을 제거하기 위하여 이를 다투는 국가를 상대로 그 확인을 구할 법률상 이익이 있다. 대법원 1979. 5. 22. 선고 79누39 판결

0144 ○ 지목은 토지에 대한 공법상의 규제, 개발부담금의 부과대상, 지방세의 과세대상, 공시지가의 산정, 손실보상가액의 산정 등 토지행정의 기초로서 공법상의 법률관계에 영향을 미치고, 토지소유자는 지목을 토대로 토지의 사용·수익·처분에 일정한 제한을 받게 되는 점 등을 고려하면, 지목은 토지소유권을 제대로 행사하기 위한 전제요건으로서 토지소유자의 실체적 권리관계에 밀접하게 관련되어 있으므로 지적공부 소관청의 지목변경신청 반려행위는 국민의 권리관계에 영향을 미치는 것으로서 항고소송의 대상이 되는 행정처분에 해당한다. 대법원 2004. 4. 22. 선고 2003두9015 판결

0145 ○ 건축물대장의 용도는 건축물의 소유권을 제대로 행사하기 위한 전제요건으로서 건축물 소유자의 실체적 권리관계에 밀접하게 관련되어 있으므로, 건축물대장 소관청의 용도변경신청 거부행위는 국민의 권리관계에 영향을 미치는 것으로서 항고소송의 대상이 되는 행정처분에 해당한다. 대법원 2009. 1. 30. 선고 2007두7277 판결

0146 ○ 토지대장은 토지의 소유권을 제대로 행사하기 위한 전제요건으로서 토지 소유자의 실체적 권리관계에 밀접하게 관련되어 있으므로, 이러한 토지대장을 직권으로 말소한 행위는 국민의 권리관계에 영향을 미치는 것으로서 항고소송의 대상이 되는 행정처분에 해당한다. 대법원 2013. 10. 24. 선고 2011두13286 판결

0147 행정청이 무허가건물관리대장에서 무허가건물을 삭제하는 행위는 항고소송의 대상이 되는 행정처분에 해당한다. 17. 국가 7급 (   )

0148 토지대장의 기재는 토지소유권을 제대로 행사하기 위한 전제요건으로서 토지소유자의 실체적 권리관계에 밀접하게 관련되어 있으므로 토지대장상의 소유자명의변경신청을 거부한 행위는 국민의 권리관계에 영향을 미치는 것이어서 항고소송의 대상이 되는 행정처분에 해당한다. 16. 국가 (   )

0149 「국가공무원법」상 당연퇴직의 인사발령은 법률상 당연히 발생하는 퇴직사유를 공적으로 확인하여 알려주는 이른바 관념의 통지에 불과하므로 행정소송의 대상이 되는 독립한 행정처분이라고 할 수 없다. 16. 국가 (   )

0150 정년에 달한 공무원에 대한 정년퇴직 발령은 정년퇴직 사실을 알리는 이른바 관념의 통지에 불과하여 행정소송의 대상이 될 수 없다. 18. 교행 (   )

0151 국민건강보험공단이 행한 '직장가입자 자격상실 및 자격변동 안내' 통보는 가입자 자격의 변동 여부 및 시기를 확인하는 의미에서 한 사실상 통지행위에 불과할 뿐, 항고소송의 대상이 되는 행정처분에 해당하지 않는다. 23. 국가 (   )

0152 영업양도행위가 무효임에도 행정청이 승계신고를 수리하였다면 양도자는 민사쟁송이 아닌 행정소송으로 신고수리처분의 무효확인을 구할 수 있다. 22. 지방 (   )

정답 & ○×풀이

0147　×　무허가건물을 무허가건물관리대장에 등재하거나 등재된 내용을 변경 또는 삭제하는 행위로 인하여 당해 무허가 건물에 대한 실체상의 권리관계에 변동을 가져오는 것이 아니고, 무허가건물의 건축시기, 용도, 면적 등이 무허가건물관리대장의 기재에 의해서만 증명되는 것도 아니므로, 관할관청이 무허가건물의 무허가건물관리대장 등재 요건에 관한 오류를 바로잡으면서 당해 무허가건물을 무허가건물관리대장에서 삭제하는 행위는 다른 특별한 사정이 없는 한 항고소송의 대상이 되는 행정처분이 아니다. 대법원 2009. 3. 12. 선고 2008두11525 판결

0148　×　토지대장에 기재된 일정한 사항을 변경하는 행위는, 그것이 지목의 변경이나 정정 등과 같이 토지소유권 행사의 전제요건으로서 토지소유자의 실체적 권리관계에 영향을 미치는 사항에 관한 것이 아닌 한 행정사무집행의 편의와 사실증명의 자료로 삼기 위한 것일 뿐이어서, 그 소유자 명의가 변경된다고 하여도 이로 인하여 당해 토지에 대한 실체상의 권리관계에 변동을 가져올 수 없고 토지 소유권이 지적공부의 기재만에 의하여 증명되는 것도 아니다. 따라서 소관청이 토지대장상의 소유자명의변경신청을 거부한 행위는 이를 항고소송의 대상이 되는 행정처분이라고 할 수 없다. 대법원 2012. 1. 12. 선고 2010두12354 판결

0149　○　국가공무원법 제69조에 의하면 공무원이 제33조 각 호의 1에 해당할 때에는 당연히 퇴직한다고 규정하고 있으므로, 국가공무원법상 당연퇴직은 결격사유가 있을 때 법률상 당연히 퇴직하는 것이지 공무원관계를 소멸시키기 위한 별도의 행정처분을 요하는 것이 아니며, 당연퇴직의 인사발령은 법률상 당연히 발생하는 퇴직사유를 공적으로 확인하여 알려주는 이른바 관념의 통지에 불과하고 공무원의 신분을 상실시키는 새로운 형성적 행위가 아니므로 행정소송의 대상이 되는 독립한 행정처분이라고 할 수 없다. 대법원 1995. 11. 14. 선고 95누2036 판결

0150　○　국가공무원법 제74조에 의하면 공무원이 소정의 정년에 달하면 그 사실에 대한 효과로서 공무담임권이 소멸되어 당연히 퇴직되고 따로 그에 대한 행정처분이 행하여져야 비로소 퇴직되는 것은 아니라 할 것이며 피고의 원고에 대한 정년퇴직 발령은 정년퇴직 사실을 알리는 이른바 관념의 통지에 불과하므로 행정소송의 대상이 되지 아니한다. 대법원 1983. 2. 8. 선고 81누263 판결

0151　○　국민건강보험 직장가입자 또는 지역가입자 자격 변동은 법령이 정하는 사유가 생기면 별도 처분 등의 개입 없이 사유가 발생한 날부터 변동의 효력이 당연히 발생하므로, 국민건강보험공단이 갑 등에 대하여 가입자 자격이 변동되었다는 취지의 '직장가입자 자격상실 및 자격변동 안내' 통보를 하였거나, 그로 인하여 사업장이 국민건강보험법상의 적용대상사업장에서 제외되었다는 취지의 '사업장 직권탈퇴에 따른 가입자 자격상실 안내' 통보를 하였더라도, 이는 갑 등의 가입자 자격의 변동 여부 및 시기를 확인하는 의미에서 한 사실상 통지행위에 불과할 뿐, 위 각 통보에 의하여 가입자 자격이 변동되는 효력이 발생한다고 볼 수 없고, 또한 위 각 통보로 갑 등에게 지역가입자로서의 건강보험료를 납부하여야 하는 의무가 발생함으로써 갑 등의 권리의무에 직접적 변동을 초래하는 것도 아니라는 이유로, 위 각 통보의 처분성이 인정되지 않는다. 대법원 2019. 2. 14. 선고 2016두41729 판결

0152　○　사업양도·양수에 따른 허가관청의 지위승계신고의 수리는 적법한 사업의 양도·양수가 있었음을 전제로 하는 것이므로 그 수리대상인 사업양도·양수가 존재하지 아니하거나 무효인 때에는 수리를 하였다 하더라도 그 수리는 유효한 대상이 없는 것으로서 당연히 무효라 할 것이고, 사업의 양도행위가 무효라고 주장하는 양도자는 민사쟁송으로 양도·양수행위의 무효를 구함이 없이 막바로 허가관청을 상대로 하여 행정소송으로 위 신고수리처분의 무효확인을 구할 법률상 이익이 있다. 대법원 2005. 12. 23. 선고 2005두3554 판결

행정행위의 부관

1 부관의 의의

① **부관의 개념**

- 처분의 효과를 제한하기 위해 처분의 주된 의사표시에 부가된 종된 의사표시

② **구별개념** : 법정부관

- 행정청의 의사표시에 의해 부가된 것이 아닌, 법령에 의해 직접 부가된 부관

- 부관의 한계에 관한 일반적인 원칙이 적용되지 않음

- 법정부관으로 본 사례
  - 보존음료수 제조업 허가에 붙여진 전량수출 등의 부관 ➡ **법정부관**
    But 헌법상 기본권 침해 ○ ➡ **위 부관은 무효 + 위 부관에 위반한 행위에 대해 과징금부과 ✕**
  - 임시이사를 선임하면서 임기를 '후임 정식이사가 선임될 때까지'로 한 부관 ➡ **법정부관**

2 부관의 종류 ①

① **조건**

- 처분 효과의 발생·소멸을 장래 발생할 것이 불확실한 사실에 의존

- 정지조건 : 효과의 발생을 장래 발생할 것이 불확실한 사실에 의존
  - 조건 성취 전까지는 처분은 효력 ✕
  - ex 일정한 시설을 갖출 것을 조건으로 한 영업허가

- 해제조건 : 효과의 소멸을 조건에 의존
  - 처분은 처음부터 효력 ○ ➡ **조건 성취 시 곧바로 효력 상실**
  - ex 일정 기간 내 공사 착수할 것을 조건으로 하는 공유수면매립면허

② **기한**

- 처분 효과의 발생·소멸을 장래 발생할 것이 확실한 사실에 의존

- 시기 : 효과의 발생 / 종기 : 효과의 소멸

③ 철회권의 유보

- 일정한 사유 발생 시 처분을 철회하여 그 효력을 소멸시킬 수 있는 권한을 행정청에 유보하는 부관

- ex 기본재산전환인가를 함에 있어 인가조건을 부가하고 그 불이행 시 인가를 취소할 수 있도록 한 경우

- 이익형량원칙(달성하려는 공익 > 침해되는 사익) 적용 ○

- 신뢰보호의 원칙 적용 ×(∵ 예측 가능) ➡ 손실보상 인정 ×

④ 법률효과의 일부 배제

- 법령이 행정행위에 부여한 법률효과의 일부를 행정청의 의사로 배제하는 부관

- 반드시 법령의 근거가 있어야 함

- ex 공유수면매립준공인가처분을 하면서 매립지 일부에 대하여 한 국가귀속처분

3 부관의 종류 ②_부담

① 의의

- 처분의 주된 내용에 부가하여 그 처분의 상대방에게 일정한 의무를 부과하는 부관

- 다른 부관과 달리 부담은 그 자체로 처분성 ○ ➡ 주된 처분과 독립하여 항고소송의 대상 ○

② 조건과의 구별

- 정지조건: 조건은 조건 성취되어야 처분의 효력 ○ / 부담은 처음부터 처분의 효력 ○

- 해제조건: 조건은 조건 성취되면 처분은 곧바로 실효 / 부담은 불이행하여도 실효 ×(철회사유 ○)

- 구별기준: 양자의 구분이 명확하지 않은 경우 ➡ 부담(∵ 상대방인 국민에게 보다 유리)

③ 부가 방법 및 위법 판단의 기준시

- 일방적으로 부가 ○ or 상대방과 협의하여 협약의 방식으로 부가 ○

- 부담 부가의 위법 판단의 기준시: 처분시
  ∴ 처분 시 적법했다면, 이후 법령 개정으로 부담을 부가할 수 없게 됐더라도, 부담은 여전히 적법

④ 부담의 하자와 부담의 이행행위(사법행위)와의 관계

- 부담과 부담의 이행행위인 사법상 법률행위 ➡ **별개의 독립된** 행위

- if 부담 무효 ➡ **사법상 법률행위 당연무효 ×, 취소사유 ○**

- if 부담 취소사유 ➡ **사법상 법률행위에 영향 ×**

- even if 부담에 불가쟁력 발생 ➡ **사법상 법률행위 다툴 수 있음(민사소송 가능)**

4 부관의 한계

① 부관의 부가 가능성

- **준법률행위적 행정행위** : 불가(∵ 의사표시 ×)

- **신분설정행위(귀화허가, 공무원임명)** : 불가(∵ 당사자 지위 불안정)

- **기속행위** : 법령에 근거 없는 한 불가(부가하더라도 무효)
  - ex 건축허가 시 보차혼용통로를 조성·제공하도록 한 부관 ➡ **적법(∵ 법령에 근거 ○)**

- **재량행위** : 법령에 근거 없어도 가능

② 부관의 한계

- 내용 : 법령, 주된 처분의 목적, 행정법의 일반원칙 등에 위반되어서는 안 됨, 이행가능성 있어야 함
  - ex 기선선망어업의 허가를 하면서 부속선 사용할 수 없도록 제한한 부관
    ➡ **어업허가의 목적 달성 어렵게 하므로 위법**
  - ex 처분과 부관 사이에 실제적 관련성 ×(부당결부금지원칙 위반)
    ➡ **사법상 계약의 형식 취하였더라도 법치행정의 원리에 반하여 위법**

- 부관의 사후 부가·변경 : 법률에 규정, 변경권 유보, 상대방 동의, 사정변경 있는 경우에 가능

5 부관의 하자

- 부관 자체의 하자 : 일반원칙(중대·명백설)에 따라 무효·취소

- 위법한 부관이 부가된 처분의 효력
  - 부관이 주된 처분의 본질적 부분 : 부관 무효 ➡ 처분 무효
    ex 기부채납 받은 공원시설의 사용·수익허가에서 허가기간, 도로점용허가의 점용기간
  - 부관이 주된 처분의 비본질적 부분 : 부관 무효 ➡ 처분에 영향 ×

6 하자 있는 부관에 대한 행정소송

- 부담 : 처분성 ○ ➡ 주된 처분과 독립하여 항고소송의 대상 ○

- 부담 이외의 부관 : 처분성 × ➡ 주된 처분과 독립하여 항고소송의 대상 ×
  - 부관부 행정행위 전체를 소송의 대상으로 해야 함
  - 부관부 행정행위 변경 신청 ➡ 거부처분 ➡ 거부처분 취소소송 가능

기출 ⓞⓧ Check

0153 행정행위의 부관은 법령이 직접 행정행위의 조건이나 기한 등을 정한 경우와 구별되어야 한다. 18. 지방 (   )

0154 고시에서 정하여진 허가기준에 따라 보존음료수 제조업의 허가에 부가된 조건은 행정행위에 부관을 부가할 수 있는 한계에 관한 일반적인 원칙이 적용되지 아니한다. 19. 국회 8급 (   )

0155 행정청이 종교단체에 대하여 기본재산전환인가를 함에 있어 인가조건을 부가하고 그 불이행시 인가를 취소할 수 있도록 한 경우, 그 인가조건의 의미는 철회권유보이다. 14. 지방 (   )

0156 행정행위의 부관으로 철회권의 유보가 되어 있는 경우라 하더라도 그 철회권의 행사에 대해서는 행정행위의 철회의 제한에 관한 일반원리가 적용된다. 13. 국가 (   )

0157 부담과 조건의 구별이 애매한 경우 조건으로 보는 것보다 부담으로 해석하는 것이 상대방에게 유리하다.
10. 국가 (   )

0158 부담부 행정행위의 경우에는 부담을 이행해야 주된 행정행위의 효력이 발생한다. 10. 국가 (   )

0159 부담에 의해 부과된 의무의 불이행으로 부담부행정행위가 당연히 효력을 상실하는 것은 아니며, 당해 의무불이행은 부담부행정행위의 취소(철회)사유가 될 뿐이다. 15. 지방 (   )

0160 행정청이 부담을 부가하기 전에 상대방과 협의하여 부담의 내용을 협약의 형식으로 미리 정하는 것은 부담 또한 단독행위로서 행정행위로서의 본질을 갖는다는 점에서 허용되지 않는다. 13. 국가 (   )

0161 처분 당시 법령을 기준으로 처분에 부가된 부담이 적법하였더라도, 처분 후 부담의 전제가 된 주된 행정처분의 근거 법령이 개정됨으로써 행정청이 더이상 부관을 붙일 수 없게 되었다면 그때부터 부담의 효력은 소멸한다.
21. 국가 (   )

0162 행정청이 수익적 행정처분을 하면서 사전에 상대방과 체결한 협약상의 의무를 부담으로 부가하였는데, 부담의 전제가 된 주된 행정처분의 근거 법령이 개정되어 부관을 붙일 수 없게 된 경우에는 곧바로 협약의 효력이 소멸한다. 20. 국가 (   )

0163 행정처분에 부담인 부관을 붙인 경우, 부관이 무효라면 부담의 이행으로 이루어진 사법상 매매행위도 당연히 무효가 된다. 19. 국가 (   )

0164 토지소유자가 토지형질변경행위허가에 붙은 기부채납의 부관에 따라 토지를 국가나 지방자치단체에 기부채납한 경우, 기부채납의 부관이 당연무효이거나 취소되지 아니한 이상 토지소유자는 위 부관으로 인하여 기부채납계약의 중요부분에 착오가 있음을 이유로 기부채납계약을 취소할 수 없다. 23. 국가 (   )

0165 부담의 이행으로서 하게 된 사법상 매매 등의 법률행위는 부담을 붙인 행정처분과는 별개의 법률행위이므로, 그 부담의 불가쟁력의 문제와는 별도로 법률행위가 사회질서 위반이나 강행규정에 위반되는지 여부 등을 따져보아 그 법률행위의 유효 여부를 판단하여야 한다. 21. 국가 (　　　)

정답 & ○×풀이

0153	○	법령이 직접 행정행위의 조건이나 기한 등을 정한 경우를 법정부관이라 하는바, 법정부관에 대해서는 <u>부관의 한계에 관한 내용이 적용되지 않는</u> 등 일반적인 부관과 비교하여 차이점이 있으므로 양자는 구별되어야 한다.
0154	○	공익상의 이유로 허가를 할 수 없는 영업의 종류를 지정할 권한을 부여한 구 식품위생법 제23조의3 제4호에 따라 보건사회부장관이 발한 고시인 식품영업허가기준은 실질적으로 법의 규정내용을 보충하는 기능을 지니면서 그것과 결합하여 대외적으로 구속력이 있는 법규명령의 성질을 가진 것이므로, 위 고시에 정한 허가기준에 따라 <u>보존음료수 제조업 허가에 붙여진 전량수출 또는 주한 외국인에 대한 판매에 한한다는 내용의 조건은 이른바 법정부관으로서 행정청의 의사에 기하여 붙여지는 본래의 의미에서의 행정행위의 부관은 아니다.</u> 따라서 이와 같은 법정부관에 대하여는 행정행위에 부관을 붙일 수 있는 한계에 관한 일반적인 원칙이 적용되지는 않지만, 위 고시가 헌법상 보장된 기본권을 침해하는 것으로서 헌법에 위반될 때에는 그 효력이 없는 것으로 볼 수밖에 없다. 대법원 1995. 11. 14. 선고 92도496 판결
0155	○	행정청이 종교단체에 대하여 <u>기본재산전환인가를 함에 있어 인가조건을 부가하고 그 불이행시 인가를 취소할 수 있도록 한 경우, 인가조건의 의미는 철회권을 유보한 것</u>이다. 대법원 2003. 5. 30. 선고 2003다6422 판결
0156	○	철회권이 유보된 경우에도 이를 행사함에 있어서는 <u>철회의 제한이론인 이익형량의 원칙이 적용된다.</u>
0157	○	부담과 조건의 구별이 명확하지 않을 경우, 원칙적으로 상대방에게 유리한 부담으로 추정해야 한다.
0158	×	<u>부담부 행정행위는 부담의 이행 여부와 무관하게 처음부터 즉시 효력을 발생한다.</u>
0159	○	부담부 행정처분에 있어서 <u>처분의 상대방이 부담(의무)을 이행하지 아니한 경우에 처분행정청으로서는 이를 들어 당해 처분을 취소(철회)할 수 있다.</u> 대법원 1989. 10. 24. 선고 89누2431 판결
0160	×	수익적 행정처분에 있어서는 법령에 특별한 근거규정이 없다고 하더라도 그 부관으로서 부담을 붙일 수 있고, 그와 같은 부담은 행정청이 행정처분을 하면서 일방적으로 부가할 수도 있지만 부담을 부가하기 이전에 상대방과 협의하여 부담의 내용을 협약의 형식으로 미리 정한 다음 행정처분을 하면서 이를 부가할 수도 있다. 대법원 2009. 2. 12. 선고 2005다65500 판결
0161	×	행정청이 수익적 행정처분을 하면서 부가한 <u>부담의 위법 여부는 처분 당시 법령을 기준으로 판단하여야 하고, 부담이 처분 당시 법령을 기준으로 적법하다면 처분 후 부담의 전제가 된 주된 행정처분의 근거 법령이 개정됨으로써 행정청이 더 이상 부관을 붙일 수 없게 되었다 하더라도 곧바로 위법하게 되거나 그 효력이 소멸하게 되는 것은 아니다.</u> 대법원 2009. 2. 12. 선고 2005다65500 판결
0162	×	행정처분의 상대방이 수익적 행정처분을 얻기 위하여 행정청과 사이에 행정처분에 부가할 부담에 관한 협약을 체결하고 행정청이 수익적 행정처분을 하면서 협약상의 의무를 부담으로 부가하였으나 <u>부담의 전제가 된 주된 행정처분의 근거 법령이 개정됨으로써 행정청이 더 이상 부관을 붙일 수 없게 된 경우에도 곧바로 협약의 효력이 소멸하는 것은 아니다.</u> 대법원 2009. 2. 12. 선고 2005다65500 판결
0163	×	행정처분에 <u>부담인 부관을 붙인 경우 부관의 무효화에 의하여 본체인 행정처분 자체의 효력에도 영향이 있게 될 수는 있지만,</u> 그 처분을 받은 사람이 부담의 이행으로 사법상 매매 등의 법률행위를 한 경우에는 그 부관은 특별한 사정이 없는 한 법률행위를 하게 된 동기 내지 연유로 작용하였을 뿐이므로 이는 <u>법률행위의 취소사유가 될 수 있음은 별론으로 하고 그 법률행위 자체를 당연히 무효화하는 것은 아니다.</u> 대법원 2009. 6. 25. 선고 2006다18174 판결
0164	○	토지소유자가 토지형질변경행위허가에 붙은 기부채납의 부관에 따라 토지를 국가나 지방자치단체에 기부채납(증여)한 경우, <u>기부채납의 부관이 당연무효이거나 취소되지 아니한 이상 토지소유자는 위 부관으로 인하여 증여계약의 중요부분에 착오가 있음을 이유로 증여계약을 취소할 수 없다.</u> 대법원 1999. 5. 25. 선고 98다53134 판결
0165	○	행정처분에 붙은 부담인 부관이 제소기간의 도과로 확정되어 이미 불가쟁력이 생겼다면 그 하자가 중대하고 명백하여 당연무효로 보아야 할 경우 외에는 누구나 그 효력을 부인할 수 없을 것이지만, <u>부담의 이행으로서 하게 된 사법상 매매 등의 법률행위는 부담을 붙인 행정처분과는 어디까지나 별개의 법률행위이므로 그 부담의 불가쟁력의 문제와는 별도로 법률행위가 사회질서 위반이나 강행규정에 위반되는지 여부 등을 따져보아 그 법률행위의 유효 여부를 판단하여야 한다.</u> 대법원 2009. 6. 25. 선고 2006다18174 판결

0166 준법률행위에는 부관을 붙일 수 없다는 것이 전통적 견해이다. 11. 국가 (   )

0167 법률행위적 행정행위에는 부관을 붙일 수 있는 것이 원칙이므로 귀화허가 및 공무원의 임명행위 등과 같은 신분설정행위에는 부관을 붙일 수 있다. 10. 국가 (   )

0168 기속행위에 대해서는 법령상 특별한 근거가 없는 한 부관을 붙일 수 없고, 가사 부관을 붙였다고 하더라도 이는 무효이다. 19. 국가 (   )

0169 행정청은 처분에 재량이 없는 경우에는 법률에 근거가 있는 경우에 부관을 붙일 수 있다. 21. 지방 (   )

0170 수익적 행정처분에 있어서는 법령에 특별한 근거규정이 있는 경우에만 그 부관으로서 부담을 붙일 수 있다.
23. 국가 (   )

0171 일반적으로 보조금 교부결정은 법령과 예산에서 정하는 바에 엄격히 기속되므로, 행정청은 보조금 교부결정을 할 때 조건을 붙일 수 없다. 22. 지방 7급 (   )

0172 행정청이 처분을 하면서 부제소(不提訴)특약의 부관을 붙인 것은 당사자가 임의로 처분할 수 없는 공법상 권리관계를 대상으로 하여 사인의 국가에 대한 소권을 당사자의 합의로 포기하는 것으로 허용될 수 없다.
13. 지방 7급 (   )

0173 기선선망어업의 허가를 하면서 운반선, 등선 등 부속선을 사용할 수 없도록 제한한 부관은 그 어업허가의 목적달성을 사실상 어렵게 하여 그 본질적 효력을 해하는 것이므로 위법한 것이다. 23. 국가 (   )

0174 행정처분과 부관 사이에 실제적 관련성이 있다고 볼 수 없는 경우, 공무원이 공법상의 제한을 회피할 목적으로 행정처분의 상대방과 사이에 사법상 계약을 체결하는 형식을 취하였더라도 법치행정의 원리에 반하는 것으로서 위법하다고 볼 수 없다. 21. 국가 (   )

0175 건축행정청은 신청인의 건축계획상 하나의 대지로 삼으려고 하는 '하나 이상의 필지의 일부'가 관계 법령상 토지분할이 가능한 경우인지를 심사하여 토지분할이 관계 법령상 제한에 해당되어 명백히 불가능하다고 판단되는 경우에는 토지분할 조건부 건축허가를 거부하여야 한다. 21. 소방간부 (   )

0176 부관은 면허 발급 당시에 붙이는 것뿐만 아니라 면허 발급 이후에 붙이는 것도 법률에 명문의 규정이 있거나 변경이 미리 유보되어 있는 경우 또는 상대방의 동의가 있는 경우 등에는 특별한 사정이 없는 한 허용된다.
23. 국가 (   )

0177 사정변경으로 당초에 부담을 부과한 목적을 달성할 수 없게 된 경우에도 그 목적달성에 필요한 범위 내에서 예외적으로 부담의 사후변경이 허용된다. 19. 국가 (   )

0178 도로점용허가의 점용기간을 정함에 있어 위법사유가 있다면 도로점용허가처분 전부가 위법하게 된다.
19. 국가 (   )

0179 행정행위의 부관은 부담의 경우를 제외하고는 독립하여 행정소송의 대상이 될 수 없다. 13. 국가 (   )

0166 ○ 부관을 '행정행위의 효과를 제한하기 위하여 주된 의사표시에 부가된 종된 의사표시'로 이해하는 전통적 견해에 따르면, 의사표시를 전제로 하지 않는 준법률행위적 행정행위에는 부관을 붙일 수 없다고 한다.

0167 × 법률행위적 행정행위에는 부관을 붙일 수 있는 것이 원칙이나, 귀화허가 또는 공무원의 임명행위와 같은 신분설정행위에는 당사자의 지위를 보장하기 위해 부관을 붙일 수 없다고 보는 것이 일반적인 견해이다.

0168 ○ 일반적으로 기속행위나 기속적 재량행위에는 부관을 붙일 수 없고 가사 부관을 붙였다 하더라도 무효이다. 대법원 1995. 6. 13. 선고 94다56883 판결

0169 ○ 행정기본법 제17조(부관) ② 행정청은 처분에 재량이 없는 경우에는 법률에 근거가 있는 경우에 부관을 붙일 수 있다.

0170 × 예외적인 개발행위의 허가는 상대방에게 수익적인 것이 틀림이 없으므로 그 법률적 성질은 재량행위 내지 자유재량행위에 속하는 것이고, 이러한 재량행위에 있어서는 관계 법령에 명시적인 금지규정이 없는 한 행정목적을 달성하기 위하여 조건이나 기한, 부담 등의 부관을 붙일 수 있고, 그 부관의 내용이 이행 가능하고 비례의 원칙 및 평등의 원칙에 적합하며 행정처분의 본질적 효력을 저해하지 아니하는 이상 위법하다고 할 수 없다. 대법원 2004. 3. 25. 선고 2003두12837 판결

0171 × 일반적으로 보조금 교부결정에 관해서는 행정청에게 광범위한 재량이 부여되어 있고, 행정청은 보조금 교부결정을 할 때 법령과 예산에서 정하는 보조금의 교부 목적을 달성하는 데에 필요한 조건을 붙일 수 있다. 대법원 2021. 2. 4. 선고 2020두48772 판결

0172 ○ 지방자치단체장이 도매시장법인의 대표이사에 대하여 위 지방자치단체장이 개설한 농수산물도매시장의 도매시장법인으로 다시 지정함에 있어서 그 지정조건으로 '지정기간 중이라도 개설자가 농수산물 유통정책의 방침에 따라 도매시장법인 이전 및 지정취소 또는 폐쇄 지시에도 일체 소송이나 손실보상을 청구할 수 없다.'라는 부관을 붙였으나, 그 중 부제소특약에 관한 부분은 당사자가 임의로 처분할 수 없는 공법상의 권리관계를 대상으로 하여 사인의 국가에 대한 공권인 소권을 당사자의 합의로 포기하는 것으로서 허용될 수 없다. 대법원 1998. 8. 21. 선고 98두8919 판결

0173 ○ 기선선망어업의 허가를 하면서 운반선, 등선 등 부속선을 사용할 수 없도록 제한한 부관은 그 어업허가의 목적달성을 사실상 어렵게 하여 그 본질적 효력을 해하는 것일 뿐만 아니라 위 시행령의 규정에도 어긋나는 것이며, 더욱이 어업조정이나 기타 공익상 필요하다고 인정되는 사정이 없는 이상 위법한 것이다. 대법원 1990. 4. 27. 선고 89누6808 판결

0174 × 행정처분과 부관 사이에 실제적 관련성이 있다고 볼 수 없는 경우 공무원이 위와 같은 공법상의 제한을 회피할 목적으로 행정처분의 상대방과 사이에 사법상 계약을 체결하는 형식을 취하였다면 이는 법치행정의 원리에 반하는 것으로서 위법하다. 대법원 2009. 12. 10. 선고 2007다63966 판결

0175 ○ 행정청이 객관적으로 처분상대방이 이행할 가능성이 없는 조건을 붙여 행정처분을 하는 것은 법치행정의 원칙상 허용될 수 없으므로, 건축행정청은 신청인의 건축계획상 하나의 대지로 삼으려고 하는 '하나 이상의 필지의 일부'가 관계 법령상 토지분할이 가능한 경우인지를 심사하여 토지분할이 관계 법령상 제한에 해당되어 명백히 불가능하다고 판단되는 경우에는 토지분할 조건부 건축허가를 거부하여야 한다. 대법원 2018. 6. 28. 선고 2015두47737 판결

0176 ○ 행정처분에 이미 부담이 부가되어 있는 상태에서 그 의무의 범위 또는 내용 등을 변경하는 부관의 사후변경은, 법률에 명문의 규정이 있거나 그 변경이 미리 유보되어 있는 경우 또는 상대방의 동의가 있는 경우에 한하여 허용되는 것이 원칙이지만, 사정변경으로 인하여 당초에 부담을 부가한 목적을 달성할 수 없게 된 경우에도 그 목적달성에 필요한 범위 내에서 예외적으로 허용된다. 대법원 1997. 5. 30. 선고 97누2627 판결

0177 ○ 행정처분에 이미 부담이 부가되어 있는 상태에서 그 의무의 범위 또는 내용 등을 변경하는 부관의 사후변경은, 법률에 명문의 규정이 있거나 그 변경이 미리 유보되어 있는 경우 또는 상대방의 동의가 있는 경우에 한하여 허용되는 것이 원칙이지만, 사정변경으로 인하여 당초에 부담을 부가한 목적을 달성할 수 없게 된 경우에도 그 목적달성에 필요한 범위 내에서 예외적으로 허용된다. 대법원 1997. 5. 30. 선고 97누2627 판결

0178 ○ 도로점용허가의 점용기간은 행정행위의 본질적인 요소에 해당한다고 볼 것이어서 부관인 점용기간을 정함에 있어서 위법사유가 있다면 이로써 도로점용허가 처분 전부가 위법하게 된다. 대법원 1985. 7. 9. 선고 84누604 판결

0179 ○ 현행 행정쟁송제도 아래서는 부관 그 자체만을 독립된 쟁송의 대상으로 할 수 없는 것이 원칙이나 행정행위의 부관 중에서도 행정행위에 부수하여 그 행정행위의 상대방에게 일정한 의무를 부과하는 행정청의 의사표시인 부담의 경우에는 다른 부관과는 달리 행정행위의 불가분적인 요소가 아니고 그 존속이 본체인 행정행위의 존재를 전제로 하는 것일 뿐이므로 부담 그 자체로서 행정쟁송의 대상이 될 수 있다. 대법원 1992. 1. 21. 선고 91누1264 판결

0180 지방국토관리청장이 일부 공유수면매립지를 국가 또는 지방자치단체에 귀속처분한 것은 법률효과의 일부를 배제하는 부관을 붙인 것이므로 이러한 행정행위의 부관은 독립하여 행정쟁송 대상이 될 수 없다. 20. 지방 (   )

0181 기부채납 받은 행정재산에 대한 사용·수익허가에서 공유재산의 관리청이 정한 사용·수익허가의 기간은 그 허가의 효력을 제한하기 위한 행정행위의 부관으로서 독립하여 행정소송의 대상으로 삼을 수 있다. 14. 국가 (   )

0182 위법한 부담 이외의 부관으로 인해 권리를 침해받은 자는 부관부행정행위 전체를 취소청구하든지, 아니면 행정청에 부관이 없는 처분으로의 변경을 청구한 다음 그것이 거부된 경우에 거부처분취소소송을 제기하여야 한다. 12. 지방 (   )

정답 & ○✕ 풀이

0180 **○** 지방국토관리청장이 일부 공유수면매립지에 대하여 한 국가 또는 직할시 귀속처분은 매립준공인가를 함에 있어서 매립의 면허를 받은 자의 매립지에 대한 소유권취득을 규정한 공유수면매립법 제14조의 효과 일부를 배제하는 부관(주 : 법률효과의 일부배제)을 붙인 것이고, 이러한 행정행위의 부관은 위 법리와 같이 독립하여 행정소송 대상이 될 수 없다. 대법원 1993. 10. 8. 선고 93누2032 판결

0181 **✕** 행정행위의 부관은 부담인 경우를 제외하고는 독립하여 행정소송의 대상이 될 수 없는바, 기부채납받은 행정재산에 대한 사용·수익허가에서 공유재산의 관리청이 정한 사용·수익허가의 기간은 그 허가의 효력을 제한하기 위한 행정행위의 부관으로서 이러한 사용·수익허가의 기간에 대해서는 독립하여 행정소송을 제기할 수 없으며, 결국 이 사건 청구는 부적법하여 각하를 면할 수 없다. 대법원 2001. 6. 15. 선고 99두509 판결

0182 **○** 부담 이외의 부관의 경우 부관의 하자를 다투기 위해서는 부관부 행정행위 전체를 대상으로 쟁송을 제기하거나 또는 먼저 부관부 행정행위의 변경을 청구하고 행정청이 이를 거부한 경우 그 거부처분의 취소를 구하는 쟁송을 제기할 수 있다.

1 처분의 성립요건

- 행정의사의 내부적 결정 + 외부적 표시
  ➡ 행정청이 자유롭게 취소·철회할 수 없는 구속을 받게 되는 시점에 처분 성립

- 외부적 표시: 반드시 공식적인 것이어야 함 ➡ 사적인 통지 or 우연히 지득: 성립 ✕
  - ex 법무부장관이 입국금지를 결정한 후 그 정보를 내부전산망에 입력하는 데 그친 사례
    ➡ 입국금지결정처분은 성립 ✕

- 공문서의 성립 ➡ 결재권자의 결재로써 성립(결재: 문서의 내용을 승인하여 외부에 표시하는 행위)

2 처분의 효력발생요건

① 일반론

- 효력발생요건: 처분 통지의 도달

- 도달: 상대방이 알 수 있는 상태에 두는 것 ○, 현실적으로 수령하여 아는 것 ✕

- 상대방이 존재하지 않는 처분(ex 망인에 대한 서훈취소)
  ➡ 처분권자(대통령)의 의사가 상당한 방법으로 대외적으로 표시됨으로써 성립하고 효력 발생

② 송달

- 상대방이 이미 처분 내용을 알고 있는 경우에도 송달 필요
  ➡ 송달되지 않은 이상 상대방이 인터넷 홈페이지를 통해 처분 내용 알았더라도 처분의 효력 ✕

- 수령 회피하는 자의 사업장에 납세고지서를 두고 온 경우 ➡ 송달 ✕ (∵ 공시송달 했어야 함)

- 부당하게 등기우편의 수취를 거부 ➡ 수취거부 시에 의사표시의 효력 발생(입증책임: 수취거부한 자)

③ 구체적 통지의 방법

(1) 특정인 대상 처분 : 송달

- 우편송달 : 주민등록상 주소지로 송달 ➡ 상대방 등이 수령하면 도달
  - 등기우편 or 내용증명우편 : 도달 추정 ○
  - 보통우편 : 도달 추정 ×
  - 예외 주민등록 ○ But 실거주 × ➡ 등기우편 도달 추정 × (∴ 행정청이 우편물 도달사실 입증 필요)

- 교부송달 : 수령확인서 받으며 문서 교부
  - if 상대방 부재 ➡ 사무원 등 사리 분별할 지능 있는 자에게 교부 가능(보충송달)
  - if 상대방 등이 정당한 사유 없이 송달 거부 ➡ 송달할 장소에 놓아두면 송달(유치송달)

- 전자적 통지 : 상대방이 동의한 경우에만 가능 ➡ 송달받을 자가 지정한 컴퓨터 등에 '입력된 때' 도달

(2) 특정인 대상 처분 : 공시송달(행정절차법에 따른 공고)

- 주소불명 등 송달이 불가능한 경우
  ➡ 관보, 공보, 게시판, 일간신문 중 하나 이상에 공고하고 인터넷에도 공고

- 공고일로부터 14일 지난 때에 효력 발생(긴급한 사정이 있어 달리 정한 경우는 그에 따름)

(3) 불특정 다수인 대상 처분(일반처분) : 고시 또는 공고

- 개별법에서 정한 고시 또는 공고의 방법에 의해 통지함 ➡ 개별적으로 통지할 필요 없음

- 효력발생시기
  - 효력일 명시 ○ : 명시된 날부터
  - 효력일 명시 × ➡ 고시 또는 공고일로부터 5일 지난 때에 효력 발생

행정행위의 효력

1 공정력

> **사례 1**
> 미성년자에게 속아 술을 판 편의점 점주A에 대하여 구청장이 영업취소처분을 하였음. 점주A는 영업취소처분에 대하여 취소소송을 제기하는 한편 영업중단에 따른 손해를 배상받고자 민사법원에 국가배상청구를 함. 취소소송의 판결이 나오지 않은 상태에서 국가배상청구는 인용될 수 있는지?
>
> **사례 2**
> 국세청에서 자료를 잘못 분석하여 A에 대하여 법에 근거가 없는 과세처분을 함(중대·명백한 하자 존재). A는 세금을 납부한 후에야 비로소 과세처분이 잘못되었음을 알게 되었음. 이에 A는 과세처분에 대한 무효확인소송을 제기하는 한편 잘못 납부한 세금을 돌려받고자 민사법원에 부당이득반환청구를 함. 행정법원의 판결이 나오지 않은 상태에서 부당이득반환청구는 인용될 수 있는지? 만약 과세처분에 취소사유에 해당하는 하자가 존재하는 경우, 민사법원은 청구인용판결을 할 수 있는지?

① 논의의 전제

- 국가배상청구: 공무원의 '위법'한 직무행위로 손해를 입은 국민이 그에 대한 배상을 구하는 청구(민사소송)

- 부당이득반환청구: '무효'인 원인에 근거하여 금전 등을 지급한 자가 그 반환을 구하는 청구(민사소송)

- 사례의 쟁점: 과연 행정법원이 아닌 민사법원에서 처분의 위법 or 무효 여부를 판단할 수 있는지?

② 행정소송법 규정

> **행정소송법 제11조(선결문제)**
> 처분 등의 효력 유무 또는 존재 여부가 민사소송의 선결문제로 되어 당해 민사소송의 수소법원이 이를 심리·판단하는 경우에는 제17조(행정청의 소송참가), 제25조(행정심판기록 제출명령), 제26조(직권심리), 제33조(소송비용에 관한 재판의 효력)의 규정을 준용한다.

(1) **위법 여부 판단 가부**: 행정소송법 제11조에서 명확히 규정은 ×, But 해석상 판단 가능 ○

- **사례 1**의 결론
  행정법원의 취소판결이 없더라도 민사법원은 독자적으로 위법 여부 판단하여 청구인용판결 ○

(2) 무효 여부 판단 가부: 행정소송법 제11조에서 명확히 규정 ∴ 판단 가능 ○

- 사례 2-1 의 결론
  - if 처분이 무효인 경우 ➡ 민사법원은 처분이 무효임을 전제로 청구인용판결 가능
  - 이때 민사법원이 처분에 대한 무효확인판결을 할 수 있는 것은 아님

- if 처분이 위법하나 무효는 아닌 경우(취소사유)
  - 민사법원이 취소사유 있는 처분의 효력을 부인하여 무효임을 전제로 청구인용판결을 할 수 있는지?

③ 공정력의 의의

- 처분에 하자(위법)가 있더라도 그것이 무효가 아닌 한, 권한 있는 기관(처분청, 행심위, 행정법원)에 의해 취소되기 전까지는 유효한 것으로 인정되는 힘(행정기본법 제15조)

- 근거: 법적 안정성

- 사례 2-2 의 결론
  - 민사법원은 공정력에 의해 당해 처분이 권한 있는 기관에 의해 취소되기 전까지는 설령 위법하더라도 그 효력을 부인할 수 없음 ➡ 청구기각

④ 참고: 공정력과 구성요건적 효력의 구분(학설상 논의)

- **공정력**: 행정행위의 상대방 또는 이해관계인에 대한 구속력(법적 안정성에 근거)

- **구성요건적 효력**: 다른 행정청 또는 법원에 대한 구속력(국가기관 상호 간 권한존중의 원칙에 근거)

⑤ 형사소송

- 민사소송에서의 법리가 그대로 적용
  - 형사법원은 유·무죄 판결의 선결문제가 된 처분의 위법·무효 여부 판단 가능
  - 처분이 위법하나 무효는 아닌 경우 ➡ 공정력으로 인해 취소 불가(∴ 유효로 판단)

- 위법 여부가 선결문제인 경우(명령위반죄)
  - **명령위반죄**: 명령이 적법한 경우에만 성립
  - 명령이 위법한 경우 ➡ 명령 위반죄는 성립 ✕

- 효력 유무가 선결문제인 경우(무면허범죄)
  - 취소사유 있는 운전면허 ➡ 무면허운전죄 ✕
  - 취소사유 있는 수입면허 ➡ 무면허수입죄 ✕

— **최신판례** (2019도11826)

음주운전 ➡ 면허취소 ＋ 기소 ➡ 운전 ➡ 무면허운전 기소 ➡ 음주운전 무죄 확정된 사안

⇨ 면허취소처분이 취소되지 않았더라도 무면허운전죄로 처벌할 수 없음

2 불가쟁력(형식적 · 절차적 확정력)

• 불복기간 경과 또는 쟁송절차 종료 후에는 더 이상 처분의 위법을 다툴 수 없게 하는 힘

• 제소기간 도과 후 취소소송 제기 ➡ 각하

• 처분의 상대방 등에 대해서만 발생(행정청 구속 ×) ➡ 행정청은 제소기간 지난 후에도 직권취소 가능

• 불가쟁력 발생한 처분으로 입은 손해 ➡ 국가배상청구 가능

• 무효인 처분에는 발생 ×(∴ 무효확인소송은 제소기간 제한 ×)

• 불가쟁력 발생하였다 하여 기판력 발생하는 것 ×

• 불가쟁력 발생한 처분에 대한 재심사청구
  – **원칙** 개별법상 근거 없는 한 불가능
  – **예외** 행정기본법 제37조 신설

행정기본법 제37조(처분의 재심사) [시행일 : 2023. 3. 24.]
① 당사자는 처분(제재처분 및 행정상 강제는 제외한다. 이하 이 조에서 같다)이 행정심판, 행정소송 및 그 밖의 쟁송을 통하여 다툴 수 없게 된 경우(법원의 확정판결이 있는 경우는 제외한다)라도 다음 각 호의 어느 하나에 해당하는 경우에는 해당 처분을 한 행정청에 처분을 취소 · 철회하거나 변경하여 줄 것을 신청할 수 있다.
1. 처분의 근거가 된 사실관계 또는 법률관계가 추후에 당사자에게 유리하게 바뀐 경우
2. 당사자에게 유리한 결정을 가져다주었을 새로운 증거가 있는 경우
3. 「민사소송법」 제451조에 따른 재심사유에 준하는 사유가 발생한 경우 등 대통령령으로 정하는 경우
② 제1항에 따른 신청은 해당 처분의 절차, 행정심판, 행정소송 및 그 밖의 쟁송에서 당사자가 중대한 과실 없이 제1항 각 호의 사유를 주장하지 못한 경우에만 할 수 있다.
③ 제1항에 따른 신청은 당사자가 제1항 각 호의 사유를 안 날부터 60일 이내에 하여야 한다. 다만, 처분이 있는 날부터 5년이 지나면 신청할 수 없다.
⑤ 제4항에 따른 처분의 재심사 결과 중 처분을 유지하는 결과에 대해서는 행정심판, 행정소송 및 그 밖의 쟁송수단을 통하여 불복할 수 **없다**.

3 **불가변력**(실질적 확정력)

- 처분을 한 행정청이 스스로 구속되어 처분을 취소·철회·변경할 수 없게 하는 힘(실체적 존속력)

- 모든 처분에 인정되는 것 ×, 일정한 처분에만 인정 ○
  ex 준사법적 행정행위(ex 행정심판의 재결, 이의신청에 따른 직권취소), 확인적 행정행위 등

- 행정청은 처분을 직권취소·철회·변경 불가

- 불가쟁력과 무관 ➡ 제소기간 미도과 시 상대방은 행정쟁송 제기 가능

- 당해 행정행위에만 인정 ○ ➡ 동종의 행정행위더라도 대상이 다른 경우 불가변력 ×

4 **강제력**

- **자력집행력** : 상대방의 의무불이행 시 행정청이 스스로 강제력을 발동하여 의무를 실현시키는 힘
  − 하명 + 별도의 법적 근거 있는 경우에만 인정

- **제재력** : 의무불이행에 대하여 행정벌 등 제재를 가할 수 있는 힘

기출 O✕ Check

0183 일반적으로 행정행위가 주체·내용·절차와 형식의 요건을 모두 갖추고 외부에 표시된 경우에 행정행위의 존재가 인정된다. 21. 소방 (　　)

0184 행정의사가 외부에 표시되어 행정청이 자유롭게 취소·철회할 수 없는 구속을 받게 되는 시점에 처분이 성립하고, 그 성립 여부는 행정청이 행정의사를 공식적인 방법으로 외부에 표시하였는지를 기준으로 판단해야 한다. 21. 국가 (　　)

0185 법무부장관의 입국금지결정이 그 의사가 공식적인 방법으로 외부에 표시된 것이 아니라 단지 그 정보를 내부전산망인 출입국관리정보시스템에 입력하여 관리한 것에 지나지 않은 경우, 이는 항고소송의 대상에 해당되지 않는다. 20. 소방간부 (　　)

0186 처분의 통지는 행정처분을 상대방에게 표시하는 것으로서 상대방이 인식할 수 있는 상태에 둠으로써 족하고, 객관적으로 보아 행정처분으로 인식할 수 있도록 고지하면 된다. 18. 국가 (　　)

0187 서훈은 서훈대상자의 특별한 공적에 의하여 수여되는 고도의 일신전속적 성격을 가지는 것이므로 유족이라고 하더라도 처분의 상대방이 될 수 없다. 23. 국가 (　　)

정답 & O✕ 풀이

0183 ○ 일반적으로 처분이 주체·내용·절차와 형식의 요건을 모두 갖추고 외부에 표시된 경우에는 처분의 존재가 인정된다. 대법원 2019. 7. 11. 선고 2017두38874 판결

0184 ○ 행정처분의 외부적 성립은 행정의사가 외부에 표시되어 행정청이 자유롭게 취소·철회할 수 없는 구속을 받게 되는 시점을 확정하는 의미를 가지므로, 어떠한 처분의 외부적 성립 여부는 행정청에 의해 행정의사가 공식적인 방법으로 외부에 표시되었는지를 기준으로 판단하여야 한다. 대법원 2017. 7. 11. 선고 2016두35120 판결

0185 ○ 법무부장관이 출입국관리법 및 동법 시행령에 따라 위 입국금지결정을 했다고 해서 '처분'이 성립한다고 볼 수는 없고, 위 입국금지결정은 법무부장관의 의사가 공식적인 방법으로 외부에 표시된 것이 아니라 단지 그 정보를 내부전산망인 '출입국관리정보시스템'에 입력하여 관리한 것에 지나지 않으므로, 위 입국금지결정은 항고소송의 대상이 될 수 있는 '처분'에 해당하지 않는다. 대법원 2019. 7. 11. 선고 2017두38874 판결

0186 ○ 처분의 효력발생요건인 통지는 행정처분을 상대방에게 표시하는 것으로서 상대방이 인식할 수 있는 상태에 둠으로써 족하고, 객관적으로 보아서 행정처분으로 인식할 수 있도록 고지하면 되는 것이다. 대법원 2003. 7. 22. 선고 2003두513 판결

0187 ○ 서훈은 서훈대상자의 특별한 공적에 의하여 수여되는 고도의 일신전속적 성격을 가지는 것이다. (중략) 이러한 서훈의 일신전속적 성격은 서훈취소의 경우에도 마찬가지이므로, 망인에게 수여된 서훈의 취소에서도 유족은 그 처분의 상대방이 되는 것이 아니다. 이와 같이 망인에 대한 서훈취소는 유족에 대한 것이 아니므로 유족에 대한 통지에 의해서만 성립하여 효력이 발생한다고 볼 수 없고, 그 결정이 처분권자의 의사에 따라 상당한 방법으로 대외적으로 표시됨으로써 행정행위로서 성립하여 효력이 발생한다고 봄이 타당하다. 대법원 2014. 9. 26. 선고 2013두2518 판결

0188 납세고지서의 교부송달 및 우편송달에 있어서 반드시 납세의무자 또는 그와 일정한 관계에 있는 사람의 현실적인 수령행위를 전제로 하고 있다고 보아야 하며, 납세자가 과세처분의 내용을 이미 알고 있는 경우에도 납세고지서의 송달이 불필요하다고 할 수 없다. 13. 지방 (　　)

0189 수취인이 송달을 회피하는 정황이 있어 부득이 사업장에 납세고지서를 두고 왔다면 납세고지서의 송달이 이루어진 것이다. 20. 국회 8급 (　　)

0190 상대방 있는 행정처분이 상대방에게 고지되지 아니한 경우에는 특별한 규정이 없는 한 상대방이 다른 경로를 통해 행정처분의 내용을 알게 되었다고 하더라도 행정처분의 효력이 발생한다고 볼 수 없다.
22. 국가 7급 (　　)

0191 처분서를 보통우편의 방법으로 발송한 경우에는 그 우편물이 상당한 기간 내에 도달하였다고 추정할 수 없다.
18. 국가 (　　)

0192 등기에 의한 우편송달의 경우라도 수취인이 주민등록지에 실제로 거주하지 않는 경우에는 우편물의 도달사실을 처분청이 입증해야 한다. 18. 국가 (　　)

0193 교부에 의한 송달은 수령확인서를 받고 문서를 교부함으로써 하며, 송달하는 장소에서 송달받을 자를 만나지 못한 경우에는 그 사무원 피용자 또는 동거인으로서 사리를 분별할 지능이 있는 사람에게 문서를 교부할 수 있다.
17. 서울 (　　)

0194 정보통신망을 이용하여 전자문서로 송달하는 경우에는 송달받을 자가 지정한 컴퓨터 등에 입력된 때에 도달된 것으로 본다. 23. 국가 (　　)

0195 송달이 불가능한 경우에는 송달받을 자가 알기 쉽도록 관보, 공보, 게시판, 일간신문 중 하나 이상에 공고하고 인터넷에도 공고하여야 한다. 23. 국가 (　　)

0196 송달이 불가능한 경우 등에는 다른 법령 등에 특별한 규정이 있는 경우를 제외하고는 공고일부터 14일이 경과한 때에 그 효력이 발생한다. 12. 지방 (　　)

0197 구 「청소년 보호법」에 따라 정보통신윤리위원회가 특정 웹사이트를 청소년유해매체물로 결정하고 청소년보호위원회가 효력발생시기를 명시하여 고시하였으나 정보통신윤리위원회와 청소년보호위원회가 웹사이트 운영자에게는 위 처분이 있었음을 통지하지 않았다면 그 효력이 발생하지 않는다. 18. 국가 (　　)

0198 처분은 무효가 아닌 한 권한이 있는 기관이 취소 또는 철회하거나 기간의 경과 등으로 소멸되기 전까지는 유효한 것으로 통용된다. 22. 국가 7급 (　　)

0188 ○ 납세고지서의 교부송달 및 우편송달에 있어서는 반드시 납세의무자 또는 그와 일정한 관계에 있는 사람의 현실적인 수령행위를 전제로 하고 있다고 보아야 하며, <u>납세자가 과세처분의 내용을 이미 알고 있는 경우에도 납세고지서의 송달이 불필요하다고 할 수는 없다.</u> 대법원 2004. 4. 9. 선고 2003두13908 판결

0189 ✕ 납세고지서의 송달을 받아야 할 자가 부과처분 제척기간이 임박하자 그 수령을 회피하기 위하여 일부러 송달을 받을 장소를 비워 두어 세무공무원이 송달을 받을 자와 보충송달을 받을 자를 만나지 못하여 부득이 사업장에 납세고지서를 두고 왔다고 하더라도 이로써 신의성실의 원칙을 들어 그 납세고지서가 송달되었다고 볼 수는 없다. 대법원 2004. 4. 9. 선고 2003두13908 판결

0190 ○ 상대방 있는 행정처분은 특별한 규정이 없는 한 의사표시에 관한 일반법리에 따라 상대방에게 고지되어야 효력이 발생하고, <u>상대방 있는 행정처분이 상대방에게 고지되지 아니한 경우에는 상대방이 인터넷 홈페이지 접속 등 다른 경로를 통해 행정처분의 내용을 알게 되었다고 하더라도 행정처분의 효력이 발생한다고 볼 수 없다.</u> 대법원 2019. 8. 9. 선고 2019두38656 판결

0191 ○ 내용증명우편이나 등기우편과는 달리, <u>보통우편의 방법으로 발송되었다는 사실만으로는 그 우편물이 상당한 기간 내에 도달하였다고 추정할 수 없고, 송달의 효력을 주장하는 측에서 증거에 의하여 이를 입증하여야 한다.</u> 대법원 2009. 12. 10. 선고 2007두20140 판결

0192 ○ 우편물이 등기취급의 방법으로 발송된 경우, 특별한 사정이 없는 한, 그 무렵 수취인에게 배달되었다고 보아도 좋을 것이나, <u>수취인이나 그 가족이 주민등록지에 실제로 거주하고 있지 아니하면서 전입신고만을 해 둔 경우에는 그 사실만으로써 주민등록지 거주자에게 송달수령의 권한을 위임하였다고 보기는 어려울 뿐 아니라 수취인이 주민등록지에 실제로 거주하지 아니하는 경우에도 우편물이 수취인에게 도달하였다고 추정할 수는 없고, 따라서 이러한 경우에는 우편물의 도달사실을 과세관청이 입증해야 할 것이다.</u> 대법원 1998. 2. 13. 선고 97누8977 판결

0193 ○ 행정절차법 제14조(송달) ② 교부에 의한 송달은 수령확인서를 받고 문서를 교부함으로써 하며, <u>송달하는 장소에서 송달받을 자를 만나지 못한 경우에는 그 사무원・피용자 또는 동거인으로서 사리를 분별할 지능이 있는 사람(이하 이 조에서 "사무원등"이라 한다)에게 문서를 교부할 수 있다. 다만, 문서를 송달받을 자 또는 그 사무원등이 정당한 사유 없이 송달받기를 거부하는 때에는 그 사실을 수령확인서에 적고, 문서를 송달할 장소에 놓아둘 수 있다.</u>

0194 ○ 행정절차법 제15조(송달의 효력 발생) ② 제14조 제3항에 따라 <u>정보통신망을 이용하여 전자문서로 송달하는 경우에는 송달받을 자가 지정한 컴퓨터 등에 입력된 때에 도달된 것으로 본다.</u>

0195 ○ 행정절차법 제14조(송달) ④ 다음 각 호의 어느 하나에 해당하는 경우에는 송달받을 자가 알기 쉽도록 <u>관보, 공보, 게시판, 일간신문 중 하나 이상에 공고하고 인터넷에도 공고하여야 한다.</u>
1. 송달받을 자의 주소등을 통상적인 방법으로 확인할 수 없는 경우
2. 송달이 불가능한 경우

0196 ○ 행정절차법 제15조(송달의 효력 발생) ③ <u>제14조 제4항의 경우에는 다른 법령등에 특별한 규정이 있는 경우를 제외하고는 공고일부터 14일이 지난 때에 그 효력이 발생한다.</u> 다만, 긴급히 시행하여야 할 특별한 사유가 있어 효력 발생 시기를 달리 정하여 공고한 경우에는 그에 따른다.
행정절차법 제14조(송달) ④ 다음 각 호의 어느 하나에 해당하는 경우에는 송달받을 자가 알기 쉽도록 <u>관보, 공보, 게시판, 일간신문 중 하나 이상에 공고하고 인터넷에도 공고하여야 한다.</u>
1. 송달받을 자의 주소등을 통상적인 방법으로 확인할 수 없는 경우
2. 송달이 불가능한 경우

0197 ✕ 구 청소년보호법에 따른 <u>청소년유해매체물 결정 및 고시처분은</u> 당해 유해매체물의 소유자 등 특정인만을 대상으로 한 행정처분이 아니라 일반 불특정 다수인을 상대방으로 하여 일률적으로 표시의무, 포장의무, 청소년에 대한 판매・대여 등의 금지의무 등 각종 의무를 발생시키는 <u>행정처분으로서,</u> 정보통신윤리위원회가 특정 인터넷 웹사이트를 청소년유해매체물로 결정하고 <u>청소년보호위원회가 효력발생시기를 명시하여 고시함으로써 그 명시된 시점에 효력이 발생하였다고 봄이 상당하고,</u> 정보통신윤리위원회와 청소년보호위원회가 위 처분이 있었음을 위 <u>웹사이트 운영자에게 제대로 통지하지 아니하였다고 하여 그 효력 자체가 발생하지 아니한 것으로 볼 수는 없다.</u> 대법원 2007. 6. 14. 선고 2004두619 판결

0198 ○ 행정기본법 행정기본법 제15조(처분의 효력) 처분은 권한이 있는 기관이 취소 또는 철회하거나 기간의 경과 등으로 소멸되기 전까지는 유효한 것으로 통용된다. 다만, <u>무효인 처분은 처음부터 그 효력이 발생하지 아니한다.</u>

0199 행정처분이 아무리 위법하다고 하여도 그 하자가 중대하고 명백하여 당연 무효라고 보아야 할 사유가 있는 경우를 제외하고는 아무도 그 하자를 이유로 무단히 그 효과를 부정하지 못한다. 21. 지방 (　　)

0200 행정처분이 위법임을 이유로 국가배상을 청구하기 위한 전제로서 그 처분이 취소되어야만 하는 것은 아니다.
19. 국가 (　　)

0201 위법한 대집행이 완료되면 그 처분의 무효확인 또는 취소를 구할 소의 이익은 없다 하더라도, 미리 그 행정처분의 취소판결이 있어야만, 그 행정처분의 위법임을 이유로 손해배상청구를 할 수 있다. 13. 국가 (　　)

0202 물품세 과세대상이 아닌 것을 세무공무원이 직무상 과실로 과세대상으로 오인하여 과세처분을 행함으로 인하여 손해가 발생된 경우에는, 동 과세처분이 취소되지 아니하였다 하더라도, 국가는 이로 인한 손해를 배상할 책임이 있다. 20. 지방 7급 (　　)

0203 영업허가취소처분으로 손해를 입은 자가 제기한 국가배상청구소송에서 법원은 영업허가취소처분에 취소사유에 해당하는 하자가 있는 경우에는 영업허가취소처분의 위법을 이유로 배상청구를 인용할 수 없다. 22. 지방 (　　)

0204 민사소송에 있어서 어느 행정처분의 당연무효 여부가 선결문제로 되는 때에는 이를 판단하여 당연무효임을 전제로 판결할 수 있고 반드시 행정소송 등의 절차에 의하여 그 취소나 무효확인을 받아야 하는 것은 아니다.
21. 지방 (　　)

0205 조세의 과오납이 부당이득이 되기 위하여는 납세 또는 조세의 징수가 전혀 법률상의 근거가 없거나 과세처분의 하자가 중대하고 명백하여 당연무효이어야 하고, 과세처분의 하자가 단지 취소할 수 있는 정도에 불과할 때에는 과세관청이 이를 스스로 취소하거나 항고소송절차에 의하여 취소되지 않는 한 그로 인한 조세의 납부가 부당이득이 된다고 할 수 없다. 13. 국가 (　　)

0206 민사소송에 있어서 어느 행정처분의 당연무효 여부가 선결문제로 되는 때에는 당해 소송의 수소법원은 이를 판단하여 그 행정처분의 무효확인판결을 할 수 있다. 19. 지방 (　　)

0207 구 「도시계획법」상 원상회복 등의 조치명령을 받고도 이를 따르지 않은 자에 대해 형사처벌을 하기 위해서는 적법한 조치명령이 전제되어야 하며, 이때 형사법원은 그 적법여부를 심사할 수 있다. 22. 국가 (　　)

0208 구 「소방시설 설치·유지 및 안전관리에 관한 법률」 제9조에 의한 소방시설 등의 설치 또는 유지·관리에 대한 명령이 행정처분으로서 하자가 있어 무효인 경우에는 명령에 따른 의무위반이 생기지 아니하므로, 명령 위반을 이유로 행정형벌을 부과할 수 없다. 19. 지방 (　　)

0209 연령미달 결격자가 다른 사람 이름으로 교부받은 운전면허는 당연무효가 아니고 취소되지 않는 한 유효하므로 그 연령미달 결격자의 운전행위는 무면허운전에 해당하지 아니한다. 22. 국가 (　　)

0210 물품을 수입하고자 하는 자가 일단 세관장에게 수입신고를 하여 그 면허를 받고 물품을 통관한 경우에는, 세관장의 수입면허가 중대하고도 명백한 하자가 있는 행정행위이어서 당연무효가 아닌 한 「관세법」 제181조 소정의 무면허수입죄가 성립될 수 없다. 22. 지방 (　　)

0211   행정처분에 대한 법정의 불복기간이 지나면 직권으로도 취소할 수 없다. 12. 지방 (   )

PART
01

정답 & ○╳ 풀이

0199   ○   행정처분이 아무리 위법하다고 하여도 그 하자가 중대하고 명백하여 당연무효라고 보아야 할 사유가 있는 경우를 제외하고는 아무도 그 하자를 이유로 무단히 그 효과를 부정하지 못한다. 대법원 1994. 11. 11. 선고 94다28000 판결

0200   ○   위법한 행정대집행이 완료되면 그 처분의 무효확인 또는 취소를 구할 소의 이익은 없다 하더라도, 미리 그 <u>행정처분의 취소판결이 있어야만, 그 행정처분의 위법임을 이유로 한 손해배상 청구를 할 수 있는 것은 아니다.</u> 대법원 1972. 4. 28. 선고 72다337 판결

0201   ╳   위법한 행정대집행이 완료되면 그 처분의 무효확인 또는 취소를 구할 소의 이익은 없다 하더라도, 미리 그 <u>행정처분의 취소판결이 있어야만, 그 행정처분의 위법임을 이유로 한 손해배상 청구를 할 수 있는 것은 아니다.</u> 대법원 1972. 4. 28. 선고 72다337 판결

0202   ○   물품세 과세대상이 아닌 것을 세무공무원이 직무상 과실로 과세대상으로 오인하여 과세처분을 행함으로 인하여 손해가 발생된 경우에는, 동 과세처분이 취소되지 아니하였다 하더라도, 국가는 이로 인한 손해를 배상할 책임이 있다. 대법원 1979. 4. 10. 선고 79다262 판결

0203   ╳   <u>국가배상청구소송의 선결문제는 처분의 효력 유무가 아닌 처분의 '위법' 여부가 되므로, 수소법원인 민사법원은 영업허가취소처분에 취소사유에 해당하는 하자가 있는 경우, 즉 당해 처분이 위법한 경우 이를 이유로 배상청구를 인용할 수 있다.</u>

0204   ○   민사소송에 있어서 어느 행정처분의 당연무효 여부가 선결문제로 되는 때에는 이를 판단하여 당연무효임을 전제로 판결할 수 있고 반드시 행정소송 등의 절차에 의하여 그 취소나 무효확인을 받아야 하는 것은 아니다. 대법원 2010. 4. 8. 선고 2009다90092 판결

0205   ○   <u>조세의 과오납이 부당이득이 되기 위하여는</u> 납세 또는 조세의 징수가 실체법적으로나 절차법적으로 전혀 법률상의 근거가 없거나 <u>과세처분의 하자가 중대하고 명백하여 당연무효이어야 하고, 과세처분의 하자가 단지 취소할 수 있는 정도에 불과할 때에는 과세관청이 이를 스스로 취소하거나 항고소송절차에 의하여 취소되지 않는 한 그로 인한 조세의 납부가 부당이득이 된다고 할 수 없다.</u> 대법원 1994. 11. 11. 선고 94다28000 판결

0206   ╳   수소법원이 선결문제가 된 행정처분의 무효 여부를 심리·판단할 수 있다는 것은 무효임을 전제로 부당이득반환청구에 대하여 청구인용판결을 내릴 수 있다는 것을 의미할 뿐, 행정법원이 아닌 <u>수소법원인 민사법원이 행정처분에 대하여 무효확인판결을 할 수 있는 것은 아니다.</u>

0207   ○   구 도시계획법 제78조 제1항에 정한 <u>처분이나 조치명령을 받은 자가 이에 위반한 경우 이로 인하여 같은 법 제92조에 정한 처벌을 하기 위하여는 그 처분이나 조치명령이 적법한 것이라야</u> 하고, <u>그 처분이 당연무효가 아니라 하더라도 그것이 위법한 처분으로 인정되는 한 같은 법 제92조 위반죄가 성립될 수 없다</u>(주 : 형사법원은 조치명령의 위법성 여부를 심사하여 유무죄를 판단할 수 있다는 의미). 대법원 1992. 8. 18. 선고 90도1709 판결

0208   ○   소방시설 설치유지 및 안전관리에 관한 법률 제9조에 의한 소방시설 등의 설치 또는 유지·관리에 대한 명령을 정당한 사유 없이 위반한 자는 같은 법 제48조의2 제1호에 의하여 행정형벌에 처해지는데, <u>위 명령이 행정처분으로서 하자가 있어 무효인 경우에는 명령에 따른 의무위반이 생기지 아니하므로 행정형벌을 부과할 수 없다.</u> 대법원 2011. 11. 10. 선고 2011도11109 판결

0209   ○   연령미달의 결격자인 피고인이 소외인의 이름으로 운전면허시험에 응시, 합격하여 교부받은 운전면허는 당연무효가 아니고 도로교통법 제65조 제3호의 사유에 해당함에 불과하여 <u>취소되지 않는 한 유효하므로 피고인의 운전행위는 무면허운전에 해당하지 아니한다.</u> 대법원 1982. 6. 8. 선고 80도2646 판결

0210   ○   부정한 방법으로 외국환은행장의 수입승인을 얻어 가지고 세관장에게 수입신고를 할 때 이를 함께 제출하여 수입면허를 받았다고 하더라도, 물품을 수입하고자 하는 자가 일단 세관장에게 수입신고를 하여 그 면허를 받고 물품을 통관한 경우에는, 세관장의 수입면허가 중대하고도 명백한 하자가 있는 행정행위이어서 <u>당연무효가 아닌 한 관세법 제181조 소정의 무면허수입죄가 성립될 수 없다.</u> 대법원 1989. 3. 28. 선고 89도149 판결

0211   ╳   불가쟁력은 행정행위의 상대방 또는 이해관계인에 대해서만 미치고 처분청을 구속하지는 않으므로, <u>처분청은 불가쟁력이 발생한 후에도 당해 행정행위를 직권으로 취소 또는 철회할 수 있다.</u>

0212 불가쟁력이 발생한 행정행위로 손해를 입은 국민은 국가배상청구를 할 수 있다. 21. 지방 (   )

0213 제소기간이 이미 도과하여 불가쟁력이 생긴 행정처분에 대하여는, 관계 법령의 해석상 그 변경을 요구할 신청권이 인정될 수 있는 경우라 하더라도 국민에게 그 행정처분의 변경을 구할 신청권이 없다. 17. 국가 7급 (   )

0214 행정처분이 불복기간의 경과로 인하여 확정될 경우, 그 확정력은 처분으로 인하여 법률상 이익을 침해받은 자가 처분의 효력을 더 이상 다툴 수 없다는 의미일 뿐 판결에 있어서와 같은 기판력이 인정되는 것은 아니다.
19. 지방 (   )

0215 불가변력이 인정되는 행정행위에 대하여 상대방은 행정쟁송절차에 의하여 그 효력을 다툴 수 없다.
15. 사복 (   )

0216 행정행위의 불가변력은 당해 행정행위에 대해서만 인정되는 것이 아니고, 동종의 행정행위라면 그 대상을 달리 하더라도 인정된다. 21. 지방 (   )

정답 & ○Ⅹ 풀이

0212 ○ 국가배상청구는 처분의 효력을 다투는 것이 아니므로 불가쟁력이 발생한 행정행위로 인해 손해를 입은 국민은 국가배상청구를 할 수 있다.

0213 Ⅹ 제소기간이 이미 도과하여 불가쟁력이 생긴 행정처분에 대하여는 개별 법규에서 그 변경을 요구할 신청권을 규정하고 있거나 관계 법령의 해석상 그러한 신청권이 인정될 수 있는 등 특별한 사정이 없는 한 국민에게 그 행정처분의 변경을 구할 신청권이 있다 할 수 없다(주 : 위 판례를 반대해석하면, 개별 법규에서 그 변경을 요구할 신청권을 규정하고 있거나 관계 법령의 해석상 그러한 신청권이 인정될 수 있는 특별한 사정이 있으면 국민에게 처분의 변경을 구할 신청권이 인정됨). 대법원 2007. 4. 26. 선고 2005두11104 판결

0214 ○ 일반적으로 행정처분이나 행정심판 재결이 불복기간의 경과로 확정될 경우 그 확정력은, 처분으로 법률상 이익을 침해받은 자가 당해 처분이나 재결의 효력을 더 이상 다툴 수 없다는 의미일 뿐, 더 나아가 판결과 같은 기판력이 인정되는 것은 아니어서 그 처분의 기초가 된 사실관계나 법률적 판단이 확정되고 당사자들이나 법원이 이에 기속되어 모순되는 주장이나 판단을 할 수 없게 되는 것은 아니다. 대법원 2008. 7. 24. 선고 2006두20808 판결

0215 Ⅹ 불가변력은 행정청을 구속할 뿐 처분 상대방을 구속하지는 않으므로, 불가변력이 발생하였다 하더라도 상대방 또는 이해관계인은 불가쟁력이 발생한 것이 아닌 한 행정쟁송을 제기할 수 있다.

0216 Ⅹ 불가변력은 당해 행정행위에만 인정되는 것이므로, 비록 동종의 행정행위라 하더라도 그 대상을 달리할 때에는 불가변력은 인정될 여지가 없다. 대법원 1974. 12. 10. 선고 73누129 판결

주제
10

행정행위의 하자

1 의의

- 행정행위를 위법하게 만드는 사유 또는 행정행위의 위법한 상태

- 오기 · 오산 등 명백한 사실의 착오: 하자 × ➡ 직권 or 신청에 따라 정정 + 통지

- 하자의 판단시점(위법판단의 기준시): 처분시

- [주요 판례]
  - 하나의 처분에 수개의 처분사유가 존재하는 경우
    ➡ if 일부 사유 위법하더라도 나머지 사유로 처분의 정당성 인정된다면, 처분은 위법 ×
  - 여러 개의 위반행위에 대하여 하나의 제재처분을 한 경우
    ➡ if 위반행위별로 제재처분의 내용 구분 가능하고 일부만 위법하다면, 일부취소 ○, 전부취소 ×
  - 과징금처분의 가중사유로 삼은 시정조치에 대한 취소판결이 확정된 경우
    ➡ 가중의 근거 제외하더라도 과징금의 정당성 인정된다면, 위법 × (∵ 과징금＝재량행위)

2 행정행위의 무효와 취소

- 무효: 처음부터 당연히 효력 발생 ×, 누구든지 효력 부인 ○

- 취소: 취소권자가 취소하기 전까지는 유효, 취소권자만이 취소 ○

- 구별기준: 중대 · 명백설 ➡ 하자가 중대하고 명백: 무효 / 하나라도 결여: 취소사유
  - 판례는 사안에 따라 예외적으로 하자가 명백하지 않은 경우에도 처분을 무효로 본 경우가 있음

- 사실관계를 정확히 조사하여야 비로소 하자 유무가 밝혀질 수 있는 경우 ➡ 명백 ×

- 참고 명백성 보충요건설: 하자가 중대하면 원칙적으로 무효
  ➡ 명백성 요건은 제3자 또는 공공의 신뢰보호를 위한 경우에만 보충적으로 요구됨

3 구체적 위법사유

① 주체의 하자(정당한 권한 × or 권한 초과)

무효	취소사유
• 법령의 기준에 위배하여 구성된 폐기물처리시설 입지선정위원회의 의결 • 내부위임 받은 자가 자신의 명의로 한 처분 • 조세채권의 소멸시효 완성 후 과세처분 • 제척기간이 경과한 후에 이루어진 국세부과처분 • 양도사실이 없음에도 양도소득세 부과한 경우 • 조합이 아닌 조합원들에 대하여 부과한 개발부담금 부과처분	• 5급 이상 국정원직원에 대하여 한 국정원장의 의원면직처분 (∵ 소극적 + 확인적 처분 ➡ 중대 ×) • 세관출장소장의 관세부과처분(∵ 명백 ×) • 교육장이 한 공립유치원 교사 해임처분(∵ 명백 ×)

② 절차의 하자

무효	• 과세예고(세무조사결과) 통지 후 한 기습과세 (∵ 과세전적부심사 제도 형해화) • 환경영향평가를 거치지 아니한 사업계획승인처분 　비교 환경영향평가 ○ 내용이 다소 부실 ➡ 곧바로 위법 ×(재량권 일탈·남용 판단요소에 그침) • 자사고 지정취소처분 과정에서 교육부장관의 협의 누락 • 건설공사 시 문화재청장의 협의 누락 • 군사시설보호구역 내 허가 시 관할 부대장의 협의 누락 • 도시관리계획결정·고시 및 그 도면에 특정 토지가 계획에 포함되지 않음이 명백, But 후속계획 또는 처분에 그 토지가 관리계획에 포함된 것처럼 표시 ➡ 계획변경절차 거치지 않는 한 무효
취소사유	• 주민등록 말소처분을 하면서 최고·공고 절차 누락 • 협의절차 거치지 않고 한 사업시행자의 수용재결 신청 • 행정절차법상 이유제시·사전통지·의견청취 누락 • 택지개발예정지구를 지정함에 있어서 관계중앙행정기관장과의 협의 결여 • 학교환경위생정화위원회 심의 누락 • 교통영향평가 누락 • 국방·군사시설사업법상 산림청장과의 협의 누락 • 세부용도지역이 지정되지 않은 부지에 대하여 사전환경성검토협의 절차 생략하고 한 승인처분 • 민간투자심의위원회의 자문 절차 누락 • 로스쿨인가 심의 시 교수위원의 제척규정 위반
경미한 절차 하자 (위법 ×)	[절차 하자가 경미한 경우 ➡ 그 자체만으로 취소사유 되는 것 ×(재량권 일탈·남용의 고려요소)] • 민원조정위원회를 개최하면서 민원인에게 회의일정 등을 사전통지 × • 도시계획위원회의 심의를 누락한 개발행위허가신청에 대한 거부처분 • 납세고지서에 기재된 세율이 오기임을 명백히 알 수 있어 불복신청에 지장 없는 경우

③ **형식의 하자**(문서주의 위배)

- 예외사유(긴급히 처분을 할 필요 or 경미한 사안)에 해당하지 않는 한, 무효

④ **내용의 하자**(법령, 행정법의 일반원칙 등 위반)

무효	• 명백히 밝혀진 법리에 반하는 처분 • 부과금 면제대상인 조합 등에 대하여 부담금 부과 • 국토계획법상 토지소유 및 동의요건 갖추지 못한 자에 대한 사업시행자 지정 • 납세자 아닌 제3자의 재산을 대상으로 한 압류 • 사실상·법률상 실현 불가능한 처분 • 공정위가 시정명령을 하면서 법 위반사실을 구체적으로 특정하지 않은 경우 • 신청에 대한 거부처분이 있은 후 재신청 없음에도 다시 거부처분 한 경우
취소사유	• 해석상 다툼의 여지가 있는 법령에 기초한 처분 • 정비구역 지정·고시 전 이루어진 조합설립추진위원회 설립승인처분 • 변상금·사용료 부과 혼동

4 **위헌결정의 효력**

① **위헌결정의 소급효**

(1) **원칙** : 위헌결정의 장래효 (for 법적 안정성)

> **헌법재판소법 제47조(위헌결정의 효력)** ② 위헌으로 결정된 법률 또는 법률의 조항은 그 결정이 있는 날부터 효력을 상실한다.

(2) **예외** : 위헌결정의 소급효 (for 권리구제)

- 절대적으로 소급효가 인정되는 경우 : 위헌결정 전 최소한 취소소송 제기한 경우
  - 당해사건(위헌결정 전 취소소송 + 위헌법률심판제청)
  - 동종사건(위헌결정 전 취소소송 + 위헌법률심판제청 또는 제청신청)
  - 병행사건(위헌결정 전 취소소송)
- 일반사건(위헌결정 후 취소소송) ➡ **법적 안정성과 권리구제 필요성 이익형량 하여 결정**
  - 금고 이상의 형의 선고유예를 받은 공무원에 대한 당연퇴직 규정한 공무원법 ➡ **소급효 ✕**

- 위헌결정 전 불가쟁력이 발생한 경우
  - 대법원) if 불가쟁력 발생 ➡ 소급효 ✕
  - 헌재) even if 불가쟁력 발생, 권리구제 필요성 > 법적 안정성 ➡ 소급효 ○ + 처분은 무효

② 위헌인 법률에 근거한 처분의 효력(소급효 인정되는 경우 전제)

- 헌재의 위헌결정 전까지는 하자 명백 ✕ ➡ 취소사유(∵위법판단의 기준시는 '처분시')

- 위헌결정 있은 후, 위헌결정 된 법률에 근거하여 이루어진 처분 ➡ 무효(∵ 위헌결정의 기속력)

③ 위헌인 법률에 근거한 처분의 집행력

- 과세처분에 불가쟁력이 발생한 후, 처분의 근거법률에 대하여 위헌결정이 있는 경우
  - 불가쟁력 발생하였으므로 위헌결정의 소급효 ✕
  - But 위헌결정 이후 강제징수 하는 것은 위헌결정의 기속력에 위반되어 허용 ✕(했더라도 무효)

---

5 . 하자의 치유

① 의의

- 성립 당시 하자 있었으나 추후 하자 보완
  ➡ 처음부터 적법한 것으로 보아 처분의 효력을 유지(∵ 치유 이후에는 직권취소 ✕)
- 허용 여부(명문의 규정 ✕)
  - 원칙 허용 ✕(∵ 법치주의)
  - 예외 처분의 무용한 반복 회피 + 법적 안정성 ➡ 치유 허용

② 허용범위
- 하자의 정도
  - 취소사유 있는 처분 ➡ 치유 ○
  - 무효인 처분 ➡ 치유 ✕(처분 상대방이 용인하더라도 치유 ✕)

- 하자의 내용
  - 절차 · 형식의 하자 ➡ 방어권 행사(불복 여부 결정 등)에 지장 초래하지 않는 경우, 치유 ○
  - 내용의 하자 ➡ 치유 ✕

하자의 치유 ○	• 청문서 도달기간 미준수, But 청문일에 출석하여 방어의 기회 충분히 가진 사례
	• 납세고지의 하자, But 과세(부담금)예고통지서 등에 의하여 불복여부 결정에 지장 없었던 사례
하자의 치유 ×	• 납세고지의 하자
	➡ 세액산출근거 알고 있었다 하더라도 치유 ×
	➡ 전심절차에서 주장 × or 자진납부 or 조세채권의 시효완성 되어도 치유 ×
	• 처분서 송달의 하자 ➡ 처분의 존재를 인식할 수 있었다 하더라도 치유 ×

③ 하자 치유의 한계

• 다른 국민의 권리나 이익 침해 ×
 − 동의요건 충족하지 못한 조합설립인가 후 조합설립동의서를 추가로 받은 사례 ➡ 치유 ×
 − 개별공시지가결정이 위법하여 개발부담금 부과처분도 위법하게 되는 경우
  ➡ 개별공시지가결정의 하자 치유 ×(∵ 가산금 발생 가능)
 − 경원관계에 있어서 수익적 처분에 하자가 있는 경우 ➡ 치유 ×

• 치유 가능 시기: 행정쟁송 제기 전까지만 가능
 ➡ 불복 여부의 결정 및 불복신청에 편의를 줄 수 있는 기간 내에만 허용(∵ 상고심 계속 중 ➡ 치유 ×)

④ 참고_행정행위의 전환

• 본래의 처분으로는 무효, But 동시에 다른 처분으로는 적법·유효 ➡ 다른 처분으로서의 효력을 인정
 − ex) 사망자에 대한 귀속재산의 불하처분취소처분을 상속인에 대한 처분으로 전환하는 경우

• 하자의 치유와 마찬가지로, 무용한 처분의 반복을 피하기 위해 예외적으로 허용

• 무효인 처분에 대해서만 인정(종래 다수설)

• 전환: 처분성 ○ ➡ 행정절차법 적용 ○, 행정소송 제기 가능 ○

6 하자의 승계

① 의의

(1) 의의

- 선행처분의 하자를 이유로 후행처분의 효력을 후행처분에 대한 취소소송에서 다투는 것

- 후행처분의 하자는 선행처분에 승계되지 않음
  - 대집행 실행 절차에 위법사유 존재 ➡ 대집행 계고처분 위법하게 되는 것 ✕

(2) 논의의 전제조건

- 선·후행행위는 모두 처분

- 선행처분에 취소사유인 하자 존재(∵ if 선행처분 무효 ➡ 후행처분은 당연히 무효)
  - 적법한 건축물에 대한 철거명령(무효) ➡ 대집행 계고처분도 당연무효

- 선행처분 제소기간 도과(불가쟁력 발생)

- 후행처분은 적법 및 불가쟁력 ✕

② 판단 기준

(1) 원칙

- 선·후행처분이 결합하여 하나의 법적 효과를 목적 ➡ 승계 ○

- 선·후행처분이 독립하여 별개의 법적 효과를 목적 ➡ 승계 ✕

(2) 예외

- 선·후행처분이 독립하여 별개의 법적 효과 목적, But 수인한도 넘는 손해 + 예측불가능 ➡ 승계 ○
  - ex 개별공시지가결정과 과세처분 사이 ➡ 승계 ○

- 새로운 이론(최신판례)
  - 선행처분이 쟁송법적 처분(방어권행사의 기회 보장 ✕) ➡ 승계 ○
  - 선행처분이 실체법적 처분(방어권행사의 기회 보장 ○) ➡ 승계 ✕

③ 주요 판례

하자의 승계 ○	하자의 승계 ×
[집행처분 또는 징수처분을 이루는 각 절차 사이] • 강제징수에 있어서 독촉 · 압류 · 매각 · 청산의 각 행위 • 대집행에 있어서 계고 · 영장통지 · 실행 · 비용징수의 각 행위 • 독촉처분과 가산금 · 중가산금 징수처분 **[자격시험과 면허처분 사이]** • 안경사국가시험합격무효처분과 안경사면허취소처분 • 한지의사시험자격인정과 한지의사면허처분 **[공시지가결정과 후행처분 사이]** • 개별공시지가결정과 과세처분(예외) • 개별공시지가결정과 개발부담금처분(예외) • 표준지공시지가결정과 수용재결(보상금결정)(예외) **[기타 하자의 승계가 인정된 경우]** • 분묘개장명령과 계고처분 • 귀속재산의 임대처분과 매각처분 • 친일반민족행위자결정과 독립유공자법 적용배제결정(예외)	**[하명처분과 강제집행행위]** • 과세처분과 강제징수 사이 • 철거명령과 대집행 사이 • 과세관청의 소득금액변동통지와 징수처분 사이 • 변상판정과 변상명령 사이 **[도시개발사업 등에 있어서 각 절차 사이]** • 사업인정과 수용재결 • 도시계획결정과 수용재결 • 도시계획결정과 사업실시계획인가 • 도시계획사업의 사업실시계획인가고시와 수용재결 • 사업시행계획과 관리처분계획 **[기타 하자의 승계가 부정된 경우]** • 개별공시지가결정(이의신청한 경우)과 과세처분 • 표준지공시지가결정과 개별공시지가결정 • 공무원의 직위해제처분과 직권면직처분 • 보충역편입처분과 공익근무요원소집처분 • 토지등급의 설정 또는 수정처분과 과세처분 • 신고납세방식의 취득세 신고행위와 징수처분 • 국제항공노선 운수권배분 실효처분 및 노선면허거부처분과 노선면허처분 사이 • 공인중개사에 대한 업무정지처분과 정지 기간 중 업무를 이유로 한 등록취소처분 사이

기출 ⊙Ⓧ Check

0217 행정처분에 있어 여러 개의 처분사유 중 일부가 적법하지 않으면 다른 처분사유로써 그 처분의 정당성이 인정된다고 하더라도, 그 처분은 위법하게 된다. 20. 국가 (   )

0218 위법하게 구성된 폐기물처리시설 입지선정위원회가 의결을 한 경우, 그에 터잡아 이루어진 폐기물처리시설 입지결정처분의 하자는 무효사유로 본다. 18. 지방 (   )

0219 행정청이 권한을 유월하여 공무원에 대한 의원면직처분을 하였다면 그러한 처분은 다른 일반적인 행정행위에서의 그것과 같이 보아 당연무효로 보아야 한다. 16. 지방 7급 (   )

0220 무권한의 행위는 원칙적으로 무효라고 할 것이므로, 5급 이상의 국가정보원 직원에 대해 임면권자인 대통령이 아닌 국가정보원장이 행한 의원면직처분은 당연무효에 해당한다. 18. 지방 (   )

0221 적법한 권한 위임 없이 세관출장소장에 의하여 행하여진 관세부과처분은 당연 무효이다. 15. 지방 (   )

0222 행정청이 청문을 거쳐야 하는 처분을 하면서 청문절차를 거치지 않는 경우에는 그 처분은 위법하지만 당연무효인 것은 아니다. 15. 국가 (   )

0223 「주민등록법」상 최고·공고절차가 생략된 주민등록말소처분은 당연 무효이다. 14. 사복 (   )

0224 과세관청이 과세예고 통지 후 과세전적부심사 청구나 그에 대한 결정이 있기 전에 과세처분을 한 경우, 특별한 사정이 없는 한 그 과세처분은 절차상 하자가 중대·명백하여 당연무효이다. 19. 국가 7급 (   )

0225 「택지개발촉진법」상 택지개발예정지구를 지정함에 있어 거쳐야 하는 관계중앙행정기관의 장과의 협의를 거치지 않은 택지개발예정지구 지정처분은 위법하나 당연 무효는 아니다. 17. 지방 7급 (   )

0226 구「학교보건법」상 학교환경위생정화구역에서의 금지행위 및 시설의 해제 여부에 관한 행정처분을 하면서 학교환경위생정화위원회의 심의를 누락한 흠은 행정처분을 위법하게 하는 취소사유가 된다. 13. 지방 (   )

0227 환경영향평가의 실시대상사업에 대하여 환경영향평가를 거치지 않고 행한 승인 등 처분은 당연 무효이다.

15. 지방 (   )

0228 행정청이 사전에 교통영향평가를 거치지 아니한 채 '건축허가 전까지 교통영향평가 심의필증을 교부받을 것'을 부관으로 붙여서 한 '실시계획변경 승인 및 공사시행변경 인가 처분'은 그 하자가 중대하고 객관적으로 명백하여 당연무효이다. 19. 지방 (   )

PART 01

0217 ✕ 행정처분에 있어 수개의 처분사유 중 일부가 적법하지 않다고 하더라도 다른 처분사유로써 그 처분의 정당성이 인정되는 경우에는 그 처분을 위법하다고 할 수 없다. 대법원 2013. 10. 24. 선고 2013두963 판결

0218 ○ 구 폐기물처리시설 설치촉진 및 주변지역 지원 등에 관한 법률에 정한 입지선정위원회가 그 구성방법 및 절차에 관한 같은 법 시행령의 규정에 위배하여 군수와 주민대표가 선정·추천한 전문가를 포함시키지 않은 채 임의로 구성되어 의결을 한 경우, 그에 터잡아 이루어진 폐기물처리시설 입지결정처분의 하자는 중대한 것이고 객관적으로도 명백하므로 무효사유에 해당한다. 대법원 2007. 4. 12. 선고 2006두20150 판결

0219 ✕ 행정청의 권한에는 사무의 성질 및 내용에 따르는 제약이 있고, 지역적·대인적으로 한계가 있으므로 이러한 권한의 범위를 넘어서는 권한유월의 행위는 무권한 행위로서 원칙적으로 무효라고 할 것이나, 행정청의 공무원에 대한 의원면직처분은 공무원의 사직의사를 수리하는 소극적 행정행위에 불과하고, 당해 공무원의 사직의사를 확인하는 확인적 행정행위의 성격이 강하며 재량의 여지가 거의 없기 때문에 의원면직처분에서의 행정청의 권한유월 행위를 다른 일반적인 행정행위에서의 그것과 반드시 같이 보아야 할 것은 아니다. 대법원 2007. 7. 26. 선고 2005두15748 판결

0220 ✕ 5급 이상의 국가정보원직원에 대한 의원면직처분이 임면권자인 대통령이 아닌 국가정보원장에 의해 행해진 것으로 위법하고, 나아가 국가정보원직원의 명예퇴직원 내지 사직서 제출이 직위해제 후 1년여에 걸친 국가정보원장 측의 종용에 의한 것이었다는 사정을 감안한다 하더라도 그러한 하자가 중대한 것이라고 볼 수는 없으므로, 대통령의 내부결재가 있었는지에 관계없이 당연무효는 아니다. 대법원 2007. 7. 26. 선고 2005두15748 판결

0221 ✕ 세관출장소장에게 관세부과처분을 할 권한이 있다고 객관적으로 오인할 여지가 다분하다고 인정되므로 결국 적법한 권한 위임 없이 세관출장소장에 의하여 행하여진 관세부과처분이 그 하자가 중대하기는 하지만 객관적으로 명백하다고 할 수 없어 당연무효는 아니다. 대법원 2004. 11. 26. 선고 2003두2403 판결

0222 ○ 행정절차법상 청문제도는 행정처분의 사유에 대하여 당사자에게 변명과 유리한 자료를 제출할 기회를 부여함으로써 위법사유의 시정가능성을 고려하고 처분의 신중과 적정을 기하려는 데 그 취지가 있음에 비추어 볼 때, 행정청이 침해적 행정처분을 함에 즈음하여 청문을 실시하지 않아도 되는 예외적인 경우에 해당하지 않는 한 반드시 청문을 실시하여야 하고, 그 절차를 결여한 처분은 위법한 처분으로서 취소사유에 해당한다. 대법원 2004. 7. 8. 선고 2002두8350 판결

0223 ✕ 재외국민이 관할행정청에게 여행증명서의 무효확인서를 제출, 주민등록신고를 하여 주민등록이 되었는데, 관할행정청이 주민등록신고시 거주용여권의 무효확인서를 첨부하지 아니하고 여행용여권의 무효확인서를 첨부하는 위법이 있었다고 하여 주민등록을 말소하는 처분을 한 경우 이 처분이 주민등록법 제17조의2에 규정한 최고, 공고의 절차를 거치지 아니하였다 하더라도 그러한 하자는 중대하고 명백한 것이라고 할 수 없어 처분의 당연무효사유에 해당하는 것이라고는 할 수 없다. 대법원 1994. 8. 26. 선고 94누3223 판결

0224 ○ 과세예고 통지 후 과세전적부심사 청구나 그에 대한 결정이 있기도 전에 과세처분을 하는 것은 원칙적으로 과세전적부심사 이후에 이루어져야 하는 과세처분을 그보다 앞서 함으로써 과세전적부심사 제도 자체를 형해화시킬 뿐만 아니라 과세전적부심사 결정과 과세처분 사이의 관계 및 불복절차를 불분명하게 할 우려가 있으므로, 그와 같은 과세처분은 납세자의 절차적 권리를 침해하는 것으로서 절차상 하자가 중대하고도 명백하여 무효이다. 대법원 2016. 12. 27. 선고 2016두49228 판결

0225 ○ 같은 법 제3조에서 건설부장관이 택지개발예정지구를 지정함에 있어 미리 관계중앙행정기관의 장과 협의를 하라고 규정한 의미는 그의 자문을 구하라는 것이지 그 의견을 따라 처분을 하라는 의미는 아니라 할 것이므로 이러한 협의를 거치지 아니하였다고 하더라도 이는 위 지정처분을 취소할 수 있는 원인이 되는 하자 정도에 불과하고 위 지정처분이 당연무효가 되는 하자에 해당하는 것은 아니다. 대법원 2000. 10. 13. 선고 99두653 판결

0226 ○ 행정청이 구 학교보건법 소정의 학교환경위생정화구역 내에서 금지행위 및 시설의 해제 여부에 관한 행정처분을 하면서 절차상 학교환경위생정화위원회의 심의를 누락한 흠이 있다면 그와 같은 흠을 가리켜 위 행정처분의 효력에 아무런 영향을 주지 않는다거나 경미한 정도에 불과하다고 볼 수는 없으므로, 특별한 사정이 없는 한 이는 행정처분을 위법하게 하는 취소사유가 된다. 대법원 2007. 3. 15. 선고 2006두15806 판결

0227 ○ 구 환경영향평가법상 환경영향평가를 실시하여야 할 사업에 대하여 환경영향평가를 거치지 아니하였음에도 승인 등 처분을 한 경우, 그 처분의 하자가 행정처분의 당연무효사유에 해당한다. 대법원 2006. 6. 30. 선고 2005두14363 판결

0228 ✕ 행정청이 사전에 교통영향평가를 거치지 아니한 채 '건축허가 전까지 교통영향평가 심의필증을 교부받을 것'을 부관으로 붙여서 한 '실시계획변경 승인 및 공사시행변경 인가 처분'에 중대하고 명백한 흠이 있다고 할 수 없어 이를 무효로 보기 어렵다. 대법원 2010. 2. 25. 선고 2009두102 판결

0229 환경영향평가절차를 거쳤다면, 환경영향평가의 내용이 다소 부실하다 하더라도, 그 부실의 정도가 환경영향평가를 하지 아니한 것과 다를 바 없는 정도의 것이 아니라면 당연히 당해 승인 등 처분이 위법하게 되는 것은 아니다. 22. 국가 7급 (   )

0230 민원사무를 처리하는 행정기관이 민원조정위원회를 개최하면서 민원인에게 그 회의일정 등을 사전에 통지하여야 함에도 불구하고 그러하지 아니한 경우에 이러한 사정만으로 곧바로 그 민원사항에 대한 행정기관의 장의 거부처분이 위법하다고 볼 수는 없다. 19. 서울 (   )

0231 건물 소유자에게 소방시설 불량사항을 시정·보완하라는 명령을 구두로 고지한 것은 「행정절차법」에 위반한 것으로 하자가 중대·명백하여 당연 무효이다. 19. 국가 (   )

0232 면허관청이 운전면허정지처분을 하면서 통지서에 의하여 면허정지사실을 통지하지 아니하거나 처분집행예정일 7일 전까지 이를 발송하지 아니한 경우에는 절차와 형식을 갖추지 아니한 조치로서 효력이 없으나, 면허관청이 임의로 출석한 상대방의 편의를 위하여 구두로 면허정지사실을 알렸다면 운전면허정지처분의 효력이 인정된다. 13. 지방 (   )

0233 행정청이 어느 법률관계나 사실관계에 대하여 어느 법률의 규정을 적용하여 행정처분을 한 경우에, 그 법률관계나 사실관계에 대하여는 그 법률의 규정을 적용할 수 없다는 법리가 명백히 밝혀져 해석에 다툼의 여지가 없음에도 행정청이 그 규정을 적용하여 처분을 한 때에는 하자가 중대하고 명백하다. 22. 국가 7급 (   )

0234 납세자가 아닌 제3자의 재산을 대상으로 한 압류처분은 당연 무효이다. 22. 국가 7급 (   )

0235 부동산을 양도한 사실이 없음에도 세무당국이 부동산을 양도한 것으로 오인한 양도소득세 부과처분은 착오에 의한 행정처분으로서 취소할 수 있는 행정행위에 해당한다. 11. 지방 (   )

0236 국토계획법령이 정한 도시계획시설사업의 대상 토지의 소유와 동의 요건을 갖추지 못하였는데도 행정청이 사업시행자로 지정하였다면, 이는 국토계획법령이 정한 법규의 중요한 부분을 위반한 것으로서 특별한 사정이 없는 한 그 하자가 중대하다고 보아야 한다. 23. 국회 8급 (   )

0237 도시관리계획결정·고시와 그 도면에 특정 토지가 도시관리계획에 포함되지 않았음이 명백한데도 도시관리계획을 집행하기 위한 후속 계획이나 처분에서 그 토지가 도시관리계획에 포함된 것처럼 표시되어 있는 경우, 이는 원칙적으로 취소사유에 해당한다. 21. 지방 7급 (   )

0238 위헌으로 결정된 법률 또는 법률의 조항은 그 결정이 있는 날부터 효력을 상실한다. 14. 지방 (   )

0239 헌법재판소의 위헌결정의 효력은 위헌제청을 한 당해 사건은 물론 위헌제청신청은 아니하였지만 당해 법률 또는 법률의 조항이 재판의 전제가 되어 법원에 계속 중인 사건에도 미친다. 15. 지방 (   )

0229 ○ 환경영향평가법령에서 정한 환경영향평가를 거쳐야 할 대상사업에 대하여 그러한 환경영향평가를 거치지 아니하였음에도 승인 등 처분을 하였다면 그 처분은 위법하다 할 것이나, 그러한 절차를 거쳤다면, 비록 그 환경영향평가의 내용이 다소 부실하다 하더라도, 그 부실의 정도가 환경영향평가제도를 둔 입법 취지를 달성할 수 없을 정도이어서 환경영향평가를 하지 아니한 것과 다를 바 없는 정도의 것이 아닌 이상(주 : 이와 같은 경우에는 당연무효임), 그 부실은 당해 승인 등 처분에 재량권 일탈·남용의 위법이 있는지 여부를 판단하는 하나의 요소로 됨에 그칠 뿐, 그 부실로 인하여 당연히 당해 승인 등 처분이 위법하게 되는 것이 아니다. 대법원 2006. 3. 16. 선고 2006두330 전원합의체 판결

0230 ○ 민원사무를 처리하는 행정기관이 민원 1회방문 처리제를 시행하는 절차의 일환으로 민원사항의 심의·조정 등을 위한 민원조정위원회를 개최하면서 민원인에게 회의일정 등을 사전에 통지하지 아니하였다 하더라도, 이러한 사정만으로 곧바로 민원사항에 대한 행정기관의 장의 거부처분에 취소사유에 이를 정도의 흠이 존재한다고 보기는 어렵다. 대법원 2015. 8. 27. 선고 2013두1560 판결

0231 ○ 행정절차법 제24조는, 행정청이 처분을 하는 때에는 다른 법령 등에 특별한 규정이 있는 경우를 제외하고는 문서로 하여야 한다고 규정하고 있는데, 이는 행정의 공정성·투명성 및 신뢰성을 확보하고 국민의 권익을 보호하기 위한 것이므로 위 규정을 위반하여 행하여진 행정청의 처분은 하자가 중대하고 명백하여 원칙적으로 무효이다. 대법원 2011. 11. 10. 선고 2011도11109 판결

0232 × 면허관청이 운전면허정지처분을 하면서 별지 52호 서식의 통지서에 의하여 면허정지사실을 통지하지 아니하거나 처분집행예정일 7일 전까지 이를 발송하지 아니한 경우에는 특별한 사정이 없는 한 위 관계 법령이 요구하는 절차·형식을 갖추지 아니한 조치로서 그 효력이 없고, 이와 같은 법리는 면허관청이 임의로 출석한 상대방의 편의를 위하여 구두로 면허정지사실을 알렸다고 하더라도 마찬가지이다. 대법원 1996. 6. 14. 선고 95누17823 판결

0233 ○ 행정청이 어느 법률관계나 사실관계에 대하여 어느 법률의 규정을 적용하여 행정처분을 한 경우에 그 법률관계나 사실관계에 대하여는 그 법률의 규정을 적용할 수 없다는 법리가 명백히 밝혀져 그 해석에 다툼의 여지가 없음에도 행정청이 위 규정을 적용하여 처분을 한 때에는 그 하자가 중대하고도 명백하다고 할 것이나, 그 법률관계나 사실관계에 대하여 그 법률의 규정을 적용할 수 없다는 법리가 명백히 밝혀지지 아니하여 그 해석에 다툼의 여지가 있는 때에는 행정관청이 이를 잘못 해석하여 행정처분을 하였더라도 이는 그 처분 요건사실을 오인한 것에 불과하여 그 하자가 명백하다고 할 수 없다. 대법원 2009. 9. 24. 선고 2009두2825 판결

0234 ○ 납세자가 아닌 제3자의 재산을 대상으로 한 압류처분은 그 처분의 내용이 법률상 실현될 수 없는 것이어서 당연무효이다. 대법원 2012. 4. 12. 선고 2010두4612 판결

0235 × 부동산을 양도한 사실이 없음에도 세무당국이 부동산을 양도한 것으로 오인하여 양도소득세를 부과하였다면 그 부과처분은 착오에 의한 행정처분으로서 그 표시된 내용에 중대하고 명백한 하자가 있어 당연무효이다. 대법원 1983. 8. 23. 선고 83누179 판결

0236 ○ 만일 국토계획법령이 정한 도시계획시설사업의 대상 토지의 소유와 동의 요건을 갖추지 못하였는데도 사업시행자로 지정하였다면, 이는 국토계획법령이 정한 법규의 중요한 부분을 위반한 것으로서 특별한 사정이 없는 한 그 하자가 중대하다고 보아야 한다(주 : 무효로 본 사례임). 대법원 2017. 7. 11. 선고 2016두35120 판결

0237 × 도시관리계획결정·고시와 그 도면에 특정 토지가 도시관리계획에 포함되지 않았음이 명백한데도 도시관리계획을 집행하기 위한 후속 계획이나 처분에서 그 토지가 도시관리계획에 포함된 것처럼 표시되어 있는 경우가 있다. 이것은 실질적으로 도시관리계획결정을 변경하는 것에 해당하여 구 국토의 계획 및 이용에 관한 법률에서 정한 도시관리계획 변경절차를 거치지 않는 한 당연무효이다. 대법원 2019. 7. 11. 선고 2018두47783 판결

0238 ○ 헌법재판소법 제47조(위헌결정의 효력) ② 위헌으로 결정된 법률 또는 법률의 조항은 그 결정이 있는 날부터 효력을 상실한다.

0239 ○ 헌법재판소의 위헌결정의 효력은 위헌제청을 한 당해 사건, 위헌결정이 있기 전에 이와 동종의 위헌 여부에 관하여 헌법재판소에 위헌여부심판제청을 하였거나 법원에 위헌여부심판제청신청을 한 경우의 당해 사건과 따로 위헌제청신청은 아니하였지만 당해 법률 또는 법률의 조항이 재판의 전제가 되어 법원에 계속 중인 사건뿐만 아니라 위헌결정 이후에 위와 같은 이유로 제소된 일반사건에도 미친다. 대법원 1993. 1. 15. 선고 91누5747 판결

0240 대법원은 금고 이상의 형의 선고유예를 받은 경우에 공무원직에서 당연히 퇴직하는 것으로 규정한 구 「지방공무원법」 제61조 중 제31조 제5호 부분에 대한 헌법재판소의 위헌결정의 효력에 대하여, 종래의 법령에 의하여 형성된 공무원의 신분관계에 관한 법적 안정성과 신뢰보호의 요청에 비하여 퇴직공무원의 권리구제의 요청이 현저하게 우월하므로, 위 위헌결정 이후 제소된 일반사건에 대하여 위 위헌결정의 소급효가 인정된다고 판시하였다. 14. 지방 (   )

0241 위헌인 법률에 근거한 행정처분이 당연무효인지의 여부는 위헌결정의 소급효와는 별개의 문제로서 취소소송의 제기기간을 경과하여 확정력이 발생한 행정처분에는 위헌결정의 소급효가 미치지 않는다. 18. 지방 (   )

0242 행정처분 자체의 효력이 쟁송기간 경과 후에도 존속 중인 경우, 그 행정처분이 위헌인 법률에 근거하여 내려졌고 그 목적달성을 위해 필요한 후행 행정처분이 아직 이루어지지 않았다면 그 하자가 중대하여 그 구제가 필요한 경우에 대하여서는 쟁송기간 경과 후라도 무효확인을 구할 수 있다. 18. 지방 (   )

0243 법률에 근거하여 행정청이 행정처분을 한 후에 헌법재판소가 그 법률을 위헌으로 결정하였다면 결과적으로 그 행정처분은 하자가 있는 것이 된다고 할 것이나, 특별한 사정이 없는 한 이러한 하자는 위 행정처분의 취소사유에 해당할 뿐 당연무효사유는 아니라고 봄이 상당하다. 13. 국가 (   )

0244 법률이 위헌으로 결정된 후 그 법률에 근거하여 발령되는 행정처분은 위헌결정의 기속력에 반하므로 그 하자가 중대하고 명백하여 당연무효가 된다. 13. 국가 (   )

0245 행정처분이 있은 후에 집행단계에서 그 처분의 근거된 법률이 위헌으로 결정되는 경우 그 처분의 집행이나 집행력을 유지하기 위한 행위는 위헌결정의 기속력에 위반되어 허용되지 않는다. 13. 국가 (   )

0246 과세처분의 근거규정에 대한 헌법재판소의 위헌결정이 내려진 후 행한 체납처분은 그 하자가 객관적으로 명백하다고 할 수 없다. 15. 지방 (   )

0247 근거법률의 위헌결정 이전에 이미 부담금 부과처분과 압류처분 및 이에 기한 압류등기가 이루어지고 각 처분이 확정된 경우에는 기존의 압류등기나 교부청구로도 다른 사람에 의하여 개시된 경매절차에서 배당을 받을 수 있다. 18. 지방 (   )

0248 하자 있는 행정행위의 치유는 행정행위의 성질이나 법치주의의 관점에서 볼 때 원칙적으로 허용될 수 없다. 12. 국가 (   )

0249 징계처분이 중대하고 명백한 하자 때문에 당연무효의 것이라면 징계처분을 받은 자가 이를 용인하였다 하여 그 하자가 치유되는 것은 아니다. 19. 지방 (   )

0250 행정행위의 내용상의 하자는 치유의 대상이 될 수 있으나, 형식이나 절차상의 하자에 대해서는 치유가 인정되지 않는다. 16. 국가 (   )

0251 행정청이 「식품위생법」상의 청문절차를 이행함에 있어 청문서 도달기간을 다소 어겼지만 영업자가 이의하지 아니한 채 청문일에 출석하여 의견을 진술하고 변명하는 등 방어의 기회를 충분히 가졌다면 청문서 도달기간을 준수하지 아니한 하자는 치유되었다고 본다. 20. 국가 (   )

정답 & O×풀이

0240 ✕ 금고 이상의 형의 선고유예를 받은 경우에 공무원직에서 당연히 퇴직하는 것으로 규정한 구 지방공무원법 제61조 중 제31조 제5호 부분에 대한 헌법재판소의 위헌결정의 소급효를 인정할 경우 그로 인하여 보호되는 퇴직공무원의 권리구제라는 구체적 타당성 등의 요청에 비하여 종래의 법령에 의하여 형성된 공무원의 신분관계에 관한 법적 안정성과 신뢰보호의 요청이 현저하게 우월하다는 이유로, 위 위헌결정 이후 제소된 일반사건에 대하여 위 위헌결정의 소급효가 제한된다. 대법원 2005. 11. 10. 선고 2005두5628 판결

0241 O 위헌인 법률에 근거한 행정처분이 당연무효인지의 여부는 위헌결정의 소급효와는 별개의 문제로서, 위헌결정의 소급효가 인정된다고 하여 위헌인 법률에 근거한 행정처분이 당연무효가 된다고는 할 수 없고 오히려 이미 취소소송의 제기기간을 경과하여 확정력이 발생한 행정처분에는 위헌결정의 소급효가 미치지 않는다. 대법원 1994. 10. 28. 선고 92누9463 판결

0242 O 행정처분 자체의 효력이 쟁송기간 경과 후에도 존속 중인 경우, 특히 그 처분이 위헌법률에 근거하여 내려진 것이고 그 행정처분의 목적달성을 위하여서는 후행 행정처분이 필요한데 후행행정처분은 아직 이루어지지 않은 경우, 그 행정처분을 무효로 하더라도 법적 안정성을 크게 해치지 않는 반면에 그 하자가 중대하여 그 구제가 필요한 경우에 대하여서는 그 예외를 인정하여 이를 당연무효사유로 보아서 쟁송기간 경과 후에라도 무효확인을 구할 수 있는 것이라고 봐야 할 것이다. 헌법재판소 1994. 6. 30. 선고 92헌바23 결정

0243 O 일반적으로 법률이 헌법에 위반된다는 사정이 헌법재판소의 위헌결정이 있기 전에도 객관적으로 명백한 것이라고 할 수는 없으므로 특별한 사정이 없는 한 이러한 하자는 위 행정처분의 취소사유에 해당할 뿐 당연무효사유는 아니라고 봄이 상당하다. 대법원 1994. 10. 28. 선고 93다41860 판결

0244 O 법률에 대한 헌법재판소의 위헌결정에 대해서는 헌법재판소법이 명문의 규정을 두어 모든 국가기관에 대한 기속력을 인정하고 있다. 따라서 헌법재판소가 위헌으로 결정한 법률에 근거하여 그 '위헌결정 이후' 이루어진 행정처분은 위헌결정의 기속력에 반하므로 그 하자가 중대하고 명백하여 당연무효가 된다.

0245 O 위헌법률에 기한 행정처분의 집행이나 집행력을 유지하기 위한 행위는 위헌결정의 기속력에 위반되어 허용되지 않는다. 대법원 2002. 8. 23. 선고 2001두2959 판결

0246 ✕ 조세 부과의 근거가 되었던 법률규정이 위헌으로 선언된 경우, 비록 그에 기한 과세처분이 위헌결정 전에 이루어졌고, 과세처분에 대한 제소기간이 이미 경과하여 조세채권이 확정되었으며, 조세채권의 집행을 위한 체납처분의 근거규정 자체에 대하여는 따로 위헌결정이 내려진 바 없다고 하더라도, 위와 같은 위헌결정 이후에 조세채권의 집행을 위한 새로운 체납처분에 착수하거나 이를 속행하는 것은 더 이상 허용되지 않고, 나아가 이러한 위헌결정의 효력에 위배하여 이루어진 체납처분은 그 사유만으로 하자가 중대하고 객관적으로 명백하여 당연무효이다. 대법원 2012. 2. 16. 선고 2010두10907 판결

0247 ✕ 위헌결정 이전에 이미 부담금 부과처분과 압류처분 및 이에 기한 압류등기가 이루어지고 위 각 처분이 확정되었다고 하여도, 위헌결정 이후에는 별도의 행정처분인 매각처분, 분배처분 등 후속 체납처분 절차를 진행할 수 없는 것은 물론이고, 기존의 압류등기나 교부청구만으로는 다른 사람에 의하여 개시된 경매절차에서 배당을 받을 수도 없다. 대법원 2002. 7. 12. 선고 2002두3317 판결

0248 O 하자의 치유는 행정행위의 성질이나 법치주의의 관점에서 볼 때 원칙적으로 허용될 수 없는 것이고, 예외적으로 행정행위의 무용한 반복을 피하고 당사자의 법적 안정성을 위해 이를 허용하는 때에도 국민의 권리나 이익을 침해하지 않는 범위에서 구체적 사정에 따라 합목적적으로 인정하여야 한다. 대법원 2002. 7. 9. 선고 2001두10684 판결

0249 O 징계처분이 중대하고 명백한 흠 때문에 당연무효의 것이라면 징계처분을 받은 자가 이를 용인하였다 하여 그 흠이 치료되는 것은 아니다. 대법원 1989. 12. 12. 선고 88누8869 판결

0250 ✕ 하자의 치유는 절차·형식상 하자의 경우에만 인정되고, 내용상 하자의 경우 인정되지 않는다.

0251 O 행정청이 청문서 도달기간을 다소 어겼다 하더라도 영업자가 이에 대하여 이의하지 아니한 채 스스로 청문일에 출석하여 그 의견을 진술하고 변명하는 등 방어의 기회를 충분히 가졌다면 청문서 도달기간을 준수하지 아니한 하자는 치유되었다고 봄이 상당하다. 대법원 1992. 10. 23. 선고 92누2844 판결

0252 세액산출근거가 기재되지 아니한 납세고지서에 의한 부과처분은 강행법규에 위반하여 취소대상이 된다고 할 것이지만 이와 같은 하자는 납세의무자가 전심절차에서 이를 주장하지 아니하였거나, 그 후 부과된 세금을 자진납부하였다거나, 또는 조세채권의 소멸시효기간이 만료된 경우 치유된다. 23. 국가 (   )

0253 면허의 취소처분에는 그 근거가 되는 법령이나 취소권 유보의 부관 등을 명시하여야 함은 물론 처분을 받은 자가 어떠한 위반사실에 대하여 당해 처분이 있었는지를 알 수 있을 정도로 사실을 적시할 것을 요하지만, 이와 같은 취소처분의 근거와 위반사실의 적시를 빠뜨린 하자는 피처분자가 처분 당시 그 취지를 알고 있었거나 그 후 알게 되었다면 그 하자는 치유될 수 있다. 20. 국가 7급 (   )

0254 부과처분에 앞서 보낸 과세예고통지서에 납세고지서의 필요적 기재사항이 제대로 기재되어 있었더라도, 납세고지서에 그 기재사항의 일부가 누락되었다면 이유제시의 하자는 치유의 대상이 될 수 없다. 14. 지방 (   )

0255 재건축조합설립인가처분 당시 동의율을 충족하지 못한 하자는 후에 추가동의서가 제출되었다는 사정만으로도 치유된다. 23. 국가 (   )

0256 하자의 치유는 늦어도 행정처분에 대한 불복 여부의 결정 및 불복신청을 할 수 있는 상당한 기간 내에 해야 하므로, 소가 제기된 이후에는 하자의 치유가 인정될 수 없다. 14. 사복 (   )

0257 세액산출근거가 누락된 납세고지서에 의한 하자있는 과세처분에 대하여 전심절차가 모두 끝나고 상고심의 계류 중에 세액산출근거의 통지가 있었다면 위 과세처분의 하자가 치유되었다고 볼 수 있다. 12. 지방 (   )

0258 행정행위의 위법이 치유된 경우에는 그 위법을 이유로 당해 행정행위를 직권취소할 수 없다. 16. 국가 (   )

0259 귀속재산을 불하받은 자가 사망한 후에 불하처분 취소처분을 수불하자의 상속인에게 송달한 때에는 그 상속인에 대하여 다시 그 불하처분을 취소한다는 새로운 행정처분을 한 것으로 본다. 18. 서울 7급 (   )

0260 계고처분의 후속절차인 대집행에 위법이 있다고 하더라도 그와 같은 후속절차에 위법성이 있다는 점을 들어 선행절차인 계고처분이 부적법하다는 사유로 삼을 수는 없다. 20. 국가 (   )

0261 적법한 건축물에 대한 철거명령은 그 하자가 중대하고 명백하여 당연무효라고 할 것이지만, 그 후행행위인 건축물철거 대집행계고처분은 당연무효라고 할 수 없다. 23. 국가 (   )

0262 건물철거명령이 당연무효가 아니고 불가쟁력이 발생하였다면 건물철거명령의 하자를 이유로 후행 대집행계고처분의 효력을 다툴 수 없다. 22. 국가 (   )

0263 2개 이상의 행정처분이 연속적 또는 단계적으로 이루어지는 경우 선행처분과 후행처분이 서로 합하여 1개의 법률효과를 완성하는 때에는 선행처분에 하자가 있으면 그 하자는 후행처분에 승계된다. 23. 지방 (   )

0264 선행처분과 후행처분이 서로 독립하여 별개의 법률효과를 발생시키는 경우에는 선행처분에 불가쟁력이 생겨 그 효력을 다툴 수 없게 되면 수인한도를 넘는 가혹함을 가져오며 그 결과가 당사자에게 예측가능하지 않더라도 하자의 승계가 인정되지 않는다. 23. 지방 (   )

PART
01

0252 X 세액산출근거가 기재되지 아니한 납세고지서에 의한 부과처분은 강행법규에 위반하여 취소대상이 된다 할 것이므로 이와 같은 하자는 납세의무자가 전심절차에서 이를 주장하지 아니하였거나, 그 후 부과된 세금을 자진납부하였다거나, 또는 조세채권의 소멸시효기간이 만료되었다 하여 치유되는 것이라고는 할 수 없다. 대법원 1985. 4. 9. 선고 84누431 판결

0253 X 면허의 취소처분에는 그 근거가 되는 법령이나 취소권 유보의 부관 등을 명시하여야 함은 물론 처분을 받은 자가 어떠한 위반 사실에 대하여 당해 처분이 있었는지를 알 수 있을 정도로 사실을 적시할 것을 요하며, 이와 같은 취소처분의 근거와 위반사실의 적시를 빠뜨린 하자는 피처분자가 처분 당시 그 취지를 알고 있었다거나 그 후 알게 되었다 하여도 치유될 수 없다. 대법원 1990. 9. 11. 선고 90누1786 판결

0254 X 과세관청이 과세처분에 앞서 납세의무자에게 보낸 과세예고통지서 등에 의하여 납세의무자가 그 처분에 대한 불복 여부의 결정 및 불복신청에 전혀 지장을 받지 않았음이 명백하다면, 이로써 납세고지서의 흠결이 보완되거나 하자가 치유된다. 대법원 1998. 6. 26. 선고 96누12634 판결

0255 X (주택재개발정비사업조합 설립추진위원회가 주택재개발정비사업조합 설립인가처분의 취소소송에 대한 1심 판결 이후 정비구역 내 토지 등 소유자의 4분의 3을 초과하는 조합설립동의서를 새로 받은 사안에서) 하자의 치유를 인정하였을 때 원고들을 비롯한 토지 등 소유자들에게 아무런 손해가 발생하지 않는다고 단정할 수 없으므로 위 설립인가처분의 하자가 치유된다고 볼 수 없다. 대법원 2010. 8. 26. 선고 2010두2579 판결

0256 O 하자의 치유를 허용하려면 늦어도 과세처분에 대한 불복여부의 결정 및 불복신청에 편의를 줄 수 있는 상당한 기간 내에 하여야 한다. 대법원 1983. 7. 26. 선고 82누420 판결

0257 X 과세처분에 대한 전심절차가 모두 끝나고 상고심의 계류 중에 세액산출근거의 통지가 있었다고 하여 이로써 위 과세처분의 하자가 치유되었다고는 볼 수 없다. 대법원 1984. 4. 10. 선고 83누393 판결

0258 O 하자치유의 효과는 소급하고 그 결과 행정행위는 처음부터 적법하게 성립한 것이 된다. 따라서 하자가 치유된 경우 처분청은 그 하자를 이유로 당해 처분을 취소할 수 없다.

0259 O 귀속재산을 불하받은 자가 사망한 후에 그 수불하자에 대하여 한 불하처분취소처분은 사망자에 대한 행정처분이므로 무효이지만 그 취소처분을 수불하자의 상속인에게 송달한 때에는 그 송달시에 그 상속인에 대하여 다시 그 불하처분을 취소한다는 새로운 행정처분을 한 것이라고 할 것이다. 대법원 1969. 1. 21. 선고 68누190 판결

0260 O 계고처분의 후속절차인 대집행에 위법이 있다고 하더라도, 그와 같은 후속절차에 위법성이 있다는 점을 들어 선행절차인 계고처분이 부적법하다는 사유로 삼을 수는 없다. 대법원 1997. 2. 14. 선고 96누15428 판결

0261 X 적법한 건축물에 대한 철거명령은 그 하자가 중대하고 명백하여 당연무효라고 할 것이고, 그 후행행위인 건축물철거 대집행계고처분 역시 당연무효라고 할 것이다. 대법원 1999. 4. 27. 선고 97누6780 판결

0262 O 건물철거명령과 대집행절차 간에는 하자의 승계가 인정되지 않으므로 불가쟁력이 발생한 건물철거명령의 하자를 이유로 대집행계고처분의 위법을 주장할 수 없다.

0263 O 두 개 이상의 행정처분이 연속적으로 행하여지는 경우 선행처분과 후행처분이 서로 결합하여 1개의 법률효과를 완성하는 때에는 선행처분에 하자가 있으면 그 하자는 후행처분에 승계되므로 선행처분에 불가쟁력이 생겨 그 효력을 다툴 수 없게 된 경우에도 선행처분의 하자를 이유로 후행처분의 효력을 다툴 수 있는 반면, 선행처분과 후행처분이 서로 독립하여 별개의 법률효과를 목적으로 하는 때에는 선행처분에 불가쟁력이 생겨 그 효력을 다툴 수 없게 된 경우에는 선행처분의 하자가 중대하고 명백하여 당연무효인 경우를 제외하고는 선행처분의 하자를 이유로 후행처분의 효력을 다툴 수 없는 것이 원칙이다. 대법원 1994. 1. 25. 선고 93누8542 판결

0264 X 선행처분과 후행처분이 서로 독립하여 별개의 효과를 목적으로 하는 경우에도 선행처분의 불가쟁력이나 구속력이 그로 인하여 불이익을 입게 되는 자에게 수인한도를 넘는 가혹함을 가져오며, 그 결과가 당사자에게 예측가능한 것이 아닌 경우에는 국민의 재판받을 권리를 보장하고 있는 헌법의 이념에 비추어 선행처분의 후행처분에 대한 구속력은 인정될 수 없다(주: 하자의 승계가 인정되지 않는다는 의미). 대법원 1994. 1. 25. 선고 93누8542 판결

0265 과세처분의 취소를 구하는 행정소송에서 선행처분인 개별공시지가결정의 위법을 독립된 위법사유로 주장할 수 있다. 23. 국가 (   )

0266 양도소득세 산정의 기초가 되는 개별공시지가결정에 대하여 한 재조사청구에 따른 조정결정을 통지받고서도 더 이상 다투지 않았다 하더라도 위 개별공시지가결정의 위법을 양도소득세부과처분의 위법사유로 주장할 수 있다.
10. 국가 7급 (   )

0267 대집행에 있어서 선행처분인 계고처분이 하자가 있는 위법한 처분이라면 후행처분인 대집행영장발부 통보처분도 위법한 것이라고 주장할 수 있다. 11. 지방 (   )

0268 과세관청의 선행처분인 소득금액변동통지에 하자가 존재하더라도 당연무효사유에 해당하지 않는 한 후행처분인 징수처분에 대한 항고소송에서 그 하자를 다툴 수 없다. 23. 지방 (   )

0269 「도시 및 주거환경정비법」상 사업시행계획에 관한 취소사유인 하자는 관리처분계획에 승계되지 않는다.
18. 국가 (   )

0270 「국토의 계획 및 이용에 관한 법률」상 도시·군계획시설결정과 실시계획인가는 동일한 법률효과를 목적으로 하는 것이므로 선행처분인 도시·군계획시설결정의 하자는 실시계획인가에 승계된다. 18. 국가 (   )

0271 도시계획시설사업 시행자 지정 처분이 처분 요건을 충족하지 못하여 당연무효인 경우, 도시계획시설사업의 시행자가 작성한 실시계획을 인가하는 처분도 무효이다. 22. 국가 (   )

0272 이미 불가쟁력이 발생한 보충역편입처분에 하자가 있다고 하더라도 그것이 당연무효의 사유가 아닌 한 공익근무요원소집처분에 승계되는 것은 아니다. 22. 국가 (   )

0273 친일반민족행위자로 결정한 최종발표와 그에 따라 그 유가족에 대하여 한 「독립유공자 예우에 관한 법률」 적용배제자 결정은 별개의 법률효과를 목적으로 하는 처분이다. 18. 지방 (   )

0274 수용보상금의 증액을 구하는 소송에서는 선행처분으로서 그 수용대상 토지 가격 산정의 기초가 된 비교표준지공시지가결정의 위법을 독립된 사유로 주장할 수 있다. 23. 지방 (   )

0275 취소사유에 해당하는 하자가 있는 표준지공시지가결정에 대한 취소소송의 제소기간이 지난 경우, 갑은 개별토지가격결정을 다투는 소송에서 그 개별토지가격 산정의 기초가 된 표준지공시지가의 위법성을 다툴 수 있다.
19. 국가 7급 (   )

0276 선행처분인 공무원직위해제처분과 후행 직권면직처분 사이에는 하자의 승계가 인정된다. 22. 국가 (   )

0277 근로복지공단이 사업주에 대하여 하는 개별 사업장의 사업종류 변경결정은 사업종류 결정의 주체, 내용과 결정기준을 고려할 때 확인적 행정행위로서 처분에 해당한다. 21. 국회 8급 (   )

0265 **O** 개별공시지가결정과 과세처분 사이는 서로 독립하여 별개의 법률효과를 목적으로 하지만, 예측가능성이 없고 수인한도를 넘는 불이익이 강요되어 하자의 승계가 인정된다. 따라서 후행처분인 과세처분 자체에는 하자가 존재하지 않더라도 과세처분에 대한 취소소송에서 선행처분인 개별공시지가결정의 하자를 과세처분의 위법사유로 주장할 수 있다. 대법원 1994. 1. 25. 선고 93누8542 판결

0266 **X** 1993년도 개별공시지가 결정에 대하여 한 재조사청구에 따른 조정결정을 통지받고서도 더 이상 다투지 아니한 경우까지 선행처분인 개별공시지가 결정의 불가쟁력이나 구속력이 수인한도를 넘는 가혹한 것이거나 예측불가능하다고 볼 수 없어, 위 개별공시지가 결정의 위법을 이 사건 과세처분의 위법사유로 주장할 수 없다. 대법원 1998. 3. 13. 선고 96누6059 판결

0267 **O** 대집행을 이루는 각 절차 사이에는 하자의 승계가 인정되므로, 선행처분인 계고처분이 하자가 있는 위법한 처분이라면 후행처분인 대집행영장발부 통보처분도 위법한 것이라고 주장할 수 있다.

0268 **O** 과세관청의 소득처분과 그에 따른 소득금액변동통지가 있는 경우 원천징수하는 소득세의 납세의무에 관하여는 이를 확정하는 소득금액변동통지에 대한 항고소송에서 다투어야 하고, 소득금액변동통지가 당연무효가 아닌 한 징수처분에 대한 항고소송에서 이를 다툴 수는 없다. 대법원 2012. 1. 26. 선고 2009두14439 판결

0269 **O** 사업시행계획에 관한 취소사유인 하자는 관리처분계획에 승계되지 아니하여 그 하자를 들어 관리처분계획의 적법 여부를 다툴 수 없다는 이유로, 관리처분계획이 적법하다고 본 원심의 결론은 정당하다고 한 사례. 대법원 2012. 8. 23. 선고 2010두13463 판결

0270 **X** 도시·군계획시설결정과 실시계획인가는 도시·군계획시설사업을 위하여 이루어지는 단계적 행정절차에서 별도의 요건과 절차에 따라 별개의 법률효과를 발생시키는 독립적인 행정처분이다. 그러므로 선행처분인 도시·군계획시설결정에 하자가 있더라도 그것이 당연무효가 아닌 한 원칙적으로 후행처분인 실시계획인가에 승계되지 않는다. 대법원 2017. 7. 18. 선고 2016두49938 판결

0271 **O** 도시계획시설 사업 시행자 지정 처분과 도시계획시설사업의 시행자가 작성한 실시계획을 인가하는 처분은 독립하여 별개의 법률효과를 목적으로 하는 처분이나, 선행처분인 사업시행자지정처분이 무효인 경우 후행처분인 실시계획인가처분도 당연 무효이다.

0272 **O** 병역법상 보충역편입처분과 공익근무요원소집처분은 각각 단계적으로 별개의 법률효과를 발생하는 독립된 행정처분이므로, (중략) 보충역편입처분에 하자가 있다고 할지라도 그것이 당연무효라고 볼만한 특단의 사정이 없는 한 그 위법을 이유로 공익근무요원소집처분의 효력을 다툴 수 없다. 대법원 2002. 12. 10. 선고 2001두5422 판결

0273 **O** 친일반민족행위자결정과 독립유공자법 적용배제결정 사이는 서로 독립하여 별개의 법률효과를 목적으로 하지만, 예측가능성이 없고 수인한도를 넘는 불이익이 강요되어 예외적으로 하자의 승계가 인정된다.

0274 **O** 표준지공시지가결정이 위법한 경우에는 그 자체를 행정소송의 대상이 되는 행정처분으로 보아 그 위법 여부를 다툴 수 있음은 물론, 수용보상금의 증액을 구하는 소송에서도 선행처분으로서 그 수용대상 토지 가격 산정의 기초가 된 비교표준지공시지가결정의 위법을 독립한 사유로 주장할 수 있다(주 : 서로 독립하여 별개의 법률효과를 목적으로 하지만, 하자의 승계를 부인하면 상대방에게 수인한도를 넘는 가혹함을 가져오며 그 결과가 예측 가능한 것이 아님을 이유로 하자의 승계를 인정한 사례). 대법원 2008. 8. 21. 선고 2007두13845 판결

0275 **X** 표준지로 선정된 토지의 공시지가에 대하여 불복하기 위하여는 지가공시및토지등의평가에관한법률 제8조 제1항 소정의 이의절차를 거쳐 처분청을 상대로 그 공시지가결정의 취소를 구하는 행정소송을 제기하여야 하는 것이지, 그러한 절차를 밟지 아니한 채 개별토지가격 결정을 다투는 소송에서 그 개별토지가격 산정의 기초가 된 표준지 공시지가의 위법성을 다툴 수는 없다(주 : 하자의 승계가 인정되지 않음). 대법원 1996. 12. 6. 선고 96누1832 판결

0276 **X** 직위해제처분과 종국적 징계처분 사이에는 하자의 승계가 인정되지 않는다.

0277 **O** 항고소송의 대상인 처분에 관한 법리에 비추어 고용보험 및 산업재해보상보험의 보험료징수 등에 관한 법률, 동법 시행령과 시행규칙 및 근로복지공단이 고용산재보험료징수법령 등에서 위임된 사항과 그 시행을 위하여 필요한 사항을 규정할 목적으로 제정한 '적용 및 부과업무 처리 규정' 등 관련 규정들의 내용과 체계 등을 살펴보면, 근로복지공단이 사업주에 대하여 하는 '개별 사업장의 사업종류 변경결정'은 행정청이 행하는 구체적 사실에 관한 법집행으로서의 공권력의 행사인 '처분'에 해당한다. 대법원 2020. 4. 9. 선고 2019두61137 판결

주제 11 행정행위의 취소·철회 및 실효

1 행정행위의 취소(직권취소)

① 의의

- 유효하나 성립 당시부터 하자 있는 처분의 효력을 행정청이 스스로 소멸시키는 행위

- 하자의 존재 시기 : 성립 당시(즉 처음부터 위법) ↔ 철회 : 성립 당시 적법(처분 이후 사정)

- 하자 : 위법 + 부당

- 법적 근거 : 불필요(∵ 처분권 속에는 취소권 당연히 포함) ➡ 수익적 처분의 취소에도 법적 근거 불필요

② 취소권자

- 처분을 실제로 행한 처분청(처분명의자)

- 권한 없는 행정기관이 처분을 한 경우 취소권자
  ➡ 권한 없이 실제로 처분을 한 행정청 ○, 정당한 권한을 갖는 행정청 ✕

- 위임청 : 취소권 ○(∵ 행정권한의 위임 및 위탁에 관한 규정)

③ 수익적 처분에 대한 직권취소의 제한

- 수익적 처분의 취소 ➡ 침익적 결과 ∴ 이익형량 및 신뢰보호의 원칙에 따른 제한
  - ex 민간특례사업제안을 받아들인 후 공원조성계획변경신청거부처분 ➡ 위법 ✕(∵ 공익 > 사익)

- if 부정한 방법으로 처분을 받았거나 처분의 위법성에 대해 악의·중과실 ➡ 이익형량 및 신뢰보호 적용 ✕
  - ex 허위의 졸업증명서 제출하여 하사관 임관 ➡ 임관 후 33년 지나서 한 임용취소처분 : 위법 ✕

- 수익적 처분에 대한 직권취소 제한의 원리 ➡ 쟁송취소에는 적용 ✕

- 수익적 처분의 하자 및 취소의 필요성에 대한 증명책임 : 행정청

④ 취소의 절차 및 효과

- 직권취소 : 처분성 ○ ➡ 행정절차법 적용 ○(사전통지 등)

- 취소의 효과
  - [원칙] 소급효
  - [예외] 신뢰보호의 필요 등 정당한 사유 ○ ➡ 장래효 가능

- 금전지급결정의 취소와 그에 따른 징수처분 : 각 처분이 적법한지는 별개로 판단
  ➡ 지급결정의 취소가 적법했다고 하여 징수처분이 당연히 적법하게 되는 것 ×

⑤ 취소의 취소

- 침익적 처분의 취소의 취소 : 침익적 효과 ➡ 불가능
  - 과세처분의 취소의 취소 ×
  - 현역병처분을 보충역·면제처분으로 변경 ➡ 후행처분 취소해도 선행처분 부활 ×

- 수익적 처분의 취소의 취소 : 수익적 효과 ➡ 제3자의 이익 침해하지 않는 한, 가능

⑥ 기타 주요 쟁점

- 상대방 등 이해관계인의 취소신청권 : 개별법상 근거 없는 한, 인정 ×

- 취소소송 계속 중 직권취소 가부 : 가능

2 행정행위의 철회

- 의의 : 하자 없이 적법하게 성립한 처분의 효력을 성립 후 사유를 이유로 스스로 소멸시키는 행위

- 법적 근거 : 불필요(수익적 처분의 철회에도 법적 근거 불필요)

- 철회권자 : 처분청

- 철회사유 : 철회권 유보, 법령상 철회사유 발생, 법령·사정변경, 중대한 공익상 필요 등

- 철회의 제한 : 직권취소와 동일 ➡ 수익적 처분에 대한 철회의 경우 이익형량 등 제한 ○

- 철회의 절차 : 철회는 처분 ○ ➡ 행정절차법 적용 ○

- 철회의 효과 : 장래효 ➡ 소급효를 위해서는 별도의 법적 근거 필요함

- **철회의 취소**: 직권취소와 동일
  - ex 이사취임승인 철회처분(1처분)의 직권취소(2처분)
    ➡ 이사의 지위는 소급하여 회복 ∴ 1-2처분 사이에 선임된 임시이사의 지위는 당연히 소멸

- **철회의 범위**: 철회사유와 관련된 범위 내에서만 철회 가능

- **철회 신청권**: 원칙적으로 인정되지 않으나, 예외적으로 조리상 신청권이 인정될 수 있음
  - 공사중지명령의 원인사유가 해소된 경우 ➡ 공사중지명령의 해제(철회) 신청권 ○
  - 건축주의 귀책사유로 토지 사용 불가능하게 된 경우에 있어서, 토지소유자의 건축허가 철회 신청권 ○
  - 사업계획승인을 존속하기 어려운 사정변경 또는 중대한 공익상 필요가 있는 경우, 철회 신청권 ○

3 행정행위의 실효

- 적법·유효한 처분의 효력이 일정한 사실의 발생에 의해 장래를 향해 당연히 소멸

- ex 사람의 사망, 물건의 소멸(영업소 철거, 폐업), 해제조건의 성취, 종기의 도래, 목적의 달성 등

- 의사표시 ✕, 일정한 사실의 발생만으로 당연히 소멸(취소·철회와 구별)

- **주요 판례**
  - **폐업 후 영업허가취소처분**: 허가의 실효를 확인함에 불과 ∴ 영업허가취소처분을 다툴 소의 이익 없음
  - 조합설립추진위원회 구성승인처분이 있은 후 정비구역이 정비예정구역과 달리 지정된 경우
    ➡ 승인처분은 실효 ✕

기출 OX Check

0278 「행정기본법」은 직권취소나 철회의 일반적 근거규정을 두고 있고, 직권취소나 철회는 개별법률의 근거가 없어도 가능하다. 23. 국가 (   )

0279 행정처분을 한 처분청은 그 처분의 성립에 하자가 있는 경우 이를 취소할 별도의 법적 근거가 없다고 하더라도 직권으로 이를 취소할 수 있다. 20. 국가 (   )

0280 권한없는 행정기관이 한 당연무효인 행정처분을 취소할 수 있는 권한은 당해 행정처분을 한 처분청에게 속하고, 당해 행정처분을 할 수 있는 적법한 권한을 가지는 행정청에게 그 취소권이 귀속되는 것이 아니다. 19. 지방 (   )

0281 수익적 행정처분을 직권취소할 때에는 이를 취소하여야 할 중대한 공익상 필요와 취소로 인하여 처분상대방이 입게 될 기득권과 법적 안정성에 대한 침해 정도 등 불이익을 비교·교량한 후 공익상 필요가 처분상대방이 입을 불이익을 정당화할 만큼 강한 경우에 한하여 취소할 수 있다. 23. 국가 (   )

0282 당사자가 부정한 방법으로 수익적 처분을 받은 경우에도 행정청이 그 처분을 취소하려면 취소로 인하여 당사자가 입게 될 불이익을 취소로 달성되는 공익과 비교·형량하여야 한다. 22. 국가 7급 (   )

정답 & OX 풀이

0278 ○ 행정기본법은 제18조와 제19조에서 직권취소와 철회에 대한 명문의 규정을 두고 있고, 직권취소나 철회 모두 개별법의 근거 없이도 이루어질 수 있다.

0279 ○ 행정처분을 한 처분청은 그 처분의 성립에 하자가 있는 경우 이를 취소할 별도의 법적 근거가 없다고 하더라도 직권으로 이를 취소할 수 있다. 대법원 2002. 5. 28. 선고 2001두9653 판결

0280 ○ 권한 없는 행정기관이 한 당연무효인 행정처분을 취소할 수 있는 권한은 당해 행정처분을 한 처분청에게 속하고, 당해 행정처분을 할 수 있는 적법한 권한을 가지는 행정청에게 그 취소권이 귀속되는 것이 아니다. 대법원 1984. 10. 10. 선고 84누463 판결

0281 ○ 수익적 행정처분을 취소 또는 철회하는 경우에는 이미 부여된 그 국민의 기득권을 침해하는 것이 되므로, 비록 취소 등의 사유가 있다고 하더라도 그 취소권 등의 행사는 기득권의 침해를 정당화할 만한 중대한 공익상의 필요 또는 제3자의 이익보호의 필요가 있는 때에 한하여 상대방이 받는 불이익과 비교·교량하여 결정하여야 하고, 그 처분으로 인하여 공익상의 필요보다 상대방이 받게 되는 불이익 등이 막대한 경우에는 재량권의 한계를 일탈한 것으로서 그 자체가 위법하다. 대법원 2004. 11. 26. 선고 2003두10251 판결

0282 ✕ 행정기본법 제18조(위법 또는 부당한 처분의 취소) ② 행정청은 제1항에 따라 당사자에게 권리나 이익을 부여하는 처분을 취소하려는 경우에는 취소로 인하여 당사자가 입게 될 불이익을 취소로 달성되는 공익과 비교·형량하여야 한다. 다만, 다음 각 호의 어느 하나에 해당하는 경우에는 그러하지 아니하다.
1. 거짓이나 그 밖의 부정한 방법으로 처분을 받은 경우
2. 당사자가 처분의 위법성을 알고 있었거나 중대한 과실로 알지 못한 경우

0283 수익적 처분이 상대방의 허위 기타 부정한 방법으로 인하여 행하여졌다면 상대방은 그 처분이 그와 같은 사유로 인하여 취소될 것임을 예상할 수 있으므로, 이러한 경우까지 상대방의 신뢰를 보호하여야 하는 것은 아니다.

23. 국가 (   )

0284 수익적 행정처분에 대한 취소권 등의 행사는 기득권의 침해를 정당화할 만한 중대한 공익상의 필요 또는 제3자의 이익보호의 필요가 있는 때에 한하여 허용될 수 있다는 법리는 처분청이 수익적 행정처분을 직권으로 취소·철회하는 경우에 적용되는 법리일 뿐 쟁송취소의 경우에는 적용되지 않는다. 23. 국회 8급 (   )

0285 직권취소는 행정행위의 성립상의 하자를 이유로 하는 것이므로, 개별법에 특별한 규정이 없는 한 「행정절차법」에 따른 절차규정이 적용되지 않는다. 22. 국가 7급 (   )

0286 국세감액결정 처분은 이미 부과된 과세처분에 하자가 있음을 이유로 사후에 이를 일부 취소하는 처분이고, 취소의 효력은 판결 등에 의한 취소이거나 과세관청의 직권에 의한 취소이거나에 관계없이 그 부과처분이 있었을 당시로 소급하여 발생한다. 18. 지방 (   )

0287 행정청은 당사자의 신뢰를 보호할 가치가 있는 등 정당한 사유가 있는 경우에는 위법한 처분을 장래를 향하여 취소할 수 있다. 22. 국가 7급 (   )

0288 「산업재해보상보험법」상 각종 보험급여 등의 지급결정을 변경 또는 취소하는 처분과 처분에 터 잡아 잘못 지급된 보험급여액에 해당하는 금액을 징수하는 처분이 적법한지를 판단하는 경우, 지급결정을 변경 또는 취소하는 처분이 적법하다면 그에 터 잡은 징수처분도 적법하다고 판단해야 한다. 19. 지방 (   )

0289 과세관청은 과세처분의 취소를 다시 취소함으로써 이미 효력을 상실한 과세처분을 소생시킬 수 있다.

21. 지방 (   )

0290 현역병 입영대상편입처분을 보충역편입처분으로 변경한 경우, 보충역편입처분에 불가쟁력이 발생한 이후 보충역편입처분이 하자를 이유로 직권취소 되었다면 종전의 현역병 입영대상편입처분의 효력은 되살아난다.

14. 지방 (   )

0291 행정처분을 한 처분청은 그 처분에 하자가 있는 경우에는 원칙적으로 별도의 법적 근거가 없더라도 스스로 이를 직권으로 취소할 수 있고, 이러한 경우 이해관계인에게는 처분청에 대하여 그 취소를 요구할 신청권이 부여된 것으로 볼 수 있다. 17. 국가 (   )

0292 변상금 부과처분에 대한 취소소송이 진행 중이라도 그 부과권자는 위법한 처분을 스스로 취소하고 그 하자를 보완하여 다시 적법한 부과처분을 할 수도 있다. 17. 국가 (   )

0293 행정행위의 철회 사유는 행정행위가 성립되기 이전에 발생한 것으로서 행정행위의 효력을 존속시킬 수 없는 사유를 말한다. 23. 국가 (   )

0294 행정청은 적법한 처분이 중대한 공익을 위하여 필요한 경우에는 그 처분을 장래를 향하여 철회할 수 있다.

21. 지방 (   )

0295 수익적 행정행위의 철회는 특별한 다른 규정이 없는 한 「행정절차법」상의 절차에 따라 행해져야 한다.

21. 지방 (   )

PART 01

정답 & OX 풀이

0283 O 수익적 처분이 상대방의 허위 기타 부정한 방법으로 인하여 행하여졌다면 상대방은 그 처분이 그와 같은 사유로 인하여 취소될 것임을 예상할 수 없었다고 할 수 없으므로, 이러한 경우에까지 상대방의 신뢰를 보호하여야 하는 것은 아니라고 할 것이다. 대법원 1995. 1. 20. 선고 94누6529 판결

0284 O 수익적 행정처분에 대한 취소권 등의 행사는 기득권의 침해를 정당화할 만한 중대한 공익상의 필요 또는 제3자의 이익보호의 필요가 있는 때에 한하여 허용될 수 있다는 법리는, 처분청이 수익적 행정처분을 직권으로 취소·철회하는 경우에 적용되는 법리일 뿐 쟁송취소의 경우에는 적용되지 않는다. 대법원 2019. 10. 17. 선고 2018두104 판결

0285 X 직권취소는 그 자체가 하나의 독립한 처분이므로, 행정절차법상 이유제시 등 절차규정이 적용된다.

0286 O 국세 감액결정 처분은 이미 부과된 과세처분에 하자가 있음을 이유로 사후에 이를 일부취소하는 처분이므로, 취소의 효력은 그 취소된 국세 부과처분이 있었을 당시에 소급하여 발생하는 것이고, 이는 판결 등에 의한 취소이거나 과세관청의 직권에 의한 취소이거나에 따라 차이가 있는 것이 아니다. 대법원 1995. 9. 15. 선고 94다16045 판결

0287 O 행정기본법 제18조(위법 또는 부당한 처분의 취소) ① 행정청은 위법 또는 부당한 처분의 전부나 일부를 소급하여 취소할 수 있다. 다만, 당사자의 신뢰를 보호할 가치가 있는 등 정당한 사유가 있는 경우에는 장래를 향하여 취소할 수 있다.

0288 X 금전급부처분이 소급적으로 취소된 경우 잘못 지급된 급여액에 대해 별도의 징수처분이 행해지는 경우가 있는데, 이 경우 지급결정을 변경 또는 취소하는 처분이 적법하다고 하여 그에 터잡은 징수처분도 반드시 적법하다고 판단해야 하는 것은 아니고, 관련이익을 비교·교량하여 징수할 금액을 결정하여야 한다. 대법원 2014. 7. 24. 선고 2013두27159 판결

0289 X 과세관청은 부과의 취소를 다시 취소함으로써 원부과처분을 소생시킬 수는 없고 납세의무자에게 종전의 과세대상에 대한 납부의무를 지우려면 다시 법률에서 정한 부과절차에 좇아 동일한 내용의 새로운 처분을 하는 수밖에 없다. 대법원 1995. 3. 10. 선고 94누7027 판결

0290 X 지방병무청장이 재신체검사 등을 거쳐 현역병입영대상편입처분을 보충역편입처분이나 제2국민역편입처분으로 변경하거나 보충역편입처분을 제2국민역편입처분으로 변경하는 경우, 그 후 새로운 병역처분의 성립에 하자가 있었음을 이유로 하여 이를 취소한다고 하더라도 종전의 병역처분의 효력이 되살아난다고 할 수 없다. 대법원 2002. 5. 28. 선고 2001두9653 판결

0291 X 원래 행정처분을 한 처분청은 그 처분에 하자가 있는 경우에는 원칙적으로 별도의 법적 근거가 없더라도 스스로 이를 직권으로 취소할 수 있지만, 그와 같이 직권취소를 할 수 있다는 사정만으로 이해관계인에게 처분청에 대하여 그 취소를 요구할 신청권이 부여된 것으로 볼 수는 없다. 대법원 2006. 6. 30. 선고 2004두701 판결

0292 O 변상금 부과처분에 대한 취소소송이 진행 중이라도 그 부과권자로서는 위법한 처분을 스스로 취소하고 그 하자를 보완하여 다시 적법한 부과처분을 할 수도 있다. 대법원 2006. 2. 10. 선고 2003두5686 판결

0293 X 행정행위의 취소는 일단 유효하게 성립한 행정행위를 그 행위에 위법 또는 부당한 하자가 있음을 이유로 소급하여 그 효력을 소멸시키는 별도의 행정처분이고, 행정행위의 철회는 적법요건을 구비하여 완전히 효력을 발하고 있는 행정행위를 사후적으로 그 행위의 효력의 전부 또는 일부를 장래에 향해 소멸시키는 행정처분이므로, 행정행위의 취소사유는 행정행위의 성립 당시에 존재하였던 하자를 말하고, 철회사유는 행정행위가 성립된 이후에 새로이 발생한 것으로서 행정행위의 효력을 존속시킬 수 없는 사유를 말한다. 대법원 2003. 5. 30. 선고 2003다6422 판결

0294 O 행정기본법 제19조(적법한 처분의 철회) ① 행정청은 적법한 처분이 다음 각 호의 어느 하나에 해당하는 경우에는 그 처분의 전부 또는 일부를 장래를 향하여 철회할 수 있다.
3. 중대한 공익을 위하여 필요한 경우

0295 O 수익적 행정행위의 철회는 침익적 성격을 갖는 처분이므로, 원칙적으로 행정절차법상의 사전통지 및 의견청취절차 등을 거쳐야 한다.

0296　보건복지부장관이 어린이집에 대한 평가인증이 이루어진 이후에 새로이 발생한 사유를 들어 「영유아보육법」 제30조 제5항에 따라 평가인증을 철회하는 처분을 하면서도, 그 평가인증의 효력을 과거로 소급하여 상실시키기 위해서는, 특별한 사정이 없는 한 「영유아보육법」 제30조 제5항과는 별도의 법적 근거가 필요하다. 20. 지방 7급 (　　)

0297　행정청이 의료법인의 이사에 대한 이사취임승인취소처분을 직권으로 취소하면 이사의 지위가 소급하여 회복된다. 17. 국가 (　　)

0298　건축주가 토지소유자로부터 토지사용승낙서를 받아 그 토지 위에 건축물을 건축하는 건축허가를 받았다가 착공에 앞서 건축주의 귀책사유로 해당 토지를 사용할 권리를 상실한 경우, 토지소유자의 건축허가 철회신청을 거부한 행위는 항고소송의 대상이 된다. 19. 지방 (　　)

0299　甲에 대한 공사중지명령의 원인사유가 해소되었다면 甲은 공사중지명령의 해제를 신청할 수 있고, 이에 대한 거부는 처분성이 인정된다. 21. 국가 (　　)

정답 & ⭕❌ 풀이

0296　⭕　<u>영유아보육법 제30조 제5항 제3호에 따른 평가인증의 취소는 평가인증 당시에 존재하였던 하자가 아니라 그 이후에 새로이 발생한 사유로 평가인증의 효력을 소멸시키는 경우에 해당하므로, 법적 성격은 평가인증의 '철회'에 해당한다.</u> (중략) 이처럼 행정청이 평가인증이 이루어진 이후에 새로이 발생한 사유를 들어 영유아보육법 제30조 제5항에 따라 평가인증을 철회하는 처분을 하면서도, 평가인증의 효력을 과거로 소급하여 상실시키기 위해서는, 특별한 사정이 없는 한 영유아보육법 제30조 제5항과는 별도의 법적 근거가 필요하다. 대법원 2018. 6. 28. 선고 2015두58195 판결

0297　⭕　행정처분이 취소되면 그 소급효에 의하여 처음부터 그 처분이 없었던 것과 같은 효과를 발생하게 되는바, <u>행정청이 의료법인의 이사에 대한 이사취임승인취소처분(제1처분)을 직권으로 취소(제2처분)한 경우에는 그로 인하여 이사가 소급하여 이사로서의 지위를 회복하게 되고</u>, 그 결과 위 제1처분과 제2처분 사이에 법원에 의하여 선임결정된 임시이사들의 지위는 법원의 해임결정이 없더라도 당연히 소멸된다. 대법원 1997. 1. 21. 선고 96누3401 판결

0298　⭕　<u>건축주가 토지 소유자로부터 토지사용승낙서를 받아 그 토지 위에 건축물을 건축하는 대물적 성질의 건축허가를 받았다가 착공에 앞서 건축주의 귀책사유로 해당 토지를 사용할 권리를 상실한 경우, 건축허가의 존재로 말미암아 토지에 대한 소유권 행사에 지장을 받을 수 있는 토지 소유자로서는 건축허가의 철회를 신청할 수 있다고 보아야 한다. 따라서 토지 소유자의 위와 같은 신청을 거부한 행위는 항고소송의 대상이 된다.</u> 대법원 2017. 3. 15. 선고 2014두41190 판결

0299　⭕　<u>행정청이 행한 공사중지명령의 상대방은 그 명령 이후에 그 원인사유가 소멸하였음을 들어 행정청에게 공사중지명령의 철회를 요구할 수 있는 조리상의 신청권이 있다</u> 할 것이고, 상대방으로부터 그 신청을 받은 행정청으로서는 상당한 기간 내에 그 신청을 인용하는 적극적 처분을 하거나 각하 또는 기각하는 등의 소극적 처분을 하여야 할 <u>법률상의 응답의무가 있다</u>고 할 것이며, 행정청이 상대방의 신청에 대하여 아무런 적극적 또는 소극적 처분을 하지 않고 있는 이상 행정청의 부작위는 그 자체로 위법하다고 할 것이다. 대법원 2005. 4. 14. 선고 2003두7590 판결

단계적 행정결정

1 확약

① 의의

- 행정청이 자기구속의 의도로 장래 일정한 처분을 하거나 하지 않겠다고 약속하는 것(내인가)

- 확약은 문서로 하여야 함(행정절차법 제40조의2)

- 법적 근거: 불필요(∵ 확약은 본처분권에 당연히 포함)

② 효력

- 처분성 × ➡ 확약 자체를 대상으로 하는 항고소송 불가능
  - 어업권면허에 선행하는 우선순위결정 ➡ 확약 ○(처분 ×) ∴ 공정력 등 발생 ×
  - 민원사무처리법상 사전심사결과 통보 ➡ 처분 ×

- 구속력 ○ ➡ 행정청은 확약 지킬 의무 ○(∵ 신뢰보호원칙)
  - 의무이행심판·부작위위법확인소송·거부처분 취소소송 가능, 국가배상청구 가능
  - 내인가 후 본인가신청 있었음에도 내인가 취소한 경우 ➡ 내인가취소 = 본인가신청 거부처분 ○

- 확약의 실효: 확약 후 사정 변경 ➡ 별다른 의사표시 없이 당연히 실효
  - ex 신청기간 내 신청하면 처분해주기로 확약했는데, 신청 × ➡ 확약 실효

- 확약이 위법한 경우: 확약의 구속력 ×(행정절차법 제40조의2)

2 가행정행위(잠정적 행정행위)

- 본처분이 있기 전까지 일시적·잠정적으로만 효력을 가지는 처분

- 처분성 ○ ➡ 항고소송 가능

- 가행정행위는 본처분에 구속력 ×

- if 본처분 ➡ 가행정행위는 본처분에 흡수·소멸 ∴ 가행정행위를 다툴 소의 이익 ×
  - 과징금 부과처분(선행처분 = 잠정적 처분) 후 자진신고를 이유로 한 감면처분(후행처분 = 종국적 처분)
    ➡ 후행처분 있는 경우 선행처분 취소소송은 소의 이익 ×
  - (예외적으로 소의 이익 인정된 사례) 직위해제처분의 경우
    ➡ 감액된 봉급 등의 지급을 구할 수 있기 때문에 종국적 징계처분 있더라도, 소의 이익 ○

3 사전결정

- 최종처분 전 최종처분의 요건 중 일부에 대하여 한 종국적인 결정

- ex) 폐기물처리업 사업계획서에 대한 적정·부적정통보(재량행위)

- 처분성 ○ ➡ 항고소송 가능

- 사전결정의 최종결정에 대한 구속력(개별적 판단)
  - if 구속력 ○ ➡ 최종결정 시 사전결정 되지 않은 부분만 심사
    ex) 폐기물처리업 사업계획서 적합통보 ➡ 최종허가 단계에서는 '나머지 요건'만 심사
  - if 구속력 × ➡ 최종결정 시 사전결정 된 부분을 포함하여 전체 요건을 다시 심사

- 최종처분 ➡ 사전결정은 최종처분에 흡수되어 소멸

4 부분허가

- 오랜 기간이 소요되는 대규모시설 공사의 일부에 대하여 하는 종국적인 허가

- ex) 원자로 및 관계시설 부지 사전승인

- 사전결정과 구별
  - if 사전결정 ➡ 시설의 설치·운영 ×
  - if 부분허가 ➡ 시설의 기초가 되는 공사 ○

- 처분성 ○ ➡ 항고소송 가능

- 최종처분에 대하여 구속력 ○

- 최종처분 ➡ 부분허가는 최종처분에 흡수되어 소멸(∴ 부분허가에 대한 취소소송은 소의 이익 ×)
  - 원자로 및 관계시설 부지 사전승인처분에 대한 취소소송 계속 중 건설허가처분
    ➡ 부지 사전승인처분은 건설허가처분에 흡수·소멸(∴ 소의 이익 ×)

13 행정계획

1 의의

- 행정주체가 행정목적 달성을 위해 세우는 장기적·종합적 계획

- 구속적 행정계획: 국민과 행정청에 대해 구속력 ○ ➡ **법률의 근거 필요**
  - ⓔⓧ 도시관리계획, 도시설계

- 비구속적 행정계획: 국민 및 행정청 내부에서도 구속력 × ➡ **법률의 근거 불요**
  - ⓔⓧ 도시기본계획, 하수도정비기본계획

2 법적 성질

- 행정계획의 형식: 법률, 행정입법 등

- 처분성 인정 여부: 개별적 판단

처분성 ○	처분성 ×
• 도시계획결정(개발제한구역지정)	• 도시기본계획
• 재건축조합의 사업시행계획 또는 관리처분계획	• 4대강 살리기 마스터플랜
• 환지예정지 지정 또는 환지처분	• 환지계획

3 행정계획의 절차

- 행정절차법상 일반적 규정 ×

- 절차의 하자: 하자의 일반이론에 따라 해결
  - 도시계획 수립하면서 공청회 × + 이주대책 수립 × ➡ **취소사유**
  - 도시계획 입안하면서 공고 및 공람 절차에 하자 ➡ **취소사유**
  - 개별법상 고시를 행정계획의 효력요건으로 하는 경우(ⓔⓧ 도시계획법): if 고시 × ➡ **효력 ×**
  - 지형도면을 일정한 장소에 비치 후 그 비치사실을 고시한 경우 ➡ **고시는 적법**

- 행정계획의 변경 관련 판례
  - 권한 있는 행정청이 선행도시계획과 양립할 수 없는 후행도시계획 결정
    - ➡ **선행도시계획은 후행도시계획으로 변경**

- 권한 없는 행정청이 선행도시계획과 양립할 수 없는 후행도시계획 결정
  ➡ 후행도시계획결정은 당연무효

4 계획재량과 통제

- 계획재량 : 행정주체가 행정계획을 수립·변경함에 있어서 가지는 재량
  ➡ 일반적인 (행정)재량에 비해 보다 광범위한 형성의 자유를 가짐

- 형량명령 : 계획재량 행사 시 재량권 일탈·남용이 없도록 해야 한다는 원칙(행정절차법 제40조의4)
  ➡ 형량의 불행사·흠결 ✕ + 형량의 비례성 ○(형량은 공익 상호, 공익과 사익, 사익 상호 간 모두 해야 함)

- 형량명령은 행정청이 주민의 입안 제안 등을 받아들여 도시관리계획결정 등을 할 때에도 동일하게 적용

5 권리구제

- 구속적 행정계획 등 처분성 인정되는 행정계획 ➡ 항고소송

- 비구속적 행정계획 ➡ 처분성 ✕(항고소송 ✕)
  - But 기본권에 영향 + 그대로 실시될 것이 예상 ➡ 헌법소원 ○(공권력의 행사 ○)
  - ex 1994학년도 서울대학교 대학입학고사 주요요강 ➡ 공권력의 행사 ○(헌법소원 ○)
  - ex 대학교육역량강화사업 기본계획, 개발제한구역제도 개선방안 ➡ 공권력의 행사 ✕(헌법소원 ✕)

6 계획변경청구권

① 원칙 : 인정 ✕

- 광범위한 계획재량 + 행정계획의 가변성 ➡ 계획변경청구권은 원칙적으로 인정 ✕

- 계획 확정 후 사정변경 있어도 지역주민에게 계획변경신청권 ✕ ➡ 계획변경신청 거부행위 : 거부처분 ✕

② 예외 : 인정 ○

- if 일정한 처분을 구하는 신청을 할 수 있는 법률상 지위에 있는 자(ex 폐기물처리업 적정통보 받은 자)
  ➡ 계획변경 거부는 실질적으로 당해 처분 자체를 거부하는 결과
  ➡ 계획변경신청권 ○ ➡ 계획변경신청 거부행위 : 거부처분 ○

- 법령에 따른 특정한 계획구역 내 토지소유자 ➡ 법규상·조리상 신청권 ○
  - 도시계획구역 내 토지소유자의 도시계획입안 요구권
  - 문화재보호구역 내 토지소유자의 보호구역 지정해제 요구권
  - 산업단지 내 토지소유자의 산업단지개발계획 변경요청권
  - 도시관리계획구역 내 토지소유자의 도시계획입안 요구권

7 장기미집행 도시계획시설결정의 실효 제도

- 헌법상 재산권으로부터 당연히 도출되는 권리 × ➡ 입법자의 입법에 의해 도출되는 권리 ○

8 재개발·재건축 절차

① 조합설립추진위원회 구성

- 조합설립추진위원회 구성승인처분: 강학상 인가

- 구성승인처분 취소소송 계속 중 조합설립인가처분 있는 경우 ➡ 구성승인처분 다툴 소의 이익 ×

② 조합설립

- 조합설립결의: 정비구역 내 일정 비율 이상 소유자들이 조합설립에 동의 ➡ 행정청에 조합설립인가 신청

- 조합설립인가처분: 재개발·재건축조합에 행정주체(공법인)로서의 지위를 부여 ∴ 설권적 처분(강학상 특허)

- 조합설립결의에 하자가 존재하는 경우, 불복의 방법 및 대상
- 조합설립인가처분에 대한 항고소송 ○(피고: 행정청), 조합설립결의에 대한 민사소송 ×(확인의 이익 ×)

③ 사업시행계획

- 조합에서 건축에 관한 사항을 정한 사업시행계획 수립 ➡ 조합원총회결의 ➡ 행정청에 인가 신청

- 사업시행계획 인가·고시(강학상 인가) ➡ 사업시행계획의 효력 발생
  - 사업시행계획 = 구속적 행정계획 ➡ 처분성 ○

- 사업시행계획에 대한 조합원총회결의에 하자가 존재하는 경우, 불복의 방법 및 대상
  - 사업시행계획에 대한 항고소송 ○(피고: 조합), 조합원총회결의에 대한 당사자소송 ×
  - if 사업시행계획 인가처분이 있기 前에 다투는 경우
    ➡ 당사자소송(조합을 피고로 하여 총회결의무효확인을 구해야 함)

④ 관리처분계획(사업시행계획의 경우와 동일)

• 조합에서 분양에 관한 사항을 정한 관리처분계획 수립 ➡ **조합원총회결의** ➡ **행정청에 인가 신청**

• 관리처분계획 인가 · 고시(강학상 인가) ➡ **관리처분계획의 효력 발생**
  – 관리처분계획 = 구속적 행정계획 ➡ 처분성 ○

• 관리처분계획에 대한 조합원총회결의에 하자가 존재하는 경우, 불복의 방법 및 대상
  – 관리처분계획에 대한 항고소송 ○(피고 : 조합), 조합원총회결의에 대한 당사자소송 ×
  – if 관리처분계획 인가처분이 있기 前에 다투는 경우
     ➡ 당사자소송(**조합을 피고로 하여 총회결의무효확인을 구해야 함**)

⑤ 관련문제 : 재개발 · 재건축조합을 설립하지 않는 경우

• 토지 등 소유자들이 직접 재개발 · 재건축 사업 진행

• 조합설립 절차를 제외한 나머지 절차는 기본적으로 동일

• 사업시행계획 인가처분 : 행정주체로서의 지위를 부여 ∴ 설권적 처분(강학상 특허)
  – 인가 있기 前 ➡ 사업시행계획은 처분성 ×

주제 14 공법상 계약

1 의의

- 적어도 한쪽 당사자를 행정주체로 하는 공법적 효과를 발생시키는 것을 목적으로 하는 계약

- 종류 : 행정주체 상호 간, 행정주체와 사인 간, 사인 상호 간(공무수탁사인과 사인 간)

2 적법 요건

- 절차 : 행정절차법에 규정 × + 행정절차법 적용 ×(일반적으로 규율하는 법 없음)
  - 계약직공무원 채용계약해지 ➡ 공법상 계약의 해지 ○, 처분 ×
    ➡ 행정절차법 적용 × ➡ 이유제시, 사전통지 등 의무 ×

- 형식 : 계약서 작성 필수 ○(∵ 행정기본법 제27조)

- 내용
  - 법률유보 적용 ×(∵ 대등 당사자 간 합의로 성립), 법률우위 적용 ○
  - 계약내용 형성의 폭넓은 재량 ➡ 지방전문직공무원 채용기간 연장 여부는 지자체장의 재량

3 공법상 계약의 적용 법리

- 사법원리 적용 : 일반법 × ➡ 개별법 ➡ 국가(지방)계약법 ➡ 민법
  - 지방계약법 : 공법상·사법상 계약 모두에 대하여 적용

- 공법상 계약의 하자
  - 의사표시의 하자 ➡ 민법에 따라 해결(무효 또는 취소)
  - 내용상 하자 ➡ 중대·명백성 따질 필요 없이, 무조건 무효

- 강제력 × ➡ even if 상대방의 의무불이행, 강제집행 ×(∵ 대등 당사자 간의 행위)

4 공법상 계약으로 본 판례(당사자소송의 대상으로 본 판례)

• 전문직 공무원인 공중보건의사의 채용계약해지 • 지방전문직공무원 채용계약해지 • 서울시립무용단 단원의 해촉 • 광주시립합창단 단원의 해촉 • 읍·면장의 이장에 대한 직권면직행위 　비교 지방계약직공무원에 대한 징계처분 : 처분 ○ • 중소기업기술정보진흥원장의 정보화지원사업 지원협약의 해지 및 정부지원금 환수통보 • 민간투자사업의 실시협약 ➡ **법원은 계약의 위법성뿐만 아니라 적정한 액수도 심리·판단해야 함** 　비교 민간투자사업의 사업시행자지정처분 : 처분 ○ • 방위사업청과 체결한 한국형헬기 민군겸용 핵심구성품 개발협약	**[주요 판례 법리]** 행정청이 자신과 상대방 사이의 법률관계를 일방적인 의사표시로 종료시켰다고 하더라도 곧바로 그 의사표시가 행정청으로서 공권력을 행사하여 행하는 행정처분이라고 단정할 수는 없고, (중략) 행정처분에 해당하는지 아니면 공법상 계약관계의 일방 당사자로서 대등한 지위에서 행하는 의사표시인지를 개별적으로 판단하여야 한다. 이러한 법리는 공법상 근무관계의 형성을 목적으로 하는 채용계약의 체결 과정에서 행정청의 일방적인 의사표시로 계약이 성립하지 아니하게 된 경우에도 마찬가지이다.

주제 15

사실행위와 행정지도

www.pmg.co.kr

1 사실행위

- 법적 효과를 직접 발생 ×, 사실상 결과 실현을 목적으로 하는 행위

- 비권력적 **사실행위**: 처분성 ×
  - ex 추첨에 의한 사업자 선정에 있어서 추첨행위 자체, 공납금 미완납 시 졸업증명서 미교부 통보, 수도사업자의 급수공사 신청자에 대한 공사비납부통지 등

- 권력적 사실행위: 처분성 ○ ➡ 항고소송 ○, 헌법소원 ○

• 피의자에 대한 수갑 및 포승 사용행위	• 교도소장의 서신 검열 및 서신 지연발송·교부
• 교도소장이 수형자를 접견내용 녹음·녹화 및 접견 시 교도관 참여대상자로 지정한 행위	• 지자체장의 감사결과 지적사항 시정·보고지시
	• 훈련소 내 종교행사 참석조치
• 단수 또는 단전처분	• 수사기관의 통신자료 제공요청
• 교도소장의 수형자에 대한 이송행위	• 마약류 관련 수형자에 대한 소변 검사

2 행정지도

1 의의

- 행정기관이 국민에 대하여 일정한 행위를 하거나 하지 않도록 지도·권고·조언 등을 하는 행정작용

- 종류: 조성적(영농지도, 경영지도), 조정적(노사 간 분쟁 조정), 규제적(집합금지권고, 시정권고)

- 법적 성질
  - 원칙 국민의 임의적 협력을 전제 + 비강제성 ➡ **비권력적 사실행위(처분성 ×)**
  - 예외 행정지도가 한계를 넘어 실질적 강제성 ➡ **권력적 사실행위(처분성 ○)**

- 법률유보 적용 ×(∵ 비권력성), 법률우위 적용 ○

2 행정지도의 한계(행정절차법)

(1) 내용상 한계

- 목적 달성에 필요한 최소한도에 그칠 것

- 상대방의 의사에 반하여 부당하게 강요되지 말 것

- 행정지도에 따르지 않은 것을 이유로 불이익한 조치하지 말 것

PART 01

(2) 절차상 한계

- 행정지도를 하는 자는 행정지도의 취지, 내용, 신분을 밝힐 것

- 구두 가능, But 상대방의 서면 요구 ➡ **직무수행에 특별한 지장 없으면 서면 교부할 것**

- 상대방은 행정지도의 방식·내용 등에 관해 의견제출 가능

- 다수를 대상으로 한 행정지도 ➡ **공통사항을 공표할 것**

(3) 권리구제

- 위법한 행정지도를 따른 행위 ➡ **위법성 조각 ✕ (위법함)**

- **원칙** 비권력적 사실행위 ➡ 항고소송 ✕
  - **ex** 전기공급의 적법 여부 조회신청에 대한 구청장의 회신, 주류거래중지 요청

- **예외** 권력적 사실행위 ➡ 항고소송 ○, 헌법소원 ○
  - 국가인권위원회의 성희롱결정 및 시정조치 권고 ➡ **항고소송 ○**
  - 교육부장관의 대학총장들에 대한 학칙시정요구 ➡ **헌법소원 ○**

- 국가배상청구 : 가능(∵ 국가배상법상 '직무행위'의 범위 : 권력적 ○, 비권력적 ○, 사법행위 ✕)

3 행정의 자동결정

① 행정기본법 규정

> **행정기본법 제20조(자동적 처분)**
> 행정청은 법률로 정하는 바에 따라 완전히 자동화된 시스템(인공지능 기술을 적용한 시스템을 포함한다)으로 처분을 할 수 있다. 다만, 처분에 재량이 있는 경우는 그러하지 아니하다.

② 주요 내용

- 행정의 자동결정 : 처분성 ○

- 자동결정의 기준이 되는 프로그램 : 행정규칙

- **ex** 신호등에 의한 교통신호, 컴퓨터를 통한 학교 배정 등

기출 ⭕❌ Check

0300 확약에 관한 일반법은 없다. 13. 국가 (　　)

0301 「행정절차법」상 법령등에서 당사자가 신청할 수 있는 처분을 규정하고 있는 경우 행정청은 당사자의 신청에 따라 장래에 어떤 처분을 하거나 하지 아니할 것을 내용으로 하는 확약을 할 수 있으며, 문서 또는 말에 의한 확약도 가능하다. 23. 국가 7급 (　　)

0302 재량행위에 대해 상대방에게 확약을 하려면 확약에 대한 법적 근거가 있어야 한다. 18. 국가 (　　)

0303 어업권면허에 선행하는 우선순위결정은 행정청이 우선권자로 결정된 자의 신청이 있으면 어업권면허처분을 하겠다는 것을 약속하는 행위로서 그 우선순위결정에 공정력과 불가쟁력이 인정된다. 13. 국가 (　　)

0304 행정청의 확약은 위법하더라도 중대명백한 하자가 있어 당연무효가 아닌 한 취소되기 전까지는 유효한 것으로 통용된다. 18. 국가 (　　)

0305 행정청의 확약에 대해 법률상 이익이 있는 제3자는 확약에 대해 취소소송으로 다툴 수 있다. 18. 국가 (　　)

0306 행정청이 상대방에게 장차 어떤 처분을 하겠다고 공적인 의사표명을 하면서 상대방에게 언제까지 처분의 발령을 신청하도록 유효기간을 둔 경우, 그 기간 내에 상대방의 신청이 없었다면 그 공적인 의사표명은 행정청의 별다른 의사표시를 기다리지 않고 실효된다. 20. 지방 7급 (　　)

정답 & ⭕❌ 풀이

0300 ⭕ 확약에 대한 일반법은 존재하지 않는다. 다만 2022년에 개정된 행정절차법에서는 확약에 관해 일반적으로 규율하고 있는 조항을 신설하였다.

0301 ❌ 행정절차법 제40조의2(확약) ② 확약은 문서로 하여야 한다.

0302 ❌ 확약은 처분권에 속하는 예비적인 권한 행사로서 본처분권에 당연히 포함되므로 본처분권이 있으면 별도의 법적 근거 없이도 확약을 할 수 있다.

0303 ❌ 어업권면허에 선행하는 우선순위결정은 행정청이 우선권자로 결정된 자의 신청이 있으면 어업권면허처분을 하겠다는 것을 약속하는 행위로서 강학상 확약에 불과하고 행정처분은 아니므로, 우선순위결정에 공정력이나 불가쟁력과 같은 효력은 인정되지 않는다. 대법원 1995. 1. 20. 선고 94누6529 판결

0304 ❌ 어업권면허에 선행하는 우선순위결정은 행정청이 우선권자로 결정된 자의 신청이 있으면 어업권면허처분을 하겠다는 것을 약속하는 행위로서 강학상 확약에 불과하고 행정처분은 아니므로, 우선순위결정에 공정력이나 불가쟁력과 같은 효력은 인정되지 않는다. 대법원 1995. 1. 20. 선고 94누6529 판결

0305 ❌ 확약은 처분성이 인정되지 않으므로 확약 자체를 대상으로 하는 행정쟁송은 인정될 수 없다.

0306 ⭕ 행정청이 상대방에게 장차 어떤 처분을 하겠다고 확약 또는 공적인 의사표명을 하였다고 하더라도, 그 자체에서 상대방으로 하여금 언제까지 처분의 발령을 신청을 하도록 유효기간을 두었는데도 그 기간 내에 상대방의 신청이 없었다거나 확약 또는 공적인 의사표명이 있은 후에 사실적·법률적 상태가 변경되었다면, 그와 같은 확약 또는 공적인 의사표명은 행정청의 별다른 의사표시를 기다리지 않고 실효된다. 대법원 1996. 8. 20. 선고 95누10877 판결

0307 행정청이 상대방에게 확약을 한 후에 사실적·법률적 상태가 변경되었다면 확약은 행정청의 별다른 의사표시가 없더라도 실효된다. 18. 국가 (   )

0308 「행정절차법」상 행정청은 확약을 한 후에 확약의 내용을 이행할 수 없을 정도로 법령등이나 사정이 변경된 경우에는 확약에 기속되지 아니하며, 그 확약을 이행할 수 없는 경우에는 지체 없이 당사자에게 그 사실을 통지하여야 한다. 23. 국가 7급 (   )

0309 자동차운송사업 양도·양수인가신청에 대하여 행정청이 내인가를 한 후 그 본인가신청이 있음에도 내인가를 취소한 경우, 다시 본인가에 대하여 별도로 인가여부의 처분을 한다는 사정이 보이지 않는다면 내인가취소는 행정처분에 해당한다. 22. 국가 (   )

0310 구 「민원사무 처리에 관한 법률」에서 정한 사전심사결과 통보는 항고소송의 대상이 되는 행정처분에 해당하지 않는다. 19. 지방 (   )

0311 공정거래위원회가 부당한 공동행위를 한 사업자들 중 자진신고자에 대하여 구 독점규제 및 공정거래에 관한 법령에 따라 과징금 부과처분(선행처분)을 한 뒤, 다시 자진신고자에 대한 사건을 분리하여 자진신고를 이유로 과징금 감면처분(후행처분)을 한 경우라도 선행처분의 취소를 구하는 소는 적법하다. 21. 국가 (   )

0312 구 「폐기물관리법」 관계 법령상의 폐기물처리업허가를 받기 위한 사업계획에 대한 부적정통보는 허가신청 자체를 제한하는 등 개인의 권리 내지 법률상의 이익을 개별적이고 구체적으로 규제하고 있어 행정처분에 해당한다. 17. 국가 (   )

0313 폐기물처리 사업계획서에 대한 적합통보가 있는 경우, 폐기물처리업의 허가 단계에서는 나머지 허가요건만을 심사한다. 18. 국가 7급 (   )

0314 원자로 및 관계시설의 부지사전승인처분은 그 자체로서 독립한 행정처분은 아니므로 이의 위법성을 직접 항고소송으로 다툴 수는 없고 후에 발령되는 건설허가처분에 대한 항고소송에서 다투어야 한다. 17. 국가 (   )

0315 구 「원자력법」상 원자로 및 관계 시설의 부지사전승인처분 후 건설허가처분까지 내려진 경우, 선행처분은 후행처분에 흡수되어 건설허가처분만이 행정쟁송의 대상이 된다. 22. 국가 (   )

0316 구 「도시계획법」상 도시기본계획은 도시의 기본적인 공간구조와 장기발전방향을 제시하는 종합계획으로서 도시계획입안의 지침이 되므로 일반 국민에 대한 직접적인 구속력은 없다. 21. 국가 (   )

0317 「국토의 계획 및 이용에 관한 법률」에 따른 도시기본계획은 일반 국민에 대한 직접적인 구속력은 인정되지 않지만, 도시의 장기적 개발방향과 미래상을 제시하는 도시계획입안의 지침이 되기에 행정청에 대한 직접적인 구속력은 인정된다. 18. 국가 7급 (   )

PART 01

0307 ○ 행정청이 상대방에게 장차 어떤 처분을 하겠다고 확약 또는 공적인 의사표명을 하였다고 하더라도, 그 자체에서 상대방으로 하여금 언제까지 처분의 발령을 신청을 하도록 유효기간을 두었는데도 그 기간 내에 상대방의 신청이 없었다거나 확약 또는 공적인 의사표명이 있은 후에 사실적·법률적 상태가 변경되었다면, 그와 같은 확약 또는 공적인 의사표명은 행정청의 별다른 의사표시를 기다리지 않고 실효된다. 대법원 1996. 8. 20. 선고 95누10877 판결

0308 ○ 행정절차법 제40조의2(확약) ④ 행정청은 다음 각 호의 어느 하나에 해당하는 경우에는 확약에 기속되지 아니한다.
1. 확약을 한 후에 확약의 내용을 이행할 수 없을 정도로 법령등이나 사정이 변경된 경우
2. 확약이 위법한 경우
⑤ 행정청은 확약이 제4항 각 호의 어느 하나에 해당하여 확약을 이행할 수 없는 경우에는 지체 없이 당사자에게 그 사실을 통지하여야 한다.

0309 ○ 자동차운송사업양도양수계약에 기한 양도양수인가신청에 대하여 피고 시장이 내인가를 한 후 위 내인가에 기한 본인가신청이 있었으나 자동차운송사업 양도양수인가신청서가 합의에 의한 정당한 신청서라고 할 수 없다는 이유로 위 내인가를 취소한 경우, 위 내인가의 법적 성질이 행정행위의 일종으로 볼 수 있든 아니든 그것이 행정청의 상대방에 대한 의사표시임이 분명하고, 피고가 위 내인가를 취소함으로써 다시 본인가에 대하여 따로이 인가 여부의 처분을 한다는 사정이 보이지 않는다면 위 내인가 취소를 인가신청을 거부하는 처분으로 보아야 할 것이다. 대법원 1991. 6. 28. 선고 90누4402 판결

0310 ○ 행정청은 사전심사결과 불가능하다고 통보하였더라도 사전심사결과에 구애되지 않고 민원사항을 처리할 수 있으므로 불가능하다는 통보가 민원인의 권리의무에 직접적 영향을 미친다고 볼 수 없고, 통보로 인하여 민원인에게 어떠한 법적 불이익이 발생할 가능성도 없는 점 등 여러 사정을 종합해 보면, 구 민원사무처리법이 규정하는 사전심사결과 통보는 항고소송의 대상이 되는 행정처분에 해당하지 아니한다. 대법원 2014. 4. 24. 선고 2013두7834 판결

0311 × 공정거래위원회가 부당한 공동행위를 행한 사업자로서 구 독점규제 및 공정거래에 관한 법률 제22조의2에서 정한 자진신고자나 조사협조자에 대하여 과징금 부과처분(선행처분)을 한 뒤, 동법 시행령 제35조 제3항에 따라 다시 자진신고자 등에 대한 사건을 분리하여 자진신고 등을 이유로 한 과징금 감면처분(후행처분)을 하였다면, 후행처분은 자진신고 감면까지 포함하여 처분 상대방이 실제로 납부하여야 할 최종적인 과징금액을 결정하는 종국적 처분이고, 선행처분은 이러한 종국적 처분을 예정하고 있는 일종의 잠정적 처분으로서 후행처분이 있을 경우 선행처분은 후행처분에 흡수되어 소멸한다. 따라서 위와 같은 경우에 선행처분의 취소를 구하는 소는 이미 효력을 잃은 처분의 취소를 구하는 것으로 부적법하다. 대법원 2015. 2. 12. 선고 2013두987 판결

0312 ○ 폐기물관리법 관계 법령에 의한 폐기물처리업 허가권자의 부적정통보는 행정처분에 해당한다. 대법원 1998. 4. 28. 선고 97누21086 판결

0313 ○ 폐기물처리업의 허가에 앞서 사업계획서에 대한 적정·부적정 제도를 두고 있는 것은 허가관청으로 하여금 미리 사업계획서를 심사하여 그 적정·부적정통보 처분을 하도록 하고, 나중에 허가단계에서는 나머지 허가요건만을 심사하여 신속하게 허가업무를 처리하는 데 그 취지가 있다. 대법원 1998. 4. 28. 선고 97누21086 판결

0314 × 원자로 및 관계 시설의 부지사전승인처분은 그 자체로서 건설부지를 확정하고 사전공사를 허용하는 법률효과를 지닌 독립한 행정처분이다. 대법원 1998. 9. 4. 선고 97누19588 판결

0315 ○ 원자로 및 관계 시설의 부지사전승인처분은 건설허가 전에 신청자의 편의를 위하여 미리 그 건설허가의 일부 요건을 심사하여 행하는 사전적 부분 건설허가처분의 성격을 갖고 있는 것이어서 나중에 건설허가처분이 있게 되면 그 건설허가처분에 흡수되어 독립된 존재가치를 상실함으로써 그 건설허가처분만이 쟁송의 대상이 되는 것이므로, 부지사전승인처분의 취소를 구하는 소는 소의 이익을 잃게 되고, 따라서 부지사전승인처분의 위법성은 나중에 내려진 건설허가처분의 취소를 구하는 소송에서 이를 다투면 된다. 대법원 1998. 9. 4. 선고 97누19588 판결

0316 ○ 도시기본계획은 도시의 기본적인 공간구조와 장기발전방향을 제시하는 종합계획으로서 그 계획에는 토지이용계획, 환경계획, 공원녹지계획 등 장래의 도시개발의 일반적인 방향이 제시되지만, 그 계획은 도시계획입안의 지침이 되는 것에 불과하여 일반 국민에 대한 직접적인 구속력은 없는 것이다. 대법원 2002. 10. 11. 선고 2000두8226 판결

0317 × 도시기본계획은 도시의 장기적 개발방향과 미래상을 제시하는 도시계획 입안의 지침이 되는 장기적·종합적인 개발계획으로서 행정청에 대한 직접적인 구속력은 없다. 대법원 2007. 4. 12. 선고 2005두1893 판결

0318 '4대강 살리기 마스터플랜'은 4대강 정비사업 지역 인근에 거주하는 주민의 권리·의무에 직접 영향을 미치는 것이어서 행정처분에 해당한다. 22. 국가 7급 (   )

0319 「하수도법」상 하수도정비기본계획은 행정처분에 해당하지 않는다. 15. 지방 (   )

0320 구체적인 계획을 입안함에 있어 지침이 되거나 특정 사업의 기본방향을 제시하는 내용의 행정계획은 항고소송의 대상인 행정처분에 해당하지 않는다. 22. 국가 (   )

0321 환지계획은 그 자체가 직접 토지소유자 등의 법률상 지위를 변동시키므로 환지계획은 항고소송의 대상이 되는 처분에 해당한다. 14. 국가 7급 (   )

0322 도시계획의 결정·변경 등에 대한 권한행정청은 이미 도시계획이 결정·고시된 지역에 대하여도 다른 내용의 도시계획을 결정·고시할 수 있고, 이때에 후행 도시계획에 선행 도시계획과 양립할 수 없는 내용이 포함되어 있다면 특별한 사정이 없는 한 선행 도시계획은 후행 도시계획과 같은 내용으로 변경된다. 21. 국가 (   )

0323 선행 도시계획의 결정·변경 등의 권한이 없는 행정청이 행한 선행 도시계획과 양립할 수 없는 새로운 내용의 후행 도시계획결정은 무효이다. 16. 지방 (   )

0324 구 도시계획법령상 도시계획안의 내용에 대한 공고 및 공람 절차에 하자가 있는 도시계획결정은 위법하다.
22. 국가 7급 (   )

0325 공청회와 이주대책이 없는 도시계획수립행위는 당연무효인 행위이다. 12. 지방 (   )

0326 권한있는 행정청이 정당하게 도시계획결정등의 처분을 하였다면 이를 관보에 게재하여 고시하지 아니하였다 하더라도 대외적으로 효력을 발생한다. 12. 지방 (   )

0327 행정주체는 구체적인 행정계획을 입안·결정함에 있어서 비교적 광범위한 형성의 자유를 가진다.
22. 국가 7급 (   )

0328 행정주체가 행정계획을 입안·결정함에 있어서 행정계획에 관련되는 자들의 이익을 공익과 사익 사이에서는 물론이고 공익 상호 간과 사익 상호 간에도 정당하게 비교교량하여야 한다. 18. 국가 7급 (   )

0329 행정주체가 행정계획을 입안·결정함에 있어서 이익형량의 고려 대상에 마땅히 포함시켜야 할 사항을 누락한 경우 그 행정계획결정은 재량권을 일탈·남용한 것으로서 위법하다. 22. 국가 7급 (   )

0330 행정주체가 구체적인 행정계획을 입안·결정할 때 가지는 형성의 자유의 한계에 관한 법리는 주민의 입안 제안 또는 변경신청을 받아들여 도시관리계획결정을 하거나 도시계획시설을 변경할 것인지를 결정할 때에도 동일하게 적용된다. 20. 국가 (   )

PART 01

0318 × '4대강 살리기 마스터플랜' 등은 <u>행정기관 내부에서 사업의 기본방향을 제시하는 계획일 뿐 국민의 권리·의무에 직접 영향을 미치는 것이 아니어서, 행정처분에 해당하지 않는다.</u> 대법원 2011. 4. 21.자 2010무111 판결

0319 ○ 구 하수도법 제5조의2에 의한 <u>하수도정비기본계획은 항고소송의 대상이 되는 행정처분에 해당하지 아니한다.</u> 대법원 2002. 5. 17. 선고 2001두10578 판결

0320 ○ '4대강 살리기 마스터플랜' 등은 <u>행정기관 내부에서 사업의 기본방향을 제시하는 계획일 뿐 국민의 권리·의무에 직접 영향을 미치는 것이 아니어서, 행정처분에 해당하지 않는다.</u> 대법원 2011. 4. 21.자 2010무111 판결

0321 × <u>환지예정지 지정이나 환지처분은 그에 의하여 직접 토지소유자 등의 권리의무가 변동되므로 이를 항고소송의 대상이 되는 처분이라고 볼 수 있으나,</u> 환지계획은 위와 같은 환지예정지 지정이나 환지처분의 근거가 될 뿐 그 자체가 직접 토지소유자 등의 법률상의 지위를 변동시키거나 또는 환지예정지 지정이나 환지처분과는 다른 고유한 법률효과를 수반하는 것이 아니어서 이를 <u>항고소송의 대상이 되는 처분에 해당한다고 할 수가 없다.</u> 대법원 1999. 8. 20. 선고 97누6889 판결

0322 ○ 도시계획의 결정·변경 등에 관한 권한을 가진 행정청은 <u>이미 도시계획이 결정·고시된 지역에 대하여도 다른 내용의 도시계획을 결정·고시할 수 있고,</u> 이때에 <u>후행 도시계획에 선행 도시계획과 서로 양립할 수 없는 내용이 포함되어 있다면, 특별한 사정이 없는 한 선행 도시계획은 후행 도시계획과 같은 내용으로 변경된다.</u> 대법원 2000. 9. 8. 선고 99두11257 판결

0323 ○ 후행 도시계획의 결정을 하는 행정청이 선행 도시계획의 결정·변경 등에 관한 <u>권한을 가지고 있지 아니한 경우에 선행 도시계획과 서로 양립할 수 없는 내용이 포함된 후행 도시계획결정을 하는 것은</u> 아무런 권한 없이 선행 도시계획결정을 폐지하고, 양립할 수 없는 새로운 내용이 포함된 후행 도시계획결정을 하는 것으로서, 선행 도시계획결정의 폐지 부분은 <u>권한 없는 자에 의하여 행해진 것으로서 무효이다.</u> 대법원 2000. 9. 8. 선고 99두11257 판결

0324 ○ 도시계획의 입안에 있어 해당 <u>도시계획안의 내용을 공고 및 공람하게 한 것은</u> 다수 이해관계자의 이익을 합리적으로 조정하여 국민의 권리자유에 대한 부당한 침해를 방지하고 행정의 민주화와 신뢰를 확보하기 위하여 국민의 의사를 그 과정에 반영시키는 데 있는 것이므로 <u>이러한 공고 및 공람 절차에 하자가 있는 도시계획결정은 위법하다.</u> 대법원 2000. 3. 23. 선고 98두2768 판결

0325 × <u>도시계획의 수립에 있어서</u> 도시계획법 제16조의2 소정의 <u>공청회를 열지 아니하고</u> 공공용지의취득및손실보상에관한특례법 제8조 소정의 <u>이주대책을 수립하지 아니하였더라도 이는 절차상의 위법으로서 취소사유에 불과하다.</u> 대법원 1990. 1. 23. 선고 87누947 판결

0326 × 구 도시계획법 제7조에 의하면 건설부장관은 도시계획구역 및 도시계획을 결정하거나 도시계획사업실시계획을 인가하는 등의 처분을 하였을 때에는 지체없이 이를 고시하여야 한다고 규정되어 있는 바, 도시계획의 공공성 및 권리침해적 성격과 위 법조의 규정취지 등에 비추어 볼 때 위 <u>도시계획법은 "고시"를 도시계획구역, 도시계획결정 등의 효력발생요건으로 규정하였다고 풀이되므로,</u> 건설부장관 또는 그의 권한의 일부를 위임받은 서울특별시장, 도지사 등 지방장관이 기안, 결재 등의 과정을 거쳐 정당하게 도시계획결정 등의 처분을 하였다고 하더라도 이를 관보에 게재하여 고시하지 아니한 이상 대외적으로는 아무런 효력도 발생하지 아니한다 할 것이다. 대법원 1985. 12. 10. 선고 85누186 판결

0327 ○ 도시계획법 등 관계 법령에는 추상적인 행정목표와 절차만이 규정되어 있을 뿐 행정계획의 내용에 대하여는 별다른 규정을 두고 있지 아니하므로 <u>행정주체는 구체적인 행정계획을 입안·결정함에 있어서 비교적 광범위한 형성의 자유를 가진다.</u> 대법원 2000. 3. 23. 선고 98두2768 판결

0328 ○ 행정주체는 구체적인 행정계획을 입안·결정함에 있어서 비교적 광범위한 형성의 자유를 가지는 것이지만, 행정주체가 가지는 이와 같은 형성의 자유는 무제한적인 것이 아니라 그 <u>행정계획에 관련되는 자들의 이익을 공익과 사익 사이에서는 물론이고 공익 상호간과 사익 상호 간에도 정당하게 비교교량하여야 한다는 제한이 있다.</u> 대법원 2007. 4. 12. 선고 2005두1893 판결

0329 ○ 행정주체가 행정계획을 입안·결정함에 있어서 <u>이익형량을 전혀 행하지 아니하거나 이익형량의 고려 대상에 마땅히 포함시켜야 할 사항을 누락한 경우 또는 이익형량을 하였으나 정당성과 객관성이 결여된 경우에는 그 행정계획결정은 형량에 하자가 있어 위법하게 된다.</u> 대법원 2007. 4. 12. 선고 2005두1893 판결

0330 ○ 행정주체가 구체적인 행정계획을 입안·결정할 때 가지는 형성의 자유의 한계에 관한 법리는 <u>주민의 입안 제안 또는 변경신청을 받아들여 도시관리계획결정을 하거나 도시계획시설을 변경할 것인지를 결정할 때에도 동일하게 적용된다.</u> 대법원 2012. 1. 12. 선고 2010두5806 판결

0331 구속력 없는 행정계획안이나 행정지침이라도 국민의 기본권에 직접적으로 영향을 끼치고 법령의 뒷받침에 의하여 그대로 실시될 것이 틀림없을 것으로 예상되는 때에는 예외적으로 헌법소원의 대상이 된다. 21. 국가 (   )

0332 국립대학의 대학입학고사 주요요강은 행정쟁송의 대상인 행정처분에 해당되지만 헌법소원의 대상인 공권력의 행사에는 해당되지 않는다. 15. 국가 (   )

0333 국공립대학의 총장직선제 개선 여부를 재정지원 평가요소로 반영하고 이를 개선하지 않을 경우 다음 연도에 지원금을 삭감 또는 환수하도록 규정한 교육부장관의 '대학교육역량강화사업 기본계획'은 헌법소원의 대상이 된다. 17. 지방 (   )

0334 구 「국토이용관리법」상 국토이용계획이 확정된 후 일정한 사정의 변동이 있다면 지역주민에게 일반적으로 계획의 변경 또는 폐지를 청구할 권리가 있다. 14. 국가 (   )

0335 장래 일정한 기간 내에 관계 법령이 규정하는 시설 등을 갖추어 일정한 행정처분을 구하는 신청을 할 수 있는 법률상 지위에 있는 자의 국토이용계획변경신청을 거부하는 것이 실질적으로 당해 행정처분 자체를 거부하는 결과가 되는 경우라도, 구 「국토이용관리법」상 주민이 국토이용계획의 변경에 대하여 신청을 할 수 있다는 규정이 없으므로 그 신청인에게 국토이용계획변경을 신청할 권리가 인정된다고 볼 수 없다. 21. 국가 (   )

0336 도시계획구역 내에 토지 등을 소유하고 있는 주민이라 하더라도 도시계획시설변경 입안권자에게 도시계획입안을 요구할 수 있는 법규상 또는 조리상 신청권이 발생하는 것은 아니다. 14. 국가 (   )

0337 문화재보호구역 내의 토지소유자가 문화재보호구역의 지정해제를 신청하는 경우에는 그 신청인에게 법규상 또는 조리상 행정계획 변경을 신청할 권리가 인정되지 않는다. 20. 지방 (   )

0338 산업단지개발계획상 산업단지 안의 토지 소유자로서 산업단지개발계획에 적합한 시설을 설치하여 입주하려는 자는 산업단지지정권자 또는 그로부터 권한을 위임받은 기관에 대하여 산업단지개발계획의 변경을 요청할 수 있는 법규상 또는 조리상 신청권이 있다. 21. 지방 (   )

0339 장기미집행 도시계획시설결정의 실효제도에 의해 개인의 재산권이 보호되는 것은 입법자가 새로운 제도를 마련함에 따라 얻게 되는 법률에 기한 권리일 뿐 헌법상 재산권으로부터 당연히 도출되는 권리는 아니다. 20. 국가 (   )

0340 「도시 및 주거환경정비법」상 관리처분계획에 대한 인가는 강학상 인가의 성격을 갖고 있으므로 관리처분계획에 대한 인가가 있더라도 관리처분계획안에 대한 총회결의에 하자가 있다면 민사소송으로 총회결의의 하자를 다투어야 한다. 20. 지방 (   )

정답 & OX 풀이

0331 ○ 비구속적 행정계획안이나 행정지침이라도 국민의 기본권에 직접적으로 영향을 끼치고, 앞으로 법령의 뒷받침에 의하여 그대로 실시될 것이 틀림없을 것으로 예상될 수 있을 때에는, 공권력행위로서 예외적으로 헌법소원의 대상이 될 수 있다. 헌법재판소 2000. 6. 1. 선고 99헌마538 결정

0332 ✕ 서울대학교의 "94학년도 대학입학고사 주요요강"은 사실상의 준비행위에 불과하고 행정심판이나 행정쟁송의 대상이 될 수 있는 행정처분이나 공권력의 행사는 될 수 없지만, 그대로 시행될 수 있을 것이, 그것을 제정하여 발표하게 된 경우에 비추어 틀림없을 것으로 예상되므로 이를 제정·발표한 행위는 헌법소원의 대상이 되는 헌법재판소법 제68조 제1항 소정의 공권력의 행사에 해당된다. 헌법재판소 1992. 10. 1. 선고 92헌마68,76 결정

0333 ✕ 2012년도와 2013년도 대학교육역량강화사업 기본계획은 대학교육역량강화 지원사업을 추진하기 위한 국가의 기본방침을 밝히고 국가가 제시한 일정 요건을 충족하여 높은 점수를 획득한 대학에 대하여 지원금을 배분하는 것을 내용으로 하는 행정계획일 뿐, 위 계획에 따를 의무를 부과하는 것은 아니다. 총장직선제를 개선하지 않을 경우 지원금을 받지 못하게 될 가능성이 있어 대학들이 이 계획에 구속될 여지가 있다 하더라도, 이는 사실상의 구속에 불과하고 이에 따를지 여부는 전적으로 대학의 자율에 맡겨져 있다. 더구나 총장직선제를 개선하려면 학칙이 변경되어야 하므로, 계획 자체만으로는 대학의 구성원인 청구인들의 법적 지위나 권리의무에 어떠한 영향도 미친다고 보기 어렵다. 따라서 2012년도와 2013년도 계획 부분은 헌법소원의 대상이 되는 공권력 행사에 해당하지 아니한다. 헌법재판소 2016. 10. 27. 선고 2013헌마576 결정

0334 ✕ 구 국토이용관리법상 주민이 국토이용계획의 변경에 대하여 신청을 할 수 있다는 규정이 없을 뿐만 아니라, 국토건설종합계획의 효율적인 추진과 국토이용질서를 확립하기 위한 국토이용계획은 장기성, 종합성이 요구되는 행정계획이어서 원칙적으로는 그 계획이 일단 확정된 후에 어떤 사정의 변동이 있다고 하여 그러한 사유만으로는 지역주민이나 일반 이해관계인에게 일일이 그 계획의 변경을 신청할 권리를 인정하여 줄 수는 없는 것이다. 대법원 2003. 9. 23. 선고 2001두10936 판결

0335 ✕ 장래 일정한 기간 내에 관계 법령이 규정하는 시설 등을 갖추어 일정한 행정처분을 구하는 신청을 할 수 있는 법률상 지위에 있는 자의 국토이용계획변경신청을 거부하는 것이 실질적으로 당해 행정처분 자체를 거부하는 결과가 되는 경우에는 예외적으로 그 신청인에게 국토이용계획변경을 신청할 권리가 인정된다고 봄이 상당하므로, 이러한 신청에 대한 거부행위는 항고소송의 대상이 되는 행정처분에 해당한다. 대법원 2003. 9. 23. 선고 2001두10936 판결

0336 ✕ 도시계획구역 내 토지 등을 소유하고 있는 주민으로서는 입안권자에게 도시계획입안을 요구할 수 있는 법규상 또는 조리상의 신청권이 있다고 할 것이고, 이러한 신청에 대한 거부행위는 항고소송의 대상이 되는 행정처분에 해당한다. 대법원 2004. 4. 28. 선고 2003두1806 판결

0337 ✕ 문화재보호구역 내에 있는 토지소유자 등으로서는 위 보호구역의 지정해제를 요구할 수 있는 법규상 또는 조리상의 신청권이 있다고 할 것이고, 이러한 신청에 대한 거부행위는 항고소송의 대상이 되는 행정처분에 해당한다. 대법원 2004. 4. 27. 선고 2003두8821 판결

0338 ○ 산업단지개발계획상 산업단지 안의 토지 소유자로서 산업단지개발계획에 적합한 시설을 설치하여 입주하려는 자는 산업단지지정권자 또는 그로부터 권한을 위임받은 기관에 대하여 산업단지개발계획의 변경을 요청할 수 있는 법규상 또는 조리상 신청권이 있고, 이러한 신청에 대한 거부행위는 항고소송의 대상이 되는 행정처분에 해당한다고 보아야 한다. 대법원 2017. 8. 29. 선고 2016두44186 판결

0339 ○ 장기미집행 도시계획시설결정의 실효제도는 도시계획시설부지로 하여금 도시계획시설결정으로 인한 사회적 제약으로부터 벗어나게 하는 것으로서 결과적으로 개인의 재산권이 보다 보호되는 측면이 있는 것은 사실이나, 이와 같은 보호는 입법자가 새로운 제도를 마련함에 따라 얻게 되는 법률에 기한 권리일 뿐 헌법상 재산권으로부터 당연히 도출되는 권리는 아니다. 헌법재판소 2005. 9. 29. 선고 2002헌바84 등 전원재판부

0340 ✕ 도시 및 주거환경정비법상 주택재건축정비사업조합이 같은 법 제48조에 따라 수립한 관리처분계획에 대하여 관할 행정청의 인가·고시까지 있게 되면 관리처분계획은 행정처분으로서 효력이 발생하게 되므로, 총회결의의 하자를 이유로 하여 행정처분의 효력을 다투는 항고소송의 방법으로 관리처분계획의 취소 또는 무효확인을 구하여야 하고, 그와 별도로 행정처분에 이르는 절차적 요건 중 하나에 불과한 총회결의 부분만을 따로 떼어내어 효력 유무를 다투는 확인의 소를 제기하는 것은 특별한 사정이 없는 한 허용되지 않는다. 대법원 2009. 9. 17. 선고 2007다2428 판결

0341 「도시 및 주거환경정비법」에 기초하여 주택재건축정비사업조합이 수립한 사업시행계획은 인가·고시를 통해 확정되어도 이해관계인에 대한 직접적인 구속력이 없는 행정계획으로서 독립된 행정처분에 해당하지 아니한다.
20. 국가 (   )

0342 행정청은 법령등을 위반하지 아니하는 범위에서 공법상 계약을 체결할 수 있으며, 이 경우 계약의 목적 및 내용을 명확하게 적은 계약서를 작성하여야 한다. 23. 국회 8급 (   )

0343 행정청은 공법상 계약의 상대방을 선정하고 계약 내용을 정할 때 공법상 계약의 공공성과 제3자의 이해관계를 고려하여야 한다. 21. 지방 (   )

0344 공법상 계약을 체결하는 당사자의 일방은 행정주체이어야 하며, 행정주체에는 공무를 수탁받은 사인도 포함된다.
12. 지방 (   )

0345 공법상 계약은 행정주체와 사인 간에만 체결 가능하며, 행정주체 상호 간에는 공법상 계약이 성립할 수 없다.
17. 국가 (   )

0346 계약직공무원 채용계약해지의 의사표시는 일반공무원에 대한 징계처분과는 다르지만, 「행정절차법」의 처분절차에 의하여 근거와 이유를 제시하여야 한다. 18. 국가 (   )

0347 다수설에 따르면 공법상 계약은 당사자의 자유로운 의사의 합치에 의하므로 원칙적으로 법률유보의 원칙이 적용되지 않는다고 본다. 17. 국가 (   )

0348 공법상 계약에는 법률우위의 원칙이 적용된다. 21. 지방 (   )

0349 지방자치단체를 당사자로 하는 계약에 관하여는 그 계약의 성질이 사법상 계약인지 공법상 계약인지와 상관없이 원칙적으로 「지방자치단체를 당사자로 하는 계약에 관한 법률」의 규율이 적용된다고 보아야 한다.
23. 국회 8급 (   )

0350 공법상 계약이 법령 위반 등의 내용상 하자가 있는 경우에도 그 하자가 중대명백한 것이 아니면 취소할 수 있는 하자에 불과하고 이에 대한 다툼은 당사자소송에 의하여야 한다. 22. 국가 (   )

0351 「지방공무원법」상 지방전문직공무원 채용계약에서 정한 채용기간이 만료한 경우에는 채용계약의 갱신이나 기간연장 여부는 기본적으로 지방자치단체장의 재량이다. 18. 국가 (   )

0352 공법상 계약의 한쪽 당사자가 다른 당사자를 상대로 효력을 다투거나 이행을 청구하는 소송은 공법상의 법률관계에 관한 분쟁이므로 분쟁의 실질이 공법상 권리·의무의 존부·범위에 관한 다툼이 아니라 손해배상액의 구체적인 산정방법·금액에 국한되는 등의 특별한 사정이 없는 한 당사자소송으로 제기하여야 한다. 23. 지방 (   )

0353 공중보건의사 채용계약 해지의 의사표시에 대하여는 공법상의 당사자소송으로 그 의사표시의 무효확인을 청구할 수 있다. 21. 지방 (   )

0354 광주광역시문화예술회관장의 단원 위촉은 광주광역시문화예술회관장이 행정청으로서 공권력을 행사하여 행하는 행정처분에 해당한다. 12. 지방 (   )

0341 ✕ 주택재건축정비사업조합은 관할 행정청의 감독 아래 구 도시 및 주거환경정비법 상 주택재건축사업을 시행하는 공법인으로서, 그 목적 범위 내에서 법령이 정하는 바에 따라 일정한 행정작용을 행하는 행정주체의 지위를 가진다 할 것인데, 재건축정비사업조합이 이러한 행정주체의 지위에서 위 법에 기초하여 수립한 사업시행계획은 인가·고시를 통해 확정되면 이해관계인에 대한 구속적 행정계획으로서 독립된 행정처분에 해당한다. 대법원 2009. 11. 2.자 2009마596 결정

0342 ○ 행정기본법 제27조(공법상 계약의체결) ① 행정청은 법령등을 위반하지 아니하는 범위에서 행정목적을 달성하기 위하여 필요한 경우에는 공법상 법률관계에 관한 계약(이하 "공법상 계약"이라 한다)을 체결할 수 있다. 이 경우 계약의 목적 및 내용을 명확하게 적은 계약서를 작성하여야 한다.

0343 ○ 행정기본법 제27조(공법상 계약의체결) ② 행정청은 공법상 계약의 상대방을 선정하고 계약 내용을 정할 때 공법상 계약의 공공성과 제3자의 이해관계를 고려하여야 한다.

0344 ○ 공법상 계약이란 공법적 효과를 발생시키는(공법상의 법률관계의 변경을 가져오는) 것으로서 적어도 한쪽 당사자를 행정주체로 하는 계약(양 당사자 사이의 반대방향의 의사의 합치)을 말한다. 또한 공무수탁사인과 사인 간에도 공법상 계약이 성립할 수 있다.

0345 ✕ 지방자치단체 간 업무협약을 체결하는 것과 같이 행정주체 상호 간에도 공법상 계약이 성립할 수 있다.

0346 ✕ 계약직공무원에 관한 현행 법령의 규정에 비추어 볼 때, 계약직공무원 채용계약해지의 의사표시는 일반공무원에 대한 징계처분과는 달라서 항고소송의 대상이 되는 처분 등의 성격을 가진 것으로 인정되지 아니하고, 일정한 사유가 있을 때에 국가 또는 지방자치단체가 채용계약 관계의 한쪽 당사자로서 대등한 지위에서 행하는 의사표시로 취급되는 것으로 이해되므로, 이를 징계해고 등에서와 같이 그 징계사유에 한하여 효력 유무를 판단하여야 하거나, 행정처분과 같이 행정절차법에 의하여 근거와 이유를 제시하여야 하는 것은 아니다. 대법원 2002. 11. 26. 선고 2002두5948 판결

0347 ○ 공법상 계약은 당사자 간의 합의에 의해 성립되므로 법률의 근거가 필요 없다. 즉 법률유보의 원칙이 적용되지 않는다.

0348 ○ 공법상 계약도 행정작용이므로 법률 또는 행정법의 일반원칙에 위반되어서는 안 된다. 즉 법률우위의 원칙은 적용된다.

0349 ○ 다른 법률에 특별한 규정이 있는 경우이거나 또는 지방계약법의 개별 규정의 규율내용이 매매, 도급 등과 같은 특정한 유형·내용의 계약을 규율대상으로 하고 있는 경우가 아닌 한, 지방자치단체를 당사자로 하는 계약에 관하여는 그 계약의 성질이 공법상 계약인지 사법상 계약인지와 상관없이 원칙적으로 지방계약법의 규율이 적용된다고 보아야 한다. 대법원 2020. 12. 10. 선고 2019다234617 판결

0350 ✕ 공법상 계약에는 공정력이 인정되지 않는 결과, 공법상 계약의 내용에 하자가 있는 경우 그 계약은 하자의 중대·명백성을 따질 것도 없이 당연 무효이다.

0351 ○ 지방전문직공무원 채용계약에서 정한 채용기간이 만료한 경우 채용계약을 갱신하거나 채용기간을 연장할 것인지 여부는 지방자치단체장의 재량에 맡겨져 있는 것으로 보아야 할 것이다. 대법원 1993. 9. 14. 선고 92누4611 판결

0352 ○ 공법상 당사자소송이란 행정청의 처분 등을 원인으로 하는 법률관계에 관한 소송 그 밖에 공법상의 법률관계에 관한 소송으로서 그 법률관계의 한쪽 당사자를 피고로 하는 소송을 말한다(행정소송법 제3조 제2호). 공법상 계약이란 공법적 효과의 발생을 목적으로 하여 대등한 당사자 사이의 의사표시의 합치로 성립하는 공법행위를 말한다. 공법상 계약의 한쪽 당사자가 다른 당사자를 상대로 효력을 다투거나 이행을 청구하는 소송은 공법상의 법률관계에 관한 분쟁이므로 분쟁의 실질이 공법상 권리·의무의 존부·범위에 관한 다툼이 아니라 손해배상액의 구체적인 산정방법·금액에 국한되는 등의 특별한 사정이 없는 한 공법상 당사자소송으로 제기하여야 한다. 대법원 2021. 2. 4. 선고 2019다277133 판결

0353 ○ 전문직공무원인 공중보건의사의 채용계약 해지의 의사표시는 일반공무원에 대한 징계처분과는 달라서 항고소송의 대상이 되는 처분 등의 성격을 가진 것으로 인정되지 아니하고, 일정한 사유가 있을 때에 관할 도지사가 채용계약 관계의 한쪽 당사자로서 대등한 지위에서 행하는 의사표시로 취급하고 있는 것으로 이해되므로, 공중보건의사 채용계약 해지의 의사표시에 대하여는 대등한 당사자간의 소송형식인 공법상의 당사자소송으로 그 의사표시의 무효확인을 청구할 수 있는 것이다. 대법원 1996. 5. 31. 선고 95누10617 판결

0354 ✕ 광주광역시문화예술회관장의 단원 위촉은 광주광역시문화예술회관장이 행정청으로서 공권력을 행사하여 행하는 행정처분이 아니라 공법상의 근무관계의 설정을 목적으로 하여 광주광역시와 단원이 되고자 하는 자 사이에 대등한 지위에서 의사가 합치되어 성립하는 공법상 근로계약에 해당한다고 보아야 할 것이므로, 광주광역시립합창단원으로서 위촉기간이 만료되는 자들의 재위촉 신청에 대하여 광주광역시문화예술회관장이 실기와 근무성적에 대한 평정을 실시하여 재위촉을 하지 아니한 것을 항고소송의 대상이 되는 불합격처분이라고 할 수는 없다. 대법원 2001. 12. 11. 선고 2001두7794 판결

0355 서울특별시 시립무용단 단원의 해촉에 대하여는 공법상 당사자소송으로 그 무효확인을 구할 수 있다.

10. 지방 (   )

0356 채용계약상 특별한 약정이 없는 한, 지방계약직공무원에 대하여 「지방공무원법」, 「지방공무원 징계 및 소청 규정」에 정한 징계절차에 의하지 않고서는 보수를 삭감할 수 없다. 21. 국가 (   )

0357 중소기업 정보화지원사업에 대한 지원금출연협약의 해지 및 환수통보는 공법상 계약에 따른 의사표시가 아니라 행정청이 우월한 지위에서 행하는 공권력의 행사로서 행정처분이다. 21. 국가 (   )

0358 행정청이 자신과 상대방 사이의 법률관계를 일방적인 의사표시로 종료시켰다고 하더라도 곧바로 그 의사표시가 행정청으로서 공권력을 행사하여 행하는 행정처분이라고 단정할 수는 없고, 관계 법령이 상대방의 법률관계에 관하여 구체적으로 어떻게 규정하고 있는지에 따라 개별적으로 판단하여야 한다. 21. 국가 (   )

0359 공법상 근무관계의 형성을 목적으로 하는 채용계약의 체결 과정에서 행정청의 일방적인 의사표시로 계약이 성립하지 아니한 경우, 관계 법령이 상대방의 법률관계에 관하여 구체적으로 어떻게 규정하고 있는지에 따라 의사표시가 항고소송의 대상이 되는 처분에 해당하는지 아니면 공법상 계약관계의 일방 당사자로서 대등한 지위에서 행하는 의사표시인지를 개별적으로 판단하여야 한다. 19. 국가 7급 (   )

0360 지방자치단체가 근무기간을 정하여 임용하는 공무원으로 시민옴부즈만을 채용하는 행위는 공법상 계약에 해당한다. 23. 소방간부 (   )

0361 중앙행정기관인 방위사업청과 부품개발 협약을 체결한 기업이 협약을 이행하는 과정에서 환율변동 및 물가상승 등 외부적 요인으로 발생한 초과비용 지급에 대한 소송은 민사소송에 의한다. 23. 소방간부 (   )

0362 「사회기반시설에 대한 민간투자법」에 따라 지방자치단체와 유한회사 간 체결한 터널 민간투자사업 실시협약은 공법상 계약에 해당한다. 22. 국회 8급 (   )

0363 민간투자사업 실시협약을 체결한 당사자가 공법상 당사자소송에 의하여 그 실시협약에 따른 재정지원금의 지급을 구하는 경우에, 수소법원은 주무관청이 재정지원금액을 산정한 절차 등에 위법이 있는지 여부를 심사할 수는 있지만 실시협약에 따른 적정한 재정지원금액이 얼마인지를 구체적으로 심리·판단할 수 없다. 22. 국가 7급 (   )

0364 행정상 사실행위의 예로는 폐기물 수거, 행정지도, 대집행의 실행, 행정상 즉시강제 등이 있다. 23. 지방 (   )

0365 교도소장이 특정 수형자를 '접견내용 녹음·녹화 및 접견 시 교도관 참여대상자'로 지정한 행위는 수형자의 구체적 권리의무에 직접적 변동을 가져오는 행위로서 항고소송의 대상이 되는 행정처분에 해당한다. 16. 국가 (   )

0366 교도소장이 영치품인 티셔츠 사용을 재소자에게 불허한 행위는 항고소송의 대상이 되는 행정처분에 해당한다.

23. 지방 (   )

0367 교도소 내 마약류 관련 수형자에 대한 교도소장의 소변강제채취는 권력적 사실행위이나 헌법소원의 대상은 아니다. 23. 지방 (   )

0368 행정지도는 작용법적 근거가 필요하지 않으므로, 비례원칙과 평등원칙에 구속되지 않는다. 19. 국가 (   )

 정답 & ⓞⓧ 풀이

0355 ○ 서울특별시립무용단 단원의 위촉은 공법상의 계약이라고 할 것이고, 따라서 그 단원의 해촉에 대하여는 공법상의 당사자소송으로 그 무효확인을 청구할 수 있다. 대법원 1995. 12. 22. 선고 95누4636 판결

0356 ○ 근로기준법 등의 입법 취지, 지방공무원법 및 지방공무원징계및소청규정의 제 규정내용에 의하면, 지방계약직공무원에 대해서도 채용계약상 특별한 약정이 없는 한, 지방공무원법 및 지방공무원징계및소청규정에 정한 징계절차에 의하지 아니하고는 보수를 삭감할 수 없다고 봄이 상당하다. 대법원 2008. 6. 12. 선고 2006두16328 판결

0357 ✕ (중소기업기술정보진흥원장이 갑 주식회사와 중소기업 정보화지원사업 지원대상인 사업의 지원에 관한 협약을 체결하였는데, 협약이 갑 회사에 책임이 있는 사업실패로 해지되었다는 이유로 협약에서 정한 대로 지급받은 정부지원금을 반환할 것을 통보한 사안에서) 협약의 해지 및 그에 따른 환수통보는 행정청이 우월한 지위에서 행하는 공권력의 행사로서 행정처분에 해당한다고 볼 수 없다. 대법원 2015. 8. 27. 선고 2015두41449 판결

0358 ○ 행정청이 자신과 상대방 사이의 법률관계를 일방적인 의사표시로 종료시켰다고 하더라도 곧바로 의사표시가 행정청으로서 공권력을 행사하여 행하는 행정처분이라고 단정할 수는 없고, 관계 법령이 상대방의 법률관계에 관하여 구체적으로 어떻게 규정하고 있는지에 따라 의사표시가 항고소송의 대상이 되는 행정처분에 해당하는지 아니면 공법상 계약관계의 일방 당사자로서 대등한 지위에서 행하는 의사표시인지를 개별적으로 판단하여야 한다. 대법원 2015. 8. 27. 선고 2015두41449 판결

0359 ○ 행정청이 자신과 상대방 사이의 근로관계를 일방적인 의사표시로 종료시켰다고 하더라도 곧바로 그 의사표시가 행정청으로서 공권력을 행사하여 행하는 행정처분이라고 단정할 수는 없고, 관계 법령이 상대방의 근무관계에 관하여 구체적으로 어떻게 규정하고 있는지에 따라 그 의사표시가 항고소송의 대상이 되는 행정처분에 해당하는 것인지 아니면 공법상 계약관계의 일방 당사자로서 대등한 지위에서 행하는 의사표시인지 여부를 개별적으로 판단하여야 한다. 이러한 법리는 공법상 근무관계의 형성을 목적으로 하는 채용계약의 체결 과정에서 행정청의 일방적인 의사표시로 계약이 성립하지 아니하게 된 경우에도 마찬가지이다. 대법원 2014. 4. 24. 선고 2013두6244 판결

0360 ○ 지방계약직공무원인 옴부즈만 채용행위를 공법상 계약에 해당하는 것으로 본 사례. 대법원 2014. 4. 24. 선고 2013두6244 판결

0361 ✕ 국책사업인 '한국형 헬기 개발사업'(Korean Helic Opter Pr Ogram)에 개발주관사업자 중 하나로 참여하여 국가 산하 중앙행정기관인 방위사업청과 '한국형헬기 민군겸용 핵심구성품 개발협약'을 체결한 갑 주식회사가 협약을 이행하는 과정에서 환율변동 및 물가상승 등 외부적 요인 때문에 협약금액을 초과하는 비용이 발생하였다고 주장하면서 국가를 상대로 초과비용의 지급을 구하는 민사소송을 제기한 사안에서, 위 협약의 법률관계는 공법관계에 해당하므로 이에 관한 분쟁은 행정소송으로 제기하여야 한다고 한 사례. 대법원 2017. 11. 9. 선고 2015다215526 판결

0362 ○ 민간투자사업 실시협약의 성격을 공법상 계약으로 보아, 당사자소송으로 위 협약에 따른 재정지원금의 지급을 구하는 소를 적법한 소로 전제하여 본안 판단을 한 사례. 대법원 2019. 1. 31. 선고 2017두46455 판결

0363 ✕ 민간투자사업 실시협약을 체결한 당사자가 공법상 당사자소송에 의하여 그 실시협약에 따른 재정지원금의 지급을 구하는 경우에, 수소법원은 단순히 주무관청이 재정지원금액을 산정한 절차 등에 위법이 있는지 여부를 심사하는 데 그쳐서는 아니 되고, 실시협약에 따른 적정한 재정지원금액이 얼마인지를 구체적으로 심리·판단하여야 한다. 대법원 2019. 1. 31. 선고 2017두46455 판결

0364 ○ 폐기물 수거, 행정지도는 그 자체로는 국민의 권리와 의무에 영향을 미치지 않는 비권력적 사실행위에 해당하고, 대집행의 실행, 행정상 즉시강제는 모두 국민의 권리와 의무에 직접 영향을 미치는 권력적 사실행위에 해당한다.

0365 ○ (교도소장이 수형자를 '접견내용 녹음·녹화 및 접견 시 교도관 참여대상자'로 지정한 사안에서) 위 지정행위는 수형자의 구체적 권리의무에 직접적 변동을 가져오는 행정청의 공법상 행위로서 항고소송의 대상이 되는 '처분'에 해당한다. 대법원 2014. 2. 13. 선고 2013두20899 판결

0366 ○ 수형자의 영치품에 대한 사용신청 불허처분 후 수형자가 다른 교도소로 이송되었다 하더라도 수형자의 권리와 이익의 침해 등이 해소되지 않은 점 등에 비추어, 위 영치품 사용신청 불허처분의 취소를 구할 이익이 있다(주 : 영치품 사용신청 불허행위가 취소소송의 대상이 되는 처분에 해당함을 전제로 소의 이익을 인정한 사례). 대법원 2008. 2. 14. 선고 2007두13203 판결

0367 ✕ 마약류 관련 수형자에 대하여 마약류반응검사를 위하여 소변을 받아 제출하게 한 것은 권력적 사실행위로서 헌법재판소법 제68조 제1항의 공권력의 행사에 해당한다. 헌법재판소 2006. 7. 27. 선고 2005헌마277 결정

0368 ✕ 행정지도는 비권력적 사실행위이므로 작용법적 근거가 필요하지 않으나, 행정지도 또한 행정작용으로서 비례의 원칙 또는 평등의 원칙 등 행정법의 일반원칙을 준수하여야 한다.

0369 지도, 권고, 조언 등의 행정지도는 법령의 근거를 요하고 항고소송의 대상이 된다. 22. 국가 (   )

0370 행정지도는 상대방의 의사에 반하여 부당하게 강요하여서는 안 된다. 19. 국가 (   )

0371 행정기관은 행정지도의 상대방이 행정지도에 따르지 않았다는 것을 이유로 불이익한 조치를 하여서는 아니 된다. 23. 지방 (   )

0372 행정지도가 말로 이루어지는 경우에 상대방이 행정지도의 취지 및 내용, 행정지도를 하는 자의 신분에 관한 사항을 적은 서면의 교부를 요구하면 그 행정지도를 하는 자는 직무 수행에 특별한 지장이 없으면 이를 교부하여야 한다. 17. 국가 (   )

0373 행정지도의 상대방은 행정지도의 내용에 동의하지 않는 경우 이를 따르지 않을 수 있으므로, 행정지도의 내용이나 방식에 대해 의견제출권을 갖지 않는다. 17. 국가 (   )

0374 행정기관이 같은 행정목적을 실현하기 위하여 많은 상대방에게 행정지도를 하려는 경우에는 특별한 사정이 없으면 행정지도에 공통적인 내용이 되는 사항을 공표하여야 한다. 23. 지방 (   )

0375 위법한 행정지도에 따라 행한 사인의 행위는 위법성이 조각되어 범법행위가 되지 않는다. 23. 지방 (   )

0376 세무당국이 주류제조회사에 대하여 특정 업체와의 주류거래를 일정기간 중지하여 줄 것을 요청한 행위는 권고적 성격의 행위로서 행정처분이라고 볼 수 없다. 19. 국가 (   )

0377 행정청이 위법 건축물에 대한 단전 및 전화통화 단절조치를 요청한 것은 항고소송의 대상이 되는 행정처분이라고 볼 수 없다. 23. 지방 (   )

0378 국가인권위가 성희롱결정에 따른 시정조치를 권고하는 행위는 항고소송의 대상이 되는 행정처분이라고 볼 수 없다. 11. 지방 7급 (   )

0379 「국가배상법」이 정한 배상청구의 요건인 '공무원의 직무'에는 권력적 작용만이 아니라 행정지도와 같은 비권력적 작용도 포함된다. 17. 국가 (   )

0380 행정지도가 강제성을 띠지 않은 비권력적 작용으로서 행정지도의 한계를 일탈하지 아니하였다면, 그로 인하여 상대방에게 손해가 발생하였다 하더라도 행정기관은 손해배상책임이 없다. 23. 지방 (   )

0381 교육인적자원부장관의 대학총장들에 대한 학칙시정요구는 법령에 따른 것으로 행정지도의 일종이지만, 단순한 행정지도로서의 한계를 넘어 헌법소원의 대상이 되는 공권력의 행사라고 볼 수 있다. 19. 국가 (   )

0382 자동화된 행정결정의 예로는 컴퓨터를 통한 중·고등학생의 학교배정, 신호등에 의한 교통신호 등이 있다.
23. 지방 (   )

0383 「행정기본법」상 자동적 처분은 항고소송의 대상이 된다. 23. 지방 (   )

0384 「행정기본법」상 자동적 처분을 할 수 있는 '완전히 자동화된 시스템'에는 '인공지능 기술을 적용한 시스템'이 포함되지 않는다. 23. 지방 (   )

0385 「행정기본법」은 재량행위에 대해서 자동적 처분을 허용하지 않고 있다. 23. 지방 (　　　)

정답 & ○× 풀이

0369 × 행정지도는 <u>비권력적 사실행위이므로 법률의 근거를 필요로 하지 않고, 항고소송의 대상인 행정처분에도 해당하지 않는다.</u>

0370 ○ 행정절차법 제48조(행정지도의 원칙) ① 행정지도는 그 목적 달성에 필요한 최소한도에 그쳐야 하며, <u>행정지도의 상대방의 의사에 반하여 부당하게 강요하여서는 아니 된다.</u>

0371 ○ 행정절차법 제48조(행정지도의 원칙) ② 행정기관은 행정지도의 <u>상대방이 행정지도에 따르지 아니하였다는 것을 이유로 불이익한 조치를 하여서는 아니 된다.</u>

0372 ○ 행정절차법 제49조(행정지도의 방식) ② 행정지도가 말로 이루어지는 경우에 상대방이 제1항의 사항을 적은 <u>서면의 교부를 요구하면 그 행정지도를 하는 자는 직무수행에 특별한 지장이 없으면 이를 교부하여야 한다.</u>

0373 × 행정절차법 제50조(의견제출) <u>행정지도의 상대방은 해당 행정지도의 방식・내용 등에 관하여 행정기관에 의견제출을 할 수 있다.</u>

0374 ○ 행정절차법 제51조(다수인을 대상으로 하는 행정지도) 행정기관이 같은 행정목적을 실현하기 위하여 많은 상대방에게 행정지도를 하려는 경우에는 특별한 사정이 없으면 행정지도에 공통적인 내용이 되는 사항을 공표하여야 한다.

0375 × 행정관청이 토지거래계약신고에 관하여 공시된 기준지가를 기준으로 매매가격을 신고하도록 행정지도 하여 왔고 그 기준가격 이상으로 매매가격을 신고한 경우에는 거래신고서를 접수하지 않고 반려하는 것이 관행화되어 있다 하더라도 이는 법에 어긋나는 관행이라 할 것이므로 그와 같은 <u>위법한 관행에 따라 허위신고행위에 이르렀다고 하여 그 범법행위가 사회상규에 위배되지 않는 정당한 행위라고는 볼 수 없다</u>(주 : 판례는 <u>위법한 행정지도에 따라 행한 사인의 행위는 법령에 명시적인 정함이 없는 한 위법성이 조각되지 않는 것으로, 즉 위법한 것으로 봄</u>). 대법원 1992. 4. 24. 선고 91도1609 판결

0376 ○ <u>세무당국이 소외 회사에 대하여 원고와의 주류거래를 일정기간 중지하여 줄 것을 요청한 행위는 권고 내지 협조를 요청하는 권고적 성격의 행위로서</u> 소외 회사나 원고의 법률상의 지위에 직접적인 법률상의 변동을 가져오는 <u>행정처분이라고 볼 수 없는 것이므로 항고소송의 대상이 될 수 없다.</u> 대법원 1980. 10. 27. 선고 80누395 판결

0377 ○ 행정청이 위법 건축물에 대한 시정명령을 하고 나서 위반자가 이를 이행하지 아니하여 <u>전기・전화의 공급자에게 그 위법 건축물에 대한 전기・전화공급을 하지 말아 줄 것을 요청한 행위는 권고적 성격의 행위에 불과한 것으로서</u> 전기・전화공급자나 특정인의 법률상 지위에 직접적인 변동을 가져오는 것은 아니므로 이를 <u>항고소송의 대상이 되는 행정처분이라고 볼 수 없다.</u> 대법원 1996. 3. 22. 선고 96누433 판결

0378 × <u>국가인권위원회의 성희롱결정과 이에 따른 시정조치의 권고는 성희롱 행위자로 결정된 자의 인격권에 영향을 미침과 동시에 공공기관의 장 또는 사용자에게 일정한 법률상의 의무를 부담시키는 것이므로 국가인권위원회의 성희롱결정 및 시정조치권고는 행정소송의 대상이 되는 행정처분에 해당한다고 보지 않을 수 없다.</u> 대법원 2005. 7. 8. 선고 2005두487 판결

0379 ○ <u>국가배상법이 정한 배상청구의 요건인 '공무원의 직무'에는 권력적 작용만이 아니라 행정지도와 같은 비권력적 작용도 포함되며 단지 행정주체가 사경제주체로서 하는 활동만 제외된다.</u> 대법원 1998. 7. 10. 선고 96다38971 판결

0380 ○ 행정지도가 강제성을 띠지 않은 비권력적 작용으로서 <u>행정지도의 한계를 일탈하지 아니하였다면,</u> 그로 인하여 상대방에게 어떤 손해가 발생하였다 하더라도 <u>행정기관은 그에 대한 손해배상책임이 없다.</u> 대법원 2008. 9. 25. 선고 2006다18228 판결

0381 ○ <u>교육인적자원부장관의 대학총장들에 대한 이 사건 학칙시정요구는 고등교육법 제6조 제2항, 동법시행령 제4조 제3항에 따른 것으로서 그 법적 성격은 대학총장의 임의적인 협력을 통하여 사실상의 효과를 발생시키는 행정지도의 일종이지만, 그에 따르지 않을 경우 일정한 불이익조치를 예정하고 있어 사실상 상대방에게 그에 따를 의무를 부과하는 것과 다를 바 없으므로 단순한 행정지도로서의 한계를 넘어 규제적・구속적 성격을 상당히 강하게 갖는 것으로서 헌법소원의 대상이 되는 공권력의 행사</u>라고 볼 수 있다. 헌법재판소 2003. 6. 26. 선고 2002헌마337 결정

0382 ○ 자동적 처분의 예로는 컴퓨터를 통한 학교배정, 신호등에 의한 교통신호 등이 있다.

0383 ○ 통설적 견해에 따르면 자동화된 행정결정은 항고소송의 대상이 되는 처분에 해당한다고 본다.

0384 × 행정기본법 제20조(자동적 처분) 행정청은 법률로 정하는 바에 따라 완전히 자동화된 시스템(<u>인공지능 기술을 적용한 시스템을 포함한다</u>)으로 처분을 할 수 있다. 다만, 처분에 재량이 있는 경우는 그러하지 아니하다.

0385 ○ 행정기본법 제20조(자동적 처분) 행정청은 법률로 정하는 바에 따라 완전히 자동화된 시스템(인공지능 기술을 적용한 시스템을 포함한다)으로 처분을 할 수 있다. 다만, <u>처분에 재량이 있는 경우는</u> 그러하지 아니하다.

강성빈
행정법총론

OX
+요약노트

행정쟁송법

행정소송 및 항고소송 개관

www.pmg.co.kr

1 행정소송 개관

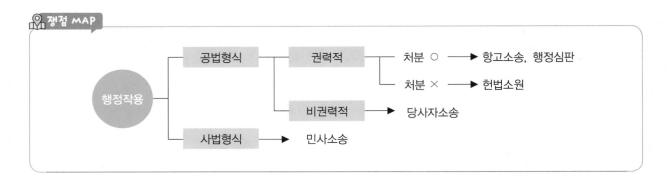

① 주관적 소송

- 개인의 권리구제 목적

- 처분등을 대상 : 항고소송

- 처분 외 공법상 법률관계를 대상 : 당사자소송

② 객관적 소송

- 개인의 권리구제 ×, 행정작용의 적법성 확보 목적

- 기관소송 : 국가 또는 공공단체의 기관 간 소송

- 민중소송 : 위법한 국가기관의 행위를 시정하기 위한 소송(ex 선거소송, 국민투표소송 등)

③ 준용규정

- 행정소송법에 규정 없는 사항 ➡ 법원조직법, 민사소송법 및 민사집행법의 규정 준용

2 항고소송 개관

- **취소소송**: 위법한 처분등을 취소 또는 변경(일부취소)하는 소송

- **무효등확인소송**: 처분등의 효력 유무 또는 존재 여부를 확인하는 소송

- **부작위위법확인소송**: 처분의 부작위가 위법하다는 것을 확인하는 소송

- **의무이행소송**: 신청에 따른 일정한 처분을 해줄 것을 구하는 소송 ➡ **인정 ✕(∵ 규정 ✕)**
  - 의무이행심판은 인정 ○(∵ 행정심판법 규정 ○)
  - ex 검사에게 압수물 환부를 이행하라는 청구 ➡ **의무이행소송으로서 허용 ✕**

- **예방적 금지소송**: 사전에 일정한 처분을 하지 못하도록 금지(부작위)를 구하는 소송 ➡ **인정 ✕(∵ 규정 ✕)**
  - 예방적 금지심판도 ✕
  - 총포·화약안전기술협회의 처분이 있기 전, 회비납부의무의 부존재확인을 구하는 소송 ➡ **허용 ✕**
  - 신축건물의 준공처분을 하여서는 안 된다는 부작위를 구하는 청구 ➡ **허용 ✕**

3 취소소송의 소송요건

- **법원의 재판**: 소송요건에 대한 판단 ＋ 본안 판단

- **본안 판단**: 처분의 위법 여부 또는 효력 유무에 대한 판단

- **소송요건**: 본안 판단을 받기 위해 필요한 전제 요건(if 소송요건 ✕ ➡ **부적법 각하**)

- **직권조사사항**: 당사자의 주장이 없더라도 법원이 직권으로 조사해야 하는 사항(ex 소송요건)

- **소송요건**은 소 제기시는 물론 소송이 계속되는 동안 계속하여 유지되어야 함(상고심 포함)

- **소송요건의 구비 여부**: 사실심 변론종결시를 기준으로 판단

취소소송의 소송요건_대상적격

1 처분의 의의

① 행정소송법 규정

> **행정소송법 제2조(정의)** ① 이 법에서 사용하는 용어의 정의는 다음과 같다.
> 1. **"처분등"**이라 함은 행정청이 행하는 구체적 사실에 관한 법집행으로서의 공권력의 행사 또는 그 거부와 그 밖에 이에 준하는 행정작용(이하 "처분"이라 한다) 및 행정심판에 대한 재결을 말한다.

② 판례의 태도

- 처분성 판단: 추상적·일반적으로 결정 ×, 구체적 사건에 있어서 모든 사정 종합하여 개별적으로 결정

- 행정작용의 근거가 행정규칙에 규정되었으나 국민의 권리의무에 직접 영향 ➡ 처분 ○

- 처분에 법령상 근거가 있는지 여부 또는 처분 절차를 준수하였는지 여부
  ➡ 본안 판단의 대상 ○, 소송요건의 고려대상 ×

- 처분인지 여부가 불분명한 경우 ➡ 상대방의 인식·예측가능성을 중요하게 고려하여 규범적으로 판단

③ 처분의 개념요소

- 행정청의 행위: 기능상 개념 ➡ 행정권한 위임·위탁받은 기관 또는 사인 포함

- 구체적 사실에 관한 행위 ➡ 행정입법: 원칙적으로 처분 ×(∵ 일반적·추상적), 처분적 법규명령은 처분 ○

- 법집행행위: 국민의 권리의무에 직접 영향 ○

- 공권력적 행위: 비권력적 행위(ex 공법상 계약, 행정지도) ➡ 처분 ×

처분성 ○	처분성 ×
• 지방의회 의원에 대한 징계의결 • 지방의회 의장에 대한 불신임 또는 의장선임의결 • 보건복지부 고시인 약제급여·비급여목록 및 급여상한금액표 • 국립공주대학교의 입학정원을 개정한 학칙개정행위 • 청소년유해매체물 결정 및 고시 • 지방병무청장의 병역처분 • 성업공사(현 한국자산관리공사)의 공매처분	• 한국마사회의 조교사 또는 기수의 면허 부여·취소(사법관계) • 의료기관의 명칭표시판에 진료과목 병행표기하는 경우 글자 크기 제한 • 공정거래위원회의 고발조치(행정기관 상호 간) 또는 고발의결(내부적 결정) • 국세환급금에 대한 결정(내부적 사무처리절차) • 병역법상 군의관이 행하는 신체등위판정 • 운전면허 행정처분처리대장 상 벌점의 배점 • 상급행정기관의 하급행정기관에 대한 승인·동의·지시 • 교육부장관의 시·도교육감에 대한 내신성적 산정기준 시행지침 통보

2 거부처분

① 거부처분이 되기 위한 요건

- '처분'의 신청 ➡ 일반재산 대부 신청의 거부 : 거부처분 ×

- 거부행위가 국민의 권리의무에 영향(실체상 권리행사에 중대한 지장 초래하는 경우 포함)

- 법규상·조리상 신청권의 존재

② 법규상·조리상 신청권에 대한 판단

- 구체적 사건에서 신청인이 누구인지 고려 ×(개별적·구체적 결정 ×)

- 관련 법규의 해석을 통해 일반 국민에게 인정되는지 추상적으로 고려 ○(일반적·추상적 결정 ○)

- 단순한 응답을 받을 권리 ○, 신청에 대한 인용의 결과를 받을 권리 ×(∵ 본안 판단의 영역)

처분성 ○	• 민원서류처리 결과통보의 형식으로 한 정규교원임용거부처분
	• 임용기간 만료된 국·공립대학 조교수에 대한 재임용거부 취지의 기간만료통지
	• 다수의 지원자 중 유일한 면접심사대상자로 선정된 자에 대한 채용중단조치
	• 대학의 상근강사로서 근무를 마친 자의 정규교원임용요청 거부행위
	• 건축계획심의신청에 대한 반려처분
	• 포털사이트의 개인정보유출에 따른 주민등록번호 변경신청을 거부
	• 개발부담금 중 부과처분 후 납부한 학교용지부담금 환급신청에 대한 거부처분
처분성 ×	• 단순한 국·공립대학교원 임용지원자의 임용신청 거부
	• 특별채용신청 거부(유사한 지위에 있는 자에 대하여 특별채용 한 전례가 있더라도 마찬가지)
	• 당연퇴직된 공무원의 복직 또는 재임용신청 거부
	• 건축법상 무허가건축물에 대한 철거명령신청 거부

3 유형별 검토

① 반복된 행위

- 동일한 내용의 침익적 처분 반복 ➡ 최초 처분 : 처분성 ○, 반복된 처분 : 처분성 ×
  - 공익근무요원 소집통지(처분 ○) 후 기일 연기한 다음 다시 공익근무요원 소집통지(처분 ×)
  - 최초의 대집행 계고 : 처분 ○, N차 계고 : 처분 ×(기한의 연기 통지에 불과)

- 동일한 내용의 신청에 대한 거부처분의 반복 ➡ 반복된 거부처분마다 처분성 ○
  - 재신청이 신청기간 도과하였는지 여부 ➡ 본안판단의 대상 ○, 소송요건의 고려대상 ×
  - 이의신청의 내용이 새로운 신청을 하는 취지 ➡ 이의신청에 대한 결정 : 새로운 (거부)처분 ○

② 입찰참가자격제한

(1) 국가 또는 지방자치단체

- 국가(지방)계약법에 따라 국가(지자체)가 입찰방식에 의해 사인과 체결한 계약 : 사법상 계약

- But 국가(지방)계약법에 근거하여 국가(지자체)가 행한 입찰참가자격제한 : 처분 ○

(2) 공공기관운영법에 따른 공기업·준정부기관

- 공공기관운영법에 따라 공기업·준정부기관이 입찰방식에 의해 사인과 체결한 계약 : 사법상 계약

- 공공기관운영법에 근거하여 공기업·준정부기관이 행한 입찰참가자격제한 : 처분 ○

- But 공기업 등이 행한 입찰참가자격 제한조치가 계약상의 의사표시인 경우 : 처분 ×
  - 법령에 근거한 처분인지 아니면 계약상 의사표시인지 확정하는 문제는 의사표시의 해석 문제
  - if 처분인지 계약상 의사표시인지 불분명 ➡ 상대방의 인식·예측가능성 중요하게 고려하여 확정
  - 계약상 의사표시가 되기 위해서는 미리 계약서 등에 입찰참가자격제한의 근거를 명시해야 함
  - ex 한수원이 '공급자관리지침'에 근거하여 한 거래제한조치 ➡ 처분 ○
- 공공기관운영법에서 정한 공기업·준정부기관 아닌 공공기관이 행한 입찰참가자격제한 : 처분 ×
  - ex 수도권매립지관리공사, 공공기관운영법 제정 전 한국전력공사

③ 변경(경정)처분

(1) 감액경정처분

- 감액경정처분의 성질 : 당초처분의 직권 일부취소(∴ 소급효 ○)
- 취소소송의 대상 : 당초처분 ×, 감액경정처분 ×(∵ 소의 이익 ×), 감액되어 변경된 당초처분 ○
- 제소기간 판단 : 당초처분 기준으로 판단

(2) 증액경정처분

- 증액경정처분의 성질 : 당초처분을 포함해 새로이 행한 처분 ➡ 당초처분은 경정처분에 흡수·소멸
- 취소소송의 대상 : 당초처분 ×(∵흡수·소멸), 증액경정처분 ○
- 제소기간 판단 : 증액경정처분 기준으로 판단
- 당초처분의 하자
  - 내용적 하자 ➡ 증액경정처분에 대한 취소소송에서 주장 가능
  - 절차적 하자 ➡ 증액경정처분에 승계 ×

(3) 적극적 변경처분

- 후속처분이 종전처분을 완전히 대체하거나 주요 부분을 실질적으로 변경
  ➡ 종전처분은 실효 + 후속처분만이 항고소송의 대상 ○
- 후속처분이 종전처분의 유효를 전제로 그 내용 중 일부만을 추가·철회·변경
  ➡ 종전처분이 항고소송의 대상 ○(추가·변경된 채로 그대로 존속)

④ 특별한 불복절차의 존재

- 특정한 처분에 대해 항고소송이 아닌 고유한 불복절차 존재하는 경우 ➡ 처분성 ×
- ex 과태료, 범칙금, 검사의 기소·불기소, 형사소송법상 처분결과 통지 및 공소불제기이유고지 ➡ 처분 ×

⑤ 경고

• 처분성 인정된 사례

• 금융기관 임원에 대한 금감원장의 경고	• 검찰총장의 검사에 대한 경고조치
• 지방공무원에 대한 행정규칙에 의한 불문경고	− 검사징계법에 따른 징계 ×
• 공정거래위원회의 경고	− 검사에 대한 직무감독권 행사 ○
	− 검사징계법상 징계사유 없더라도 경고 가능

⑥ 처분성 관련 판례 정리

처분성 ○	• 토지거래허가구역의 지정
	• 공정거래위원회의 표준약관 사용권장행위
	• 국가인권위원회의 성희롱결정 및 시정조치 권고
	• 항공노선에 대한 운수권배분처분
	• 공정거래위원회의 부당한 공동행위 자진신고자 등의 시정조치 또는 감면불인정통지
	• 진정에 대한 국가인권위원회의 각하 및 기각결정
	• 지방계약직 공무원에 대한 보수의 삭감
	• 진실·화해를 위한 과거사정리위원회의 진실규명결정
	• 사회기반시설에 대한 민간투자법상 민간투자사업의 사업시행자지정처분
	• 고속도로공사에 편입되는 토지의 면적등록정정신청에 대한 반려처분
	• 토지보상법에 따른 사업인정
	• 택지개발계획승인
	• 교육부장관이 대학총장후보자들 중 일부를 임용제청에서 제외하는 행위 (다만, 대통령의 최종임용처분 있는 경우, 소의 이익 없음)
	• 승진후보자명부에 의한 승진임용에 있어서 명부에서 제외하는 행위
	• 토지소유자가 토지를 사용할 권리를 잃은 건축주의 건축허가철회를 신청하였는데 거부한 행위
	• 군수가 특정지역의 주민들을 대리경작자로 지정한 행위
	• 농지처분의무통지
	• 법무사 사무원 채용승인신청에 대한 거부처분 또는 채용승인취소
	• 나라장터 종합쇼핑몰 거래정지조치
	• 교통안전공단의 분담금납부통지(근거 법령에 강제징수권한 없는 경우)
	• 친일반민족행위자재산조사위원회의 재산조사개시결정
	• 택시회사에 대한 감차명령
	• 산업단지관리공단이 행한 입주변경계약취소
	• 한국환경산업기술원장의 연구개발 중단 및 연구비 집행중지 조치
	• 총포·화약안전기술협회가 한 회비납부통지
	• 화약류안정도시험을 받으라는 경찰청장의 검사명령

	• 사업시행자에게 한 민간투자법상 감독명령 • 공유재산법상 우선협상대상자선정 및 이미 선정된 우선협상대상자를 그 지위에서 배제하는 행위 • 공정거래위원회의 입찰참가자격제한 요청 결정 • 토지분할신청 거부행위
처분성 ×	• 예산회계법(현 국가계약법)에 따른 입찰보증금 국고귀속조치(사법행위) • 법무법인의 공정증서 작성행위 • 양도인에 대한 사업계획승인취소처분을 양수인에게 통지한 행위 • 소득의 귀속자인 원천납세의무자에 대한 소득금액변동통지 　(비교) 원천징수의무자에 대한 소득금액변동통지 ➡ 처분 ○, 이때 **소득귀속자는 원고적격 ×**) • 과세표준결정 • 해양수산부장관의 항만 명칭결정 • 도지사가 도 내 특정시를 공공기관이 이전할 혁신도시 최종입지로 선정한 행위 • 납골당설치 신고사항 이행통지 • 운전면허대장에 일정한 사항을 등재하는 행위 • 국가보훈처장의 서훈취소통보 • 두뇌한국(BK21)사업에 있어서 연구팀장에 대한 대학자체의 징계 요구 　(비교) 두뇌한국(BK21)사업에 대한 사업협약 해지통보 ➡ 처분 ○) • 법인에 대한 청산종결등기경료를 이유로 한 상표권말소등록 • 감사원의 갑 시장에 대한 소속 직원 징계 요구 및 재심의결정 • 위장사업자의 사업자등록명의를 실사업자의 명의로 정정하는 행위 • 과세관청의 사업자등록 직권말소행위 • 국가보훈처장이 한 훈격재심사계획이 없다고 한 통지 • 의료보험연합회의 심사결과통지 • 민원사무처리법상 이의신청에 대한 기각결정 또는 기각 취지의 통지 • 민원사무처리법에서 정한 사전심사결과 통보 • 각 군 참모총장의 수당지급대상자 추천 또는 추천 × • 시험승진후보자명부에 등재되어 있던 자를 명부에서 삭제하는 행위 • 한국철도시설공단이 한 공사낙찰적격심사 시 종합취득점수의 10/100을 감점한다는 내용의 통보 • 하위 지자체장에게 위임한 보조금 지급사무 처리에 있어서 위임청 ➡ 처분권 ×

4 행정심판의 재결

① 원처분주의

• 취소소송의 대상 : 원처분 ○ ＋ 재결 ○

• 원처분 취소소송 : 원처분의 위법 주장 가능

• 재결 취소소송 : 원처분의 위법 주장 불가능, 재결 자체의 고유한 위법만 주장 가능

② 재결주의

- 취소소송의 대상: 원처분 × 재결 ○

- 재결취소소송: 원처분의 위법 + 재결 자체의 고유한 위법 모두 주장 가능

③ 행정소송법 규정: 원처분주의

> **행정소송법 제19조(취소소송의 대상)**
> 취소소송은 처분등을 대상으로 한다. 다만, 재결취소소송의 경우에는 재결 자체에 고유한 위법이 있음을 이유로 하는 경우에 한한다.

- **원칙** 원처분주의

- **예외** 개별법에서 재결주의 규정한 경우 있음
  - ex) 감사원의 재심의판정, 중앙노동위원회의 재심판정, 특허심판원의 심결 등
  - 재결주의가 적용되는 경우, 취소소송을 제기하기 위해서는 반드시 사전에 행정심판절차를 거친 후 해당 재결을 대상으로 소송을 제기해야 함

④ 재결 자체의 고유한 위법

- 원처분에는 없고, 재결 자체에만 존재하는 위법

- 주체, 절차, 형식 + 내용의 위법 모두 포함
  - '재결에 이유모순의 위법이 있다'는 사유 ➡ 재결 자체의 고유한 하자 ○

- if 재결 자체의 고유한 위법 × ➡ 소 각하 ×, 청구기각 ○

- 각하재결: 적법한 행정심판청구를 각하한 경우 ➡ 고유한 위법 ○

- 기각재결: 고유한 위법 ×(∵ 결국 원처분의 내용을 다투는 것과 동일)

⑤ 인용재결의 고유한 위법

- 부적법한 인용재결: 각하재결 했어야 하는데 인용재결한 경우 ➡ 고유한 위법 ○
  - 골프장 사업계획승인을 얻은 자의 착공계획서 수리에 대한 취소재결 ➡ 고유한 하자 ○

- 제3자효 행정행위에 대한 인용재결: 인용재결로 인해 비로소 권리를 침해당한 자 ➡ 재결취소소송 가능
  - ex) A에 대한 특허처분에 대해 B가 취소심판 청구 ➡ 인용재결(A는 특허 상실) ➡ 재결취소소송 ○

- 일부취소(변경)재결 ➡ 고유한 위법 ×(∵ 수익적 처분), ∴ 변경된 원처분을 대상으로 취소소송 ○
  - ex) 해임처분 ➡ 일부인용재결(해임 ➡ 정직2월) ➡ 변경된 원처분(정직 2월로 변경된 해임처분) 대상 ○

- 변경명령재결에 따른 변경처분 있는 경우 ➡ **취소소송의 대상 : 변경된 원처분**
  - ex) 과세처분(1,000만원) ➡ 재결(1,000만원 ➡ 500만원으로 변경하라) ➡ 변경처분(1,000만원 ➡ 500만원)
    ⇨ 500만원으로 변경된 1,000만원 과세처분을 대상으로 취소소송 ○(제소기간 : 재결서 정본 송달일)
  - ex) 16. 12. 23. 3월의 영업정지처분 ➡ 변경명령재결(2월의 영업정지에 갈음하는 과징금으로 변경하라),
    17. 3. 10. 재결서 정본 송달 ➡ 17. 3. 13. 과징금 부과처분
    ⇨ 2월의 영업정지에 갈음하는 과징금으로 변경된 당초 3월의 영업정지처분을 대상으로 취소소송 (제소기
    간 : 17. 3. 10.부터 90일)

- **심판의 범위** : 원처분의 위법 여부도 심리의 대상에 포함됨
  - 재결청이 원처분의 취소 근거로 내세운 판단사유 + 청구원인 사유를 배척한 판단 부분도 심리 ○

⑥ 교원소청심사위원회의 결정

(1) 국공립학교 교원

- **필요적 전치** : 취소소송 제기 전 교원소청심사절차를 거쳐야 함
  - 국가(지방)공무원의 경우에도 인사상 불이익 처분에 대해서는 필요적 전치주의가 적용됨

- **원처분주의** : 취소소송의 대상 ➡ 원처분 ○, (고유한 하자 없는 한) 소청심사위원회의 결정 ✕

(2) 사립학교 교원

- **사립학교 교원** : 공무원 ✕ ➡ 학교법인의 불이익조치 : 처분 ✕(∴민사소송 ○)

- **But 불이익조치에 대해 교원소청심사청구 가능** ➡ 소청심사위원회의 결정 : (원)처분 ○
  - 소청심사위원회를 피고로 하여 소청심사위원회의 결정에 대해 취소소송 가능
  - 필요적 소청 전치주의 ✕ ➡ 곧바로 민사소송 가능

- **[고난도 판례]**
  - 교원에 대한 불이익처분 ➡ 교원소청심사 : 취소결정(∵ 징계사유 부존재)
    ➡ 취소소송 : 심리 결과, 일부 징계사유는 존재하는 경우, 취소결정 취소판결 ○
  - 교원에 대한 불이익처분(처분사유 : 내부규칙 위반) ➡ 교원소청심사 : 취소결정(∵ 내부규칙 위법)
    ➡ 취소소송 : 심리 결과, 내부규칙 적법, But 규칙 위반 ✕
    ⇨ 소청심사위원회의 취소결정 취소할 필요 ✕ + 청구기각 판결 ○
    (∵ 취소결정의 기속력에 따라 다시 불이익처분 ✕ + 기속력의 주관적·객관적 범위에 따라 취소결정을
    취소하지 않더라도 다른 사건에 대해서는 내부규칙 적용 가능)

기출 O X Check

0386 「행정소송법」상 행정청이 일정한 처분을 하지 못하도록 그 부작위를 구하는 청구는 허용되지 않는 부적법한 소송이다. 15. 지방 (   )

0387 신축건물의 준공처분을 하여서는 안 된다는 내용의 부작위 청구소송은 허용되지 않는다. 12. 지방 (   )

0388 행정소송에 관하여 「행정소송법」에 특별한 규정이 없는 사항에 대하여는 「법원조직법」과 「민사소송법」 및 「민사집행법」의 규정을 준용한다. 21. 국가 (   )

0389 어떠한 처분이 상대방에게 권리의 설정 또는 의무의 부담을 명하거나 기타 법적인 효과를 발생하게 하는 등으로 그 상대방의 권리의무에 직접 영향을 미치는 행위라도 그 처분의 근거가 행정규칙에 규정되어 있다면, 이 경우에 그 처분은 항고소송의 대상이 되는 행정처분에 해당하지 않는다. 13. 국가 (   )

0390 어떠한 처분에 법령상 근거가 있는지, 「행정절차법」에서 정한 처분 절차를 준수하였는지는 소송요건 심사단계에서 고려하여야 한다. 23. 국가 (   )

0391 행정청의 행위가 '처분'에 해당하는지가 불분명한 경우에는 그에 대한 불복방법 선택에 중대한 이해관계를 가지는 상대방의 인식가능성과 예측가능성을 중요하게 고려하여 규범적으로 판단하여야 한다. 23. 국가 (   )

0392 한국마사회의 기수에 대한 징계처분은 항고소송의 대상이 되는 행정처분에 해당한다. 15. 지방 (   )

0393 지방의회 의장에 대한 지방의회의 불신임의결은 항고소송의 대상이 되는 행정처분에 해당한다. 10. 지방 (   )

0394 조례가 집행행위의 개입 없이도 그 자체로서 직접 국민의 구체적인 권리의무나 법적 이익에 영향을 미치는 경우에는 그 조례는 항고소송의 대상이 되는 처분에 해당된다. 10. 지방 (   )

0395 보건복지부 고시인 구 「약제급여·비급여목록 및 급여상한금액표」는 그 자체로서 국민건강보험가입자, 국민건강보험공단, 요양기관 등의 법률관계를 직접 규율하는 성격을 가지므로 항고소송의 대상이 되는 행정처분에 해당한다. 18. 국가 (   )

0396 의료기관의 명칭표시판에 진료과목을 함께 표시하는 경우 진료과목의 글자 크기를 제한하고 있는 구 「의료법 시행규칙」 제31조는 그 자체로서 국민의 구체적인 권리의무나 법률관계에 직접적인 변동을 초래하므로 항고소송의 대상이 되는 행정처분이라 할 수 있다. 15. 국가 (   )

0397 청소년유해매체물 결정 및 고시처분은 항고소송의 대상이 되는 행정처분에 해당한다. 12. 지방 (   )

0398 「국세기본법」에 따른 과세관청의 국세환급금결정은 항고소송의 대상이 되는 행정처분에 해당한다.

19. 서울 (   )

정답 & OX 풀이

0386 ○ 행정소송법상 행정청이 일정한 처분을 하지 못하도록 그 부작위를 구하는 청구는 허용되지 않는 부적법한 소송이다. 대법원 2006. 5. 25. 선고 2003두11988 판결

0387 ○ 신축건물의 준공처분을 하여서는 아니된다는 내용의 부작위를 구하는 청구는 행정소송에서 허용되지 아니하는 것이므로 부적법하다. 대법원 1987. 3. 24. 선고 86누182 판결

0388 ○ 행정소송법 제8조(법적용예) ② 행정소송에 관하여 이 법에 특별한 규정이 없는 사항에 대하여는 법원조직법과 민사소송법 및 민사집행법의 규정을 준용한다.

0389 ✕ 어떠한 처분의 근거가 행정규칙에 규정되어 있다고 하더라도, 그 처분이 상대방에게 권리의 설정 또는 의무의 부담을 명하거나 기타 법적인 효과를 발생하게 하는 등으로 그 상대방의 권리의무에 직접 영향을 미치는 행위라면, 이 경우에도 항고소송의 대상이 되는 행정처분에 해당한다. 대법원 2012. 9. 27. 선고 2010두3541 판결

0390 ✕ 어떠한 처분에 법령상 근거가 있는지, 행정절차법에서 정한 처분절차를 준수하였는지는 본안에서 당해 처분이 적법한가를 판단하는 단계에서 고려할 요소이지, 소송요건 심사단계에서 고려할 요소가 아니다. 대법원 2020. 1. 16. 선고 2019다264700 판결

0391 ○ 행정청의 행위가 '처분'에 해당하는지가 불분명한 경우에는 그에 대한 불복방법 선택에 중대한 이해관계를 가지는 상대방의 인식가능성과 예측가능성을 중요하게 고려하여 규범적으로 판단하여야 한다. 대법원 2020. 4. 9 선고 2019두61137 판결

0392 ✕ 한국마사회가 조교사 또는 기수의 면허를 부여하거나 취소하는 것은 국가 기타 행정기관으로부터 위탁받은 행정권한의 행사가 아니라 일반 사법상의 법률관계에서 이루어지는 단체 내부에서의 징계 내지 제재처분이다. 대법원 2008. 1. 31. 선고 2005두8269 판결

0393 ○ 지방의회 의장에 대한 불신임의결은 의장으로서의 권한을 박탈하는 행정처분의 일종으로서 항고소송의 대상이 된다. 대법원 1994. 10. 11.자 94두23 결정

0394 ○ 조례가 집행행위의 개입 없이도 그 자체로서 직접 국민의 구체적인 권리의무나 법적 이익에 영향을 미치는 등의 법률상 효과를 발생하는 경우 그 조례는 항고소송의 대상이 되는 행정처분에 해당한다. 대법원 1996. 9. 20. 선고 95누8003 판결

0395 ○ 보건복지부 고시인 약제급여·비급여목록 및 급여상한금액표는 다른 집행행위의 매개 없이 그 자체로서 국민건강보험가입자, 국민건강보험공단, 요양기관 등의 법률관계를 직접 규율하는 성격을 가지므로 항고소송의 대상이 되는 행정처분에 해당한다. 대법원 2006. 9. 22. 선고 2005두2506 판결

0396 ✕ 의료기관의 명칭표시판에 진료과목을 함께 표시하는 경우 글자 크기를 제한하고 있는 구 의료법 시행규칙 제31조는 그 자체로서 국민의 구체적인 권리의무나 법률관계에 직접적인 변동을 초래하지 아니하므로 항고소송의 대상이 되는 행정처분이라고 할 수 없다. 대법원 2007. 4. 12. 선고 2005두15168 판결

0397 ○ 구 청소년보호법에 따른 청소년유해매체물 결정 및 고시처분은 당해 유해매체물의 소유자 등 특정인만을 대상으로 한 행정처분이 아니라 일반 불특정 다수인을 상대방으로 하여 일률적으로 표시의무, 포장의무, 청소년에 대한 판매·대여 등의 금지의무 등 각종 의무를 발생시키는 행정처분이다. 대법원 2007. 6. 14. 선고 2004두619 판결

0398 ✕ 세무서장의 국세환급금에 대한 결정은 이미 납세의무자의 환급청구권이 확정된 국세환급금에 대하여 내부적인 사무처리절차로서 과세관청의 환급절차를 규정한 것에 지나지 않고 그 규정에 의한 국세환급금의 결정에 의하여 비로소 환급청구권이 확정되는 것이 아니므로, 국세환급금결정이나 그 결정을 구하는 신청에 대한 환급거부결정 등은 항고소송의 대상이 되는 처분이라고 볼 수 없다. 대법원 1994. 12. 2. 선고 92누14250 판결

0399 「병역법」상 신체등위 판정은 행정청이라고 볼 수 없는 군의관이 하도록 되어 있으며, 그 자체만으로 권리의무가 정하여지는 것이 아니라 그에 따라 지방병무청장이 병역처분을 함으로써 비로소 병역의무의 종류가 정하여지는 것이므로 항고소송의 대상이 되는 행정처분이라 보기 어렵다. 13. 국가 (   )

0400 공정거래위원회의 고발조치 및 고발의결은 항고소송의 대상이 되는 행정처분에 해당한다. 12. 국가 7급 (   )

0401 자동차운전면허대장에 일정한 사항을 등재하는 행위와 운전경력증명서상의 기재행위는 행정소송의 대상이 되는 독립한 행정처분으로 볼 수 없다. 22. 국가 7급 (   )

0402 교육부장관이 대학입시기본계획의 내용에서 내신성적 산정기준에 관한 시행지침을 정한 경우, 각 고등학교는 이에 따라 내신성적을 산정할 수밖에 없어 이는 행정처분에 해당된다. 19. 국가 (   )

0403 거부행위가 항고소송의 대상인 처분이 되기 위해서는 그 거부행위가 신청인의 실체상의 권리관계에 직접적인 변동을 일으키는 것이어야 하며, 신청인이 실체상의 권리자로서 권리를 행사함에 중대한 지장을 초래하는 것만으로는 부족하다. 22. 지방 (   )

0404 거부처분의 처분성을 인정하기 위한 전제요건이 되는 신청권의 존부는 구체적 사건에서 관계 법규의 해석에 의하여 구체적으로 결정되는 것이고 신청인이 그 신청에 따른 단순한 응답을 받을 권리를 넘어서 신청의 인용이라는 만족적 결과를 얻을 권리를 의미한다. 23. 소방간부 (   )

0405 임용권자의 국립대학 조교수에 대한 임용기간만료통지는 항고소송의 대상이 되는 행정처분에 해당한다.
13. 지방 (   )

0406 부당한 공동행위의 자진신고자가 한 감면신청에 대해 공정거래위원회가 감면불인정 통지를 한 것은 항고소송의 대상인 행정처분으로 볼 수 없다. 14. 국가 (   )

0407 건축계획심의신청에 대한 반려처분은 항고소송의 대상이 되는 행정처분에 해당한다. 15. 지방 (   )

0408 인터넷 포털사이트의 개인정보 유출사고로 주민등록번호가 불법 유출되었음을 이유로 주민등록번호 변경신청을 하였으나 관할 구청장이 이를 거부한 경우, 그 거부행위는 처분에 해당하지 않는다. 20. 국가 (   )

0409 임용지원자가 특별채용 대상자로서 자격을 갖추고 있고 유사한 지위에 있는 자에 대하여 정규교사로 특별채용한 전례가 있다 하더라도, 교사로의 특별채용을 요구할 법규상 또는 조리상의 권리가 있다고 할 수 없다.
22. 국가 (   )

0410 수익적 행정행위 신청에 대한 거부처분이 있은 후 당사자가 새로 신청하는 취지로 다시 신청하고, 이에 대해 행정청이 재차 거절한 경우 원칙적으로 새로운 거부처분에 해당한다고 보아야 한다. 21. 소방간부 (   )

0411 조달청장이 법령에 근거하여 입찰참가자격을 제한하는 것은 사법관계에 해당한다. 23. 국가 (   )

정답 & ⓄⓍ풀이

0399 Ⓞ 병역법상 신체등위판정은 행정청이라고 볼 수 없는 군의관이 하도록 되어 있으며, <u>그 자체만으로 바로 병역법상의 권리의무가 정하여지는 것이 아니라</u> 그에 따라 <u>지방병무청장이 병역처분을 함으로써 비로소 병역의무의 종류가 정하여지는 것이므로 항고소송의 대상이 되는 행정처분이라 보기 어렵다</u>. 대법원 1993. 8. 27. 선고 93누3356 판결

0400 Ⓧ <u>공정거래위원회의 고발조치</u>는 사직 당국에 대하여 형벌권 행사를 요구하는 <u>행정기관 상호간의 행위에 불과하여 항고소송의 대상이 되는 행정처분이라 할 수 없으며</u>, 더욱이 공정거래위원회의 고발 의결은 행정청 내부의 의사결정에 불과할 뿐 최종적인 처분은 아닌 것이므로 이 역시 <u>항고소송의 대상이 되는 행정처분이 되지 못한다</u>. 대법원 1995. 5. 12. 선고 94누13794 판결

0401 Ⓞ <u>자동차운전면허대장상 일정한 사항의 등재행위는</u> 운전면허행정사무집행의 편의와 사실증명의 자료로 삼기 위한 것일 뿐 그 등재행위로 인하여 당해 운전면허 취득자에게 새로이 어떠한 권리가 부여되거나 변동 또는 상실되는 효력이 발생하는 것은 <u>아니므로 이는 행정소송의 대상이 되는 독립한 행정처분으로 볼 수 없다</u>. 대법원 1991. 9. 24. 선고 91누1400 판결

0402 Ⓧ <u>교육부장관이 내신성적 산정기준의 통일을 기하기 위해 대학입시기본계획의 내용에서 내신성적 산정기준에 관한 시행지침을 마련하여 시·도 교육감에서 통보한 것은</u> 행정조직 내부에서 내신성적 평가에 관한 내부적 심사기준을 시달한 것에 불과하므로 <u>내신성적 산정지침을 항고소송의 대상이 되는 행정처분으로 볼 수 없다</u>. 대법원 1994. 9. 10. 선고 94두33 판결

0403 Ⓧ 국민의 적극적 행위 신청에 대하여 행정청이 그 신청에 따른 행위를 하지 않겠다고 <u>거부한 행위가 항고소송의 대상이 되는 행정처분에 해당하는 것이라고 하려면</u>, 그 신청한 행위가 공권력의 행사 또는 이에 준하는 행정작용이어야 하고, 그 거부행위가 신청인의 법률관계에 어떤 변동을 일으키는 것이어야 하며, 그 국민에게 그 행위발동을 요구할 법규상 또는 조리상의 신청권이 있어야 하는바, 여기에서 '<u>신청인의 법률관계에 어떤 변동을 일으키는 것</u>'이라는 의미는 <u>신청인의 실체상의 권리관계에 직접적인 변동을 일으키는 것은 물론</u>, 그렇지 않다 하더라도 <u>신청인이 실체상의 권리자로서 권리를 행사함에 중대한 지장을 초래하는 것도 포함한다</u>. 대법원 2007. 10. 11. 선고 2007두1316 판결

0404 Ⓧ 거부처분의 처분성을 인정하기 위한 전제요건이 되는 <u>신청권의 존부는 구체적 사건에서 신청인이 누구인가를 고려하지 않고 관계 법규의 해석에 의하여 일반 국민에게 그러한 신청권을 인정하고 있는가를 살펴 추상적으로 결정되는 것이고</u>, 신청인이 그 신청에 따른 단순한 응답을 받을 권리를 넘어서 신청의 인용이라는 만족적 결과를 얻을 권리를 의미하는 것은 아니다. 대법원 2009. 9. 10. 선고 2007두20638 판결

0405 Ⓞ 임용권자가 임용기간이 만료된 조교수에 대하여 <u>재임용을 거부하는 취지로 한 임용기간만료의 통지는</u> 위와 같은 대학교원의 법률관계에 영향을 주는 것으로서 <u>행정소송의 대상이 되는 처분에 해당한다</u>. 대법원 2004. 4. 22. 선고 2000두7735 판결

0406 Ⓧ 부당한 공동행위 자진신고자 등의 시정조치 또는 과징금 감면신청에 대한 공정거래위원회의 감면불인정 통지는 항고소송의 대상이 되는 <u>행정처분에 해당한다</u>. 대법원 2012. 9. 27. 선고 2010두3541 판결

0407 Ⓞ <u>건축계획심의신청에 대한 반려처분이 항고소송의 대상이 되는 행정처분에 해당한다</u>. 대법원 2007. 10. 11. 선고 2007두1316 판결

0408 Ⓧ (갑 등이 인터넷 포털사이트 등의 개인정보 유출사고로 자신들의 주민등록번호 등 개인정보가 불법 유출되자 이를 이유로 관할 구청장에게 주민등록번호를 변경해 줄 것을 신청하였으나 구청장이 '주민등록번호가 불법 유출된 경우 주민등록법상 변경이 허용되지 않는다'는 이유로 <u>주민등록번호 변경을 거부하는 취지의 통지</u>를 한 사안에서) 피해자의 의사와 무관하게 주민등록번호가 유출된 경우에는 <u>조리상 주민등록번호의 변경을 요구할 신청권을 인정함이 타당하고</u>, <u>구청장의 주민등록번호 변경신청 거부행위는 항고소송의 대상이 되는 행정처분에 해당한다</u>. 대법원 2017. 6. 15. 선고 2013두2945 판결

0409 Ⓞ 교사에 대한 임용권자가 교육공무원법 제12조에 따라 임용지원자를 특별채용하는 경우, 임용지원자 등과 <u>유사한 지위에 있는 전임강사에 대하여는 임용권자가 정규교사로 특별채용한 전례가 있다 하더라도 그러한 사정만으로 임용지원자가 임용권자에게 자신의 임용을 요구할 법규상 또는 조리상 권리가 없다고 한 사례</u>. 대법원 2005. 4. 15. 선고 2004두11626 판결

0410 Ⓞ 수익적 행정행위 신청에 대한 거부처분은 당사자의 신청에 대하여 관할 행정청이 거절하는 의사를 대외적으로 명백히 표시함으로써 성립되고, <u>거부처분이 있은 후 당사자가 다시 신청을 한 경우에는 신청의 제목 여하에 불구하고 그 내용이 새로운 신청을 하는 취지라면 관할 행정청이 이를 다시 거절하는 것은 새로운 거부처분으로 봄이 원칙이다</u>. 대법원 2019. 4. 3. 선고 2017두52764 판결

0411 Ⓧ 국가를 당사자로 하는 계약에 관한 법률 또는 지방자치단체를 당사자로 하는 계약에 관한 법률에 근거하여 <u>국가 또는 지방자치단체 등이 행하는 입찰참가자격제한조치는 공권력의 행사로서 처분성이 인정된다</u>(대법원 2018. 11. 29. 선고 2018두49390 판결 등 다수).

0412 구 「정부투자기관 관리기본법」의 적용 대상인 정부투자기관이 일방 당사자가 되는 계약은 사법상의 계약으로서 그에 관한 법령에 특별한 정함이 있는 경우를 제외하고는 사적 자치의 원칙이 그대로 적용된다. 21. 지방 7급 (   )

0413 행정청이 식품위생법령에 따라 영업자에게 행정제재처분을 한 후 당초 처분을 영업자에게 유리하게 변경하는 처분을 한 경우, 취소소송의 대상 및 제소기간 판단기준이 되는 처분은 유리하게 변경하는 처분이다.
16. 사복 (   )

0414 감액경정처분이 있는 경우, 항고소송의 대상은 당초의 부과처분 중 경정처분에 의하여 아직 취소되지 않고 남은 부분이고, 적법한 전심절차를 거쳤는지 여부도 당초 처분을 기준으로 판단하여야 한다. 19. 지방 7급 (   )

0415 부가가치세 증액경정처분의 취소를 구하는 항고소송에서 납세의무자는 과세관청의 증액경정사유만 다툴 수 있을 뿐이지 당초 신고에 관한 과다신고사유는 함께 주장하여 다툴 수 없다. 18. 지방 (   )

0416 증액경정처분이 있는 경우, 당초처분은 증액경정처분에 흡수되어 소멸하고, 소멸한 당초처분의 절차적 하자는 존속하는 증액경정처분에 승계되지 아니한다. 19. 지방 7급 (   )

0417 검사의 불기소결정은 공권력의 행사에 포함되므로, 검사의 자의적인 수사에 의하여 불기소결정이 이루어진 경우 그 불기소결정은 처분에 해당한다. 20. 국가 (   )

0418 금융감독원장으로부터 문책경고를 받은 금융기관의 임원이 일정기간 금융업종 임원선임의 자격제한을 받도록 관계법령에 규정되어 있는 경우, 금융기관 임원에 대한 문책경고는 상대방의 권리의무에 직접 영향을 미치는 행위이므로 행정처분에 해당한다. 16. 국가 (   )

0419 공무원에 대한 불문경고조치는 항고소송의 대상이 되는 행정처분에 해당한다. 12. 국가 (   )

0420 국가인권위원회가 진정에 대하여 각하 및 기각결정을 할 경우 피해자인 진정인은 인권침해 등에 대한 구제조치를 받을 권리를 박탈당하게 되므로, 국가인권위원회의 진정에 대한 각하 및 기각결정은 처분에 해당한다.
20. 국가 (   )

0421 상표권자인 법인에 대한 청산종결등기가 되었음을 이유로 특허청장이 행한 상표권 말소등록 행위는 항고소송의 대상이 되는 행정처분이다. 20. 지방 (   )

0422 국립대학교 총장의 임용권한은 대통령에게 있으므로, 교육부장관이 대통령에게 임용제청을 하면서 대학에서 추천한 복수의 총장 후보자들 중 일부를 임용제청에서 제외한 행위는 처분에 해당하지 않는다. 20. 국가 (   )

0423 친일반민족행위자재산조사위원회의 재산조사개시결정은 항고소송 대상이 되는 행정처분에 해당한다.
13. 지방 (   )

0424 진실·화해를 위한 과거사정리위원회의 진실규명결정은 항고소송 대상이 되는 행정처분에 해당한다.
15. 지방 (   )

PART
02

0412 ○ 구 <u>정부투자기관 관리기본법</u>(2007. 1. 19. 법률 제8258호 공공기관의 운영에 관한 법률 부칙 제2조 제1호로 폐지)의 적용 대상인 정부투자기관이 일방 당사자가 되는 계약(이하 '공공계약'이라 한다)은 정부투자기관이 사경제의 주체로서 상대방과 대등한 위치에서 체결하는 사법(私法)상의 계약으로서 본질적인 내용은 사인 간의 계약과 다를 바가 없으므로 그에 관한 법령에 특별한 정함이 있는 경우를 제외하고는 <u>사적 자치와 계약자유의 원칙 등 사법의 원리가 그대로 적용된다</u>(주 : 판결요지에 기재된 바와 같이 현재는 공공기관운영법이 제정되어 당해 법률을 대체하였고, 공공기관운영법에 따라 체결되는 공공계약에 대해서도 같은 법리가 적용된다). 대법원 2014. 12. 24. 선고 2010다83182 판결

0413 × 행정청이 식품위생법령에 따라 영업자에게 행정제재처분을 한 후 그 처분을 영업자에게 유리하게 변경하는 처분을 한 경우, 변경처분에 의하여 당초 처분은 소멸하는 것이 아니고 당초부터 유리하게 변경된 내용의 처분으로 존재하는 것이므로, 변경처분에 의하여 유리하게 변경된 내용의 행정제재가 위법하다 하여 그 취소를 구하는 경우 그 <u>취소소송의 대상은 변경된 내용의 당초 처분이지 변경처분이 아니다.</u> 대법원 2007. 4. 27. 선고 2004두9302 판결

0414 ○ 과세표준과 세액을 감액하는 경정처분은 당초의 부과처분과 별개 독립의 과세처분이 아니라 그 실질은 당초의 부과처분의 변경이고, 그에 의하여 세액의 일부 취소라는 납세자에게 유리한 효과를 가져오는 처분이므로, 그 경정처분으로도 아직 취소되지 아니하고 남아 있는 부분이 위법하다 하여 다투는 경우, <u>항고소송의 대상은 당초의 부과처분 중 경정처분에 의하여 아직 취소되지 않고 남은 부분이고, 그 경정처분이 항고소송의 대상이 되는 것은 아니며, 이 경우 적법한 전심절차를 거쳤는지 여부도 당초 처분을 기준으로 판단하여야 한다.</u> 대법원 2009. 5. 28. 선고 2006두16403 판결

0415 × 증액경정처분이 있는 경우, <u>당초 신고나 결정은 증액경정처분에 흡수됨으로써 독립한 존재가치를 잃게 된다고 보아야 하므로, 원칙적으로는 당초 신고나 결정에 대한 불복기간의 경과 여부 등에 관계없이 증액경정처분만이 항고소송의 심판대상이 되고, 납세의무자는 그 항고소송에서 당초 신고나 결정에 대한 위법사유도 함께 주장할 수 있다.</u> 대법원 2009. 5. 14. 선고 2006두17390 판결

0416 ○ 증액경정처분이 있는 경우 당초처분은 증액경정처분에 흡수되어 소멸하고, <u>소멸한 당초처분의 절차적 하자는 존속하는 증액경정처분에 승계되지 아니한다.</u> 대법원 2010. 6. 24. 선고 2007두16493 판결

0417 × 검사가 공소를 제기한 사건은 기본적으로 법원의 심리대상이 되고 피의자 및 피고인은 수사의 적법성 및 공소사실에 대하여 <u>형사소송절차를 통하여 불복할 수 있는 절차와 방법이 따로 마련되어 있으므로 검사의 공소에 대하여는 형사소송절차에 의하여서만 이를 다툴 수 있고 행정소송의 방법으로 공소의 취소를 구할 수는 없다.</u> 대법원 2000. 3. 28. 선고 99두11264 판결

0418 ○ 금융기관의 임원에 대한 금융감독원장의 문책경고는 관계법령에 의하여 그 상대방에 대한 직업선택의 자유를 직접 제한하는 효과를 발생하게 하는 등 상대방의 권리의무에 직접 영향을 미치는 행위이므로 항고소송의 대상이 되는 행정처분에 해당한다. 대법원 2005. 2. 17. 선고 2003두14765 판결

0419 ○ 지방공무원에 대한 행정규칙에 의한 '불문경고조치'가 비록 법률상의 징계처분은 아니지만 <u>위 처분을 받지 아니하였다면 차후 다른 징계처분이나 경고를 받을 경우 징계감경사유로 사용될 수 있었던 표창공적의 사용가능성을 소멸시키는 효과와 1년 동안 인사기록카드에 등재됨으로써 그 동안은 장관표창이나 도지사표창 대상자에서 제외시키는 효과 등이 있다는 이유로 항고소송의 대상이 되는 행정처분에 해당한다.</u> 대법원 2002. 7. 26. 선고 2001두3532 판결

0420 ○ 진정에 대한 국가인권위원회의 각하 및 기각결정은 피해자인 진정인의 권리행사에 중대한 지장을 초래하는 것으로서 항고소송의 대상이 되는 행정처분에 해당한다. 헌법재판소 2015. 3. 26. 선고 2013헌마214 결정

0421 × <u>상표원부에 상표권자인 법인에 대한 청산종결등기가 되었음을 이유로 상표권의 말소등록이 이루어졌다고 해도 이는 상표권이 소멸하였음을 확인하는 사실적·확인적 행위에 지나지 않고, 말소등록으로 비로소 상표권 소멸의 효력이 발생하는 것이 아니어서, 상표권의 말소등록은 국민의 권리의무에 직접적으로 영향을 미치는 행위라고 할 수 없다.</u> 대법원 2015. 10. 29. 선고 2014두2362 판결

0422 × <u>교육부장관이 대학에서 추천한 복수의 총장 후보자들 전부 또는 일부를 임용제청에서 제외하는 행위는 제외된 후보자들에 대한 불이익처분으로서 항고소송의 대상이 되는 처분에 해당한다.</u> 대법원 2018. 6. 15. 선고 2016두57564 판결

0423 ○ 친일반민족행위자재산조사위원회의 재산조사개시결정은 조사대상자의 권리·의무에 직접 영향을 미치는 독립한 행정처분으로서 항고소송의 대상이 된다고 봄이 상당하다. 대법원 2009. 10. 15. 선고 2009두6513 판결

0424 ○ 진실·화해를 위한 과거사정리 기본법 제26조에 따른 <u>진실·화해를 위한 과거사정리위원회의 진실규명결정</u>은 국민의 권리의무에 직접적으로 영향을 미치는 행위로서 항고소송의 대상이 되는 행정처분이다. 대법원 2013. 1. 16. 선고 2010두22856 판결

0425 사업시행자인 한국도로공사가 구 「지적법」에 따라 고속도로 건설공사에 편입되는 토지소유자들을 대위하여 토지면적등록 정정신청을 하였으나 관할 행정청이 이를 반려하였다면, 이러한 반려행위는 항고소송 대상이 되는 행정처분에 해당한다. 19. 지방 ( )

0426 재단법인 한국연구재단이 A대학교 총장에게 연구개발비의 부당집행을 이유로 과학기술기본법령에 따라 '두뇌한국(BK)21 사업' 협약의 해지를 통보한 것은 공법상 계약을 계약당사자의 지위에서 종료시키는 의사표시에 해당한다. 19. 국가 7급 ( )

0427 재단법인 한국연구재단이 갑 대학교 총장에게 연구개발비의 부당집행을 이유로 두뇌한국(BK)21 사업 협약을 해지하고 연구팀장 을에 대한 대학 자체징계를 요구한 것은 항고소송의 대상인 행정처분에 해당하지 않는다. 17. 지방 ( )

0428 과학기술기본법령상 사업 협약의 해지 통보는 대등 당사자의 지위에서 형성된 공법상 계약을 계약당사자의 지위에서 종료시키는 의사표시에 해당한다. 20. 지방 7급 ( )

0429 「사회기반시설에 대한 민간투자법」상 민간투자사업의 사업시행자 지정은 공법상 계약이 아니라 행정처분에 해당한다. 16 국가 ( )

0430 택시회사들의 자발적 감차와 그에 따른 감차보상금의 지급 및 자발적 감차조치의 불이행에 따른 행정청의 직권 감차명령을 내용으로 하는 택시회사들과 행정청 간의 합의는 대등한 당사자 사이에서 체결한 공법상 계약에 해당하므로, 그에 따른 감차명령은 행정청이 우월한 지위에서 행하는 공권력의 행사로 볼 수 없다. 17. 국가 7급 ( )

0431 구 「산업집적활성화 및 공장설립에 관한 법률」에 따른 산업단지 입주계약의 해지통보는 행정청인 관리권자로부터 관리업무를 위탁받은 한국산업단지공단이 우월적 지위에서 그 상대방에게 일정한 법률상 효과를 발생하게 하는 것으로서 항고소송의 대상이 되는 행정처분에 해당한다. 17. 지방 7급 ( )

0432 교통안전공단이 구 「교통안전공단법」에 의거하여 교통안전 분담금 납부의무자에게 한 분담금납부통지는 행정처분이 아니다. 14. 국가 ( )

0433 「교육공무원법」상 승진후보자 명부에 의한 승진심사 방식으로 행해지는 승진임용에서 승진후보자 명부에 포함되어 있던 후보자를 승진임용인사발령에서 제외하는 행위는 항고소송의 대상인 처분에 해당하지 않는다. 19. 지방 ( )

0434 시험승진후보자명부에서의 등재자 성명 삭제행위는 항고소송의 대상인 처분에 해당하지 않는다. 14. 지방 7급 ( )

0435 「부가가치세법」상 사업자등록은 단순한 사업사실의 신고에 해당하므로, 과세관청이 직권으로 등록을 말소한 행위는 항고소송의 대상인 행정처분에 해당하지 않는다. 20. 국가 7급 ( )

0436 세무서장의 법인세 과세표준결정행위는 항고소송의 대상인 처분에 해당한다. 14. 지방 7급 ( )

정답 & OX 풀이

0425 ○ (평택~시흥 간 고속도로 건설공사 사업시행자인 한국도로공사가 구 지적법 제24조 제1항, 제28조 제1호에 따라 고속도로 건설 공사에 편입되는 토지소유자들을 대위하여 토지면적등록 정정신청을 하였으나 화성시장이 이를 반려한 사안에서) 반려처분은 항고소송 대상이 되는 행정처분에 해당한다. 대법원 2011. 8. 25. 선고 2011두3371 판결

0426 ✕ (재단법인 한국연구재단이 대학교 총장에게 연구개발비의 부당집행을 이유로 '해양생물유래 고부가식품・향장・한약 기초소재 개발 인력양성사업에 대한 2단계 두뇌한국(BK)21 사업' 협약을 해지하고 연구팀장에 대한 대학자체 징계 요구 등을 통보한 사 안에서), 사업협약 해지통보는 항고소송의 대상이 되는 행정처분에 해당한다. 대법원 2014. 12. 11. 선고 2012두28704 판결

0427 ○ (재단법인 한국연구재단이 대학교 총장에게 연구개발비의 부당집행을 이유로 '해양생물유래 고부가식품・향장・한약 기초소재 개발 인력양성사업에 대한 2단계 두뇌한국(BK)21 사업' 협약을 해지하고 연구팀장에 대한 대학자체 징계 요구 등을 통보한 사 안에서), 사업협약 해지통보는 항고소송의 대상이 되는 행정처분에 해당하나, 연구팀장에 대한 대학자체 징계 요구는 항고소송 의 대상이 되는 행정처분에 해당하지 않는다. 대법원 2014. 12. 11. 선고 2012두28704 판결

0428 ✕ 과학기술기본법령상 사업 협약의 해지 통보는 단순히 대등 당사자의 지위에서 형성된 공법상계약을 계약당사자의 지위에서 종료시키는 의사표시에 불과한 것이 아니라 행정청이 우월적 지위에서 연구개발비의 회수 및 관련자에 대한 국가연구개발사업 참여제한 등의 법률상 효과를 발생시키는 행정처분에 해당한다. 대법원 2014. 12. 11. 선고 2012두28704 판결

0429 ○ 사회기반시설에 대한 민간투자법 상 민간투자사업의 사업시행자지정처분은 행정처분이다. 대법원 2009. 4. 23. 선고 2007두 13159 판결

0430 ✕ 행정청은 면허 발급 이후에도 운송사업자의 동의 하에 여객자동차운송사업의 질서 확립을 위하여 운송사업자가 준수할 의무를 정하고 이를 위반할 경우 감차명령을 할 수 있다는 내용의 면허조건을 붙일 수 있고, 운송사업자가 조건을 위반하였다면 여객 자동차법에 따라 감차명령을 할 수 있으며, 감차명령은 행정소송법 제2조 제1항 제1호가 정한 처분으로서 항고소송의 대상이 된다. 대법원 2016. 11. 24. 선고 2016두45028 판결

0431 ○ 산업단지관리공단의 입주변경계약 취소는 행정청인 관리권자로부터 관리업무를 위탁받은 산업단지관리공단이 우월적 지위에 서 입주기업체들에게 일정한 법률상 효과를 발생하게 하는 것으로서 항고소송 대상이 되는 행정처분에 해당한다. 대법원 2017. 6. 15. 선고 2014두46843 판결

0432 ✕ 교통안전공단이 그 사업목적에 필요한 재원으로 사용할 기금 조성을 위하여 같은 법 제13조에 정한 분담금 납부의무자에 대하 여 한 분담금 납부통지는 그 납부의무자의 구체적인 분담금 납부의무를 확정시키는 효력을 갖는 행정처분이라고 보아야 할 것이고, 이는 그 분담금 체납자로부터 국세징수법에 의한 강제징수를 할 수 있음을 정한 규정이 없다고 하여도 마찬가지이다. 대법원 2000. 9. 8. 선고 2000다12716 판결

0433 ✕ 교육공무원법상 승진후보자 명부에 의한 승진심사 방식으로 행해지는 승진임용에서 승진후보자 명부에 포함되어 있던 후보자 를 승진임용인사발령에서 제외하는 행위는 불이익처분으로서 항고소송의 대상인 처분에 해당한다. 대법원 2018. 3. 27. 선고 2015두47492 판결

0434 ○ 시험승진후보자명부에 등재되어 있던 자가 그 명부에서 삭제됨으로써 승진임용의 대상에서 제외되었다 하더라도, 그와 같은 시험승진후보자명부에서의 삭제행위는 결국 그 명부에 등재된 자에 대한 승진 여부를 결정하기 위한 행정청 내부의 준비과정 에 불과하고, 그 자체가 어떠한 권리나 의무를 설정하거나 법률상 이익에 직접적인 변동을 초래하는 별도의 행정처분이 된다고 할 수 없다. 대법원 1997. 11. 14. 선고 97누7325 판결

0435 ○ 부가가치세법상의 사업자등록은 과세관청으로 하여금 부가가치세의 납세의무자를 파악하고 그 과세자료를 확보케 하려는 데 입법취지가 있는 것으로서, 이는 단순한 사업사실의 신고로서 사업자가 소관 세무서장에서 소정의 사업자등록신청서를 제출함 으로써 성립되는 것이고, 사업자등록증의 교부는 이와 같은 등록사실을 증명하는 증서의 교부행위에 불과한 것이며, (중략) 사 업자등록의 말소 또한 폐업사실의 기재일 뿐 그에 의하여 사업자로서의 지위에 변동을 가져오는 것이 아니라는 점에서 과세관 청의 사업자등록 직권말소행위는 불복의 대상이 되는 행정처분으로 볼 수가 없다. 대법원 2000. 12. 22. 선고 99두6903 판결

0436 ✕ 법인세과세표준결정은 조세부과처분에 앞선 결정으로서 그로 인하여 바로 과세처분의 효력이 발생하는 것이 아니고 또 후일에 이에 의한 법인세부과처분이 있을 때에 그 부과처분을 다툴 수 있는 방법이 없는 것도 아니어서 과세관청의 위 결정을 바로 항고소송의 대상이 되는 행정처분이라고 볼 수는 없다. 대법원 1986. 1. 21. 선고 82누236 판결

0437 「공유재산 및 물품 관리법」에 근거하여 공모제안을 받아 이루어지는 민간투자사업 '우선협상대상자 선정행위'나 '우선협상대상자 지위배제행위'에서 '우선협상대상자 지위배제행위'만이 항고소송의 대상인 처분에 해당한다.

22. 국가 (   )

0438 구 「약관의 규제에 관한 법률」에 따른 공정거래위원회의 표준약관 사용권장행위는 항고소송의 대상이 되는 행정처분에 해당한다. 19. 서울 (   )

0439 행정청이 양도인에 대하여 주택건설사업계획승인취소처분을 한 후 이를 양수인에게 통지한 경우, 양수인에 대한 통지는 항고소송의 대상이 되는 행정처분이 아니다. 22. 국가 7급 (   )

0440 지적 소관청의 토지분할신청 거부행위는 항고소송의 대상이 되는 행정처분에 해당한다. 15. 지방 (   )

0441 구 「농지법」상 농지처분의무의 통지는 통지를 전제로 농지처분명령 및 이행강제금부과 등의 일련의 절차가 진행되는 점에서 독립한 행정처분이다. 17. 국회 8급 (   )

0442 과세관청의 소득처분에 따른 소득금액변동통지는 항고소송의 대상이 되는 행정처분에 해당한다. 21. 지방 7급 (   )

0443 「국가균형발전 특별법」에 따른 혁신도시 최종입지 선정행위는 항고소송의 대상이 되는 행정처분이다.

12. 국가 (   )

0444 공공기관 입찰의 낙찰적격 심사기준인 점수를 감점한 조치는 항고소송의 대상이 되는 행정처분이다.

19. 소방간부 (   )

0445 조달청이 계약상대자에 대하여 나라장터 종합쇼핑몰에서의 거래를 일정기간 정지하는 조치는, 비록 물품구매계약의 추가특수조건이라는 사법상 계약에 근거한 것이라고 하더라도 행정청인 조달청이 행하는 구체적 사실에 관한 법집행으로서의 공권력의 행사로서 그 상대방 회사의 권리·의무에 직접 영향을 미치므로 항고소송의 대상이 되는 행정처분에 해당한다. 21. 국회 8급 (   )

PART 02

0437 X 지방자치단체의 장이 공유재산법에 근거하여 기부채납 및 사용·수익허가 방식으로 민간투자사업을 추진하는 과정에서 사업시행자를 지정하기 위한 전 단계에서 공모제안을 받아 일정한 심사를 거쳐 우선협상대상자를 선정하는 행위와 이미 선정된 우선협상대상자를 그 지위에서 배제하는 행위는 민간투자사업의 세부내용에 관한 협상을 거쳐 공유재산법에 따른 공유재산의 사용·수익허가를 우선적으로 부여받을 수 있는 지위를 설정하거나 또는 이미 설정한 지위를 박탈하는 조치이므로 모두 항고소송의 대상이 되는 행정처분으로 보아야 한다. 대법원 2020. 4. 29. 선고 2017두31064 판결

0438 ○ 공정거래위원회의 '표준약관 사용권장행위'는 그 통지를 받은 해당 사업자 등에게 표준약관과 다른 약관을 사용할 경우 표준약관과 다르게 정한 주요내용을 고객이 알기 쉽게 표시하여야 할 의무를 부과하고, 그 불이행에 대해서는 과태료에 처하도록 되어 있으므로, 이는 사업자 등의 권리·의무에 직접 영향을 미치는 행정처분으로서 항고소송의 대상이 된다. 대법원 2010. 10. 14. 선고 2008두23184 판결

0439 ○ 주택건설촉진법 제33조 제1항, 구 같은 법 시행규칙 제20조의 각 규정에 의한 주택건설사업계획에 있어서 사업주체변경의 승인은 그로 인하여 사업주체의 변경이라는 공법상의 효과가 발생하는 것이므로, 사실상 내지 사법상으로 주택건설사업 등이 양도·양수되었을지라도 아직 변경승인을 받기 이전에는 그 사업계획의 피승인자는 여전히 종전의 사업주체인 양도인이고 양수인이 아니라 할 것이어서, 사업계획승인취소처분 등의 사유가 있는지의 여부와 취소사유가 있다고 하여 행하는 취소처분은 피승인자인 양도인을 기준으로 판단하여 그 양도인에 대하여 행하여져야 할 것이므로 행정청이 주택건설사업의 양수인에 대하여 양도인에 대한 사업계획승인을 취소하였다는 사실을 통지한 것만으로는 양수인의 법률상의 지위에 어떠한 변동을 일으키는 것은 아니므로 위 통지는 항고소송의 대상이 되는 행정처분이라고 할 수는 없다. 대법원 2000. 9. 26. 선고 99두646 판결

0440 ○ 토지소유자의 토지분할신청을 거부한다면 토지소유자는 자기소유 부분을 등기부에 표창할 수 없고 처분도 할 수 없게 된다는 점을 고려할 때, 지적 소관청의 위와 같은 토지분할신청에 대한 거부행위는 국민의 권리관계에 영향을 미친다고 할 것이므로 항고소송의 대상이 되는 처분으로 보아야 한다. 대법원 1993. 3. 23. 선고 91누8968 판결

0441 ○ 시장 등 행정청은 위 제7호에 정한 사유의 유무, 즉 농지의 소유자가 위 농업경영계획서의 내용을 이행하였는지 여부 및 그 불이행에 정당한 사유가 있는지 여부를 판단하여 그 사유를 인정한 때에는 반드시 농지처분의무통지를 하여야 하는 점, 위 통지를 전제로 농지처분명령, 같은 법 제65조에 의한 이행강제금부과 등의 일련의 절차가 진행되는 점 등을 종합하여 보면, 농지처분의무통지는 단순한 관념의 통지에 불과하다고 볼 수는 없고, 상대방인 농지소유자의 의무에 직접 관계되는 독립한 행정처분으로서 항고소송의 대상이 된다. 대법원 2003. 11. 14. 선고 2001두8742 판결

0442 ○ 과세관청의 소득처분과 그에 따른 소득금액변동통지가 있는 경우 법인은 소득금액변동통지서를 받은 날에 그 통지서에 기재된 소득의 귀속자에게 당해 소득금액을 지급한 것으로 의제되고 그 때 원천징수하는 소득세 등의 납세의무가 성립함과 동시에 확정되어 원천징수세액을 납부할 의무를 부담하게 되므로, 과세관청의 원천징수의무자인 법인에 대한 소득금액변동통지는 항고소송의 대상이 되는 조세행정처분이다. 대법원 2006. 4. 20. 선고 2002두1878 판결

0443 X 정부의 수도권 소재 공공기관의 지방이전시책을 추진하는 과정에서 도지사가 도 내 특정시를 공공기관이 이전할 혁신도시 최종입지로 선정한 행위는 항고소송의 대상이 되는 행정처분이 아니다. 대법원 2007. 11. 15. 선고 2007두10198 판결

0444 X (한국철도시설공단이 갑 주식회사에 대하여 시설공사 입찰참가 당시 허위 실적증명서를 제출하였다는 이유로 향후 2년간 공사낙찰적격심사 시 종합취득점수의 10/100을 감점한다는 내용의 통보를 한 사안에서) 위 통보는 행정소송의 대상이 되는 행정처분이라고 할 수 없다고 한 사례(주 : 사법상 효력을 가지는 통지행위에 불과한 것으로 보았음). 대법원 2014. 12. 24. 선고 2010두6700 판결

0445 ○ (갑 주식회사가 조달청과 물품구매계약을 체결하고 국가종합전자조달시스템인 나라장터 종합쇼핑몰 인터넷 홈페이지를 통해 요구받은 제품을 수요기관에 납품하였는데, 조달청이 계약이행내역 점검 결과 일부 제품이 계약 규격과 다르다는 이유로 물품구매계약 추가특수조건 규정에 따라 갑 회사에 대하여 6개월의 나라장터 종합쇼핑몰 거래정지 조치를 한 사안) 이 사건 거래정지 조치는 비록 추가특수조건이라는 사법상 계약에 근거한 것이기는 하지만 행정청인 피고가 행하는 구체적 사실에 관한 법집행으로서의 공권력의 행사로서 그 상대방인 원고의 권리·의무에 직접 영향을 미치므로 항고소송의 대상에 해당한다고 봄이 타당하다. 대법원 2018. 11. 29. 선고 2015두52395 판결

0446 갑 시장이 감사원으로부터 소속 공무원 을에 대하여 징계의 종류를 정직으로 정한 징계 요구를 받게 되자 감사원에 징계 요구에 대한 재심의를 청구하였고 감사원이 재심의청구를 기각한 경우, 감사원의 징계 요구와 재심의결정은 항고소송의 대상이 되는 행정처분에 해당하지 않는다. 17. 지방 (   )

0447 취소소송은 처분 등을 대상으로 하나, 재결취소소송의 경우에는 재결 자체에 고유한 위법이 있음을 이유로 하는 경우에 한한다. 12. 지방 (   )

0448 「행정소송법」 제19조에서 말하는 '재결 자체에 고유한 위법'이란 원처분에는 없고 재결에만 있는 재결청의 권한 또는 구성의 위법, 재결의 절차나 형식의 위법, 내용의 위법 등을 뜻한다. 22. 국가 (   )

0449 행정처분에 대한 행정심판의 재결에 이유모순의 위법이 있다는 사유는 재결처분 자체에 고유한 하자로서 재결처분의 취소를 구하는 소송에서는 그 위법사유로서 주장할 수 있으나, 원처분의 취소를 구하는 소송에서는 그 취소를 구할 위법사유로서 주장할 수 없다. 20. 군무원 (   )

0450 행정심판청구가 부적법하지 않음에도 각하한 재결은 원처분주의에 의해서 취소소송의 대상이 되지 않는다. 15. 지방 (   )

0451 제3자효를 수반하는 행정행위에 대한 행정심판청구에 있어서 그 청구를 인용하는 내용의 재결로 인하여 비로소 권리이익을 침해받게 되는 자는 그 인용재결에 대하여 다툴 필요가 있고, 그 인용재결은 원처분과 내용을 달리하는 것이므로 그 인용재결의 취소를 구하는 것은 원처분에는 없는 재결에 고유한 하자를 주장하는 셈이어서 당연히 항고소송의 대상이 된다. 21. 국가 7급 (   )

0452 인용재결의 당부를 그 심판대상으로 하고 있는 인용재결의 취소를 구하는 당해 소송에서는 재결청이 심판청구인의 심판청구원인 사유를 배척한 판단 부분이 정당한가도 심리·판단하여야 한다. 20. 소방간부 (   )

0453 행정심판을 청구하여 기각재결을 받은 후 재결 자체에 고유한 위법이 있음을 주장하며 그 기각재결에 대하여 취소소송을 제기한 경우, 수소법원은 심리 결과 재결 자체에 고유한 위법이 없다면 각하판결을 하여야 한다. 19. 국가 (   )

0454 사립학교 교원에 대한 학교법인의 징계는 항고소송의 대상이 되는 처분이 아니다. 18. 서울 (   )

0455 국공립학교 교원의 경우에는 원처분주의에 따라 원처분만이 소의 대상이 된다. 18. 서울 (   )

0456 감사원의 변상판정 처분에 대하여 위법 또는 부당하다고 인정하는 본인 등은 이 처분에 대하여 행정소송을 제기할 수 없고, 재결에 해당하는 재심의 판정에 대하여서만 감사원을 피고로 행정소송을 제기할 수 있다. 20. 지방 7급 (   )

PART 02

0446 O (갑 시장이 감사원으로부터 감사원법 제32조에 따라 을에 대하여 징계의 종류를 정직으로 정한 징계 요구를 받게 되자 감사원에 징계 요구에 대한 재심의를 청구하였고, 감사원이 재심의청구를 기각하자 을이 감사원의 징계 요구와 그에 대한 재심의결정의 취소를 구하고 갑 시장이 감사원의 재심의결정 취소를 구하는 소를 제기한 사안에서), 징계 요구는 징계 요구를 받은 기관의 장이 요구받은 내용대로 처분하지 않더라도 불이익을 받는 규정도 없고, 징계 요구 내용대로 효과가 발생하는 것도 아니며, 징계 요구에 의하여 행정청이 일정한 행정처분을 하였을 때 비로소 이해관계인의 권리관계에 영향을 미칠 뿐, 징계 요구 자체만으로는 징계 요구 대상 공무원의 권리·의무에 직접적인 변동을 초래하지도 아니하므로, 감사원의 징계 요구와 재심의결정이 항고소송의 대상이 되는 행정처분이라고 할 수 없다. 대법원 2016. 12. 27. 선고 2014두5637 판결

0447 O 행정소송법 제19조(취소소송의 대상) 취소소송은 처분등을 대상으로 한다. 다만, 재결취소소송의 경우에는 재결 자체에 고유한 위법이 있음을 이유로 하는 경우에 한한다.

0448 O 행정소송법 제19조에서 말하는 '재결 자체에 고유한 위법'이란 원처분에는 없고 재결에만 있는 재결청의 권한 또는 구성의 위법, 재결의 절차나 형식의 위법, 내용의 위법 등을 뜻하고, 그 중 내용의 위법에는 위법·부당하게 인용재결을 한 경우가 해당한다. 대법원 1997. 9. 12. 선고 96누14661 판결

0449 O 행정처분에 대한 행정심판의 재결에 이유모순의 위법이 있다는 사유는 재결처분 자체에 고유한 하자로서 재결처분의 취소를 구하는 소송에서는 그 위법사유로서 주장할 수 있으나, 원처분의 취소를 구하는 소송에서는 그 취소를 구할 위법사유로서 주장할 수 없다. 대법원 1996. 2. 13. 선고 95누8027 판결

0450 X 행정심판청구가 부적법하지 않음에도 각하한 재결은 심판청구인의 실체심리를 받을 권리를 박탈한 것으로서 원처분에 없는 고유한 하자가 있는 경우에 해당하고, 따라서 위 재결은 취소소송의 대상이 된다. 대법원 2001. 7. 27. 선고 99두2970 판결

0451 O 이른바 복효적 행정행위, 특히 제3자효를 수반하는 행정행위에 대한 행정심판청구에 있어서 그 청구를 인용하는 내용의 재결로 인하여 비로소 권리이익을 침해받게 되는 자는 그 인용재결에 대하여 다툴 필요가 있고, 그 인용재결은 원처분과 내용을 달리하는 것이므로 그 인용재결의 취소를 구하는 것은 원처분에는 없는 재결에 고유한 하자를 주장하는 셈이어서 당연히 항고소송의 대상이 된다고 할 것이고, 더구나 이 사건 재결과 같이 그 인용재결청인 피고 스스로가 직접 이 사건 사업계획승인처분을 취소하는 형성적 재결을 한 경우에는 그 재결 외에 그에 따른 행정청의 별도의 처분이 있지 않기 때문에 재결 자체를 쟁송의 대상으로 할 수밖에 없다고 할 것이다. 대법원 1997. 12. 23. 선고 96누10911 판결

0452 O 인용재결의 취소를 구하는 당해 소송은 그 인용재결의 당부를 그 심판대상으로 하고 있고, 그 점을 가리기 위하여는 행정심판청구인들의 심판청구원인 사유에 대한 재결청의 판단에 관하여도 그 당부를 심리·판단하여야 할 것이므로, 원심으로서는 재결청이 원처분의 취소 근거로 내세운 판단사유의 당부뿐만 아니라 재결청이 심판청구인의 심판청구원인 사유를 배척한 판단부분이 정당한가도 심리·판단하여야 한다. 대법원 1997. 12. 23. 선고 96누10911 판결

0453 X 재결취소소송의 경우 재결 자체에 고유한 위법이 있는지 여부를 심리할 것이고, 재결 자체에 고유한 위법이 없는 경우에는 원처분의 당부와는 상관없이 당해 재결취소소송은 이를 기각하여야 한다. 대법원 1994. 1. 25. 선고 93누16901 판결

0454 O 사립학교 교원과 학교법인 간의 관계는 사법관계에 해당하므로, 교원에 대한 학교법인의 징계는 항고소송의 대상이 되는 처분이 아니다.

0455 X 원처분주의가 적용되는 경우에도 재결 자체에 고유한 하자가 존재하면 재결(교원소청심사위원회의 결정)을 대상으로 취소소송을 제기할 수 있다.

0456 O 감사원의 변상판정처분에 대하여서는 행정소송을 제기할 수 없고, 재결에 해당하는 재심의 판정에 대하여서만 감사원을 피고로 하여 행정소송을 제기할 수 있다(감사원의 변상판정처분에 대해서는 원처분주의가 아닌 재결주의가 적용됨). 대법원 1984. 4. 10. 선고 84누91 판결

주제 18 취소소송의 소송요건_원고적격

1 당사자능력

- 취소소송의 당사자: 원고(처분등의 취소를 구하는 자) + 피고(처분청)

- 당사자능력: 당사자가 될 수 있는 소송법상 능력(민법상 권리능력) ➡ 자연인(사람), 법인

- 법인 아닌 사단·재단: 대표자·관리인 있는 경우 당사자능력 ○(자신의 이름으로 소송 가능)

2 원고적격

① 의의

- 본안판결을 받을 수 있는 자격(당사자적격)

- 행정소송법 제12조(원고적격): 취소소송은 처분등의 취소를 구할 법률상 이익이 있는 자가 제기할 수 있다.

② '법률상 이익'의 의미

- 처분의 근거법규 및 관련법규에 의해 보호되는 개별적·직접적·구체적 이익(통설·판례인 법적 이익구제설)

- 법률상 이익 있는 경우 처분의 직접 상대방 아닌 제3자도 원고적격 ○

- 개별적 이익(사익보호성): 처분의 근거법규 등이 특정한 사익보호를 목적 ➡ 원고적격 ○

- 반사적(사실상) 이익: 처분의 근거법규 등이 오로지 공익 보호만을 목적 ➡ 원고적격 ✕
  - 제주도 강정마을 일대의 절대보존구역을 축소 고시한 경우, 주민들의 환경상 이익 ➡ 원고적격 ✕
  - 보건복지부 고시인 약제급여·비급여목록(처분 ○)에 대하여, 제약회사가 갖는 이익 ➡ 원고적격 ○

- 헌법상 기본권
  - 자유권: 구체적 성격 ➡ 법률상 이익 인정될 수 있음
  - 사회권: 추상적 성격 ➡ 법률상 이익 ✕ (ex) 환경권)

- 법인 또는 단체가 구성원의 법률상 이익 침해되었음을 이유로 취소소송 ➡ 원고적격 ✕(반대의 경우도 동일)

원고적격 ○	• 임차인대표회의가 행정청의 임대주택 분양전환승인처분을 다투는 경우
원고적격 ×	• 수녀원이 소속 수녀 등의 환경상 이익 침해를 주장하며 취소소송 제기한 경우 • 법인의 주주가 법인에 대한 처분의 취소를 구하는 경우 　(예외) 처분으로 인해 법인의 영업이 실질적으로 폐지되는 경우, 주주에게 원고적격 ○) • 대한의사협회가 건강보험요양급여행위에 관한 보건복지부 고시를 다투는 경우

③ 국가기관의 원고적격

- **원칙** 부정(∵ 당사자능력 × ＋ 다른 불복절차 존재)
  - 장관이 지자체장의 기관위임사무 처리에 대하여 취소소송 제기 ➡ 원고적격 ×(∵ 시정명령 가능)

- **예외** 처분을 다툴 방법의 부존재 ＋ 항고소송을 통한 권리구제 가능 ➡ 원고적격 ○
  - 소방청장 또는 시·도선거관리위원장이 국민권익위원회의 조치요구에 대한 취소를 구하는 경우
  - 국가가 지방자치단체장의 건축협의 거부처분에 대한 취소를 구하는 경우

- **비교** 지방자치단체: 공법인 ➡ 당사자능력 ○, 원고적격 ○
  - 지자체장이 다른 지자체장의 건축협의 거부처분의 취소를 구하는 경우

3 　유형별 검토

① 처분의 상대방

- **침익적 처분**: 원고적격 ○

- **수익적 처분**: 법률상 이익 침해 × ➡ 원고적격 ×

② 경업자 소송

- **기존업자**: 특허권자 ➡ 원고적격 ○

- **기존업자**: 허가권자
  - **원칙** 원고적격 ×
  - **예외** 업자들 사이 과당경쟁으로 인한 경영 불합리 방지 ➡ 원고적격 ○
    　　　But 경업자에게 불리한 처분 ➡ 상대방에게 유리 ∴ 법률상 이익 ×

③ 경원자 소송

• 경원자에 대한 인·허가: 상호 배타적 관계 ➡ 원고적격 ○
  - But 명백한 법적 장애로 인해 인·허가 신청에 대한 인용 가능성 없는 경우: 법률상 이익 ×

• 소송방법: A가 B에 대한 허가처분 취소소송 ○ or A가 자신에 대한 거부처분 취소소송 ○(병합 가능)

④ 인근주민소송(인인소송)

• 일반 원칙에 따라 처분의 근거·관계법규의 해석 통해 법률상 이익의 존부 판단

원고적격 ○	• 주거지역 내 법령상 제한면적을 초과한 연탄공장 건축허가처분의 취소소송 • 화장장 설치에 관한 도시계획결정(장사법도 근거법 ○) • 원자로 시설부지 인근 주민들 • 취수장 인근 공장설립승인처분에 대한 취수장에서 수돗물을 공급받는 주민들의 취소소송 • 공유수면점용·사용허가 받은 지역의 인접 토지소유자 • 토석채취허가 받은 지역의 인근 주민 • 광업권설정허가 받은 지역의 인근 토지 등 소유자
원고적격 ×	• 상수원보호구역 변경처분의 취소를 구하는 경우 • 공물인 도로를 일반사용하는 주민

• 환경영향평가법: 환경영향평가 대상사업에 대한 처분의 근거·관계법률 ○ ➡ 원고적격 판단기준 ○
  - 환경영향평가 대상지역(영향권) 내 주민: 환경상 이익 침해 추정 ○ ➡ 원고적격 ○
    But 단순 소유자(거주 ×) 또는 일시적 거주 ➡ 환경상 이익 침해 추정 ×
  - 환경영향평가 대상지역(영향권) 밖 주민: 환경상 이익 침해 추정 ×, But 침해 증명 ➡ 원고적격 ○
    But 대상지역 내 농작물 경작 등 실질적으로 환경상 이익 향유 ➡ 침해 추정 ○ ➡ 원고적격 ○

⑤ 기타 원고적격 관련 판례

원고적격 ○	• 당초 예정인원을 초과하는 회원모집계획서에 대한 시·도지사의 검토결과통보의 취소를 구하는 회원제 골프장의 기존회원 • 자신에 대한 교도소장의 접견허가거부처분을 다투는 구속된 피고인 • 체납자가 점유하는 제3자 소유의 동산이 압류된 경우에 있어서, 체납자 • 조합설립추진위원회 구성에 동의하지 않은 정비구역 내 토지 등 소유자가 추진위원회 설립승인처분의 취소를 구하는 경우 • 실시계획인가처분을 다투는 도시계획사업 시행지역 내 토지소유자 • 임원취임승인신청반려를 다투는 학교법인 임원으로 선임된 자 • 분양신청을 하지 않거나 철회하여 조합원 지위를 상실한 자가 관리처분계획을 다투는 경우 • 미얀마 국적의 갑이 위명인 을 명의로 난민신청을 한 것에 대해 법무부장관이 갑에 대하여 난민불인정처분을 한 경우, 갑 • 사무원채용승인을 거부당한 법무사 및 사무원이 되지 못한 자 • 귀화 불허가, 체류자격변경 불허가, 강제퇴거명령을 다투는 외국인(대한민국과 실질적 관련성 ○) • 재외동포의 사증발급신청을 거부한 경우 • 임대주택의 분양전환승인 중 분양전환가격을 승인하는 부분을 다투는 임차인(분양계약체결 전후 불문)
원고적격 ×	• 생태·자연도 등급권역 변경처분(1등급 ➡ 2등급 등)을 다투는 인근 주민 • 교과서검정 불합격처분 받은 자가 자신과 관계없는 과목의 합격을 다투는 경우 • 아파트 관리소에 대한 과세관청의 처분을 다투는 관리사무소 소장 • 부교수 임용처분을 다투는 같은 학과 다른 교수 • 의원으로서의 용도변경처분을 다투는 인근 지역에서 치과의원을 경영하는 자 • 개발제한구역 해제대상에서 누락된 토지 소유자가 일부 취락을 개발제한구역에서 해제하는 도시관리계획변경결정을 다투는 경우 • 원천징수의무자에 대한 납세고지를 다투는 원천납세의무자 • 교육부장관의 대학교 이사 등 선임행위를 다투는 전국대학노조 갑 대학지부 (비교 대학교 교수협의회 및 총학생회 ➡ 원고적격 ○) • 토지수용에 의해 이미 토지 소유권을 상실한 자가 도시계획결정 다투는 경우 • 대학생들이 전공이 다르다는 이유로 교수임용처분의 취소를 구하는 경우 • 회사에 대한 과징금 부과처분을 다투는 회사 소속 운전기사 • 사증발급 거부처분을 다투는 외국인(대한민국과 실질적 관련성 ×) • 에너지절감시설설치 시공업체 선정제외처분을 받은 자가 다른 업체들에 대한 선정처분을 다투는 경우 (절대평가였던 사례 ➡ 경쟁 또는 경원관계 ×) • 입주(예정)자가 건축물의 하자를 이유로 사용검사처분을 다투는 경우 • 임차인이 분양전환 받을 세대가 아닌 다른 세대에 대한 분양전환승인처분의 취소를 구하는 경우

주제 19 취소소송의 소송요건_소의 이익

1 의의

* 취소소송의 승소를 통해 얻을 수 있는 이익(권리보호의 이익)

* 행정소송법 규정

> **행정소송법 제12조(원고적격)**
> 취소소송은 처분등의 취소를 구할 법률상 이익이 있는 자가 제기할 수 있다. 처분등의 효과가 기간의 경과, 처분등의 집행 그 밖의 사유로 인하여 소멸된 뒤에도 그 처분등의 취소로 인하여 **회복되는 법률상 이익이 있는 자**의 경우에는 또한 같다.

* **원칙** 대상적격 + 원고적격 ○ ➡ 소의 이익 ○

* **예외** 처분의 효력 소멸, 원상회복 불가능, 권리침해상태의 해소, 특별한 불복절차 존재 ➡ 소의 이익 ×
  But 이 경우에도 처분의 취소로 인하여 회복되는 '법률상 이익' 있는 경우, 소의 이익 ○

2 유형별 검토

① 처분의 효력 소멸

소의 이익 ×	• 절차·형식상 하자로 무효인 처분에 대해 행정청이 적법한 절차·형식을 갖추어 다시 동일한 처분을 한 상황에서, 종전처분을 다투는 경우 • 처분의 효력기간이 경과하여 처분의 효력이 상실된 경우 • 직위해제처분을 한 후 새로운 사유에 기한 직위해제처분을 한 상황에서, 종전 직위해제처분을 다투는 경우(∵ 종전 직위해제처분은 묵시적으로 철회됨) • 보충역 + 공익근무요원소집처분 다투던 중 제2국민역편입처분으로 변경된 경우 • 선행 과징금 처분 후 후행 감액처분 하였는데, 감액된 부분에 대한 과징금부과처분을 다투는 경우 • 운전면허취소처분을 철회하고 다시 정지처분을 한 상황에서, 당초의 취소처분을 다투는 경우

소의 이익 ○	**[제재적 처분의 전력이 장래처분의 전제 또는 가중요건이 되는 경우]**
	• 제재적 처분의 전제(가중)사유가 행정규칙에 규정되어 있더라도, 소의 이익 ○
	  But 가중된 제재처분을 받을 우려가 없어진 경우, 소의 이익 ×
	
	[위법한 처분이 반복될 가능성이 있는 경우]
	• 위법한 처분의 반복 가능성: '불분명한 법률문제에 대한 해명이 필요한 상황의 예시'에 불과
	  ➡ 반드시 동일 사건의 동일 당사자 사이에서 반복될 위험이 있는 경우만을 의미하는 것 ×

- 임원취임승인이 취소되고 임시이사가 선임된 후, 이를 다투던 중 임시이사의 임기가 만료되고 임원결격 기간이 경과된 사례
- 교도소장이 수형자를 접견내용 녹음·녹화 및 접견 시 교도관 참여대상자로 지정한 후 소송계속 중 이를 해제한 사례
- 영치품 사용신청불허처분 후 수형자가 다른 교도소로 이송된 사례

② 원상회복의 불가능

소의 이익 ×	• 건축법상 이격거리 기준 위반한 건축허가에 따른 건축공사가 완료된 경우, 인접한 대지 소유자 (비교: 건축허가취소처분을 받은 건축물 소유자가 완공 후 이를 다투는 경우, 소의 이익 ○) • 대집행 실행 완료된 후 계고처분 다투는 경우 • 도지사의 지방의료원 폐업결정 및 이를 정한 조례가 제정·시행된 경우 • 소음·진동배출시설 설치허가 취소된 후 시설이 철거되어 복구·재가동이 불가능한 경우 　- 외형상 취소처분 잔존하고, 손해배상청구소송에서 원용 가능하더라도, 소의 이익 × • 이전고시가 효력을 발생하게 된 이후 선행절차(관리처분계획, 수용재결 등)를 다투는 경우 • 현역병입영대상편입처분에 불가쟁력이 발생한 후, 선행 보충역편입처분취소처분을 다투는 경우
소의 이익 ○	• 직위해제처분 후 동일한 사유로 최종징계처분을 한 경우, 직위해제처분은 실효(장래효 ○) But 직위해제처분을 다툴 소의 이익 ○(∵ 승진·승급 등에 제한) • 불합격처분 다투던 중 당해 연도 입학시기 도과한 경우 • 공장등록취소처분 후 시설물이 철거되었으나, 세액공제 및 소득세 등 감면혜택 및 우선입주의 혜택이 부여되는 경우 • 개발제한구역 내 공장설립승인처분이 쟁송취소 되었으나, 공장건축허가처분이 잔존하는 경우 • 토지형질변경허가거부처분 후 광업권의 존속기간이 만료되는 경우 [원상회복이 불가능하더라도 보수 지급 등을 구할 수 있는 경우] • 해임처분 다투던 중 임기 만료된 경우 • 지방의회 의원에 대한 제명의결 다투던 중 임기가 만료된 경우 • 파면처분 다투던 중 징역형의 집행유예판결이 확정되어 당연퇴직된 경우 • 부당해고 다투던 중 정년에 이르거나 계약기간이 만료된 경우

③ 권리침해상태의 해소

소의 이익 ×	• 처분 후 권리침해상태가 해소된 경우 ➡ **소의 이익 ×**(국가배상청구 예정이더라도 마찬가지) • 소집해제신청 거부된 후 복무기간만료를 이유로 한 소집해제처분이 있는 경우 • 불합격처분 이후 새로 실시된 치과의사국가시험에 합격한 경우 • 불합격처분 이후 새로 실시된 사법시험 2, 3차 시험에 합격한 경우 • 현역병입영처분 다투던 중 모병에 응하여 현역병으로 자진 입대한 경우
소의 이익 ○	• 현역병입영처분 다투던 중 현실적으로 입영한 경우(강제징집 된 사례) • 퇴학 후 고교졸업검정고시에 합격한 경우(고등학생으로서의 신분·명예 회복 ×) • 파면처분 있은 후 일반사면(장래효) 된 경우(공무원으로서의 지위 회복 ×)

④ 다른 특별한 불복절차의 존재

소의 이익 ×	• 거부처분이 행정심판의 재결에서 취소된 후 재결의 취소를 구하는 경우 　(∵ 다시 거부처분을 할 수 있기 때문 ➡ **처분청의 후속처분을 다퉈야 함**) • 기본행위의 하자를 이유로 인가처분을 다투는 경우 • 조합설립인가처분 후 조합설립결의를 다투는 경우
소의 이익 ○	• 지위승계신고 및 수리처분이 있은 후 기본행위의 무효를 이유로 수리처분을 다투는 경우

⑤ 기타 소의 이익 관련 판례

소의 이익 ×	• 소득처분경정 결과 전체로서의 소득처분금액이 감소된 경우 • 조합설립추진위원회 구성승인처분을 다투던 중 조합설립인가처분 있는 경우 • 조합설립인가처분 후 조합설립변경인가처분 있는 경우, 당초 조합설립인가처분 다툴 소의 이익 × • 분양전환승인처분 중 '분양전환 요건 충족'은 다투지 않으면서 '분양전환가격 산정'에 관해서만 다투는 경우, '매각을 허용하는 부분'은 소의 이익 × • 분양전환승인처분 이후 분양계약 체결하지 않고 퇴거한 임차인이 분양전환승인처분을 다투는 경우
소의 이익 ○	• 과징금 부과와 감면 여부를 별개로 심리·의결하여 별도의 처분서로 과징금처분과 감면기각처분을 한 경우, 양 처분을 모두 다투는 경우 • 이주대책업무가 종결되었고 잔여 이주대책용 택지가 없다 하더라도, 이주대책대상자 선정신청 거부처분 다툴 소의 이익 있음 • 조합설립인가처분 후 경미한 사항에 대한 변경인가처분 있더라도 조합설립인가처분 다툴 소의 이익 ○ • 조합설립인가처분 후 조합설립변경인가처분 있더라도, 당초 조합설립인가처분에 기초하여 한 후속행위가 존재하는 경우, 당초 조합설립인가처분 다툴 소의 이익 ○ • 사업시행계획 인가처분 후 변경인가처분 있더라도, 당초 사업시행계획에 기초하여 행한 후속행위가 존재하는 경우, 당초 사업시행계획을 다툴 소의 이익 ○

기출 ○× Check

0457 절대보존지역 변경처분에 대해 지역주민회와 주민들이 항고소송을 제기한 경우에는 절대보전지역 유지로 지역주민회와 주민들이 가지는 주거 및 생활환경상 이익은 지역의 경관 등이 보호됨으로써 누리는 법률상 이익이다. 17. 서울 7급 (　　)

0458 약제를 제조·공급하는 제약회사는 보건복지부 고시인 「약제급여·비급여 목록 및 급여 상한금액표」 중 약제의 상한금액 인하 부분에 대하여 그 취소를 구할 원고적격이 있다. 19. 지방 (　　)

0459 「환경정책기본법」 제6조의 규정 내용 등에 비추어 국민에게 구체적인 권리를 부여한 것으로 볼 수 없더라도 환경영향평가 대상지역 밖에 거주하는 주민에게 헌법상의 환경권 또는 「환경정책기본법」에 근거하여 공유수면매립면허처분과 농지개량사업 시행인가처분의 무효확인을 구할 원고적격이 있다. 17. 지방 (　　)

0460 재단법인 수녀원 D는 소속된 수녀 등이 쾌적한 환경에서 생활할 수 있는 환경상 이익을 침해받는다면 매립목적을 택지조성에서 조선시설용지로 변경하는 내용의 공유수면매립목적 변경 승인처분의 무효확인을 구할 원고적격이 있다. 16. 지방 (　　)

정답 & ○× 풀이

0457 × (국방부 민·군 복합형 관광미항(제주해군기지) 사업시행을 위한 해군본부의 요청에 따라 제주특별자치도지사가 절대보존지역이던 서귀포시 강정동 해안변지역에 관하여 절대보존지역을 변경(축소)하고 고시한 사안에서), 절대보존지역의 유지로 지역주민회와 주민들이 가지는 주거 및 생활환경상 이익은 지역의 경관 등이 보호됨으로써 반사적으로 누리는 것일 뿐 근거 법규 또는 관련 법규에 의하여 보호되는 개별적·직접적·구체적 이익이라고 할 수 없다. 대법원 2012. 7. 5. 선고 2011두13187 판결

0458 ○ 제약회사는 자신이 공급하는 약제에 관하여 국민건강보험법, 같은 법 시행령, 국민건강보험 요양급여의 기준에 관한 규칙 등 약제상한금액고시의 근거 법령에 의하여 보호되는 직접적이고 구체적인 이익을 향유하므로, 보건복지부 고시인 약제급여·비급여목록 및 급여상한금액표로 인하여 자신이 제조·공급하는 약제의 상한금액이 인하됨에 따라 위와 같이 보호되는 법률상 이익이 침해당할 경우, 제약회사는 위 고시의 취소를 구할 원고적격이 있다. 대법원 2006. 9. 22. 선고 2005두2506 판결

0459 × 헌법 제35조 제1항에서 정하고 있는 환경권에 관한 규정만으로는 그 권리의 주체·대상·내용·행사방법 등이 구체적으로 정립되어 있다고 볼 수 없고, 환경정책기본법 제6조도 그 규정 내용 등에 비추어 국민에게 구체적인 권리를 부여한 것으로 볼 수 없다는 이유로, 환경영향평가 대상지역 밖에 거주하는 주민에게 헌법상의 환경권 또는 환경정책기본법에 근거하여 공유수면매립면허처분과 농지개량사업 시행인가처분의 무효확인을 구할 원고적격이 없다. 대법원 2006. 3. 16. 선고 2006두330 판결

0460 × (재단법인 甲 수녀원이, 매립목적을 택지조성에서 조선시설용지로 변경하는 내용의 공유수면매립목적 변경 승인처분으로 인하여 법률상 보호되는 환경상 이익을 침해받았다면서 행정청을 상대로 처분의 무효 확인을 구하는 소송을 제기한 사안에서), 공유수면매립목적 변경 승인처분으로 甲 수녀원에 소속된 수녀 등이 쾌적한 환경에서 생활할 수 있는 환경상 이익을 침해받는다고 하더라도 이를 가리켜 곧바로 甲 수녀원의 법률상 이익이 침해된다고 볼 수 없으므로, 甲 수녀원에는 처분의 무효확인을 구할 원고적격이 없다. 대법원 2012. 6. 28. 선고 2010두2005 판결

0461 국가가 국토이용계획과 관련한 지방자치단체의 장의 기관위임사무의 처리에 관하여 지방자치단체의 장을 상대로 취소소송을 제기하는 것은 허용되지 않는다. 22. 지방 7급 ( )

0462 법령이 특정한 행정기관으로 하여금 다른 행정기관에 제재적 조치를 취할 수 있도록 하면서, 그에 따르지 않으면 그 행정기관에 과태료 등을 과할 수 있도록 정하는 경우, 권리구제나 권리보호의 필요성이 인정된다면 예외적으로 그 제재적 조치의 상대방인 행정기관에게 항고소송의 원고적격을 인정할 수 있다. 19. 국가 7급 ( )

0463 소방청장이 처분성이 인정되는 국민권익위원회의 조치요구에 불복하여 조치요구의 취소를 구하는 경우 항고소송의 원고적격이 인정된다. 21. 국가 ( )

0464 국가기관인 시·도 선거관리위원회 위원장은 국민권익위원회가 그에게 소속직원에 대한 중징계요구를 취소하라는 등의 조치요구를 한 것에 대해서 취소소송을 제기할 원고적격을 가진다고 볼 수 없다. 16. 국가 ( )

0465 지방자치단체 등이 건축물을 건축하기 위해 건축물 소재지 관할 허가권자인 지방자치단체의 장과 건축협의를 하였는데 허가권자인 지방자치단체의 장이 그 협의를 취소한 경우, 건축협의 취소는 항고소송의 대상인 행정처분에 해당한다. 17. 지방 ( )

0466 행정처분의 취소를 구할 이익은 불이익처분의 상대방뿐만이 아니라 수익처분의 상대방에게도 인정되는 것이 원칙이다. 11. 국가 ( )

0467 수익적 행정처분의 근거가 되는 법률이 해당 업자들 사이의 과다경쟁으로 인한 경영의 불합리를 방지하는 목적도 가지고 있는 경우, 기존업자가 경업자에 대한 면허나 인·허가 등의 수익적 행정처분의 취소를 구할 원고적격이 있다. 13. 국가 ( )

0468 경업자에 대한 행정처분이 경업자에게 불리한 내용이라면 그와 경쟁관계에 있는 기존의 업자에게는 특별한 사정이 없는 한 유리할 것이지만 기존의 업자는 그 행정처분의 무효확인 또는 취소를 구할 법률상 이익이 있다. 23. 국회 8급 ( )

0469 기존의 고속형 시외버스운송사업자 A는 경업관계에 있는 직행형 시외버스운송사업자에 대한 사업계획변경인가처분의 취소를 구할 법률상 이익이 있다. 16. 지방 ( )

0461　ㅇ　건설교통부장관은 지방자치단체의 장이 기관위임사무인 국토이용계획 사무를 처리함에 있어 자신과 의견이 다를 경우 행정협의조정위원회에 협의·조정 신청을 하여 그 협의·조정 결정에 따라 의견불일치를 해소할 수 있고, 법원에 의한 판결을 받지 않고서도 행정권한의 위임 및 위탁에 관한 규정이나 구 지방자치법에서 정하고 있는 지도·감독을 통하여 직접 지방자치단체의 장의 사무처리에 대하여 시정명령을 발하고 그 사무처리를 취소 또는 정지할 수 있으며, 지방자치단체의 장에게 기간을 정하여 직무이행명령을 하고 지방자치단체의 장이 이를 이행하지 아니할 때에는 직접 필요한 조치를 할 수도 있으므로, 국가가 국토이용계획과 관련한 지방자치단체의 장의 기관위임사무의 처리에 관하여 지방자치단체의 장을 상대로 취소소송을 제기하는 것은 허용되지 않는다. 대법원 2007. 9. 20. 선고 2005두6935

0462　ㅇ　법령이 특정한 행정기관 등으로 하여금 다른 행정기관을 상대로 제재적 조치를 취할 수 있도록 하면서, 그에 따르지 않으면 그 행정기관에 대하여 과태료를 부과하거나 형사처벌을 할 수 있도록 정하는 경우가 있다. 이러한 경우에는 단순히 국가기관이나 행정기관의 내부적 문제라거나 권한 분장에 관한 분쟁으로만 볼 수 없다. 행정기관의 제재적 조치의 내용에 따라 '구체적 사실에 대한 법집행으로서 공권력의 행사'에 해당할 수 있고, 그러한 조치의 상대방인 행정기관이 입게 될 불이익도 명확하다. 기관소송 법정주의를 취하면서 제한적으로만 이를 인정하고 있는 현행 법령의 체계에 비추어 보면, 이 경우 항고소송을 통한 구제의 길을 열어주는 것이 법치국가 원리에도 부합한다. 따라서 이러한 권리구제나 권리보호의 필요성이 인정된다면 예외적으로 그 제재적 조치의 상대방인 행정기관 등에게 항고소송 원고로서의 당사자능력과 원고적격을 인정할 수 있다. 대법원 2018. 8. 1. 선고 2014두35379 판결

0463　ㅇ　(국민권익위원회가 소방청장에게 인사와 관련하여 부당한 지시를 한 사실이 인정된다며 이를 취소할 것을 요구하기로 의결하고 그 내용을 통지하자 소방청장이 국민권익위원회 조치요구의 취소를 구하는 소송을 제기한 사안에서) 처분성이 인정되는 국민권익위원회의 조치요구에 불복하고자 하는 소방청장으로서는 조치요구의 취소를 구하는 항고소송을 제기하는 것이 유효·적절한 수단으로 볼 수 있으므로 소방청장이 예외적으로 당사자능력과 원고적격을 가진다. 대법원 2018. 8. 1. 선고 2014두35379 판결

0464　×　(甲이 국민권익위원회에 부패방지 및 국민권익위원회의 설치와 운영에 관한 법률에 따른 신고와 신분보장조치를 요구하였고, 국민권익위원회가 乙 시·도선거관리위원회 위원장에게 '甲에 대한 중징계요구를 취소하고 향후 신고로 인한 신분상 불이익처분 및 근무조건상의 차별을 하지 말 것을 요구'하는 내용의 조치요구를 한 사안에서), 국가기관인 乙에게 위 조치요구의 취소를 구하는 소를 제기할 당사자능력, 원고적격 및 법률상 이익이 인정된다. 대법원 2013. 7. 25. 선고 2011두1214 판결

0465　ㅇ　건축협의의 실질은 지방자치단체 등에 대한 건축허가와 다르지 않으므로, 지방자치단체 등이 건축물을 건축하려는 경우 등에는 미리 건축물의 소재지를 관할하는 허가권자인 지방자치단체의 장과 건축협의를 하지 않으면, 지방자치단체라 하더라도 건축물을 건축할 수 없다. 그리고 구 지방자치법 등 관련 법령을 살펴보아도 지방자치단체의 장이 다른 지방자치단체를 상대로 한 건축협의 취소에 관하여 다툼이 있는 경우에 법적 분쟁을 실효적으로 해결할 구제수단을 찾기도 어렵다. 따라서 건축협의 취소는 상대방이 다른 지방자치단체 등 행정주체라 하더라도 '행정청이 행하는 구체적 사실에 관한 법집행으로서의 공권력 행사로서 처분에 해당한다고 볼 수 있고, 지방자치단체인 원고가 이를 다툴 실효적 해결 수단이 없는 이상, 원고는 건축물 소재지 관할 허가권자인 지방자치단체의 장을 상대로 항고소송을 통해 건축협의 취소의 취소를 구할 수 있다. 대법원 2014. 2. 27. 선고 2012두22980 판결

0466　×　행정처분이 수익적인 처분이거나 신청에 의하여 신청 내용대로 이루어진 처분인 경우에는 처분 상대방의 권리나 법률상 보호되는 이익이 침해되었다고 볼 수 없으므로 달리 특별한 사정이 없는 한 처분의 상대방은 그 취소를 구할 이익이 없다. 대법원 1995. 5. 26. 선고 94누7324 판결

0467　ㅇ　일반적으로 면허나 인·허가 등의 수익적 행정처분의 근거가 되는 법률이 해당 업자들 사이의 과당경쟁으로 인한 경영의 불합리를 방지하는 것도 그 목적으로 하고 있는 경우, 다른 업자에 대한 면허나 인·허가 등의 수익적 행정처분에 대하여 이미 같은 종류의 면허나 인·허가 등의 수익적 행정처분을 받아 영업을 하고 있는 기존의 업자는 경업자에 대하여 이루어진 면허나 인·허가 등 행정처분의 상대방이 아니라 하더라도 당해 행정처분의 취소를 구할 원고적격이 있다. 대법원 2006. 7. 28. 선고 2004두6716 판결

0468　×　경업자에 대한 행정처분이 경업자에게 불리한 내용이라면 그와 경쟁관계에 있는 기존의 업자에게는 특별한 사정이 없는 한 유리할 것이므로 기존의 업자가 그 행정처분의 무효확인 또는 취소를 구할 이익은 없다고 보아야 한다. 대법원 2020. 4. 9. 선고 2019두49953 판결

0469　ㅇ　기존의 고속형 시외버스운송사업자에게 직행형 시외버스운송사업자에 대한 사업계획변경인가처분의 취소를 구할 법률상의 이익이 있다. 대법원 2010. 11. 11. 선고 2010두4179 판결

0470 인·허가 등 수익적 처분을 신청한 여러 사람이 상호 경쟁관계에 있다면, 그 처분이 타방에 대한 불허가 등으로 될 수 밖에 없는 때에도 수익적 처분을 받지 못한 사람은 처분의 직접 상대방이 아니므로 원칙적으로 당해 수익적 처분의 취소를 구할 수 없다. 17. 지방 (   )

0471 김해시장이 낙동강에 합류하는 하천수 주변의 토지에 구「산업집적활성화 및 공장설립에 관한 법률」제13조에 따라 공장설립을 승인하는 처분을 한 경우, 공장설립으로 수질오염 등이 발생할 우려가 있는 취수장에서 물을 공급받는 부산광역시 또는 양산시에 거주하는 주민들도 원고적격이 인정된다. 21. 소방간부 (   )

0472 예탁금회원제 골프장에 가입되어 있는 기존 회원 C는 그 골프장 운영자가 당초 승인을 받을 때 정한 예정인원을 초과하여 회원을 모집하는 내용의 회원모집계획서에 대한 시·도지사의 검토결과통보의 취소를 구할 법률상 이익이 있다. 16. 국가 (   )

0473 학교법인에 의하여 임원으로 선임된 B는 자신에 대한 관할청의 임원취임승인신청 반려처분 취소소송의 원고적격이 있다. 16. 지방 (   )

0474 「도시 및 주거환경정비법」상 조합설립추진위원회의 구성에 동의하지 아니한 정비구역 내의 토지 등 소유자는 조합설립추진위원회 설립승인처분의 취소를 구할 원고적격이 있다. 11. 국가 7급 (   )

0475 교육부장관이 사학분쟁조정위원회의 심의를 거쳐 이사와 임시이사를 선임한 데 대하여 대학 교수협의회와 총학생회는 제3자로서 취소소송을 제기할 자격이 있다. 17. 지방 (   )

0476 중국 국적자인 외국인이 사증발급 거부처분의 취소를 구하는 경우 항고소송의 원고적격이 인정된다.
21. 국가 (   )

0477 대한민국에서 출생하여 오랜 기간 대한민국 국적을 보유하면서 거주한 재외동포는 사증발급 거부처분의 취소를 구할 법률상 이익이 있다. 22. 국가 (   )

0478 「출입국관리법」상의 체류자격 및 사증발급의 기준과 절차에 관한 규정들은 대한민국의 출입국 질서와 국경관리라는 공익을 보호하려는 취지로 해석될 뿐이므로, 동법상 체류자격변경 불허가처분, 강제퇴거명령 등을 다투는 외국인에게는 해당 처분의 취소를 구할 법률상 이익이 인정되지 않는다. 19. 국가 7급 (   )

0479 외국 국적의 甲이 위명(僞名)인 乙 명의의 여권으로 대한민국에 입국한 뒤 乙 명의로 난민 신청을 하였고 법무부장관이 乙 명의를 사용한 甲을 직접 면담하여 조사한 후에 甲에 대하여 난민불인정 처분을 한 경우, 甲은 난민불인정 처분의 취소를 구할 법률상 이익이 없다. 23. 국가 7급 (   )

0480 도시계획시설결정과 토지의 수용이 위법하더라도 당연무효가 아닌 경우에, 일단 도시계획시설사업의 시행에 착수한 뒤에도 이해관계인에게는 그 도시계획시설결정 자체의 취소를 청구할 법률상 이익이 있다. 12. 지방 (   )

PART
02

0470 X 인·허가 등의 수익적 행정처분을 신청한 수인이 서로 경쟁관계에 있어서 일방에 대한 허가 등의 처분이 타방에 대한 불허가 등으로 귀결될 수밖에 없는 때(이른바 경원관계에 있는 경우로서 동일대상지역에 대한 공유수면매립면허나 도로점용허가 혹은 일정지역에 있어서의 영업허가 등에 관하여 거리제한규정이나 업소개수제한규정 등이 있는 경우를 그 예로 들 수 있다) 허가 등의 처분을 받지 못한 자는 비록 경원자에 대하여 이루어진 허가 등 처분의 상대방이 아니라 하더라도 당해 처분의 취소를 구할 당사자적격이 있다. 대법원 1992. 5. 8. 선고 91누13274 판결

0471 O (김해시장이 낙동강에 합류하는 하천수 주변의 토지에 구 산업집적활성화 및 공장설립에 관한 법률 제13조에 따라 공장설립을 승인하는 처분을 한 사안에서) 공장설립으로 수질오염 등이 발생할 우려가 있는 취수장에서 물을 공급받는 부산광역시 또는 양산시에 거주하는 주민들도 위 처분의 근거 법규 및 관련 법규에 의하여 법률상 보호되는 이익이 침해되거나 침해될 우려가 있는 주민으로서 원고적격이 인정된다. 대법원 2010. 4. 15. 선고 2007두16127 판결

0472 O 이른바 예탁금회원제 골프장에 있어서, 체육시설업자 또는 그 사업계획의 승인을 얻은 자가 회원모집계획서를 제출하면서 허위의 사업시설 설치공정확인서를 첨부하거나 사업계획의 승인을 받을 때 정한 예정인원을 초과하여 회원을 모집하는 내용의 회원모집계획서를 제출하여 그에 대한 시·도지사 등의 검토결과 통보를 받는다면 이는 기존회원의 골프장에 대한 법률상의 지위에 영향을 미치게 되므로, 이러한 경우 기존회원은 위와 같은 회원모집계획서에 대한 시·도지사의 검토결과 통보의 취소를 구할 법률상의 이익이 있다. 대법원 2009. 2. 26. 선고 2006두16243 판결

0473 O 학교법인에 의하여 임원으로 선임된 사람에게는 관할청의 임원취임승인신청 반려처분을 다툴 수 있는 원고적격이 있다. 대법원 2007. 12. 27. 선고 2005두9651 판결

0474 O 조합설립추진위원회의 구성에 동의하지 아니한 정비구역 내의 토지 등 소유자도 조합설립추진위원회 설립승인처분에 대하여 같은 법에 의하여 보호되는 직접적이고 구체적인 이익을 향유하므로 그 설립승인처분의 취소소송을 제기할 원고적격이 있다. 대법원 2007. 1. 25. 선고 2006두12289 판결

0475 O (교육부장관이 사학분쟁조정위원회의 심의를 거쳐 갑 대학교를 설치·운영하는 을 학교법인의 이사 8인과 임시이사 1인을 선임한 데 대하여 갑 대학교 교수협의회와 총학생회 등이 이사선임처분의 취소를 구하는 소송을 제기한 사안에서) 갑 대학교 교수협의회와 총학생회는 이사선임처분을 다툴 법률상 이익을 가지지만, 전국대학노동조합 갑 대학교지부는 법률상 이익이 없다. 대법원 2015. 7. 23. 선고 2012두19496,19502 판결

0476 X 사증발급의 법적 성질, 출입국관리법의 입법 목적, 사증발급 신청인의 대한민국과의 실질적 관련성, 상호주의원칙 등을 고려하면, 우리 출입국관리법의 해석상 외국인에게는 사증발급 거부처분의 취소를 구할 법률상 이익이 인정되지 않는다. 대법원 2018. 5. 15. 선고 2014두42506 판결

0477 O 원고는 대한민국에서 출생하여 오랜 기간 대한민국 국적을 보유하면서 거주한 사람이므로 이미 대한민국과 실질적 관련성이 있거나 대한민국에서 법적으로 보호가치 있는 이해관계를 형성하였다고 볼 수 있다. 또한 재외동포의 대한민국 출입국과 대한민국 안에서의 법적 지위를 보장함을 목적으로 「재외동포의 출입국과 법적 지위에 관한 법률」이 특별히 제정되어 시행 중이다. 따라서 원고는 이 사건 사증발급 거부처분의 취소를 구할 법률상 이익이 인정된다. 대법원 2019. 7. 11. 선고 2017두38874 판결

0478 X 국적법상 귀화불허가처분이나 출입국관리법상 체류자격변경 불허가처분, 강제퇴거명령 등을 다투는 외국인은 대한민국에 적법하게 입국하여 상당한 기간을 체류한 사람이므로, 이미 대한민국과의 실질적 관련성 내지 대한민국에서 법적으로 보호가치 있는 이해관계를 형성한 경우이어서, 해당 처분의 취소를 구할 법률상 이익이 인정된다. 대법원 2018. 5. 15. 선고 2014두42506 판결

0479 X (미얀마 국적의 갑이 위명(僞名)인 '을' 명의의 여권으로 대한민국에 입국한 뒤 을 명의로 난민 신청을 하였으나 법무부장관이 을 명의를 사용한 갑을 직접 면담하여 조사한 후 갑에 대하여 난민불인정 처분을 한 사안에서) 처분의 상대방은 허무인이 아니라 '을'이라는 위명을 사용한 갑이므로, 갑은 처분의 취소를 구할 법률상 이익이 있다. 대법원 2017. 3. 9. 선고 2013두16852 판결

0480 X 도시계획시설결정은 광범위한 지역과 상당한 기간에 걸쳐 다수의 이해관계인에게 다양한 법률적, 경제적 영향을 미치는 것이 되어 일단 도시계획시설사업의 시행에 착수한 뒤에는, 시행의 지연에 따른 손해나 손실의 배상 또는 보상을 함은 별론으로 하고, 그 결정 자체의 취소나 해제를 요구할 권리를 일부의 이해관계인에게 줄 수는 없는 것이다. 헌법재판소 2002. 5. 30. 선고 2000헌바58 결정

0481 생태·자연도 1등급으로 지정되었던 지역을 2등급 또는 3등급으로 변경하는 내용의 환경부장관의 결정에 대해 해당 1등급 권역의 인근 주민은 취소소송을 제기할 원고적격이 인정된다. 23. 국가 (   )

0482 원천납세의무자는 원천징수의무자에 대한 납세고지를 다툴 수 있는 원고적격이 없다. 15. 국가 (   )

0483 지방법무사회가 법무사의 사무원 채용승인 신청을 거부하여 사무원이 될 수 없게 된 자가 지방법무사회를 상대로 거부처분의 취소를 구하는 경우 항고소송의 원고적격이 인정된다. 21. 국가 (   )

0484 개발제한구역 중 일부 취락을 개발제한구역에서 해제하는 내용의 도시관리계획변경결정에 대하여 개발제한구역 해제대상에서 누락된 토지의 소유자가 위 결정의 취소를 구하는 경우 항고소송의 원고적격이 인정된다.
21. 국가 (   )

0485 건축물의 하자를 다투는 입주예정자들은 건물의 사용검사처분에 대해 제3자효 행정행위의 차원에서 행정소송을 통해 다툴 수 있다. 23. 국가 (   )

0486 행정처분의 취소를 구하는 소에서, 비록 행정처분의 위법을 이유로 취소판결을 받더라도 처분에 의하여 발생한 위법상태를 원상회복시키는 것이 불가능한 경우에는 원칙적으로 취소를 구할 법률상 이익이 없으므로, 수소법원은 소를 각하하여야 한다. 22. 국가 (   )

0487 처분등의 효과가 소멸된 뒤에도 그 처분등의 취소로 인하여 회복되는 법률상의 이익이 있는 자는 소를 제기할 수 있다. 10. 지방 (   )

0488 취소소송 계속 중에 처분청이 계쟁 처분을 직권으로 취소하더라도, 동일한 소송 당사자 사이에서 그 처분과 동일한 사유로 위법한 처분이 반복될 위험성이 있어 그 처분에 대한 위법성의 확인이 필요한 경우에는 그 처분의 취소를 구할 소의 이익이 있다. 23. 국가 7급 (   )

0489 소송계속 중 해당 처분이 기간의 경과로 그 효과가 소멸하더라도 예외적으로 그 처분의 취소를 구할 소의 이익을 인정할 수 있는 '행정처분과 동일한 사유로 위법한 처분이 반복될 위험성이 있는 경우'란 해당 사건의 동일한 소송 당사자 사이에서 반복될 위험이 있는 경우만을 의미한다. 22. 군무원 9급 (   )

0490 법인세 과세표준과 관련하여 과세관청이 법인의 소득처분 상대방에 대한 소득처분을 경정하면서 증액과 감액을 동시에 한 결과 전체로서 소득처분금액이 감소된 경우, 법인이 소득금액변동통지의 취소를 구할 소의 이익이 없다. 17. 지방 (   )

0491 행정처분의 효력기간이 경과한 후에는 그 처분이 외형상 잔존함으로 인하여 어떠한 법률상 이익이 침해되고 있다고 볼 사정이 없는 한 그 처분의 취소를 구할 법률상 이익이 없다. 14. 사복 (   )

0481 X 생태·자연도는 토지이용 및 개발계획의 수립이나 시행에 활용하여 자연환경을 체계적으로 보전·관리하기 위한 것일 뿐, 1등급 권역의 인근 주민들이 가지는 생활상 이익을 직접적이고 구체적으로 보호하기 위한 것이 아님이 명백하고, 1등급 권역의 인근 주민들이 가지는 이익은 환경보호라는 공공의 이익이 달성됨에 따라 반사적으로 얻게 되는 이익에 불과하므로, 인근 주민에 불과한 자는 생태·자연도 등급권역을 1등급에서 일부는 2등급으로, 일부는 3등급으로 변경한 결정의 무효 확인을 구할 원고적격이 없다. 대법원 2014. 2. 21. 선고 2011두29052 판결

0482 ○ 원천징수의무자에 대한 소득금액변동통지는 원천납세의무의 존부나 범위와 같은 원천납세의무자의 권리나 법률상 지위에 어떠한 영향을 준다고 할 수 없으므로 소득처분에 따른 소득의 귀속자(주 : 원천납세의무자)는 법인(주 : 원천징수의무자)에 대한 소득금액변동통지의 취소를 구할 법률상 이익이 없다. 대법원 2013. 4. 26. 선고 2012두27954 판결

0483 ○ 법무사규칙 제37조 제4항이 이의신청 절차를 규정한 것은 채용승인을 신청한 법무사뿐만 아니라 사무원이 되려는 사람의 이익도 보호하려는 취지로 볼 수 있다. 따라서 지방법무사회의 사무원 채용승인 거부처분 또는 채용승인 취소처분에 대해서는 처분 상대방인 법무사뿐만 아니라 그 때문에 사무원이 될 수 없게 된 사람도 이를 다툴 원고적격이 인정되어야 한다. 대법원 2020. 4. 9. 선고 2015다34444 판결

0484 X 개발제한구역 중 일부 취락을 개발제한구역에서 해제하는 내용의 도시관리계획변경결정에 대하여, 개발제한구역 해제대상에서 누락된 토지의 소유자는 위 결정의 취소를 구할 법률상 이익이 없다. 대법원 2008. 7. 10. 선고 2007두10242 판결

0485 X 건물의 사용검사처분은 건축허가를 받아 건축된 건물이 건축허가 사항대로 건축행정 목적에 적합한지 여부를 확인하고 사용검사필증을 교부하여 줌으로써 허가받은 자로 하여금 건축한 건물을 사용·수익할 수 있게 하는 법률효과를 발생시키는 것이다. 입주자나 입주예정자들은 건물에 대한 사용검사처분을 취소하지 않고서도 민사소송 등을 통하여 분양계약에 따른 법률관계 및 하자 등을 주장·증명함으로써 사업주체 등으로부터 하자 제거·보완 등에 관한 권리구제를 받을 수 있으므로, 사용검사처분의 취소 여부에 의하여 법률적인 지위가 달라진다고 할 수 없다. 따라서 구 주택법상 입주자나 입주예정자는 사용검사처분의 취소를 구할 법률상 이익이 없다. 대법원 2014. 7. 24. 선고 2011두30465 판결

0486 ○ 행정처분의 무효확인 또는 취소를 구하는 소에서, 비록 행정처분의 위법을 이유로 무효확인 또는 취소 판결을 받더라도 처분에 의하여 발생한 위법상태를 원상으로 회복시키는 것이 불가능한 경우에는 원칙적으로 무효확인 또는 취소를 구할 법률상 이익이 없고, 다만 원상회복이 불가능하더라도 무효확인 또는 취소로써 회복할 수 있는 다른 권리나 이익이 남아 있는 경우 예외적으로 법률상 이익이 인정될 수 있을 뿐이다. 대법원 2016. 6. 10. 선고 2013두1638 판결

0487 ○ 행정소송법 제12조(원고적격) 취소소송은 처분등의 취소를 구할 법률상 이익이 있는 자가 제기할 수 있다. 처분등의 효과가 기간의 경과, 처분등의 집행 그 밖의 사유로 인하여 소멸된 뒤에도 그 처분등의 취소로 인하여 회복되는 법률상 이익이 있는 자의 경우에는 또한 같다.

0488 ○ 행정처분의 무효 확인 또는 취소를 구하는 소가 제소 당시에는 소의 이익이 있어 적법하였는데, 소송계속 중 해당 행정처분이 기간의 경과 등으로 그 효과가 소멸한 때에 처분이 취소되어도 원상회복이 불가능하다고 보이는 경우라도, 무효 확인 또는 취소로써 회복할 수 있는 다른 권리나 이익이 남아 있거나 또는 그 행정처분과 동일한 사유로 위법한 처분이 반복될 위험성이 있어 행정처분의 위법성 확인 내지 불분명한 법률문제에 대한 해명이 필요한 경우에는 행정의 적법성 확보와 그에 대한 사법통제, 국민의 권리구제 확대 등의 측면에서 예외적으로 그 처분의 취소를 구할 소의 이익을 인정할 수 있다. 대법원 2020. 12. 24. 선고 2020두30450 판결

0489 X 여기에서 '그 행정처분과 동일한 사유로 위법한 처분이 반복될 위험성이 있는 경우'란 불분명한 법률문제에 대한 해명이 필요한 상황에 대한 대표적인 예시일 뿐이며, 반드시 '해당 사건의 동일한 소송 당사자 사이에서' 반복될 위험이 있는 경우만을 의미하는 것은 아니다. 대법원 2020. 12. 24. 선고 2020두30450 판결

0490 ○ 과세관청이 직권으로 상대방에 대한 소득처분을 경정하면서 일부 항목에 대한 증액과 다른 항목에 대한 감액을 동시에 한 결과 전체로서 소득처분금액이 감소된 경우에는 그에 따른 소득금액변동통지가 납세자인 당해 법인에 불이익을 미치는 처분이 아니므로 당해 법인은 그 소득금액변동통지의 취소를 구할 이익이 없다. 대법원 2012. 4. 13. 선고 2009두5510 판결

0491 ○ 행정처분에 그 효력기간이 정하여져 있는 경우, 그 처분의 효력 또는 집행이 정지된 바 없다면 위 기간의 경과로 그 행정처분의 효력은 상실되므로 그 기간 경과 후에는 그 처분이 외형상 잔존함으로 인하여 어떠한 법률상 이익이 침해되고 있다고 볼 만한 별다른 사정이 없는 한 그 처분의 취소를 구할 법률상의 이익이 없다. 대법원 2002. 7. 26. 선고 2000두7254 판결

0492 행정청이 공무원에 대하여 직위해제처분을 하였다가 그 후에 새로운 직위해제사유에 기하여 다시 직위해제처분을 한 경우에도, 당해 공무원이 제기한 원래의 직위해제처분의 취소를 구하는 소송은 소의 이익이 있다.
23. 국가 7급 (   )

0493 장래의 제재적 가중처분 기준을 대통령령이 아닌 부령의 형식으로 정한 경우에는 이미 제재기간이 경과한 제재적 처분의 취소를 구할 법률상 이익이 인정되지 않는다. 16. 국가 (   )

0494 가중요건이 법령에 규정되어 있는 경우, 업무정지처분을 받은 후 새로운 제재처분을 받음이 없이 법률이 정한 기간이 경과하여 실제로 가중된 제재처분을 받을 우려가 없어졌다면 특별한 사정이 없는 한 업무정지처분의 취소를 구할 법률상 이익이 인정되지 않는다. 19. 국가 (   )

0495 학교법인 임원취임승인의 취소처분 후 그 임원의 임기가 만료되고 구 「사립학교법」 소정의 임원결격사유기간마저 경과한 경우에 취임승인이 취소된 임원은 취임승인취소처분의 취소를 구할 소의 이익이 없다. 18. 지방 (   )

0496 수형자의 영치품에 대한 사용신청 불허처분 후 수형자가 다른 교도소로 이송된 경우 원래 교도소로의 재이송 가능성이 소멸되었으므로 그 불허처분의 취소를 구할 소의 이익이 없다. 17. 지방 (   )

0497 대집행이 완료된 경우 대집행계고처분의 취소를 구하는 소는 소의 이익이 없다. 10. 지방 (   )

0498 건축허가가 「건축법」에 따른 이격거리를 두지 아니하고 건축물을 건축하도록 되어 있어 위법하다 하더라도 건축이 완료되어 위법한 처분을 취소한다 하더라도 원상회복이 불가능한 경우에는 그 취소를 구할 법률상 이익이 없다. 16. 국가 (   )

0499 지방의회 의원에 대한 제명의결 취소소송 계속 중 의원의 임기가 만료된 경우에도 여전히 제명의결의 취소를 구할 법률상 이익이 인정된다. 19. 국가 (   )

0500 파면처분 취소소송의 사실심 변론종결 전에 금고 이상의 형을 선고받아 당연퇴직된 경우에도 해당 공무원은 파면처분의 취소를 구할 이익이 있다. 21. 지방 (   )

0501 한국방송공사 사장에 대한 해임처분의 무효확인 또는 취소소송 계속 중 임기가 만료되어 그 해임처분의 무효확인 또는 취소로 그 지위를 회복할 수는 없더라도 해임처분일부터 임기만료일까지 기간에 대한 보수 지급을 구할 수 있는 경우에는 해임처분의 무효확인 또는 취소를 구할 법률상 이익이 있다. 14. 국가 (   )

0502 서울대학교 불합격처분의 취소를 구하는 소송계속 중 당해연도의 입학시기가 지난 경우에도 불합격처분의 취소를 구할 법률상의 이익이 있다. 14. 지방 7급 (   )

0492 ✕ 행정청이 공무원에 대하여 새로운 직위해제사유에 기한 직위해제처분을 한 경우 그 이전에 한 직위해제처분은 이를 묵시적으로 철회하였다고 봄이 상당하므로, 그 이전 처분의 취소를 구하는 부분은 존재하지 않는 행정처분을 대상으로 한 것으로서 그 소의 이익이 없어 부적법하다. 대법원 2003. 10. 10. 선고 2003두5945 판결

0493 ✕ 제재적 행정처분의 가중사유나 전제요건에 관한 규정이 법령이 아니라 규칙의 형식으로 되어 있다고 하더라도, 그러한 규칙이 법령에 근거를 두고 있는 이상 그 법적 성질이 대외적·일반적 구속력을 갖는 법규명령인지 여부와는 상관없이, 관할 행정청이나 담당공무원은 이를 준수할 의무가 있으므로 이들이 그 규칙에 정해진 바에 따라 행정작용을 할 것이 당연히 예견되고, 그 결과 행정작용의 상대방인 국민으로서는 그 규칙의 영향을 받을 수밖에 없다. 따라서 그러한 규칙이 정한 바에 따라 선행처분을 받은 상대방이 그 처분의 존재로 인하여 장래에 받을 불이익, 즉 후행처분의 위험은 구체적이고 현실적인 것이므로, 상대방에게는 선행처분의 취소소송을 통하여 그 불이익을 제거할 필요가 있다. 따라서 규칙이 정한 바에 따라 선행처분을 가중사유 또는 전제요건으로 하는 후행처분을 받을 우려가 현실적으로 존재하는 경우에는, 선행처분을 받은 상대방은 비록 그 처분에서 정한 제재기간이 경과하였다 하더라도 그 처분의 취소소송을 통하여 그러한 불이익을 제거할 권리보호의 필요성이 충분히 인정된다고 할 것이므로, 선행처분의 취소를 구할 법률상 이익이 있다. 대법원 2006. 6. 22. 선고 2003두1684 판결

0494 ○ 업무정지처분을 받은 후 새로운 업무정지처분을 받음이 없이 1년이 경과하여 실제로 가중된 제재처분을 받을 우려가 없어졌다면 위 처분에서 정한 정지기간이 경과한 이상 특별한 사정이 없는 한 그 처분의 취소를 구할 법률상 이익이 없다. 대법원 2000. 4. 21. 선고 98두10080 판결

0495 ✕ 학교법인 임원취임승인의 취소처분 후 그 임원의 임기가 만료되고 구 사립학교법 제22조 제2호 소정의 임원결격사유기간마저 경과한 경우 또는 위 취소처분에 대한 취소소송 제기 후 임시이사가 교체되어 새로운 임시이사가 선임된 경우, 위 취임승인취소처분 및 당초의 임시이사선임처분의 취소를 구할 소의 이익이 있다. 대법원 2007. 7. 19. 선고 2006두19297 판결

0496 ✕ 수형자의 영치품에 대한 사용신청 불허처분 후 수형자가 다른 교도소로 이송되었다 하더라도 수형자의 권리와 이익의 침해 등이 해소되지 않은 점 등에 비추어, 위 영치품 사용신청 불허처분의 취소를 구할 이익이 있다. 대법원 2008. 2. 14. 선고 2007두13203 판결

0497 ○ 대집행계고처분 취소소송의 변론종결 전에 대집행영장에 의한 통지절차를 거쳐 사실행위로서 대집행의 실행이 완료된 경우에는 행위가 위법한 것이라는 이유로 손해배상이나 원상회복 등을 청구하는 것은 별론으로 하고 처분의 취소를 구할 법률상 이익은 없다. 대법원 1993. 6. 8. 선고 93누6164 판결

0498 ○ 비록 그 위법한 처분을 취소한다 하더라도 원상회복이 불가능한 경우에는 그 취소를 구할 이익이 없다. 따라서 건축허가가 건축법 소정의 이격거리를 두지 아니하고 건축물을 건축하도록 되어 있어 위법하다 하더라도 이미 건축공사가 완료되었다면 인접한 대지의 소유자로서는 위 건축허가처분의 취소를 구할 소의 이익이 없다. 대법원 1992. 4. 24. 선고 91누11131 판결

0499 ○ (지방의회 의원에 대한 제명의결 취소소송 계속 중 의원의 임기가 만료된 사안에서) 제명의결의 취소로 의원의 지위를 회복할 수는 없다 하더라도 제명의결시부터 임기만료일까지의 기간에 대한 월정수당의 지급을 구할 수 있는 등 여전히 그 제명의결의 취소를 구할 법률상 이익이 있다. 대법원 2009. 1. 30. 선고 2007두13487 판결

0500 ○ 파면처분취소소송의 사실심변론종결전에 동원고가 허위공문서등작성 죄로 징역 8월에 2년간 집행유예의 형을 선고받아 확정되었다면 원고는 지방공무원법 제61조의 규정에 따라 위 판결이 확정된 날 당연퇴직되어 그 공무원의 신분을 상실하고, 당연퇴직이나 파면이 퇴직급여에 관한 불이익의 점에 있어 동일하다 하더라도 최소한도 이 사건 파면처분이 있은 때부터 위 법규정에 의한 당연퇴직일자까지의 기간에 있어서는 파면처분의 취소를 구하여 그로 인해 박탈당한 이익의 회복을 구할 소의 이익이 있다 할 것이다. 대법원 1985. 6. 25. 선고 85누39 판결

0501 ○ 해임처분 무효확인 또는 취소소송 계속 중 임기가 만료되어 해임처분의 무효확인 또는 취소로 지위를 회복할 수는 없다고 할지라도, 그 무효확인 또는 취소로 해임처분일부터 임기만료일까지 기간에 대한 보수 지급을 구할 수 있는 경우에는 해임처분의 무효확인 또는 취소를 구할 법률상 이익이 있다. 대법원 2012. 2. 23. 선고 2011두5001 판결

0502 ○ 원고들이 불합격처분의 취소를 구하는 이 사건 소송계속 중 당해연도의 입학시기가 지났더라도 당해년도의 합격자로 인정되면 다음연도의 입학시기에 입학할 수도 있다고 할 것이고, 피고의 위법한 처분이 있게 됨에 따라 당연히 합격하였어야 할 원고들이 불합격처리되고 불합격되었어야 할 자들이 합격한 결과가 되었다면 원고들은 입학정원에 들어가는 자들이라고 하지 않을 수 없다고 할 것이므로 원고들로서는 피고의 불합격처분의 적법 여부를 다툴만한 법률상의 이익이 있다. 대법원 1990. 8. 28. 선고 89누8255 판결

0503 배출시설에 대한 설치허가가 취소된 후 그 배출시설이 철거되어 다시 가동할 수 없는 상태라도 그 취소처분이 위법하다는 판결을 받아 손해배상청구소송에서 이를 원용할 수 있다면 배출시설의 소유자는 당해 처분의 취소를 구할 법률상 이익이 있다. 18. 지방 (   )

0504 이전고시가 효력을 발생한 후에는 조합원 등이 관리처분계획의 취소 또는 무효확인을 구할 법률상 이익이 없다.
16. 국가 7급 (   )

0505 공장등록이 취소된 후 그 공장시설물이 철거되었고 다시 복구를 통하여 공장을 운영할 수 없는 상태라 하더라도 대도시 안의 공장을 지방으로 이전할 경우 조세감면 및 우선입주 등의 혜택이 관계법률에 보장되어 있다면, 공장 등록취소처분의 취소를 구할 법률상 이익이 인정된다. 19. 국가 (   )

0506 개발제한구역 안에서의 공장설립을 승인한 처분이 위법하다는 이유로 쟁송취소되었다면, 설령 그 승인처분에 기초한 공장건축허가처분이 잔존하는 경우에도 인근 주민들에게는 공장건축허가처분의 취소를 구할 법률상 이익이 없다. 19. 지방 (   )

0507 공익근무요원 소집해제신청을 거부한 후에 원고가 계속하여 공익근무요원으로 복무함에 따라 복무기간 만료를 이유로 소집해제처분을 한 경우, 원고는 거부처분의 취소를 구할 소의 이익이 있다. 21. 지방 (   )

0508 사법시험 제2차 시험 불합격처분 이후 새로 실시된 제2차 및 제3차 시험에 합격한 자는 불합격처분의 취소를 구할 협의의 소익이 없다. 15. 국가 (   )

0509 현역입영대상자가 현역병입영통지처분에 따라 현실적으로 입영을 한 후에는 처분의 집행이 종료되었고 입영으로 처분의 목적이 달성되어 실효되었으므로 입영통지처분을 다툴 법률상 이익이 인정되지 않는다. 19. 국가 (   )

0510 현역병 입영대상으로 병역처분을 받은 자가 그 취소소송 중 모병에 응하여 현역병으로 자진 입대한 경우 현역병 입영처분의 취소를 구하는 소송은 소의 이익이 없다. 14. 사복 (   )

0511 고등학교졸업학력검정고시에 합격하였다 하더라도, 고등학교에서 퇴학처분을 받은 자는 퇴학처분의 취소를 구할 협의의 소익이 있다. 15. 국가 (   )

0512 거부처분이 행정심판의 재결을 통해 취소된 경우 재결에 따른 후속처분이 아니라 그 재결의 취소를 구하는 것은 분쟁해결의 유효적절한 수단이라고 할 수 없어 소의 이익이 없다. 20. 군무원 7급 (   )

0513 구 「도시 및 주거환경정비법」상 조합설립추진위원회 구성승인처분을 다투는 소송 계속 중에 조합설립인가처분이 이루어졌다면 조합설립추진위원회 구성승인처분의 취소를 구할 법률상 이익은 없다. 18. 지방 (   )

0514 「도시 및 주거환경정비법」상 주택재건축사업조합이 새로이 조합설립인가처분을 받은 것과 동일한 요건과 절차를 거쳐 조합설립변경인가처분을 받은 경우, 당초의 조합설립인가처분이 유효한 것을 전제로 당해 주택재건축사업조합이 시공사 선정 등의 후속행위를 하였다 하더라도 특별한 사정이 없는 한 당초의 조합설립인가처분의 무효확인을 구할 소의 이익은 없다. 22. 지방 7급 (   )

정답 & ○×풀이

0503 **×** 소음·진동배출시설에 대한 <u>설치허가가 취소된 후 그 배출시설이 어떠한 경위로든 철거되어 다시 복구 등을 통하여 배출시설</u>을 가동할 수 없는 상태라면 이는 배출시설 설치허가의 대상이 되지 아니하므로 <u>외형상 설치허가취소행위가 잔존하고 있다고</u>하여도 특단의 사정이 없는 한 이제 와서 굳이 위 처분의 취소를 구할 법률상의 이익이 없고, 설령 원고가 이 사건 <u>처분이 위법하다</u>는 점에 대한 판결을 받아 피고에 대한 손해배상청구소송에서 이를 원용할 수 있다거나 위 배출시설을 다른 지역으로 이전하는 경우 행정상의 편의를 제공받을 수 있는 이익이 있다 하더라도, 그러한 이익은 <u>사실적·경제적 이익에 불과하여 이사건 처분의 취소를 구할 법률상 이익에 해당하지 않는다</u>. 대법원 2002. 1. 11. 선고 2000두2457 판결

0504 **○** 이전고시의 효력 발생으로 이미 대다수 조합원 등에 대하여 획일적·일률적으로 처리된 권리귀속관계를 모두 무효화 하고 다시 처음부터 관리처분계획을 수립하여 이전고시절차를 거치도록 하는 것은 정비사업의 공익적·단체법적 성격에 배치되므로, <u>이전고시가 효력을 발생한 후에는 조합원 등이 관리처분계획의 취소 또는 무효확인을 구할 법률상 이익이 없다</u>. 대법원 2012. 5. 24. 선고 2009두22140 판결

0505 **○** 공장등록이 취소된 후 그 <u>공장시설물이 철거되었다</u> 하더라도 대도시 안의 공장을 지방으로 이전할 경우 조세특례제한법상의 <u>세액공제 및 소득세 등의 감면혜택</u>이 있고, 공업배치 및 공장설립에 관한 법률상의 <u>간이한 이전절차 및 우선 입주의 혜택</u>이 있는 경우, 그 공장등록취소처분의 취소를 구할 <u>법률상의 이익이 있다</u>. 대법원 2002. 1. 11. 선고 2000두3306 판결

0506 **×** 개발제한구역 안에서의 공장설립을 승인한 <u>처분이 위법하다</u>는 이유로 쟁송취소되었다고 하더라도 <u>그 승인처분에 기초한 공장 건축허가처분이 잔존하는 이상, 공장설립승인처분이 취소되었다는 사정만으로 인근 주민들의 환경상 이익이 침해되는 상태나 침해될 위험이 종료되었다거나 이를 시정할 수 있는 단계가 지나버렸다고 단정할 수는 없고, 인근 주민들은 여전히 공장건축허가처분의 취소를 구할 법률상 이익이 있다</u>. 대법원 2018. 7. 12. 선고 2015두3485 판결

0507 **×** 공익근무요원 소집해제신청을 거부한 후에 원고가 계속하여 공익근무요원으로 복무함에 따라 복무기간 만료를 이유로 소집해 제처분을 한 경우, 원고가 입게 되는 권리와 이익의 침해는 소집해제처분으로 해소되었으므로 위 <u>거부처분의 취소를 구할 소의 이익이 없다</u>. 대법원 2005. 5. 13. 선고 2004두4369 판결

0508 **○** 사법시험 제2차 시험에 관한 불합격처분 이후에 <u>새로이 실시된 제2차 및 제3차 시험에 합격하였을 경우</u>에는 더 이상 위 불합격 처분의 취소를 구할 <u>법률상 이익이 없다</u>. 대법원 2007. 9. 21. 선고 2007두12057 판결

0509 **×** 현역입영대상자로서는 <u>현실적으로 입영을 하였다</u>고 하더라도, 입영 이후의 법률관계에 영향을 미치고 있는 현역병입영통지처분 등을 한 관할지방병무청장을 상대로 위법을 주장하여 그 <u>취소를 구할 소송상의 이익이 있다</u>(주 : 자진 입대가 아니라 강제 징집된 사례). 대법원 2003. 12. 26. 선고 2003두1875 판결

0510 **○** 현역병입영대상자로 병역처분을 받은 자가 그 취소소송 중 <u>모병에 응하여 현역병으로 자진 입대한 경우</u>, 그 처분의 위법을 다툴 실제적 효용 내지 이익이 없으므로 <u>소의 이익이 없다</u>. 대법원 1998. 9. 8. 선고 98두9165 판결

0511 **○** <u>고등학교졸업이 대학입학자격이나 학력인정으로서의 의미밖에 없다고 할 수 없으므로 고등학교졸업학력검정고시에 합격하였다</u> 하여 고등학교 학생으로서의 신분과 명예가 회복될 수 없는 것이니 퇴학처분을 받은 자로서는 퇴학처분의 위법을 주장하여 그 취소를 구할 <u>소송상의 이익이 있다</u>. 대법원 1992. 7. 14. 선고 91누4737 판결

0512 **○** 당사자의 신청을 받아들이지 않은 거부처분이 재결에서 취소된 경우에 행정청은 종전 거부처분 또는 재결 후에 발생한 새로운 사유를 내세워 <u>다시 거부처분을 할 수 있다</u>. 또한 행정청이 재결에 따라 이전의 신청을 받아들이는 후속처분을 하였더라도 후속처분이 위법한 경우에는 재결에 대한 취소소송을 제기하지 않고도 곧바로 <u>후속처분에 대한 항고소송을 제기하여 다툴 수 있다</u>. 나아가 거부처분을 취소하는 재결이 있더라도 그에 따른 후속처분이 있기까지는 제3자의 권리나 이익에 변동이 있다고 볼 수 없고 후속처분 시에 비로소 제3자의 권리나 이익에 변동이 발생한다. 이러한 점들을 종합하면, <u>거부처분이 재결에서 취소된 경우 재결에 따른 후속처분이 아니라 그 재결의 취소를 구하는 것은 실효적이고 직접적인 권리구제수단이 될 수 없어 분쟁해결의 유효적절한 수단이라고 할 수 없으므로 법률상 이익이 없다</u>. 대법원 2017. 10. 31. 선고 2015두45045 판결

0513 **○** 구 도시 및 주거환경정비법상 <u>조합설립추진위원회 구성승인처분을 다투는 소송 계속 중 조합설립인가처분이 이루어진 경우</u> 조합설립추진위원회 <u>구성승인처분에 대하여 취소 또는 무효확인을 구할 법률상 이익이 없다</u>. 대법원 2013. 1. 31. 선고 2011두11112 판결

0514 **×** 주택재건축사업조합이 새로 조합설립인가처분을 받는 것과 동일한 요건과 절차를 거쳐 <u>조합설립변경인가처분을 받는 경우 당초 조합설립인가처분의 유효를 전제로</u> 당해 주택재건축사업조합이 매도청구권 행사, 시공자 선정에 관한 총회 의결, 사업시행계획의 수립, 관리처분계획의 수립 등과 같은 <u>후속 행위를 하였다면 당초 조합설립인가처분이 무효로 확인되거나 취소될 경우 그것이 유효하게 존재하는 것을 전제로 이루어진 위와 같은 후속 행위 역시 소급하여 효력을 상실하게 되므로</u>, 특별한 사정이 없으면 위와 같은 형태의 <u>조합설립변경인가가 있다고 하여 당초 조합설립인가처분의 무효확인을 구할 소의 이익이 소멸된다고 볼 수는 없다</u>. 대법원 2012. 10. 25. 선고 2010두25107 판결

주제 20 취소소송의 소송요건_피고적격

1 의의

- 행정소송법 규정

  > **행정소송법 제13조(피고적격)** ① 취소소송은 다른 법률에 특별한 규정이 없는 한 그 처분 등을 행한 행정청을 피고로 한다. 다만, 처분등이 있은 뒤에 그 처분등에 관계되는 권한이 다른 행정청에 승계된 때에는 이를 승계한 행정청을 피고로 한다.
  > ② 제1항의 규정에 의한 행정청이 없게 된 때에는 그 처분등에 관한 사무가 귀속되는 국가 또는 공공단체를 피고로 한다.

- 행정청: 내부적으로 의사결정 + 외부적으로 표시할 수 있는 권한

- 정당한 권한 유무 불문 ➡ 실제로 처분을 행한 처분청이 행정청

- 대통령이 행한 공무원에 대한 불이익처분: 소속 장관

- 국회의장, 대법원장, 헌재소장의 처분: 각 국회사무총장, 법원행정처장, 헌재사무처장

- 처분 후 처분 관련 권한이 승계: 승계한 행정청

- 처분 후 처분청 폐지: 처분등에 관한 사무가 귀속되는 국가 또는 공공단체

2 유형별 검토: 피고적격을 갖는 자

① 처분청과 통지한 기관이 다른 경우: 처분청

- 서훈취소결정이 처분권자인 대통령이 아닌 국가보훈처장에 의해 통지된 경우
  ➡ 처분권자인 대통령이 피고적격 ㅇ

② 권한의 위임 등

- 권한의 위임·위탁: 수임기관이 '수임기관의 명의'로 처분 ➡ 수임기관

- 내부위임
  - 수임기관이 '위임기관의 명의'로 처분 ➡ 위임기관
  - if 수임기관이 자신의 명의로 처분(권한 없는 자의 처분으로 무효) ➡ 수임기관

- 권한의 대리
  - 수임기관이 대리관계를 표시하고 '위임기관의 명의'로 처분 ➡ 위임기관(피대리기관)
  - if 수임기관이 대리관계 표시함 없이 자신의 명의로 처분 ➡ 수임기관
    But 대리의사 ○ ＋ 상대방도 대리관계 인식 ➡ 위임기관

③ 합의제 행정기관 : 합의제 행정청

- 합의제 행정청이 행한 처분의 피고적격 : 합의제 행정청 ○, 합의제 행정청의 장 ×

- ex 토지수용위원회, 공정거래위원회, 감사원, 저작권심의조정위원회 등

- 예외 중앙노동위원회 ➡ 중앙노동위원회 위원장(∵ 노동위원회법)

④ 지방자치단체 : 지방자치단체의 장(교육감)

- 지방의회의 피고적격
  - 원칙 × (∵ 의결기관 ○, 표시기관 ×)
  - 예외 ○ (ex 지방의회 내부사건 : 지방의회의원 징계의결, 지방의장 불신임결의 등)
- 처분적 조례에 대한 항고소송의 피고적격 : 지방의회 ×, 지방자치단체의 장(교육감) ○

3 피고경정

- 취소소송 계속 중 피고를 변경하는 것

- 사실심 변론종결시까지 허용

- 허용되는 경우 : 원고가 피고를 잘못 지정, 권한의 승계 또는 행정청의 폐지, 소의 변경

- 피고를 잘못 지정한 경우 : 바로 소 각하 ×, 석명권 행사의무 ○

- if 피고경정 ○ ➡ 새로운 피고에 대한 소송 : 처음에 소를 제기한 때 제기된 것 ○

1 행정소송법 규정

> **행정소송법 제20조(제소기간)** ① 취소소송은 처분등이 있음을 안 날부터 90일 이내에 제기하여야 한다. 다만, 제18조 제1항 단서에 규정한 경우와 그 밖에 행정심판청구를 할 수 있는 경우 또는 행정청이 행정심판청구를 할 수 있다고 잘못 알린 경우에 행정심판청구가 있은 때의 기간은 재결서의 정본을 송달받은 날부터 기산한다.
> ② 취소소송은 처분등이 있은 날부터 1년(제1항 단서의 경우는 재결이 있은 날부터 1년)을 경과하면 이를 제기하지 못한다. 다만, 정당한 사유가 있는 때에는 그러하지 아니하다.
> ③ 제1항의 규정에 의한 기간은 불변기간으로 한다.

2 행정심판을 거치지 않은 경우

① 안 날로부터 90일

(1) 특정인에 대한 송달

- 안 날: 처분이 있음을 '현실적으로 안 날'

- 처분 통지의 도달 ➡ 안 것으로 추정
  - ∴ 반증에 성공하여 추정 깨뜨리는 경우, 도달을 주장하는 자가 증명해야 함

- if 통지 ✕ ➡ 다른 경로로 처분이 있음을 알았다고 하더라도 제소기간 진행 ✕
  - ex 정보공개를 통해 처분 통지 도달 전에 처분의 내용을 알게 되었더라도, 제소기간 진행 ✕

(2) 고시 또는 공고

- 특정인에 대한 공시송달(행정절차법상 공고)
  - 현실적으로 알 필요 ○ ➡ 공고의 효력 발생일(공고 후 14일 후)부터 제소기간 기산되는 것 ✕

- 일반처분(개별법상 고시·공고)
  - 현실적으로 알 필요 ✕ ➡ 고시·공고가 효력 발생하는 날부터 제소기간 기산 ○
  - 예외 개별토지가격결정의 공고 ➡ 실제로 처분이 있음을 안 날로부터 제소기간 기산

(3) 불고지 또는 오고지

- 행정심판법: 불고지 또는 오고지 특례 규정 ○
  - 불고지 ➡ 알았는지 여부를 불문하고 있은 날로부터 180일
  - 길게 오고지 ➡ 길게 고지된 기간 내 ○

- 행정소송법: 불고지 또는 오고지 특례 규정 ✕ ➡ 행정심판법 특례 적용 ✕

⑷ 불변기간

- 의미 : 법원이 그 기간을 변경할 수 없는 기간

- 민소법 준용 ➡ 법원은 부가기간 정할 수 있고, 일정한 경우 소송행위의 추후보완(추완) 가능

⑸ 법률에 대한 위헌 결정이 있는 경우

- 처분 당시에는 법제상 취소소송 제기가 불가능하다가 위헌결정으로 인해 취소소송이 가능하게 된 경우

- 위헌결정 있음을 안 날로부터 90일, 위헌결정 있은 날로부터 1년

② 있은 날로부터 1년

- 있은 날 : (처분의 통지가 도달하여) 처분이 효력이 발생한 날

- 정당한 사유 있는 경우 : 1년 후에도 가능

- [ex] 제3자효 있는 처분에 있어서 처분의 상대방 아닌 제3자
  - 처분이 있는 것 바로 알 수 없음 ➡ 정당한 사유 ○
  - But 어떠한 경위로든 처분 있음을 알게 된 경우 ➡ 그때로부터 90일

---

3 ▌행정심판을 거친 경우

- 재결서 정본을 송달받은 날로부터 90일(불변기간) or 재결 있은 날로부터 1년

- 제소기간 도과 ➡ 각하 재결 ➡ 재결서 정본 송달일로부터 90일 내 취소소송 제기 : 제소기간 준수 ×

- 제소기간 도과 ➡ 행정청이 행정심판 할 수 있는 것으로 잘못 고지 : 불가쟁력 소멸 ×

---

4 ▌유형별 검토 : 제소기간의 기준

① 변경(경정)처분

- 감액경정처분 : 당초처분의 직권 일부취소 ➡ 대상적격 : 일부취소 되고 남은 당초처분 ∴ 당초처분 기준

- 증액경정처분 : 전체로서의 새로운 처분(당초처분 흡수・소멸) ➡ 대상적격 : 증액경정처분 ∴ 증액경정처분 기준

② 변경명령재결

- 대상적격 : 변경된 원처분

- 제소기간 : 변경된 원처분 기준 ➡ 재결서 정본 송달일로부터 기산

사례

16. 12. 23. 영업정지 3월 ➡ 변경명령재결(영업정지 3월 ➡ 영업정지 2월에 갈음하는 과징금) ➡ 17. 3. 10. 재결서 정본 송달 ➡ 17. 3. 13. 변경처분

⇨ 재결서 정본 송달일인 17. 3. 10.부터 90일 내에 변경된 원처분(과징금으로 변경된 영업정지 3월 처분)을 대상으로 취소소송 제기

---

③ 과세처분에 대한 이의신청에 따른 재조사결정

- 과세처분 ➡ (국세기본법상) 이의신청 ➡ 재조사결정 ➡ 재조사결정서 송달 ➡ 재조사 ➡ 후속처분
  - 제소기간의 기산점: 재조사결정서 송달된 날 ×, 후속처분이 통지된 날 ○

④ 이의신청 거친 후 취소소송 제기

- 이의신청에 대한 결과 통지 받은 후 90일 내에 제기 ○(행정기본법 제36조)
- 참고 국민고충처리제도에 따른 고충민원의 제기 ➡ 이의신청 ×, 행정심판 × ➡ 안 날 90일 ○

---

5 취소소송 외 다른 소송

① 무효확인소송

- 원칙 제소기간 제한 ×
- 예외 무효선언적 의미의 취소소송 ➡ 취소소송의 제소기간 제한 ○

② 부작위위법확인소송

- 원칙 부작위 계속 ➡ 제소기간 제한 ×
- 예외 행정심판 거친 경우 ➡ 재결서 정본 송달받은 날로부터 90일(재결 있은 날로부터 1년)

③ 당사자소송

- 제소기간 제한 ×
- 개별법상 규정 있는 경우 그에 따름(불변기간)
  ex 토지보상법상 보상금증감소송

주제 22 취소소송의 소송요건_전심절차

> **행정소송법 제18조(행정심판과의 관계)** ① 취소소송은 법령의 규정에 의하여 당해 처분에 대한 행정심판을 제기할 수 있는 경우에도 이를 거치지 아니하고 제기할 수 있다. 다만, 다른 법률에 당해 처분에 대한 행정심판의 재결을 거치지 아니하면 취소소송을 제기할 수 없다는 규정이 있는 때에는 그러하지 아니하다.

1 행정심판 임의주의

- 행정심판을 거침이 없이 곧바로 행정소송을 제기할 수 있는 입법주의

- 행정소송법에 따른 원칙

2 예외적 행정심판 전치주의

① 일반론

- 행정심판의 재결을 거쳐야만 행정소송을 제기할 수 있는 입법주의

- (ex) 국세·지방세기본법(심사청구 또는 심판청구), 국가·지방·교육공무원법(소청심사), 관세법, 도로교통법

- **적용 범위** : 취소소송 ○, 부작위위법확인소송 ○, 무효확인소송 ×(무효선언적 취소소송 ○)

② 예외(행정소송법 제18조 제2항, 제3항)

- 행정심판 전치주의가 적용됨에도 행정심판(재결)을 거치지 않아도 되는 경우

- 재결 불요 : 심판청구 후 60일 경과, 중대한 손해 예방의 긴급한 필요, 심판기관이 재결 못할 사유 존재

- 심판청구 불요 : 동종사건 기각재결, 관련 처분에 대한 재결, 사실심 변론종결 후 처분 변경, 오고지
  - (ex) 하천구역 무단점용을 이유로 한 부당이득금 부과처분(or 과세처분) + 가산금 징수처분

③ 전치요건 충족 여부 판단

- 행정심판청구는 적법해야 함 ➡ 부적법한 행정심판청구 : 전치요건 충족 ×
  - 적법한 행정심판청구를 행심위가 잘못 각하한 경우 ➡ 전치요건 충족 ○

- 사실심 변론종결시 기준으로 판단
  - 소 제기시에는 전치요건 충족되지 않았더라도, 변론종결시까지 재결 거치면 전치요건 충족 ○

- 행정심판절차에서 주장하지 않은 공격방어방법 ➡ 취소소송절차에서 주장할 수 있음(별도의 전심절차 불요)

취소소송의 소송요건_관할법원

1 토지관할(행정소송법 제9조)

- 원칙: 피고(행정청) 소재지 관할 법원
- 예외: 대법원 소재지 관할 행정법원(서울행정법원)
  - 중앙행정기관 및 그 부속기관, 합의제 행정기관 및 그 장
  - 국가사무를 위임·위탁받은 공공단체 및 그 장
- 부동산: 부동산 소재지 관할 행정법원

2 사물관할

- 원칙: 합의부(판사 3인)
- 예외: 단독판사(재정단독사건)

3 심급관할

- 1심: 지방법원 합의부 or 행정법원
- 2심: 고등법원(항소심)
- 3심: 대법원(상고심)

4 관할 위반에 따른 이송

① 토지관할 위반의 소 제기

- 소 각하 ✕, 관할법원으로 이송 ○

② 행정사건을 민사소송으로 제기

- if 수소법원이 행정소송 관할권 ○ ➡ 석명권 행사하여 소 변경하도록 한 후, 행정소송으로 심리·판결

- if 수소법원이 행정소송 관할권 × ➡ **소 각하 ×, 행정법원으로 이송 ○**
  - 행정법원으로 이송하지 않고, 민사판결을 한 경우 ➡ **관할위반의 위법 ○(∵ 행정소송＝전속관할)**
  - 제소기간 도과 등 취소소송의 소송요건 갖추지 못했음이 명백 ➡ **이송 ×, 소 각하 ○**
  - 이송결정 확정 후 취소소송으로 소 변경 ➡ **제소기간은 '최초의 소 제기시' 기준으로 판단**

③ 민사사건을 행정소송으로 제기

- 피고가 관할위반의 항변을 하지 않고, 본안에 관한 변론을 한 경우 ➡ **변론관할 성립 ○**

- 특별한 사정이 없는 한, 민사사건을 행정소송절차로 진행한 것 자체가 위법한 것 ×

기출 ⭕❌ Check

0515 취소소송은 다른 법률에 특별한 규정이 없는 한 그 처분 등을 행한 행정청을 피고로 하며, 당사자소송은 국가·공공단체 그 밖의 권리주체를 피고로 한다. 18. 서울 (   )

0516 취소소송에서 피고가 될 수 있는 행정청에는 대외적으로 의사를 표시할 수 있는 기관이 아니더라도 국가나 공공단체의 의사를 실질적으로 결정하는 기관이 포함된다. 20. 국가 (   )

0517 상급행정청의 지시에 의해 하급행정청이 자신의 명의로 처분을 하였다면, 당해 처분에 대한 취소소송에서는 지시를 내린 상급행정청이 피고가 된다. 20. 국가 (   )

0518 「국가공무원법」에 따른 처분, 그 밖에 본인의 의사에 반한 불리한 처분이나 부작위에 관한 행정소송을 제기할 때에 대통령의 처분 또는 부작위의 경우에는 소속 장관을 피고로 한다. 19. 지방 (   )

0519 대통령의 검사임용처분에 대한 취소소송의 피고는 법무부장관이 된다. 18. 지방 (   )

0520 국회의장이 행한 처분의 경우 국회사무총장이 피고가 된다. 14. 지방 7급 (   )

0521 헌법재판소장이 소속직원에게 내린 징계처분에 대한 취소소송의 피고는 헌법재판소 사무처장이 된다.
18. 지방 (   )

0522 처분등이 있은 뒤에 그 처분등에 관계되는 권한이 다른 행정청에 승계된 때에는 이를 승계한 행정청을 피고로 한다. 15. 국가 (   )

0523 건국훈장 독립장이 수여된 망인에 대한 서훈취소를 국무회의에서 의결하고 대통령이 결재함으로써 서훈취소가 결정된 후에 국가보훈처장이 망인의 유족에게 독립유공자 서훈취소결정 통보를 하였다면 서훈취소처분취소소송에서의 피고적격은 국가보훈처장에 있다. 23. 국가 (   )

0524 국가보훈처장이 서훈추천 신청자에 대한 서훈추천을 거부한 것은 항고소송의 대상으로 볼 수는 없어 항고소송을 제기할 수는 없으나 행정권력의 부작위에 대한 헌법소원으로서 다툴 수 있다. 23. 국가 (   )

0525 환경부장관의 권한을 위임받은 서울특별시장이 내린 처분에 대한 취소소송의 피고는 서울특별시장이 된다.
18. 지방 (   )

0526 내부위임을 받은 경찰서장의 권한 없는 자동차운전면허정지처분에 대한 항고소송의 피고는 지방경찰청장이 된다. 15. 국가 (   )

0527 국토교통부장관으로부터 권한을 내부위임받은 국토교통부차관이 처분을 한 경우에 그에 대한 취소소송의 피고는 국토교통부차관이 된다. 18. 지방 (   )

정답 & ○× 풀이

0515 ○ 행정소송법 제13조(피고적격) ① 취소소송은 다른 법률에 특별한 규정이 없는 한 그 처분등을 행한 행정청을 피고로 한다. 행정소송법 제39조(피고적격) 당사자소송은 국가·공공단체 그 밖의 권리주체를 피고로 한다.

0516 × 취소소송은 다른 법률에 특별한 규정이 없는 한 그 처분 등을 행한 행정청을 피고로 한다. 여기서 '행정청'이라 함은 국가 또는 공공단체의 기관으로서 국가나 공공단체의 의견을 결정하여 외부에 표시할 수 있는 권한, 즉 처분권한을 가진 기관을 말하고, 대외적으로 의사를 표시할 수 있는 기관이 아닌 내부기관은 실질적인 의사가 그 기관에 의하여 결정되더라도 피고적격을 갖지 못한다. 대법원 2014. 5. 16. 선고 2014두274 판결

0517 × 행정처분의 취소 또는 무효확인을 구하는 행정소송은 다른 법률에 특별한 규정이 없는 한 소송의 대상인 행정처분 등을 외부적으로 그의 명의로 행한 행정청을 피고로 하여야 하는 것으로서 그 행정처분을 하게 된 연유가 상급행정청이나 타행정청의 지시나 통보에 의한 것이라 하여 다르지 않다고 할 것이며, 권한의 위임이나 위탁을 받아 수임행정청이 정당한 권한에 기하여 그 명의로 한 처분에 대하여는 말할 것도 없고, 내부위임이나 대리권을 수여받은 데 불과하여 원행정청 명의나 대리관계를 밝히지 아니하고는 그의 명의로 처분 등을 할 권한이 없는 행정청이 권한 없이 그의 명의로 한 처분에 대하여도 처분명의자인 행정청이 피고가 되어야 할 것이다. 대법원 1995. 12. 22. 선고 95누14688 판결

0518 ○ 국가공무원법 제16조(행정소송과의 관계) ① 제75조에 따른 처분, 그 밖에 본인의 의사에 반한 불리한 처분이나 부작위에 관한 행정소송은 소청심사위원회의 심사·결정을 거치지 아니하면 제기할 수 없다.
② 제1항에 따른 행정소송을 제기할 때에는 대통령의 처분 또는 부작위의 경우에는 소속 장관(대통령령으로 정하는 기관의 장을 포함한다. 이하 같다)을, 중앙선거관리위원회위원장의 처분 또는 부작위의 경우에는 중앙선거관리위원회사무총장을 각각 피고로 한다.

0519 ○ 공무원의 인사에 관한 처분에 있어서 그 처분청이 대통령인 때에는 소속 장관(검사의 경우 법무부장관)이 피고가 된다.

0520 ○ 국회사무처법 제4조(사무총장) ③ 의장이 한 처분에 대한 행정소송의 피고는 사무총장으로 한다.

0521 ○ 헌법재판소법 제17조(사무처) ⑤ 헌법재판소장이 한 처분에 대한 행정소송의 피고는 헌법재판소 사무처장으로 한다.

0522 ○ 행정소송법 제13조(피고적격) ① 취소소송은 다른 법률에 특별한 규정이 없는 한 그 처분등을 행한 행정청을 피고로 한다. 다만, 처분등이 있은 뒤에 그 처분등에 관계되는 권한이 다른 행정청에 승계된 때에는 이를 승계한 행정청을 피고로 한다.

0523 × (국무회의에서 건국훈장 독립장이 수여된 망인에 대한 서훈취소를 의결하고 대통령이 결재함으로써 서훈취소가 결정된 후 국가보훈처장이 망인의 유족 甲에게 '독립유공자 서훈취소결정 통보'를 하자 甲이 국가보훈처장을 상대로 서훈취소결정의 무효확인 등의 소를 제기한 사안에서) 甲이 서훈취소 처분을 행한 행정청(대통령)이 아니라 국가보훈처장을 상대로 제기한 위 소는 피고를 잘못 지정한 경우에 해당한다. 대법원 2014. 9. 26. 선고 2013두2518 판결

0524 × [1] 관련 법령에서 정한 자격기준이나 위 정부포상업무지침이 정한 자격요건에 해당한다는 이유로 행정자치부장관에게 훈장을 요구할 수 있는 법규상 또는 조리상 권리를 갖는다고 볼 수 없으므로, 훈장수여신청에 대한 거부통지는 항고소송의 대상이 되는 처분으로 볼 수 없다. 서울고등법원 2005. 4. 27. 선고 2004누8790 판결
[2] 독립유공자의 구체적 인정절차는 입법자가 헌법의 취지에 반하지 않는 한 입법재량으로 정할 수 있다. 독립유공자 인정의 전 단계로서 상훈법에 따른 서훈추천은 해당 후보자에 대한 공적심사를 거쳐서 이루어지며, 그러한 공적심사의 통과 여부는 해당 후보자가 독립유공자로서 인정될만한 사정이 있는지에 달려 있다. 이에 관한 판단에 있어서 국가는 나름대로의 재량을 지닌다. 따라서 국가보훈처장이 서훈추천 신청자에 대한 서훈추천을 하여 주어야 할 헌법적 작위의무가 있다고 할 수는 없으므로, 서훈추천을 거부한 것에 대하여 행정권력의 부작위에 대한 헌법소원으로서 다툴 수 없다. 헌법재판소 2005. 6. 30. 선고 2004헌마859 전원재판부

0525 ○ 권한의 위임·위탁이 있는 경우 위임기관은 처분권한을 상실하며 수임기관이 처분권한을 갖게 되는데, 그 결과 피고적격을 갖는 행정청은 위임기관이 아닌 수임기관(서울특별시장)이 된다.

0526 × 행정처분의 취소 또는 무효확인을 구하는 행정소송은 다른 법률에 특별한 규정이 없는 한 그 처분을 행한 행정청을 피고로 하여야 하며, 행정처분을 행할 적법한 권한 있는 상급행정청으로부터 내부위임을 받은 데 불과한 하급행정청이 권한 없이 행정처분을 한 경우에도 실제로 그 처분을 행한 하급행정청을 피고로 하여야 할 것이지 그 처분을 행할 적법한 권한 있는 상급행정청을 피고로 할 것은 아니다(주 : 따라서 실제로 처분을 한 경찰서장이 피고가 됨). 대법원 1994. 8. 12. 선고 94누2763 판결

0527 × 내부위임의 경우에는 권한의 위임·위탁과 달리 수임기관에게 처분권한이 이전되는 것이 아니므로, 피고적격을 갖는 행정청은 위임기관(국토교통부장관)이 된다.

0528 대리기관이 대리관계를 표시하고 피대리 행정청을 대리하여 행정처분을 한 때에는 피대리 행정청이 피고로 되어야 한다. 19. 지방 (   )

0529 대리권을 수여받은 데 불과하여 그 자신의 명의로는 행정처분을 할 권한이 없는 행정청의 경우 대리관계를 밝힘이 없이 그 자신의 명의로 행정처분을 하였다면 그에 대하여는 처분명의자인 당해 행정청이 항고소송의 피고가 되어야 하는 것이 원칙이다. 18. 서울 (   )

0530 구 「저작권법」상 저작권등록처분에 대한 무효확인소송에서 저작권심의조정위원회위원장이 피고가 된다.
14. 지방 7급 (   )

0531 중앙노동위원회의 처분에 대한 항고소송의 피고는 중앙노동위원회 위원장이 된다. 15. 국가 (   )

0532 지방의회의 지방의회의원에 대한 징계의결에 대한 항고소송의 피고는 지방의회의장이 된다. 15. 국가 (   )

0533 조례가 항고소송의 대상이 되는 경우 피고는 지방자치단체의 의결기관으로서 조례를 제정한 지방의회이다.
18. 서울 (   )

0534 교육·학예에 관한 도의회의 조례에 대한 항고소송의 피고는 도의회가 된다. 15. 국가 (   )

0535 취소소송에서 원고가 처분청 아닌 행정관청을 피고로 잘못 지정한 경우, 법원은 석명권의 행사 없이 소송요건의 불비를 이유로 소를 각하할 수 있다. 20. 국가 (   )

0536 제소기간의 적용에 있어 '처분이 있음을 안 날'이란 처분의 존재를 현실적으로 안 날을 의미하는 것이 아니라 처분의 위법 여부를 인식한 날을 말한다. 15. 사복 (   )

0537 처분이 있음을 안 날'은 처분이 있었다는 사실을 현실적으로 안 날을 의미하므로, 처분서를 송달받기 전 정보공개청구를 통하여 처분을 하는 내용의 일체의 서류를 교부받았다면 그 서류를 교부받은 날부터 제소기간이 기산된다. 21. 국가 (   )

0538 행정청이 행정심판청구를 할 수 있다고 잘못 알려 행정심판청구를 한 경우에는 재결서 정본을 송달받은 날이 아닌 처분이 있음을 안 날로부터 제소기간이 기산된다. 21. 국가 (   )

0539 고시 또는 공고에 의하여 행정처분을 하는 경우 그 행정처분에 이해관계를 갖는 사람이 고시 또는 공고가 있었다는 사실을 현실적으로 알았는지 여부에 관계없이 고시 또는 공고가 효력을 발생한 날에 행정처분이 있음을 알았다고 보아야 한다. 20. 지방 (   )

0528 ○ 항고소송은 다른 법률에 특별한 규정이 없는 한 원칙적으로 소송의 대상인 행정처분을 외부적으로 행한 행정청을 피고로 하여야 하고, 다만 <u>대리기관이 대리관계를 표시하고 피대리 행정청을 대리하여 행정처분을 한 때에는 피대리 행정청이 피고로 되어야 한다.</u> 대법원 2018. 10. 25. 선고 2018두43095 판결

0529 ○ 대리권을 수여받은 데 불과하여 그 자신의 명의로는 행정처분을 할 권한이 없는 행정청의 경우 <u>대리관계를 밝힘이 없이 그 자신의 명의로 행정처분을 하였다면 그에 대하여는 처분명의자인 당해 행정청이 항고소송의 피고가 되어야 하는 것이 원칙</u>이지만, 비록 대리관계를 명시적으로 밝히지는 아니하였다 하더라도 처분명의자가 피대리 행정청 산하의 행정기관으로서 실제로 피대리 행정청으로부터 대리권한을 수여받아 피대리 행정청을 대리한다는 의사로 행정처분을 하였고 처분명의자는 물론 그 상대방도 그 행정처분이 피대리 행정청을 대리하여 한 것임을 알고서 이를 받아들인 예외적인 경우에는 피대리 행정청이 피고가 되어야 한다. 대법원 2006. 2. 23.자 2005부4 결정

0530 × 저작권 등록처분에 대한 무효확인소송에서 피고적격은 저작권 등록업무의 처분청인 '<u>저작권심의조정위원회</u>'가 가진다. 대법원 2009. 7. 9. 선고 2007두16608 판결

0531 ○ 합의제 행정청의 처분에 대해서는 원칙적으로 합의제 행정청이 피고가 되나, <u>노동위원회법에 따라 중앙노동위원회의 처분에 대한 소송의 피고는 중앙노동위원회가 아닌 중앙노동위원회 위원장</u>이 된다.

0532 × 지방의회는 그 의사를 외부적으로 표시할 수 있는 권한이 없는 의결기관에 불과하므로 원칙적으로 행정청이 될 수 없다. 다만, <u>지방의회의원에 대한 징계의결, 지방의회의장선거나 지방의회의장 불신임결의 등에 있어서는 그 의결을 행한 지방의회(지방의회의장 ×)가 행정청으로서 피고가 된다.</u>

0533 × 조례가 집행행위의 개입 없이도 그 자체로서 직접 국민의 구체적인 권리의무나 법적 이익에 영향을 미치는 등의 법률상 효과를 발생하는 경우 그 조례는 항고소송의 대상이 되는 행정처분에 해당하고, 이러한 <u>조례에 대한 무효확인소송을 제기함에 있어서 행정소송법 제38조 제1항, 제13조에 의하여 피고적격이 있는 처분 등을 행한 행정청은, 행정주체인 지방자치단체 또는 지방자치단체의 내부적 의결기관으로서 지방자치단체의 의사를 외부에 표시한 권한이 없는 지방의회가 아니라, 구 지방자치법 제19조 제2항, 제92조에 의하여 지방자치단체의 집행기관으로서 조례로서의 효력을 발생시키는 공포권이 있는 지방자치단체의 장이다.</u> 대법원 1996. 9. 20. 선고 95누8003 판결

0534 × 구 지방교육자치에관한법률 제14조 제5항, 제25조에 의하면 시·도의 교육·학예에 관한 사무의 집행기관은 시·도 교육감이고 시·도 교육감에게 지방교육에 관한 조례안의 공포권이 있다고 규정되어 있으므로, <u>교육에 관한 조례의 무효확인소송을 제기함에 있어서는 그 집행기관인 시·도 교육감을 피고로 하여야 한다.</u> 대법원 1996. 9. 20. 선고 95누8003 판결

0535 × 원고가 피고를 잘못 지정하였다면 법원으로서는 당연히 <u>석명권을 행사하여 원고로 하여금 피고를 경정하게 하여 소송을 진행</u>케 하였어야 할 것임에도 불구하고 <u>이러한 조치를 취하지 아니한 채 피고의 지정이 잘못되었다는 이유로 소를 각하한 것이 위법</u>하다. 대법원 2004. 7. 8. 선고 2002두7852 판결

0536 × 행정소송법 제20조 제2항 소정의 제소기간 기산점인 "<u>처분이 있음을 안 날</u>"이란 통지, 공고 기타의 방법에 의하여 <u>당해 처분이 있었다는 사실을 현실적으로 안 날을 의미하고 구체적으로 그 행정처분의 위법 여부를 판단한 날을 가리키는 것은 아니다.</u> 대법원 1991. 6. 28. 선고 90누6521 판결

0537 × 처분이 甲에게 고지되어 처분이 있다는 사실을 현실적으로 알았을 때 행정소송법 제20조 제1항에서 정한 제소기간이 진행한다고 보아야 함에도, <u>甲이 통보서를 송달받기 전에 자신의 의무기록에 관한 정보공개를 청구하여 위 처분을 하는 내용의 통보서를 비롯한 일체의 서류를 교부받은 날부터 제소기간을 기산하여 위 소는 90일이 지난 후 제기한 것으로서 부적법하다고 본 원심판결에는 법리를 오해한 위법이 있다.</u> 대법원 2014. 9. 25. 선고 2014두8254 판결

0538 × 행정소송법 제20조(제소기간) ① 취소소송은 처분등이 있음을 안 날부터 90일 이내에 제기하여야 한다. 다만, 제18조 제1항 단서에 규정한 경우와 그 밖에 <u>행정심판청구를 할 수 있는 경우 또는 행정청이 행정심판청구를 할 수 있다고 잘못 알린 경우에 행정심판청구가 있은 때의 기간은 재결서의 정본을 송달받은 날부터 기산한다.</u>

0539 ○ 통상 고시 또는 공고에 의하여 행정처분을 하는 경우에는 그 처분의 상대방이 불특정 다수인이고, 그 처분의 효력이 불특정 다수인에게 일률적으로 적용되는 것이므로, 그에 대한 행정심판 청구기간도 그 행정처분에 이해관계를 갖는 자가 <u>고시 또는 공고가 있었다는 사실을 현실적으로 알았는지 여부에 관계없이 고시가 효력을 발생하는 날인 고시 또는 공고가 있은 후 5일이 경과한 날에 행정처분이 있음을 알았다고 보아야</u> 한다. 대법원 2000. 9. 8. 선고 99두11257 판결

0540 처분시에 행정청으로부터 행정심판 제기기간에 관하여 법정 심판청구기간보다 긴 기간으로 잘못 통지받은 경우에 보호할 신뢰 이익은 그 통지받은 기간 내에 행정소송을 제기한 경우에까지 확대되지 않는다. 22. 지방 (   )

0541 제3자효 행정행위의 경우 제3자가 어떠한 경위로든 행정처분이 있음을 안 이상 그 처분이 있음을 안 날로부터 90일 이내에 취소소송을 제기하여야 한다. 12. 지방 (   )

0542 처분 당시에는 취소소송의 제기가 법제상 허용되지 않아 소송을 제기할 수 없다가 위헌결정으로 인하여 비로소 취소소송을 제기할 수 있게 된 경우 객관적으로는 위헌결정이 있은 날, 주관적으로는 위헌결정이 있음을 안 날을 제소기간의 기산점으로 삼아야 한다. 15. 국회 8급 (   )

0543 행정심판을 청구하였으나 심판청구기간을 도과하여 각하된 후 제기하는 취소소송은 재결서를 송달받은 날부터 90일 이내에 제기하면 된다. 21. 국가 (   )

0544 처분의 불가쟁력이 발생하였고 그 이후에 행정청이 당해 처분에 대해 행정심판청구를 할 수 있다고 잘못 알렸다면, 그 처분의 취소소송의 제소기간은 행정심판의 재결서를 받은 날부터 기산한다. 17. 지방 (   )

0545 청구취지를 변경하여 종전의 소가 취하되고 새로운 소가 제기된 것으로 변경되었다면 새로운 소에 대한 제소기간 준수여부는 원칙적으로 소의 변경이 있은 때를 기준으로 한다. 17. 지방 (   )

0546 어느 하나의 처분의 취소를 구하는 소에 당해 처분과 관련되는 처분의 취소를 구하는 청구를 추가적으로 병합한 경우, 추가적으로 병합된 소의 소제기 기간의 준수 여부는 그 청구취지의 추가신청이 있은 때를 기준으로 한다. 22. 지방 7급 (   )

0547 동일한 처분에 대하여 무효확인의 소를 제기하였다가 그 처분의 취소를 구하는 소를 추가적으로 병합한 경우, 주된 청구인 무효확인의 소가 적법한 제소기간 내에 제기되었다면 추가로 병합된 취소청구의 소도 적법하게 제기된 것으로 볼 수 있다. 21. 국가 (   )

0548 당사자가 적법한 제소기간 내에 부작위위법확인의 소를 제기한 후 동일한 신청에 대하여 소극적 처분이 있다고 보아 처분취소소송으로 소를 교환적으로 변경한 후 부작위위법확인의 소를 추가적으로 병합한 경우 제소기간을 준수한 것으로 볼 수 있다. 19. 국회 8급 (   )

PART 02

0540 O 행정처분시나 그 이후 행정청으로부터 행정심판 제기기간에 관하여 법정 심판청구기간보다 긴 기간으로 잘못 통지받은 경우에 보호할 신뢰 이익은 그 통지받은 기간 내에 행정심판을 제기한 경우에 한하는 것이지 행정소송을 제기한 경우에까지 확대된다 고 할 수 없으므로, 당사자가 행정처분시나 그 이후 행정청으로부터 행정심판 제기기간에 관하여 법정 심판청구기간보다 긴 기간으로 잘못 통지받아 행정소송법상 법정 제소기간을 도과하였다고 하더라도, 그것이 당사자가 책임질 수 없는 사유로 인한 것이라고 할 수는 없다. 대법원 2001. 5. 8. 선고 2000두6916 판결

0541 O 행정처분의 상대방이 아닌 제3자는 일반적으로 처분이 있는 것을 바로 알 수 없는 처지에 있으므로 처분이 있은 날로부터 180 일이 경과하더라도 특별한 사유가 없는 한 구 행정심판법 제18조 제3항 단서 소정의 정당한 사유가 있는 것으로 보아 심판청구 가 가능하나, 그 제3자가 어떤 경위로든 행정처분이 있음을 알았거나 쉽게 알 수 있는 등 행정심판법 제18조 제1항 소정의 심판 청구기간 내에 심판청구가 가능하였다는 사정이 있는 경우에는 그 때로부터 60일(주 : 현행법상 90일) 이내에 행정심판을 청구 하여야 한다. 대법원 1996. 9. 6. 선고 95누16233 판결

0542 O 처분 당시에는 취소소송의 제기가 법제상 허용되지 않아 소송을 제기할 수 없다가 위헌결정으로 인하여 비로소 취소소송을 제기할 수 있게 된 경우, 객관적으로는 '위헌결정이 있는 날', 주관적으로는 '위헌결정이 있음을 안 날' 비로소 취소소송을 제기 할 수 있게 되어 이때를 제소기간의 기산점으로 삼아야 한다. 대법원 2008. 2. 1. 선고 2007두20997 판결

0543 X 처분이 있음을 안 날부터 90일 이내에 행정심판을 청구하지도 않고 취소소송을 제기하지도 않은 경우에는 그 후 제기된 취소소 송은 제소기간을 경과한 것으로서 부적법하고, 처분이 있음을 안 날부터 90일을 넘겨 청구한 부적법한 행정심판청구에 대한 재결이 있은 후 재결서를 송달받은 날부터 90일 이내에 원래의 처분에 대하여 취소소송을 제기하였다고 하여 취소소송이 다시 제소기간을 준수한 것으로 되는 것은 아니다. 대법원 2011. 11. 24. 선고 2011두18786 판결

0544 X 이미 제소기간이 지남으로써 불가쟁력이 발생하여 불복청구를 할 수 없었던 경우라면 그 이후에 행정청이 행정심판청구를 할 수 있다고 잘못 알렸다고 하더라도 그 때문에 처분 상대방이 적법한 제소기간 내에 취소소송을 제기할 수 있는 기회를 상실하 게 된 것은 아니므로 이러한 경우에 잘못된 안내에 따라 청구된 행정심판 재결서 정본을 송달받은 날부터 다시 취소소송의 제소기간이 기산되는 것은 아니다. 불가쟁력이 발생하여 더 이상 불복청구를 할 수 없는 처분에 대하여 행정청의 잘못된 안내 가 있었다고 하여 처분 상대방의 불복청구 권리가 새로이 생겨나거나 부활한다고 볼 수는 없기 때문이다. 대법원 2012. 9. 27. 선고 2011두27247 판결

0545 O 청구취지를 변경하여 구소가 취하되고 새로운 소가 제기된 것으로 변경되었을 때 새로운 소에 대한 제소기간의 준수등은 원칙 적으로 소의 변경이 있은 때를 기준으로 하여야 한다(주 : 민사소송법에 따른 교환적 변경이 이루어진 사례임). 대법원 1974. 2. 26. 선고 73누171 판결

0546 O 보충역편입처분취소처분의 효력을 다투는 소에 공익근무요원복무중단처분, 현역병입영대상편입처분 및 현역병입영통지처분 의 취소를 구하는 청구를 추가적으로 병합한 경우, 공익근무요원복무중단처분, 현역병입영대상편입처분 및 현역병입영통지처 분의 취소를 구하는 소의 소제기 기간의 준수 여부는 각 그 청구취지의 추가·변경신청이 있은 때를 기준으로 개별적으로 판단 하여야 한다. 대법원 2004. 12. 10. 선고 2003두12257 판결

0547 O 하자 있는 행정처분을 놓고 이를 무효로 볼 것인지 아니면 단순히 취소할 수 있는 처분으로 볼 것인지는 동일한 사실관계를 토대로 한 법률적 평가의 문제에 불과하고, 행정처분의 무효확인을 구하는 소에는 특단의 사정이 없는 한 그 취소를 구하는 취지도 포함되어 있다고 보아야 하는 점 등에 비추어 볼 때, 동일한 행정처분에 대하여 무효확인의 소를 제기하였다가 그 후 그 처분의 취소를 구하는 소를 추가적으로 병합한 경우, 주된 청구인 무효확인의 소가 적법한 제소기간 내에 제기되었다면 추가로 병합된 취소청구의 소도 적법하게 제기된 것으로 봄이 상당하다. 대법원 2005. 12. 23. 선고 2005두3554 판결

0548 O 부작위위법확인소송의 이러한 보충적 성격에 비추어 동일한 신청에 대한 거부처분의 취소를 구하는 취소소송에는 특단의 사정 이 없는 한 그 신청에 대한 부작위위법의 확인을 구하는 취지도 포함되어 있다고 볼 수 있다. 이러한 사정을 종합하여 보면, 당사자가 동일한 신청에 대하여 부작위위법확인의 소를 제기하였으나 그 후 소극적 처분이 있다고 보아 처분취소소송으로 소 를 교환적으로 변경한 후 여기에 부작위위법확인의 소를 추가적으로 병합한 경우, 최초의 부작위위법확인의 소가 적법한 제소 기간 내에 제기된 이상 그 후 처분취소소송으로의 교환적 변경과 처분취소소송에의 추가적 변경 등의 과정을 거쳤다고 하더라 도 여전히 제소기간을 준수한 것으로 봄이 상당하다. 대법원 2009. 7. 23. 선고 2008두10560 판결

0549 「산업재해보상보험법」상 보험급여의 부당이득 징수결정의 하자를 이유로 징수금을 감액하는 경우 감액처분으로도 아직 취소되지 않고 남아 있는 부분이 위법하다 하여 다툴 때에는, 제소기간의 준수 여부는 감액처분을 기준으로 판단해야 한다. 17. 지방 (   )

0550 납세자의 이의신청에 의한 재조사결정에 따른 행정소송의 제소기간은 이의신청인 등이 재결청으로부터 재조사결정의 통지를 받은 날부터 기산한다. 17. 지방 (   )

0551 취소소송의 제소기간에 관한 규정은 부작위위법확인소송에 준용되지 않으므로 행정심판 등 전심절차를 거친 경우에도 부작위위법확인소송에 있어서는 제소기간의 제한을 받지 않는다. 20. 국가 (   )

0552 당사자소송에는 취소소송의 제소기간에 관한 규정이 준용되지 않으나, 법령에 제소기간이 정해져 있는 경우에 그 기간은 불변기간이다. 21. 지방 7급 (   )

0553 「도로교통법」에 따른 처분에 대해서는 행정심판의 재결을 거치지 아니하면 취소소송을 제기할 수 없다.
13. 국가 7급 (   )

0554 필요적 행정심판전치주의가 적용되는 경우 처분의 집행 또는 절차의 속행으로 생길 중대한 손해를 예방하여야 할 긴급한 필요가 있는 때에는 재결을 거치지 아니하고 취소소송을 제기할 수 있으나, 이 경우에도 행정심판은 제기하여야 한다. 14. 사복 (   )

0555 동종사건에 관하여 이미 행정심판의 기각재결이 있는 경우, 「행정소송법」상 필요적 전치주의가 적용되더라도, 행정심판을 청구하여야 하나 당해 처분에 대한 행정심판의 재결을 거치지 아니하고 취소소송을 제기할 수 있다.
17. 지방 (   )

0556 필요적 행정심판전치주의가 적용되는 경우 행정심판전치 요건은 사실심 변론종결시까지 충족하면 된다.
14. 사복 (   )

0557 소청심사결정의 취소를 구하는 소송에서 소청심사단계에서 이미 주장된 사유만을 행정소송에서 판단대상으로 삼을 것은 아니고 소청심사결정 후에 생긴 사유가 아닌 이상 소청심사단계에서 주장하지 않은 사유도 행정소송에서 주장하는 것이 가능하다. 21. 국회 8급 (   )

0558 취소소송의 제1심 관할법원은 피고의 소재지를 관할하는 행정법원으로 함을 원칙으로 한다. 10. 지방 (   )

0559 국가의 사무를 위임 또는 위탁 받은 공공단체 또는 그 장에 대하여 취소소송을 제기하는 경우에는 대법원소재지를 관할하는 행정법원에 제기할 수 있다. 15. 서울 7급 (   )

0560 원고의 고의 또는 중대한 과실 없이 행정소송이 심급을 달리하는 법원에 잘못 제기된 경우에 수소법원은 관할법원에 이송한다. 10. 국가 7급 (   )

0561 당사자소송으로 서울행정법원에 제기할 것을 민사소송으로 지방법원에 제기하여 판결이 내려진 경우, 그 판결은 관할위반에 해당한다. 23. 국가 (   )

정답 & ○×풀이

0549 × <u>감액처분</u>은 감액된 징수금 부분에 관해서만 법적 효과가 미치는 것으로서 당초 징수결정과 별개 독립의 징수금 결정처분이 아니라 그 실질은 <u>처음 징수결정의 변경</u>이므로, 감액처분으로도 아직 취소되지 않고 남아 있는 부분이 위법하다 하여 다투고자 하는 경우, <u>감액처분을 항고소송의 대상으로 할 수는 없고</u>, 당초 징수결정 중 감액처분에 의하여 취소되지 않고 남은 부분을 <u>항고소송의 대상으로 할 수 있을 뿐</u>이며, 그 결과 <u>제소기간의 준수 여부도 감액처분이 아닌 당초 처분을 기준으로 판단해야</u> 한다. 대법원 2012. 9. 27. 선고 2011두27247 판결

0550 × 재조사결정은 처분청의 후속 처분에 의하여 그 내용이 보완됨으로써 이의신청 등에 대한 결정으로서의 효력이 발생한다고 할 것이므로, <u>재조사결정에 따른 심사청구기간이나 심판청구기간 또는 행정소송의 제소기간은 이의신청인 등이 후속 처분의 통지를 받은 날부터 기산된다고 봄이 상당하다</u>. 대법원 2010. 6. 25. 선고 2007두12514 판결

0551 × 부작위법확인의 소는 <u>부작위상태가 계속되는</u> 한 그 위법의 확인을 구할 이익이 있다고 보아야 하므로 원칙적으로 <u>제소기간의 제한을 받지 않는다</u>. 그러나 행정소송법 제38조 제2항이 제소기간을 규정한 같은 법 제20조를 부작위법확인소송에 준용하고 있는 점에 비추어 보면, <u>행정심판 등 전심절차를 거친 경우에는 행정소송법 제20조가 정한 제소기간 내에 부작위법확인의 소를 제기하여야 한다</u>. 대법원 2009. 7. 23. 선고 2008두10560 판결

0552 ○ 행정소송법 제41조(제소기간) 당사자소송에 관하여 법령에 제소기간이 정하여져 있는 때에는 그 기간은 불변기간으로 한다.

0553 ○ 도로교통법 제142조(행정소송과의 관계) 이 법에 따른 처분으로서 해당 처분에 대한 행정소송은 행정심판의 재결을 거치지 아니하면 제기할 수 없다(주: 도로교통법에 따른 처분에 대해서는 예외적 행정심판 전치주의가 적용됨).

0554 ○ 행정소송법 제18조(행정심판과의 관계) ② 제1항 단서의 경우에도 다음 각호의 1에 해당하는 사유가 있는 때에는 '행정심판의 재결을 거치지 아니하고' 취소소송을 제기할 수 있다.
2. 처분의 집행 또는 절차의 속행으로 생길 중대한 손해를 예방하여야 할 긴급한 필요가 있는 때

0555 × 행정소송법 제18조(행정심판과의 관계) ③ 제1항 단서의 경우에 다음 각 호의 1에 해당하는 사유가 있는 때에는 '행정심판을 제기함이 없이' 취소소송을 제기할 수 있다.
1. <u>동종사건에 관하여 이미 행정심판의 기각재결이 있은 때</u>

0556 ○ 전심절차를 밟지 아니한 채 증여세부과처분취소소송을 제기하였다면 제소당시로 보면 전치요건을 구비하지 못한 위법이 있다 할 것이지만, <u>소송계속 중 심사청구 및 심판청구를 하여 각 기각결정을 받았다면 원심변론종결일 당시에는 위와 같은 전치요건 흠결의 하자는 치유되었다</u>고 볼 것이다. 대법원 1987. 4. 28. 선고 86누29 판결

0557 ○ 항고소송에 있어서 원고는 <u>전심절차에서 주장하지 아니한 공격방어방법을 소송절차에서 주장할 수 있고</u> 법원은 이를 심리하여 행정처분의 적법 여부를 판단할 수 있는 것이므로, 원고가 전심절차에서 주장하지 아니한 처분의 위법사유를 소송절차에서 새롭게 주장하였다고 하여 다시 그 처분에 대하여 별도의 전심절차를 거쳐야 하는 것은 아니다. 대법원 1996. 6. 14. 선고 96누754 판결

0558 ○ 행정소송법 제9조(재판관할) ① 취소소송의 제1심 관할법원은 피고의 소재지를 관할하는 행정법원으로 한다.

0559 ○ 행정소송법 제9조(재판관할) ② 제1항에도 불구하고 다음 각 호의 어느 하나에 해당하는 피고에 대하여 취소소송을 제기하는 경우에는 <u>대법원 소재지를 관할하는 행정법원에 제기할 수 있다</u>.
1. 중앙행정기관, 중앙행정기관의 부속기관과 합의제행정기관 또는 그 장
2. 국가의 사무를 위임 또는 위탁받은 공공단체 또는 그 장

0560 ○ 행정소송법 제7조(사건의 이송) <u>민사소송법 제34조 제1항의 규정은 원고의 고의 또는 중대한 과실없이 행정소송이 심급을 달리하는 법원에 잘못 제기된 경우에도 적용한다</u>.
민사소송법 제34조(관할위반 또는 재량에 따른 이송) ① 법원은 소송의 전부 또는 일부에 대하여 관할권이 없다고 인정하는 경우에는 결정으로 이를 <u>관할법원에 이송한다</u>.

0561 ○ <u>이 사건 소는 제1심 관할법원인 서울행정법원에 제기되었어야 할 것인데도 서울북부지방법원에 제기되어 심리되었으므로</u> 확인의 이익 유무에 앞서 <u>전속관할을 위반한 위법</u>이 있는바, 이송 후 행정법원의 허가를 얻어 이 사건이 조합설립인가처분에 대한 항고소송으로 변경될 수 있음을 고려해 보면 이송하더라도 부적법하게 되어 각하될 것이 명백한 경우에 해당한다고 보기는 어려우므로, <u>이 사건은 관할 법원으로 이송함이 마땅하다</u>. 대법원 2009. 9. 24. 선고 2008다60568 판결

0562 원고가 고의 또는 중대한 과실 없이 행정소송으로 제기하여야 할 사건을 민사소송으로 잘못 제기한 경우, 행정소송에 대한 관할을 가지고 있지 아니한 수소법원은 당해 소송이 행정소송으로서의 제소기간을 도과한 것이 명백하더라도 관할법원에 이송하여야 한다. 22. 지방 7급 (   )

0563 민사소송인 소가 서울행정법원에 제기되었는데도 피고가 제1심법원에서 관할위반이라고 항변하지 않고 본안에서 변론을 한 경우에는 제1심법원에 변론관할이 생긴다. 23. 국가 (   )

정답 & ⭕❌ 풀이

0562 ❌ 원고가 고의 또는 중대한 과실 없이 행정소송으로 제기하여야 할 사건을 민사소송으로 잘못 제기한 경우, 수소법원으로서는 만약 그 행정소송에 대한 관할도 동시에 가지고 있다면 이를 행정소송으로 심리·판단하여야 하고, 그 행정소송에 대한 관할을 가지고 있지 아니하다면 관할법원에 이송하여야 한다. 다만 해당 소송이 이미 행정소송으로서의 전심절차 및 제소기간을 도과하였거나 행정소송의 대상이 되는 처분 등이 존재하지도 아니한 상태에 있는 등 행정소송으로서의 소송요건을 결하고 있음이 명백하여 행정소송으로 제기되었더라도 어차피 부적법하게 되는 경우에는 이송할 것이 아니라 각하하여야 한다. 대법원 2020. 10. 15. 선고 2020다222382 판결

0563 ⭕ 민사소송인 이 사건 소가 서울행정법원에 제기되었는데도 피고는 제1심법원에서 관할위반이라고 항변하지 아니하고 본안에 대하여 변론을 한 사실을 알 수 있는바, 공법상의 당사자소송 사건인지 민사사건인지 여부는 이를 구별하기가 어려운 경우가 많고 행정사건의 심리절차에 있어서는 행정소송의 특수성을 감안하여 행정소송법이 정하고 있는 특칙이 적용될 수 있는 점을 제외하면 심리절차 면에서 민사소송절차와 큰 차이가 없는 점 등에 비추어 보면, 행정소송법 제8조 제2항, 민사소송법 제30조에 의하여 제1심법원에 변론관할이 생겼다고 봄이 상당하다. 대법원 2013. 2. 28. 선고 2010두22368 판결

1 의의

- 행정소송법 ➡ 집행부정지 원칙

- 당사자의 권리구제를 위해 예외적으로 당사자의 신청 또는 직권에 의하여 집행정지 ○

2 요건

① **적극적 요건**(주장·소명책임 : 신청인)

(1) **적법한 본안소송의 계속**

- 본안소송을 제기함 없이 집행정지만 단독으로 신청 불가능
  - 집행정지결정 후 본안소송 취하 ➡ 집행정지결정은 별도의 취소조치 없어도 당연실효

- 본안소송과 동시에 or 제기 후 신청 가능

- 본안소송은 소송요건을 갖춘 적법한 것이어야 함

(2) **처분 등의 존재**

- 집행정지의 대상이 될 처분의 존재 ➡ 부작위위법확인소송 : 집행정지 ✕(∵처분 없음)

- 가분적 처분 ➡ 처분의 일부에 대한 집행정지도 가능

(3) **'회복하기 어려운 손해예방'의 필요**

- 회복하기 어려운 손해 : 금전으로 보상할 수 없는 손해
  - 금전 보상 불가능 또는 수인하는 것이 현저히 곤란한 유·무형의 손해
  - 참고 행정심판법상 집행정지 : '중대한 손해예방'의 필요(요건 완화)

- 필요가 있다고 본 사례
  - 사업자체 계속 ✕ or 중대한 경영상 위기, 현역병으로 계속 복무, 다른 교도소로 이송

- 필요가 없다고 본 사례
  - 허가취소처분으로 5천만 원의 시설비 회수 ✕, 4대강 살리기 사업 대상지역 인근 토지 소유자

(4) 긴급한 필요

- 손해 발생이 절박하여 본안판결을 기다릴 여유가 없는 상황 ➡ **구체적·개별적 판단**

- 필요가 있다고 본 사례
  - 사업시행인가 받은 조합에 대하여 한 조합설립인가 취소, 비영리법인의 설립허가 취소처분

② 소극적 요건(주장·소명책임 : 행정청)

(1) 공공복리에 중대한 영향 미칠 우려 없을 것

- 처분의 집행과 관련된 구체적이고 개별적인 공익 ○(추상적 공익 일반 ×)

(2) 본안청구가 이유 없음이 명백하지 않을 것

- 원칙적으로 처분의 위법 여부 ➡ **본안판단의 대상**

- But 집행정지 제도의 취지를 고려할 때, 처분이 최소한의 위법 가능성은 가지고 있어야 함
  ➡ **집행정지의 요건 ○** ➡ **본안청구가 이유 없음이, 즉 적법함이 명백하면 집행정지 ×**

3   효력

① 일반론

- 처분의 효력·집행 또는 절차의 속행 정지

- 효력 정지 : 집행 또는 절차의 속행 정지로 목적 달성할 수 있는 경우에는 허용되지 않음

- 집행정지결정 : 기속력 ○ ➡ **집행정지결정 위반한 처분은 당연무효**

② 시적 범위

- 효력의 존속 시기 : 주문에서 정한 시기까지 존속하다가 종기의 도래와 함께 장래를 향해 실효

- 청구기각 판결 ➡ **집행정지결정 실효 + 정지되었던 처분의 효력 부활**
  - ex 영업정지 2월 ➡ 1월 경과한 상태에서 집행정지 ➡ 청구기각 ➡ 나머지 영업정지 1월 다시 진행
  - 보조금교부결정 ➡ 직권취소처분 ➡ 집행정지결정 ➡ 청구기각 ➡ 직권취소처분의 효력 부활
    ➡ 집행정지기간 동안 교부된 보조금의 반환을 명해야 함

③ 본안소송과 집행정지결정의 효력

- 집행정지 ○ ＋ 청구기각
  ➡ 행정청은 집행정지결정이 없었던 경우와 동등한 수준으로 해당 처분이 집행되도록 조치해야 함

- 집행정지 × ＋ 청구인용
  ➡ 행정청은 처분으로 초래된 불이익한 결과를 제거하기 위한 조치해야 함

4 불복절차

- 집행정지결정 또는 기각결정: 즉시항고
  − 집행정지결정에 대한 즉시항고: 결정의 집행 정지 ×(즉 계속하여 집행정지 ○)

- 집행정지의 요건을 결여하였다는 이유로 기각결정 ➡ 처분의 위법성을 이유로 불복할 수 없음

- 집행정지결정 후 공공복리에 중대한 영향 또는 정지사유 소멸
  − (신청 또는 직권) 집행정지결정 취소 ➡ 즉시항고(취소결정의 집행정지 ×, 즉 계속하여 집행부정지 ○)
  − 집행정지결정의 취소사유: 일반적·추상적 공익 ×, 개별적·구체적 공익 ○

5 관련 문제

① 거부처분에 대한 집행정지 가부

- 거부처분에 대한 집행정지 인정된다 하더라도, 신청을 인용해야 할 의무 발생 ×
  ➡ 집행정지 인정 ×(∵ 신청의 이익 없음)

② 민사소송법상 가처분 인정 여부

- 취소소송에서는 집행정지만 가능 ➡ 가처분 준용 ×

주제

주제 25 심리의 원칙

1 의의

① 일반론

- 심리 : 법원이 판결을 위하여 그 기초가 되는 소송자료를 수집하는 절차

- 당사자주의 : 심리 진행의 주도권이 당사자(원·피고)에게 있는 입법주의

② 소송요건 심리

- 직권조사사항 : 변론주의 적용 × ➡ 자백의 대상 ×(∴ 다툼 없더라도 법원은 직권으로 조사하여 판단)
  - 처분의 존부, 확정판결의 존부 : 소송요건 ○ ➡ 직권조사사항 ○
  - 처분청의 처분권한 유무 : 소송요건 × ➡ 직권조사사항 ×
  - 소송요건에 해당하는 사항을 상고심에서 비로소 주장 ➡ 심판범위 ○

- 사실심 변론종결시를 기준으로 판단
  - 소 제기시에는 소송요건 충족 × ➡ 소송계속 중 소송요건 충족 ○ : 적법
  - 소 제기시에는 소송요건 충족 ○ ➡ 소송계속 중 소송요건 충족 × : 부적법 각하

- 상고심에서도 존속하여야 함 ➡ 상고심 계속 중 원고적격 흠결 : 부적법 각하

③ 본안 심리

- 처분의 위법 여부에 대한 심사 ➡ 변론주의 ○

2 심리의 일반원칙

① 민사소송의 원칙 준용

- 처분권주의 : 소송절차의 개시, 심판대상의 결정 등에 대하여 당사자에게 결정권 ○

- 변론주의 : 당사자에게 사실의 주장 및 증거제출의 책임 ○
  ➡ 오직 당사자가 주장한 사실과 제출한 증거에 기초하여서만 심리

- 구술심리주의, 공개심리주의, 쌍방심리주의

② 직권심리주의

- 행정소송법 제26조(직권심리) : 법원은 필요하다고 인정할 때에는 직권으로 증거조사를 할 수 있고, 당사자가 주장하지 아니한 사실에 대하여도 판단할 수 있다.
    - 무제한적 직권심리 ×, 보충적 직권심리 ○
    - '기록에 현출되어 있는 사항에 한하여' 당사자의 주장 없더라도 직권심리 가능
    - ex 명의신탁등기 과징금과 장기미등기 과징금 : 기사동 × ➡ 직권으로 다른 처분사유 인정할 수 없음
- 당사자소송에 준용, 처분의 효력 유무 등이 선결문제로 된 민사소송에 준용

③ 행정심판기록 제출명령

- 행정소송법 제25조(행정심판기록의 제출명령) ① 법원은 당사자의 신청이 있는 때에는 결정으로써 재결을 행한 행정청에 대하여 행정심판에 관한 기록의 제출을 명할 수 있다.

3 　주장책임

- 변론주의 하에서 자신에게 '유리한 사실'을 주장 × ➡ 법원은 그 사실을 없는 것으로 기초하여 재판
- 주장책임 지는 자
    - 처분의 위법성 : 원고
    - 처분의 적법성 : 피고 행정청

4 　증명책임(입증책임)

- 변론주의 하에서 일정한 사실의 존부가 불확실 ➡ 법원은 그 사실을 없는 것으로 기초하여 재판
- 증명책임의 분배 ➡ 당사자는 자신에게 '유리한 사실이 존재한다는 것'을 증명할 책임 ○
    - 처분의 위법성(재량의 일탈·남용이 있다는 사실, 중대·명백한 하자의 존재) : 원고
    - 처분의 적법성(처분사유의 존재) : 피고 행정청
    - ex 폐기물처리 사업계획서 부적합통보(처분사유 : 허가기준 미충족) ➡ 취소소송 제기
        ➡ 처분청은 구체적 처분사유(불허가사유) 주장·증명책임 ➡ 일응의 증명
        ➡ 원고는 구체적 위법사유(재량권 일탈·남용사유) 주장·증명책임
    - ex 결혼이민 체류자격 거부처분 취소소송 ➡ '처분사유의 존재'에 관한 증명책임 : 피고 행정청
- even if 형사재판 무죄 ➡ 징계처분에 대한 행정소송절차에서 반드시 징계사유 부정해야 하는 것 ×
  (∵ 형사소송과 행정소송은 증명의 정도가 다름)
- 다른 소송절차에서 확정된 내용 ➡ 특별한 사정이 없는 한 확정된 내용과 다른 내용의 판단 ×

5 위법판단의 기준시

- 취소소송에 있어서 처분의 위법성 판단의 기준시 : 처분시
  - 처분 후 처분의 근거 법령이 개정·폐지 또는 기초가 된 사실관계의 변경 ➡ **위법판단에는 영향 ×**
  - ex) if 처분시 적법 ➡ 개정법 기준으로는 위법하더라도, 처분시 기준에 따라 적법 ○
  - 처분시 시행되던 '행정규칙'을 적용하여 처분 ➡ 법원은 '개정된 행정규칙' 참작할 수 있음
    (∵ 대외적 구속력 없는 행정규칙은 위법판단의 기준이 되는 재판규범 ×)

- 소송자료의 제출 : 사실심 변론종결시
  - 처분 당시 보유하였던 자료만을 기준으로 위법 여부 판단 ×
  - 사실심 변론종결시까지 제출된 모든 자료를 기초로 판단 ○

- 부작위위법확인소송의 위법판단의 기준시 : 판결시(사실심 변론종결시)

주제 26 관련청구소송의 이송·병합

www.pmg.co.kr

PART 02

1 의의

- 취소소송(주된 청구) 및 이와 관련된 소송(관련 청구)이 각각 다른 법원에 계속
  ➡ 당사자의 신청 또는 직권에 의해 취소소송이 계속된 법원에서 심판하도록 하는 것

- ex 허가취소처분 취소소송(행정법원)과 허가취소처분에 따른 국가배상청구소송(민사법원)
  ➡ 두 소송을 취소소송이 계속되고 있는 행정법원에서 진행하도록 하는 것

- 이송 : 계속 중인 소송을 다른 법원으로 보내는 것(ex 민사법원 ➡ 행정법원)

- 병합 : 계속 중인 수개의 소송을 합치는 것 or 수개의 소송을 처음부터 합쳐서 제기하는 것

2 이송·병합이 가능한 소송 : 관련청구소송

- 당해 처분 등과 관련되는 손해배상, 부당이득반환, 원상회복 등 청구소송
  - ex 영업정지처분 취소소송 - 영업정지에 따른 손해배상청구소송
    과세처분 무효소송 - 과·오납조세에 대한 부당이득반환청구소송

- 당해 처분 등과 관련되는 취소소송
  - ex 대집행절차에 있어서 계고처분 취소소송 - 영장 통지 취소소송
    경원관계에 있어서, 거부처분 취소소송 - 제3자에 대한 허가처분 취소소송

3 병합의 종류

① 객관적 병합

- 원고가 하나의 소송에서 수 개의 청구를 하는 경우

- 병합의 형태
  - 단순병합 : A + B (ex A처분을 취소하고 B처분도 취소하라)
  - 선택적 병합 : A or B (ex A처분 또는 B처분을 취소하라)
  - 예비적 병합 : 주위적 청구A + 예비적 청구B (A-B는 양립불가능 관계)
    (ex 먼저 A처분에 대해 무효확인하고, 만약 무효가 아니면 A처분을 취소하라)
    • 동일한 처분에 대한 취소소송과 무효확인소송 ➡ 예비적 병합만 가능(∵ 무효와 취소는 양립불가)

② **주관적 병합**(공동소송)

- 원피고가 여러 명인 경우

4 병합소송의 판결

- 주된 청구 각하 ➡ 관련청구 각하
  - 주된 청구인 당사자소송이 부적법 각하 ➡ 병합된 관련청구소송도 부적법 각하
  - 예외 취소소송 + 당사자소송 병합 : 취소소송 각하 ➡ 당사자소송 각하 ✕, 소변경청구로 해석 ○

- 주된 청구가 관련청구의 선결문제인 경우
  - 과세처분 취소소송에 과오납조세 부당이득반환청구소송을 병합한 경우
    ➡ 취소판결 확정될 필요 없이, **취소판결 선고와 동시에 부당이득 청구인용판결 가능**

주제 27 소의 변경

1 　소의 종류의 변경(행정소송법 제21조)

① 의의

- 항고소송 간 변경(취소소송 ⟺ 무효등확인소송, 부작위위법확인소송)

- 항고소송과 당사자소송 간 변경(항고소송 ⟺ 당사자소송)

② 요건

- 청구기초의 동일성, 사실심 변론종결 전일 것, 원고의 신청이 있을 것(직권 ×)

③ 효과

- 변경된 신소는 '구소(최초의 소)가 처음 제기된 때' 제기된 것으로 간주(구소는 취하 간주)
  ➡ 구소가 제소기간 내 제기: 소 변경이 제소기간 후 이루어졌어도 제소기간 준수 ○

- 민사소송 ➡ 항고소송 변경도 가능 ○(수소법원이 행정소송 관할권 있음을 전제)

2 　처분변경으로 인한 소의 변경(행정소송법 제22조)

① 의의

- 취소소송 계속 중 행정청이 소송의 대상인 처분을 변경한 경우, 원고가 그에 맞추어 청구를 변경하는 것
  ─ ex) 허가취소처분에 대한 취소소송 제기 ➡ 행정청의 변경처분(허가취소처분 ➡ 영업정지 2월 처분)
  　　 ➡ 소의 변경(허가취소처분에 대한 취소소송 ➡ 영업정지 2월 처분에 대한 취소소송)

- 무효등확인소송 ○, 부작위위법확인소송 ×, 당사자소송 ○

② 요건

- 사실심 변론종결 전, 소속계속 중 행정청의 처분 변경, 처분 변경 있음을 안 날로부터 60일 내 원고의 신청

③ **효과** : 소의 종류의 변경과 동일

- 변경된 신소는 '구소가 처음 제기된 때' 제기된 것으로 간주(구소는 취하 간주)
  ➡ 구소가 제소기간 내 제기 : 소 변경이 제소기간 후 이루어졌어도 제소기간 준수 ○

---

3   민사소송법에 의한 소의 변경

① **의의**

- 교환적 변경 : 구소 취하 + 신소 제기(ex) A처분 취소소송 ➡ B처분 취소소송)

- 추가적 변경(추가적 병합) : 구소 유지 + 신소 제기(ex) A처분 취소소송 ➡ B처분 취소소송 추가)

② **교환적 변경 있는 경우 제소기간 판단**

- 원칙 제소기간 준수 판단 시점 : '소의 변경(신청) 있은 때' 기준

- 예외1 선행처분 취소소송 ➡ 후속처분 취소소송(교환적 변경) ➡ 다시 선행처분 취소소송(교환적 변경)
  ⇨ 최초의 선행처분 취소소송 제기일 기준

- 예외2 선행처분 취소소송 ➡ 선행처분 직권취소 + 선행처분과 실질적으로 동일한 내용의 후행처분
  ⇨ 후행처분 취소소송(교환적 변경)의 제소기간 준수 여부는 따로 따질 필요도 없음

③ **추가적 병합 있는 경우 제소기간 판단**

- 원칙 제소기간 준수 판단 시점 : '소의 변경(신청) 있은 때(=청구취지 추가·변경 신청시)' 기준

- 예외1 A처분 무효확인소송 + A처분 취소소송(예비적·추가적 병합)
  ⇨ 최초의 무효확인소송 제기일 기준(∵ 무효확인 구하는 취지에는 취소 구하는 취지 포함)

- 예외2 의무이행심판 ➡ 기각재결 ➡ A신청 부작위위법확인소송 ➡ 거부처분 취소소송(소의 종류의 변경)
  ➡ 부작위위법확인소송 추가적 병합
  ⇨ 최초의 부작위위법확인소송 제기일 기준
    (∵ 거부처분 취소를 구하는 취지에는 부작위위법확인 구하는 취지 포함)

- 예외3 선행처분(잠정적 처분) 취소소송 + 후행처분(종국처분) 취소소송
  ⇨ 선행처분 취소소송 제기일 기준
    (∵ 선행처분 취소 구하는 취지에는 후행처분 취소 구하는 취지 포함)

주제 28 소송참가

1 의의

- 계속 중인 타인 간의 소송절차에 제3자가 자신의 법률상 이익을 위하여 참가하거나 또는 관계 행정청이 처분 청을 위하여 참가하는 것

2 제3자의 소송참가

① 의의

- 행정소송법 규정

  행정소송법 제16조(제3자의 소송참가) ① 법원은 소송의 결과에 따라 권리 또는 이익의 침해를 받을 제3자가 있는 경우 에는 당사자 또는 제3자의 신청 또는 직권에 의하여 결정으로써 그 제3자를 소송에 참가시킬 수 있다.

- ex 경원관계인 A, B 중 A에 대하여 허가처분 ➡ B가 A에 대한 허가처분 취소소송 제기한 경우,
  ➡ A(참가인)가 행정청(피참가인)을 위해 참가

- 참가요건: 소송의 결과에 따라 권리 또는 이익(법률상 이익)의 침해 ○
  - 판결의 형성력에 의해 권리 침해
  - 판결의 기속력에 따른 행정청의 새로운 처분에 의해 권리 침해

② 참가인의 지위

- 민사소송법 제67조 준용: 공동소송적 보조참가
  - 공동소송인 가운데 한 사람의 소송행위는 모두의 이익을 위하여서만 효력 ○
  - 행정청의 항소 취하 ➡ 참가인에게 효력 ✕
  - 참가인이 상소 제기 ➡ 행정청은 상소 취하 ✕

- 참가적 효력(참가효): 참가인은 소송행위 수행 여부와 관계없이, 판결의 효력을 받게 됨

③ 제3자의 재심청구(행정소송법 제31조)

> **행정소송법 제31조(제3자에 의한 재심청구)** ① 처분등을 취소하는 판결에 의하여 권리 또는 이익의 침해를 받은 **제3자**는 **자기에게 책임없는 사유**로 소송에 참가하지 못함으로써 판결의 결과에 영향을 미칠 공격 또는 방어방법을 제출하지 못한 때에는 이를 이유로 확정된 종국판결에 대하여 재심의 청구를 할 수 있다.
> ② 제1항의 규정에 의한 청구는 확정판결이 있음을 안 날로부터 30일 이내, 판결이 확정된 날로부터 1년 이내에 제기하여야 한다.
> ③ 제2항의 규정에 의한 기간은 불변기간으로 한다.

3 그 밖의 소송참가

- 행정청의 소송참가 : 관계 행정청이 피고 행정청을 위하여 소송에 참가하는 것(원고를 위해서는 참가 ×)

- 민사소송법에 의한 참가

주제 29 처분사유의 추가·변경

1 의의

- 처분사유 : 처분의 사실적·법적 근거

- 처분사유의 추가·변경 : 취소소송 계속 중 처분의 적법성을 위해 행정청이 처분사유를 추가·변경하는 것
  - 처분의 내용상 하자 제거를 목적(실체법상 적법성 확보)
  - 참고 이유제시의 하자 치유 ⟹ 처분의 절차상 하자의 제거

2 허용 범위

① 허용 기준

- 행정소송법상 규정 없으나, 판례는 허용 ○(∵ 분쟁의 일회적 해결)

- 허용 기준 : 기본적 사실관계의 동일성(처분사유의 기초가 되는 사회적 사실관계의 동일성)
  - if 동일성 ○ ⟹ 추가·변경 ○ (ex) 허가기준에 위배 - 이격거리 기준 위배)
  - if 동일성 ✕ ⟹ 추가·변경 ✕ (ex) 거리제한 규정 위배 - 최소 주차용지 미달)

- 기준 시 : 처분시 ⟹ 처분시 존재하였던 처분사유로만 추가·변경 ○(처분시 이후 사유 ✕)

- 사실심 변론종결시까지만 허용

- 법적 근거의 변경
  - 법적 근거 변경하더라도 기사동 유지 ○ ⟹ 추가·변경 ○
  - 법적 근거 변경하면 기사동 유지 ✕ ⟹ 추가·변경 ✕

② 처분사유 자체에는 변경이 없는 경우

- 처분사유 자체가 아닌 처분사유의 근거가 되는 기초사실 내지 평가요소에 불과한 사정 ⟹ 추가·변경 ○
  - 귀화불허가(처분사유 : 품행 미단정) ⟹ 취소소송) 1심 : 기소유예 전력 ⟹ 2심 : 불법체류 전력
    ⇨ 모두 처분사유인 '품행 미단정'의 평가요소에 불과함(따라서 주장 가능)

- 처분사유를 구체적으로 표시·설명한 것에 불과한 경우 ⟹ 추가·변경 ○ (ex) 폐기물 과다소각 사례)

기본적 사실관계의 동일성 × (추가 · 변경 ×)	• 추변사유가 처분서에 기재되지 않았는데, 처분시 이미 존재하였고 당사자도 알고 있었던 경우 • 정보공개거부처분에 관한 제9조 제1항 각 호(비공개사유) 사이 • (면허취소) 무자료 주류판매 및 위장거래 – 무면허판매업자에 대한 주류판매 • (지정취소) 의료기관의 본인부담금 수납대장 미비치 – 관계서류 제출명령 위반 • (허가거부) 관할 군부대장의 동의 결여 – 공공의 안전 및 군사시설 보호 • 중기취득세 체납 – 자동차세 체납 • 거리제한규정 저촉 – 최소주차용지 미달 • (정보공개거부) 비공개이유 명시 × – 영업상 비밀 • (온천발견신고수리거부) 기존의 도시계획 등에 지장 – 온천규정온도 미달 • (비해당결정) 공무수행과 상이 간 인과관계 없음 – 본인 과실이 경합되어 있음
기본적 사실관계의 동일성 ○ (추가 · 변경 ○)	• 준농림지역에서의 행위제한 – 자연경관, 환경보전 등 중대한 공익상 필요 • 미개발지의 합리적 이용대책 수립시까지 허가 유보 – 환경 등 손상시킬 우려 • 허가기준에 맞지 아니함 – 이격거리 기준 위배 • 규칙에 의거하여 행위제한 추진 – 요건을 갖추지 못하는 등 공익상 필요 • 인근 농지의 농업경영 및 농어촌 생활유지에 피해 – 인근 주민의 생활이나 농업활동에 피해 • 버스 지입제 운영 – 명의이용금지 • (건축불허가) 건축법상 도로에 해당 – 사실상 도로로서 인근 주민들의 이익에 반함

기출 OX Check

0564 무효등확인소송의 제기는 처분의 효력이나 그 집행 또는 절차의 속행에 영향을 주지 아니한다. 16. 지방 ( )

0565 집행정지결정은 당사자의 신청이 있는 경우는 물론, 법원의 직권에 의해서도 행해질 수 있다. 15. 교행 ( )

0566 본안문제인 행정처분 자체의 적법여부는 집행정지 신청의 요건이 되지 아니하는 것이 원칙이지만, 본안소송의 제기 자체는 적법한 것이어야 한다. 21. 지방 ( )

0567 집행정지결정을 한 후에라도 본안소송이 취하되어 소송이 계속하지 아니한 것으로 되면 집행정지결정은 당연히 그 효력이 소멸되고 별도의 취소 조치를 필요로 하는 것은 아니다. 22. 소방간부 ( )

0568 「행정심판법」과 「행정소송법」은 모두 집행정지의 적극적 요건으로 '회복하기 어려운 손해를 예방하기 위하여 긴급한 필요가 있다고 인정할 때'를 요구하고 있다. 16. 사복 ( )

정답 & OX 풀이

0564 O 행정소송법 제23조(집행정지) ① <u>취소소송의 제기는 처분등의 효력이나 그 집행 또는 절차의 속행에 영향을 주지 아니한다.</u> 행정소송법 제38조(준용규정) ① 제9조, 제10조, 제13조 내지 제17조, 제19조, <u>제22조 내지 제26조,</u> 제29조 내지 제31조 및 제33조의 규정은 <u>무효등 확인소송의 경우에 준용한다.</u>

0565 O 행정소송법 제23조(집행정지) ② 취소소송이 제기된 경우에 처분등이나 그 집행 또는 절차의 속행으로 인하여 생길 회복하기 어려운 손해를 예방하기 위하여 긴급한 필요가 있다고 인정할 때에는 본안이 계속되고 있는 법원은 <u>당사자의 신청 또는 직권에 의하여</u> 처분등의 효력이나 그 집행 또는 절차의 속행의 전부 또는 일부의 정지를 결정할 수 있다.

0566 O <u>행정처분의 효력정지나 집행정지를 구하는 신청사건에서는</u> 행정처분 자체의 적법 여부는 원칙적으로 판단의 대상이 아니고, 그 행정처분의 효력이나 집행을 정지할 것인가에 관한 행정소송법 제23조 제2항에서 정한 요건의 존부만이 판단의 대상이 되는 것이다. 다만, 집행정지는 행정처분의 집행부정지원칙의 예외로서 인정되는 것이고, 또 본안에서 원고가 승소할 수 있는 가능성을 전제로 한 권리보호수단이라는 점에 비추어 보면, <u>집행정지사건 자체에 의하여도 신청인의 본안청구가 적법한 것이어야 한다는 것을 집행정지의 요건에 포함시키는 것이 옳다.</u> 대법원 2010. 11. 26.자 2010무137 결정

0567 O 행정처분의 집행정지는 행정처분집행 부정지의 원칙에 대한 예외로서 인정되는 일시적인 응급처분이라 할 것이므로 집행정지결정을 하려면 이에 대한 본안소송이 법원에 제기되어 계속 중임을 요건으로 하는 것이므로 <u>집행정지결정을 한 후에라도 본안소송이 취하되어 소송이 계속하지 아니한 것으로 되면 집행정지결정은 당연히 그 효력이 소멸되는 것이고 별도의 취소조치를 필요로 하는 것이 아니다.</u> 대법원 1975. 11. 11. 선고 75누97 결정

0568 X <u>행정소송법이 집행정지의 요건으로 '회복하기 어려운 손해예방의 필요'를</u> 규정하고 있는 것과 달리 행정심판법은 '중대한 손해예방의 필요'라고 규정함으로써 집행정지의 요건을 완화하고 있다.

0569 유흥접객영업허가의 취소처분으로 5,000여만 원의 시설비를 회수하지 못하게 된다면 생계까지 위협받을 수 있다는 등의 사정이 집행정지를 인정하기 위한 회복하기 어려운 손해가 생길 우려가 있는 경우에 해당하지 아니한다. 14. 국가 (   )

0570 집행정지의 요건으로 규정하고 있는 '공공복리에 중대한 영향을 미칠 우려'가 없을 것이라고 할 때의 '공공복리'는 그 처분의 집행과 관련된 구체적이고도 개별적인 공익을 말하는 것으로서 이러한 집행정지의 소극적 요건에 대한 주장·소명책임은 행정청에게 있다. 23. 국가 (   )

0571 처분의 취소가능성이 없음에도 처분의 효력이나 집행의 정지를 인정한다는 것은 집행정지제도의 취지에 반하므로 집행정지사건 자체에 의하여도 신청인의 본안청구가 이유 없음이 명백하지 않아야 한다는 것도 집행정지의 요건이다. 21. 지방 (   )

0572 처분의 효력정지는 처분 등의 집행 또는 절차의 속행을 정지함으로써 목적을 달성할 수 있는 경우에는 허용되지 아니한다. 21. 지방 (   )

0573 집행정지결정은 판결이 아니므로 기속력은 인정되지 않는다. 16. 국가 (   )

0574 집행정지결정의 효력은 결정 주문에서 정한 시기까지 존속하며 그 시기의 도래와 동시에 효력이 당연히 소멸한다. 16. 사복 (   )

0575 보조금 교부결정의 일부를 취소한 행정청의 처분에 대하여 법원이 효력정지결정을 하면서 주문에서 그 법원에 계속 중인 본안소송의 판결 선고 시까지 처분의 효력을 정지한다고 선언하였을 경우, 본안소송의 판결 선고에 의하여 정지결정의 효력은 소멸하지만 당초의 보조금교부결정취소 처분의 효력이 당연히 되살아나는 것은 아니다. 22. 소방간부 (   )

0576 집행정지의 결정에 대하여는 즉시항고할 수 있으며, 이 경우 집행정지의 결정에 대한 즉시항고에는 결정의 집행을 정지하는 효력이 없다. 18. 국가 7급 (   )

0577 거부처분의 효력정지는 그 거부처분으로 인하여 신청인에게 생길 손해를 방지하는 데 필요하므로 신청인에게는 그 효력정지를 구할 이익이 있다. 21. 지방 (   )

0578 「민사집행법」에 따른 가처분은 항고소송에서도 인정된다. 16. 국가 (   )

0579 행정소송의 대상이 되는 행정처분의 존부는 소송요건으로서 직권조사사항이고, 자백의 대상이 될 수 없는 것이므로, 설사 그 존재를 당사자들이 다투지 아니한다 하더라도 그 존부에 관하여 의심이 있는 경우에는 이를 직권으로 밝혀 보아야 할 것이다. 15. 지방 (   )

0580 필요적 행정심판전치주의가 적용되는 경우 그 요건을 구비하였는지 여부는 법원의 직권조사사항이다. 14. 사복 (   )

0581 취소소송의 원고적격은 소송요건의 하나이므로 사실심 변론종결시는 물론 상고심에서도 존속하여야 하고 이를 흠결하면 부적법한 소가 된다. 15. 사복 (   )

PART 02

0569 O 행정소송법 제23조 제2항 소정의 행정처분 등의 효력이나 집행을 정지하기 위한 요건으로서의 "회복하기 어려운 손해"라 함은 특별한 사정이 없는 한 금전으로 보상할 수 없는 손해로서 이는 금전보상이 불능인 경우뿐만 아니라 금전보상으로는 사회관념상 행정처분을 받은 당사자가 참고 견딜 수 없거나 또는 참고 견디기가 현저히 곤란한 경우의 유형, 무형의 손해를 일컫는다고 할 것인바, 유흥접객영업허가의 취소처분으로 5,000여만원의 시설비를 회수하지 못하게 된다면 생계까지 위협받게 되는 결과가 초래될 수 있다는 등의 사정은 위 처분의 존속으로 당사자에게 금전으로 보상할 수 없는 손해가 생길 우려가 있는 경우라고 볼 수 없다. 대법원 1991. 3. 2. 선고 91두1 판결

0570 O 행정소송법 제23조 제3항에서 집행정지의 요건으로 규정하고 있는 '공공복리에 중대한 영향을 미칠 우려'가 없을 것이라고 할 때의 '공공복리'는 그 처분의 집행과 관련된 구체적이고도 개별적인 공익을 말하는 것으로서 이러한 집행정지의 소극적 요건에 대한 주장·소명책임은 행정청에게 있다. 대법원 1999. 12. 20.자 99무42 결정

0571 O 행정처분의 효력정지나 집행정지를 구하는 신청사건에 있어서는 행정처분 자체의 적법 여부는 원칙적으로는 판단할 것이 아니고 그 행정처분의 효력이나 집행을 정지할 것인가에 대한 행정소송법 제23조 제2항 소정의 요건의 존부만이 판단의 대상이 되나 본안소송에서의 처분의 취소가능성이 없음에도 불구하고 처분의 효력정지나 집행정지를 인정한다는 것은 제도의 취지에 반하므로 집행정지사건 자체에 의하여도 신청인의 본안청구가 이유 없음이 명백할 때에는 행정처분의 효력정지나 집행정지를 명할 수 없다. 대법원 1992. 8. 7.자 92두30 결정

0572 O 행정소송법 제23조(집행정지) ② (중략) 다만, 처분의 효력정지는 처분등의 집행 또는 절차의 속행을 정지함으로써 목적을 달성할 수 있는 경우에는 허용되지 아니한다.

0573 X 행정소송법 제23조 제6항에 따라 집행정지결정에 대해서는 취소판결의 기속력이 준용되고, 따라서 집행정지결정은 당해 사건에 관하여 당사자인 행정청과 그 밖의 관계행정청을 기속한다.

0574 O 행정소송법 제23조에 의한 집행정지결정의 효력은 결정주문에서 정한 시기까지 존속하며 그 시기의 도래와 동시에 효력이 당연히 소멸하는 것이다. 대법원 1999. 2. 23. 선고 98두14471 판결

0575 X 행정소송법 제23조에 의한 효력정지결정의 효력은 결정주문에서 정한 시기까지 존속하고 그 시기의 도래와 동시에 효력이 당연히 소멸하므로, 보조금 교부결정의 일부를 취소한 행정청의 처분에 대하여 법원이 효력정지결정을 하면서 주문에서 그 법원에 계속 중인 본안소송의 판결 선고 시까지 처분의 효력을 정지한다고 선언하였을 경우, 본안소송의 판결 선고에 의하여 정지결정의 효력은 소멸하고 이와 동시에 당초의 보조금 교부결정 취소처분의 효력이 당연히 되살아난다. 대법원 2017. 7. 11. 선고 2013두25498 판결

0576 O 행정소송법 제23조(집행정지) ⑤ 제2항의 규정에 의한 집행정지의 결정 또는 기각의 결정에 대하여는 즉시항고할 수 있다. 이 경우 집행정지의 결정에 대한 즉시항고에는 결정의 집행을 정지하는 효력이 없다.

0577 X 행정청에 대한 거부처분의 효력을 정지하더라도 거부처분이 없었던 것과 같은 상태, 즉 거부처분이 있기 전의 신청시의 상태로 되돌아가는 데에 불과하고 행정청에게 신청에 따른 처분을 하여야 할 의무가 생기는 것이 아니므로, 거부처분의 효력정지는 그 거부처분으로 인하여 신청인에게 생길 손해를 방지하는 데 아무런 보탬이 되지 아니하여 그 효력정지를 구할 이익이 없다. 대법원 1995. 6. 21.자 95두26 판결

0578 X 항고소송의 대상이 되는 행정처분의 효력이나 집행 혹은 절차속행 등의 정지를 구하는 신청은 행정소송법상 집행정지신청의 방법으로서만 가능할 뿐 민사소송법상 가처분의 방법으로는 허용될 수 없다. 대법원 2009. 11. 2.자 2009마596 결정

0579 O 행정소송에서 쟁송의 대상이 되는 행정처분의 존부는 소송요건으로서 직권조사사항이고, 자백의 대상이 될 수 없는 것이므로, 설사 그 존재를 당사자들이 다투지 아니한다 하더라도 그 존부에 관하여 의심이 있는 경우에는 이를 직권으로 밝혀 보아야 할 것이다. 대법원 2004. 12. 24. 선고 2003두15195 판결

0580 O 필요적 행정심판전치주의가 적용되는 경우 전심절차를 거쳤는지 여부는 소송요건에 관한 사항으로서 법원의 직권조사사항이 된다.

0581 O 원고적격은 소송요건의 하나이므로 사실심 변론종결시는 물론 상고심에서도 존속하여야 하고 이를 흠결하면 부적법한 소가 된다. 대법원 2007. 4. 12. 선고 2004두7924 판결

0582 사실심에서 변론종결시까지 당사자가 주장하지 않던 직권조사사항에 해당하는 사항을 상고심에서 비로소 주장하는 경우 그 직권조사사항에 해당하는 사항은 상고심의 심판범위에 해당하지 않는다. 23. 국회 8급 (   )

0583 당사자가 확정된 취소판결의 존재를 사실심 변론종결시까지 주장하지 아니하였다고 하더라도 상고심에서 새로이 이를 주장·입증할 수 있다. 21. 군무원 7급 (   )

0584 행정처분의 당연무효를 주장하여 그 무효확인을 구하는 행정소송에 있어서는 피고 행정청이 그 행정처분에 중대·명백한 하자가 없음을 주장·입증할 책임이 있다. 16. 지방 (   )

0585 결혼이민[F-6 (다)목] 체류자격을 신청한 외국인에 대하여 행정청이 그 요건을 충족하지 못하였다는 이유로 거부처분을 하는 경우 '그 요건을 갖추지 못하였다는 판단', 즉 '혼인파탄의 주된 귀책사유가 국민인 배우자에게 있지 않다는 판단' 자체가 처분사유가 되는바, 결혼이민[F-6 (다)목] 체류자격 거부처분 취소소송에서 그 처분사유에 관한 증명책임은 피고 행정청에 있다. 23. 지방 (   )

0586 「행정소송법」에 따르면 법원은 필요하다고 인정할 때에는 직권으로 증거조사를 할 수 있으나, 당사자가 주장하지 아니한 사실에 대하여는 판단할 수 없다. 23. 지방 (   )

0587 「행정소송법」 제26조는 행정소송에서 직권심리주의가 적용되도록 하고 있지만, 행정소송에서도 당사자주의나 변론주의의 기본 구도는 여전히 유지된다. 17. 국가 (   )

0588 법원은 행정소송에서 기록상 자료가 나타나 있다면 당사자가 주장하지 않았더라도 판단할 수 있다. 14. 국가 (   )

0589 취소소송의 직권심리주의를 규정하고 있는 「행정소송법」 제26조의 규정을 고려할 때, 행정소송에 있어서 법원은 원고의 청구범위를 초월하여 그 이상의 청구를 인용할 수 있다. 15. 지방 7급 (   )

0590 법원이 어느 하나의 사유에 의한 과징금부과처분에 대하여 그 사유와 기본적 사실관계의 동일성이 인정되지 아니하는 다른 처분사유가 존재한다는 이유로 적법하다고 판단하는 것은 특별한 사정이 없는 한 직권심사주의의 한계를 넘는 것이 아니다. 22. 지방 7급 (   )

0591 「행정소송법」에 따르면 법원은 당사자의 신청이 있는 때에는 결정으로써 재결을 행한 행정청에 대하여 행정심판에 관한 기록의 제출을 명할 수 있고, 제출명령을 받은 행정청은 지체없이 당해 행정심판에 관한 기록을 법원에 제출하여야 한다. 23. 지방 (   )

0592 행정소송에서 행정처분의 위법 여부는 행정처분이 있을 때의 법령과 사실상태를 기준으로 하여 판단하여야 하고 처분 후 법령의 개폐나 사실상태의 변동이 있다면 그러한 법령의 개폐나 사실상태의 변동에 의하여 처분의 위법성이 치유될 수 있다. 22. 소방 (   )

0593 부당해고 구제신청에 관한 중앙노동위원회의 결정에 대하여 취소소송을 제기하는 경우, 법원은 중앙노동위원회의 결정 후에 생긴 사유를 들어 그 결정의 적법 여부를 판단할 수 있다. 23. 국가 7급 (   )

0582 ✕ 사실심에서 변론종결시까지 당사자가 주장하지 않던 직권조사사항에 해당하는 사항을 상고심에서 비로소 주장하는 경우 그 직권조사사항에 해당하는 사항은 상고심의 심판범위에 해당한다. 대법원 2004. 12. 24. 선고 2003두15195 판결

0583 ○ 확정판결의 존부는 당사자의 주장이 없더라도 법원이 이를 직권으로 조사하여 판단하지 않으면 안되고, 더 나아가 당사자가 확정판결의 존재를 사실심변론종결시까지 주장하지 아니하였더라도 상고심에서 새로이 이를 주장, 입증할 수 있는 것이다. 대법원 1989. 10. 10. 선고 89누1308 판결

0584 ✕ 행정처분의 당연무효를 구하는 소송에 있어서 그 무효를 구하는 사람에게 그 행정처분에 존재하는 하자가 중대하고 명백하다는 것을 주장 입증할 책임이 있다. 대법원 1984. 2. 28. 선고 82누154 판결

0585 ○ 결혼이민[F-6 (다)목] 체류자격을 신청한 외국인에 대하여 행정청이 그 요건을 충족하지 못하였다는 이유로 거부처분을 하는 경우에는 '그 요건을 갖추지 못하였다는 판단', 다시 말해 '혼인파탄의 주된 귀책사유가 국민인 배우자에게 있지 않다는 판단' 자체가 처분사유가 된다. 부부가 혼인파탄에 이르게 된 여러 사정들은 그와 같은 판단의 근거가 되는 기초 사실 내지 평가요소에 해당한다. 결혼이민[F-6 (다)목] 체류자격 거부처분 취소소송에서 원고와 피고 행정청은 각자 자신에게 유리한 평가요소들을 적극적으로 주장·증명하여야 하며, 수소법원은 증명된 평가요소들을 종합하여 혼인파탄의 주된 귀책사유가 누구에게 있는지를 판단하여야 한다. 수소법원이 '혼인파탄의 주된 귀책사유가 국민인 배우자에게 있다'고 판단하게 되는 경우에는, 해당 결혼이민[F-6 (다)목] 체류자격 거부처분은 위법하여 취소되어야 하므로, 이러한 의미에서 결혼이민[F-6 (다)목] 체류자격 거부처분 취소소송에서도 그 처분사유에 관한 증명책임은 피고 행정청에 있다. 대법원 2019. 7. 4. 선고 2018두66869 판결

0586 ✕ 행정소송법 제26조(직권심리) 법원은 필요하다고 인정할 때에는 직권으로 증거조사를 할 수 있고, 당사자가 주장하지 아니한 사실에 대하여도 판단할 수 있다.

0587 ○ 행정소송에 있어서 특단의 사정이 있는 경우를 제외하면 당해 행정처분의 적법성에 관하여는 당해 처분청이 이를 주장·입증하여야 하고, 행정소송에 있어서 직권주의가 가미되어 있다고 하여도 여전히 당사자주의, 변론주의를 기본 구조로 하는 이상 행정처분의 위법을 들어 그 취소를 청구함에 있어서는 직권조사사항을 제외하고는 그 취소를 구하는 자가 위법된 구체적인 사항을 먼저 주장하여야 한다. 대법원 1995. 7. 28. 선고 94누12807 판결

0588 ○ 행정소송에서 기록상 자료가 나타나 있다면 당사자가 주장하지 않았더라도 판단할 수 있고, 당사자가 제출한 소송자료에 의하여 법원이 처분의 적법 여부에 관한 합리적인 의심을 품을 수 있음에도 단지 구체적 사실에 관한 주장을 하지 아니하였다는 이유만으로 당사자에게 석명을 하거나 직권으로 심리·판단하지 아니함으로써 구체적 타당성이 없는 판결을 하는 것은 행정소송법 제26조의 규정과 행정소송의 특수성에 반하므로 허용될 수 없다. 대법원 2010. 2. 11. 선고 2009두18035 판결

0589 ✕ 행정소송법 제26조는 법원이 필요하다고 인정할 때에는 직권으로 증거조사를 할 수 있고 당사자가 주장하지 아니한 사실에 대하여 판단할 수 있다고 규정하고 있으나, 이는 행정소송에 있어서 원고의 청구범위를 초월하여 그 이상의 청구를 인용할 수 있다는 뜻이 아니라 원고의 청구범위를 유지하면서 그 범위 내에서 필요에 따라 주장 외의 사실에 관하여 판단할 수 있다는 뜻이고 또 법원의 석명권은 당사자의 진술에 모순, 흠결이 있거나 애매하여 그 진술의 취지를 알 수 없을 때 이를 보완하여 명료하게 하거나 입증책임 있는 당사자에게 입증을 촉구하기 위하여 행사하는 것이지 그 정도를 넘어 당사자에게 새로운 청구를 할 것을 권유하는 것은 석명권의 한계를 넘어서는 것이다. 대법원 1992. 3. 10. 선고 91누6030 판결

0590 ✕ 명의신탁등기 과징금과 장기미등기 과징금은 위반행위의 태양, 부과 요건, 근거 조항을 달리하므로, 각 과징금 부과처분의 사유는 상호 간에 기본적 사실관계의 동일성이 있다고 할 수 없다. 그러므로 그중 어느 하나의 처분사유에 의한 과징금 부과처분에 대하여 당해 처분사유가 아닌 다른 처분사유가 존재한다는 이유로 적법하다고 판단하는 것은 특별한 사정이 없는 한 행정소송법상 직권심사주의의 한계를 넘는 것으로서 허용될 수 없다. 대법원 2017. 5. 17. 선고 2016두53050 판결

0591 ○ 행정소송법 제25조(행정심판기록의 제출명령) ① 법원은 당사자의 신청이 있는 때에는 결정으로써 재결을 행한 행정청에 대하여 행정심판에 관한 기록의 제출을 명할 수 있다.
② 제1항의 규정에 의한 제출명령을 받은 행정청은 지체없이 당해 행정심판에 관한 기록을 법원에 제출하여야 한다.

0592 ✕ 행정소송에서 행정처분의 위법 여부는 행정처분이 행하여졌을 때의 법령과 사실 상태를 기준으로 하여 판단하여야 하고, 처분 후 법령의 개폐나 사실상태의 변동에 의하여 영향을 받지는 않는다. 대법원 2008. 7. 24. 선고 2007두3930 판결

0593 ✕ 부당노동행위구제신청에 관한 중앙노동위원회의 명령 또는 결정의 취소를 구하는 소송에 있어서 그 명령 또는 결정의 적부는 그것이 이루어진 시점을 기준으로 판단하여야 할 것이지만 노동위원회에서 이미 주장된 사유만에 한정된다고 볼 근거는 없으므로, 중앙노동위원회의 명령 또는 결정 후에 생긴 사유가 아닌 이상 노동위원회에서 주장하지 아니한 사유도 행정소송에서 주장할 수 있다고 보아야 할 것이다. 대법원 1990. 8. 10. 선고 89누8217 판결

0594 법원은 행정처분 당시 행정청이 알고 있었던 자료뿐만 아니라 사실심 변론종결 당시까지 제출된 모든 자료를 종합하여 처분 당시 존재하였던 객관적 사실을 확정하고 그 사실에 기초하여 처분의 위법 여부를 판단할 수 있다. 23. 지방 (   )

0595 행정처분에 대한 무효확인과 취소청구는 서로 양립할 수 없는 청구로서 주위적·예비적 청구로서만 병합이 가능하고 선택적 청구로서의 병합은 허용되지 않는다. 15. 국가 (   )

0596 당사자소송이 부적법하여 각하되는 경우 그에 병합된 관련청구소송 역시 부적법 각하되어야 하는 것은 아니다.
13. 지방 (   )

0597 취소소송에 당해 처분의 취소를 선결문제로 하는 부당이득반환청구가 병합된 경우 그 청구가 인용되려면 소송절차에서 당해 처분의 취소가 확정되어야 한다. 15. 국가 (   )

0598 특정 소송사건에서 당사자 일방을 보조하기 위하여 보조참가를 하려면 당해 소송의 결과에 대하여 사실상, 경제상 또는 감정상의 이해관계가 있으면 충분하며 법률상의 이해관계가 요구되는 것은 아니다. 15. 국가 (   )

0599 「행정소송법」상 제3자 소송참가의 경우 참가인이 상소를 하였더라도, 소송당사자 본인인 피참가인은 참가인의 의사에 반하여 상소취하나 상소포기를 할 수 있다. 20. 지방 (   )

0600 행정소송의 결과에 따라 권리 또는 이익의 침해 우려가 있는 제3자는 당해 행정소송에 참가할 수 있으며, 이때 참가인인 제3자는 실제로 소송에 참가하여 소송행위를 하였는지 여부를 불문하고 판결의 효력을 받는다.
18. 지방 (   )

0601 처분을 취소하는 판결에 의하여 권리의 침해를 받은 제3자는 자기에게 책임 없는 사유로 인하여 소송에 참가하지 못함으로써 판결의 결과에 영향을 미칠 공격 또는 방어방법을 제출하지 못한 때에는 이를 이유로 확정된 종국판결에 대하여 재심의 청구를 할 수 있다. 18. 지방 (   )

0602 처분사유의 추가·변경이 인정되기 위한 요건으로서의 기본적 사실관계의 동일성 유무는, 처분사유를 법률적으로 평가하기 이전의 구체적인 사실에 착안하여 그 기초적인 사회적 사실관계가 기본적인 점에서 동일한지 여부에 따라 결정된다. 17. 국가 (   )

0603 처분청은 원고의 권리방어가 침해되지 않는 한도 내에서 당해 취소소송의 대법원 확정판결이 있기 전까지 처분사유의 추가·변경을 할 수 있다. 17. 국가 (   )

0604 처분청이 처분 당시 적시한 구체적 사실을 변경하지 아니하는 범위 내에서 단지 처분의 근거 법령만을 추가·변경하는 경우에 법원은 처분청이 처분 당시 적시한 구체적 사실에 대하여 처분 후 추가·변경한 법령을 적용하여 처분의 적법 여부를 판단할 수 있다. 16. 국가 (   )

0605 추가 또는 변경된 사유가 당초의 처분시 그 사유를 명기하지 않았을 뿐 처분시에 이미 존재하고 있었고 당사자도 그 사실을 알고 있었다면 당초의 처분사유와 동일성이 인정된다. 17. 국가 (   )

0606 행정청의 당초 처분사유인 기존 공동사업장과의 거리제한규정에 저촉된다는 사실과 피고 주장의 최소 주차용지에 미달한다는 사실은 기본적 사실관계에 있어서 동일성이 인정된다. 11. 사복 (   )

0594 ○ 행정처분의 위법 여부를 판단하는 기준 시점에 관하여 판결 시가 아니라 처분 시라고 하는 의미는 행정처분이 있을 때의 법령과 사실상태를 기준으로 하여 위법 여부를 판단하며 처분 후 법령의 개폐나 사실상태의 변동에 영향을 받지 않는다는 뜻이지 처분 당시 존재하였던 자료나 행정청에 제출되었던 자료만으로 위법 여부를 판단한다는 의미는 아니다. 그러므로 처분 당시의 사실상태 등에 관한 증명은 사실심 변론종결 당시까지 할 수 있고, 법원은 행정처분 당시 행정청이 알고 있었던 자료뿐만 아니라 사실심 변론종결 당시까지 제출된 모든 자료를 종합하여 처분 당시 존재하였던 객관적 사실을 확정하고 그 사실에 기초하여 처분의 위법 여부를 판단할 수 있다. 대법원 2017. 4. 7. 선고 2014두37122 판결

0595 ○ 행정처분에 대한 무효확인과 취소청구는 서로 양립할 수 없는 청구로서 주위적·예비적 청구로서만 병합이 가능하고 선택적 청구로서의 병합이나 단순 병합은 허용되지 아니한다. 대법원 1999. 8. 20. 선고 97누6889 판결

0596 ✕ 행정소송법 제44조, 제10조에 의한 관련청구소송 병합은 본래의 당사자소송이 적법할 것을 요건으로 하는 것이어서 본래의 당사자소송이 부적법하여 각하되면 그에 병합된 관련청구소송도 소송요건을 흠결하여 부적합하므로 각하되어야 한다. 대법원 2011. 9. 29. 선고 2009두10963 판결

0597 ✕ 취소소송에 병합할 수 있는 당해 처분과 관련되는 부당이득반환소송에는 당해 처분의 취소를 선결문제로 하는 부당이득반환청구가 포함되고, 이러한 부당이득반환청구가 인용되기 위해서는 그 소송절차에서 판결에 의해 당해 처분이 취소되면 충분하고 그 처분의 취소가 확정되어야 하는 것은 아니라고 보아야 한다. 대법원 2009. 4. 9. 선고 2008두23153 판결

0598 ✕ 행정소송법 제16조 소정의 제3자의 소송참가가 허용되기 위하여는 당해 소송의 결과에 따라 제3자의 권리 또는 이익이 침해되어야 하고, 이 때의 이익은 법률상 이익을 말하며 단순한 사실상의 이익이나 경제상의 이익은 포함되지 않는다. 대법원 2008. 5. 29. 선고 2007두23873 판결

0599 ✕ 제3자 소송참가에 있어서 참가인은 민사소송법 제67조가 준용됨에 따라 공동소송적 보조참가인의 지위에 있는 것으로 보는데, 이 경우 공동소송인 가운데 한 사람의 소송행위는 모두의 이익을 위하여서만 효력을 가지게 된다. 따라서 상소취하 또는 상소포기와 같은 참가인에게 불리한 행위는 참가인의 의사에 반하여 피참가인 단독으로 할 수 없다.

0600 ○ 소송의 결과에 따라 권리 또는 이익의 침해를 받을 제3자는 그 소송에 참가할 수 있고, 이 경우 참가인은 현실적으로 소송행위를 하였는지 여부와 관계없이 참가한 소송의 판결의 효력을 받는다(참가효).

0601 ○ 행정소송법 제31조(제3자에 의한 재심청구) ① 처분등을 취소하는 판결에 의하여 권리 또는 이익의 침해를 받은 제3자는 자기에게 책임없는 사유로 소송에 참가하지 못함으로써 판결의 결과에 영향을 미칠 공격 또는 방어방법을 제출하지 못한 때에는 이를 이유로 확정된 종국판결에 대하여 재심의 청구를 할 수 있다.

0602 ○ 행정처분의 취소를 구하는 항고소송에 있어서, 처분청은 당초 처분의 근거로 삼은 사유와 기본적 사실관계가 동일성이 있다고 인정되는 한도 내에서만 다른 사유를 추가하거나 변경할 수 있고, 여기서 기본적 사실관계의 동일성 유무는 처분사유를 법률적으로 평가하기 이전의 구체적인 사실에 착안하여 그 기초인 사회적 사실관계가 기본적인 점에서 동일한지 여부에 따라 결정되며 이와 같이 기본적 사실관계와 동일성이 인정되지 않는 별개의 사실을 들어 처분사유로 주장하는 것이 허용되지 않는다. 대법원 2003. 12. 11. 선고 2001두8827 판결

0603 ✕ 행정청은 기본적 사실관계의 동일성이 있다고 인정되는 한도 내에서만 다른 처분사유를 추가, 변경할 수 있다고 할 것이나 이는 사실심 변론종결시까지만 허용된다. 대법원 1999. 8. 20. 선고 98두17043 판결

0604 ○ 처분청이 처분 당시 적시한 구체적 사실을 변경하지 아니하는 범위 내에서 단지 처분의 근거 법령만을 추가·변경하는 것은 새로운 처분사유의 추가라고 볼 수 없으므로 이와 같은 경우에는 처분청이 처분 당시 적시한 구체적 사실에 대하여 처분 후 추가·변경한 법령을 적용하여 처분의 적법 여부를 판단하여도 무방하다. 대법원 2011. 5. 26. 선고 2010두28106 판결

0605 ✕ 추가 또는 변경된 사유가 당초의 처분시 그 사유를 명기하지 않았을 뿐 처분시에 이미 존재하고 있었고 당사자도 그 사실을 알고 있었다 하여 당초의 처분사유와 동일성이 있는 것이라 할 수 없다. 대법원 2003. 12. 11. 선고 2001두8827 판결

0606 ✕ 이 사건 처분사유인 기존 공동사업장과의 거리제한규정에 저촉된다는 사실과 최소 주차용지에 미달한다는 사실은 기본적 사실관계를 달리하는 것임이 명백하다. 대법원 1995. 11. 21. 선고 95누10952 판결

주제 30 취소소송의 판결

Ⅰ 사정판결

① 의의

- 처분이 위법하나, 취소판결 시 발생할 공익 침해를 예방하기 위해 하는 청구기각판결

② 요건

- 처분이 위법할 것(원고의 청구가 이유 있을 것)

- 처분을 취소하는 것이 현저히 공공복리에 적합하지 않을 것
  − 이익형량을 거친 후, 극히 엄격한 요건 아래 제한적으로만 인정

- 판단의 기준시점
  − **처분의 위법성 판단** : 처분시
  − 사정판결의 필요성 존부에 대한 판단 : 판결시(변론종결시)

- 사정조사 : 법원은 미리 원고가 입게 될 손해의 정도, 배상방법 등을 조사해야 함(석명의무 ○)

- 주장·증명책임 : 행정청 ➡ 행정청의 주장·증명 없더라도 법원은 직권으로 사정판결 ○

③ 효과

- 청구기각판결, But 판결 주문에 처분의 위법성 명시(∴ 기판력은 처분의 '위법성'에 발생)

- 원고는 피고 행정청이 속하는 국가나 공공단체를 상대로 손해배상 등 적당한 구제방법의 청구를 취소소송이 계속된 법원에 병합하여 제기 가능

- 소송비용 부담 : 행정청

- 준용 여부 : 무효확인소송 ×(∵ 존치시킬 효력 있는 처분의 부존재), 부작위위법확인소송 ×

2　일부취소(일부인용) 판결

① 의의

- 원고의 청구 중 일부에 대하여만 취소(인용)판결을 하는 것

- 행정소송법 제4조(항고소송) 1호. '취소소송 : 행정청의 위법한 처분 등을 취소 또는 변경하는 소송'
  － '변경'의 의미 ➡ 적극적 변경 ×, 소극적 변경(일부취소) ○

- if 일부취소 가능 ➡ 일부취소 의무 ○(∴ 전부취소 ×)

② 허용 여부

(1) 기속행위(ex 과세처분, 부담금부과처분)

- **원칙** 적법하게 부과될 금액을 산정할 수 있는 경우 ➡ 일부취소 ○

- **예외** 적법하게 부과될 금액을 산정할 수 없는 경우 ➡ 일부취소 ×(법원의 적극적 석명의무 없음)

(2) 재량행위(ex 공정거래법상 과징금)

- **원칙** 일부취소 ×(∵ 법원은 재량의 범위 내에서 어느 정도가 적정한지 판단 불가)

- **예외** 외형상 하나의 제재처분, But 행위별로 내용 구분 가능하고 일부만 위법한 경우 ➡ 일부취소 ○

3　판결의 효력_기판력(실질적 확정력)

① 의의

- 취소소송의 소송물(심판의 대상) : 처분의 위법성 일반(처분의 위법·적법 여부)

- 기판력 : 소송물에 관한 법원의 판결이 확정되면, 동일한 처분을 다투는 후소(後訴)에서 이와 모순·저촉되는 주장·판단을 할 수 없게 하는 힘(∵ 법적 안정성)

- 청구인용 및 청구기각판결 모두 발생

- ex A처분 취소소송(전소) ➡ 청구기각판결 확정 : 처분의 적법성에 대해 기판력 ○
  ➡ A처분 무효확인소송(후소) : 처분의 위법성 주장 ×, 판단 ×
  ⇨ 결국 동일한 소송물에 대해서 다시 소송을 제기할 수 없게 하는 효과 ○(일사부재리의 원칙)

- 행정소송법 규정 × ➡ 민사소송법 준용

② 기판력의 범위 및 작용

(1) 주관적 범위

- 취소소송의 기판력은 당해 처분이 귀속하는 국가 또는 공공단체에 미침(즉 행정주체에 미치게 됨)

(2) 객관적 범위

- 기판력은 소송물에 대한 판단, 즉 처분의 위법성에 대한 판단(판결의 주문)에만 미침

- 판결이유에 적시된 구체적 위법사유 : 기판력 미치지 않음

- 유형별 검토
    - 취소소송 : 인용판결 ➡ 처분 위법 / 기각판결 ➡ 처분 적법 / 사정판결 ➡ 처분 위법
    - 무효소송 : 인용판결 ➡ 처분 위법 + 중대명백한 하자 ○ / 기각판결 ➡ 중대명백한 하자 ✕

- ex 공사중지명령 ➡ 취소소송 : 청구기각(공사중지명령 적법) ➡ 명령 철회신청 ➡ 거부처분
    ➡ 거부처분 취소소송에서 공사중지명령의 위법 주장 ✕ (∵ 기판력에 저촉됨)

(3) 시적 범위

- 사실심 변론종결시 기준으로 발생
    - 변론종결시 이전에 주장할 수 있었던 사유 ➡ 후소에서 주장 ✕
    - 변론종결시 이후에 새로이 발생한 사유 ➡ 후소에서 주장 ○

---

4 판결의 효력_형성력(취소판결에서만 인정)

① 형성효

- if 취소판결 확정 ➡ 행정청의 직권취소 없이도 처분의 효력은 당연히 소멸됨

- ex 과세처분 ➡ 취소판결 ➡ 과세처분 변경처분 : 무효(∵ 이미 과세처분의 효력은 소멸되었음)

② 소급효

- 처분의 효력은 처분시로 소급하여 소멸 ➡ 취소된 처분을 전제로 형성된 법률관계는 모두 효력 상실
    - 조합설립인가 ➡ 조합총회결의 ➡ 조합설립인가처분 취소판결 ➡ 조합총회결의도 당연히 효력 상실
    - 영업허가취소처분 ➡ 취소판결 ➡ 취소처분 후 취소판결 시까지 행한 영업은 무허가영업 ✕
    - 과세처분 취소판결 ➡ 처분시부터 납세의무 ✕ ➡ 조세포탈죄에 대한 무죄를 인정할 명백한 증거 ○

③ **제3자효**(대세효)

- 처분 등을 취소하는 확정판결은 제3자에 대하여도 효력이 있음(행정소송법 제29조)
  - 취소판결 자체의 효력으로써 취소된 처분을 기초로 하여 새로 형성된 제3자의 권리까지 당연히 그 처분 전의 상태로 환원되는 것은 아님
  - 제3자는 취소판결의 존재 및 그에 의하여 형성되는 법률관계를 용인하지 않으면 안 됨
- 제3자의 보호를 위한 제도 : 제3자의 소송참가, 재심청구

---

5 판결의 효력_기속력(취소판결에서만 인정)

① **의의**

- 판결의 취지에 따라 행동하도록 행정청 및 관계 행정청을 구속하는 힘 ➡ **판결의 실효성 확보**

- **기속력에 위반한 행정청의 행위** : 당연무효

- **청구인용**(취소)**판결에만 인정** ➡ **기각판결 후 행정청은** 직권취소 가능

② **반복금지효**

- 취소된 판결과 동일한 처분의 반복금지

- **동일한 처분인지 판단기준** : 기본적 사실관계의 동일성
  - 기본적 사실관계의 동일성 ✕ ➡ **동일한 처분 ✕** ➡ **반복 처분 가능**
  - 기본적 사실관계의 동일성 ○ ➡ **동일한 처분 ○** ➡ **반복 처분 금지**

- **처분이 절차·형식의 하자를 이유로 취소** ➡ if 하자 보완, 기사동 ✕ ➡ **동일한 내용의 처분 가능**

- 사례
  - 영업허가취소처분 ➡ 취소판결(∵ 비례의 원칙 위반) ➡ 비례 원칙 준수한 영업정지 : 가능
  - 영업허가취소처분 ➡ 취소판결(∵ 법규위반사실 없음) ➡ 법규위반을 이유로 한 영업정지 : 불가능
  - 파면처분 ➡ 취소판결(∵ 비례의 원칙 위반) ➡ (비례 원칙 준수한) 해임처분 : 가능

③ **재처분의무_신청에 대한 거부처분이 취소된 경우**

- 신청에 대한 거부처분이 취소 ➡ '판결의 취지'에 따라 다시 신청에 대한 처분(재처분)을 하여야 함
  - 재처분이 취소된 거부처분과 기사동 ○ ➡ 기속력에 저촉 ○
  - 재처분이 취소된 거부처분과 기사동 ✕ ➡ 기속력에 저촉 ✕(즉 다시 거부처분 가능)
  - ex 미디어밸리 조성을 위한 시가화예정지역이라는 이유로 사업계획승인거부 ➡ 취소판결
    ➡ 개발행위허가제한지역이라는 이유로 다시 거부처분 : 기속력에 저촉 ✕

- 신청에 따른 처분이 절차 위법을 이유로 취소된 경우(행정소송법 제30조 제3항)
  - 제3자효 있는 처분이 제3자가 제기한 취소소송에서 절차상 하자를 이유로 취소된 경우
  - 행정청은 판결의 취지에 따라 다시 신청에 대한 처분을 하여야 함(허가/거부처분 모두 가능)

④ 원상회복의무(위법상태제거의무)

- 행정청은 위법한 처분으로 인해 초래된 상태 또는 위법한 결과를 제거해야 할 의무를 부담하게 됨

- 명문의 규정은 없으나, 판례가 인정함

⑤ 기속력의 범위

- 주관적 범위: 행정청 및 관계 행정청

- 객관적 범위: 판결의 주문 + 판결이유에서 적시된 구체적 위법사유
  - 판결이유에 적시 × ➡ 기속력 ×
  - 판결이유에 적시된 위법사유와 기본적 사실관계가 '다른' 처분사유 ➡ 기속력 ×
  - 판결의 결론과 직접 관련 없는 방론 또는 간접사실 ➡ 기속력 ×

- 시적 범위: 처분시 ∴ 처분시 이후 새로이 발생한 사유 ➡ 기속력 ×(∵ 기사동 ×)

⑥ 간접강제

(1) 의의

- 거부처분 취소판결에도 불구하고 재처분의무 불이행 ➡ 행정청에 금전배상명령

- 행정소송법 규정

  행정소송법 제34조(거부처분 취소판결의 간접강제) ① 행정청이 제30조 제2항의 규정에 의한 처분을 하지 아니하는 때에는 제1심 수소법원은 **당사자의 신청**에 의하여 결정으로써 상당한 기간을 정하고 행정청이 그 기간 내에 이행하지 아니하는 때에는 그 지연기간에 따라 일정한 배상을 할 것을 명하거나 즉시 손해배상을 할 것을 명할 수 있다.

(2) 요건 및 효과

- 거부처분에 대한 취소판결 확정

- '판결의 취지'에 따른 재처분의무 불이행(재처분을 하였으나 기속력에 반하여 무효인 경우 포함)

- 당사자의 신청(직권 ×)

- 의무이행기간 경과 후 재처분의무 이행한 경우
  ➡ 배상금 추심 불가(∵배상금: 지연손해금 ×, 재처분의무 이행을 위한 심리적 강제수단 ○)

- 준용 여부: 무효확인소송 ×(∵ 준용 규정 없음), 부작위위법확인소송 ○

주제 31 무효확인소송 및 부작위위법확인소송

1 무효확인소송

① 체크 포인트_취소소송과의 차이점

- 제소기간 제한 × (But 무효선언적 의미의 취소소송: 제소기간 제한 ○)

- 예외적 행정심판 전치주의 적용 × (But 무효선언적 의미의 취소소송: 적용 ○)

- 사정판결 × (∵ 효력 존치시킬 처분 없음)

- 간접강제 × (∵ 준용 규정 없음)

② 확인의 소의 보충성

- 민사소송법: 확인의 소는 이행소송 등 다른 구제수단이 없는 경우에만 '확인의 이익(소송요건)' 충족
  - ex 이행소송: 'A는 B에게 100만원을 지급하라.'
    확인소송: 'A는 B에게 100만원을 지급할 채무가 있음을 확인한다.'
  - 이행소송이 확인소송보다 더 직접적·실효인 수단 ➡ 이행소송 가능하면 확인소송은 허용 ×

- 항고소송인 무효확인소송에서는 확인의 이익이 요구되지 않음(∵ 무효확인판결의 기속력)
  - 과·오납한 세금에 대해 이행소송인 부당이득반환청구소송이 가능하더라도, 이를 제기하지 않고 곧바로 과세처분에 대한 무효확인소송 청구 가능

③ 취소소송과의 관계

- 무효인 처분에 대하여 취소소송 제기 ➡ (취소소송의 소송요건 갖춘 경우) 무효선언적 취소판결

- 취소사유 있는 처분에 대하여 무효확인소송 제기
  - if 취소소송의 소송요건 ○ ➡ 취소판결(∵ 무효확인 구하는 취지에는 취소를 구하는 취지 포함)
  - if 취소소송의 소송요건 × ➡ 청구기각

- 청구의 병합: 예비적 병합만 가능(∵ 무효와 취소는 양립 불가)

- 제소기간 경과 후, 처분의 근거법률이 위헌이라는 이유로 무효확인소송 제기
  ➡ 위헌 여부 판단할 필요 없이 청구기각(∵ 위헌결정의 소급효 ×)

2 부작위위법확인소송

① 체크 포인트_취소소송과의 차이점

- 집행정지 × (∵ 정지시킬 처분의 부존재)

- 처분변경으로 인한 소 변경 (∵ 변경할 처분의 부존재)

- 사정판결 ×

② 소송요건

(1) 대상적격 : 처분의 부작위

- 처분의 신청 ➡ 처분 아닌 행정작용에 대한 부작위는 대상적격 ×
  - 특별한 불복절차의 존재 ➡ 처분 × ➡ 따라서 신청에 대해 부작위하더라도 대상적격 ×

- 법규상·조리상 신청권의 존재

- 처분의 부작위 ➡ 소송계속 중 거부처분 있는 경우, 소의 이익 ×

(2) 원고적격

- 행정소송법 : 처분의 신청을 한 자로서 부작위 위법의 확인을 구할 법률상 이익 있는 자

- 처분의 신청을 한 자 ➡ 법규상·조리상 신청권 있는 자(∴ if 대상적격 ○ ➡ 원고적격 ○)

(3) 제소기간 : 취소소송의 제소기간 규정 준용 ○

- 원칙 부작위 계속 ➡ 제소기간 제한 ×

- 예외 행정심판 거친 경우 ➡ 제소기간 제한 ○

③ 심리의 범위(응답의무설)

- 부작위의 위법성 ○(신청한 내용의 인용 여부 ×)

- 위법판단의 기준시 : 판결시(사실심 변론종결시)

④ 부작위위법확인판결의 효력

- 부작위 자체가 위법하다는 확인을 함에 그침(인용처분을 해야 할 의무 부과 ×)

- 기속력에 따른 행정청의 의무 ➡ 단순한 응답의무 ○(신청에 대한 허가처분을 할 의무 ×)
  - if 부작위위법확인판결 ➡ 거부처분 : 판결의 취지에 따른 처분의무 이행한 것 ○(기속력 위반 ×)
    ➡ 간접강제 ×(∵ 실질적 기속력이 부인됨)

기출 ⭕❌ Check

0607 법원이 사정판결을 함에 있어서는 미리 원고가 그로 인하여 입게 될 손해의 정도와 배상방법 그 밖의 사정을 조사하여야 한다. 21. 지방 (   )

0608 원고는 처분을 한 행정청을 상대로 손해배상, 제해시설의 설치 그 밖에 적당한 구제방법의 청구를 당해 취소소송이 계속된 법원에 병합하여 제기할 수 있다. 16. 국가 7급 (   )

0609 사정판결의 요건인 처분의 위법성은 변론 종결시를 기준으로 판단하고, 공공복리를 위한 사정판결의 필요성은 처분시를 기준으로 판단하여야 한다. 23. 국가 (   )

0610 원고의 청구가 이유있다고 인정하는 경우에도 이를 인용하는 것이 현저히 공공복리에 적합하지 않다고 판단되면 법원은 피고 행정청의 주장이나 신청이 없더라도 사정판결을 할 수 있다. 22. 지방 (   )

0611 사정판결의 경우에는 처분의 적법성이 아닌 처분의 위법성에 대하여 기판력이 발생한다. 19. 서울 (   )

0612 사정판결은 항고소송 중 취소소송 및 무효등확인소송에서 인정되는 판결의 종류이다. 21. 지방 (   )

0613 사정판결을 하는 경우 법원은 원고의 청구를 기각하는 판결을 하게 되나, 소송비용은 피고의 부담으로 한다.

16. 국가 7급 (   )

정답 & ⭕❌ 풀이

0607 ⭕ 행정소송법 제28조(사정판결) ② 법원이 사정판결을 함에 있어서는 미리 원고가 그로 인하여 입게 될 손해의 정도와 배상방법 그 밖의 사정을 조사하여야 한다.

0608 ❌ 행정소송법 제28조(사정판결) ③ 원고는 <u>피고인 행정청이 속하는 국가 또는 공공단체를 상대로</u> 손해배상, 제해시설의 설치 그 밖에 적당한 구제방법의 청구를 당해 취소소송등이 계속된 법원에 병합하여 제기할 수 있다.

0609 ❌ <u>사정판결에 있어서도 처분 등의 위법성은 처분시를 기준으로 판단하고, 사정판결의 필요성이 있는지 여부는 제도의 취지에 비추어 처분시가 아닌 판결시(변론종결시)를 기준으로 판단한다.</u>

0610 ⭕ <u>사정판결은 당사자의 명백한 주장이 없는 경우에도 기록에 나타난 여러 사정을 기초로 직권으로 할 수 있다.</u> 대법원 2006. 9. 22. 선고 2005두2506 판결

0611 ⭕ <u>기판력은 판결의 주문에 기재된 것에 대하여 발생(민사소송법 제216조)하는데, 사정판결이 있는 경우 행정소송법 제28조에 따라 법원은 판결의 주문에서 처분의 위법성을 명시하여야 한다. 따라서 사정판결이 확정되면 사정판결의 대상이 된 행정처분이 위법하다는 점에 대하여 기판력이 발생한다.</u>

0612 ❌ <u>당연무효의 행정처분을 소송목적물로 하는 행정소송에서는 존치시킬 효력이 있는 행정행위가 없기 때문에 행정소송법 제28조 소정의 사정판결을 할 수 없다.</u> 대법원 1996. 3. 22. 선고 95누5509 판결

0613 ⭕ 행정소송법 제32조(소송비용의 부담) 취소청구가 제28조(주 : 사정판결)의 규정에 의하여 기각되거나 행정청이 처분등을 취소 또는 변경함으로 인하여 청구가 각하 또는 기각된 경우에는 <u>소송비용은 피고의 부담으로 한다.</u>

0614 행정청이 여러 개의 위반행위에 대하여 하나의 제재처분을 하였으나, 위반행위별로 제재처분의 내용을 구분하는 것이 가능하고 여러 개의 위반행위 중 일부의 위반행위에 대한 제재처분 부분만이 위법하다면, 법원은 제재처분 전부를 취소하여서는 아니 된다. 22. 국가 7급 (　　　)

0615 처분을 할 것인지 여부와 처분의 정도에 관하여 재량이 인정되는 과징금 납부명령에 대하여 그 명령이 재량권을 일탈하였을 경우, 법원은 재량권의 범위 내에서 어느 정도가 적정한 것인지에 관하여 판단할 수 있고 그 일부를 취소할 수 있다. 20. 지방 (　　　)

0616 「국가유공자 등 예우 및 지원에 관한 법률」에 따른 여러 개의 상이에 대한 국가유공자요건비해당처분에 대한 취소소송에서 그 중 일부 상이만이 국가유공자요건이 인정되는 상이에 해당하는 경우, 국가유공자요건비해당처분 중 그 요건이 인정되는 상이에 대한 부분만을 취소하여야 한다. 18. 지방 (　　　)

0617 취소소송의 피고는 처분청이므로 행정청을 피고로 하는 취소소송에 있어서의 기판력은 당해 처분이 귀속하는 국가 또는 공공단체에 미친다. 10. 국가 (　　　)

0618 취소판결의 기판력과 기속력은 판결의 주문과 판결이유 중에 설시된 개개의 위법사유에까지 미친다.
16. 국가 7급 (　　　)

0619 공사중지명령의 상대방이 제기한 공사중지명령취소소송에서 기각판결이 확정된 경우 특별한 사정변경이 없더라도 그 후 상대방이 제기한 공사중지명령해제신청 거부처분취소소송에서는 그 공사중지명령의 적법성을 다시 다툴 수 있다. 22. 지방 (　　　)

0620 과세처분의 취소소송에서 청구가 기각된 확정판결의 기판력은 그 과세처분의 무효확인을 구하는 소송에는 미치지 아니한다. 14. 지방 (　　　)

0621 전소의 판결이 확정된 경우 후소의 소송물이 전소의 소송물과 동일하지 않더라도 전소의 소송물에 관한 판단이 후소의 선결문제가 되는 경우에 후소에서 전소 판결의 판단과 다른 주장을 하는 것은 기판력에 반한다.
23. 국가 7급 (　　　)

0622 영업정지처분에 대한 취소소송에서 취소판결이 확정되면 처분청은 영업정지처분의 효력을 소멸시키기 위하여 영업정지처분을 취소하는 처분을 하여야 할 의무를 진다. 22. 지방 (　　　)

0623 취소판결이 확정된 과세처분을 과세관청이 경정하는 처분을 하였다면 당연무효의 처분이라고 할 수 없고 단순위법인 취소사유를 가진 처분이 될 뿐이다. 21. 군무원 7급 (　　　)

0624 취소판결 후에 취소된 처분을 대상으로 하는 처분은 당연히 무효이다. 12. 지방 7급 (　　　)

0614 ○ 행정청이 여러 개의 위반행위에 대하여 하나의 제재처분을 하였으나, 위반행위별로 제재처분의 내용을 구분하는 것이 가능하고 여러 개의 위반행위 중 일부의 위반행위에 대한 제재처분 부분만이 위법하다면, 법원은 제재처분 중 위법성이 인정되는 부분만 취소하여야 하고 제재처분 전부를 취소하여서는 아니 된다. 대법원 2020. 5. 14. 선고 2019두63515 판결

0615 × 처분을 할 것인지 여부와 처분의 정도에 관하여 재량이 인정되는 과징금 납부명령에 대하여 그 명령이 재량권을 일탈하였을 경우, 법원으로서는 재량권의 일탈 여부만 판단할 수 있을 뿐이지 재량권의 범위 내에서 어느 정도가 적정한 것인지에 관하여는 판단할 수 없어 그 전부를 취소할 수밖에 없고, 법원이 적정하다고 인정하는 부분을 초과한 부분만 취소할 수는 없다. 대법원 2009. 6. 23. 선고 2007두18062 판결

0616 ○ 여러 개의 상이에 대한 국가유공자요건비해당처분에 대한 취소소송에서 그 중 일부 상이가 국가유공자요건이 인정되는 상이에 해당하더라도 나머지 상이에 대하여 위 요건이 인정되지 아니하는 경우에는 국가유공자요건비해당처분 중 위 요건이 인정되는 상이에 대한 부분만을 취소하여야 할 것이고, 그 비해당처분 전부를 취소할 수는 없다고 할 것이다. 대법원 2012. 3. 29. 선고 2011두9263 판결

0617 ○ 과세처분 취소소송의 피고는 처분청이므로 행정청을 피고로 하는 취소소송에 있어서의 기판력은 당해 처분이 귀속하는 국가 또는 공공단체에 미친다. 대법원 1998. 7. 24. 선고 98다10854 판결

0618 × [1] 민사소송법 제216조(기판력의 객관적 범위) ① 확정판결은 주문에 포함된 것에 한하여 기판력을 가진다.
[2] 행정소송법 제30조 제1항에 의하여 인정되는 취소소송에서 처분 등을 취소하는 확정판결의 기속력은 주로 판결의 실효성 확보를 위하여 인정되는 효력으로서 판결의 주문뿐만 아니라 그 전제가 되는 처분 등의 구체적 위법사유에 관한 이유 중의 판단에 대하여도 인정된다. 대법원 2001. 3. 23. 선고 99두5238 판결
(해설 : 기속력은 판결의 주문 및 판결이유 중에 설시된 개개의 위법사유에 모두 미치게 되나, 기판력은 판결의 주문에 포함된 것에 한하여 발생함)

0619 × 행정청이 관련 법령에 근거하여 행한 공사중지명령의 상대방이 명령의 취소를 구한 소송에서 패소함으로써 그 명령이 적법한 것으로 이미 확정되었다면, 이후 이러한 공사중지명령의 상대방은 그 명령의 해제신청을 거부한 처분의 취소를 구하는 소송에서 그 명령의 적법성을 다툴 수 없다. 그와 같은 공사중지명령에 대하여 그 명령의 상대방이 해제를 구하기 위해서는 명령의 내용 자체로 또는 성질상으로 명령 이후에 원인사유가 해소되었음이 인정되어야 한다. 대법원 2014. 11. 27. 선고 2014두37665 판결

0620 × 과세처분취소 청구를 기각하는 판결이 확정되면 그 처분이 적법하다는 점에 관하여 기판력이 생기고 그 후 원고가 다시 이를 무효라 하여 그 무효확인을 소구할 수는 없는 것이어서, 과세처분의 취소소송에서 청구가 기각된 확정판결의 기판력은 그 과세처분의 무효확인을 구하는 소송에도 미친다. 대법원 1996. 6. 25. 선고 95누1880 판결

0621 ○ 행정소송법 제8조 제2항에 의하여 행정소송에 준용되는 민사소송법 제216조, 제218조가 규정하고 있는 '기판력'이란 기판력 있는 전소 판결의 소송물과 동일한 후소를 허용하지 않음과 동시에, 후소의 소송물이 전소의 소송물과 동일하지는 않더라도 전소의 소송물에 관한 판단이 후소의 선결문제가 되거나 모순관계에 있을 때에는 후소에서 전소 판결의 판단과 다른 주장을 하는 것을 허용하지 않는 작용을 한다. 대법원 2016. 3. 24. 선고 2015두48235 판결

0622 × 행정처분을 취소한다는 확정판결이 있으면 그 취소판결의 형성력에 의하여 당해 행정처분의 취소나 취소통지 등의 별도의 절차를 요하지 아니하고 당연히 취소의 효과가 발생한다. 대법원 1991. 10. 11. 선고 90누5443 판결

0623 × 과세처분을 취소하는 판결이 확정되면 그 과세처분은 처분시에 소급하여 소멸하므로 그 뒤에 과세관청에서 그 과세처분을 갱정하는 갱정처분을 하였다면 이는 존재하지 않는 과세처분을 갱정한 것으로서 그 하자가 중대하고 명백한 당연무효의 처분이다. 대법원 1989. 5. 9. 선고 88다카16096 판결

0624 ○ 과세처분을 취소하는 판결이 확정되면 그 과세처분은 처분시에 소급하여 소멸하므로 그 뒤에 과세관청에서 그 과세처분을 갱정하는 갱정처분을 하였다면 이는 존재하지 않는 과세처분을 갱정한 것으로서 그 하자가 중대하고 명백한 당연무효의 처분이다(주 : 취소판결이 있으면 형성력에 따라 소송의 대상이 된 처분은 당연히 소급하여 효력을 상실하게 되므로, 그 후 취소된 처분을 대상으로 하는 처분은 존재하지도 않는 처분을 대상으로 한 것으로서 당연무효임). 대법원 1989. 5. 9. 선고 88다카16096 판결

0625 취소판결의 효력은 원칙적으로 소급적이므로, 취소판결에 의해 취소된 영업허가취소처분 이후의 영업행위는 무허가영업에 해당하지 않는다. 20. 국가 (　　　)

0626 조세부과처분을 취소하는 행정판결이 확정된 경우 부과처분의 효력은 처분 시에 소급하여 효력을 잃게 되므로 확정된 행정판결은 조세포탈에 대한 무죄를 인정할 명백한 증거에 해당한다. 22. 국가 (　　　)

0627 처분등을 취소하는 확정판결은 당사자 이외의 제3자에게는 효력이 없다. 23. 지방 (　　　)

0628 행정처분을 취소하는 확정판결이 있으면 그 취소판결 자체의 효력에 의해 그 행정처분을 기초로 하여 새로 형성된 제3자의 권리는 당연히 그 행정처분 전의 상태로 환원된다. 23. 국가 7급 (　　　)

0629 취소소송의 기각판결이 확정되면 기판력은 발생하나 기속력은 발생하지 않는다. 16. 국가 (　　　)

0630 취소소송이 기각되어 처분의 적법성이 확정된 이후에도 처분청은 당해 처분이 위법함을 이유로 직권취소할 수 있다. 15. 국가 7급 (　　　)

0631 취소 확정판결의 기속력은 판결의 주문 및 전제가 되는 처분등의 구체적 위법사유에 관한 판단에도 미치므로, 종전 처분이 판결에 의하여 취소되었다면 종전 처분의 처분사유와 기본적 사실관계에서 동일하지 않은 다른 사유를 들어서 새로이 동일한 내용을 처분하는 것 또한 확정판결의 기속력에 저촉된다. 23. 지방 (　　　)

0632 과세처분시 납세고지서에 절차 내지 형식의 위법을 이유로 과세처분을 취소하는 판결이 확정된 경우에, 과세처분권자가 그 확정판결에 적시된 위법사유를 보완하여 행한 새로운 과세처분은 확정판결의 기판력에 저촉되지 아니한다. 23. 지방 (　　　)

0633 기속력은 당해 취소소송의 당사자인 행정청에 대해서만 효력을 미치며, 그 밖의 다른 행정청은 기속하지 않는다.
15. 국가 7급 (　　　)

0634 취소판결의 기속력은 주로 판결의 실효성 확보를 위하여 인정되는 효력으로서 판결의 주문뿐만 아니라 그 전제가 되는 처분 등의 구체적 위법사유에 관한 이유 중의 판단에 대하여도 인정된다. 20. 국가 (　　　)

0635 거부처분 취소판결이 확정된 후, 사실심 변론종결 이후에 발생한 새로운 사유를 근거로 다시 거부처분을 하는 것은 기속력에 위반된다. 15. 국가 7급 (　　　)

0636 주민 등의 도시관리계획의 입안 제안을 거부하는 처분에 대하여 이익형량의 하자를 이유로 취소판결이 확정된 후에 행정청이 다시 이익형량을 하여 주민 등이 제안한 것과는 다른 내용의 계획을 수립한다면 이는 재처분의무를 이행한 것으로 볼 수 없다. 23. 국가 7급 (　　　)

0637 행정처분의 취소판결이 확정되면 그 판결에서 확인된 위법사유를 배제한 상태에서 다시 처분을 하거나 그 밖에 위법한 결과를 제거하는 조치를 할 의무가 있다. 21. 군무원 7급 (　　　)

0625　○　영업의 금지를 명한 영업허가취소처분 자체가 나중에 <u>행정쟁송절차에 의하여 취소되었다면</u> 그 영업허가취소처분은 그 처분시에 소급하여 효력을 잃게 되며, 그 영업허가취소처분에 복종할 의무가 원래부터 없었음이 확정되었다고 봄이 타당하고, 영업허가취소처분이 장래에 향하여서만 효력을 잃게 된다고 볼 것은 아니므로 <u>영업허가취소처분 이후의 영업행위를 무허가영업이라고 볼 수는 없다.</u> 대법원 1993. 6. 25. 선고 93도277 판결

0626　○　조세의 부과처분을 취소하는 행정소송판결이 확정된 경우 그 조세부과처분의 효력은 <u>처분시에 소급하여 효력을 잃게 되고</u> 따라서 <u>그 부과처분을 받은 사람은 그 처분에 따른 납부의무가 없다</u>고 할 것이므로 위 확정된 행정판결은 조세포탈에 대한 무죄 내지 원판결이 인정한 죄보다 경한 죄를 인정할 명백한 증거라 할 것이다. 대법원 1985. 10. 22. 선고 83도2933 판결

0627　✕　행정소송법 제29조(취소판결등의 효력) ① <u>처분등을 취소하는 확정판결은 제3자에 대하여도 효력이 있다.</u>

0628　✕　행정처분을 취소하는 확정판결이 제3자에 대하여도 효력이 있다고 하더라도 일반적으로 판결의 효력은 주문에 포함한 것에 한하여 미치는 것이니 <u>그 취소판결 자체의 효력으로써 그 행정처분을 기초로 하여 새로 형성된 제3자의 권리까지 당연히 그 행정처분 전의 상태로 환원되는 것이라고는 할 수 없고, 단지 취소판결의 존재와 취소판결에 의하여 형성되는 법률관계를 소송당사자가 아니었던 제3자라 할지라도 이를 용인하지 않으면 아니된다는 것을 의미하는 것에 불과하다</u> 할 것이다. 대법원 1986. 8. 19. 선고 83다카2022 판결

0629　○　기판력은 청구인용·기각판결을 불문하고 판결이 확정되면 모두 발생하나, <u>기속력은 청구인용판결(취소판결)이 확정된 경우에만 인정된다.</u>

0630　○　<u>기속력은 인용판결(취소판결)이 확정된 경우에만 발생한다.</u> 따라서 <u>취소소송의 기각판결이 있은 후에도 처분청은 당해 처분을 직권으로 취소할 수 있다.</u>

0631　✕　행정처분의 위법 여부는 행정처분이 행하여진 때의 법령과 사실을 기준으로 판단하므로, 확정판결의 당사자인 처분 행정청은 <u>종전 처분 후에 발생한 새로운 사유를 내세워 다시 처분을 할 수 있고, 새로운 처분의 처분사유가 종전 처분의 처분사유와 기본적 사실관계에서 동일하지 않은 다른 사유에 해당하는 이상, 처분사유가 종전 처분 당시 이미 존재하고 있었고 당사자가 이를 알고 있었더라도 이를 내세워 새로이 처분을 하는 것은 확정판결의 기속력에 저촉되지 않는다.</u> 대법원 2016. 3. 24. 선고 2015두48235 판결

0632　○　과세처분시 납세고지서에 과세표준, 세율, 세액의 산출근거등이 누락되어 있어 이러한 <u>절차 내지 형식의 위법을 이유로 과세처분을 취소하는 판결이 확정된 경우에 그 확정판결의 기판력(주 : 기속력을 의미함, 이하 같음)은 확정판결에 적시된 절차 내지 형식의 위법사유에 한하여 미친다</u>고 할 것이므로 과세처분권자가 그 확정판결에 적시된 위법사유를 보완하여 행한 새로운 과세처분은 확정판결에 의하여 <u>취소된 종전의 과세처분과는 별개의 처분으로서 확정판결의 기판력에 저촉되는 것은 아니다.</u> 대법원 1986. 11. 11. 선고 85누231 판결

0633　✕　행정소송법 제30조(취소판결등의 기속력) ① 처분등을 취소하는 확정판결은 그 사건에 관하여 <u>당사자인 행정청과 그 밖의 관계행정청을 기속한다.</u>

0634　○　행정소송법 제30조 제1항에 의하여 인정되는 취소소송에서 처분 등을 취소하는 확정판결의 기속력은 주로 판결의 실효성 확보를 위하여 인정되는 효력으로서 <u>판결의 주문뿐만 아니라 그 전제가 되는 처분 등의 구체적 위법사유에 관한 이유 중의 판단에 대하여도 인정된다.</u> 대법원 2001. 3. 23. 선고 99두5238 판결

0635　✕　행정소송법 제30조 제2항에 의하면, 행정청의 거부처분을 취소하는 판결이 확정된 경우에는 그 처분을 행한 행정청은 판결의 취지에 따라 이전의 신청에 대하여 재처분할 의무가 있고, 이 경우 확정판결의 당사자인 처분 행정청은 그 행정소송의 <u>사실심 변론종결 이후 발생한 새로운 사유를 내세워 다시 이전의 신청에 대하여 거부처분을 할 수 있으며, 그러한 처분도 이 조항에 규정된 재처분에 해당한다.</u> 대법원 1999. 12. 28. 선고 98두1895 판결

0636　✕　주민 등의 도시관리계획 입안 제안을 거부한 처분을 <u>이익형량에 하자가 있어 위법하다고 판단하여 취소하는 판결이 확정되었더라도 행정청에게 그 입안 제안을 그대로 수용하는 내용의 도시관리계획을 수립할 의무가 있다고는 볼 수 없고, 행정청이 다시 새로운 이익형량을 하여 적극적으로 도시관리계획을 수립하였다면 취소판결의 기속력에 따른 재처분의무를 이행한 것이라고 보아야 한다.</u> 다만 취소판결의 기속력 위배 여부와 계획재량의 한계 일탈 여부는 별개의 문제이므로, 행정청이 적극적으로 수립한 도시관리계획의 내용이 취소판결의 기속력에 위배되지는 않는다고 하더라도 계획재량의 한계를 일탈한 것인지의 여부는 별도로 심리·판단하여야 한다. 대법원 2020. 6. 25. 선고 2019두56135 판결

0637　○　어떤 행정처분을 위법하다고 판단하여 취소하는 판결이 확정되면 행정청은 취소판결의 기속력에 따라 그 판결에서 확인된 위법사유를 배제한 상태에서 다시 처분을 하거나 그 밖에 <u>위법한 결과를 제거하는 조치를 할 의무가 있다</u>(행정소송법 제30조). 대법원 2019. 10. 17. 선고 2018두104 판결

0638 취소판결이 확정된 후에 그 기속력에 위반하여 같은 사유에 의한 동일한 내용의 처분은 그 하자가 중대하고도 명백하여 당연무효이다. 10. 국가 (   )

0639 주택건설사업 승인신청 거부처분에 대한 취소의 확정판결이 있은 후 행정청이 재처분을 하였다 하더라도 그 재처분이 종전 거부처분에 대한 취소의 확정판결의 기속력에 반하는 경우, 「행정소송법」상 간접강제신청에 필요한 요건을 갖춘 것으로 보아야 한다. 18. 지방 (   )

0640 특별한 사정이 없는 한 간접강제결정에서 정한 의무이행기한이 경과한 후에라도 확정판결의 취지에 따른 재처분의 이행이 있으면 더 이상 배상금의 추심은 허용되지 않는다. 21. 국가 7급 (   )

0641 「행정소송법」 제35조에 규정된 '무효확인을 구할 법률상 이익'이 있다고 보기 위하여는 행정처분의 근거 법률에 의하여 보호되는 직접적이고 구체적인 이익이 있어야 하며 이와는 별도로 무효확인소송의 보충성이 요구되므로 행정처분의 무효를 전제로 한 이행소송 등과 같은 직접적인 구제수단이 있는지 여부를 따질 필요가 있다.
13. 국가 (   )

0642 무효선언을 구하는 의미에서 제기된 취소소송도 제소기간 제한 등의 소송요건을 갖추어야 한다. 12. 국가 (   )

0643 「부가가치세법」상 과세처분의 무효선언을 구하는 의미에서 그 취소를 구하는 소송은 전심절차를 거칠 필요가 없다. 14. 사복 (   )

0644 취소 확정판결의 기속력에 대한 규정은 무효확인판결에도 준용되므로, 무효확인판결의 취지에 따른 처분을 하지 아니할 때에는 1심 수소법원은 간접강제결정을 할 수 있다. 21. 국가 7급 (   )

0645 무효인 처분에 대하여 취소소송이 제기된 경우 소송제기요건이 구비되었다면 법원은 당해 소를 각하하여서는 아니되며, 무효를 선언하는 의미의 취소판결을 하여야 한다. 14. 지방 (   )

0646 행정처분의 무효확인을 구하는 청구에는 특별한 사정이 없는 한 그 처분의 취소를 구하는 취지까지도 포함되어 있다고 볼 수 있다. 18. 지방 7급 (   )

0647 행정처분에 대하여 그 행정처분의 근거가 된 법률이 위헌이라는 이유로 무효확인청구의 소가 제기된 경우에는 다른 특별한 사정이 없는 한 법원으로서는 그 법률이 위헌인지 여부에 대하여는 판단할 필요 없이 그 무효확인청구를 각하하여야 한다. 13. 국가 (   )

0648 어떠한 처분에 대하여 그 근거 법률에서 행정소송 이외의 다른 절차에 의하여 불복할 것을 예정하고 있는 경우, 그 처분이 「행정소송법」상 처분의 개념에 해당한다고 하더라도 그 처분의 부작위는 부작위위법확인소송의 대상이 될 수 없다. 20. 국가 (   )

0649 어떠한 행정처분에 대한 법규상 또는 조리상의 신청권이 인정되지 않는 경우, 그 처분의 신청에 대한 행정청의 무응답이 위법하다고 하여 제기된 부작위위법확인소송은 적법하지 않다. 20. 국가 (   )

PART 02

0638 ○ 확정판결의 당사자인 처분행정청이 그 행정소송의 사실심 변론종결 이전의 사유를 내세워 다시 확정판결과 저촉되는 행정처분을 하는 것은 허용되지 않는 것으로서 이러한 행정처분은 그 하자가 중대하고도 명백한 것이어서 당연무효라 할 것이다. 대법원 1990. 12. 11. 선고 90누3560 판결

0639 ○ 거부처분에 대한 취소의 확정판결이 있음에도 행정청이 아무런 재처분을 하지 아니하거나, 재처분을 하였다 하더라도 그것이 종전 거부처분에 대한 취소의 확정판결의 기속력에 반하는 등으로 당연무효라면 이는 아무런 재처분을 하지 아니한 때와 마찬가지라 할 것이므로 이러한 경우에는 행정소송법 제30조 제2항, 제34조 제1항 등에 의한 간접강제신청에 필요한 요건을 갖춘 것으로 보아야 한다. 대법원 2002. 12. 11.자 2002무22 결정

0640 ○ 간접강제결정에 기한 배상금은 확정판결의 취지에 따른 재처분의 지연에 대한 제재나 손해배상이 아니고, 재처분의 이행에 관한 심리적 강제수단에 불과한 것이므로, 특별한 사정이 없는 한 간접강제결정에서 정한 의무이행기한이 경과한 후에라도 확정판결의 취지에 따른 재처분의 이행이 있으면 처분 상대방이 더 이상 배상금을 추심하는 것은 허용되지 않는다. 대법원 2004. 1. 15. 선고 2002두2444 판결

0641 ✕ 행정처분의 근거 법률에 의하여 보호되는 직접적이고 구체적인 이익이 있는 경우에는 행정소송법 제35조에 규정된 '무효확인을 구할 법률상 이익'이 있다고 보아야 하고, 이와 별도로 무효확인소송의 보충성이 요구되는 것은 아니므로 행정처분의 무효를 전제로 한 이행소송 등과 같은 직접적인 구제수단이 있는지 여부를 따질 필요가 없다고 해석함이 상당하다. 대법원 2008. 3. 20. 선고 2007두6342 전원합의체 판결

0642 ○ 행정처분의 당연무효를 선언하는 의미에서 그 취소를 청구하는 행정소송을 제기하는 경우에도 소원의 전치와 제소기간의 준수 등 취소소송의 제소요건을 갖추어야 한다. 대법원 1984. 5. 29. 선고 84누175 판결

0643 ✕ 과세처분에 대한 불복에 대해서는 국세기본법에 따라 취소소송을 제기하기 전에 반드시 심사청구 또는 심판청구절차를 거쳐야 한다(즉 예외적 행정심판전치주의가 적용된다). 한편, 예외적 행정심판전치주의는 무효등확인소송에는 적용되지 않으나, 무효선언을 구하는 취소소송의 경우 그 형식이 취소소송이므로 예외적 행정심판전치주의가 적용된다. 따라서 과세처분의 무효선언을 구하는 의미에서 그 취소를 구하는 소송은 먼저 전심절차를 거쳐야 한다.

0644 ✕ 행정소송법 제38조 제1항이 무효확인 판결에 관하여 취소판결에 관한 규정을 준용함에 있어서 같은 법 제30조 제2항을 준용한다고 규정하면서도 같은 법 제34조는 이를 준용한다는 규정을 두지 않고 있으므로, 행정처분에 대하여 무효확인 판결이 내려진 경우에는 그 행정처분이 거부처분인 경우에도 행정청에 판결의 취지에 따른 재처분의무가 인정될 뿐 그에 대하여 간접강제까지 허용되는 것은 아니라고 할 것이다. 대법원 1998. 12. 24.자 98무37 판결

0645 ○ 무효사유가 있는 처분에 대해 취소소송을 제기한 경우, 제소기간 등 취소소송의 소송요건을 구비되었음을 전제로 법원은 무효선언적 의미의 취소판결을 하여야 한다.

0646 ○ 일반적으로 행정처분의 무효확인을 구하는 소에는 원고가 그 처분의 취소를 구하지 아니한다고 밝히지 아니한 이상 그 처분이 만약 당연무효가 아니라면 그 취소를 구하는 취지도 포함되어 있는 것으로 보아야 한다. 대법원 1994. 12. 23. 선고 94누477 판결

0647 ✕ 위헌인 법률에 근거한 행정처분이 당연무효인지의 여부는 위헌결정의 소급효와는 별개의 문제로서, 위헌결정의 소급효가 인정된다고 하여 위헌인 법률에 근거한 행정처분이 당연무효가 된다고는 할 수 없고 오히려 이미 취소소송의 제기기간을 경과하여 확정력이 발생한 행정처분에는 위헌결정의 소급효가 미치지 않는다고 보아야 할 것이므로, 어느 행정처분에 대하여 그 행정처분의 근거가 된 법률이 위헌이라는 이유로 무효확인청구의 소가 제기된 경우에는 다른 특별한 사정이 없는 한 법원으로서는 그 법률이 위헌인지 여부에 대하여는 판단할 필요 없이 위 무효확인청구를 기각하여야 할 것이다. 대법원 1994. 10. 28. 선고 92누9463 판결

0648 ○ 어떠한 처분에 대하여 그 근거 법률에서 행정소송 이외의 다른 절차에 의하여 불복할 것을 예정하고 있는 경우, 그러한 처분은 항고소송의 대상이 되는 처분에 해당하지 않는다. 그런데 부작위위법확인소송은 "처분의 부작위"가 있는 경우에만 인정되므로, 결국 항고소송의 대상이 되는 처분이 될 수 없는 행정작용의 부작위에 대해서는 부작위위법확인소송을 제기할 수 없게 된다.

0649 ○ 부작위위법확인의 소에 있어 당사자가 행정청에 대하여 어떠한 행정행위를 하여 줄 것을 요구할 수 있는 법규상 또는 조리상 권리를 갖고 있지 아니한 경우에는 원고적격이 없거나 항고소송의 대상인 위법한 부작위가 있다고 볼 수 없어 그 부작위위법확인의 소는 부적법하다. 대법원 1999. 12. 7. 선고 97누17568 판결

0650 소제기의 전후를 통하여 판결시까지 행정청이 그 신청에 대하여 적극 또는 소극의 처분을 함으로써 부작위 상태가 해소된 때에는 소의 이익을 상실하게 되어 당해 소는 각하를 면할 수가 없다. 18. 국회 8급 (　　　)

0651 처분의 신청 후에 원고에게 생긴 사정의 변화로 인하여, 그 처분에 대한 부작위가 위법하다는 확인을 받아도 종국적으로 침해되거나 방해받은 원고의 권리·이익을 보호·구제받는 것이 불가능하게 되었다면, 법원은 각하판결을 내려야 한다. 20. 국가 (　　　)

0652 부작위위법확인소송의 경우 사실심의 구두변론종결시점의 법적·사실적 상황을 근거로 행정청의 부작위의 위법성을 판단하여야 한다. 22. 국가 7급 (　　　)

0653 부작위위법확인소송에 있어서의 판결은 행정청의 특정 부작위의 위법 여부를 확인하는 데 그치고, 적극적으로 행정청에 대하여 일정한 처분을 할 의무를 직접 명하지는 않는다. 20. 군무원 7급 (　　　)

정답 & ⭕❌ 풀이

0650 ⭕ <u>소제기의 전후를 통하여 판결시까지 행정청이 그 신청에 대하여 적극 또는 소극의 처분을 함으로써 부작위상태가 해소된 때에는 소의 이익을 상실하게 되어 당해 소는 각하를 면할 수 없다.</u> 대법원 1990. 9. 25. 선고 89누4758 판결

0651 ⭕ 당사자의 신청이 있은 이후 당사자에게 생긴 사정의 변화로 인하여 위 <u>부작위가 위법하다는 확인을 받는다고 하더라도 종국적으로 침해되거나 방해받은 권리와 이익을 보호·구제받는 것이 불가능하게 되었다면 그 부작위가 위법하다는 확인을 구할 이익은 없다.</u> 대법원 2002. 6. 28. 선고 2000두4750 판결

0652 ⭕ <u>부작위위법확인의 소는</u> 행정청이 국민의 법규상 또는 조리상의 권리에 기한 신청에 대하여 상당한 기간 내에 그 신청을 인용하는 적극적 처분 또는 각하하거나 기각하는 등의 소극적 처분을 하여야 할 법률상의 응답의무가 있음에도 불구하고 이를 하지 아니하는 경우, <u>판결(사실심의 구두변론 종결)시를 기준으로</u> 그 부작위의 위법을 확인함으로써 행정청의 응답을 신속하게 하여 부작위 내지 무응답이라고 하는 소극적인 위법상태를 제거하는 것을 목적으로 하는 것이므로, 소제기의 전후를 통하여 판결시까지 행정청이 그 신청에 대하여 적극 또는 소극의 처분을 함으로써 부작위상태가 해소된 때에는 소의 이익을 상실하게 되어 당해 소는 각하를 면할 수가 없는 것이다. 대법원 1990. 9. 25. 선고 89누4758 판결

0653 ⭕ 신청인이 피신청인을 상대로 제기한 <u>부작위위법확인소송에서</u> 신청인의 제2예비적 청구를 받아들이는 내용의 확정판결을 받았다. 그 <u>판결의 취지는</u> 피신청인이 신청인의 광주광역시 지방부이사관 승진임용신청에 대하여 <u>아무런 조치를 취하지 아니하는 것 자체가 위법함을 확인하는 것일 뿐이다.</u> 따라서 피신청인이 신청인을 승진임용하는 처분을 하는 경우는 물론이고, <u>승진임용을 거부하는 처분을 하는 경우에도</u> 위 확정판결의 취지에 따른 처분을 하였다고 볼 것이다. 그런데 위 확정판결이 있은 후에 피신청인은 신청인의 승진임용을 거부하는 처분을 하였다. 따라서 결국 신청인의 이 사건 <u>간접강제신청은 그에 필요한 요건을 갖추지 못하였다</u>는 것이다. 대법원 2010. 2. 5.자 2009무153 판결

당사자소송

1 의의

- 행정청의 처분등을 원인으로 하는 법률관계에 관한 소송 그 밖에 공법상의 법률관계에 관한 소송으로서 그 법률관계의 한쪽 당사자를 피고로 하는 소송(행정소송법 제3조 2호)

2 체크 포인트_불복방법의 구분

① 민사소송과 당사자소송

민사 소송	• 과·오납한 세금에 대한 부당이득반환청구 • 토지보상법상 환매권존부확인 및 환매금액증감소송 • 자원회수시설에 관한 위탁운영협약(사법상 계약) • 청년인턴지원협약

당사자 소송	• 부관에 근거하여 행한 지방자치단체의 보조사업자에 대한 보조금반환청구
	• 공립유치원 전임강사의 해임처분 시정 및 보수지급청구
	• 부가가치세 환급세액 지급청구
	• 납세의무부존재확인의 소
	• 소멸시효 중단을 위한 조세채권존재확인의 소
	• 토지보상법상 세입자의 주거이전비 보상청구
	• 석탄광업자의 석탄산업법령에 따른 석탄가격안정지원금 지급청구
	• 석탄산업법령상 재해위로금 지급청구
	• 고용보험 및 산재보험의 보험료납부의무 부존재확인의 소
	• 지방공무원으로서의 지위확인을 구하는 소
	• 텔레비전 방송수신료 징수권한존재확인의 소 (비교: 방송수신료 부과 ➡ 처분 O)
	• 재개발조합을 피고로 한 조합원자격 확인의 소
	  {비교 재개발조합과 조합장 또는 조합임원 사이에 선임·해임 등을 다투는 소송 ➡ 민사소송}
	• 사업시행(관리처분)계획 인가 전 사업시행(관리처분)계획에 대한 조합총회결의를 다투는 소송
	  {비교 인가 후 ➡ 사업시행(관리처분)계획 자체를 다투는 항고소송}

② 항고소송과 당사자소송

항고 소송	[급부청구권이 행정청의 지급결정(처분)에 의하여 비로소 확정되는 경우 ➡ 항고소송] • 공무원연금관리공단의 퇴직급여결정 ➡ **지급결정 있기 전 당사자소송으로 급여지급청구 ✕** • 민주화운동법에 따른 보상금지급청구소송 • 선순위유족의 유족연금수급권 상실에 따른 동순위 또는 차순위 유족의 연금수급권 이전청구 • 군인연금법령상 국방부장관의 급여지급결정 • 사회보장수급권(육아휴직급여, 산재보험법상 보험급여 청구권) ➡ **지급결정 있어야 청구권 발생** • 진료기관의 보호기관에 대한 진료비지급청구권
당사자 소송	[급부청구권이 법령이나 행정청의 지급결정에 의하여 이미 확정되어 있는 경우 ➡ 당사자소송] • 광주민주화운동 관련 보상심의위원회의 결정(처분 ✕) • 지방소방공무원의 초과근무수당 지급청구권 • 공무원의 연가보상비청구권 • 공단의 지급결정에 의해 퇴직연금을 지급받아 오던 중 법령의 개정에 따라 일부금액의 지급이 정지된 경우에 있어서, 미지급퇴직연금에 대한 지급청구권 • 명예퇴직수당 지급대상자로 결정된 법관이 명예퇴직수당액을 다투는 경우 　(비교 : 명예퇴직수당 지급대상자결정을 다투는 소송 ➡ **항고소송**)

③ 공법관계와 사법관계

공법관계	• 행정재산의 사용·수익에 대한 허가(특허) 및 사용료 부과 • 국립의료원 부설 주차장에 관한 위탁관리용역운영계약 • 국유재산 무단점유자에 대한 변상금 부과 • 국유 일반재산의 대부료 징수(∵ 국세징수법상 강제징수절차 준용) • 농지개량조합(공공조합)의 직원에 대한 징계처분 • 국가(지자체)에 근무하는 청원경찰(공무원 ✕)에 대한 징계처분 • 텔레비전 방송수신료 부과처분 • 수도료 부과·징수 • 공공하수도 사용료 부과·징수 • 중학교 의무교육 위탁관계 • 정비기반시설의 소유권 귀속에 관한 소송 • 법무사가 사무원 채용 시 지방법무사회로부터 채용승인을 얻어야 할 의무(공법상 의무)
사법관계	• 국유잡종재산(현 일반재산) 대부(사법상 계약) 및 대부료 납부고지 • 무상사용허가를 받은 행정재산을 법률이 정한 바에 따라 전대하는 행위 • 국유재산 매각 및 매각신청 거부 • 기부채납 받은 공유재산(공물로 지정 ✕)에 대한 무상사용허가 및 사용허가기간 연장신청 거부 • 예산회계법(현 국가계약법)에 따른 입찰보증금 국고귀속조치

- 국가계약법(지방계약법 또는 공공기관운영법)에 따른 공공계약(사법상 계약)
- 토지보상법에 따른 협의취득(사법상 계약) 및 그에 따른 손실보상금 환수통보
- 과·오납한 개발부담금에 대한 부당이득반환청구
- 사립학교법인의 교원에 대한 징계
- 공기업과 소속 임직원과의 근무관계(서울시지하철공사의 소속직원 징계, 한국방송공사의 직원 채용관계, 의료보험관리공단 직원의 근무관계)
- 지방자치단체와 근로계약을 체결하고 지방자치단체의 관할구역 내에 있는 각급 학교에서 학교회계직원으로 근무하기로 한 계약
- 폐기물·재활용품 수집·운반 업무의 대행위탁
- 국유림법에 따른 임산물매각계약

3 소송요건

- 관할: 취소소송 규정 준용 ○(∴국가 또는 공공단체가 피고 ➡ 관계 행정청의 소재지)

- 원고적격: 취소소송 규정 준용 × ➡ 민사소송법 준용
  - 확인의 소는 확인의 이익 필요(확인의 소의 보충성) ➡ 이행소송 가능한 경우 확인소송은 허용 ×
  - ex) 채용기간 만료된 자의 채용계약해지의사표시 무효확인소송
      ➡ 각하(∴미지급 급료의 지급을 구하는 이행소송 가능)

- 피고적격: 국가 또는 공공단체 등 행정주체(국가는 법무부장관, 지자체는 지자체장이 각 대표)
  - 사인을 피고로 하는 당사자소송도 가능
  - 사업시행자가 토지소유자에 대하여 제기한 토지의 일시사용에 대한 동의의 의사표시를 구하는 소송

- 제소기간: 취소소송 규정 준용 ×, 개별법에 정함이 있으면 그에 따름(불변기간)

- 전치주의: 취소소송 규정 준용 ×

4 소송절차 및 심리

- 집행정지 × ➡ 민사집행법상 가처분 준용

- 관련청구소송의 이송·병합, 소의 변경, 소송참가 모두 준용됨
  - 소의 변경: 당사자소송 ➡ 항고소송 ○, 당사자소송 ➡ 민사소송 ○

- 취소소송의 심리의 원칙(처분권주의, 변론주의, 직권심리주의, 행정심판기록의 제출명령) 모두 준용

5 판결

- 사정판결 ×

- 취소판결의 효력 ➡ 기속력(제30조 제1항) 준용 ○ / 재처분의무, 간접강제, 제3자효 준용 ×

- 가집행 ○(확정되지 않은 판결에 대하여 확정판결과 같은 집행력을 부여하는 것)
  - [행정소송법 제43조(가집행선고의 제한) 국가를 상대로 하는 당사자소송의 경우에는 가집행선고를 할 수 없다.] ➡ 2022. 2. 24. 위헌결정 (∵평등원칙에 위배됨)
  - 국가를 상대로 하는 당사자소송의 경우에도 가집행선고 가능

주제 33 객관적 소송

1 의의

- 개인의 권익보호와는 관계없이, 객관적인 행정작용의 적법성을 보장하기 위한 소송

- 개별법에 특별한 규정 없는 경우, 성질에 반하지 아니하는 한 항고소송 및 당사자소송에 관한 규정 준용

2 종류

① 민중소송

- 국가 또는 공공단체의 기관이 법률에 위반되는 행위를 한 때에, 직접 자기의 법률상 이익과 관계없이 그 시정을 구하기 위하여 제기하는 소송

- 개별법에 특별한 규정이 있는 경우에 법률에 정한 자에 한하여 제기할 수 있음(열기주의)

- ex 선거·당선소송, 국민·주민투표무효소송, 주민소송 등

② 기관소송

- 국가 또는 공공단체의 기관 상호 간에 있어서 권한의 존부 또는 그 행사에 관한 다툼이 있을 때, 이에 대하여 제기하는 소송

- 헌법재판소가 행하는 국가기관 상호 간, 국가기관과 지방자치단체 간, 지방자치단체 간 권한쟁의심판에 관한 소송은 기관소송의 대상에서 제외됨

- 개별법에 특별한 규정이 있는 경우에 법률에 정한 자에 한하여 제기할 수 있음(열기주의)

- ex 조례안에 대한 지방의회의 재의결에 대해 지방자치단체장(교육감)이 제기하는 소송 등

기출 ⭕❌ Check

0654 당사자소송이란 행정청의 처분등을 원인으로 하는 법률관계에 관한 소송, 그 밖에 공법상의 법률관계에 관한 소송으로서 그 법률관계의 한쪽 당사자를 피고로 하는 소송을 의미한다. 23. 지방 (   )

0655 「공익사업을 위한 토지 등의 취득 및 보상에 관한 법률」상 환매권의 존부에 관한 확인을 구하는 소송 및 환매금액의 증감을 구하는 소송은 민사소송이다. 22. 국가 (   )

0656 지방자치단체가 A 주식회사를 자원회수시설과 부대시설의 운영·유지관리 등을 위탁할 민간사업자로 선정하고 A 주식회사와 체결한 위 시설에 관한 위·수탁 운영 협약은 사법상 계약에 해당한다. 22. 지방 (   )

0657 지방자치단체가 보조금 지급결정을 하면서 일정 기한 내에 보조금을 반환하도록 하는 교부조건을 부가한 경우, 보조금을 교부받은 사업자에 대한 지방자치단체의 보조금반환청구소송은 당사자소송에 해당한다.
21. 국가 7급 (   )

0658 납세의무자에 대한 국가의 부가가치세 환급세액 지급의무는 부당이득반환의무에 해당하므로, 그에 대한 지급청구는 민사소송의 절차에 따라야 한다. 16. 국가 (   )

0659 납세의무부존재확인의 소는 공법상의 법률관계 그 자체를 다투는 소송으로서 당사자소송이다. 19. 지방 (   )

0660 국가 등 행정주체가 확정된 조세채권의 소멸시효 중단을 위하여 납세의무자를 상대로 제기한 조세채권존재확인의 소는 공법상 당자사소송에 해당한다. 18. 서울 7급 (   )

0661 구 「석탄산업법」상의 석탄가격안정지원금 지급청구에 관한 소송은 당사자소송에 해당한다. 12. 지방 (   )

0662 「석탄산업법」과 관련하여 피재근로자는 석탄산업합리화사업단이 한 재해위로금 지급거부의 의사표시에 불복이 있는 경우 공법상의 당사자소송을 제기하여야 한다. 20. 지방 7급 (   )

0663 사업주가 당연가입자가 되는 고용보험 및 산재보험에서 보험료 납부의무부존재확인의 소는 당사자소송에 해당한다. 23 국회 8급 (   )

0664 TV방송수신료 통합징수권한의 부존재확인은 당사자소송으로 다툴 수 있다. 16. 교행 (   )

0665 주택재개발정비사업조합은 공법인에 해당하기 때문에, 조합과 조합장 또는 조합임원 사이의 선임, 해임 등을 둘러싼 법률관계는 공법상 법률관계로서, 그 조합장 또는 조합임원의 지위를 다투는 소송은 공법상 당사자소송에 의하여야 한다. 13. 지방 (   )

0666 행정주체인 주택재건축정비사업조합을 상대로 관리처분계획안에 대한 조합총회결의의 효력을 다투는 소송은 「행정소송법」상 당사자소송에 해당한다. 20. 지방 7급 (   )

0654 ○ 행정소송법 제3조(행정소송의 종류) 행정소송은 다음의 네 가지로 구분한다.
2. 당사자소송 : 행정청의 처분등을 원인으로 하는 법률관계에 관한 소송 그 밖에 공법상의 법률관계에 관한 소송으로서 그 법률관계의 한쪽 당사자를 피고로 하는 소송

0655 ○ 구 공익사업을 위한 토지 등의 취득 및 보상에 관한 법률 제91조에 규정된 환매권의 존부에 관한 확인을 구하는 소송 및 같은 조 제4항에 따라 환매금액의 증감을 구하는 소송은 민사소송에 해당한다. 대법원 2013. 2. 28. 선고 2010두22368 판결

0656 ○ (갑 지방자치단체가 을 주식회사 등 4개 회사로 구성된 공동수급체를 자원회수시설과 부대시설의 운영·유지관리 등을 위탁할 민간사업자로 선정하고 을 회사 등의 공동수급체와 위 시설에 관한 위·수탁 운영 협약을 체결하였는데, 민간위탁 사무감사를 실시한 결과 을 회사 등이 위 협약에 근거하여 노무비와 복지후생비 등 비정산비용 명목으로 지급받은 금액 중 집행되지 않은 금액에 대하여 회수하기로 하고 을 회사에 이를 납부하라고 통보하자, 을 회사 등이 이를 납부한 후 회수통보의 무효확인 등을 구하는 소송을 제기한 사안에서) 위 협약은 갑 지방자치단체가 사인인 을 회사 등에 위 시설의 운영을 위탁하고 그 위탁운영비용을 지급하는 것을 내용으로 하는 용역계약으로서 상호 대등한 입장에서 당사자의 합의에 따라 체결한 사법상 계약에 해당한다(주 : 민사소송의 대상으로 본 사례). 대법원 2019. 10. 17. 선고 2018두60588 판결

0657 ○ (지방자치단체가 보조금 지급결정을 하면서 일정 기한 내에 보조금을 반환하도록 하는 교부조건을 부가한 사안에서) 보조사업자의 지방자치단체에 대한 보조금 반환의무는 행정처분인 위 보조금 지급결정에 부가된 부관상 의무이고, 이러한 부관상 의무는 보조사업자가 지방자치단체에 부담하는 공법상 의무이므로, 보조사업자에 대한 지방자치단체의 보조금반환청구는 공법상 권리관계의 일방 당사자를 상대로 하여 공법상 의무이행을 구하는 청구로서 당사자소송의 대상이 된다. 대법원 2011. 6. 9. 선고 2011다2951 판결

0658 × 납세의무자에 대한 국가의 부가가치세 환급세액 지급의무에 대응하는 국가에 대한 납세의무자의 부가가치세 환급세액 지급청구는 민사소송이 아니라 행정소송법 제3조 제2호에 규정된 당사자소송의 절차에 따라야 한다. 대법원 2013. 3. 21. 선고 2011다95564 전원합의체 판결

0659 ○ 납세의무부존재확인의 소는 공법상의 법률관계 그 자체를 다투는 소송으로서 당사자소송이라 할 것이므로 행정소송법 제3조 제2호, 제39조에 의하여 그 법률관계의 한쪽 당사자인 국가·공공단체 그 밖의 권리주체가 피고적격을 가진다. 대법원 2000. 9. 8. 선고 99두2765 판결

0660 ○ 국가 등 과세주체가 당해 확정된 조세채권의 소멸시효 중단을 위하여 납세의무자를 상대로 제기한 조세채권존재확인의 소는 공법상 당사자소송에 해당한다. 대법원 2020. 3. 2. 선고 2017두41771 판결

0661 ○ 석탄광업자가 석탄산업합리화사업단을 상대로 석탄산업법령 및 석탄가격안정지원금 지급요령에 의하여 지원금의 지급을 구하는 소송은 공법상의 법률관계에 관한 소송인 공법상의 당사자소송에 해당한다. 대법원 1997. 5. 30. 선고 95다28960 판결

0662 ○ 석탄산업법 및 같은법시행령의 각 규정의 취지를 모아보면, 피재근로자가 석탄산업합리화사업단에 대하여 가지는 재해위로금의 지급청구권은 위 규정이 정하는 지급요건이 충족되면 당연히 발생함과 아울러 그 금액도 확정되는 것이지 위 사업단의 지급결정 여부에 의하여 그 청구권의 발생이나 금액이 좌우되는 것이 아니므로 (중략) 위 사업단이 표시한 재해위로금 지급거부의 의사표시에 불복이 있는 경우에는 위 사업단을 상대로 그 지급거부의 의사표시에 대한 항고소송을 제기하여야 하는 것이 아니라 직접 공법상의 당사자소송을 제기하여야 한다. 대법원 1999. 1. 26. 선고 98두12598 판결

0663 ○ 사업주가 당연가입자가 되는 고용보험 및 산재보험에서 보험료 납부의무 부존재확인의 소는 공법상의 법률관계 자체를 다투는 소송으로서 공법상 당사자소송이다. 대법원 2016. 10. 13. 선고 2016다221658 판결

0664 ○ 텔레비전방송수신료의 징수업무를 위탁받아 자신의 고유업무와 관련된 고지행위와 결합하여 수신료를 징수할 권한이 있는지 여부를 다투는 이 사건 쟁송은 민사소송이 아니라 공법상의 법률관계를 대상으로 하는 것으로서 당사자소송에 의하여야 한다. 대법원 2008. 7. 24. 선고 2007다25261 판결

0665 × 재개발조합과 조합장 또는 조합임원 사이의 선임·해임 등을 둘러싼 법률관계는 사법상의 법률관계로서 그 조합장 또는 조합임원의 지위를 다투는 소송은 민사소송에 의하여야 할 것이다. 대법원 2009. 9. 24.자 2009마168,169 결정

0666 ○ 도시 및 주거환경정비법상 행정주체인 주택재건축정비사업조합을 상대로 관리처분계획안에 대한 조합 총회결의의 효력 등을 다투는 소송은 행정처분에 이르는 절차적 요건의 존부나 효력 유무에 관한 소송으로서 그 소송결과에 따라 행정처분의 위법 여부에 직접 영향을 미치는 공법상 법률관계에 관한 것이므로, 이는 행정소송법상의 당사자소송에 해당한다. 대법원 2009. 9. 17. 선고 2007다2428 판결

0667 「도시 및 주거환경정비법」상의 주택재건축 정비사업조합이 수립한 관리처분 계획에 대하여 관할 행정청의 인가·고시가 있은 후에 제기하는 관리처분계획에 대한 소송은 당사자소송에 해당한다. 15. 서울 (   )

0668 공무원연금관리공단의 퇴직급여결정에 대한 소송은 당사자소송에 해당한다. 15. 서울 (   )

0669 「민주화운동관련자 명예회복 및 보상 등에 관한 법률」에 의한 보상금지급청구소송은 당사자소송에 해당한다. 15. 서울 (   )

0670 군인연금법령상 급여를 받으려고 하는 사람이 국방부장관에게 급여지급을 청구하였으나 거부된 경우, 곧바로 국가를 상대로 한 당사자소송으로 급여의 지급을 청구할 수 있다. 22. 국가 (   )

0671 행정청이 공무원에게 국가공무원법령상 연가보상비를 지급하지 아니한 행위는 공무원의 연가보상비청구권을 제한하는 행위로서 항고소송의 대상이 되는 처분이다. 19. 지방 7급 (   )

0672 명예퇴직한 법관이 미지급 명예퇴직수당액에 대하여 가지는 권리는 명예퇴직수당 지급대상자 결정 절차를 거쳐 명예퇴직수당규칙에 의하여 확정된 공법상 법률관계에 관한 권리로서, 그 지급을 구하는 소송은 당사자소송에 해당하며, 그 법률관계의 당사자인 국가를 상대로 제기하여야 한다. 23. 지방 (   )

0673 국가 또는 공공단체가 당사자소송의 피고인 경우에는 관계행정청의 소재지를 피고의 소재지로 본다. 10. 국가 7급 (   )

0674 공법상 계약의 무효확인을 구하는 당사자소송의 청구는 당해 소송에서 추구하는 권리구제를 위한 다른 직접적인 구제방법이 있는 이상 소송요건을 구비하지 못한 위법한 청구이다. 17. 국가 7급 (   )

0675 「국토의 계획 및 이용에 관한 법률」상 토지소유자 등이 도시·군계획시설 사업시행자의 토지의 일시 사용에 대하여 정당한 사유 없이 동의를 거부한 경우, 사업시행자가 토지소유자를 상대로 동의의 의사표시를 구하는 소송은 당사자소송으로 보아야 한다. 20. 국가 7급 (   )

0676 당사자소송은 공법상 법률관계에 관한 소송이므로 이를 본안으로 하는 가처분에 대하여는 「민사집행법」상 가처분에 관한 규정이 준용되지 않는다. 23. 지방 (   )

정답 & ○×풀이

0667 × 도시 및 주거환경정비법상 주택재건축정비사업조합이 같은 법 제48조에 따라 수립한 관리처분계획에 대하여 관할 행정청의 인가·고시까지 있게 되면 관리처분계획은 행정처분으로서 효력이 발생하게 되므로, 총회결의의 하자를 이유로 하여 행정처분의 효력을 다투는 항고소송의 방법으로 관리처분계획의 취소 또는 무효확인을 구하여야 하고, 그와 별도로 행정처분에 이르는 절차적 요건 중 하나에 불과한 총회결의 부분만을 따로 떼어내어 효력 유무를 다투는 확인의 소를 제기하는 것은 특별한 사정이 없는 한 허용되지 않는다. 대법원 2009. 9. 17. 선고 2007다2428 판결

0668 × 구 공무원연금법상 급여는 급여를 받을 권리를 가진 자가 당해 공무원이 소속하였던 기관장의 확인을 얻어 신청하는 바에 따라 공무원연금관리공단이 그 지급결정을 함으로써 그 구체적인 권리가 발생하는 것이므로, 공무원연금관리공단의 급여에 관한 결정은 국민의 권리에 직접 영향을 미치는 것이어서 행정처분에 해당하고, 공무원연금관리공단의 퇴직급여결정에 불복하는 자는 공무원연금급여재심위원회의 심사결정을 거쳐 공무원연금관리공단의 급여결정을 대상으로 행정소송(주 : 항고소송을 의미함)을 제기하여야 한다. 대법원 1996. 12. 6. 선고 96누6417 판결

0669 × '민주화운동관련자 명예회복 및 보상 등에 관한 법률'에 따른 보상금 등의 지급을 구하는 소송은 항고소송이다. 대법원 2008. 4. 17. 선고 2005두16185 판결

0670 × 구 군인연금법령상 급여를 받으려고 하는 사람은 우선 관계 법령에 따라 국방부장관 등에게 급여지급을 청구하여 국방부장관 등이 이를 거부하거나 일부 금액만 인정하는 급여지급결정을 하는 경우 그 결정을 대상으로 항고소송을 제기하는 등으로 구체적 권리를 인정받은 다음 비로소 당사자소송으로 그 급여의 지급을 구해야 한다. 이러한 구체적인 권리가 발생하지 않은 상태에서 곧바로 국가를 상대로 한 당사자소송으로 급여의 지급을 소구하는 것은 허용되지 않는다. 대법원 2021. 12. 16. 선고 2019두45944 판결

0671 × 공무원의 연가보상비청구권은 공무원이 연가를 실시하지 아니하는 등 법령상 정해진 요건이 충족되면 그 자체만으로 지급기준일 또는 보수지급기관의 장이 정한 지급일에 구체적으로 발생하고 행정청의 지급결정에 의하여 비로소 발생하는 것은 아니라고 할 것이므로, 행정청이 공무원에게 연가보상비를 지급하지 아니한 행위로 인하여 공무원의 연가보상비청구권 등 법률상 지위에 아무런 영향을 미친다고 할 수는 없으므로 행정청의 연가보상비 부지급 행위는 항고소송의 대상이 되는 처분이라고 볼 수 없다. 대법원 1999. 7. 23. 선고 97누10857 판결

0672 ○ 명예퇴직수당은 명예퇴직수당 지급신청자 중에서 일정한 심사를 거쳐 피고가 명예퇴직수당 지급대상자로 결정한 경우에 비로소 지급될 수 있지만, 명예퇴직수당 지급대상자로 결정된 법관에 대하여 지급할 수당액은 명예퇴직수당규칙 제4조 [별표 1]에 산정 기준이 정해져 있으므로, 위 법관이 이미 수령한 수당액이 위 규정에서 정한 정당한 명예퇴직수당액에 미치지 못한다고 주장하며 차액의 지급을 신청함에 대하여 법원행정처장이 거부하는 의사를 표시했더라도, 그 의사표시는 명예퇴직수당액을 형성·확정하는 행정처분이 아니라 공법상의 법률관계의 한쪽 당사자로서 지급의무의 존부 및 범위에 관하여 자신의 의견을 밝힌 것에 불과하므로 행정처분으로 볼 수 없는바, 결국 명예퇴직한 법관이 미지급 명예퇴직수당액에 대하여 가지는 권리는 명예퇴직수당 지급대상자 결정 절차를 거쳐 명예퇴직수당규칙에 의하여 확정된 공법상 법률관계에 관한 권리로서, 그 지급을 구하는 소송은 행정소송법의 당사자소송에 해당한다. 대법원 2016. 5. 24. 선고 2013두14863 판결

0673 ○ 행정소송법 제40조(재판관할) 제9조의 규정은 당사자소송의 경우에 준용한다. 다만, 국가 또는 공공단체가 피고인 경우에는 관계행정청의 소재지를 피고의 소재지로 본다.

0674 ○ 공법상 계약의 무효확인을 구하는 당사자소송에 있어서는 항고소송의 무효확인소송과 달리 확인의 이익(보충성)이 요구된다. 따라서 이행소송 등 다른 직접적인 구제수단이 있는 경우 무효확인을 구하는 당사자소송은 확인의 이익이 없어서 부적법하다.

0675 ○ 국토의 계획 및 이용에 관한 법률 제130조 제3항에서 정한 토지의 소유자·점유자 또는 관리인이 사업시행자의 일시 사용에 대하여 정당한 사유 없이 동의를 거부하는 경우, 사업시행자는 해당 토지의 소유자 등을 상대로 동의의 의사표시를 구하는 소를 제기할 수 있다. 이와 같은 토지의 일시 사용에 대한 동의의 의사표시를 할 의무는 '국토의 계획 및 이용에 관한 법률'에서 특별히 인정한 공법상의 의무이므로, 그 의무의 존부를 다투는 소송은 '공법상의 법률관계에 관한 소송으로서 그 법률관계의 한쪽 당사자를 피고로 하는 소송', 즉 행정소송법 제3조 제2호에서 규정한 당사자소송이라고 보아야 한다. 대법원 2019. 9. 9. 선고 2016다262550 판결

0676 × 당사자소송에 대하여는 행정소송법 제23조 제2항의 집행정지에 관한 규정이 준용되지 아니하므로, 이를 본안으로 하는 가처분에 대하여는 행정소송법 제8조 제2항에 따라 민사집행법상 가처분에 관한 규정이 준용되어야 한다. 대법원 2015. 8. 21.자 2015무26 결정

0677 공법상 당사자소송에서 재산권의 청구를 인용하는 판결을 하는 경우 가집행선고를 할 수 있다. 20. 지방 7급 (   )

0678 행정재산의 사용·수익 허가에 따른 사용료를 미납한 경우에 부과된 가산금의 징수를 다투는 소송은 행정소송에 해당한다. 18. 지방 (   )

0679 국립의료원 부설 주차장에 관한 위탁관리용역운영계약은 공법상 계약에 해당한다. 16. 국가 (   )

0680 「국유재산법」은 국유재산의 대부료 등이 납부기한까지 납부되지 아니한 경우에는 「국세징수법」상의 강제징수에 관한 규정을 준용하고 있다. 이 경우 행정청은 대부료를 납부하지 않은 자를 상대로 민사소송을 제기하여 대부료의 지급을 구할 수 있다. 23. 지방 (   )

0681 농지개량조합의 직원에 대한 징계처분은 사법관계에 해당한다. 15. 서울 (   )

0682 국가나 지방자치단체에 근무하는 청원경찰의 징계처분에 대한 소송은 행정소송에 해당한다. 18. 지방 (   )

0683 「수도법」에 의하여 지방자치단체인 수도사업자가 그 수돗물의 공급을 받는 자에게 하는 수도료 부과·징수와 이에 따른 수도료 납부관계는 공법상의 권리의무 관계이므로, 이에 관한 분쟁은 행정소송의 대상이다.
19. 국가 (   )

0684 국유재산 중 행정재산의 사용허가는 공법관계이나, 한국공항공단이 무상사용허가를 받은 행정재산에 대하여 하는 전대행위는 사법관계이다. 23. 국가 (   )

0685 국유재산의 무단점유에 대한 변상금부과는 공법관계에 해당하나, 국유 일반재산의 대부행위는 사법관계에 해당한다. 23. 국가 (   )

0686 국유일반재산에 관한 사용료의 납입고지는 항고소송의 대상이 되는 행정처분이다. 11. 사복 (   )

0687 지방자치단체가 일방 당사자가 되는 이른바 '공공계약'이 사법상 계약에 해당하는 경우에도 법령에 특별한 규정이 없다면 사적자치와 계약자유의 원칙 등 사법의 원리가 그대로 적용되지 않는다. 22. 지방 (   )

PART 02

0677 O 행정소송법 제8조 제2항에 의하면 행정소송에도 민사소송법의 규정이 일반적으로 준용되므로 법원으로서는 공법상 당사자소송에서 재산권의 청구를 인용하는 판결을 하는 경우 가집행선고를 할 수 있다. 대법원 2000. 11. 28. 선고 99두3416 판결

0678 O 국유재산의 관리청이 행정재산의 사용·수익을 허가한 다음 그 사용·수익하는 자에 대하여 하는 사용료 부과는 순전히 사경제주체로서 행하는 사법상의 이행청구라 할 수 없고, 이는 관리청이 공권력을 가진 우월적 지위에서 행한 것으로서 항고소송의 대상이 되는 행정처분이라 할 것이다. 대법원 1996. 2. 13. 선고 95누11023 판결

0679 X 국유재산 등의 관리청이 하는 행정재산의 사용·수익에 대한 허가는 순전히 사경제주체로서 행하는 사법상의 행위가 아니라 관리청이 공권력을 가진 우월적 지위에서 행하는 행정처분으로서 특정인에게 행정재산을 사용할 수 있는 권리를 설정하여 주는 강학상 특허에 해당한다. (중략) 국립의료원 부설 주차장에 관한 위탁관리용역운영계약의 실질은 행정재산에 대한 국유재산법 제24조 제1항의 사용·수익 허가이므로, 위 계약에 따른 가산금 지급채무의 부존재를 주장하여 구제를 받으려면, 적절한 행정쟁송절차를 통하여 권리관계를 다투어야 할 것이지, 이 사건과 같이 피고에 대하여 민사소송으로 위 지급의무의 부존재확인을 구할 수는 없는 것이다. 대법원 2006. 3. 9. 선고 2004다31074 판결

0680 X 국유 일반재산의 대부료 등의 징수에 관하여는 국세징수법상 체납처분에 관한 규정을 준용한 간이하고 경제적인 특별구제절차가 마련되어 있으므로, 특별한 사정이 없는 한 민사소송의 방법으로 대부료 등의 지급을 구하는 것은 허용되지 아니한다. 대법원 2014. 9. 4. 선고 2014다203588 판결

0681 X 농지개량조합과 그 직원과의 관계는 사법상의 근로계약관계가 아닌 공법상의 특별권력관계이고, 그 조합의 직원에 대한 징계처분의 취소를 구하는 소송은 행정소송사항에 속한다. 대법원 1995. 6. 9. 선고 94누10870 판결

0682 O 국가나 지방자치단체에 근무하는 청원경찰은 국가공무원법이나 지방공무원법상의 공무원은 아니지만, 그 근무관계를 사법상의 고용계약관계로 보기는 어려우므로 그에 대한 징계처분의 시정을 구하는 소는 행정소송의 대상이지 민사소송의 대상이 아니다. 대법원 1993. 7. 13. 선고 92다47564 판결

0683 O 수도료의 부과·징수와 이에 따른 수도료의 납부관계는 공법상의 권리·의무관계이다. 대법원 1977. 2. 23. 선고 76다2517 판결

0684 O [1] 국유재산 등의 관리청이 하는 행정재산의 사용·수익에 대한 허가는 순전히 사경제주체로서 행하는 사법상의 행위가 아니라 관리청이 공권력을 가진 우월적 지위에서 행하는 행정처분으로서 특정인에게 행정재산을 사용할 수 있는 권리를 설정하여 주는 강학상 특허에 해당한다. 대법원 2006. 3. 9. 선고 2004다31074 판결

[2] 한국공항공단이 정부로부터 무상사용허가를 받은 행정재산을 구 한국공항공단법 제17조에서 정한 바에 따라 전대하는 경우에 미리 그 계획을 작성하여 건설교통부장관에게 제출하고 승인을 얻어야 하는 등 일부 공법적 규율을 받고 있다고 하더라도, 한국공항공단이 그 행정재산의 관리청으로부터 국유재산관리사무의 위임을 받거나 국유재산관리의 위탁을 받지 않은 이상, 한국공항공단이 무상사용허가를 받은 행정재산에 대하여 하는 전대행위는 통상의 사인간의 임대차와 다를 바가 없고, 그 임대차계약이 임차인의 사용승인신청과 임대인의 사용승인의 형식으로 이루어졌다고 하여 달리 볼 것은 아니다. 대법원 2004. 1. 15. 선고 2001다12638 판결

0685 O [1] 국유재산의 관리청이 국유재산의 무단점유자에 대하여 하는 변상금부과처분은 순전히 사경제 주체로서 행하는 사법상의 법률행위라 할 수 없고, 이는 관리청이 공권력을 가진 우월적 지위에서 행한 것으로서 행정소송의 대상이 되는 행정처분이라고 보아야 한다. 대법원 1988. 2. 23. 선고 87누1046 판결

[2] 국유잡종재산(현 '일반재산')에 관한 관리 처분의 권한을 위임받은 기관이 국유잡종재산을 대부하는 행위는 국가가 사경제 주체로서 상대방과 대등한 위치에서 행하는 사법상의 계약이고, 행정청이 공권력의 주체로서 상대방의 의사 여하에 불구하고 일방적으로 행하는 행정처분이라고 볼 수 없으며, 국유잡종재산에 관한 대부료의 납부고지 역시 사법상의 이행청구에 해당하고, 이를 행정처분이라고 할 수 없다. 대법원 2000. 2. 11. 선고 99다61675 판결

0686 X 국유잡종재산(현 '일반재산')에 관한 관리 처분의 권한을 위임받은 기관이 국유잡종재산을 대부하는 행위는 국가가 사경제 주체로서 상대방과 대등한 위치에서 행하는 사법상의 계약이고, 행정청이 공권력의 주체로서 상대방의 의사 여하에 불구하고 일방적으로 행하는 행정처분이라고 볼 수 없으며, 국유잡종재산에 관한 대부료의 납부고지 역시 사법상의 이행청구에 해당하고, 이를 행정처분이라고 할 수 없다. 대법원 2000. 2. 11. 선고 99다61675 판결

0687 X 지방자치단체가 일방 당사자가 되는 이른바 '공공계약'이 사경제의 주체로서 상대방과 대등한 위치에서 체결하는 사법상 계약에 해당하는 경우 그에 관한 법령에 특별한 정함이 있는 경우를 제외하고는 사적 자치와 계약자유의 원칙 등 사법의 원리가 그대로 적용된다. 대법원 2018. 2. 13. 선고 2014두11328 판결

0688 「국가를 당사자로 하는 계약에 관한 법률」에 따른 계약에 있어 입찰보증금의 국고귀속조치는 항고소송의 대상이 되는 처분에 해당하지 않는다. 23. 국가 (   )

0689 「공익사업을 위한 토지 등의 취득 및 보상에 관한 법률」상 사업시행자와 토지소유자 사이의 협의취득에 대한 분쟁은 민사소송으로 다투어야 한다. 23. 국가 (   )

0690 「개발이익환수에 관한 법률」상 개발부담금부과처분이 취소된 경우 그 과오납금의 반환을 청구하는 소송은 행정소송에 해당한다. 18. 지방 (   )

0691 서울특별시지하철공사 임직원의 근무관계는 사법관계에 해당한다. 15. 서울 (   )

0692 지방자치단체의 관할구역 내에 있는 각급 학교에서 학교회계직원으로 근무하는 것을 내용으로 하는 근로계약은 공법상 계약에 해당한다. 21. 군무원 7급 (   )

정답 & ⓞⓧ 풀이

0688 ⓞ 예산회계법(현 국가를 당사자로 하는 계약에 관한 법률)에 따라 체결되는 계약은 사법상의 계약이라고 할 것이고 동법 제70조의5의 입찰보증금은 낙찰자의 계약체결의무이행의 확보를 목적으로 하여 그 불이행시에 이를 국고에 귀속시켜 국가의 손해를 전보하는 사법상의 손해배상 예정으로서의 성질을 갖는 것이라고 할 것이므로 입찰보증금의 국고귀속조치는 국가가 사법상의 재산권의 주체로서 행위하는 것이지 공권력을 행사하는 것이거나 공권력작용과 일체성을 가진 것이 아니라 할 것이므로 이에 관한 분쟁은 행정소송이 아닌 민사소송의 대상이 될 수밖에 없다. 대법원 1983. 12. 27. 선고 81누366 판결

0689 ⓞ 공공용지 특례법에 따른 토지 등의 협의취득은 공공사업에 필요한 토지 등을 그 소유자와의 협의에 의하여 취득하는 것으로서 공공기관이 사경제주체로서 행하는 사법상 매매 내지 사법상 계약의 실질을 가지는 것이지 행정청이 공권력의 주체로서 상대방의 의사 여하에 불구하고 일방적으로 행하는 행정처분이라 볼 수 없는 것이고, 위 협의취득에 기한 손실보상금의 환수통보 역시 사법상의 이행청구에 해당하는 것으로서 이를 항고소송의 대상이 되는 행정처분이라고 할 수 없다. 대법원 2010. 11. 11. 선고 2010두14367 판결

0690 ⓧ 개발부담금 부과처분이 취소된 이상 그 후의 부당이득으로서의 과오납금 반환에 관한 법률관계는 단순한 민사관계에 불과한 것이고, 행정소송 절차에 따라야 하는 관계로 볼 수 없다. 대법원 1995. 12. 22. 선고 94다51253 판결

0691 ⓞ 서울특별시지하철공사의 임원과 직원의 근무관계의 성질은 사법관계에 속하므로, 위 지하철공사의 사장이 그 이사회의 결의를 거쳐 제정된 인사규정에 의거하여 소속직원에 대한 징계처분을 한 경우 이에 대한 불복절차는 민사소송에 의할 것이지 행정소송에 의할 수는 없다. 대법원 1989. 9. 12. 선고 89누2103 판결

0692 ⓧ 지방자치단체의 관할구역 내에 있는 각급 학교에서 학교회계직원으로 근무하는 것을 내용으로 하는 근로계약은 사법상 계약이다. 대법원 2018. 5. 11. 선고 2015다237748 판결

주제 34 행정심판

1 개관

① 의의

- 행정청의 위법·부당한 처분 또는 부작위에 대하여 행정심판위원회가 심판하는 행정쟁송절차

- 특별행정심판(행정심판법 제4조)
  - 특히 필요한 경우 외 특별행정심판·특례 신설 × ⇒ if 신설하는 경우, 미리 중앙행정심판위원회와 협의
  - 개별법에서 정함 없는 사항 ⇒ 행정심판법 규정 적용

② 이의신청

(1) 의의

- 행정작용을 다투는 자가 통상 그 행정작용을 행한 행정기관에 대하여 행위의 시정을 구하는 것

- 처분에 대한 이의신청과 처분 아닌 행정작용에 대한 이의신청으로 구분됨

- 처분에 대한 이의신청에 관하여는 행정기본법 제36조에서 일반적인 규정을 두었음

(2) 행정기본법 제36조(처분에 대한 이의신청)

- 대상: 행정심판의 대상이 되는 '처분'

- 신청기간 및 제출기관: 처분을 받은 날부터 30일 이내에 해당 행정청에 이의신청

- 처리기간: 신청 받은 날부터 14일 이내, 단 10일의 범위에서 한차례 연장 가능

- 행정쟁송: 이의신청한 경우에도 행정심판 또는 행정소송 제기 가능

- 제소기간: 이의신청 결과 통지받은 후 90일 이내에 행정심판 또는 행정소송 제기 가능

- 일반법: 개별법에서 정함 없는 사항 ⇒ 행정기본법 적용(즉 개별법의 내용이 먼저 적용됨)

- 적용배제: 공무원 징계, 인권위의 결정, 노동위원회 의결, 형사·행형·보안처분, 외국인, 과태료

구분	행정심판	이의신청
행정심판법	적용 있음	적용 없음
불복 대상	처분	처분(+그 밖의 행정작용)
결정의 성질	행정심판의 재결	• 원처분을 취소 또는 변경하는 결정 : 처분 • 기존 처분을 유지하는 결정 　– 원칙 처분 × / 예외 처분 ○
불가변력	불가변력 인정	불가변력 인정 (이의신청 절차에서 과세처분 취소한 사례)
처분사유 추가·변경	기본적 사실관계의 동일성 있는 경우만 가능	• 기본적 사실관계의 동일성 없는 경우에도 가능 　(∵ 내부적 시정절차에 불과) • ex 산재보상법상 심사청구에 관한 절차
제소기간	행정소송법 제20조 ➡ 재결서 정본 송달받은 날(재결 있은 날)부터 기산	행정기본법 제36조 ➡ 이의신청 결과를 통지받은 날부 터 기산

• 이의신청 결과, 기존 처분을 유지하는 결정을 처분으로 본 사례
　– 생활대책 대상자 2차 부적격통보, 이주대책 대상자 2차 제외결정

③ 행정심판의 종류

• 취소심판, 무효등확인심판
　– 의무이행심판이 존재하나, 거부처분에 대한 취소심판 및 무효등확인심판 허용됨

• 의무이행심판 : 행정청의 위법 또는 부당한 거부처분이나 부작위에 대하여 일정한 처분을 하도록 하는 심판

• 국선대리인 제도 존재

• 서류의 송달 ➡ 민사소송법(행정절차법 ×) 중 송달에 관한 규정 준용

2　행정심판의 당사자 및 관계인

① 청구인(행정소송의 원고와 동일함)

• 청구인능력 : 자연인 + 법인
　– 법인 아닌 사단이나 재단도 대표자(관리인) 있는 경우 그 이름으로 심판청구 가능

• 청구인적격 : 법률상 이익 있는 자

• 선정대표자 : 여러 명의 청구인이 공동으로 심판청구 ➡ 청구인들 중 3명 이하의 선정대표자 선정 가능
　– 선정대표자 선정시, 선정대표자를 통해서만 그 사건에 관한 행위 가능

• 지위승계 : 당연승계(청구인 사망 또는 법인 합병), 허가승계(심판청구의 대상이 되는 권리의 양수인)

② **피청구인**(행정소송의 피고와 동일함)

- 피청구인의 경정 : 피청구인 잘못 지정 또는 행정청의 권한 승계 ➡ **직권 또는 신청에 의해 경정**
  - 참고 취소소송의 경우, 피고를 잘못 지정한 경우 신청에 의해서만 피고경정 가능함
  - 청구기간 : 종전 피청구인에 대한 행정심판 청구일 기준

③ **관계인**(행정소송의 참가인과 동일함)

- 제3자의 참가, 행정청의 참가
  - 신청에 의한 참가
  - 행정심판위원회의 요구에 의한 참가 ➡ **참가 여부 통지의무 ○(참가 여부 선택 가능)**

---

3 **행정심판위원회**

① **해당 행정청 소속 행정심판위원회**

- 헌법기관 : 국회사무총장, 법원행정처장, 헌법재판소사무처장, 중앙선거관리위원회 사무총장, 감사원

- 대통령 직속기관 : 국가정보원장, 국가인권위원회

② **중앙행정심판위원회** : 국민권익위원회 소속

- 위 ①에 해당하는 경우를 제외한 국가행정기관의 장 또는 그 소속 행정청(ex 장관, 식약처장)

- 광역지방자치단체의 장 및 의회

- 국가·지방자치단체 등이 공동으로 설립한 행정청

③ **시·도행정심판위원회** : 시·도지사 소속

- 시·도 소속 행정청(시는 광역자치단체인 시를 의미함)

- 기초자치단체의 장 및 의회

- 시·도 관할구역 내 둘 이상의 기초자치단체 등이 공동으로 설립한 행정청

④ 행정심판위원회의 구성 및 회의

(1) 중앙행정심판위원회

- 위원장 1명을 포함하여 70명 이내의 위원으로 구성(위원 중 상임위원은 4명 이내)

- **위원장**: 국민권익위원회 부위원장 중 1명(직무대행: 상임위원)

- **상임위원**: 일반직 공무원, 위원장의 제청으로 국무총리를 거쳐 대통령이 임명

- **비상임위원**: 위원장의 제청으로 국무총리가 성별을 고려하여 위촉

- 회의: 위원장, 상임위원 및 위원장이 회의마다 지정하는 비상임위원 포함하여 총 9명으로 구성
  ➡ 과반수 출석 및 출석 과반수 찬성으로 의결

- **시정조치요구권**: 관계 행정기관에게 처분의 근거가 되는 명령의 개폐 등 적절한 시정조치를 요청할 수 있음
  (시정조치 요청사실은 법제처장에게 통보)

(2) 중앙행정심판위원회 이외의 행정심판위원회

- 위원장 1명을 포함하여 50명 이내의 위원으로 구성

- **위원장**: 당해 행정심판위원회가 소속된 행정청(직무대행: 위원장이 사전에 지명한 위원)

- 시·도지사 소속으로 두는 행정심판위원회의 경우 공무원 아닌 위원을 위원장(비상임)으로 정할 수 있음

- 회의: 위원장 및 위원장이 회의마다 지정하는 8명의 위원으로 구성
  ➡ 과반수 출석 및 출석 과반수 찬성으로 의결

(3) 위원의 제척·기피·회피

- 심판의 공정성을 위해 위원의 제척·기피·회피제도 두고 있음

- 심리·의결에 관한 사무에 관여하는 위원 아닌 직원에게도 준용

---

4 **청구요건**(행정소송의 소송요건)

① 심판청구의 방식

- **엄격한 형식을 요하지 않는** 서면주의: 일정한 사항을 기재한 서면 제출
  - if 필요적 기재사항 흠결 ➡ 보정 요구(경미한 흠: 직권 보정 ○)

- **형식과 내용의 불일치**: '내용'에 따라 판단
  - 형식: 진정서 / 내용: 행정심판 ➡ 행정심판청구
  - 형식: 행정심판청구서 / 내용: 이의신청 ➡ 이의신청

- 제출기관 : 행정심판위원회 또는 행정청

- 행정청에 제출한 경우 행정청의 조치
  - 10일 내 위원회로 심판청구서와 답변서 송부(청구요건 없음이 명백한 경우 답변서 송부의무 ×)
  - 처분 상대방 아닌 제3자의 청구 : 처분 상대방에게 그 사실을 통지
  - 불고지 또는 오고지로 인해 심판청구서 잘못 제출 : 정당한 권한 있는 피청구인에게 송부
  - 직권취소 또는 신청에 따른 처분

② 심판청구기간

- 처분 있음을 안 날로부터 90일(천재지변 등 불가항력 ➡ 사유 소멸한 날로부터 14일) : 불변기간

- 처분 있은 날로부터 180일(if 정당한 이유 ➡ 180일 후에도 가능)

- 불고지 또는 오고지
  - 불고지 : (알았는지 불문하고) 처분 있은 날로부터 180일
  - 길게 오고지 : 길게 오고지된 기간 내
- 무효등확인심판 ×, 부작위에 대한 의무이행심판 ×

③ 대상적격

- 대통령의 처분 또는 부작위 : 개별법에서 행정심판 청구할 수 있도록 정한 경우 외에는 심판청구 ×

5 가구제

① 집행정지(행정소송과의 차이점만 체크)

- 행정소송 : '회복하기 어려운 손해' / 행정심판 : '중대한 손해'(요건이 보다 '완화'되어 있음)

- 위원회의 결정 기다릴 경우 중대한 손해 생길 우려 ➡ **위원장 직권결정** ○(위원회의 추인 필요)

② 임시처분

- 직권 또는 당사자의 신청에 의하여 당사자에 대해 임시의 지위를 부여하는 행정심판위원회의 결정

- 행정소송에서는 인정 ×

- 집행정지로 목적 달성할 수 없는 경우에만 허용 ➡ '거부처분 또는 부작위'에 대해서만 가능

6 심리

① 심리의 범위 및 원칙

- 심리의 원칙 : 기본적으로 행정소송과 동일 ➡ 불고불리, 당사자주의, 처분권주의, 직권심리주의

- 불이익변경금지의 원칙 : 위원회는 심판청구의 대상이 되는 처분보다 청구인에게 불리한 재결을 하지 못함

- 위법 여부 + '당·부당' 여부도 심리(합목적성 심사 가능)

- 서면심리주의 또는 구술심리주의
  - But 구술심리 신청 ➡ 서면심리만으로 결정할 수 있는 경우 외에는 구술심리 해야 함

- 비공개주의(해석상 ○)

② 심리의 절차

- 기본적으로 행정소송과 동일 ➡ 심판청구의 변경, 병합과 분리, 처분사유의 추가·변경

- 위법판단의 기준시 : 처분시(부작위에 대한 의무이행심판은 재결시)

7 조정

- 위원회는 당사자의 동의(직권 ×)를 받아 조정을 할 수 있음

- 조정이 공공복리에 부적합 또는 처분의 성질에 반하는 경우 조정 불가

- 조정은 조정서에 당사자가 서명 또는 날인하고 위원회가 이를 확인함으로써 성립함

- if 조정 성립 ➡ 재결의 효력이 준용됨(기속력, 직접처분, 간접강제, 재심판청구 금지)

8 재결

① 일반론

(1) 사정재결

- 인정범위 : 취소심판 및 의무이행심판 ○(부작위에 대한 의무이행심판 포함), 무효확인심판 ×

- 사정판결과의 차이 ➡ 위원회는 직접 청구인에 대하여 상당한 구제방법을 취하거나 상당한 구제방법을 취할 것을 피청구인에게 명할 수 있음

(2) 인용재결의 종류

- 취소심판 : 취소재결, 처분변경재결(적극적 변경 가능), 처분변경명령재결

- 무효확인심판 : 무효확인재결

- 의무이행심판 : 처분재결, 처분명령재결

(3) 그 외 재결의 효력

- 재결기간 : 심판청구서를 받은 날로부터 60일(위원장 직권으로 30일 연장 가능)

- 참가인 있는 경우 : 재결서 '등본'을 피청구인을 거쳐 참가인에게 송달

- 처분 상대방 아닌 제3자의 청구 : 재결서 '등본'을 피청구인을 거쳐 처분 상대방에게 송달

- 불가쟁력, 불가변력, 형성력(이행재결인 처분변경명령 및 처분명령재결 제외)

- 기판력 ×(처분의 기초가 된 사실관계나 법률적 판단이 확정되고 당사자나 법원이 구속되는 것 ×)

② 기속력

- 기본적으로 행정소송과 동일 ➡ 반복금지의무, 재처분의무, 행정청만을 구속

- 위원회의 직접처분
  - 처분명령재결(의무이행심판) ➡ 처분 × ➡ 당사자의 신청 ➡ 명령 ➡ 처분 × ➡ 위원회의 직접처분
  - if 행정청의 처분 ○(재결의 내용에 따르지 않은 경우 포함) ➡ 직접처분 ×
  - 처분의 성질상 직접처분 불가능한 경우(ex 정보공개) ➡ 직접처분 ×
  - if 직접처분 ○ ➡ 행정청에 통보 ➡ 행정청은 관계 법령에 따른 관리·감독 등 필요한 조치의무

- 간접강제(행정심판법 제50조의2)
  - 간접강제(변경)결정 : 처분성 ○ ➡ 청구인은 행정소송 가능
  - 간접강제 결정서 정본 : (행정소송 제기 여부 불문하고) 민사집행법상 집행권원과 같은 효력

- 법령에 따라 공고·고시한 처분이 재결로써 취소·변경 ➡ 행정청은 지체 없이 그 사실을 공고·고시

③ 재결에 대한 불복

- 재심판청구의 금지 ➡ 재결 있으면 그 재결 및 같은 처분 또는 부작위에 대하여 다시 행정심판 청구 ×

- 행정청은 재결에 대해 불복하여 항고소송 제기 ×(∵ 기속력)

9 행정심판의 고지

① 의의

- 처분을 하면서 행정심판청구에 필요한 사항을 처분 상대방에게 알리는 것

- 성질: 단순한 사실의 통지 ➡ 비권력적 사실행위

- if 개별법에서 행정심판법 적용을 배제하는 규정 ○ ➡ 고지제도 배제 ○(∴ 불고지 또는 오고지 특례 적용 ×)

- 직권에 의한 고지: 처분 상대방에 대해서만 고지의무 ○(처분 상대방 아닌 제3자에 대해서는 고지의무 ×)

- 요구에 의한 고지: 제3자효 있는 행정행위의 제3자 등 이해관계인은 고지 요구 가능

② 불고지 또는 오고지

- 불고지하였더라도 처분의 하자를 구성하는 것 아님

- 제출기관의 불고지·오고지: 심판청구서 잘못 제출 ➡ 정당한 권한 있는 피청구인에게 송부

- 청구기간 불고지 ➡ 처분 있은 날로부터 180일(처분 알았는지 불문)

- 청구기간 길게 오고지 ➡ 길게 오고지된 기간 내

- 청구기간 짧게 오고지 ➡ 행정심판법상 기간 내 ○

기출 ○× Check

0693 과세처분에 관한 이의신청절차에서 과세관청이 이의신청사유가 옳다고 인정하여 과세처분을 직권으로 취소한 이상 그 후 특별한 사유 없이 이를 번복하고 종전 처분을 되풀이하는 것은 허용되지 않는다. ^{16. 국가 7급} (   )

0694 당사자의 신청에 대한 행정청의 부당한 거부처분을 취소하는 행정심판은 현행법상 허용되지 않는다.
^{20. 지방} (   )

0695 당사자의 신청에 대한 행정청의 부당한 거부처분에 대하여 일정한 처분을 하도록 하는 행정심판의 청구는 현행법상 허용되고 있다. ^{19. 국가} (   )

0696 「행정심판법」에 따른 서류의 송달에 관하여는 「행정절차법」 중 송달에 관한 규정을 준용한다. ^{19. 국가} (   )

0697 행정심판 청구인이 경제적 능력으로 인해 대리인을 선임할 수 없는 경우에는 행정심판위원회에 국선대리인을 선임하여 줄 것을 신청할 수 있다. ^{19. 국가} (   )

0698 종중이나 교회와 같은 비법인사단은 사단 자체의 명의로 행정심판을 청구할 수 없고 대표자가 청구인이 되어 행정심판을 청구하여야 한다. ^{18. 국가} (   )

0699 행정심판의 경우 여러 명의 청구인이 공동으로 심판청구를 할 때에는 청구인들 중에서 3명 이하의 선정대표자를 선정할 수 없다. ^{12. 지방} (   )

정답 & ○× 풀이

0693 ○ 과세처분에 관한 이의신청절차에서 과세관청이 <u>이의신청 사유가 옳다고 인정하여 과세처분을 직권으로 취소한 이상 그 후 특별한 사유 없이 이를 번복하고 종전 처분을 되풀이하는 것은 허용되지 않는다.</u> 대법원 2010. 9. 30. 선고 2009두1020 판결

0694 × <u>취소심판의 대상에는 거부처분도 포함된다.</u> 따라서 <u>거부처분에 대해서는 의무이행심판을 청구할 수도 있고 취소심판을 청구할 수도 있다.</u>

0695 ○ 행정심판법 제5조(행정심판의 종류) 행정심판의 종류는 다음 각 호와 같다.
　　3. 의무이행심판 : 당사자의 신청에 대한 행정청의 위법 또는 <u>부당한 거부처분이나 부작위에 대하여 일정한 처분을 하도록 하는 행정심판</u>

0696 × 행정심판법 제57조(서류의 송달) 이 법에 따른 서류의 송달에 관하여는 「<u>민사소송법</u>」 중 송달에 관한 규정을 준용한다.

0697 ○ 행정심판법 제18조의2(국선대리인) ① 청구인이 경제적 능력으로 인해 대리인을 선임할 수 없는 경우에는 위원회에 국선대리인을 선임하여 줄 것을 신청할 수 있다.

0698 × 행정심판법 제14조(법인이 아닌 사단 또는 재단의 청구인 능력) <u>법인이 아닌 사단 또는 재단으로서 대표자나 관리인이 정하여져 있는 경우에는</u> <u>그 사단이나 재단의 이름으로</u> 심판청구를 할 수 있다.

0699 × 행정심판법 제15조(선정대표자) ① <u>여러 명의 청구인이 공동으로 심판청구를 할 때에는 청구인들 중에서 3명 이하의 선정대표자를 선정할 수 있다.</u>

0700 피청구인의 경정은 행정심판위원회에서 결정하며 언제나 당사자의 신청을 전제로 한다. 20. 지방 7급 (   )

0701 행정심판의 대상과 관련되는 권리나 이익을 양수한 특정승계인은 행정심판위원회의 허가를 받아 청구인의 지위를 승계할 수 있다. 18. 국가 (   )

0702 종로구청장의 처분이나 부작위에 대한 행정심판청구는 서울특별시 행정심판위원회에서 심리·재결하여야 한다. 19. 서울 (   )

0703 시·도의 관할구역에 있는 둘 이상의 시·군·자치구 등이 공동으로 설립한 행정청의 처분에 대하여는 시·도지사 소속 행정심판위원회에서 심리·재결한다. 15. 지방 (   )

0704 국가정보원장의 행정처분에 대한 행정심판은 국민권익위원회에 두는 중앙행정심판위원회가 관할한다. 14. 국가 (   )

0705 중앙행정심판위원회의 위원장은 국민권익위원회의 부위원장 중 1명이 되며 필요한 경우에는 상임위원이 그 직무를 대행한다. 11. 지방 (   )

0706 행정심판청구는 엄격한 형식을 요하지 아니하는 서면행위이다. 15. 서울 (   )

0707 법률상 이의신청을 제기해야 할 사람이 처분청에 표제를 '행정심판청구서'로 한 서류를 제출하였다면, 서류의 내용에 이의신청 요건에 맞는 불복취지와 사유가 충분히 기재되어 있다고 하여도 이를 처분에 대한 이의신청으로 볼 수 없다. 15. 지방 (   )

0708 심판청구서를 받은 행정청은 그 심판청구가 이유있다고 인정할 때에는 심판청구의 취지에 따라 처분을 취소·변경 또는 확인을 하거나 신청에 따른 처분을 할 수 있고, 이를 청구인에게 알리고 행정심판위원회에 그 증명서류를 제출하여야 한다. 11. 지방 (   )

0709 대통령의 처분 또는 부작위에 대하여는 다른 법률에서 행정심판을 청구할 수 있도록 정한 경우 외에는 행정심판을 청구할 수 없다. 19. 국가 (   )

0710 행정심판위원회는 당사자의 신청에 의한 경우는 물론 직권으로도 임시처분을 결정할 수 있다. 16. 국가 (   )

0711 임시처분은 집행정지와 보충성 관계가 없고, 행정심판위원회는 집행정지로 목적을 달성할 수 있는 경우에도 임시처분 결정을 할 수 있다. 14. 지방 (   )

0712 행정심판위원회는 임시처분을 결정한 후에 임시처분이 공공복리에 중대한 영향을 미치는 경우에는 직권으로 또는 당사자의 신청에 의하여 이 결정을 취소할 수 있다. 19. 지방 (   )

0713 행정심판위원회는 심판청구의 대상이 되는 처분보다 청구인에게 불리한 재결을 하지 못한다. 16. 국가 (   )

0700 × 행정심판법 제17조(피청구인의 적격 및 경정) ② 청구인이 피청구인을 잘못 지정한 경우에는 위원회는 직권으로 또는 당사자의 신청에 의하여 결정으로써 피청구인을 경정할 수 있다.

0701 ○ 행정심판법 제16조(청구인의 지위 승계) ⑤ 심판청구의 대상과 관계되는 권리나 이익을 양수한 자는 위원회의 허가를 받아 청구인의 지위를 승계할 수 있다.

0702 ○ 행정심판법 제6조(행정심판위원회의 설치) ③ 다음 각 호의 행정청의 처분 또는 부작위에 대한 심판청구에 대하여는 시·도지사 소속으로 두는 행정심판위원회에서 심리·재결한다.
　　　 2. 시·도의 관할구역에 있는 시·군·자치구의 장, 소속 행정청 또는 시·군·자치구의 의회(의장, 위원회의 위원장, 사무국장, 사무과장 등 의회 소속 모든 행정청을 포함한다)

0703 ○ 행정심판법 제6조(행정심판위원회의 설치) ③ 다음 각 호의 행정청의 처분 또는 부작위에 대한 심판청구에 대하여는 시·도지사 소속으로 두는 행정심판위원회에서 심리·재결한다.
　　　 3. 시·도의 관할구역에 있는 둘 이상의 지방자치단체(시·군·자치구를 말한다)·공공법인 등이 공동으로 설립한 행정청

0704 × 대통령 직속기구인 국가정보원장의 행정처분에 대해서는 처분청인 국가정보원 소속 행정심판위원회가 행정심판을 담당한다.

0705 ○ 행정심판법 제8조(중앙행정심판위원회의 구성) ② 중앙행정심판위원회의 위원장은 국민권익위원회의 부위원장 중 1명이 되며, 위원장이 없거나 부득이한 사유로 직무를 수행할 수 없거나 위원장이 필요하다고 인정하는 경우에는 상임위원(상임으로 재직한 기간이 긴 위원 순서로, 재직기간이 같은 경우에는 연장자 순서로 한다)이 위원장의 직무를 대행한다.

0706 ○ 행정심판청구는 엄격한 형식을 요하지 아니하는 서면행위이므로 행정청의 위법·부당한 처분으로 인하여 권리나 이익을 침해당한 사람이 당해 행정청에 그 처분의 취소나 변경을 구하는 취지의 서면을 제출하였다면 서면의 표제나 형식 여하에 불구하고 행정심판청구로 봄이 옳다. 대법원 1999. 6. 22. 선고 99두2772 판결

0707 × 이의신청을 제기해야 할 사람이 처분청에 표제를 '행정심판청구서'로 한 서류를 제출한 경우라 할지라도 서류의 내용에 이의신청 요건에 맞는 불복취지와 사유가 충분히 기재되어 있다면 표제에도 불구하고 이를 처분에 대한 이의신청으로 볼 수 있다. 대법원 2012. 3. 29. 선고 2011두26886 판결

0708 ○ 행정심판법 제25조(피청구인의 직권취소등) ① 제23조 제1항·제2항 또는 제26조 제1항에 따라 심판청구서를 받은 피청구인은 그 심판청구가 이유 있다고 인정하면 심판청구의 취지에 따라 직권으로 처분을 취소·변경하거나 확인을 하거나 신청에 따른 처분(이하 이 조에서 "직권취소등"이라 한다)을 할 수 있다. 이 경우 서면으로 청구인에게 알려야 한다.
② 피청구인은 제1항에 따라 직권취소등을 하였을 때에는 청구인이 심판청구를 취하한 경우가 아니면 제24조 제1항 본문에 따라 심판청구서·답변서를 보낼 때 직권취소등의 사실을 증명하는 서류를 위원회에 함께 제출하여야 한다.

0709 ○ 행정심판법 제3조(행정심판의 대상) ② 대통령의 처분 또는 부작위에 대하여는 다른 법률에서 행정심판을 청구할 수 있도록 정한 경우 외에는 행정심판을 청구할 수 없다.

0710 ○ 행정심판법 제31조(임시처분) ① 위원회는 처분 또는 부작위가 위법·부당하다고 상당히 의심되는 경우로서 처분 또는 부작위 때문에 당사자가 받을 우려가 있는 중대한 불이익이나 당사자에게 생길 급박한 위험을 막기 위하여 임시지위를 정하여야 할 필요가 있는 경우에는 직권으로 또는 당사자의 신청에 의하여 임시처분을 결정할 수 있다.

0711 × 행정심판법 제31조(임시처분) ③ 제1항에 따른 임시처분은 제30조 제2항에 따른 집행정지로 목적을 달성할 수 있는 경우에는 허용되지 아니한다.

0712 ○ 임시처분에 관해 규정한 행정소송법 제31조 제2항에 따라 준용되는 집행정지의 취소에 관한 규정인 행정소송법 제30조 제4항에 따라 위원회는 임시처분을 결정한 후에 임시처분이 공공복리에 중대한 영향을 미치거나 그 처분의 사유가 없어진 경우에는 직권으로 또는 당사자의 신청에 의하여 임시처분 결정을 취소할 수 있다.

0713 ○ 행정심판법 제47조(재결의 범위) ② 위원회는 심판청구의 대상이 되는 처분보다 청구인에게 불리한 재결을 하지 못한다.

0714 위원회는 직권에 의하여 심판청구의 대상이 되는 처분 또는 부작위 외의 사항에 대하여도 재결할 수 있다.
10. 국가 (　　)

0715 「행정심판법」상 위법한 처분·부작위뿐만 아니라 부당한 처분·부작위에 대해서도 다툴 수 있다.
12. 지방 7급 (　　)

0716 행정심판위원회는 당사자가 주장하지 아니한 사실에 대하여 심리할 수 없다. 16. 지방 (　　)

0717 「행정심판법」은 구술심리를 원칙으로 하며, 당사자의 신청이 있는 때에는 서면심리로 할 것을 규정하고 있다.
13. 지방 7급 (　　)

0718 행정심판 청구 후 피청구인인 행정청이 새로운 처분을 하거나 대상인 처분을 변경한 때에는 청구인은 새로운 처분이나 변경된 처분에 맞추어 청구의 취지 또는 이유를 변경할 수 있다. 15. 지방 (　　)

0719 행정심판의 결과에 이해관계가 있는 제3자 또는 행정청은 행정심판위원회의 허가를 받아 그 사건에 참가할 수 있다. 15. 사복 (　　)

0720 행정심판에 있어서 행정처분의 위법·부당 여부는 원칙적으로 처분시를 기준으로 판단하여야 할 것이나, 재결 당시까지 제출된 모든 자료를 종합하여 처분 당시 존재하였던 객관적 사실을 확정하고 그 사실에 기초하여 처분의 위법·부당 여부를 판단할 수 있다. 15. 지방 (　　)

0721 행정심판에서는 항고소송에서와 달리 처분청이 당초 처분의 근거로 삼은 사유와 기본적 사실관계가 동일성이 인정되지 않는 다른 사유를 처분사유로 추가하거나 변경할 수 있다. 18. 국가 (　　)

0722 조정은 당사자가 합의한 사항을 조정서에 기재한 후 당사자가 서명 또는 날인함으로써 완성된다.
20. 지방 7급 (　　)

0723 무효확인심판을 제기한 경우, 행정심판위원회는 심판청구가 이유있다고 인정하면서도 이를 인용하는 것이 공공복리에 크게 위배된다고 인정하면 심판청구를 기각할 수 있다. 22. 지방 (　　)

0724 행정청의 부작위에 대한 의무이행심판은 심판청구기간 규정의 적용을 받지 않고, 사정재결이 인정되지 아니한다.
21. 지방 (　　)

0725 취소심판의 인용재결에는 취소재결, 취소명령재결, 변경재결, 변경명령재결이 있다. 14. 지방 (　　)

0726 취소심판을 제기한 경우, 행정심판위원회는 심판청구가 이유가 있다고 인정하면 처분변경명령재결을 할 수 있다.
22. 지방 (　　)

0727 행정심판위원회는 심판의 대상이 되는 영업정지 2월의 처분을 과징금으로 변경할 수 없다. 23. 지방 (　　)

0728 위원회는 의무이행심판의 청구가 이유있다고 인정할 때에는 지체없이 신청에 따른 처분을 하거나 이를 할 것을 명한다. 10. 국가 (　　)

0714 ✕ 행정심판법 제47조(재결의 범위) ① <u>위원회는 심판청구의 대상이 되는 처분 또는 부작위 외의 사항에 대하여는 재결하지 못한다.</u>

0715 ○ 행정심판법 제1조(목적) 이 법은 행정심판 절차를 통하여 <u>행정청의 위법 또는 부당한 처분이나 부작위로</u> 침해된 국민의 권리 또는 이익을 구제하고, 아울러 행정의 적정한 운영을 꾀함을 목적으로 한다.

0716 ✕ 행정심판법 제39조(직권심리) <u>위원회는 필요하면 당사자가 주장하지 아니한 사실에 대하여도 심리할 수 있다.</u>

0717 ✕ 행정심판법 제40조(심리의 방식) ① <u>행정심판의 심리는 구술심리나 서면심리로 한다.</u> 다만, 당사자가 구술심리를 신청한 경우에는 서면심리만으로 결정할 수 있다고 인정되는 경우 외에는 구술심리를 하여야 한다.

0718 ○ 행정심판법 제29조(청구의 변경) ② 행정심판이 청구된 후에 피청구인이 새로운 처분을 하거나 심판청구의 대상인 처분을 변경한 경우에는 청구인은 새로운 처분이나 변경된 처분에 맞추어 청구의 취지나 이유를 변경할 수 있다.

0719 ○ 행정심판법 제20조(심판참가) ① 행정심판의 결과에 이해관계가 있는 제3자나 행정청은 해당 심판청구에 대한 제7조 제6항 또는 제8조 제7항에 따른 위원회나 소위원회의 <u>의결이 있기 전까지 그 사건에 대하여 심판참가를 할 수 있다.</u>
⑤ 위원회는 제2항에 따라 참가신청을 받으면 허가 여부를 결정하고, 지체 없이 신청인에게는 결정서 정본을, 당사자와 다른 참가인에게는 결정서 등본을 송달하여야 한다.

0720 ○ 행정심판에 있어서 행정처분의 위법·부당 여부는 <u>원칙적으로 처분시를 기준으로 판단하여야 할 것이나,</u> 재결청은 <u>처분 당시 존재하였거나 행정청에 제출되었던 자료뿐만 아니라,</u> 재결 당시까지 제출된 모든 자료를 종합하여 처분 당시 존재하였던 객관적 사실을 확정하고 그 사실에 기초하여 처분의 위법·부당 여부를 판단할 수 있다. 대법원 2001. 7. 27. 선고 99두5092 판결

0721 ✕ 행정처분의 취소를 구하는 항고소송에서 처분청은 <u>당초 처분의 근거로 삼은 사유와 기본적 사실관계가 동일성이 있다고 인정되는 한도 내에서만 다른 사유를 추가 또는 변경할 수 있고,</u> 이러한 기본적 사실관계의 동일성 유무는 처분사유를 법률적으로 평가하기 이전의 구체적 사실에 착안하여 그 기초인 사회적 사실관계가 기본적인 점에서 동일한지에 따라 결정되므로, 추가 또는 변경된 사유가 처분 당시에 이미 존재하고 있었다거나 당사자가 그 사실을 알고 있었다고 하여 당초의 처분사유와 동일성이 있다고 할 수 없다. 그리고 <u>이러한 법리는 행정심판 단계에서도 그대로 적용된다.</u> 대법원 2014. 5. 16. 선고 2013두26118 판결

0722 ✕ 행정심판법 제43조의2(조정) ③ 조정은 당사자가 합의한 사항을 조정서에 기재한 후 당사자가 서명 또는 날인하고 <u>위원회가 이를 확인함으로써 성립한다.</u>

0723 ✕ <u>무효확인심판의 경우에는 사정재결이 인정되지 않는다.</u>

0724 ✕ <u>부작위에 대한 의무이행심판에 있어서는 청구기간의 제한은 없으나,</u> 부작위위법확인소송과 달리 <u>부작위에 대한 의무이행심판에 있어서도 사정재결이 인정된다.</u>

0725 ✕ 행정심판법 제43조(재결의 구분) ③ 위원회는 취소심판의 청구가 이유가 있다고 인정하면 <u>처분을 취소 또는 다른 처분으로 변경하거나 처분을 다른 처분으로 변경할 것을 피청구인에게 명한다</u>(주: 취소심판의 인용재결에 취소명령재결은 포함되지 않음).

0726 ○ 행정심판법 제43조(재결의 구분) ③ 위원회는 <u>취소심판의 청구가 이유가 있다고 인정하면</u> 처분을 취소 또는 다른 처분으로 변경하거나 <u>처분을 다른 처분으로 변경할 것을 피청구인에게 명한다.</u>

0727 ✕ 행정심판법 제43조(재결의 구분) ③ 위원회는 <u>취소심판의 청구가 이유가</u> 있다고 인정하면 처분을 취소 또는 <u>다른 처분으로 변경하거나</u> 처분을 다른 처분으로 변경할 것을 피청구인에게 명한다(주: 행정심판위원회는 심판의 대상이 된 영업정지 2개월의 처분을 다른 처분인 과징금처분으로 변경하는 처분변경재결을 할 수 있음).

0728 ○ 행정심판법 제43조(재결의 구분) ⑤ 위원회는 의무이행심판의 청구가 이유가 있다고 인정하면 지체 없이 신청에 따른 처분을 하거나 처분을 할 것을 피청구인에게 명한다.

0729 행정심판위원회로부터 재결서의 정본을 송달받은 행정청은 청구인 및 참가인에게 재결서의 등본을 송달하여야 한다. 11. 지방 (   )

0730 영업허가취소처분이 청문절차를 거치지 않았다 하여 행정심판에서 취소되었더라도 그 허가취소처분 이후 취소재결시까지 영업했던 행위는 무허가영업에 해당한다. 19. 국가 (   )

0731 행정심판의 재결이 확정되면 피청구인인 행정청을 기속하는 효력이 있고 그 처분의 기초가 된 사실관계나 법률적 판단이 확정되므로 이후 당사자 및 법원은 이에 모순되는 주장이나 판단을 할 수 없다. 21. 지방 (   )

0732 행정심판위원회의 기각재결이 있은 후에는 행정청은 원처분을 직권으로 취소할 수 없다. 22. 지방 (   )

0733 조세부과처분이 국세청장에 대한 불복심사청구에 의하여 그 불복사유가 이유있다고 인정되어 취소되었음에도 처분청이 동일한 사실에 관하여 부과처분을 되풀이 한 것이라면 설령 그 부과처분이 감사원의 시정요구에 의한 것이라 하더라도 위법하다. 22. 군무원 (   )

0734 재결에 의하여 취소되거나 무효 또는 부존재로 확인되는 처분이 당사자의 신청을 거부하는 것을 내용으로 하는 경우에는 그 처분을 한 행정청은 재결의 취지에 따라 다시 이전의 신청에 대한 처분을 하여야 한다.
19. 국가 7급 (   )

0735 당사자의 신청을 거부하거나 부작위로 방치한 처분의 이행을 명하는 재결이 있으면 행정청은 지체 없이 이전의 신청에 대하여 재결의 취지에 따라 처분을 하여야 한다. 16. 지방 (   )

0736 신청에 따른 처분이 절차의 위법 또는 부당을 이유로 재결로써 취소된 경우 적법한 절차에 따라 신청에 따른 처분을 하거나 신청을 기각하는 처분을 하여야 한다. 18. 소방간부 (   )

0737 당사자의 신청을 거부하는 처분에 대한 취소심판에서 인용재결이 내려진 경우, 의무이행심판과 달리 행정청은 재처분의무를 지지 않는다. 19. 지방 (   )

0738 법령의 규정에 의하여 공고한 처분이 재결로써 취소된 때에는 처분청은 지체 없이 그 처분이 취소되었음을 공고하여야 한다. 10. 국가 (   )

0739 재결의 기속력은 재결의 주문 및 그 전제가 된 요건사실의 인정과 판단, 즉 처분 등의 구체적 위법사유에 관한 판단에만 미친다. 15. 지방 (   )

0740 행정심판위원회는 처분이행명령재결이 있음에도 피청구인이 처분을 하지 않은 경우 당사자의 신청에 의해 기간을 정하여 서면으로 시정을 명하고 그 기간 안에 이행하지 않으면 원칙적으로 직접 처분을 할 수 있다.
20. 국가 (   )

0741 거부처분에 대한 취소심판이나 무효등확인심판청구에서 인용재결이 있었음에도 불구하고 피청구인인 행정청이 재결의 취지에 따른 처분을 하지 아니한 경우에는 당사자가 신청하면 행정심판위원회는 기간을 정하여 서면으로 시정을 명하고 그 기간에 이행하지 아니하면 직접 처분을 할 수 있다. 19. 서울 (   )

0729 × 행정심판법 제48조(재결의 송달과 효력 발생) ① 위원회는 지체 없이 <u>당사자에게 재결서의 정본을 송달</u>하여야 한다. 이 경우 중앙행정심판위원회는 재결 결과를 소관 중앙행정기관의 장에게도 알려야 한다.
③ 위원회는 <u>재결서의 등본을 지체 없이 참가인에게 송달</u>하여야 한다.

0730 × 영업의 금지를 명한 영업허가취소처분 자체가 나중에 <u>행정쟁송절차에 의하여 취소되었다면</u> 그 영업허가취소처분은 <u>그 처분시에 소급하여 효력을 잃게 되며</u>, 그 영업허가취소처분에 복종할 의무가 원래부터 없었음이 확정되었다고 봄이 타당하고, 영업허가취소처분이 장래에 향하여서만 효력을 잃게 된다고 볼 것은 아니므로 그 <u>영업허가취소처분 이후의 영업행위를 무허가영업이라고 볼 수는 없다.</u> 대법원 1993. 6. 25. 선고 93도277 판결

0731 × 행정심판의 재결은 피청구인인 행정청을 기속하는 효력을 가지므로 재결청이 취소심판의 청구가 이유 있다고 인정하여 처분청에 처분을 취소할 것을 명하면 처분청으로서는 재결의 취지에 따라 처분을 취소하여야 하지만, 나아가 <u>재결에 판결에서와 같은 기판력이 인정되는 것은 아니어서 재결이 확정된 경우에도 처분의 기초가 된 사실관계나 법률적 판단이 확정되고 당사자들이나 법원이 이에 기속되어 모순되는 주장이나 판단을 할 수 없게 되는 것은 아니다.</u> 대법원 2015. 11. 27. 선고 2013다6759 판결

0732 × 행정심판위원회의 <u>기각재결</u>에는 인용재결의 경우와 달리 행정청에 대한 기속력이 인정되지 않는다. 따라서 행정청은 행정심판위원회의 <u>기각재결이 있은 후에도 원처분을 직권으로 취소할 수 있다.</u>

0733 ○ 양도소득세 및 방위세부과처분이 국세청장에 대한 불복심사청구에 의하여 그 불복사유가 이유있다고 인정되어 취소되었음에도 처분청이 동일한 사실에 관하여 부과처분을 되풀이 한 것이라면 설령 그 부과처분이 감사원의 시정요구에 의한 것이라 하더라도 위법하다. 대법원 1986. 5. 27. 선고 86누127 판결

0734 ○ 행정심판법 제49조(재결의 기속력 등) ② 재결에 의하여 취소되거나 무효 또는 부존재로 확인되는 처분이 당사자의 신청을 거부하는 것을 내용으로 하는 경우에는 그 처분을 한 행정청은 재결의 취지에 따라 다시 이전의 신청에 대한 처분을 하여야 한다.

0735 ○ 행정심판법 제49조(재결의 기속력 등) ③ 당사자의 신청을 거부하거나 부작위로 방치한 처분의 이행을 명하는 재결이 있으면 행정청은 지체 없이 이전의 신청에 대하여 재결의 취지에 따라 처분을 하여야 한다.

0736 ○ 행정심판법 제49조(재결의 기속력 등) ④ <u>신청에 따른 처분이 절차의 위법 또는 부당을 이유로 재결로써 취소된 경우에는 제2항을 준용한다</u>(주 : 행정청은 재결의 취지에 따라 다시 이전의 신청에 대한 처분을 하여야 하는데, 이 때 처분의 내용은 신청을 인용하는 것이 될 수도 있고, 신청을 기각하는 것이 될 수도 있음).

0737 × <u>처분청의 재처분의무는 의무이행심판에서 처분명령재결이 내려진 경우는 물론, 거부처분에 대한 취소재결이 내려진 경우에도 당연히 인정된다</u>(행정소송법 제49조 제2항).

0738 ○ 행정심판법 제49조(재결의 기속력 등) ⑤ 법령의 규정에 따라 공고하거나 고시한 처분이 재결로써 취소되거나 변경되면 처분을 한 행정청은 지체 없이 그 처분이 취소 또는 변경되었다는 것을 공고하거나 고시하여야 한다.

0739 ○ <u>재결의 기속력은 재결의 주문 및 그 전제가 된 요건사실의 인정과 판단, 즉 처분 등의 구체적 위법사유에 관한 판단에만 미친다</u>고 할 것이고, 종전 처분이 재결에 의하여 취소되었다 하더라도 종전 처분시와는 다른 사유를 들어서 처분을 하는 것은 기속력에 저촉되지 않는다. 대법원 2005. 12. 9. 선고 2003두7705 판결

0740 ○ 행정심판법 제50조(위원회의 직접 처분) ① 위원회는 피청구인이 <u>제49조 제3항(주 : 처분명령재결)에도 불구하고 처분을 하지 아니하는 경우에는 당사자가 신청하면 기간을 정하여 서면으로 시정을 명하고 그 기간에 이행하지 아니하면 직접 처분을 할 수 있다.</u> 다만, 그 처분의 성질이나 그 밖의 불가피한 사유로 위원회가 직접 처분을 할 수 없는 경우에는 그러하지 아니하다.

0741 × 행정심판위원회의 <u>직접처분은 의무이행심판에서 처분명령재결이 있는 경우에만 인정</u>된다.

PART
02

0742 행정심판위원회는 직접 처분을 하였을 때에는 그 사실을 해당 행정청에 통보하여야 하며, 그 통보를 받은 행정청은 행정심판위원회가 한 처분을 자기가 한 처분으로 보아 관계 법령에 따라 관리·감독 등 필요한 조치를 하여야 한다. 14. 지방 (   )

0743 정보공개명령재결은 행정심판위원회에 의한 직접처분의 대상이 된다. 21. 국가 7급 (   )

0744 행정심판 인용재결에 따른 행정청의 재처분 의무에도 불구하고 행정청이 인용재결에 따른 처분을 하지 아니하는 경우에, 행정심판위원회는 청구인의 신청이 없어도 결정으로 일정한 배상을 하도록 명할 수 있다. 21. 지방 (   )

0745 청구인은 행정심판위원회의 간접강제 결정에 불복하는 경우 그 결정에 대하여 행정소송을 제기할 수 있다. 19. 지방 (   )

0746 인용재결의 기속력은 피청구인과 그 밖의 관계 행정청에 미치고, 행정심판위원회의 간접강제 결정의 효력은 피청구인인 행정청이 소속된 국가·지방자치단체 또는 공공단체에 미친다. 21. 국가 7급 (   )

0747 행정심판의 재결에 대해서는 재결 자체에 고유한 위법이 있음을 이유로 하는 경우에 한하여 다시 행정심판을 청구할 수 있다. 22. 지방 (   )

0748 행정심판위원회가 영업정지처분을 취소하는 재결을 할 경우, 행정청은 이 인용재결의 취소를 구하는 행정소송을 제기할 수 없다. 23. 지방 (   )

0749 취소심판이 제기된 경우, 행정청이 처분시에 심판청구 기간을 알리지 아니하였다 할지라도 당사자가 처분이 있음을 알게 된 날부터 90일이 경과하면 행정심판위원회는 부적법 각하재결을 하여야 한다. 16. 지방 (   )

0750 행정청이 행정처분을 하면서 상대방에게 불복절차에 관한 고지의무를 이행하지 않았다면 이는 절차적 하자로서 그 행정처분은 위법하게 된다. 22. 지방 (   )

0751 개별법률에서 정한 심판청구기간이 「행정심판법」이 정한 심판청구기간보다 짧은 경우, 행정청이 행정처분을 하면서 그 개별법률상 심판청구기간을 고지하지 아니하였다면 그 개별법률에서 정한 심판청구기간 내에 한하여 심판청구가 가능하다. 15. 서울 (   )

PART 02

0742 O 행정심판법 제50조(위원회의 직접 처분) ② 위원회는 제1항 본문에 따라 직접 처분을 하였을 때에는 그 사실을 해당 행정청에 통보하여야 하며, 그 통보를 받은 행정청은 위원회가 한 처분을 자기가 한 처분으로 보아 관계 법령에 따라 관리·감독 등 필요한 조치를 하여야 한다.

0743 X <u>처분의 성질이나 그 밖의 불가피한 사유로 위원회가 직접 처분을 할 수 없는 경우에는 직접처분을 할 수 없는데</u>(행정심판법 <u>제50조 제1항 단서</u>), 정보공개명령재결이 있는 경우 설령 피청구인인 행정청이 위 명령에 반하여 정보를 공개하지 않는다 하더 라도 <u>위원회는 공개청구의 대상이 된 정보를 보유·관리하고 있지 않기 때문에 처분의 성질상 직접처분(정보공개처분)을 할 수 없다.</u>

0744 X 행정심판법 50조의2(위원회의 간접강제) ① 위원회는 피청구인이 제49조 제2항(제49조 제4항에서 준용하는 경우를 포함한다) 또는 제3항에 따른 처분을 하지 아니하면 <u>청구인의 신청에 의하여</u> 결정으로 상당한 기간을 정하고 피청구인이 그 기간 내에 이행하지 아니하는 경우에는 그 지연기간에 따라 일정한 배상을 하도록 명하거나 즉시 배상을 할 것을 명할 수 있다.

0745 O 청구인은 위원회의 간접강제결정 또는 변경결정에 불복하는 경우 그 결정에 대하여 행정소송을 제기할 수 있다(행정소송법 제50조의2 제4항).

0746 O 행정심판법 제49조(재결의 기속력 등) ① 심판청구를 인용하는 재결은 <u>피청구인과 그 밖의 관계 행정청을 기속한다.</u> 행정심판법 제50조의2(위원회의 간접강제) ⑤ <u>간접강제결정의 효력은 피청구인인 행정청이 소속된 국가·지방자치단체 또는 공공단체에 미치며,</u> 결정서 정본은 제4항에 따른 소송제기와 관계없이「민사집행법」에 따른 강제집행에 관하여는 집행권원과 같은 효력을 가진다. 이 경우 집행문은 위원장의 명에 따라 위원회가 소속된 행정청 소속 공무원이 부여한다.

0747 X 행정심판법 제51조(심판청구에 대한 재결이 있으면 그 재결 및 같은 처분 또는 부작위에 대하여 다시 행정심판을 청구할 수 없다)에 따라 재결에 대해서는 다시 행정심판을 청구할 수 없다. 다만 <u>재결 자체에 고유한 위법이 있는 경우 재결을 대상으로 행정소송을 제기할 수는 있다.</u>

0748 O <u>처분행정청은 재결에 기속되어 재결의 취지에 따른 처분의무를 부담하게 되므로 이에 불복하여 행정소송을 제기할 수 없다.</u> 대법원 1998. 5. 8. 선고 97누15432 판결

0749 X <u>행정청이 심판청구기간을 알리지 아니한 경우</u>(이른바 불고지의 경우)에는 청구인이 그 처분이 있음을 알았던지 여부를 불문하고 처분이 있었던 날부터 180일 이내에 심판청구를 할 수 있다.

0750 X 고지절차에 관한 규정은 행정처분의 상대방이 그 처분에 대한 행정심판의 절차를 밟는데 있어 편의를 제공하려는데 있으며 <u>처분청이 위 규정에 따른 고지의무를 이행하지 아니하였다고 하더라도</u> 경우에 따라서는 행정심판의 제기기간이 연장될 수 있는 것에 그치고 이로 인하여 심판의 대상이 되는 <u>행정처분에 어떤 하자가 수반된다고 할 수 없다.</u> 대법원 1987. 11. 24. 선고 87누529 판결

0751 X 도로점용료 상당 부당이득금의 징수 및 이의절차를 규정한 지방자치법에서 이의제출기간을 <u>행정심판법 제18조 제3항 소정기간보다 짧게 정하였다고 하여도</u> 같은 법 제42조 제1항 소정의 <u>고지의무에 관하여 달리 정하고 있지 아니한 이상</u> 도로관리청인 피고가 이 사건 도로점용료 상당 부당이득금의 징수고지서를 발부함에 있어서 원고들에게 이의제출기간 등을 <u>알려주지 아니하였다면</u> 원고들은 지방자치법상의 이의제출기간에 구애됨이 없이 <u>행정심판법 제18조 제6항, 제3항의 규정에 의하여 징수고지처분이 있은 날로부터 180일 이내에 이의를 제출할 수 있다고 보아야</u> 할 것이다. 대법원 1990. 7. 10. 선고 89누6839 판결

강성빈
행정법총론
OX
+요약노트

행정법통론

주제 35 행정법의 의의

1 행정의 개념

① **형식의 의미의 행정 · 입법 · 사법**: 행위의 주체에 따른 분류

- 행정부가 하는 작용: 형식적 의미의 행정

- 입법부가 하는 작용: 형식적 의미의 입법

- 사법부가 하는 작용: 형식적 의미의 사법

② **실질적 의미의 행정 · 입법 · 사법**: 행위의 내용에 따른 분류

- 일반적 · 추상적 규범의 정립: 입법

- 법률의 해석 · 적용 통한 분쟁의 해결: 사법

- 그 외 일체의 작용: 행정

2 행정법의 개념

① **대륙법과 영미법**

- 대륙법: 공법과 사법의 구별 강조 ○ ➡ 사법부 밖에 존재하는 별도의 행정재판소가 행정소송 담당

- 영미법: 공법과 사법의 구별 강조 ✕(보통법의 지배) ➡ 사법부 내 법원이 행정소송 담당

- 우리나라: 대륙법계 ➡ 공법과 사법의 구별 강조 ○, But 사법부가 행정소송 담당

② **행정법의 구분**

- 행정조직법: 행정의 모든 영역에 있어서 예외 없이 필요

- **행정작용법**: 법률유보 원칙의 적용 대상(처분 등의 수권규범)

- 행정구제법: 행정소송법, 행정심판법, 국가배상법 등

③ **행정법의 지도원리**

- 민주주의

- 법치주의: 형식적 법치주의(행정작용의 합법성) + 실질적 법치주의(행정작용의 합법성 + 법률의 합헌성)

- 기본권 보호의무 ➡ '과소보호금지원칙'을 기준으로 국가의 기본권 보호의무 준수 여부를 심사

통치행위

1 의의

- 개괄주의: 국민의 권리·의무와 관련된 일체의 국가작용에 대해 사법심사가 가능하다는 입법주의

- 열기주의: 법에서 특별히 규정한 사항에 대해서만 사법심사가 가능하다는 입법주의

- 우리나라: 법치주의 원리에 따라 국민의 기본권 보호를 위해 개괄주의 채택

- 통치행위: 국가작용 중 고도의 정치성을 갖는 행위로서, 사법심사(법원의 재판)가 배제되는 행위
  ➡ 정치적 성격으로 인해 사법부가 적법·위법 여부 판단 불가(∵ 사법자제, 권력분립)

2 판례의 태도

- 판례는 사법심사의 대상이 되지 않는 통치행위의 개념을 인정(소제기 시 각하)

- But 국민의 기본권 침해와 관련된 통치행위 ➡ 사법심사 O(위헌·위법 여부 판단 O)

통치행위 O 사법심사 ✕	• 남북정상회담의 개최 • 대통령의 계엄선포행위 • 대통령의 사면권 행사 • 외국에의 국군의 파견결정(이라크 파병)
통치행위 O 사법심사 O	• 남북정상회담 개최 과정에서 사업권의 대가 명목으로 승인 없이 북한에 송금한 행위 • 비상계엄의 선포나 확대가 국헌문란(내란)의 목적을 달성하기 위해 행해진 경우 • 대통령의 긴급재정경제명령(금융실명제 사례) • 개성공단 전면중단 조치 • 유신헌법에 근거한 긴급조치 제1호(대법원: 대법원이 최종심사 / 헌재: 헌재만이 심사)
통치행위 ✕	• 서훈취소 • 한미연합 군사훈련

- 관습헌법 사건
  - 신행정수도건설 또는 수도이전의 문제
    ➡ 고도의 정치적 결단을 요하여 사법심사의 대상이 되지 않는 것으로 볼 수 없음(즉 통치행위 ✕)
  - But 수도이전의 문제를 국민투표에 붙일지에 관한 대통령의 의사결정 및 관련 법률
    ➡ 원칙적으로 사법심사를 자제함이 바람직(즉 통치행위 O)
  - But 대통령의 위 의사결정 및 관련 법률이 국민의 기본권침해와 직접 관련되는 경우
    ➡ 헌법재판소가 심판할 수 있음(즉 사법심사 긍정)

3 통치행위의 주체 및 인정범위

- 행정부 ○

- 입법부 ○(국회의원에 대한 징계의결 ➡ 헌법 제64조에 따라 법원에 제소 불가)

- 사법부 ×(∵ 정치적 기관 × / 사법부는 통치행위인지 여부를 판단하는 유일한 주체 ○)

주제 37 행정법의 효력

1 효력발생시기

① 구체적 효력발생시기

- 법률·명령 ➡ 특별한 규정 없는 한, **공포한 날로부터 20일 경과 후**
  - 국민의 권리제한 또는 의무부과와 관련 ➡ 특별한 규정 없는 한, 공포한 날로부터 30일 경과 후

- 조례·규칙 ➡ 특별한 규정 없는 한, **공포한 날로부터 20일 경과 후**

② 공포

(1) 공포의 방법

- 법률·명령 ➡ 관보에 게재
  - 국회의장이 공포하는 경우, 서울시 발행 둘 이상 일간신문에 게재
  - 관보는 종이관보와 전자관보로 운영하며, 종이관보와 전자관보의 효력은 동일함

- 조례·규칙 ➡ 공보에 게재
  - 지방의회의장이 공포하는 경우, 공보나 일간신문에 게재 또는 게시판에 게시

(2) '공포한 날'의 의미

- 관보 또는 신문이 발행된 날 ➡ 일반인이 열람 또는 구독할 수 있는 상태에 놓이게 된 최초의 시기

③ 시행일의 기간 계산(행정기본법 제7조)

> **행정기본법 제7조(법령등 시행일의 기간 계산)** 법령등(훈령·예규·고시·지침 등을 포함)의 시행일을 정하거나 계산할 때에는 다음 각 호의 기준에 따른다.
> 1. 법령등을 공포한 날부터 시행하는 경우에는 공포한 날을 시행일로 한다.
> 2. 법령등을 공포한 날부터 일정 기간이 경과한 날부터 시행하는 경우 법령등을 공포한 날을 첫날에 **산입하지 아니한다.**
> 3. 법령등을 공포한 날부터 일정 기간이 경과한 날부터 시행하는 경우 그 기간의 말일이 토요일 또는 공휴일인 때에는 그 **말일로 기간이 만료한다.**

2 소급적용금지의 원칙(행위시법주의)

① 진정소급적용

- 이미 완성되거나 종결된 사실관계 또는 법률관계에 대하여 신법을 적용하는 것

- **원칙** 금지(∵ 국민의 신뢰 보호, 법적 안정성)
  - 행위 후 법령 변경 시, 특별한 규정 없는 한 변경 전 구 법령 적용

- **예외** 허용
  - 대법원 : 일반 국민의 이해에 직접 관계 ×, 국민의 이익을 증진, 국민의 불이익을 제거
  - 헌재 : 소급입법 예상 또는 법적상태 불확실하여 신뢰이익 ×, 당사자의 손실 ×, 심히 중대한 공익상 사유

② 부진정소급적용

- 아직 완성되거나 종결되지 않고 계속 진행 중인 사실관계 또는 법률관계에 대하여 신법을 적용하는 것

- **원칙** 허용('소급적용금지'에서 말하는 소급적용은 진정소급만을 의미함)
  - 수강신청 ➡ 징계요건 완화하는 학칙개정 ➡ 시험실시 ➡ 개정된 학칙에 따른 징계
  - 법 시행 전 법위반행위 종료하였으나 처분시효는 경과하지 않았던 사례
  - 법 개정 전 특수임무수행자 보상금 신청한 자들을 위한 경과규정 두지 않은 사례

- **예외** 금지(∵ 구법의 존속에 대한 국민의 신뢰 > 신법의 적용을 통해 달성하려는 공익)
  - 신뢰침해가 더 큰 경우, 구법을 적용하게 하는 경과규정을 두어 신뢰를 보호해야 함
    ➡ 경과규정 두지 않은 경우, 신뢰보호원칙에 위반되어 위헌·위법임
  - 변리사 시험의 합격방식을 절대평가에서 상대평가로 변경하면서, 그해 시험부터 즉시 적용
  - 한약사 국가시험의 응시자격을 변경하면서 적용 대상에 있어 학번에 따른 차별을 둔 경우

③ 헌법불합치결정

- 단순위헌결정에 따른 입법공백 방지
  ➡ 잠정적용 헌법불합치결정(입법자의 개선입법 있을 때까지 위헌인 법률의 효력 존속)

- 개정된 신법의 소급적용 여부 및 범위 ➡ 입법자의 재량

3 **유형별 검토**

① 확인적 행정행위

- 처분시가 아닌, 확인의 대상이 되는 법률관계의 확정시 시행 중인 법령을 적용
  - 장애등급결정 ➡ 장애연금 지급청구권 취득 당시(신체에 장애가 있게 된 당시) 시행 법령 적용

② 법령 위반에 따른 제재적 처분(행정기본법 제14조 제3항)

- **원칙** 행위시법주의(소급적용금지)

- **예외** 개정된 신법이 국민에게 유리한 경우 ➡ **특별한 규정 없는 한,** 유리하게 개정된 신법 적용

③ 불합격처분

- 시험에 따른 합격 또는 불합격처분은 원칙상 시험일자의 법령을 적용

주제 38 행정법의 법원

1 성문법원

① 헌법

- 국가의 최고법 : 헌법에 위반되는 모든 국가작용은 위헌무효

- 헌법합치적 해석 : 헌법에 합치되는지 불명확 ➡ 합치되는 해석 가능하면 합치되는 해석(∵ 법적 안정성)
  - 상위법령합치적 해석 : 상위법령에 합치되는 해석 가능하면 합치되도록 해석

② 법률

- 국회에서 제정한 형식적 의미의 법률

- 대통령의 긴급명령, 긴급재정·경제명령 ➡ 법률과 동일한 효력(헌법 제76조)

- 법률 간 충돌 시 우선순위 : 상위법우선, 특별법우선, 신법우선(특별법 우선 > 신법 우선)

③ 명령

- 법규명령 : 법원(法源) ○ ➡ 법원의 재판규범 ○
- 행정규칙 : 법원(法源) × ➡ 법원의 재판규범 ×

④ 자치법규(조례와 규칙)

- 조례(지방의회 제정), 규칙(지방자치단체의 장 또는 교육감 제정)

- 조례 > 규칙

- 광역지자체의 규칙 > 기초지자체의 조례

⑤ 국제법

- 조약
  - 명칭을 불문하고, 국가 간 또는 국가와 국제기구 간 체결된 구속력 있는 합의

- 구속력 없는 경우 ➡ 조약 ×(ex 남북기본합의서)
- 국회의 동의를 요하는 조약, 요하지 않는 조약

• 일반적으로 승인된 국제법규(국제관습법)

• 국제법의 효력
 - 국회의 동의를 요하지 않는 조약 : 명령과 동일
 - 국회의 동의를 요하는 조약 및 국제관습법 : 법률과 동일
  ➡ 조례가 법률의 효력을 갖는 조약에 위반되면 무효임(ex GATT협정 사례)

• 사인이 조약 위반을 이유로 타국 정부를 상대로 국내 법원에 취소소송 제기 ×(ex WTO 협정 사례)

2 불문법원

① 관습법

• 행정법 영역의 거듭된 관행이 사회의 법적 확신을 얻어 법적 규범으로 승인된 것

• 요건 : 반복된 관행, 법적 확신, 헌법 등 전체 법질서에 위반 ×

• 행정선례법(행정청의 선례가 관습법화 된 것) ➡ 명문의 규정 있는 경우 ○ (ex 국세기본법, 행정절차법)

• 비과세관행의 성립 요건
 - 객관적 : 상당한 기간 과세 ×
 - 주관적 : 과세할 수 있음을 알면서도 특별한 사정으로 인해 과세하지 않는 명시적·묵시적 의사
  ➡ 단순한 과세 누락만으로는 비과세관행 성립 ×
 - 수출확대라는 공익상 필요에서 과세할 수 있는 사정을 알면서도 4년 간 과세 × ➡ 비과세관행 성립 ○

• 민중적 관습법(국민들의 일정한 관행이 관습법화 된 것) ➡ 명문의 규정 있는 경우 ○ (ex 수산업법)

• 효력 : 보충적 효력 ➡ 성문법의 공백을 보충하는 한도에서만 효력(성문법의 효력을 개폐하는 효력 ×)

• 관습헌법 사건
 - '대한민국의 수도는 서울이다.'라는 사실은 관습헌법
 - 관습헌법은 성문헌법과 동일한 효력 ➡ 수도이전을 규정한 법률 : 위헌
 - 관습헌법 개정 ➡ 성문헌법 개정의 방법에 의함(헌법에 새로운 규정을 추가하는 방식)

② **판례법**

- **영미법**: 선례 구속의 원칙 ○ ➡ 상급법원의 판결은 동종사건에 있어서 하급심 구속 ○

- **대륙법**: 선례 구속의 원칙 × ➡ 상급법원의 판결이 동종사건에 있어서 하급심 구속 ×

- **우리나라**: 판례의 법원성 ×
  - 동종사건에 있어서 대법원 판례 존중 ○, But 하급심 법원이 대법원 판례에 구속되는 것 ×

- 헌법재판소의 위헌결정 ➡ 법원성 ○(헌법재판소법 제47조 제1항)

- 헌법재판소의 법률 해석 ➡ 법원은 구속 ×(∵ 법령의 해석·적용 권한은 오직 법원에 전속)

③ **조리**

- 사회통념상 일반적으로 인정될 수 있는 사물의 본질적 법칙(ex 정의, 형평, 공평 등)

- 최종적이고 보충적인 법원이 됨

기출 ○× Check

0752 국가가 국민의 생명·신체의 안전에 대한 보호의무를 다하지 않았는지 여부를 헌법재판소가 심사할 때에는 국가가 이를 보호하기 위하여 적어도 적절하고 효율적인 최소한의 보호조치를 취하였는가 하는 '과소보호 금지원칙'의 위반 여부를 기준으로 삼는다. 21. 국가 (   )

0753 헌법재판소는 대통령의 해외파병 결정은 국방 및 외교와 관련된 고도의 정치적 결단을 요하는 문제로서 헌법과 법률이 정한 절차를 지켜 이루어진 것이 명백한 이상 사법적 기준만으로 이를 심판하는 것은 자제되어야 한다고 판시하였다. 15. 국가 (   )

0754 대통령의 특별사면은 통치행위에 해당한다. 16. 교행 (   )

0755 대통령의 긴급재정경제명령은 고도의 정치적 결단에 의하여 발동되는 이른바 통치행위에 속하지만 그것이 국민의 기본권 침해와 직접 관련되는 경우에는 헌법재판소의 심판대상이 된다. 15. 국가 (   )

0756 남북정상회담 개최는 고도의 정치적 성격을 지니고 있는 행위로서 사법심사의 대상으로 하는 것은 적절치 못하므로 그 개최과정에서 당국에 신고하지 아니하거나 승인을 얻지 아니한 채 북한 측에 송금한 행위는 사법심사의 대상이 되지 않는다. 15. 국가 (   )

정답 & ○× 풀이

0752 ○ 헌법재판소는 권력분립의 관점에서 소위 <u>과소보호금지원칙</u>을, 즉 국가가 국민의 법익보호를 위하여 적어도 적절하고 효율적인 <u>최소한의 보호조치를 취했는가를 기준</u>으로 심사하게 된다. 헌법재판소 1997. 1. 16. 선고 90헌마110 결정

0753 ○ 외국에의 국군의 파견결정은 파견군인의 생명과 신체의 안전뿐만 아니라 국제사회에서의 우리나라의 지위와 역할, 동맹국과의 관계, 국가안보문제 등 궁극적으로 국민 내지 국익에 영향을 미치는 복잡하고도 중요한 문제로서 국내 및 국제정치관계 등 제반상황을 고려하여 미래를 예측하고 목표를 설정하는 등 <u>고도의 정치적 결단이 요구되는 사안이므로 사법심사의 대상이 되지 아니한다</u>. 헌법재판소 2004. 4. 29. 선고 2003헌마814 결정

0754 ○ <u>사면</u>은 형의 선고의 효력 또는 공소권을 상실시키거나, 형의 집행을 면제시키는 <u>국가원수의 고유한 권한</u>을 의미하며, 사법부의 판단을 변경하는 제도로서 <u>권력분립의 원리에 대한 예외</u>가 된다(주 : 통치행위로서 사법심사가 부인된다는 의미). 헌법재판소 2000. 6. 1. 선고 97헌바74 결정

0755 ○ <u>비록 고도의 정치적 결단에 의하여 행해지는 국가작용이라고 할지라도 그것이 국민의 기본권 침해와 직접 관련되는 경우에는 당연히 헌법재판소의 심판대상이 될 수 있는 것일 뿐만 아니라</u>, <u>긴급재정경제명령</u>은 법률의 효력을 갖는 것이므로 <u>마땅히 헌법에 기속되어야 할 것이다</u>(주 : 긴급재정경제명령도 국민의 기본권 침해와 직접 관련되는 경우 사법심사의 대상이 된다는 의미). 헌법재판소 1996. 2. 29. 선고 93헌마186 결정

0756 × <u>남북정상회담의 개최과정에서</u> 재정경제부장관에게 신고하지 아니하거나 통일부장관의 협력사업 승인을 얻지 아니한 채 <u>북한 측에 사업권의 대가 명목으로 송금한 행위 자체</u>는 헌법상 법치국가의 원리와 법 앞에 평등원칙 등에 비추어 볼 때 <u>사법심사의 대상이 된다</u>. 대법원 2004. 3. 26. 선고 2003도7878 판결

0757 비상계엄의 선포와 그 확대행위가 국헌문란의 목적을 달성하기 위하여 행하여진 경우에는 법원은 그 자체가 범죄행위에 해당하는지의 여부에 관하여 심사할 수 있다. 15. 국가 (   )

0758 신행정수도건설이나 수도이전문제는 그 자체로 고도의 정치적 결단을 요하므로 사법심사의 대상에서 제외되고, 그것이 국민의 기본권 침해와 관련되는 경우에도 헌법재판소의 심판대상이 될 수 없다. 17. 지방 (   )

0759 유신헌법에 의한 대통령의 긴급조치 제1호는 사법심사의 대상에서 배제되는 통치행위에 해당한다.

17. 소방간부 (   )

0760 서훈취소는 대통령이 국가원수로서 행하는 행위이지만 통치행위는 아니다. 23. 국가 (   )

0761 한미연합 군사훈련의 일종인 2007년 전시증원연습을 하기로 한 대통령의 결정은 사법심사를 자제해야 하는 통치행위가 아니다. 20. 소방간부 (   )

0762 통치행위의 개념을 인정한다고 하더라도 과도한 사법심사의 자제가 기본권을 보장하고 법치주의 이념을 구현하여야 할 법원의 책무를 태만히 하거나 포기하는 것이 되지 않도록 그 인정을 지극히 신중하게 하여야 하며, 그 판단은 오로지 사법부만에 의하여 이루어져야 한다. 13. 지방 (   )

0763 대통령령, 총리령 및 부령은 특별한 규정이 없으면 공포한 날부터 20일이 경과함으로써 효력을 발생한다.

14. 국가 (   )

0764 국민의 권리 제한 또는 의무 부과와 직접 관련되는 법령은 긴급히 시행하여야 할 특별한 사유가 있는 경우를 제외하고는 공포일부터 적어도 30일이 경과한 날부터 시행되도록 하여야 한다. 15. 지방 (   )

0765 헌법개정·법률·조약·대통령령·총리령 및 부령의 공포는 관보에 게재함으로써 한다. 21. 지방 (   )

0766 「국회법」에 따라 하는 국회의장의 법률 공포는 서울특별시에서 발행되는 둘 이상의 일간신문에 게재함으로써 한다. 21. 지방 (   )

0767 지방자치단체의 장에 의한 조례와 규칙의 공포는 해당 지방자치단체의 공보에 게재하는 방법으로 한다.

15. 지방 (   )

0768 지방자치단체의 조례와 규칙을 지방의회의 의장이 공포하는 경우에는 일간신문에 게재함과 동시에 해당 지방자치단체의 인터넷 홈페이지에 게시하여야 한다. 15. 지방 (   )

0769 법령의 공포일은 해당 법령을 게재한 관보 또는 신문이 발행된 날로 한다. 21. 지방 (   )

0770 관보의 내용 해석 및 적용 시기 등에 대하여 종이관보가 전자관보보다 우선적 효력을 가진다. 21. 지방 (   )

0757 ○ 비상계엄의 선포나 확대가 국헌문란의 목적을 달성하기 위하여 행하여진 경우에는 법원은 그 자체가 범죄행위에 해당하는지의 여부에 관하여 심사할 수 있다. 대법원 1997. 4. 17. 선고 96도3376 판결

0758 × 신행정수도건설이나 수도이전의 문제가 정치적 성격을 가지고 있는 것은 인정할 수 있지만, 그 자체로 고도의 정치적 결단을 요하여 사법심사의 대상으로 하기에는 부적절한 문제라고까지는 할 수 없다. 다만, 이 사건 법률의 위헌여부를 판단하기 위한 선결문제로서 신행정수도건설이나 수도이전의 문제를 국민투표에 붙일지 여부에 관한 대통령의 의사결정이 사법심사의 대상이 될 경우 위 의사결정은 고도의 정치적 결단을 요하는 문제여서 사법심사를 자제함이 바람직하다고는 할 수 있다. 그러나 대통령의 위 의사결정이 국민의 기본권침해와 직접 관련되는 경우에는 헌법재판소의 심판대상이 될 수 있고, 이에 따라 위 의사결정과 관련된 법률도 헌법재판소의 심판대상이 될 수 있다. 헌법재판소 2004. 10. 21. 선고 2004헌마554·566 결정

0759 × 법치주의의 원칙상 통치행위라 하더라도 헌법과 법률에 근거하여야 하고 그에 위배되어서는 아니된다. 더욱이 유신헌법 제53조에 근거한 긴급조치 제1호는 국민의 기본권에 대한 제한과 관련된 조치로서 형벌법규와 국가형벌권의 행사에 관한 규정을 포함하고 있다. 그러므로 기본권 보장의 최후 보루인 법원으로서는 마땅히 긴급조치 제1호에 규정된 형벌법규에 대하여 사법심사권을 행사함으로써, 대통령의 긴급조치권 행사로 인하여 국민의 기본권이 침해되고 나아가 우리나라 헌법의 근본이념인 자유민주적 기본질서가 부정되는 사태가 발생하지 않도록 그 책무를 다하여야 할 것이다. 대법원 2010. 12. 16. 선고 2010도5986 판결

0760 ○ 비록 서훈취소가 대통령이 국가원수로서 행하는 행위라고 하더라도 법원이 사법심사를 자제하여야 할 고도의 정치성을 띤 행위라고 볼 수는 없다. 대법원 2015. 4. 23. 선고 2012두26920 판결

0761 ○ 한미연합 군사훈련은 1978. 한미연합사령부의 창설 및 1979. 2. 15. 한미연합연습 양해각서의 체결 이후 연례적으로 실시되어 왔고, 특히 이 사건 연습은 대표적인 한미연합 군사훈련으로서, 피청구인이 2007. 3.경에 한 이 사건 연습결정이 새삼 국방에 관련되는 고도의 정치적 결단에 해당하여 사법심사를 자제하여야 하는 통치행위에 해당된다고 보기 어렵다. 헌법재판소 2009. 5. 28. 선고 2007헌마369 결정

0762 ○ 고도의 정치성을 띤 국가행위에 대하여는 이른바 통치행위라 하여 법원 스스로 사법심사권의 행사를 억제하여 그 심사대상에서 제외하는 영역이 있으나, 이와 같이 통치행위의 개념을 인정한다고 하더라도 과도한 사법심사의 자제가 기본권을 보장하고 법치주의 이념을 구현하여야 할 법원의 책무를 태만히 하거나 포기하는 것이 되지 않도록 그 인정을 지극히 신중하게 하여야 하며, 그 판단은 오로지 사법부만에 의하여 이루어져야 한다. 대법원 2004. 3. 26. 선고 2003도7878 판결

0763 ○ 법령공포법 제13조(시행일) 대통령령, 총리령 및 부령은 특별한 규정이 없으면 공포한 날부터 20일이 경과함으로써 효력을 발생한다.

0764 ○ 법령공포법 제13조의2(법령의 시행유예기간) 국민의 권리 제한 또는 의무 부과와 직접 관련되는 법률, 대통령령, 총리령 및 부령은 긴급히 시행하여야 할 특별한 사유가 있는 경우를 제외하고는 공포일부터 적어도 30일이 경과한 날부터 시행되도록 하여야 한다.

0765 ○ 법령공포법 제11조(공포 및 공고의 절차) ① 헌법개정·법률·조약·대통령령·총리령 및 부령의 공포와 헌법개정안·예산 및 예산 외 국고부담계약의 공고는 관보에 게재함으로써 한다.

0766 ○ 법령공포법 제11조(공포 및 공고의 절차) ②「국회법」제98조 제3항 전단에 따라 하는 국회의장의 법률 공포는 서울특별시에서 발행되는 둘 이상의 일간신문에 게재함으로써 한다.

0767 ○ 지방자치법 제33조(조례와 규칙의 공포 방법 등) ① 조례와 규칙의 공포는 해당 지방자치단체의 공보에 게재하는 방법으로 한다. 다만, 제32조 제6항 후단에 따라 지방의회의 의장이 조례를 공포하는 경우에는 공보나 일간신문에 게재하거나 게시판에 게시한다.

0768 × 지방자치법 제33조(조례와 규칙의 공포 방법 등) ① 조례와 규칙의 공포는 해당 지방자치단체의 공보에 게재하는 방법으로 한다. 다만, 제32조 제6항 후단에 따라 지방의회의 의장이 조례를 공포하는 경우에는 공보나 일간신문에 게재하거나 게시판에 게시한다.

0769 ○ 법령공포법 제12조(공포일·공고일) 제11조의 법령 등의 공포일 또는 공고일은 해당 법령 등을 게재한 관보 또는 신문이 발행된 날로 한다.

0770 × 법령공포법 제11조(공포 및 공고의 절차) ④ 관보의 내용 해석 및 적용 시기 등에 대하여 종이관보와 전자관보는 동일한 효력을 가진다.

0771 법령등의 시행일을 정하거나 계산할 때에는 법령등을 공포한 날부터 시행하는 경우 공포한 날을 시행일로 한다.
23. 소방간부 (   )

0772 법령등의 시행일을 정하거나 계산할 때에는 법령등을 공포한 날부터 일정 기간이 경과한 날부터 시행하는 경우 법령등을 공포한 날을 첫날에 산입하지 아니한다. 23. 소방간부 (   )

0773 경과규정 등의 특별규정 없이 법령이 변경된 경우, 그 변경 전에 발생한 사항에 대하여 적용할 법령은 개정 후의 신법령이다. 14. 국가 (   )

0774 새로운 법령등은 법령등에 특별한 규정이 있는 경우를 제외하고는 그 법령등의 효력 발생 전에 완성되거나 종결된 사실관계 또는 법률관계에 대해서는 적용되지 아니한다. 21. 지방 7급 (   )

0775 신뢰보호의 요청에 우선하는 심히 중대한 공익상의 사유가 소급입법을 정당화하는 경우 등에는 예외적으로 진정소급입법이 허용된다. 14. 국가 (   )

0776 법령을 소급적용하더라도 일반 국민의 이해에 직접 관계가 없는 경우, 오히려 그 이익을 증진시키는 경우, 불이익이나 고통을 제거하는 경우에도 법령의 소급적용은 허용되지 않는다. 12. 지방 (   )

0777 수강신청 후에 징계요건을 완화하는 학칙개정이 이루어지고 이어 시험이 실시되어 그 개정학칙에 따라 대학이 성적 불량을 이유로 학생에 대하여 징계처분을 한 경우라면 이는 이른바 부진정소급효에 관한 것으로서 특별한 사정이 없는 한 위법이라고 할 수 없다. 22. 국가 (   )

0778 신법의 효력발생일까지 진행 중인 사건에 대하여 신법을 적용하는 것은 법률의 소급적용에 해당하므로 원칙적으로 허용될 수 없다. 23. 국가 7급 (   )

0779 개정 법령이 기존의 사실 또는 법률관계를 적용대상으로 하면서 국민의 재산권과 관련하여 종전보다 불리한 법률효과를 규정하고 있는 경우, 그러한 사실 또는 법률관계가 개정 법률이 시행되기 이전에 이미 완성 또는 종결된 것이 아니라면 소급입법금지원칙에 위반된다. 21. 국가 (   )

0780 장해급여 지급을 위한 장해등급 결정과 같이 행정청이 확정된 법률관계를 확인하는 처분을 하는 경우에는 처분 시 법령을 적용하여야 한다. 14. 지방 7급 (   )

0781 법령위반 행위가 2022년 3월 23일 있은 후 법령이 개정되어 그 위반행위에 대한 제재처분 기준이 감경된 경우, 특별한 규정이 없다면 해당 제재처분에 대해서는 개정된 법령을 적용한다. 22. 국가 7급 (   )

0771 **O** 행정기본법 제7조(법령등 시행일의 기간 계산) 법령등(훈령·예규·고시·지침 등을 포함한다. 이하 이 조에서 같다)의 시행일을 정하거나 계산할 때에는 다음 각 호의 기준에 따른다.
1. 법령등을 공포한 날부터 시행하는 경우에는 공포한 날을 시행일로 한다.

0772 **O** 행정기본법 제7조(법령등 시행일의 기간 계산) 법령등(훈령·예규·고시·지침 등을 포함한다. 이하 이 조에서 같다)의 시행일을 정하거나 계산할 때에는 다음 각 호의 기준에 따른다.
2. 법령등을 공포한 날부터 일정 기간이 경과한 날부터 시행하는 경우 법령등을 공포한 날을 첫날에 산입하지 아니한다.

0773 **X** 법령이 변경된 경우 신 법령이 피적용자에게 유리하여 이를 적용하도록 하는 경과규정을 두는 등의 특별한 규정이 없는 한 헌법 제13조 등의 규정에 비추어 볼 때 그 변경 전에 발생한 사항에 대하여는 변경 후의 신 법령이 아니라 변경 전의 구 법령이 적용되어야 한다. 대법원 2002. 12. 10. 선고 2001두3228 판결

0774 **O** 행정기본법 제14조(법 적용의 기준) ① 새로운 법령등은 법령등에 특별한 규정이 있는 경우를 제외하고는 그 법령등의 효력 발생 전에 완성되거나 종결된 사실관계 또는 법률관계에 대해서는 적용되지 아니한다.

0775 **O** 기존의 법에 의하여 형성되어 이미 굳어진 개인의 법적 지위를 사후입법을 통하여 박탈하는 것 등을 내용으로 하는 진정소급입법은 개인의 신뢰보호와 법적안정성을 내용을 하는 법치국가원리에 의하여 특단의 사정이 없는 한 헌법적으로 허용되지 아니하는 것이 원칙이며, 진정소급입법이 허용되는 예외적인 경우로는 일반적으로 국민이 소급입법을 예상할 수 있었거나 법적상태가 불확실하고 혼란스러웠거나 하여 보호할만한 신뢰의 이익이 적은 경우와 소급입법에 의한 당사자의 손실이 없거나 아주 경미한 경우, 그리고 신뢰보호의 요청에 우선하는 심히 중대한 공익상의 사유가 소급입법을 정당화하는 경우 등을 들 수 있다. 헌법재판소 1998. 9. 30. 선고 97헌바38 결정

0776 **X** 법령의 소급적용, 특히 행정법규의 소급적용은 일반적으로는 법치주의의 원리에 반하고, 개인의 권리·자유에 부당한 침해를 가하며, 법률생활의 안정을 위협하는 것이어서, 이를 인정하지 않는 것이 원칙이고(법률불소급의 원칙 또는 행정법규불소급의 원칙), 다만 법령을 소급적용하더라도 일반 국민의 이해에 직접 관계가 없는 경우, 오히려 그 이익을 증진하는 경우, 불이익이나 고통을 제거하는 경우 등의 특별한 사정이 있는 경우에 한하여 예외적으로 법령의 소급적용이 허용된다. 대법원 2005. 5. 13. 선고 2004다8630 판결

0777 **O** 소급효는 이미 과거에 완성된 사실관계를 규율의 대상으로 하는 이른바 진정소급효와 과거에 시작하였으나 아직 완성되지 아니하고 진행과정에 있는 사실관계를 규율대상으로 하는 이른바 부진정소급효를 상정할 수 있는 바, 대학이 성적불량을 이유로 학생에 대하여 징계처분을 하는 경우에 있어서 수강신청이 있은 후 징계요건을 완화하는 학칙개정이 이루어지고 이어 당해 시험이 실시되어 그 개정학칙에 따라 징계처분을 한 경우라면 이는 이른바 부진정소급효에 관한 것으로서 구 학칙의 존속에 관한 학생의 신뢰보호가 대학당국의 학칙개정의 목적달성보다 더 중요하다고 인정되는 특별한 사정이 없는 한 위법이라고 할 수 없다. 대법원 1989. 7. 11. 선고 87누1123 판결

0778 **X** 신법의 효력발생일 당시 종결되거나 완성되지 아니한 채 진행 중인 사건에 대하여 신법을 적용하는 것은 이른바 '부진정 소급적용'에 해당하므로, 진정 소급적용의 경우와 달리 원칙적으로 허용된다.

0779 **X** 개정 법령이 기존의 사실 또는 법률관계를 적용대상으로 하면서 국민의 재산권과 관련하여 종전보다 불리한 법률효과를 규정하고 있는 경우에도 그러한 사실 또는 법률관계가 개정법령이 시행되기 이전에 이미 완성 또는 종결된 것이 아니라면(주: 부진정소급입법이라는 의미) 이를 헌법상 금지되는 소급입법에 의한 재산권 침해라고 할 수는 없으며, 그러한 개정 법령의 적용과 관련하여서는 개정 전 법령의 존속에 대한 국민의 신뢰가 개정 법령의 적용에 관한 공익상의 요구보다 더 보호가치가 있다고 인정되는 경우에 그러한 국민의 신뢰를 보호하기 위하여 그 적용이 제한될 수 있는 여지가 있을 따름이다. 대법원 2009. 9. 10. 선고 2008두9324 판결

0780 **X** 산업재해보상보험법상 장해급여 지급을 위한 장해등급 결정 역시 장해급여 지급청구권을 취득할 당시, 즉 그 지급사유 발생 당시의 법령에 따르는 것이 원칙이다(주 : 확인적 행정행위의 경우 다른 일반적인 행정행위의 경우와는 달리 처분시(확인시)가 아닌 확인의 대상이 되는 당해 법률관계의 확정시 시행 중인 법령을 적용해야 함). 대법원 2007. 2. 22. 선고 2004두12957 판결

0781 **O** 행정기본법 제14조(법 적용의 기준) ③ 법령등을 위반한 행위의 성립과 이에 대한 제재처분은 법령등에 특별한 규정이 있는 경우를 제외하고는 법령등을 위반한 행위 당시의 법령등에 따른다. 다만, 법령등을 위반한 행위 후 법령등의 변경에 의하여 그 행위가 법령등을 위반한 행위에 해당하지 아니하거나 제재처분 기준이 가벼워진 경우로서 해당 법령등에 특별한 규정이 없는 경우에는 변경된 법령등을 적용한다.

0782 헌법에 의하여 체결·공포된 조약과 일반적으로 승인된 국제법규는 국내법과 동일한 효력을 갖는다.
11. 지방 (　　)

0783 학교급식을 위해 국내 우수농산물을 사용하는 자에게 식재료나 구입비의 일부를 지원하는 것 등을 내용으로 하는 지방자치단체의 조례안이 '1994년 관세 및 무역에 관한 일반협정'을 위반하여 위법한 이상, 그 조례안은 효력이 없다. 20. 국가 (　　)

0784 사인(私人)은 반덤핑부과처분이 세계무역기구(WTO) 협정위반이라는 이유로 직접 국내 법원에 회원국 정부를 상대로 그 처분의 취소를 구하는 소를 제기할 수 있다. 11. 지방 (　　)

0785 비과세관행의 성립을 위해서는 과세관청 스스로 과세할 수 있음을 알면서도 어떤 특별한 사정 때문에 과세하지 않는다는 의사가 있고, 이와 같은 의사는 명시적 또는 묵시적으로 표시되어야 한다. 13. 국가 7급 (　　)

0786 면허세의 근거법령이 제정되어 폐지될 때까지의 4년 동안 과세관청이 면허세를 부과할 수 있음을 알면서도 수출확대라는 공익상 필요에서 한 건도 부과한 일이 없었다면 비과세의 관행이 이루어졌다고 보아도 무방하다.
20. 지방 7급 (　　)

0787 헌법재판소는 「신행정수도의 건설을 위한 특별조치법」의 위헌확인사건에서 관습헌법은 성문헌법과 같은 헌법개정절차를 통해서 개정될 수 있다고 판시하였다. 12. 지방 (　　)

0788 헌법재판소가 법률의 위헌 여부를 판단하기 위하여 한 법률해석에 대법원이나 각급 법원이 구속되는 것은 아니다. 10. 국가 (　　)

0782 ○ 헌법 제6조 ① 헌법에 의하여 체결·공포된 조약과 일반적으로 승인된 국제법규는 국내법과 같은 효력을 가진다.

0783 ○ 지방자치단체가 제정한 조례가 '1994년 관세 및 무역에 관한 일반협정'(General Agreement on Tariffs and Trade 1994)이나 '정부조달에 관한 협정'(Agreement on Government Procurement)에 위반되는 경우, 그 조례는 무효이다. 대법원 2005. 9. 9. 선고 2004추10 판결

0784 ✕ WTO 협정은 국가와 국가 사이의 권리·의무관계를 설정하는 국제협정으로, 그 내용 및 성질에 비추어 이와 관련한 법적 분쟁은 위 WTO 분쟁해결기구에서 해결하는 것이 원칙이고, 사인에 대하여는 위 협정의 직접 효력이 미치지 아니한다고 보아야 할 것이므로, 위 협정에 따른 회원국 정부의 반덤핑부과처분이 WTO 협정위반이라는 이유만으로 사인이 직접 국내 법원에 회원국 정부를 상대로 그 처분의 취소를 구하는 소를 제기하거나 위 협정위반을 처분의 독립된 취소사유로 주장할 수는 없다. 대법원 2009. 1. 30. 선고 2008두17936 판결

0785 ○ 국세기본법 제18조 제3항에 규정된 비과세관행이 성립하려면, 상당한 기간에 걸쳐 과세를 하지 아니한 객관적 사실이 존재할 뿐만 아니라, 과세관청 자신이 그 사항에 관하여 과세할 수 있음을 알면서도 어떤 특별한 사정 때문에 과세하지 않는다는 의사가 있어야 하며, 위와 같은 공적 견해나 의사는 명시적 또는 묵시적으로 표시되어야 하지만 묵시적 표시가 있다고 하기 위하여는 단순한 과세누락과는 달리 과세관청이 상당기간의 불과세 상태에 대하여 과세하지 않겠다는 의사표시를 한 것으로 볼 수 있는 사정이 있어야 한다. 대법원 2003. 9. 5. 선고 2001두7855 판결

0786 ○ 국세기본법 제18조 제2항의 규정은 납세자의 권리보호와 과세관청에 대한 납세자의 신뢰보호에 그 목적이 있는 것이므로 이 사건 보세운송면허세의 부과근거이던 지방세법시행령이 1973.10.1 제정되어 1977.9.20에 폐지될때까지 4년 동안 그 면허세를 부과할 수 있는 점을 알면서도 피고가 수출확대라는 공익상 필요에서 한 건도 이를 부과한 일이 없었다면 납세자인 원고는 그것을 믿을 수 밖에 없고 그로써 비과세의 관행이 이루어졌다고 보아도 무방하다. 대법원 1980. 6. 10. 선고 80누6 전원합의체 판결

0787 ○ 우리나라의 수도가 서울이라는 점에 대한 관습헌법을 폐지하기 위해서는 헌법이 정한 절차에 따른 헌법개정이 이루어져야 한다. 이 경우 성문의 조항과 다른 것은 성문의 수도조항이 존재한다면 이를 삭제하는 내용의 개정이 필요하겠지만 관습헌법은 이에 반하는 내용의 새로운 수도설정조항을 헌법에 넣는 것만으로 그 폐지가 이루어지는 점에 있다. 헌법재판소 2004. 10. 21. 선고 2004헌마554·566(병합) 전원재판부

0788 ○ 합헌적 법률해석을 포함하는 법령의 해석·적용 권한은 대법원을 최고법원으로 하는 법원에 전속하는 것이며, 헌법재판소가 법률의 위헌 여부를 판단하기 위하여 불가피하게 법원의 최종적인 법률해석에 앞서 법령을 해석하거나 그 적용 범위를 판단하더라도 헌법재판소의 법률해석에 대법원이나 각급 법원이 구속되는 것은 아니다. 대법원 2009. 2. 12. 선고 2004두10289 판결

행정법의 일반원칙

쟁점 MAP

행정법의 일반원칙 ─ 행정법의 모든 분야에 적용되는 보편타당한 법원칙

─ 종래 행정법의 불문법원으로 기능 ➡ 행정기본법 제정에 따라 성문화

─ 헌법적 효력을 갖는 원칙 ➡ 위반하는 행정작용은 위헌·위법(∴ 재량권 행사를 통제하는 원칙으로 기능함)

---

1 비례의 원칙

행정기본법 제10조(비례의 원칙) 행정작용은 다음 각 호의 원칙에 따라야 한다.
1. 행정목적을 달성하는 데 유효하고 적절할 것
2. 행정목적을 달성하는 데 <u>필요한 최소한도</u>에 그칠 것
3. 행정작용으로 인한 국민의 이익 침해가 그 행정작용이 의도하는 공익보다 크지 아니할 것

• 행정의 목적 실현과 그 수단 사이에 합리적인 비례성이 유지되어야 한다는 원칙(과잉금지의 원칙)

• (목적의 정당성) ➡ 수단의 적합성 ➡ 침해의 최소성 ➡ 협의의 비례성(균형성)

비례 원칙 위반 ○	• 청소년유해매체물인 것을 모르고 대여한 도서대여업자에 대해 과징금 700만원을 부과 • 임의적 규정으로 목적 실현이 가능한 상황임에도 필요적 규정을 둔 경우 • '자동차를 이용하여 범죄행위를 한 때'를 필요적 면허취소사유로 규정한 사례 • 당직근무 대기 중 25분간 돈을 걸지 않고 화투를 한 공무원에 대한 파면처분 • 공무원이 1회 훈령에 위반하여 요정에 출입을 한 것에 대해 파면처분 • 도로교통법 제44조 제1항(음주운전 금지)을 2회 이상 위반한 사람에 대하여 2년 이상 5년 이하의 징역이나 1천만원 이상 2천만원 이하의 벌금에 처하도록 한 도로교통법 • 음주운전 금지규정 위반 또는 음주측정거부 전력이 있는 사람이 다시 음주운전 금지규정 위반행위를 한 경우 또는 음주운전 금지규정 위반 전력이 있는 사람이 다시 음주측정거부행위를 한 경우를 가중처벌하는 도로교통법
비례 원칙 위반 ×	• 3회 음주운전 시 가중처벌 하도록 도로교통법을 개정함에 있어서 '3회 음주운전'에 법 개정 전 음주운전 전과를 포함하는 것으로 해석하는 것 • 음주측정 요구 거부를 필요적 면허취소사유로 규정한 것 • 사법시험 제2차 시험에서 과락 제도를 정한 것 • 옥외집회에 대해 사전신고의무를 규정한 것

2 **신뢰보호의 원칙**

① 의의

- 행정기본법 제12조(신뢰보호의 원칙) ① 행정청은 공익 또는 제3자의 이익을 현저히 해칠 우려가 있는 경우를 제외하고는 행정에 대한 국민의 정당하고 합리적인 신뢰를 보호하여야 한다.

- 선행 행정작용을 신뢰한 국민의 신뢰이익을 후행 행정작용으로써 침해해서는 안 된다는 원칙

- 이론적 근거 : 법치주의(법적 안정성)

- 국세기본법, 행정절차법 등 개별법에 명문의 규정 두고 있는 경우 있음

② 요건

(1) 공적견해의 표명(행정청의 선행조치)

- 선행조치의 범위 : 행정청의 일체의 행위
  - 법적행위·사실행위, 명시적·묵시적, 적극적·소극적 행위 모두 포함(위법한 행위도 포함될 수 있음)

- 선행조치의 기관 : 행정조직상 형식적 기준 ×(권한분장에 구애 ×), 개별 사건에 따라 실질적 판단 ○
  - 처분청이 아닌 보조기관에 불과한 담당공무원의 공적견해표명도 신뢰보호의 대상 ○

공적견해표명 ○	• 도시계획과장 및 국장이 사업부지에 편입된 토지에 대해 완충녹지지정해제 및 환매를 약속한 사례 • 종교법인이 토지거래계약허가를 받으면서 답인 토지에 대해 종교회관 건립이 허용된다고 확답받은 사례 • 취득세 등이 면제되는 기술진흥단체인지 여부에 관한 질의에 대해 건설교통부 및 내무부 장관이 비과세 의견으로 회신한 사례 • 사업소세 도입 이래 20년간 비과세 + 유사 사례에서 과세시도를 보면서도 아무런 조치를 취하지 않은 경우 ➡ **비과세관행 성립**
공적견해표명 ×	• 민원인의 추상적인 질의에 대하여 일반론적인 견해를 표명함에 그친 경우 • 헌법재판소의 위헌결정 • 재량준칙의 공표(재량준칙이 반복 적용되어 행정관행이 이루어져야만 신뢰보호 ○) • 병무청 담당부서에 정식으로 서면질의 등을 하지 아니한 채 총무과 민원팀장에 불과한 공무원이 민원봉사차원에서 상담에 응해 안내한 것을 신뢰한 사례 • 민원예비심사에 대하여 관련부서 의견으로 '저촉사항 없음'으로 기재한 사례 • 용도지역을 자역녹지지역으로 결정하였다가 다시 보전녹지지역으로 지정하는 도시계획변경 • 면세사업자등록증을 교부하고 수년간 면세사업자로서 한 부가가치세 예정 및 확정신고를 받은 사례 • 폐기물처리업 사업계획에 대한 적정통보 ➡ **토지형질변경(국토이용계획변경) 승인 표명 ×** • 입법예고 하였으나 법령으로 확정되지 않은 경우 • 콘도미니엄 신축을 위한 교육환경평가승인신청에 대해 교육장이 '금지행위 및 금지시설은 아니나 민원에 대한 구체적인 예방대책을 제시하기 바람'이라고 회신한 사례 • 고등훈련기 양산참여권의 포기대가와 관련하여 국내에서 세금이 면제될 수 있도록 협조를 구하는 국방부장관의 질의에 대하여 답변한 재정경제부장관의 검토의견

(2) 보호가치 있는 신뢰의 존재(상대방에게 귀책사유 없을 것)

- 부정한 방법에 따른 선행조치 or 선행조치의 하자에 대한 악의·중과실 ➡ 귀책사유 ○

- 귀책사유 판단 기준: 선행조치의 직접 상대방 + 신청행위를 수임 받은 수임인 등 관계자 모두

- 국가에 의해 유인된 신뢰: 원칙적으로 신뢰보호 ○

(3) 그 밖의 요건

- 신뢰에 따른 사인의 조치

- 선행조치에 반하는 내용의 후행조치

- 선행조치를 유지하는 것이 공익 또는 제3자의 이익을 현저히 침해하지 않을 것(이익형량)

신뢰보호원칙위반 ○	• 행정상 착오로 주민등록을 말소한 것을 신뢰하여 만 18세가 될 때까지 별도로 국적이탈신고를 하지 않은 자의 국적이탈신고 반려처분 • 폐기물처리업 사업계획에 대한 적정통보를 받은 자에 대해 '다수 청소업자의 난립으로 인한 효율적 청소업무의 지장'을 이유로 불허가처분 한 사례 • 운전면허취소사유에 해당하는 음주운전을 한 자에 대하여 착오로 운전면허정지처분을 한 후 다시 운전면허취소처분을 한 사례 • 운전면허정지기간 중 운전하다가 적발된 후 3년여가 지난 후에 운전면허취소처분을 한 사례
신뢰보호원칙위반 ✕	• 도시계획변경결정(정구장시설 ➡ 청소년수련시설) • 단순한 착오로 어떠한 처분을 계속한 경우 ➡ 행정관행 성립 ✕ ➡ 오류 변경은 신뢰보호 위반 ✕ • 실제와 다르게 공원의 경계측량 및 표지를 설치한 후 십수년 후 착오를 발견하여 수정한 사례 • 비과세결정의 번복 ➡ 그것만으로 곧바로 신뢰보호 위반한 것이라 할 수 없음 • 지구단위계획을 수립하면서 권장용도를 판매·위락·숙박시설로 결정·고시 ➡ 공익과 무관하게 언제든 숙박시설에 대한 허가 가능하다는 공적견해표명 ✕ • 공장설립 변경승인 및 대기오염배출시설 설치 변경신고 마친 후, 배출검사에서 환경오염물질 검출되자 배출시설 등에 대하여 폐쇄명령을 한 사례 • 교통사고 후 1년 10개월 지난 후 택시운송사업면허를 취소한 사례

③ 한계

- 선행조치의 전제가 된 사실적 · 법률적 상태 변경 ➡ **공적견해표명 당연실효(∴ 신뢰보호 ×)**

- 이익형량 : 후행조치로 달성하려는 공익 또는 제3자의 이익 > 신뢰보호의 이익(사익) ➡ **신뢰보호 ×**
  - 재건축조합의 내부규범 변경 ➡ **변경 통해 달성되는 이익이 구 규범의 존속 신뢰한 이익보다 커야함**

- 무효인 선행조치 ➡ **신뢰보호 ×**
  - 임용 당시 임용결격사유 존재 ➡ 국가의 과실로 임용하였더라도, 임용행위는 당연무효
    ➡ **이후 임용취소(사실의 통지) 하였더라도, 신뢰보호 위반 ×**

④ 실권의 법리

- 행정기본법 제12조(신뢰보호의 원칙) ② 행정청은 권한 행사의 기회가 있음에도 불구하고 장기간 권한을 행사하지 아니하여 국민이 그 권한이 행사되지 아니할 것으로 믿을 만한 정당한 사유가 있는 경우에는 그 권한을 행사해서는 아니 된다. 다만, 공익 또는 제3자의 이익을 현저히 해칠 우려가 있는 경우는 예외로 한다.

- 이론적 근거 : 종래 판례) 신의성실의 원칙 / 통설) 신뢰보호의 원칙

- 행정서사업 허가 받은 후 20년 지나서 허가취소 한 사례 ➡ **실권의 법리 위반 ×**

3 ▎ 평등의 원칙 및 행정의 자기구속의 원칙

① 평등의 원칙

- 행정기본법 제9조(평등의 원칙) 행정청은 합리적 이유 없이 국민을 차별하여서는 아니 된다.

- 행정작용을 할 때 합리적 이유 없이 국민을 차별하면 안 되는 원칙

- 헌법에 명문의 규정 존재

- 합리적 이유 ○ ➡ **차별적 대우 가능(실질적·상대적·비례적 평등)**

- 위법한 행정작용 ➡ **평등 원칙 적용 ×(불법의 평등 ×)**

평등원칙위반 ○	• 지방의회의 출석요구를 받은 증인의 사회적 지위에 따라 과태료 액수에 차등을 둔 조례안 • 청원경찰의 면직처분대상자를 선정함에 있어서 학력을 기준으로 정한 것 • 국·공립학교 채용시험에 있어서 만점의 10%를 가산하도록 한 국가유공자 가산점 제도 • 제대군인 가산점 제도
평등원칙위반 ×	• 같은 정도의 비위를 저지른 자들 간에 개전의 정에 따라 징계 종류·양정을 차별적으로 취급한 것 • 대학에 편입할 수 있는 자격을 '전문대학을 졸업한 자'로 규정한 고등교육법 • 청원경찰의 징계에 관한 규정 형식을 일반 공무원과 다르게 정한 경우 • 연구단지 내 녹지구역에 주유소 설치는 허용하면서 LPG충전소 설치를 금지한 것

② 행정의 자기구속의 원칙

- 동일한 사안에 대해 제3자에게 행한 것과 동일한 결정을 하도록 행정청이 스스로 구속당하는 원칙

- 재량준칙의 반복 적용 ➡ 행정관행 ➡ 자기구속 ○(∵ 신뢰보호 또는 평등의 원칙)
  - 행정선례(행정관행)의 필요 ➡ 재량준칙의 공표만으로는 자기구속의 원칙 ✕

- 위법한 행정선례 ➡ 자기구속 ✕(∵ 불법의 평등은 인정 ✕)

4 부당결부금지의 원칙

① 일반론

- 행정기본법 제13조(부당결부금지의 원칙) 행정청은 행정작용을 할 때 상대방에게 해당 행정작용과 실질적인 관련이 없는 의무를 부과해서는 아니 된다.

- 행정작용을 함에 있어서 그 작용과 실질적 관련성이 없는 의무 등을 결부시켜서는 안 된다는 원칙

- 부당결부금지의 원칙에 위반된 사례
  - 주택사업계획승인을 하면서 부가한 아무런 관련 없는 토지를 기부채납 하도록 하는 부관(취소사유)
  - 도로개설을 위한 사업시행허가에 부가한 기부채납을 이행하지 않았음을 이유로 한 건축물 준공거부

② 여러 운전면허의 취소 · 정지

- 원칙 여러 종류의 운전면허는 서로 별개 ➡ 그 면허만 취소
  - 1종 대형 · 보통면허와 1종 특수면허 사이, 1종 대형 · 보통면허와 2종 소형면허 사이

- 예외 취소 · 정지사유가 여러 면허에 공통되거나 또는 운전자와 관련 ➡ 여러 면허 모두 취소
  - 1종 대형 · 보통 · 원동기장치 자전거 사이

5 신의성실의 원칙

> **행정기본법 제11조(성실의무 및 권한남용금지의 원칙)** ① 행정청은 법령등에 따른 의무를 성실히 수행하여야 한다.
> ② 행정청은 행정권한을 남용하거나 그 권한의 범위를 넘어서는 아니 된다.

- 법률관계의 당사자는 신의에 좇아 성실히 권리를 행사하고 의무를 이행해야 하며, 권리를 남용해서는 안 된다는 원칙

- 행정절차법 등 개별법에 규정 있는 경우 ○

위반 ×	• 임용신청 당시 잘못 기재된 호적상 출생연월일을 생년월일로 기재한 후 36년 동안 아무런 이의 없다가, 정년을 1년 3개월 앞두고 출생연월일 정정 후 정년 연장 요구
위반 ○	• 비영리법인이 재외공무원 자녀들을 위한 기숙사 건물을 신축하며 내무부장관으로부터 '취득세가 면제된다.'라는 회신을 받은 후 약 19년 동안 과세처분이 없다가, 그 후 과세처분 한 사례 • 행정청의 위법한 직업능력개발훈련과정 인정제한처분에 대한 취소판결이 확정된 후, 사업주가 인정제한기간 내 실시한 훈련에 대해 비용지원을 신청한 것에 대한 거부처분 • 근로복지공단의 요양불승인처분에 대한 취소판결 후, 요양으로 인해 취업하지 못한 기간의 휴업급여를 청구한 것에 대하여 공단이 소멸시효를 주장하는 것 • 징계처분에 중대·명백한 하자가 있음을 알면서도 퇴직금을 지급받은 후 5년 이상 징계처분을 다투지 않다가 공소시효가 완성된 후 징계처분을 다투는 경우

기출 OX Check

0789 비례의 원칙은 법치국가원리에서 당연히 파생되는 헌법상의 기본원리이다. 22. 지방 (   )

0790 「도로교통법」 제148조의2 제1항 제1호의 '「도로교통법」 제44조 제1항을 2회 이상 위반한' 것에 구 「도로교통법」 제44조 제1항을 위반한 음주운전 전과도 포함된다고 해석하는 것은 비례원칙에 위반된다. 13. 국가 (   )

0791 행정청은 공익 또는 제3자의 이익을 현저히 해칠 우려가 있는 경우를 제외하고는 행정에 대한 국민의 정당하고 합리적인 신뢰를 보호하여야 한다. 23. 국가 7급 (   )

0792 신뢰보호의 원칙이 적용되기 위한 요건인 행정권의 행사에 관하여 신뢰를 주는 선행조치가 되기 위해서는 반드시 처분청 자신의 적극적인 언동이 있어야만 한다. 20. 지방 (   )

0793 법령이나 비권력적 사실행위인 행정지도 등은 신뢰의 대상이 되는 선행조치에 포함되지 않는다.
19. 국가 7급 (   )

0794 행정청의 공적 견해표명이 있었는지 여부를 판단하는 데 있어 반드시 행정조직상의 형식적인 권한분장에 구애될 것은 아니고 담당자의 조직상의 지위와 임무, 당해 언동을 하게 된 구체적인 경위 및 그에 대한 상대방의 신뢰가능성에 비추어 실질에 의하여 판단하여야 한다. 20. 국가 (   )

0795 과세관청이 질의회신 등을 통하여 어떤 견해를 대외적으로 표명하였더라도 그것이 중요한 사실관계와 법적인 쟁점을 제대로 드러내지 아니한 채 질의한 데 따른 것이라면, 공적인 견해표명에 의하여 정당한 기대를 가지게 할 만한 신뢰가 부여된 경우로 볼 수 없다. 22. 소방 (   )

0796 헌법재판소의 위헌결정은 행정청이 개인에 대하여 신뢰의 대상이 되는 공적인 견해를 표명한 것이라고 할 수 있으므로 그 결정에 관련한 개인의 행위에 대하여는 신뢰보호의 원칙이 적용된다. 19. 지방 (   )

0797 도시계획구역 내 생산녹지로 답(畓)인 토지에 대하여 종교회관 건립을 이용목적으로 하는 토지거래계약의 허가를 받으면서 담당공무원이 관련법규상 허용된다고 하여 이를 신뢰하고 건축준비를 하였으나 그 후 토지형질변경허가신청을 불허가한 것은 신뢰보호의 원칙에 위반된다. 13. 국가 (   )

0798 재량권 행사의 준칙인 행정규칙의 공표만으로 상대방은 보호가치 있는 신뢰를 갖게 되었다고 볼 수 있다.
21. 지방 (   )

0799 병무청 담당부서의 담당공무원에게 공적 견해의 표명을 구하지 아니한 채 민원봉사 담당공무원이 상담에 응하여 안내한 것을 신뢰한 경우에도 신뢰보호의 원칙이 적용된다. 22. 국가 (   )

0800 「개발이익환수에 관한 법률」에 정한 개발사업을 시행하기 전에, 행정청이 민원예비심사로서 관련부서 의견으로 '저촉사항 없음'이라고 기재한 것은 공적인 견해표명에 해당한다. 13. 국가 (   )

0789 ○ 비례의 원칙은 법치국가 원리에서 당연히 파생되는 헌법상의 기본원리로서, 모든 국가작용에 적용된다. 행정목적을 달성하기 위한 수단은 목적달성에 유효·적절하고, 가능한 한 최소침해를 가져오는 것이어야 하며, 아울러 그 수단의 도입에 따른 침해가 의도하는 공익을 능가하여서는 안 된다. 대법원 2019. 7. 11. 선고 2017두38874 판결

0790 ✕ 도로교통법 제148조의2 제1항 제1호는 도로교통법 제44조 제1항(주 : 음주운전 금지 조항)을 2회 이상 위반한 사람으로서 다시 같은 조 제1항을 위반하여 술에 취한 상태에서 자동차 등을 운전한 사람에 대해 1년 이상 3년 이하의 징역이나 500만 원 이상 1,000만 원 이하의 벌금에 처하도록 규정하고 있는데, 도로교통법 제148조의2 제1항 제1호에서 정하고 있는 '도로교통법 제44조 제1항을 2회 이상 위반한'것에 개정된 도로교통법이 시행된 2011. 12. 9. 이전에 구 도로교통법 제44조 제1항을 위반한 음주운전 전과까지 포함되는 것으로 해석하는 것이 형벌불소급의 원칙이나 일사부재리의 원칙 또는 비례의 원칙에 위배된다고 할 수 없다. 대법원 2012. 11. 29. 선고 2012도10269 판결

0791 ○ 행정기본법 제12조(신뢰보호의 원칙) ① 행정청은 공익 또는 제3자의 이익을 현저히 해칠 우려가 있는 경우를 제외하고는 행정에 대한 국민의 정당하고 합리적인 신뢰를 보호하여야 한다.

0792 ✕ 신뢰보호의 원칙의 요건이 되는 행정청의 선행조치에는 명시적·적극적 조치뿐만 아니라 묵시적·소극적 조치도 모두 포함된다.

0793 ✕ 신뢰의 대상이 되는 선행조치에는 법령·처분·확약·행정계획·행정지도 등 사실행위를 포함한 일체의 조치가 포함된다.

0794 ○ 과세관청의 공적 견해표명이 있었는지의 여부를 판단하는 데 있어 반드시 행정조직상의 형식적인 권한분장에 구애될 것은 아니고 담당자의 조직상의 지위와 임무, 당해 언동을 하게 된 구체적인 경위 및 그에 대한 납세자의 신뢰가능성에 비추어 실질에 의하여 판단하여야 한다. 대법원 1996. 1. 23. 선고 95누13746 판결

0795 ○ 비록 과세관청이 질의회신 등을 통하여 어떤 견해를 표명하였다고 하더라도 그것이 중요한 사실관계와 법적인 쟁점을 제대로 드러내지 아니한 채 질의한 데 따른 것이라면 공적인 견해표명에 의하여 정당한 기대를 가지게 할 만한 신뢰가 부여된 경우라고 볼 수 없다. 대법원 2013. 12. 26. 선고 2011두5940 판결

0796 ✕ 헌법재판소의 위헌결정은 행정청이 개인에 대하여 신뢰의 대상이 되는 공적인 견해를 표명한 것이라고 할 수 없으므로 그 결정에 관련한 개인의 행위에 대하여는 신뢰보호의 원칙이 적용되지 아니한다. 대법원 2003. 6. 27. 선고 2002두6965 판결

0797 ○ 종교법인이 도시계획구역 내 생산녹지로 답인 토지에 대하여 종교회관 건립을 이용목적으로 하는 토지거래계약의 허가를 받으면서 담당공무원이 관련 법규상 허용된다 하여 이를 신뢰하고 건축준비를 하였으나 그 후 당해 지방자치단체장이 다른 사유를 들어 토지형질변경허가신청을 불허가 한 것이 신뢰보호원칙에 반한다. 대법원 1997. 9. 12. 선고 96누18380 판결

0798 ✕ 재량권 행사의 준칙인 행정규칙이 그 정한 바에 따라 되풀이 시행되어 행정관행이 이루어지게 되면 평등의 원칙이나 신뢰보호의 원칙에 따라 행정기관은 그 상대방에 대한 관계에서 그 규칙에 따라야 할 자기구속을 받게 되므로, 이러한 경우에는 특별한 사정이 없는 한 그를 위반하는 처분은 평등의 원칙이나 신뢰보호의 원칙에 위배되어 재량권을 일탈·남용한 위법한 처분이 된다(주 : 재량준칙의 공표만으로는 신청인이 보호가치 있는 신뢰를 갖게 되었다고 볼 수 없음). 대법원 2009. 12. 24. 선고 2009두7967 판결

0799 ✕ 병무청 담당부서의 담당공무원에게 공적 견해의 표명을 구하는 정식의 서면질의 등을 하지 아니한 채 총무과 민원팀장에 불과한 공무원이 민원봉사차원에서 상담에 응하여 안내한 것을 신뢰한 경우, 신뢰보호 원칙이 적용되지 아니한다. 대법원 2003. 12. 26. 선고 2003두1875 판결

0800 ✕ 개발이익환수에 관한 법률에 정한 개발사업을 시행하기 전에, 행정청이 민원예비심사에 대하여 관련부서 의견으로 '저촉사항 없음'이라고 기재하였다고 하더라도, 이후의 개발부담금부과처분에 관하여 신뢰보호의 원칙을 적용하기 위한 요건인, 신뢰의 대상이 되는 공적인 견해표명을 한 것이라고는 보기 어렵다. 대법원 2006. 6. 9. 선고 2004두46 판결

0801 과세관청이 납세의무자에게 부가가치세 면세사업자용 사업자등록증을 교부하거나 고유번호를 부여하였다고 하더라도 그가 영위하는 사업에 관하여 부가가치세를 과세하지 않겠다는 언동이나 공적 견해를 표명한 것으로 볼수 없다. 17. 지방 7급 (   )

0802 관할관청이 폐기물처리업 사업계획에 대하여 적정통보를 한 것만으로도 그 사업부지 토지에 대한 국토이용계획 변경신청을 승인하여 주겠다는 취지의 공적인 견해표명을 한 것으로 볼 수 있다. 20. 국가 (   )

0803 일반적으로 행정청이 폐기물처리업 사업계획에 대한 적정통보를 한 경우 이는 토지에 대한 형질변경신청을 허가하는 취지의 공적 견해표명까지도 포함한다. 21. 국가 (   )

0804 입법 예고를 통해 법령안의 내용을 국민에게 예고한 적이 있다고 하더라도 그것이 법령으로 확정되지 아니한 이상 국가가 이해관계자들에게 그 법령안에 관련된 사항을 약속하였다고 볼 수 없으며, 이러한 사정만으로 어떠한 신뢰를 부여하였다고 볼 수도 없다. 20. 국가 (   )

0805 사후에 선행조치가 변경될 것을 사인이 예상하였거나 중대한 과실로 알지 못한 경우에는 보호가치 있는 신뢰라고 할 수 없다. 12. 지방 (   )

0806 건축주와 그로부터 건축설계를 위임받은 건축사가 관계 법령에서 정하고 있는 건축한계선의 제한이 있다는 사실을 간과한 채 건축설계를 하고 이를 토대로 건축물의 신축 및 증축허가를 받은 경우, 그 신축 및 증축허가가 정당하다고 신뢰한 데에는 귀책사유가 있다. 22. 국가 (   )

0807 신뢰보호원칙에서 행정청의 견해표명이 정당하다고 신뢰한 데에 대한 개인의 귀책사유의 유무는 상대방뿐만 아니라 그로부터 신청행위를 위임받은 수임인 등 관계자 모두를 기준으로 판단하여야 한다. 18. 지방 (   )

0808 법령 개정에 대한 신뢰와 관련하여, 법령에 따른 개인의 행위가 국가에 의하여 일정한 방향으로 유인된 경우에 특별히 보호가치가 있는 신뢰이익이 인정될 수 있다. 16. 지방 (   )

0809 운전면허 취소사유에 해당하는 음주운전으로 적발되었으나 사무착오로 위반자에게 운전면허정지처분을 한 후, 위반자에게 다시 운전면허취소처분을 한 것은 신뢰보호원칙에 위배된다. 18. 소방간부 (   )

0810 교통사고가 일어난 지 1년 10개월이 지난 뒤 그 교통사고를 일으킨 택시에 대하여 운송사업면허를 취소한 경우, 택시운송사업자로서는 「자동차운수사업법」의 내용을 잘 알고 있어 교통사고를 낸 택시에 대하여 운송사업면허가 취소될 가능성을 예상할 수 있었으므로 별다른 행정조치가 없을 것으로 자신이 믿고 있었다 하여도 신뢰의 이익을 주장할 수는 없다. 13. 국가 (   )

0811 당초 정구장시설을 설치한다는 도시계획결정을 하였다가 정구장 대신 청소년 수련시설을 설치한다는 도시계획 변경결정 및 지적 승인을 한 경우 당초의 도시계획결정만으로는 도시계획사업의 시행자 지정을 받게 된다는 공적 견해를 표명했다고 할 수 없다. 19. 국가 7급 (   )

0812 국립공원 관리권한을 가진 행정청이 실제의 공원구역과 다르게 경계측량과 표지를 설치한 십수 년 후 착오를 발견하여 지형도를 수정한 조치는 신뢰보호원칙에 위배된다. 15. 사복 (   )

0801 ○ 과세관청이 납세의무자에게 면세사업자등록증을 교부하고 수년간 면세사업자로서 한 부가가치세 예정신고 및 확정신고를 받은 행위만으로는 과세관청이 납세의무자에게 그가 영위하는 사업에 관하여 부가가치세를 과세하지 아니함을 시사하는 언동이나 공적인 견해를 표명한 것이라 할 수 없다. 대법원 2002. 9. 4. 선고 2001두9370 판결

0802 ✕ 폐기물처리업 사업계획에 대하여 적정통보를 한 것만으로 그 사업부지 토지에 대한 국토이용계획변경신청을 승인하여 주겠다는 취지의 공적인 견해표명을 한 것으로 볼 수 없다. 대법원 2005. 4. 28. 선고 2004두8828 판결

0803 ✕ 일반적으로 폐기물처리업 사업계획에 대한 적정통보에 당해 토지에 대한 형질변경허가신청을 허가하는 취지의 공적 견해표명이 있는 것으로는 볼 수 없다고 할 것이고, 더구나 토지의 지목변경 등을 조건으로 그 토지상의 폐기물처리업 사업계획에 대한 적정통보를 한 경우에는 위 조건부적정통보에 토지에 대한 형질변경허가의 공적 견해표명이 포함되어 있었다고 볼 수 없다. 대법원 1998. 9. 25. 선고 98두6494 판결

0804 ○ 입법예고를 통해 법령안의 내용을 국민에게 예고한 적이 있다고 하더라도 그것이 법령으로 확정되지 아니한 이상 국가가 이해관계자들에게 위 법령안에 관련된 사항을 약속하였다고 볼 수 없으며, 이러한 사정만으로 어떠한 신뢰를 부여하였다고 볼 수도 없다. 대법원 2018. 6. 15. 선고 2017다249769 판결

0805 ○ 일반적으로 행정상의 법률관계에 있어서 행정청의 행위에 대하여 신뢰보호의 원칙이 적용되기 위하여는, 첫째 행정청이 개인에 대하여 신뢰의 대상이 되는 공적인 견해표명을 하여야 하고, 둘째 행정청의 견해표명이 정당하다고 신뢰한 데에 대하여 그 개인에게 귀책사유가 없어야 하며, (중략) 개인의 귀책사유라 함은 행정청의 견해표명의 하자가 상대방 등 관계자의 사실은폐나 기타 사위의 방법에 의한 신청행위 등 부정행위에 기인한 것이거나 그러한 부정행위가 없더라도 하자가 있음을 알았거나 중대한 과실로 알지 못한 경우 등을 의미한다. 대법원 2008. 1. 17. 선고 2006두10931 판결

0806 ○ 귀책사유의 유무는 상대방과 그로부터 신청행위를 위임받은 수임인 등 관계자 모두를 기준으로 판단하여야 한다(건축주와 그로부터 건축설계를 위임받은 건축사가 상세계획지침에 의한 건축한계선의 제한이 있다는 사실을 간과한 채 건축설계를 하고 이를 토대로 건축물의 신축 및 증축허가를 받은 경우, 그 신축 및 증축허가가 정당하다고 신뢰한 데에 귀책사유가 있다고 한 사례). 대법원 2002. 11. 8. 선고 2001두1512 판결

0807 ○ 귀책사유의 유무는 상대방과 그로부터 신청행위를 위임받은 수임인 등 관계자 모두를 기준으로 판단하여야 한다. 대법원 2002. 11. 8. 선고 2001두1512 판결

0808 ○ 법률에 따른 개인의 행위가 단지 법률이 반사적으로 부여하는 기회의 활용을 넘어서 국가에 의하여 일정 방향으로 유인된 것이라면 특별히 보호가치가 있는 신뢰이익이 인정될 수 있고, 원칙적으로 개인의 신뢰보호가 국가의 법률개정이익에 우선된다고 볼 여지가 있다. 헌법재판소 2002. 11. 28. 선고 2002헌바45 결정

0809 ○ 운전면허 취소사유에 해당하는 음주운전을 적발한 경찰관의 소속 경찰서장이 사무착오로 위반자에게 운전면허정지처분을 한 상태에서 위반자의 주소지 관할 지방경찰청장이 위반자에게 운전면허취소처분을 한 것은 선행처분에 대한 당사자의 신뢰 및 법적 안정성을 저해하는 것으로서 허용될 수 없다. 대법원 2000. 2. 25. 선고 99두10520 판결

0810 ○ 교통사고가 일어난지 1년 10개월이 지난 뒤 그 교통사고를 일으킨 택시에 대하여 운송사업면허를 취소하였더라도 택시운송사업자로서는 자동차운수사업법의 내용을 잘 알고 있어 교통사고를 낸 택시에 대하여 운송사업면허가 취소될 가능성을 예상할 수도 있었을 터이니, 자신이 별다른 행정조치가 없을 것으로 믿고 있었다 하여 바로 신뢰의 이익을 주장할 수는 없다. 대법원 1989. 6. 27. 선고 88누6283 판결

0811 ○ 당초 정구장시설을 설치한다는 도시계획결정을 하였다가 정구장 대신 청소년 수련시설을 설치한다는 도시계획 변경결정 및 지적승인을 한 경우, 당초의 도시계획결정만으로는 도시계획사업의 시행자 지정을 받게 된다는 공적인 견해를 표명하였다고 할 수 없다는 이유로 그 후의 도시계획 변경결정 및 지적승인이 도시계획사업의 시행자로 지정받을 것을 예상하고 정구장 설계비용 등을 지출한 자의 신뢰이익을 침해한 것으로 볼 수 없다. 대법원 2000. 11. 10. 선고 2000두727 판결

0812 ✕ 실제의 공원구역과 다르게 경계측량 및 표지를 설치한 십 수 년 후 착오를 발견하여 지형도를 수정한 조치가 신뢰보호의 원칙에 위배되거나 행정의 자기구속의 법리에 반하는 것이라 할 수 없다. 대법원 1992. 10. 13. 선고 92누2325 판결

0813 과세관청이 비과세대상에 해당하는 것으로 잘못 알고 일단 비과세결정을 하였으나 그 후 과세표준과 세액의 탈루 또는 오류가 있는 것을 발견한 때에는, 이를 조사하여 결정할 수 있다. 13. 국가 7급 (   )

0814 행정청이 지구단위계획을 수립하면서 그 권장용도를 판매·위락·숙박시설로 결정하여 고시하였다 하더라도 당해 지구 내에서 공익과 무관하게 언제든지 숙박시설에 대한 건축허가가 가능하다는 취지의 공적 견해를 표명한 것으로 볼 수 없다. 17. 지방 7급 (   )

0815 재건축조합에서 일단 내부 규범이 정립되면 조합원들은 특별한 사정이 없는 한 그것이 존속하리라는 신뢰를 가지게 되므로, 내부 규범을 변경할 경우 내부 규범 변경을 통해 달성하려는 이익이 종전 내부 규범의 존속을 신뢰한 조합원들의 이익보다 우월해야 한다. 21. 국회 8급 (   )

0816 임용 당시 법령상 공무원임용 결격사유가 있었더라도 임용권자의 과실에 의하여 임용결격자임을 밝혀내지 못한 경우라면 그 임용행위가 당연무효가 된다고 할 수는 없다. 16. 국가 (   )

0817 국가가 임용결격사유가 있는 자에 대하여 결격사유가 있는 것을 알지 못하고 공무원으로 임용하였다가 나중에 결격사유가 있음을 발견하고 그 임용행위를 취소하는 경우 신의칙이 적용된다. 22. 지방 (   )

0818 행정청이 상대방에게 장차 어떤 처분을 하겠다고 공적 견해표명을 하였더라도 그 후에 그 전제로 된 사실적·법률적 상태가 변경되었다면, 그와 같은 공적 견해표명은 효력을 잃게 된다. 22. 국가 (   )

0819 「행정기본법」에 의하면 행정청은 권한 행사의 기회가 있음에도 불구하고 장기간 권한을 행사하지 아니하여 국민이 그 권한이 행사되지 아니할 것으로 믿을 만한 정당한 사유가 있는 경우에는, 공익 또는 제3자의 이익을 현저히 해칠 우려가 있는 경우를 제외하고는 그 권한을 행사해서는 아니 된다. 23. 국가 7급 (   )

0820 처분청이 착오로 행정서사업 허가처분을 한 후 20년이 다 되어서야 취소사유를 알고 행정서사업 허가를 취소한 경우, 그 허가취소처분은 실권의 법리에 저촉되는 것으로 보아야 한다. 19. 국가 7급 (   )

0821 평등원칙은 일체의 차별적 대우를 부정하는 절대적 평등을 의미하는 것이 아니라 입법과 법의 적용에 있어서 합리적인 근거가 없는 차별을 배제하는 상대적 평등을 뜻한다. 21. 국가 (   )

0822 조례안이 지방의회의 조사를 위하여 출석요구를 받은 증인이 5급 이상 공무원인지 여부, 기관(법인)의 대표나 임원인지 여부 등 증인의 사회적 신분에 따라 미리부터 과태료의 액수에 차등을 두고 있는 것은 평등의 원칙에 위반되지 않는다. 16. 국가 7급 (   )

0823 동일한 사항을 다르게 취급하는 것은 합리적 이유가 없는 차별이므로, 같은 정도의 비위를 저지른 자들은 비록 개전의 정이 있는지 여부에 차이가 있다고 하더라도 징계 종류의 선택과 양정에 있어 동일하게 취급받아야 한다.
20. 지방 (   )

0824 평등의 원칙은 본질적으로 같은 것을 자의적으로 다르게 취급함을 금지하는 것이므로, 위법한 행정처분이 수차례에 걸쳐 반복적으로 행하여졌다면 행정청에 대하여 자기구속력을 갖게 된다. 22. 지방 (   )

PART
03

0813 O 과세관청이 비과세대상에 해당하는 것으로 잘못 알고 일단 비과세결정을 하였으나 그 후 과세표준과 세액의 탈루 또는 오류가 있는 것을 발견한 때에는, 이를 조사하여 결정할 수 있다. 대법원 1991. 10. 22. 선고 90누9360 전원합의체 판결

0814 O 행정청이 지구단위계획을 수립하면서 그 권장용도를 판매·위락·숙박시설로 결정하여 고시한 행위를 당해 지구 내에서는 공익과 무관하게 언제든지 숙박시설에 대한 건축허가가 가능하리라는 공적 견해를 표명한 것이라고 평가할 수는 없다. 대법원 2005. 11. 25. 선고 2004두6822 등 판결

0815 O 재건축조합에서 일단 내부 규범이 정립되면 조합원들은 특별한 사정이 없는 한 그것이 존속하리라는 신뢰를 가지게 되므로, 내부 규범 변경을 통해 달성하려는 이익이 종전 내부 규범의 존속을 신뢰한 조합원들의 이익보다 우월해야 한다. 조합 내부 규범을 변경하는 총회결의가 신뢰보호의 원칙에 위반되는지를 판단하기 위해서는, 종전 내부 규범의 내용을 변경하여야 할 객관적 사정과 필요가 존재하는지, 그로써 조합이 달성하려는 이익은 어떠한 것인지, 내부 규범의 변경에 따라 조합원들이 침해받은 이익은 어느 정도의 보호가치가 있으며 침해 정도는 어떠한지, 조합이 종전 내부 규범의 존속에 대한 조합원들의 신뢰 침해를 최소화하기 위하여 어떤 노력을 기울였는지 등과 같은 여러 사정을 종합적으로 비교·형량해야 한다. 대법원 2020. 6. 25. 선고 2018두34732 판결

0816 ✕ 임용당시 공무원임용결격사유가 있었다면 비록 국가의 과실에 의하여 임용결격자임을 밝혀내지 못하였다 하더라도 그 임용행위는 당연무효로 보아야 한다. 대법원 1987. 4. 14. 선고 86누459 판결

0817 ✕ 국가가 공무원임용결격사유가 있는 자에 대하여 결격사유가 있는 것을 알지 못하고 공무원으로 임용하였다가 사후에 결격사유가 있는 자임을 발견하고 공무원 임용행위를 취소하는 것은 당사자에게 원래의 임용행위가 당초부터 당연무효이었음을 통지하여 확인시켜 주는 행위에 지나지 아니하는 것이므로, 그러한 의미에서 당초의 임용처분을 취소함에 있어서는 신의칙 내지 신뢰의 원칙을 적용할 수 없고 또 그러한 의미의 취소권은 시효로 소멸하는 것도 아니다. 대법원 1987. 4. 14. 선고 86누459 판결

0818 O 행정청이 상대방에게 장차 어떤 처분을 하겠다고 확약 또는 공적인 의사표명을 하였다고 하더라도, 그 자체에서 상대방으로 하여금 언제까지 처분의 발령을 신청을 하도록 유효기간을 두었는데도 그 기간 내에 상대방의 신청이 없었다거나 확약 또는 공적인 의사표명이 있은 후에 사실적·법률적 상태가 변경되었다면, 그와 같은 확약 또는 공적인 의사표명은 행정청의 별다른 의사표시를 기다리지 않고 실효된다. 대법원 1996. 8. 20. 선고 95누10877 판결

0819 O 행정기본법 제12조(신뢰보호의 원칙) ② 행정청은 권한 행사의 기회가 있음에도 불구하고 장기간 권한을 행사하지 아니하여 국민이 그 권한이 행사되지 아니할 것으로 믿을 만한 정당한 사유가 있는 경우에는 그 권한을 행사해서는 아니 된다. 다만, 공익 또는 제3자의 이익을 현저히 해칠 우려가 있는 경우는 예외로 한다.

0820 ✕ 원고가 (행정서사업)허가를 받은 때로부터 20년이 다되어 피고가 그 허가를 취소한 것이기는 하나 피고가 취소사유를 알고서도 그렇게 장기간 취소권을 행사하지 않은 것이 아니고 1985. 9. 중순에 비로소 위에서 본 취소사유를 알고 그에 관한 법적 처리방안에 관하여 다각도로 연구검토가 행해졌고 그러한 사정은 원고도 알고 있었음이 기록상 명백하여 이로써 본다면 상대방인 원고에게 취소권을 행사하지 않을 것이란 신뢰를 심어준 것으로 여겨지지 않으니 피고의 처분이 실권의 법리에 저촉된 것이라고 볼 수 있는 것도 아니다. 대법원 1988. 4. 27. 선고 87누915 판결

0821 O 평등원칙은 차별취급을 정당화할 수 있는 합리적인 사유가 존재하는 경우 차별적 대우를 인정하는 상대적·비례적 평등을 의미한다.

0822 ✕ 조례안이 지방의회의 감사 또는 조사를 위하여 출석요구를 받은 증인이 5급 이상 공무원인지 여부, 기관(법인)의 대표나 임원인지 여부 등 증인의 사회적 신분에 따라 미리부터 과태료의 액수에 차등을 두고 있는 경우, 그와 같은 차별은 증인의 불출석이나 증언거부에 대하여 과태료를 부과하는 목적에 비추어 볼 때 그 합리성을 인정할 수 없고 지위의 높고 낮음만을 기준으로 한 부당한 차별대우라고 할 것이어서 헌법에 규정된 평등의 원칙에 위배되어 무효이다. 대법원 1997. 2. 25. 선고 96추213 판결

0823 ✕ 같은 정도의 비위를 저지른 자들 사이에 있어서도 그 직무의 특성 등에 비추어, 개전의 정이 있는지 여부에 따라 징계의 종류의 선택과 양정에 있어서 차별적으로 취급하는 것은, 사안의 성질에 따른 합리적 차별로서 이를 자의적 취급이라고 할 수 없는 것이어서 평등원칙 내지 형평에 반하지 아니한다. 대법원 1999. 8. 20. 선고 99두2611 판결

0824 ✕ 위법한 행정처분이 수차례에 걸쳐 반복적으로 행하여졌다 하더라도 그러한 처분이 위법한 것인 때에는 행정청에 대하여 자기구속력을 갖게 된다고 할 수 없다. 대법원 2009. 6. 25. 선고 2008두13132 판결

0825 재량준칙이 공표된 것만으로는 행정의 자기구속의 원칙이 적용될 수 없고, 재량준칙이 되풀이 시행되어 행정관행이 성립한 경우에 행정의 자기구속의 원칙이 적용될 수 있다. 18. 국가 (   )

0826 주택사업계획승인을 발령하면서 주택사업계획승인과 무관한 토지를 기부채납하도록 부관을 붙인 경우는 부당결부금지 원칙에 반해 위법하다. 22. 지방 (   )

0827 건축물에 인접한 도로의 개설을 위한 도시계획사업시행허가처분은 건축물에 대한 건축허가처분과는 별개의 행정처분이므로 사업시행허가를 함에 있어 조건으로 내세운 기부채납의무를 이행하지 않았음을 이유로 한 건축물에 대한 준공거부처분은 「건축법」에 근거 없이 이루어진 것으로서 위법하다. 13. 국가 (   )

0828 행정청이 여러 종류의 자동차운전면허를 취득한 자에 대해 그 운전면허를 취소하는 경우, 취소사유가 특정 면허에 관한 것이 아니고 다른 면허와 공통된 것이거나 운전면허를 받은 사람에 관한 것일 경우에는 여러 면허를 전부 취소할 수 있다. 18. 지방 (   )

0829 제1종 보통면허로 운전할 수 있는 차량을 음주운전한 경우 제1종 보통면허의 취소 외에 동일인이 소지하고 있는 제1종 대형면허와 원동기장치자전거면허는 취소할 수 없다. 15. 국가 (   )

0830 공무원 임용신청 당시 잘못 기재된 호적상 출생연월일을 생년월일로 기재하고, 임용 후 36년 동안 이의를 제기하지 않다가, 정년을 1년 3개월 앞두고 정정된 출생연월일을 기준으로 정년연장을 요구하는 것은 신의성실의 원칙에 반한다. 21. 국가 (   )

정답 & ○※ 풀이

0825 ○ 다만, 행정규칙이 법령의 규정에 의하여 행정관청에 법령의 구체적 내용을 보충할 권한을 부여한 경우, 또는 <u>재량권 행사의 준칙인 규칙이 그 정한 바에 따라 되풀이 시행되어 행정관행이 이룩되게 되면 평등의 원칙이나 신뢰보호의 원칙에 따라</u> 행정기관은 그 상대방에 대한 관계에서 그 규칙에 따라야 할 <u>자기구속을 당하게 되는 경우</u>에는 <u>대외적인 구속력을</u> 가지게 된다. 헌법재판소 1990. 9. 3. 선고 90헌마13 결정

0826 ○ 지방자치단체장이 사업자에게 주택사업계획승인을 하면서 그 <u>주택사업과는 아무런 관련이 없는 토지를 기부채납하도록 하는 부관</u>을 주택사업계획승인에 붙인 경우, 그 부관은 <u>부당결부금지의 원칙에 위반되어 위법</u>하지만, 그 하자가 중대하고 명백하여 <u>당연무효라고는 볼 수 없다.</u> 대법원 1997. 3. 11. 선고 96다49650 판결

0827 ○ <u>건축물에 인접한 도로의 개설을 위한 도시계획사업시행허가처분</u>은 건축물에 대한 건축허가처분과는 별개의 행정처분이므로 <u>사업시행허가를 함에 있어 조건으로 내세운 기부채납의무를 이행하지 않았음을 이유로 한 건축물에 대한 준공거부처분은</u> 건축법에 근거 없이 이루어진 것으로서 <u>위법하다.</u> 대법원 1992. 11. 27. 선고 92누10364 판결

0828 ○ <u>여러 종류의 자동차운전면허는 서로 별개의 것으로 취급하는 것이 원칙이나,</u> 취소·정지 사유가 특정 면허에 관한 것이 아니고 <u>다른 면허와 공통된 것이거나 운전면허를 받은 사람에 관한 것일 경우에는 여러 면허를 전부 취소·정지할 수도 있다.</u> 대법원 1997. 5. 16. 선고 97누2313 판결

0829 ※ 제1종 보통면허로 운전할 수 있는 차량을 음주운전한 경우 <u>제1종 보통면허의 취소 외에 동일인이 소지하고 있는 제1종 대형면허와 원동기장치자전거면허는 취소할 수 있다.</u>

0830 ※ 지방공무원 임용신청 당시 잘못 기재된 호적상 출생연월일을 생년월일로 기재하고, 이에 근거한 공무원인사기록카드의 생년월일 기재에 대하여 <u>처음 임용된 때부터 약 36년 동안 전혀 이의를 제기하지 않다가,</u> 정년을 1년 3개월 앞두고 호적상 출생연월일을 정정한 후 그 출생연월일을 기준으로 정년의 연장을 요구하는 것이 <u>신의성실의 원칙에 반하지 않는다.</u> 대법원 2009. 3. 26. 선고 2008두21300 판결

www.pmg.co.kr

주제 40 행정법관계의 당사자

1 의의

① 행정주체

- 행정작용의 법적 효과가 귀속되는 주체(권리·의무의 주체 ○)

- 국가(대한민국), 공공단체(지방자치단체, 공공조합, 영조물법인, 공법상 재단법인, 공무수탁사인)

② 행정기관

- 행정작용을 실제로 행하는 행정주체의 사무처리기관(권리·의무의 주체 ×)
  ➡ 행정기관이 행한 행정작용의 법적효과는 행정주체에게 귀속
- 행정청
  - 행정의사의 내부적 결정 및 외부적 표시 권한 ○
  - 독임제 행정청, 합의제 행정청(행정심판위원회, 공정거래위원회, 감사원 등)
- 행정청 외 행정기관
  - 의결기관 : 의사결정권한 ○, 외부적 표시 권한 ×(ex 지방의회, 공무원징계위원회)
  - 보조기관 : 행정청의 권한행사를 보조하는 기관(ex 차관, 차장, 실장, 국장, 과장, 부지사, 부시장)
  - 보좌기관 : 행정청 또는 보조기관을 보좌하는 기관(ex 차관보, 비서실)
  - 집행기관 : 행정청의 의사를 실제로 집행하는 기관(ex 행정·경찰·소방공무원)
  - 부속기관 : 행정기관에 부속하여 그 기관을 지원하는 기관(ex 중앙공무원교육원, 국립의료원)

2 행정주체의 종류

① 지방자치단체

- 광역자치단체 : 특별시, 광역시, 도, 특별자치시(세종시), 특별자치도(제주도, 강원도, 전북도)

- 기초자치단체 : 시·군·자치구(특별시·광역시 내 구)

② 공공조합(공법상 사단법인)

- 특정한 공적 목적 수행을 위해 일정한 자격을 가진 사람들로 구성된 단체

- 농지개량조합, 재개발·재건축조합, 대한변호사협회, 지방법무사협회, 도시개발조합 등

③ 영조물법인

- **영조물** : 특정한 공적 목적에 계속적으로 공해지도록 정해진 인적·물적 수단의 종합체(행정주체 ×)

- **영조물법인** : 영조물에 법인격(권리·의무의 주체가 될 수 있는 능력)을 부여받은 것

- ex 각종 공기업(한국방송공사, 한국은행, 한국도로공사), 국립대학법인 서울대학교 등

④ 공법인(공법상 재단법인)

- 특정한 공적 목적 수행을 위해 제공된 재산을 관리하기 위해 설립된 단체

- 국민건강보험공단, 국민연금공단, 총포·화약안전기술협회 등

⑤ 공무수탁사인

- 국가 또는 지자체로부터 자신의 이름으로 행정사무를 처리할 수 있는 권한을 부여받은 사인

- 행정주체 ○ + 행정청 ○ ➡ **당사자소송의 피고적격 ○ + 항고소송의 피고적격 ○**

- ex 도시개발사업의 사업시행자, 사립대학교 총장, 공증인, 민영교도소, 상선의 선장 등

- **구별개념** : 공의무부담사인(ex 원천징수의무자), 행정보조인, (사법상) 민간위탁, 행정대행자

3 　행정객체

- 행정주체 또는 행정기관이 행한 공권력 행사의 상대방

- 공공단체도 행정객체가 될 수 있음(국가도 되는 경우 있음)

4 　특별권력(행정법)관계

- 일반적인 경우(일반권력관계)와 비교하여 법률유보 원칙이 완화되어 적용될 수 있는 관계

- ex 공무원, 군인, 수형자, 국공립학교 학생 등

- 법치주의가 당연히 적용되나, 관계의 성질에 따라 완화되어 적용
  - 군인의 복무와 밀접하게 관련된 부분 ➡ **법률유보 완화**
  - 사관생도가 학교 밖에서 4회 음주한 것을 이유로 예규에 따라 퇴학처분한 사례
    ➡ 예규는 기본권 침해하는 것으로서 무효(∴ 퇴학처분은 위법)
  - 국립교육대학 학생에 대한 퇴학처분 ➡ 항고소송의 대상이 되는 처분 ○

주제 41 개인적 공권

1 개인적(주관적) 공권의 의의

- 개인이 자신의 이익을 위하여 행정주체에게 일정한 행위를 요구할 수 있는 공법상 권리

- 항고소송에서의 '원고적격 또는 법률상 이익'과 동일한 개념

- **성립요건**: 의무를 부과하는 강행법규의 존재 + 법규의 사익보호성(소구가능성 불요)
  − 법규성을 갖는 일체의 규범 포함(불문법 ○, 공법상계약 ○, 행정규칙 ×)

- **헌법상 기본권**
  − **자유권(구체적 기본권)**: 공권 ○[ex] 알 권리(표현의 자유), 경쟁의 자유 등]
  − **사회권(추상적 기본권)**: 공권 ×[ex] 환경권, 공무원연금수급권, 퇴직급여청구권 등)

- 이전(승계) 제한, 포기 불가[ex] 선거권, 연금청구권, 소권 등은 포기하여도 효력 없음)

2 무하자재량행사청구권

- 개인이 행정청에 대하여 '하자 없는 재량행사'를 요구할 수 있는 권리

- **형식적 권리**: 특정 내용의 처분 요구 ×, 단순히 하자 없는 재량 행사 요구 ○

3 행정개입청구권

① 일반론

- 자기의 이익을 위하여 행정청에게 제3자에 대한 '특정한 행정작용'을 할 것을 요구할 수 있는 권리

- 제3자효 있는 행정행위에 있어서 제3자의 원고적격, 국가배상책임 요건 중 부작위의 위법성 도출 근거

- **실체적 권리**: 특정한 내용의 처분을 요구 ○

- **인정범위**
  − **기속행위**: 법규에서 정한 요건 충족 시 당연히 인정됨
  − **재량행위**: '재량이 0으로 수축'되는 경우 예외적으로 인정됨

② 재량의 0으로의 수축이론

- 재량행위이더라도, 특정 상황에서는 특정한 처분을 해야 하는 결론 도출되는 경우 있음
  ➡ 특정 내용의 처분권 발동 요청 가능(행정개입청구권 ○)

- 요건: 중대한 개인적 법익에 대한 급박하고 현저한 위험, 행정권 발동 통해 위험 제거 가능

- 효과: 재량행위 ➡ 기속행위로 전환(무하자재량행사청구권 ➡ 행정개입청구권으로 전환)
  - ex 트랙터 방치 사례 ➡ 부작위의 위법성 인정됨

주제 42 사인의 공법행위

1 일반론

① 의의

- 공법적 효과를 발생시키기 위해 사인이 행하는 일체의 행위

② 종류

(1) 자기완결적 공법행위

- 사인의 공법행위만으로 법적 효과가 발생하는 행위 ➡ 행정청의 수리행위 없이도 법적 효과 발생

- 사인의 공법행위에 하자가 있는 경우, 이를 기초로 하는 법적 효과는 발생하지 않음

- 사인의 공법행위 자체의 하자 ➡ 일반원칙인 중대명백설에 따라 해결

(2) 행위요건적 공법행위

- 사인의 공법행위만으로 법적 효과 발생 × ➡ 행정청의 수리행위가 있어야 법적 효과 발생 ○

- 사인의 공법행위에 하자가 있는 경우
    - 사인의 공법행위가 행정작용의 동기에 불과한 경우 ➡ 행정작용의 효력에 영향 ×
       ex) 집합금지해제의 신청에 하자 ➡ 집합금지해제에는 아무런 영향 ×
    - 사인의 공법행위가 행정작용의 전제요건인 경우 ➡ 행정작용의 효력에 영향 ○
       ex) 취소사유 있는 취득세 신고 ➡ 과세처분 ➡ 납세 ➡ 부당이득 ×(∵ 공정력)
       ex) 대규모점포 개설등록에 취소사유인 하자 존재 ➡ 취소되지 않는 한 유효(∵ 공정력)
       ex) 장기요양기관 폐업신고 및 노인의료복지시설 폐지신고가 무효 ➡ 수리처분도 당연무효

③ 민법 규정의 적용 여부

- 의사능력: 적용 ○ ➡ 의사능력 없는 자의 행위는 무효

- 행위능력: 적용 ○ ➡ 행위능력 없는 자의 행위는 취소사유

- 법률행위의 대리, 도달주의: 적용 ○

- 비진의표시(내심의 의사와 표시행위가 다른 경우): 단서(예외) 규정은 적용 ×
    - 민법: 진의 아닌 의사표시 ➡ 원칙 유효 / 예외 상대방이 알았거나 알 수 있었을 경우, 무효
    - 사·공: 진의 아닌 의사표시 ➡ 예외 없이 유효(∵ 비진의 사직원 제출 ➡ 의원면직처분: 유효)

- 착오·사기·강박에 의한 의사표시(법률행위의 취소사유) : 적용 ○

- 의사표시의 철회·보완 ➡ 적용 ○
  - 사인의 공법행위는 행정주체에게 도달한 후에도 그에 기초한 행정행위가 있기 전까지는 특별한 사정이 없는 한 자유로이 철회·보완 가능
  - 사직의 의사표시 후에도 의원면직처분 있기 전까지는 사직의 의사표시 철회 가능

2 신고

① 의의

- 사인이 공법적 효과의 발생을 위해 행정주체에게 일정한 사실을 알리는 행위

② 종류

(1) 자기완결적 신고(수리를 요하지 않는 신고)

- 행정청에 대하여 일정한 사실을 '통지함으로써 효과가 발생'하는 신고

- 행정청의 수리 불요 ➡ 적법한 신고가 도달하면 (설령 수리 거부하여도) 그 자체로서 효력 발생
  - 적법한 신고체육시설업 신고 ➡ 수리거부 ➡ 무신고영업 ✕

• 골프장이용료 변경신고	• (신고로써 건축허가 받은 것으로 의제되는) 건축신고
• 수산제조업 신고	• 축산물판매업 신고
• 신고체육시설업의 신고	• 사업자등록의 신고
• 등록체육시설업에 대한 사업계획승인을 얻은 자의 착공계획서 제출(착공신고)	• 정보통신매체를 이용한 원격평생교육 신고

(2) 행위요건적 신고(수리를 요하는 신고)

- 행정청에 대하여 일정한 사실을 통지하고 '행정청이 이를 수리함으로써 효력이 발생'하는 신고

- 행정청의 수리처분 필요 ➡ 수리처분 전까지는 효력 발생 ✕

• 수산업법상 어업의 신고	• 유통산업발전법에 따른 대규모점포의 개설등록
• 주민등록신고	• 유료노인복지주택 설치신고
• 등록체육시설업에 있어서 시·도지사에 대한 회원모집계획서 제출(이에 대한 검토결과통보는 수리처분)	• 건축주 명의변경신고
	• 가설건축물 존치기간 연장신고 또는 축조신고
• 납골당설치 신고	• 숙박업 신고
• 지위승계신고	• 의원급 의료기관 개설신고

(3) 구별기준

- **법령의 해석 통해 구분**
  - 법령에서 신고와 등록을 구분(신고: 자기완결적 신고 / 등록: 행위요건적 신고)
  - 심사의 대상(형식적 요건만 심사 ➡ 자기완결적 신고 / 실질적 요건도 심사 ➡ 행위요건적 신고)
- **인·허가의제 효과가 수반되는 신고**: 행위요건적 신고(∴ 실체적 요건 심사)
  - 개발행위허가가 의제되는 건축신고 ➡ 개발행위허가 요건 미충족 시 수리거부 ○

③ 신고요건의 심사

(1) 관련 법령

- **행정절차법 제40조**: 자기완결적 신고에 관한 사항 규정(제3, 4항은 행위요건적 신고에도 적용 ○)

> **행정절차법 제40조(신고)** ① 법령등에서 행정청에 일정한 사항을 통지함으로써 의무가 끝나는 신고를 규정하고 있는 경우 신고를 관장하는 행정청은 신고에 필요한 구비서류, 접수기관, 그 밖에 법령등에 따른 신고에 필요한 사항을 게시(인터넷 등을 통한 게시를 포함)하거나 이에 대한 편람을 갖추어 두고 누구나 열람할 수 있도록 하여야 한다.
> ② 제1항에 따른 신고가 다음 각 호의 요건을 갖춘 경우에는 신고서가 접수기관에 도달된 때에 신고 의무가 이행된 것으로 본다.
> 　1. 신고서의 기재사항에 흠이 없을 것
> 　2. 필요한 구비서류가 첨부되어 있을 것
> 　3. 그 밖에 법령등에 규정된 형식상의 요건에 적합할 것
> ③ 행정청은 제2항 각 호의 요건을 갖추지 못한 신고서가 제출된 경우에는 지체 없이 상당한 기간을 정하여 신고인에게 보완을 요구하여야 한다.
> ④ 행정청은 신고인이 제3항에 따른 기간 내에 보완을 하지 아니하였을 때에는 그 이유를 구체적으로 밝혀 해당 신고서를 되돌려 보내야 한다.

- **행정기본법 제34조(수리 여부에 따른 신고의 효력)**: 법령등으로 정하는 바에 따라 행정청에 일정한 사항을 통지하여야 하는 신고로서 법률에 신고의 수리가 필요하다고 명시되어 있는 경우(행정기관의 내부 업무 처리 절차로서 수리를 규정한 경우는 제외한다)에는 행정청이 수리하여야 효력이 발생한다.

(2) 자기완결적 신고

- **형식적 심사만 가능**(기재사항의 흠결 유무, 구비서류의 첨부 여부 등)
  - 실질적 심사는 불가능(기재사항의 진위 여부 등)
- if 형식적 요건 ○ ➡ 행정청은 반드시 수리해야 함 ➡ 법령에서 정한 요건 외의 사유로 수리거부 불가
  - **예외** (건축허가가 의제되는) 통상의 건축신고 ➡ 중대한 공익상 필요 있는 경우, 수리 거부 ○
- **형식적 요건 갖추지 못한 신고**: 부적법한 신고
  - 선 보완요구, 후 반려(곧바로 반려하는 것은 위법)
  - 타법상의 요건을 충족하지 못한 신고 ➡ 부적법한 신고
  - **ex** 건축허가 받지 못한 건축물에 대한 식품위생법상 영업신고 ➡ 부적법

(3) 행위요건적 신고

* 형식적 심사와 실질적 심사 모두 가능

* 신고제와 허가제의 구별 ➡ 실질적 심사는 입법목적의 범위 내에서만 인정됨
  - 주민등록신고의 심사 범위 : 실거주 여부 ○, 부동산투기방지 ×, 지방자치의 이념 ×

* if 형식적 요건 ○ ➡ 행정청은 원칙적으로 수리해야 함
  - 법령에서 정한 요건 외의 사유로 원칙적으로 수리거부 불가
  - [ex] 기존에 한 숙박업 신고가 외관상 남아있다는 이유로, 적법한 숙박업 신고 수리거부 불가

* if 부적법한 신고 ➡ 선 보완요구, 후 반려

④ 수리 및 수리거부의 처분성

(1) 자기완결적 신고

* 수리 : 법적 효과 ×, 사실행위 ○ ➡ 처분 ×(신고필증의 교부도 사실행위에 불과)
  - 의원개설 신고서를 접수한 후 신고필증 교부하지 않았더라도, 신고의 효력 ○

* 수리거부 : 신고만으로 법적 효과 발생 ➡ 이론적으로는 수리거부는 처분 ×
  - But 일정한 경우 수리 거부 ➡ 당사자의 법적 지위 불안정, 권리침해의 우려 ○
  - 건축신고 또는 착공신고 반려행위 ➡ 거부처분 ○

(2) 행위요건적 신고

* 수리 : 준법률행위적 행정행위 ➡ 처분 ○
  - 신고필증의 교부가 꼭 필요한 것 아니고, 교부행위도 사실행위에 불과함

* 수리거부 : 거부처분 ○

⑤ 요약정리

구분	자기완결적 신고	행위요건적 신고
의의	적법한 신고만으로 효력 발생하는 신고 ➡ 수리 거부하여도 무신고영업 ×	수리처분 있어야 효력 발생하는 신고
심사	형식적 심사	형식적 심사 실질적 심사(입법목적의 범위 내)
관련 규정	행정절차법	행정기본법
수리	처분 ×	수리처분 ○
수리거부	건축신고, 착공신고 거부 ➡ 처분 ○	거부처분 ○
공통점	if 형식적 요건 ○ ➡ 원칙적으로 수리해야 함 if 형식적 요건 × ➡ 선 보완요구, 후 반려	

3 **신청**

① 의의

- 사인이 행정청에 대하여 자기 또는 제3자에 대해 일정한 행정작용을 할 것을 요구하는 의사표시

② 요건

- 법규상·조리상 신청권: 단순한 응답을 구하는 권리 ○, 신청된 대로의 처분을 구하는 권리 ×

- 신청의 의사표시는 명시적이고 확정적이어야 함
  - 담당 공무원에게 신청서 내용에 대한 검토를 요청한 것만으로는 신청 ×

- 제척기간인 신청기간이 있는 경우 ➡ 신청기간 미준수를 이유로 한 거부처분은 적법

③ 효과

(1) 접수·처리의무

- 신청에 따른 처분 또는 거부처분

- 신청을 일부 받아들이는 처분을 해야 하는 경우도 있음
  - 국가유공자 등록신청 ➡ 본인 과실 경합 ➡ 지원대상자로 등록해야 함(∴ 전부배척은 위법)

(2) 보완의무

- 보완이 가능함에도 보완요구하지 않고 곧바로 반려처분 ➡ 위법

- 흠결된 서류의 보완을 할 경우 주요서류의 대부분을 새로 작성함이 불가피하게 되는 경우
  - 사실상 새로운 신청 ➡ 보완요구 없이 곧바로 반려 가능

- 보완의 대상은 원칙적으로 형식적·절차적 사항에 한정됨
  - 실질적 요건에 관한 흠의 경우 민원인의 단순한 착오 또는 일시적 사정에 기한 경우여야 함

- 보완요구 의무가 있는 경우: 쉽게 보완이 가능한 사항을 누락하는 등의 흠이 있는 경우에 한함
  - 거부처분을 하기 전에 반드시 신청의 '내용'이나 처분의 '실체적 발급요건'에 관한 사항까지 보완할 기회를 부여해야 하는 것은 아님

주제 43 행정법관계에 있어서 민법의 적용

1 공법규정의 흠결과 사법의 적용

- 공법규정 흠결 시, 명문의 규정 없더라도 사법규정 또는 사법원칙 유추적용 가능

- 적용 범위
  - 사법의 일반원리적 규정(ex 신의성실), 법기술적 규정(ex 법인, 주소, 의사표시, 시효) ➡ **유추적용 O**
  - 사법의 이해조절적 규정(ex 매도인의 하자담보책임) ➡ **유추적용 X**

2 기간의 계산(행정기본법 제6조)

① 기산점

- **원칙** 초일불산입 ➡ 기간을 일·주·월·연으로 정한 경우, 초일 산입 X(다음날 OO시부터 기산 O)
  - ex 처분 통지서가 23. 9. 4. 15시에 송달 ➡ 제소기간의 기산점은 23. 9. 5. OO시

- **예외** 초일산입
  - 침익적 처분(국민의 권익 제한 또는 의무 부과) ➡ (국민에게 불리하지 않은 한) 초일산입 O
  - 개별법에 정함 있는 경우(ex 기간이 OO시부터 시작, 연령계산, 국회법상 기간, 민원처리기간, 공소시효·구속기간, 가족관계등록법상 기간) ➡ 초일산입 O

② 만료점

- **원칙** 기간의 말일이 종료, if 말일이 토요일 또는 공휴일인 경우 ➡ 그 다음날(익일)로 만료
  - ex 23. 9. 28.이 말일 ➡ 23. 10. 4. 24시에 만료

- **예외** 침익적 처분 ➡ (국민에게 불리하지 않은 한) 말일이 토요일(공휴일)인 경우에도 그날로 만료

3 금전채권의 소멸시효

① 의의

- 권리자가 권리를 행사할 수 있었음에도 일정기간 권리를 행사하지 않는 경우, 그 권리를 소멸시키는 제도

- 민법의 소멸시효에 관한 규정 적용(시효기간 등 차이점 존재)

② 기산점

- '권리를 행사할 수 있었던 때'부터 시효기간 기산

- 법률상 장애가 없는 경우 ○, 사실상 장애가 없는 경우 ×
  - 사실상 권리행사 가능성을 알지 못했고, 과실 없는 경우에도 시효 진행 ○(법률상 장애 ×)
  - 과오납한 세금(부담금)에 대한 부당이득반환청구권의 소멸시효 기산점 : 납부(징수)시

③ 시효기간

- 국가ㆍ지방자치단체가 **국민ㆍ주민에 대하여 갖는 금전채권**
  - **원칙** 5년(국가의 사법상 행위에서 발생한 금전채권 포함)
  - **예외** 다른 법률에 특별한 규정(5년보다 짧은 기간) 있는 경우는 그 기간에 따름
- 국민ㆍ주민이 **국가ㆍ지방자치단체에 대하여 갖는 금전채권** : 5년(평등원칙 위반 ×)

④ 소멸시효의 중단ㆍ정지

- 권리자가 권리를 행사하는 경우, 그때까지 진행된 소멸시효기간은 중단
  ➡ 권리행사시부터 새로이 소멸시효기간이 진행됨(민법 규정 ○)
- 납입고지에 의한 시효중단의 효력 ➡ 납입고지에 의한 부과처분 취소되더라도 상실 ×
- 취소소송 계속 중에도 과세채권의 소멸시효는 진행 ○

⑤ 시효완성의 효과

- 절대적 소멸설(판례) : 시효완성 ➡ 권리는 당연히 소멸
- 상대적 소멸설 : 시효완성 ➡ 권리가 당연히 소멸 ×, 권리소멸 주장해야 소멸 ○
- 소멸시효완성의 소급효 : 기산일로 소급하여 소멸

⑥ 구별개념 : 제척기간

- 일정한 권리에 관하여 법률이 정한 권리행사기간
- 소멸시효와 같은 중단제도가 없음

---

4 국ㆍ공유재산에 대한 취득시효

① 의의

- 일정기간 권리자인 것 같은 외관이 계속된 경우, 외관상 권리자에게 권리취득의 효과를 발생시키는 제도

② 행정재산(공물)

- 공적 목적에 제공되고 있는 국·공유재산

- 요건
  - 형체적 요건: 일반 공중의 사용에 제공되는 물건의 존재
  - 의사적 요건: 공용지정(개시)행위(처분 ○)

- 공용폐지 되지 않는 한, 사법상 거래의 객체 될 수 없음 ➡ **취득시효 적용 ✕**
  - 행정재산이 단순히 본래의 용도대로 사용되지 않는 사실만으로는 공용폐지 인정 ✕

- 예정공물: 장래 공물로 할 것이 예정된 물건(ex 도로예정지) ➡ **취득시효 적용 ✕**

③ 일반재산

- 공적 목적에 제공되고 있지 않은 국·공유재산

- 사법상 거래의 객체 될 수 있음 ➡ **취득시효 적용 ○**

5 그 밖의 민법의 원리

① 주소

- 민법: 생활의 근거가 되는 곳 ➡ **두 곳 이상 가능**

- 행정법: 주민등록법상 주민등록지 ➡ **1개소만 가능**

② 공법상 사무관리

- 법률상 의무 없이 타인을 위하여 사무를 관리하는 행위 ➡ **비용상환청구권 발생**

- 인정 사례
  - 식품류 압수 ➡ 부패 방지 위해 매각 ➡ 무죄판결 ➡ 매각절차 진행에 따른 비용상환청구 ○
  - 유조선에서 원유 유출 ➡ 민간회사가 해경의 방제작업 보조 ➡ 국가에 방제비용청구 ○

③ 공법상 부당이득

- 법률상 원인 없이 타인의 재산 등으로 인하여 이익을 얻고 그로 인하여 타인에게 손해를 가한 경우, 그 이익을 반환하도록 하는 제도

- 공법상 부당이득반환청구권: 사권 ➡ 민사소송

- 행정주체가 사인에 대하여 청구할 수 있는 경우도 있음
  - 사인이 국유지를 무단점유 ➡ 변상금 부과처분과 별도로 부당이득반환청구 가능

기출 OX Check

0831 구 「산림법」에 의해 형질변경허가를 받지 아니하고 산림을 형질변경한 자가 사망한 경우, 해당 토지의 소유권을 승계한 상속인은 그 복구의무를 부담하지 않으므로, 행정청은 그 상속인에 대하여 복구명령을 할 수 없다.
21. 국가 7급 (   )

0832 구 「석탄산업법 시행령」상 재해위로금 청구권은 개인의 공권으로서 그 공익적 성격에 비추어 당사자 합의에 의해 이를 미리 포기할 수 없다. 20. 소방간부 (   )

0833 법무사가 사무원을 채용할 때 소속 지방법무사회로부터 승인을 받아야 할 의무는 공법상 의무이다.
22. 국가 (   )

0834 근로자가 퇴직급여를 청구할 수 있는 권리와 같은 이른바 사회적 기본권은 헌법 규정에 의하여 바로 도출되는 개인적 공권이라 할 수 없다. 12. 국가 (   )

0835 상수원보호구역 설정의 근거가 되는 규정은 상수원의 확보와 수질보전일 뿐이고, 그 상수원에서 급수를 받고 있는 지역주민들이 가지는 이익은 상수원의 확보와 수질보호라는 공공의 이익이 달성됨에 따라 반사적으로 얻게 되는 이익에 불과하다. 17. 국가 (   )

정답 & OX 풀이

0831 ✕ 구 산림법령상 채석허가는 대물적 허가의 성질을 가지는 점 등을 감안하여 보면, 수허가자가 사망한 경우 특별한 사정이 없는 한 수허가자의 상속인이 수허가자로서의 지위를 승계한다고 봄이 상당하다. (중략) 산림을 무단형질변경한 자가 사망한 경우 당해 토지의 소유권 또는 점유권을 승계한 상속인은 그 복구의무를 부담한다고 봄이 상당하고, 따라서 관할 행정청은 그 상속인에 대하여 복구명령을 할 수 있다고 보아야 한다. 대법원 2005. 8. 19. 선고 2003두9817 판결

0832 ○ 석탄산업법시행령 제41조 제4항 제5호 소정의 재해위로금 청구권은 개인의 공권으로서 그 공익적 성격에 비추어 당사자의 합의에 의하여 이를 미리 포기할 수 없다. 대법원 1998. 12. 23. 선고 97누5046 판결

0833 ○ 법무사가 사무원 채용에 관하여 법무사법이나 법무사규칙을 위반하는 경우에는 소관 지방법원장으로부터 징계를 받을 수 있으므로, 법무사에 대하여 지방법무사회로부터 채용승인을 얻어 사무원을 채용할 의무는 법무사법에 의하여 강제되는 공법적 의무이다. 대법원 2020. 4. 9. 선고 2015다34444 판결

0834 ○ 근로자가 퇴직급여를 청구할 수 있는 권리도 헌법상 바로 도출되는 것이 아니라 퇴직급여법 등 관련 법률이 구체적으로 정하는 바에 따라 비로소 인정될 수 있는 것이다. 헌법재판소 2011. 7. 28. 선고 2009헌마408 결정

0835 ○ 상수원보호구역 설정의 근거가 되는 수도법 제5조 제1항 및 동 시행령 제7조 제1항이 보호하고자 하는 것은 상수원의 확보와 수질보전일 뿐이고, 그 상수원에서 급수를 받고 있는 지역주민들이 가지는 상수원의 오염을 막아 양질의 급수를 받을 이익은 직접적이고 구체적으로는 보호하고 있지 않음이 명백하여 위 지역주민들이 가지는 이익은 상수원의 확보와 수질보호라는 공공의 이익이 달성됨에 따라 반사적으로 얻게 되는 이익에 불과하므로 지역주민들에 불과한 원고들에게는 위 상수원보호구역변경처분의 취소를 구할 법률상의 이익이 없다. 대법원 1995. 9. 26. 선고 94누14544 판결

0836 재량권이 영으로 수축하는 경우 행정개입청구권은 무하자재량행사청구권으로 전환된다. 11. 사복 (   )

0837 다수의 검사 임용신청자 중 일부만을 검사로 임용하는 결정을 함에 있어, 임용신청자들에게 전형의 결과인 임용 여부의 응답을 할 것인지는 임용권자의 편의재량사항이다. 15. 국가 (   )

0838 규제권한발동에 관해 행정청의 재량을 인정하는 「건축법」의 규정은 소정의 사유가 있는 경우 행정청에 건축물의 철거 등을 명할 수 있는 권한을 부여한 것일 뿐만 아니라, 행정청에 그러한 의무가 있음을 규정한 것이다.
15. 국가 (   )

0839 사인의 공법행위는 원칙적으로 발신주의에 따라 그 효력이 발생한다. 23. 지방 (   )

0840 사인의 공법상 행위는 명문으로 금지되거나 성질상 불가능한 경우가 아닌 한, 그에 의거한 행정행위가 행하여질 때까지는 자유로이 철회나 보정이 가능하다. 14. 지방 (   )

0841 공무원의 사직의 의사표시는 상대방에게 도달한 후에는 철회할 수 없다. 23. 국가 7급 (   )

0842 사직원 제출자의 내심의 의사가 사직할 뜻이 없었더라도 「민법」상 비진의 의사표시의 무효에 관한 규정이 적용되지 않으므로 그 사직원을 받아들인 의원면직처분을 당연무효라 볼 수는 없다. 16. 지방 7급 (   )

0843 공무원에 의해 제출된 사직원은 그에 터잡은 의원면직처분이 있을 때까지 철회될 수 있고, 일단 면직처분이 있고 난 이후에도 자유로이 취소 및 철회될 수 있다. 23. 지방 (   )

0844 장기요양기관의 폐업신고 자체가 효력이 없음에도 행정청이 이를 수리한 경우, 그 수리행위가 당연무효로 되는 것은 아니다. 20. 국가 7급 (   )

0845 구 「체육시설의 설치·이용에 관한 법률」에 의한 골프장이용료 변경신고서는 행정청에 제출하여 접수된 때에 신고가 있었다고 볼 것이고, 행정청의 수리행위가 있어야만 하는 것은 아니다. 14. 국가 (   )

0846 「수산업법」상 신고어업을 하려면 법령이 정한 바에 따라 관할 행정청에 신고하여야 하고, 행정청의 수리가 있을 때에 비로소 법적 효과가 발생하게 된다. 20. 지방 7급 (   )

0847 주민등록의 신고는 행정청에 도달하기만 하면 신고로서의 효력이 발생하는 것이 아니라 행정청이 수리한 경우에 비로소 신고의 효력이 발생한다. 20. 국가 (   )

0848 구 「체육시설의 설치·이용에 관한 법률」의 규정에 따라 체육시설의 회원을 모집하고자 하는 자의 '회원모집계획서 제출'은 수리를 요하는 신고이며, 이에 대하여 회원모집계획을 승인하는 시·도지사 등의 검토결과 통보는 수리행위로서 행정처분에 해당한다. 20. 국가 7급 (   )

0849 납골당 설치신고는 수리를 요하는 신고라 할 것이므로, 행정청의 수리처분이 있어야만 납골당을 설치할 수 있다.
13. 국가 7급 (   )

0836 **✕** 재량이 영으로 수축하는 경우 무하자재량행사청구권이 행정개입청구권으로 전환된다.

0837 **✕** 검사의 임용 여부는 임용권자의 자유재량에 속하는 사항이나, 임용권자가 동일한 검사신규임용의 기회에 원고를 비롯한 다수의 검사 지원자들로부터 임용 신청을 받아 전형을 거쳐 자체에서 정한 임용기준에 따라 이들 일부만을 선정하여 검사로 임용하는 경우에 있어서 법령상 검사임용 신청 및 그 처리의 제도에 관한 명문 규정이 없다고 하여도 조리상 임용권자는 임용신청자들에게 전형의 결과인 임용 여부의 응답을 해줄 의무가 있다고 할 것이며, 응답할 것인지 여부조차도 임용권자의 편의재량사항이라고는 할 수 없다. 대법원 1991. 2. 12. 선고 90누5825 판결

0838 **✕** 구 건축법 및 기타 관계 법령에 국민이 행정청에 대하여 제3자에 대한 건축허가의 취소나 준공검사의 취소 또는 제3자 소유의 건축물에 대한 철거 등의 조치를 요구할 수 있다는 취지의 규정이 없고, 같은 법 제69조 제1항 및 제70조 제1항은 각 조항 소정의 사유가 있는 경우에 시장·군수·구청장에게 건축허가 등을 취소하거나 건축물의 철거 등 필요한 조치를 명할 수 있는 권한 내지 권능을 부여한 것에 불과할 뿐, 시장·군수·구청장에게 그러한 의무가 있음을 규정한 것은 아니므로 위 조항들도 그 근거 규정이 될 수 없으며, 그 밖에 조리상 이러한 권리가 인정된다고 볼 수도 없다. 대법원 1999. 12. 7. 선고 97누17568 판결

0839 **✕** 사인의 공법행위는 도달주의 원칙에 따라 사인의 공법행위가 행정청에 도달할 때 그 효력이 발생한다.

0840 **○** 사인의 공법상 행위는 명문으로 금지되거나 성질상 불가능한 경우가 아닌 한 그에 따른 행정행위가 행하여질 때까지 자유로이 철회하거나 보정할 수 있다. 대법원 2014. 7. 10. 선고 2013두7025 판결

0841 **✕** 공무원이 한 사직 의사표시의 철회나 취소는 그에 터잡은 의원면직처분이 있을 때까지 할 수 있는 것이고, 일단 면직처분이 있고 난 이후에는 철회나 취소할 여지가 없다. 대법원 2001. 8. 24. 선고 99두9971 판결

0842 **○** 사직원 제출자의 내심의 의사가 사직할 뜻이 아니었다 하더라도 그 의사가 외부에 객관적으로 표시된 이상 그 의사는 표시된 대로 효력을 발하는 것이며, 민법 제107조 제1항 단서의 비진의 의사표시의 무효에 관한 규정은 그 성질상 사인의 공법행위에 적용되지 아니하므로 원고의 사직원을 받아들여 의원면직처분한 것을 당연무효라고 할 수 없다. 대법원 2001. 8. 24. 선고 99두9971 판결

0843 **✕** 공무원이 한 사직 의사표시의 철회나 취소는 그에 터잡은 의원면직처분이 있을 때까지 할 수 있는 것이고, 일단 면직처분이 있고 난 이후에는 철회나 취소할 여지가 없다. 대법원 2001. 8. 24. 선고 99두9971 판결

0844 **✕** 장기요양기관의 폐업신고와 노인의료복지시설의 폐지신고는, 행정청이 관계 법령이 규정한 요건에 맞는지를 심사한 후 수리하는 이른바 '수리를 필요로 하는 신고'에 해당한다. 그러나 행정청이 그 신고를 수리하였다고 하더라도, 신고서 위조 등의 사유가 있어 신고행위 자체가 효력이 없다면, 그 수리행위는 유효한 대상이 없는 것으로서, 수리행위 자체에 중대·명백한 하자가 있는지를 따질 것도 없이 당연히 무효이다. 대법원 2018. 6. 12. 선고 2018두33593 판결

0845 **○** 구 체육시설의설치·이용에관한법률 제18조에 의한 골프장이용료 변경신고서는 그 신고 자체가 위법하거나 그 신고에 무효사유가 없는 한 이것이 도지사에게 제출하여 접수된 때에 신고가 있었다고 볼 것이고, 도지사의 수리행위가 있어야만 신고가 있었다고 볼 것은 아니다. 대법원 1993. 7. 6.자 93마635 판결

0846 **○** 수산업법 제44조 소정의 어업의 신고는 행정청의 수리에 의하여 비로소 그 효과가 발생하는 이른바 '수리를 요하는 신고'라고 할 것이다. 대법원 2000. 5. 26. 선고 99다37382 판결

0847 **○** 주민등록은 단순히 주민의 거주관계를 파악하고 인구의 동태를 명확히 하는 것 외에도 주민등록에 따라 공법관계상의 여러 가지 법률상 효과가 나타나게 되는 것으로서, 주민등록의 신고는 행정청에 도달하기만 하면 신고로서의 효력이 발생하는 것이 아니라 행정청이 수리한 경우에 비로소 신고의 효력이 발생한다. 대법원 2009. 1. 30. 선고 2006다17850 판결

0848 **○** 구 체육시설의 설치·이용에 관한 법률에 의하여 체육시설의 회원을 모집하고자 하는 자는 시·도지사 등으로부터 회원모집계획서에 대한 검토결과 통보를 받은 후에 회원을 모집할 수 있다고 보아야 하고, 따라서 체육시설의 회원을 모집하고자 하는 자의 시·도지사 등에 대한 회원모집계획서 제출은 수리를 요하는 신고에서의 신고에 해당하며, 시·도지사 등의 검토결과 통보는 수리행위로서 행정처분에 해당한다. 대법원 2009. 2. 26. 선고 2006두16243 판결

0849 **○** 납골당설치 신고는 이른바 '수리를 요하는 신고'라 할 것이므로, 납골당설치 신고가 구 장사법 관련 규정의 모든 요건에 맞는 신고라 하더라도 신고인은 곧바로 납골당을 설치할 수는 없고, 이에 대한 행정청의 수리처분이 있어야만 신고한 대로 납골당을 설치할 수 있다. 대법원 2011. 9. 8. 선고 2009두6766 판결

0850 구「유통산업발전법」에 따른 대규모점포의 개설등록 및 구「재래시장 및 상점가 육성을 위한 특별법」에 따른 시장관리자 지정은 행정청이 실체적 요건에 관한 심사를 한 후 수리하여야 하는, 수리를 요하는 신고로서 행정처분에 해당한다. 23. 국가 7급 (   )

0851 「건축법」상 인·허가의제 효과를 수반하는 건축신고는 특별한 사정이 없는 한 행정청이 그 실체적 요건에 관한 심사를 한 후 수리하여야 하는 이른바 '수리를 요하는 신고'이다. 20. 국가 (   )

0852 신고는 사인이 행하는 공법행위로 행정기관의 행위가 아니므로「행정절차법」에는 신고에 관한 규정을 두고 있지 않다. 18. 국가 (   )

0853 법령 등에서 행정청에 대하여 일정한 사항을 통지함으로써 의무가 끝나는 신고를 규정하고 있는 경우에는 법령상 요건을 갖춘 적법한 신고서를 발송하였을 때에 신고의 의무가 이행된 것으로 본다. 16. 국가 (   )

0854 「행정절차법」상 신고 요건으로는 신고서의 기재사항에 흠이 없고 필요한 구비서류가 첨부되어 있어야 하며, 신고의 기재사항은 그 진실함이 입증되어야 한다. 14. 국가 (   )

0855 「행정절차법」은 '법령등에서 행정청에 일정한 사항을 통지함으로써 의무가 끝나는 신고'에 대하여 '그 밖에 법령 등에 규정된 형식상의 요건에 적합할 것'을 그 신고의무 이행요건의 하나로 정하고 있다. 20. 지방 (   )

0856 정보통신매체를 이용하여 학습비를 받고 불특정 다수인에게 원격 평생교육을 실시하기 위해 구「평생교육법」에서 정한 형식적 요건을 모두 갖추어 신고한 경우, 행정청은 신고대상이 된 교육이나 학습이 공익적 기준에 적합하지 않는다는 등의 실체적 사유를 들어 신고 수리를 거부할 수 없다. 21. 지방 (   )

0857 식품접객업 영업신고에 대해서는「식품위생법」이「건축법」에 우선 적용되므로, 영업신고가「식품위생법」상의 신고요건을 갖춘 경우라면 그 영업신고를 한 해당 건축물이「건축법」상 무허가건축물이라도 적법한 신고에 해당된다. 16. 국가 (   )

0858 시장 등의 주민등록전입신고 수리 여부에 대한 심사는「주민등록법」의 입법 목적의 범위 내에서 제한적으로 이루어져야 하는바, 전입신고자가 30일 이상 생활의 근거로서 거주할 목적으로 거주지를 옮기는지 여부가 심사 대상으로 되어야 한다. 23. 지방 (   )

0859 유료노인복지주택의 설치신고를 받은 행정관청은 그 유료노인복지주택의 시설 및 운용기준이 법령에 부합하는지와 설치신고 당시 부적격자들이 입소하고 있는지 여부를 심사할 수 있다. 14. 국가 (   )

0860 행정관청은 노동조합으로 설립신고를 한 단체가 노동조합 및 노동관계조정법상의 요건에 해당하는지 여부에 대하여 실질적인 심사를 거쳐 반려여부를 결정할 수 없다. 17. 소방간부 (   )

0861 허가대상 건축물의 양수인이 구「건축법 시행규칙」에 규정되어 있는 형식적 요건을 갖추어 행정관청에 적법하게 건축주의 명의변경을 신고한 경우, 행정관청은 실체적인 이유를 내세워 신고의 수리를 거부할 수는 없다.
17. 지방 7급 (   )

정답 & ○× 풀이

0850 ○ 구 유통산업발전법에 따른 대규모점포의 개설등록 및 구 재래시장법에 따른 시장관리자 지정은 행정청이 실체적 요건에 관한 심사를 한 후 수리하여야 하는 이른바 '수리를 요하는 신고'로서 행정처분에 해당한다. 대법원 2019. 9. 10. 선고 2019다208953 판결

0851 ○ 인·허가의제 효과를 수반하는 건축신고는 일반적인 건축신고와는 달리, 특별한 사정이 없는 한 행정청이 그 실체적 요건에 관한 심사를 한 후 수리하여야 하는 이른바 '수리를 요하는 신고'로 보는 것이 옳다. 대법원 2011. 1. 20. 선고 2010두14954 전원합의체 판결

0852 × 행정절차법은 제40조에서 자기완결적 신고에 관한 규정을 두고 있다.

0853 × 법령 등에서 행정청에 일정한 사항을 통지함으로써 의무가 끝나는 신고를 규정하고 있는 경우, 신고가 법령에서 정한 요건을 갖춘 경우에는 신고서가 접수기관에 도달된 때에 신고 의무가 이행된 것으로 본다(행정절차법 제40조 제1항 및 제2항).

0854 × 행정절차법에 규정되어 있는 신고는 자기완결적 신고로서, 그 신고 요건으로 기재사항에 흠이 없을 것과 필요한 구비서류가 첨부되어 있을 것 등 형식적 요건에 관한 사항만을 규정하고 있을 뿐, 기재사항의 진실성에 대한 입증과 같은 실질적 요건(행정요건적 신고의 심사대상)에 대해서는 규정하고 있지 않다.

0855 ○ 행정절차법 제40조(신고) ② 제1항에 따른 신고가 다음 각 호의 요건을 갖춘 경우에는 신고서가 접수기관에 도달된 때에 신고 의무가 이행된 것으로 본다.
　1. 신고서의 기재사항에 흠이 없을 것
　2. 필요한 구비서류가 첨부되어 있을 것
　3. 그 밖에 법령등에 규정된 형식상의 요건에 적합할 것

0856 ○ 정보통신매체를 이용하여 학습비를 받고 불특정 다수인에게 원격평생교육을 실시하기 위해 구 평생교육법 제22조 등에서 정한 형식적 요건을 모두 갖추어 신고한 경우, 행정청은 실체적 사유를 들어 신고 수리를 거부할 수 있다. 대법원 2011. 7. 28. 선고 2005두11784 판결

0857 × 식품위생법에 따른 식품접객업(일반음식점영업)의 영업신고의 요건을 갖춘 자라고 하더라도, 그 영업신고를 한 당해 건축물이 건축법 소정의 허가를 받지 아니한 무허가 건물이라면 적법한 신고를 할 수 없다. 대법원 2009. 4. 23. 선고 2008도6829 판결

0858 ○ 주민등록법의 입법 목적에 관한 제1조 및 주민등록 대상자에 관한 제6조의 규정을 고려해 보면, 전입신고를 받은 시장·군수 또는 구청장의 심사 대상은 전입신고자가 30일 이상 생활의 근거로 거주할 목적으로 거주지를 옮기는지 여부만으로 제한된다고 보아야 한다. 따라서 전입신고자가 거주의 목적 이외에 다른 이해관계에 관한 의도를 가지고 있는지 여부, 무허가 건축물의 관리, 전입신고를 수리함으로써 당해 지방자치단체에 미치는 영향 등과 같은 사유는 주민등록법이 아닌 다른 법률에 의하여 규율되어야 하고, 주민등록전입신고의 수리 여부를 심사하는 단계에서는 고려 대상이 될 수 없다. 대법원 2009. 6. 18. 선고 2008두10997 전원합의체 판결

0859 ○ 유료노인복지주택의 설치신고를 받은 행정관청으로서는 그 유료노인복지주택의 시설 및 운영기준이 위 법령에 부합하는지와 아울러 그 유료노인복지주택이 적법한 입소대상자에게 분양되었는지와 설치신고 당시 부적격자들이 입소하고 있지는 않은지 여부까지 심사하여 그 신고의 수리 여부를 결정할 수 있다. 대법원 2007. 1. 11. 선고 2006두14537 전원합의체 판결

0860 × 행정관청은 노동조합으로 설립신고를 한 단체가 노동조합법 제2조 제4호 각 목에 해당하는지 여부를 실질적으로 심사할 수 있다. 다만 행정관청에 광범위한 심사권한을 인정할 경우 행정관청의 심사가 자의적으로 이루어져 신고제가 사실상 허가제로 변질될 우려가 있는 점 등을 고려하면, 행정관청은 일단 제출된 설립신고서와 규약의 내용을 기준으로 노동조합법 제2조 제4호 각 목의 해당 여부를 심사하되, 설립신고서를 접수할 당시 그 해당 여부가 문제된다고 볼 만한 객관적인 사정이 있는 경우에 한하여 설립신고서와 규약 내용 외의 사항에 대하여 실질적인 심사를 거쳐 반려 여부를 결정할 수 있다. 대법원 2014. 4. 10. 선고 2011두6998 판결

0861 ○ 허가대상 건축물의 양수인이 구 건축법 시행규칙에 규정되어 있는 형식적 요건을 갖추어 시장·군수 등 행정관청에 적법하게 건축주의 명의변경을 신고한 때에는 행정관청은 그 신고를 수리하여야지 실체적인 이유를 내세워 신고의 수리를 거부할 수는 없다. 대법원 2014. 10. 15. 선고 2014두37658 판결

PART
03

0862 가설건축물 존치기간을 연장하려는 건축주 등이 법령에 규정되어 있는 제반 서류와 요건을 갖추어 행정청에 연장신고를 한 경우, 행정청으로서는 법령에서 요구하고 있지도 아니한 '대지사용승낙서' 등의 서류가 제출되지 아니하였거나, 대지소유권자의 사용승낙이 없다는 등의 사유를 들어 가설건축물 존치기간 연장신고의 수리를 거부하여서는 아니 된다. 19. 지방 7급 (   )

0863 숙박업을 하고자 하는 자가 법령이 정하는 시설과 설비를 갖추고 행정청에 신고를 하면 행정청은 공중위생관리법령의 규정에 따라 원칙적으로 이를 수리하여야 하므로, 새로 숙박업을 하려는 자가 기존에 다른 사람이 숙박업 신고를 한 적이 있는 시설 등의 소유권 등 정당한 사용권한을 취득하여 법령에서 정한 요건을 갖추어 신고하였다면, 행정청으로서는 특별한 사정이 없는 한 이를 수리하여야 하고, 기존의 숙박업 신고가 외관상 남아있다는 이유로 이를 거부할 수 없다. 18. 국가 (   )

0864 「의료법」에 따라 정신과의원을 개설하려는 자가 법령에 규정되어 있는 요건을 갖추어 개설신고를 한 경우라도 관할 시장·군수·구청장은 법령에서 정한 요건 이외의 사유를 들어 의원급 의료기관 개설신고의 수리를 거부할 수 있다. 19. 지방 7급 (   )

0865 수리를 요하는 신고에서 행정청의 수리행위에 신고필증 교부의 행위가 반드시 필요한 것은 아니다.
21. 지방 7급 (   )

0866 구 「의료법 시행규칙」 제22조 제3항에 의하면 의원개설 신고서를 수리한 행정관청이 소정의 신고필증을 교부하도록 되어있기 때문에 이와 같은 신고필증의 교부가 없으면 개설신고의 효력이 없다. 19. 지방 (   )

0867 다른 법령에 의한 인허가가 의제되지 않는 일반적인 건축신고는 자기완결적 신고이므로 이에 대한 수리 거부행위는 항고소송의 대상이 되는 처분이 아니다. 20. 지방 (   )

0868 「건축법」상의 착공신고의 경우에는 신고 그 자체로서 법적 절차가 완료되어 행정청의 처분이 개입될 여지가 없으므로, 행정청의 착공신고 반려행위는 항고소송의 대상인 처분에 해당하지 않는다. 20. 국가 (   )

0869 행정청은 처리기간이 "즉시"로 되어 있는 신청의 경우에는 접수증을 주지 아니할 수 있다. 23. 국가 (   )

0870 행정청은 신청에 구비서류의 미비 등 흠이 있는 경우 접수를 거부하여야 한다. 23. 국가 (   )

PART 03

0862 ○ 가설건축물 존치기간을 연장하려는 건축주 등이 법령에 규정되어 있는 제반 서류와 요건을 갖추어 행정청에 연장신고를 한 때에는 행정청은 원칙적으로 이를 수리하여 신고필증을 교부하여야 하고, 법령에서 정한 요건 이외의 사유를 들어 수리를 거부할 수는 없다. 따라서 행정청으로서는 법령에서 요구하고 있지도 아니한 '대지사용승낙서' 등의 서류가 제출되지 아니하였거나, 대지소유권자의 사용승낙이 없다는 등의 사유를 들어 가설건축물 존치기간 연장신고의 수리를 거부하여서는 아니 된다. 대법원 2018. 1. 25. 선고 2015두35116 판결

0863 ○ 숙박업을 하고자 하는 자가 법령이 정하는 시설과 설비를 갖추고 행정청에 신고를 하면, 행정청은 공중위생관리법령의 위 규정에 따라 원칙적으로 이를 수리하여야 한다. 행정청이 법령이 정한 요건 이외의 사유를 들어 수리를 거부하는 것은 위 법령의 목적에 비추어 이를 거부해야 할 중대한 공익상의 필요가 있다는 등 특별한 사정이 있는 경우에 한한다. 이러한 법리는 이미 다른 사람 명의로 숙박업 신고가 되어 있는 시설 등의 전부 또는 일부에서 새로 숙박업을 하고자 하는 자가 신고를 한 경우에도 마찬가지이다. 기존에 다른 사람이 숙박업 신고를 한 적이 있더라도 새로 숙박업을 하려는 자가 그 시설 등의 소유권 등 정당한 사용권한을 취득하여 법령에서 정한 요건을 갖추어 신고하였다면, 행정청으로서는 특별한 사정이 없는 한 이를 수리하여야 하고, 단지 해당 시설 등에 관한 기존의 숙박업 신고가 외관상 남아있다는 이유만으로 이를 거부할 수 없다. 대법원 2017. 5. 30. 선고 2017두34087 판결

0864 × 정신과의원을 개설하려는 자가 법령에 규정되어 있는 요건을 갖추어 개설신고를 한 때에, 행정청은 원칙적으로 이를 수리하여 신고필증을 교부하여야 하고, 법령에서 정한 요건 이외의 사유를 들어 의원급 의료기관 개설신고의 수리를 거부할 수는 없다. 대법원 2018. 10. 25. 선고 2018두44302 판결

0865 ○ 수리란 신고를 유효한 것으로 판단하고 법령에 의하여 처리할 의사로 이를 수령하는 수동적 행위이므로 수리행위에 신고필증 교부 등 행위가 꼭 필요한 것은 아니다. 대법원 2011. 9. 8. 선고 2009두6766 판결

0866 × 의료법 제30조 제3항에 의하면 의원, 치과의원, 한의원 또는 조산소의 개설은 단순한 신고사항으로만 규정하고 있고 또 그 신고의 수리여부를 심사, 결정할 수 있게 하는 별다른 규정도 두고 있지 아니하므로 의원의 개설신고를 받은 행정관청으로서는 별다른 심사, 결정 없이 그 신고를 당연히 수리하여야 한다. 따라서 의료법 시행규칙에 의원개설 신고서를 수리한 행정관청이 소정의 신고필증을 교부하도록 되어있다 하여도 이는 신고사실의 확인행위로서 신고필증을 교부하도록 규정한 것에 불과하고 그와 같은 신고필증의 교부가 없다 하여 개설신고의 효력을 부정할 수 없다 할 것이다. 대법원 1985. 4. 23. 선고 84도2953 판결

0867 × 건축주 등은 신고제하에서도 건축신고가 반려될 경우 당해 건축물의 건축을 개시하면 시정명령, 이행강제금, 벌금의 대상이 되거나 당해 건축물을 사용하여 행할 행위의 허가가 거부될 우려가 있어 불안정한 지위에 놓이게 된다. 따라서 건축신고 반려행위가 이루어진 단계에서 당사자로 하여금 반려행위의 적법성을 다투어 그 법적 불안을 해소한 다음 건축행위에 나아가도록 함으로써 장차 있을지도 모르는 위험에서 미리 벗어날 수 있도록 길을 열어 주고, 위법한 건축물의 양산과 그 철거를 둘러싼 분쟁을 조기에 근본적으로 해결할 수 있게 하는 것이 법치행정의 원리에 부합한다. 그러므로 건축신고 반려행위는 항고소송의 대상이 된다고 보는 것이 옳다. 대법원 2010. 11. 18. 선고 2008두167 전원합의체 판결

0868 × 착공신고 반려행위가 이루어진 단계에서 당사자로 하여금 반려행위의 적법성을 다투어 법적 불안을 해소한 다음 건축행위에 나아가도록 함으로써 장차 있을지도 모르는 위험에서 미리 벗어날 수 있도록 길을 열어 주고, 위법한 건축물의 양산과 철거를 둘러싼 분쟁을 조기에 근본적으로 해결할 수 있게 하는 것이 법치행정의 원리에 부합한다. 그러므로 행정청의 착공신고 반려행위는 항고소송의 대상이 된다고 보는 것이 옳다. 대법원 2011. 6. 10. 선고 2010두7321 판결

0869 ○ 행정절차법 제17조(처분의 신청) ④ 행정청은 신청을 받았을 때에는 다른 법령등에 특별한 규정이 있는 경우를 제외하고는 그 접수를 보류 또는 거부하거나 부당하게 되돌려 보내서는 아니 되며, 신청을 접수한 경우에는 신청인에게 접수증을 주어야 한다. 다만, 대통령령으로 정하는 경우에는 접수증을 주지 아니할 수 있다.
행정절차법 시행령 제9조(접수증) 법 제17조 제4항 단서에서 "대통령령이 정하는 경우"라 함은 다음 각호의 1에 해당하는 신청의 경우를 말한다.
1. 구술·우편 또는 정보통신망에 의한 신청
2. 처리기간이 "즉시"로 되어 있는 신청
3. 접수증에 갈음하는 문서를 주는 신청

0870 × 행정절차법 제17조(처분의 신청) ⑤ 행정청은 신청에 구비서류의 미비 등 흠이 있는 경우에는 보완에 필요한 상당한 기간을 정하여 지체 없이 신청인에게 보완을 요구하여야 한다.

0871 행정청은 신청인의 편의를 위하여 다른 행정청에 신청을 접수하게 할 수 있다. 23. 국가 (   )

0872 행정청은 다수의 행정청이 관여하는 처분을 구하는 신청을 접수한 경우에는 관계 행정청과의 신속한 협조를 통하여 그 처분이 지연되지 아니하도록 하여야 한다. 23. 국가 (   )

0873 신청인이 신청에 앞서 행정청의 허가업무 담당자에게 한 신청서의 내용에 대한 검토요청은 다른 특별한 사정이 없는 한 명시적이고 확정적인 신청의 의사표시로 보기 어렵다. 20. 국가 7급 (   )

0874 행정청은 사인의 신청에 구비서류의 미비와 같은 흠이 있는 경우 신청인에게 보완을 요구하여야 하는바, 이때 보완의 대상이 되는 흠은 원칙상 형식적·절차적 요건뿐만 아니라 실체적 발급요건상의 흠을 포함한다. 22. 지방 7급 (   )

0875 행정청은 신청에 구비서류의 미비 등 흠이 있는 경우 원칙상 형식적·절차적인 요건만을 보완요구하여야 하므로 실질적인 요건에 관한 흠이 민원인의 단순한 착오나 일시적인 사정 등에 기인한 경우에도 보완을 요구할 수 없다. 23. 지방 (   )

0876 특별한 규정이 없는 경우, 「민법」의 법률행위에 관한 규정 중 의사표시의 효력발생시기, 대리행위의 효력, 조건과 기한의 효력 등의 규정은 행정행위에도 적용된다. 17. 지방 (   )

0877 행정에 관한 기간의 계산에 관하여는 「행정기본법」 또는 다른 법령등에 특별한 규정이 있는 경우를 제외하고는 「민법」을 준용한다. 21. 국가 7급 (   )

0878 법령등 또는 처분에서 국민의 권익을 제한하거나 의무를 부과하는 경우 권익이 제한되거나 의무가 지속되는 기간을 일, 주, 월 또는 연으로 정한 경우에는 국민에게 불리한 경우가 아니라면 기간의 첫날을 산입한다. 23. 소방간부 (   )

0879 법령등에서 국민의 권익을 제한하는 경우, 권익이 제한되는 기간의 계산에 있어 기간의 말일이 토요일 또는 공휴일인 경우에는 기간은 그 익일로 만료한다. 22. 국회 8급 (   )

0880 현행법상 국가에 대한 금전채권의 소멸시효에 대하여는 「민법」의 규정이 그대로 적용된다. 16. 국가 (   )

0881 변상금부과처분이 당연무효인 경우, 당해 변상금부과처분에 의하여 납부한 오납금에 대한 납부자의 부당이득반환청구권의 소멸시효는 변상금부과처분의 부과시부터 진행한다. 20. 국가 (   )

0882 「국가재정법」상 5년의 소멸시효가 적용되는 '금전의 급부를 목적으로 하는 국가의 권리'에는 국가의 사법(私法)상 행위에서 발생한 국가에 대한 금전채무도 포함된다. 16. 지방 (   )

0883 「국유재산법」상 변상금부과처분에 대한 취소소송이 진행되는 동안에도 그 부과권의 소멸시효가 진행된다. 11. 국가 7급 (   )

0871 ○ 행정절차법 제17조(처분의 신청) ⑦ 행정청은 신청인의 편의를 위하여 다른 행정청에 신청을 접수하게 할 수 있다. 이 경우 행정청은 다른 행정청에 접수할 수 있는 신청의 종류를 미리 정하여 공시하여야 한다.

0872 ○ 행정절차법 제18조(다수의 행정청이 관여하는 처분) 행정청은 다수의 행정청이 관여하는 처분을 구하는 신청을 접수한 경우에는 관계 행정청과의 신속한 협조를 통하여 그 처분이 지연되지 아니하도록 하여야 한다.

0873 ○ 여기에서의 <u>신청인의 행정청에 대한 신청의 의사표시는 명시적이고 확정적인 것이어야 한다</u>고 할 것이므로 <u>신청인이 신청에 앞서 행정청의 허가업무 담당자에게 신청서의 내용에 대한 검토를 요청한 것만으로는 다른 특별한 사정이 없는 한 명시적이고 확정적인 신청의 의사표시가 있었다고 하기 어렵다.</u> 대법원 2004. 9. 24. 선고 2003두13236 판결

0874 ✕ 행정절차법 제17조가 '구비서류의 미비 등 흠의 보완'과 '신청 내용의 보완'을 분명하게 구분하고 있는 점에 비추어 보면, <u>행정절차법 제17조 제5항은 신청인이 신청할 때 관계 법령에서 필수적으로 첨부하여 제출하도록 규정한 서류를 첨부하지 않은 경우와 같이 쉽게 보완이 가능한 사항을 누락하는 등의 흠이 있을 때 행정청이 곧바로 거부처분을 하는 것보다는 신청인에게 보완할 기회를 주도록 함으로써 행정의 공정성·투명성 및 신뢰성을 확보하고 국민의 권익을 보호하려는 행정절차법의 입법목적을 달성하고자 함이지, 행정청으로 하여금 신청에 대하여 거부처분을 하기 전에 반드시 신청인에게 신청의 내용이나 처분의 실체적 발급요건에 관한 사항까지 보완할 기회를 부여하여야 할 의무를 정한 것은 아니라고 보아야 한다.</u> 대법원 2020. 7. 23 선고 2020두36007 판결

0875 ✕ <u>보완의 대상이 되는 흠은 보완이 가능한 경우이어야 함은 물론이고, 그 내용 또한 형식적·절차적인 요건이거나, 실질적인 요건에 관한 흠이 있는 경우라도 그것이 민원인의 단순한 착오나 일시적인 사정 등에 기한 경우 등이라야 한다.</u> 대법원 2004. 10. 15. 선고 2003두6573 판결

0876 ○ 민법의 규정 중 의사표시, 대리 등과 같은 법기술적 규정은 공법관계의 성질을 불문하고 일반적으로 적용될 수 있다.

0877 ○ 행정기본법 제6조(행정에 관한 기간의 계산) ① <u>행정에 관한 기간의 계산에 관하여는 이 법 또는 다른 법령등에 특별한 규정이 있는 경우를 제외하고는 「민법」을 준용한다.</u>

0878 ○ 행정기본법 제6조(행정에 관한 기간의 계산) ② 법령등 또는 처분에서 국민의 권익을 제한하거나 의무를 부과하는 경우 권익이 제한되거나 의무가 지속되는 기간의 계산은 다음 각 호의 기준에 따른다. 다만, 다음 각 호의 기준에 따르는 것이 국민에게 불리한 경우에는 그러하지 아니하다.
1. 기간을 일, 주, 월 또는 연으로 정한 경우에는 <u>기간의 첫날을 산입한다.</u>

0879 ✕ 행정기본법 제6조(행정에 관한 기간의 계산) ② 법령등 또는 처분에서 <u>국민의 권익을 제한하거나 의무를 부과하는 경우 권익이 제한되거나 의무가 지속되는 기간의 계산은 다음 각 호의 기준에 따른다.</u> 다만, 다음 각 호의 기준에 따르는 것이 국민에게 불리한 경우에는 그러하지 아니하다.
2. 기간의 말일이 토요일 또는 공휴일인 경우에도 <u>기간은 그 날로 만료한다.</u>

0880 ✕ 국가에 대한 금전채권의 소멸시효에 대하여는 원칙적으로 민법의 시효에 관한 규정이 적용되나, 행정법의 특수성을 고려하여 민법의 규정이 <u>그대로 적용되지는 않고,</u> 시효기간 등 일부 차이점이 존재한다.

0881 ✕ 지방재정법 제87조 제1항에 의한 변상금부과처분이 당연무효인 경우에 이 변상금부과처분에 의하여 납부자가 납부하거나 징수당한 오납금은 지방자치단체가 법률상 원인 없이 취득한 부당이득에 해당하고, 이러한 오납금에 대한 납부자의 부당이득반환청구권은 <u>처음부터 법률상 원인이 없이 납부 또는 징수된 것이므로 납부 또는 징수시에 발생하여 확정되며, 그 때부터 소멸시효가 진행한다.</u> 대법원 2005. 1. 27. 선고 2004다50143 판결

0882 ○ 구 예산회계법 제71조의 금전의 급부를 목적으로 하는 국가의 권리라 함은 금전의 급부를 목적으로 하는 권리인 이상 금전급부의 발생원인에 관하여는 아무런 제한이 없으므로 국가의 공권력의 발동으로 하는 행위는 물론 국가의 사법상의 행위에서 발생한 국가에 대한 금전채무도 포함하고 동법 제71조에서 타법률에 운운 규정은 타법률에 동법 제71조에 규정한 5년의 소멸시효기간보다 짧은 기간의 한 본건 제2항은 예산회계법 제71조에서 말하는 타법률에 규정한 경우에 해당하지 아니한다. 대법원 1967. 7. 4. 선고 67다751 판결

0883 ○ <u>변상금 부과처분에 대한 취소소송이 진행 중이라도 그 부과권자로서는 위법한 처분을 스스로 취소하고 그 하자를 보완하여 다시 적법한 부과처분을 할 수도 있는 것이어서 그 권리행사에 법률상의 장애사유가 있는 경우에 해당한다고 할 수 없으므로, 그 처분에 대한 취소소송이 진행되는 동안에도 그 부과권의 소멸시효가 진행된다.</u> 대법원 2006. 2. 10. 선고 2003두5686 판결

0884 납입고지에 의한 소멸시효의 중단은 그 납입고지에 의한 부과처분이 추후 취소되면 효력이 상실된다.

16. 지방 (   )

0885 조세에 관한 소멸시효가 완성된 후에 부과된 조세부과처분은 위법한 처분이지만 당연무효라고 볼 수는 없다.

16. 지방 (   )

0886 「국유재산법」상 일반재산은 취득시효의 대상이 될 수 없다. 16. 지방 (   )

0887 현행법상 행정목적을 위하여 제공된 행정재산에 대해서는 공용폐지가 되지 않는 한 「민법」상 취득시효규정이 적용되지 않는다. 16. 국가 (   )

0888 공법관계에 있어서 자연인의 주소는 주민등록지이고, 그 수는 1개소에 한한다. 17. 지방 (   )

0889 사무처리의 긴급성으로 인하여 해양경찰의 직접적인 지휘를 받아 보조로 방제작업을 한 경우, 사인은 그 사무를 처리하며 지출한 필요비 내지 유익비의 상환을 국가에 대하여 민사소송으로 청구할 수 있다. 22. 국가 (   )

0890 국가는 국유재산의 무단점유자에 대하여 변상금부과·징수권의 행사와는 별도로 민사상 부당이득반환청구의 소를 제기할 수 없다. 16. 서울 7급 (   )

0884 X 예산회계법 제98조에서 법령의 규정에 의한 납입고지를 시효중단 사유로 규정하고 있는바, 이러한 <u>납입고지에 의한 시효중단의 효력은 그 납입고지에 의한 부과처분이 취소되더라도 상실되지 않는다.</u> 대법원 2000. 9. 8. 선고 98두19933 판결

0885 X <u>조세에 관한 소멸시효가 완성되면 국가의 조세부과권과 납세의무자의 납세의무는 당연히 소멸한다</u> 할 것이므로 소멸시효완성 후에 부과된 부과처분은 납세의무 없는 자에 대하여 부과처분을 한 것으로서 그와 같은 하자는 중대하고 명백하여 그 처분의 효력은 <u>당연무효이다.</u> 대법원 1985. 5. 14. 선고 83누655 판결

0886 X 국유재산 중 행정재산과 달리 <u>공적 목적에 제공되고 있지 않은 일반재산의 경우 시효취득의 대상이 된다.</u>

0887 O <u>행정재산은 공용폐지가 되지 아니하는 한 사법상 거래의 대상이 될 수 없으므로 시효취득의 대상이 되지 아니하고,</u> 관재당국이 이를 모르고 행정재산을 매각하였다 하더라도 그 매매는 당연무효이다. 대법원 1996. 5. 28. 선고 95다52383 판결

0888 O 행정법관계에 있어서 자연인의 경우 <u>주민등록법에 의한 주민등록지가 주소지가 되고,</u> <u>주소의 이중등록이 금지되는 결과 자연인의 주소는 원칙적으로 1개소에</u> 한정된다.

0889 O 사인이 처리한 국가의 사무가 사인이 국가를 대신하여 처리할 수 있는 성질의 것으로서, <u>사무 처리의 긴급성 등 국가의 사무에 대한 사인의 개입이 정당화되는 경우에 한하여 사무관리가 성립하고, 사인은 그 범위 내에서 국가에 대하여 국가의 사무를 처리하면서 지출된 필요비 내지 유익비의 상환을 청구할 수 있다</u>(甲 주식회사 소유의 <u>유조선에서 원유가 유출되는 사고가 발생하자 乙 주식회사가 피해 방지를 위해 해양경찰의 직접적인 지휘를 받아 방제작업을 보조한 사안에서, 乙 회사는 사무관리에 근거하여 국가에 방제비용을 청구할 수 있다</u>고 한 사례). 대법원 2014. 12. 11. 선고 2012다15602 판결

0890 X 구 국유재산법에 의한 변상금 부과·징수권은 민사상 부당이득반환청구권과 법적 성질을 달리하므로, <u>국가는 무단점유자를 상대로 변상금 부과·징수권의 행사와 별도로 국유재산의 소유자로서 민사상 부당이득반환청구의 소를 제기할 수 있다.</u> 대법원 2014. 7. 16. 선고 2011다76402 전원합의체 판결

강성빈
행정법총론
OX
+ 요약노트

PART

04

실효성 확보수단

주제 44 행정의 실효성 확보수단 개관

1 행정의 실효성 확보수단 개관

- 행정의 실효성 확보수단 : 행정의 목적을 달성하기 위해 강제력을 행사하는 행정작용

- 장래의 행정목적 실현을 위한 행정강제와 과거의 의무위반행위에 대한 처벌인 행정벌로 구분됨

- 행정강제는 다시 행정상 강제집행과 즉시강제로, 행정벌은 다시 행정형벌과 행정질서벌로 구분됨

2 행정의 실효성 확보수단의 체계

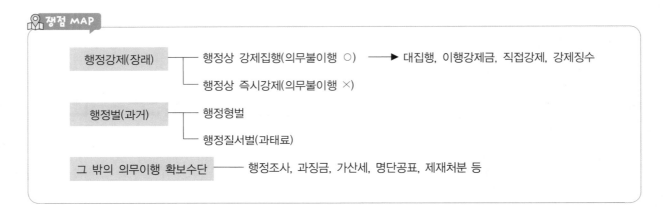

3 행정상 강제집행 개관

- 행정법상 의무불이행 ➡ 의무자에게 실력을 가하여 의무이행을 강제 또는 의무이행상태 실현
  - 행정상 즉시강제 : 의무의 부과 및 의무불이행을 전제로 하지 않음

- if 강제집행 가능 ➡ 민사소송 허용 ✕ (∵소의 이익 ✕)
  - 대집행의 방법으로 건물철거 또는 대집행비용징수 가능한 경우 ➡ 민사소송 ✕
  - 일반재산의 대부료 징수 ➡ 강제징수 가능하므로, 민사소송 ✕

- if 강제집행 불가능 ➡ 민사소송 허용 ○
  - 국유재산에 대한 사용신청권을 갖는 자가 국가를 대위하여 철거소송 제기한 사례

4 행정벌 개관

① 일반론

- 과거의 행정법상 의무위반에 대하여 국가가 제재로서 가하는 처벌

- 징계벌(징계처분): 공법상 특별권력관계 내부의 질서유지를 위한 제재
  - 교도소 수형자에 대하여 징벌 후 다시 형사처벌 ➡ 일사부재리 위반 ×

② 종류

- 행정형벌: 형법상 형벌 부과 ➡ 형법 총칙(죄형법정주의) 적용, 형사소송절차

- 행정질서벌: 과태료 부과 ➡ 형법 총칙(죄형법정주의) 적용 ×, 질서위반행위규제법에 따른 절차

- 행정형벌과 행정질서벌 중 제재수단의 선택 ➡ 입법자의 재량

- 최근 경향: 전과자 양산 방지 ➡ 행정질서벌화

행정대집행

1 의의

- 대체적 작위의무의 불이행이 있는 경우에 행정청 스스로 의무자가 행할 행위를 하거나 제3자로 하여금 이를 행하게 하고 그 비용을 의무자로부터 징수하는 것

- 일반법: 행정대집행법

2 대집행의 요건: 공법상 대체적 작위의무의 불이행

① 공법상 의무

- 사법상 의무불이행에 대해서는 대집행 ×
  - 토지보상법상 협의취득하면서 건물철거약정: 사법상 의무 ➡ 대집행 ×
  - 대부계약이 적법하게 해지됐음에도 계속 점유 ➡ (불법 점유에 해당하므로) 대집행 ○

- 의무부과의 근거: 법령이 직접 부과 또는 하명처분에 의해 부과
  - 공법상계약에 근거하여 발생한 의무 ➡ 대집행 ×
  - 위법한 처분에 따라 부과된 의무: 취소되지 않는 한 대집행 ○

② 대체적 의무

- 타인에 의해서도 그 이행이 가능한 의무(ex 건물철거의무)

- 비대체적 의무(의무자만이 이행할 수 있는 의무) ➡ 대집행 ×(ex 건물인도·명도의무, 퇴거의무)

③ 작위의무

- 어떠한 행위를 적극적으로 해야 하는 의무 ➡ 부작위(금지)의무 위반에 대해서는 대집행 ×
  - 장례식장 사용중지의무(비대체적 부작위의무) 위반 ➡ 대집행 ×

- if 부작위의무 위반 ➡ 법률에 부작위의무를 작위의무로 전환시키는 규정 없는 한, 대집행 ×

- 부작위의무로부터 작위의무를 명하는 명령권이 당연히 도출되는 것은 아님(∵ 법률유보의 원칙)

④ 비례의 원칙

- 다른 수단으로써 그 이행을 확보하기가 곤란할 것

- 의무의 불이행을 방치함이 심히 공익을 해할 것

⑤ 증명책임 등

- 대집행 요건의 충족 여부에 대한 증명책임 : 행정청

- 대집행 요건이 충족되면 하명처분에 대한 불가쟁력이 발생하지 않았더라도, 대집행 가능

- 재량행위 ➡ 요건 충족되었더라도 행정청이 반드시 대집행 권한 행사하여야 하는 것 ✕

5 대집행의 절차

① 계고

(1) 의의

- 상당한 기간 내 의무의 이행이 없으면 대집행을 한다는 뜻을 미리 문서로써 통지하는 행위

- 비상시 또는 위험이 절박하고 급속한 실시를 요하여 계고를 할 여유 ✕ ➡ 생략 ○

- 처분성 ○(준법률행위적 행정행위인 통지)
  - 반복된 계고 : 최초의 계고만 처분(N차 계고는 사실행위에 불과)

(2) 요건

- 내용 : 이행할 의무, 대집행의 내용 등이 구체적으로 특정되어야 함
  - 계고서뿐만 아니라 처분 전후에 송달된 문서 기타 사정 종합하여 판단

- 형식 : 서면주의(∴ 구두 계고는 무효임)

- 상당한 이행기간의 부여(if 미부여 ➡ 영장 통지하면서 대집행 시기 늦추더라도 계고는 위법)

- 계고 처분 당시 대집행의 모든 요건 충족되었을 것

- 하명처분과 결합 가능 ➡ 1장의 문서로써 철거명령과 동시에 계고처분 가능

② 영장에 의한 통지

- 계고서에 지정된 기한까지 의무불이행 ➡ 대집행 시기, 책임자, 비용 등을 영장으로써 통지

- 비상시 또는 위험이 절박하고 급속한 실시를 요하여 계고를 할 여유 × ➡ 생략 ○

- 처분성 ○(준법률행위적 행정행위인 통지)

③ 실행

- 행정청 스스로 또는 제3자로 하여금 대체적 작위의무를 이행시키는 물리력의 행사

- 처분성 ○(권력적 사실행위)

- 실행시기
  - 원칙 일출 전, 일몰 후 ➡ 대집행 ×
  - 예외 의무자 동의, 일몰 전 착수, 목적 달성 불가능, 비상시 또는 위험 절박 ➡ 대집행 ○

- 실행 과정에서 상대방 저항 시, 실력행사 가부 ➡ 명확한 판례 ×
  - 철거명령 ➡ 철거 및 퇴거의무 모두 발생 ➡ 별도의 집행권원 없이도 퇴거조치 가능
  - 민사소송으로 퇴거청구 ➡ 소의 이익 ×
  - 경찰의 도움 ○(경찰관직무집행법법상 위험발생방지조치 or 공무집행방해죄 현행범체포)

④ 비용징수

- 비용 부담자 : 의무자 ➡ 비용납부명령(하명처분) ➡ 강제징수

- 징수할 비용 ➡ 사무비의 소속에 따라 국세에 다음가는 순위의 선취득권

- 징수금 : 사무비의 소속에 따라 국고 또는 지방자치단체의 수입으로 함

6　권리구제

- 각 대집행 절차 : 모두 처분성 ○ ➡ 독립하여 항고소송의 대상 ○

- 이미 대집행 실행이 완료된 경우 ➡ 소의 이익 ×, 국가배상 ○

- 하자의 승계
  - 하명처분과 대집행 각 절차 ➡ 승계 ×
  - 대집행 각 절차 사이 ➡ 승계 ○

주제 46 이행강제금

1 의의

* 일정기간 내 의무를 불이행할 경우 일정한 금액을 부과할 것을 계고하고, 그 기간 안에 의무이행이 없는 경우 계고된 금액을 부과하는 것(집행벌)

* 일반법 ×, 건축법·농지법 등 개별법에서 규정

* 다른 강제집행 수단과의 비교
  - **대집행 또는 직접강제**: 직접적으로 불이행한 의무 실현
  - **이행강제금**: 심리적 압박을 주어 간접적으로 의무이행을 강제

* 이행강제금(장래의 의무이행 확보)과 행정벌(과거의 의무위반 제재)은 병과할 수 있음(이중처벌 ×)

2 이행강제금의 대상

* 비대체적 작위의무 + 부작위의무 + 대체적 작위의무 모두 가능

* 대체적 작위의무 위반 ➡ 대집행 또는 이행강제금 선택적 활용 가능(재량)
  - 먼저 이행강제금 부과 후 다시 대집행을 하더라도 중첩적 제재 ×

3 건축법상 이행강제금의 부과요건 및 절차

① 절차
* 시정명령 ➡ 불이행 ➡ 상당한 이행기간 통지 ➡ 불이행 ➡ 계고 ➡ 이행강제금 부과 ➡ 징수

② 계고(이행강제금 부과 예고)

* 상당한 이행기간 내 의무불이행 시 이행강제금이 부과될 것을 서면으로 계고

* 계고한 내용이 본래의 의무 초과 ➡ 특별한 사정이 없는 한, 계고 및 이행강제금 모두 위법

③ 이행강제금 부과

- 반복 부과 ○(행정기본법 규정 ○, 건축법은 1년에 2회 이내 반복 ○)
  - 반복 부과시마다 시정명령절차를 다시 거칠 필요는 없음
  - 농지법상 이행강제금 ➡ 반복 부과를 위해 계고절차는 다시 거쳐야 함
- if 시정명령 이행 ➡ 이행기간 지나서 이행했더라도 이행강제금 부과 ✕
  - 이미 부과된 이행강제금 ➡ 의무이행 했더라도 징수 ○
  - **예외** 제재적 성격 갖는 공정거래법상 이행강제금 ➡ 이행기간 지나서 이행한 경우, 부과 가능
- if 시정명령의 이행 기회 제공 ✕ ➡ 그 기간 동안에 대해서는 이행강제금 부과 ✕
  - 시정명령 없었던 기간에 대해서까지 소급하여 한꺼번에 이행강제금 부과 ➡ 무효
- 의무불이행이 행정청의 위법한 거부처분에서 비롯된 경우 ➡ 이행강제금 부과 ✕
- 제반사정 고려하여 이행강제금의 부과 금액을 가중 또는 감경 가능

④ 이행강제금의 징수

- 강제징수 : 국세강제징수의 예 또는 지방행정제재부과금법에 따라 징수
- 이행강제금 납부의무는 일신전속적 ➡ 상속 ✕(∴ 사망한 사람에 대하여 부과된 이행강제금은 무효)

4 권리구제

- 개별법상 별도의 불복방법 존재 ○(ex 농지법) ➡ 이행강제금 부과처분 : 항고소송 ✕
  - 행정청이 오고지 또는 행심위에서 각하가 아닌 기각재결한 경우에도 동일함(즉 항고소송 ✕)
- 개별법상 별도의 불복방법 존재 ✕(ex 건축법) ➡ 이행강제금 부과처분 : 항고소송 ○

주제 47 직접강제와 강제징수

1 직접강제

① 의의

- 의무불이행시 의무자의 신체·재산에 대해 직접 실력을 가하여 의무이행상태를 실현하는 것
  - ex) 식품위생법에 따른 영업장 폐쇄, 출입국관리법에 따른 외국인 강제퇴거

- 의무부과 및 의무불이행을 전제 ➡ 즉시강제(의무부과 및 의무불이행 전제 ✕)와 구분됨

- 일반법 ✕

② 주요 내용

- 권력적 사실행위 ➡ 처분성 ○

- 대집행 또는 이행강제금으로는 의무이행 확보할 수 없는 경우에만 실시(행정기본법 제32조)

- 이행강제금의 계고 및 부과통지에 관한 행정기본법 규정이 준용됨

- 집회·시위 해산을 위한 물포 사용 ➡ 필요한 최소한의 범위에서 사용해야 함
  - 직사살수는 공공의 안녕질서에 직접적이고 명백한 위험이 현존하는 경우에 한해서만 사용

2 강제징수

① 의의

- 공법상 금전급부의무 불이행시 의무자의 재산에 실력을 가하여 의무이행상태를 실현하는 것

- 일반법: 국세징수법

② 행정상 강제징수의 절차

(1) 독촉

- 납세의무의 이행 최고 및 기한 내 납부의무 불이행시 체납처분을 하겠다는 것을 예고하는 것

- 처분성 ○(준법률행위적 행정행위인 통지)
  - 반복된 독촉: 최초의 독촉만 처분(N차 독촉은 사실행위에 불과)

- 소멸시효 중단의 효과 ○

- 독촉절차 누락 ➡ **위법(취소사유)**

(2) 재산의 압류

- 체납자의 재산에 대한 사실상·법률상 처분을 금지시키는 것

- 처분성 ○(권력적 사실행위)

- 압류의 대상: 체납자의 금전적 가치 있는 모든 양도 가능한 재산
  - 체납자가 점유하는 제3자 소유의 재산 압류 ➡ **무효(체납자도 원고적격 ○)**

- 압류재산이 체납액 초과하더라도, 당연히 무효로 되는 것 ✕

- 압류실행 공무원: 신분을 표시하는 증표 소지 및 제시

- 체납자 사망 ➡ **압류는 상속인에 대하여 효력 ○**

(3) 압류재산의 매각

- 압류재산은 공매 또는 수의계약의 방식으로 매각

- 공매의 절차: 공매결정(처분 ✕) ➡ 공매통지(**처분 ✕**) ➡ 공매(**처분 ○**)
  - 공매통지는 공매의 절차적 요건 ➡ **공매통지가 위법하면, 공매처분은 위법(취소사유)**
  - 경락인(낙찰인)은 공매취소처분을 다툴 법률상 이익 ○

- 공매의 대행: 한국자산관리공사는 세무서장의 공매권한 대행 가능(공매는 세무서장이 한 것으로 봄)
  - 대행사실의 통지는 불요 ➡ ∴ **대행통지를 하지 않았더라도, 공매 위법 ✕**

(4) 청산

- 매각에 따라 취득한 금액을 법에서 정한 순위에 따라 배분

- 청산 순위: 강제징수비용 ➡ **국세** ➡ **가산세(남은 금액은 체납자에게 지급)**

③ 권리구제

- **예외적 행정심판전치주의**
  - 취소소송 제기를 위해서는 국세기본법상 심사청구 또는 심판청구 중 하나의 절차를 먼저 거쳐야 함

- **하자의 승계**
  - 과세처분과 강제징수 각 절차 사이 ➡ **승계 ✕**
  - 강제징수 각 절차 사이 ➡ **승계 ○**

주제 48 행정상 즉시강제

1 의의

- 급박한 행정상 장해를 제거할 필요가 있으나, 미리 의무를 명할 시간적 여유가 없거나 의무를 명해서는 목적 달성이 곤란한 경우에 있어서, 직접 국민의 신체·재산에 실력을 행사하는 것
  - ex 감염병환자의 강제입원, 소방장애물의 제거, 불법게임물의 수거·폐기
- 처분성 ○(권력적 사실행위)
- 일반법 ×, 경찰분야에서는 일반법인 경찰관직무집행법 존재

2 종류

- 대인적 강제 : 경찰관직무집행법상 보호조치·위험발생의 방지, 범죄행위의 예방과 억제, 감염병예방법상 강제건강진단·예방접종·강제격리 등
- 대물적 강제 : 경찰관직무집행법상 물건 등 임시영치, 도로교통법상 위법공작물 제거, 소방기본법상 물건의 파기, 식품위생법상 위해식품 압류, 마약관리법상 승인되지 않은 마약류 폐기 등

3 비례의 원칙

- 다른 수단으로는 행정목적을 달성할 수 없는 경우에만 허용
  - 행정강제는 행정상 강제집행이 원칙, 즉시강제는 예외적 수단
- 허용되는 경우에도 최소한으로만 실시

4 영장주의 적용 여부

① 대법원

- 원칙 행정상 즉시강제에 있어서도 영장주의 적용 ○
  - 지방의회 의장이 동행명령장 발부할 수 있도록 한 조례안 ➡ 영장주의 위반 ○
- 예외 목적 달성 불가능한 지극히 예외적인 경우에만 예외 인정
  - 사회안전법상 동행보호규정 ➡ 영장주의 위반 ×

② 헌법재판소

- 즉시강제는 본질상 급박성 요건(영장을 기다려서는 목적 달성 불가능) ➡ **영장주의 적용 ×**
  - 등급분류 받지 않은 불법게임물에 대한 수거 및 폐기 ➡ **영장주의 위반 ×**

5 권리구제

- 권력적 사실행위 ➡ **항고소송 ○(소의 이익이 없을 가능성이 매우 높음)**

- 국가배상 ○

- 경찰관직무집행법, 소방기본법 ➡ **손실보상 규정 ○**

기출 ○✕ Check

0891 권원 없이 국유재산에 설치한 시설물에 대하여 관리청이 행정대집행을 통해 철거를 하지 않는 경우 그 국유재산에 대하여 사용청구권을 가진 자는 국가를 대위하여 민사소송으로 그 시설물의 철거를 구할 수 있다.

22. 지방 (   )

0892 관계 법령상 행정대집행의 절차가 인정되어 행정청이 행정대집행의 방법으로 건물의 철거 등 대체적 작위의무의 이행을 실현할 수 있는 경우에는 따로 민사소송의 방법으로 그 의무의 이행을 구할 수 없다. 22. 지방 7급 (   )

0893 공법인이 대집행권한을 위탁받아 공무인 대집행 실시에 지출한 비용을 「행정대집행법」에 따라 강제징수할 수 있음에도 민사소송절차에 의하여 상환을 청구하는 것은 허용되지 않는다. 19. 국가 (   )

0894 공유 일반재산의 대부료 지급은 사법상 법률관계이므로 행정상 강제집행절차가 인정되더라도 따로 민사소송으로 대부료의 지급을 구하는 것이 허용된다. 22. 지방 (   )

0895 행정대집행은 「행정기본법」상 행정상 강제에 해당한다. 23. 국가 (   )

정답 & ○✕ 풀이

0891 ○ 관리권자인 보령시장이 행정대집행을 실시하지 아니하는 경우 국가에 대하여 이 사건 토지 사용청구권을 가지는 원고로서는 위 청구권을 보전하기 위하여 국가를 대위하여 피고들을 상대로 민사소송의 방법으로 이 사건 시설물의 철거를 구하는 이외에는 이를 실현할 수 있는 다른 절차와 방법이 없어 그 보전의 필요성이 인정되므로, 원고는 국가를 대위하여 피고들을 상대로 민사소송의 방법으로 이 사건 시설물의 철거를 구할 수 있다. 대법원 2009. 6. 11. 선고 2009다1122 판결

0892 ○ 관계 법령상 행정대집행의 절차가 인정되어 행정청이 행정대집행의 방법으로 건물의 철거 등 대체적 작위의무의 이행을 실현할 수 있는 경우에는 따로 민사소송의 방법으로 그 의무의 이행을 구할 수 없다. 대법원 2017. 4. 28. 선고 2016다213916 판결

0893 ○ 공법인인 대한주택공사가 법령에 의하여 대집행권한을 위탁받아 공무인 대집행을 실시하기 위하여 지출한 비용을 행정대집행법 절차에 따라 징수할 수 있음에도 민사소송절차에 의하여 그 비용의 상환을 청구한 경우, 그 청구는 소의 이익이 없어 부적법하다. 대법원 2011. 9. 8. 선고 2010다48240 판결

0894 ✕ 국유 일반재산의 대부료 등의 징수에 관하여는 국세징수법상 체납처분에 관한 규정을 준용한 간이하고 경제적인 특별구제절차가 마련되어 있으므로, 특별한 사정이 없는 한 민사소송의 방법으로 대부료 등의 지급을 구하는 것은 허용되지 아니한다. 대법원 2014. 9. 4. 선고 2014다203588 판결

0895 ○ 행정기본법 제30조(행정상 강제) ① 행정청은 행정목적을 달성하기 위하여 필요한 경우에는 법률로 정하는 바에 따라 필요한 최소한의 범위에서 다음 각 호의 어느 하나에 해당하는 조치를 할 수 있다.
　　1. 행정대집행 : 의무자가 행정상 의무(법령등에서 직접 부과하거나 행정청이 법령등에 따라 부과한 의무를 말한다. 이하 이 절에서 같다)로서 타인이 대신하여 행할 수 있는 의무를 이행하지 아니하는 경우 법률로 정하는 다른 수단으로는 그 이행을 확보하기 곤란하고 그 불이행을 방치하면 공익을 크게 해칠 것으로 인정될 때에 행정청이 의무자가 하여야 할 행위를 스스로 하거나 제3자에게 하게 하고 그 비용을 의무자로부터 징수하는 것

0896 대체적 작위의무가 법률의 위임을 받은 조례에 의해 직접 부과된 경우에는 대집행의 대상이 되지 아니한다.
20. 국가 7급 (   )

0897 「행정대집행법」상 대집행의 대상이 되는 대체적 작위의무는 공법상 의무이어야 한다. 23. 국가 (   )

0898 「공익사업을 위한 토지 등의 취득 및 보상에 관한 법률」상의 협의취득시에 매매대상 건물에 대한 철거의무를 부담하겠다는 취지의 약정을 건물소유자가 하였다고 하더라도, 그 철거의무는 대집행의 대상이 되지 않는다.
20. 국가 (   )

0899 공유수면에 설치한 건물을 철거하여 공유수면을 원상회복하여야 할 의무는 대체적 작위의무에 해당하므로 행정대집행의 대상이 된다. 20. 국가 (   )

0900 공유재산 대부계약의 해지에 따른 원상회복으로 행정대집행의 방법에 의하여 그 지상물을 철거시킬 수 있다.
11. 사복 (   )

0901 퇴거의무 및 점유인도의무의 불이행은 행정대집행의 대상이 되지 않는다. 18. 국가 (   )

0902 구 「토지수용법」상 피수용자가 기업자에 대하여 부담하는 수용대상 토지의 인도의무에는 명도도 포함되고, 이러한 명도의무는 특별한 사정이 없는 한 「행정대집행법」상 대집행의 대상이 된다. 14. 지방 (   )

0903 관계법령에 위반하여 장례식장 영업을 하고 있는 자에게 부과된 장례식장 사용중지의무는 공법상 의무로서 행정대집행의 대상이 된다. 22. 지방 (   )

0904 법령이 일정한 행위를 금지하고 있는 경우, 그 금지규정으로부터 위반결과의 시정을 명하는 행정청의 처분권한은 당연히 도출되므로 행정청은 그 금지규정에 근거하여 시정을 명하고 행정대집행에 나아갈 수 있다.
22. 지방 7급 (   )

0905 의무의 불이행만으로 대집행이 가능한 것은 아니며 의무의 불이행을 방치하는 것이 심히 공익을 해한다고 인정되는 경우에 비로소 대집행이 허용된다. 13. 지방 (   )

0906 무허가증축부분으로 인하여 건물의 미관이 나아지고 증축부분을 철거하는 데 비용이 많이 소요된다고 하더라도 건물철거대집행계고처분을 할 요건에 해당된다. 20. 지방 7급 (   )

0896 ✕ 행정대집행법 제2조(대집행과 그 비용징수) 법률(법률의 위임에 의한 명령, 지방자치단체의 조례를 포함한다. 이하 같다)에 의하여 직접명령되었거나 또는 법률에 의거한 행정청의 명령에 의한 행위로서 타인이 대신하여 행할 수 있는 행위를 의무자가 이행하지 아니하는 경우 다른 수단으로써 그 이행을 확보하기 곤란하고 또한 그 불이행을 방치함이 심히 공익을 해할 것으로 인정될 때에는 당해 행정청은 스스로 의무자가 하여야 할 행위를 하거나 또는 제삼자로 하여금 이를 하게 하여 그 비용을 의무자로부터 징수할 수 있다.

0897 ○ 행정대집행법상 대집행의 대상이 되는 대체적 작위의무는 공법상 의무이어야 할 것이다. 대법원 2006. 10. 13. 선고 2006두7096 판결

0898 ○ 구 공공용지의 취득 및 손실보상에 관한 특례법에 따른 토지 등의 협의취득은 공공사업에 필요한 토지 등을 그 소유자와의 협의에 의하여 취득하는 것으로서 공공기관이 사경제주체로서 행하는 사법상 매매 내지 사법상 계약의 실질을 가지는 것이므로, 그 협의취득시 건물소유자가 매매대상 건물에 대한 철거의무를 부담하겠다는 취지의 약정을 하였다고 하더라도 이러한 철거의무는 공법상의 의무가 될 수 없고, 이 경우에도 행정대집행법을 준용하여 대집행을 허용하는 별도의 규정이 없는 한 위와 같은 철거의무는 행정대집행법에 의한 대집행의 대상이 되지 않는다. 대법원 2006. 10. 13. 선고 2006두7096 판결

0899 ○ 건물을 철거하여 이 사건 공유수면을 원상회복하여야 할 의무는 대체적 작위의무에 해당하므로 행정대집행의 대상이 된다. 대법원 2017. 4. 28. 선고 2016다213916 판결

0900 ○ 공유재산의 점유자가 그 공유재산에 관하여 대부계약 외 달리 정당한 권원이 있다는 자료가 없는 경우 그 대부계약이 적법하게 해지된 이상 그 점유자의 공유재산에 대한 점유는 정당한 이유 없는 점유라 할 것이고, 따라서 지방자치단체의 장은 지방재정법 제85조에 의하여 행정대집행의 방법으로 그 지상물을 철거시킬 수 있다. 대법원 2001. 10. 12. 선고 2001두4078 판결

0901 ○ 도시공원시설인 매점의 관리청이 그 공동점유자 중의 1인에 대하여 소정의 기간 내에 위 매점으로부터 퇴거하고 이에 부수하여 그 판매 시설물 및 상품을 반출하지 아니할 때에는 이를 대집행하겠다는 내용의 계고처분은 그 주된 목적이 매점의 원형을 보존하기 위하여 점유자가 설치한 불법 시설물을 철거하고자 하는 것이 아니라, 매점에 대한 점유자의 점유를 배제하고 그 점유이전을 받는 데 있다고 할 것인데, 이러한 의무는 그것을 강제적으로 실현함에 있어 직접적인 실력행사가 필요한 것이지 대체적 작위의무에 해당하는 것은 아니어서 직접강제의 방법에 의하는 것은 별론으로 하고 행정대집행법에 의한 대집행의 대상이 되는 것은 아니다. 대법원 1998. 10. 23. 선고 97누157 판결

0902 ✕ 피수용자 등이 기업자에 대하여 부담하는 수용대상 토지의 인도의무에 관한 구 토지수용법 제63조, 제64조, 제77조 규정에서의 '인도'에는 명도도 포함되는 것으로 보아야 하고, 이러한 명도의무는 그것을 강제적으로 실현하면서 직접적인 실력행사가 필요한 것이지 대체적 작위의무라고 볼 수 없으므로 특별한 사정이 없는 한 행정대집행법에 의한 대집행의 대상이 될 수 있는 것이 아니다. 대법원 2005. 8. 19. 선고 2004다2809 판결

0903 ✕ 관계 법령에 위반하여 장례식장 영업을 하고 있는 자의 장례식장 사용중지의무는 비대체적 부작위 의무이므로 행정대집행법 제2조의 규정에 의한 대집행의 대상이 아니다. 대법원 2005. 9. 28. 선고 2005두7464 판결

0904 ✕ 단순한 부작위의무의 위반, 즉 관계 법령에 정하고 있는 절대적 금지나 허가를 유보한 상대적 금지를 위반한 경우에는 당해 법령에서 그 위반자에 대하여 위반에 의하여 생긴 유형적 결과의 시정을 명하는 행정처분의 권한을 인정하는 규정을 두고 있지 아니한 이상, 법치주의의 원리에 비추어 볼 때 위와 같은 부작위의무로부터 그 의무를 위반함으로써 생긴 결과를 시정하기 위한 작위의무를 당연히 끌어낼 수는 없으며, 또 위 금지규정(특히 허가를 유보한 상대적 금지규정)으로부터 작위의무, 즉 위반 결과의 시정을 명하는 권한이 당연히 추론되는 것도 아니다. 대법원 1996. 6. 28. 선고 96누4374 판결

0905 ○ 행정대집행법 제2조(대집행과 그 비용징수) 법률(법률의 위임에 의한 명령, 지방자치단체의 조례를 포함한다. 이하 같다)에 의하여 직접명령되었거나 또는 법률에 의거한 행정청의 명령에 의한 행위로서 타인이 대신하여 행할 수 있는 행위를 의무자가 이행하지 아니하는 경우 다른 수단으로써 그 이행을 확보하기 곤란하고 또한 그 불이행을 방치함이 심히 공익을 해할 것으로 인정될 때에는 당해 행정청은 스스로 의무자가 하여야 할 행위를 하거나 또는 제삼자로 하여금 이를 하게 하여 그 비용을 의무자로부터 징수할 수 있다.

0906 ○ 무허가증축부분으로 인하여 건물의 미관이 나아지고 위 증축부분을 철거하는 데 비용이 많이 소요된다고 하더라도 위 무허가 증축부분을 그대로 방치한다면 이를 단속하는 당국의 권능이 무력화되어 건축행정의 원활한 수행이 위태롭게 되며 건축법 소정의 제한규정을 회피하는 것을 사전예방하고 또한 도시계획구역 안에서 토지의 경제적이고 효율적인 이용을 도모한다는 더 큰 공익을 심히 해할 우려가 있다고 보이므로 건물철거대집행계고처분을 할 요건에 해당된다. 대법원 1992. 3. 10. 선고 91누4140 판결

0907 원칙적으로 '의무의 불이행을 방치하는 것이 심히 공익을 해하는 것으로 인정되는 경우'의 요건은 계고를 할 때에 충족되어 있어야 한다. 17. 국가 (   )

0908 「행정대집행법」 제2조에 따른 대집행의 실시여부는 행정청의 재량에 속하지 않는다. 17. 국가 (   )

0909 대집행계고를 함에 있어서는 의무자가 스스로 이행하지 않는 경우에 대집행할 행위의 내용 및 범위가 구체적으로 특정되어야 하는데 그 내용과 범위는 대집행 계고서뿐만 아니라 계고처분 전후에 송달된 문서나 기타 사정 등을 종합하여 특정될 수 있다. 18. 국가 (   )

0910 판례에 의하면 상당한 이행기간을 정하여 계고하지 않고 행한 행정대집행은 적법절차에 위반된 위법한 처분으로 본다. 10. 국가 (   )

0911 철거명령에서 주어진 일정기간이 자진철거에 필요한 상당한 기간이라고 하여도 그 기간 속에는 계고시에 필요한 '상당한 이행기간'이 포함되어 있다고 볼 수 없다. 19. 지방 (   )

0912 계고서라는 명칭의 1장의 문서로서 건축물의 철거명령과 동시에 그 소정기한 내에 자진철거를 하지 아니할 때에는 대집행할 뜻을 미리 계고한 경우, 「건축법」에 의한 철거명령과 「행정대집행법」에 의한 계고처분은 각 그 요건이 충족되었다고 볼 수 없다. 16. 지방 (   )

0913 건물철거명령 및 철거대집행계고를 한 후에 이에 불응하자 다시 제2차, 제3차의 계고를 하였다면 철거의무는 처음에 한 건물철거명령 및 철거대집행계고로 이미 발생하였고 그 이후에 한 제2차, 제3차의 계고는 새로운 철거의무를 부과한 것이 아니라 대집행 기한을 연기하는 통지에 불과하다. 18. 국가 (   )

0914 행정대집행을 함에 있어 비상시 또는 위험이 절박한 경우에 당해 행위의 급속한 실시를 요하여 절차를 취할 여유가 없을 때에는 계고 및 대집행영장 통지 절차를 생략할 수 있다. 16. 국가 (   )

0915 행정청은 해가 지기 전에 대집행을 착수한 경우라도 해가 진 후에는 대집행을 할 수 없다. 20. 지방 7급 (   )

0916 행정청은 퇴거를 명하는 집행권원이 없더라도 건물철거 대집행 과정에서 부수적으로 철거의무자인 건물의 점유자들에 대해 퇴거 조치를 할 수 있다. 22. 지방 (   )

0917 행정청이 건물 철거의무를 행정대집행의 방법으로 실현하는 과정에서, 건물을 점유하고 있는 철거의무자들에 대하여 제기한 건물퇴거를 구하는 소송은 적법하다. 20. 국가 (   )

0918 철거대상건물의 점유자들이 적법한 행정대집행을 위력을 행사하여 방해하는 경우, 행정청은 필요하다면 「경찰관직무집행법」에 근거한 위험발생 방지조치 차원에서 경찰의 도움을 받을 수 있다. 20. 국가 (   )

0907 O 계고가 적법하기 위해서는 계고처분을 하는 당시 대집행의 요건이 모두 충족되어 있어야 한다. 따라서 비례성 요건 즉 의무의 불이행을 방치하는 것이 심히 공익을 해하는 것으로 인정될 것이라는 요건도 계고를 할 때에 충족되어 있어야 한다.

0908 × 대집행의 요건이 충족되는 경우에 행정청이 반드시 대집행을 하여야 하는 것인지 문제되는데, 판례는 대집행권한의 행사를 행정청의 재량으로 본다(대법원 1996. 10. 11. 선고 96누8086 판결 등).

0909 O 대집행의 계고를 함에 있어서 의무자가 이행하여야 할 행위와 그 의무불이행시 대집행할 행위의 내용 및 범위는 반드시 대집행 계고서에 의하여서만 특정되어야 하는 것은 아니고 그 처분 전후에 송달된 문서나 기타 사정을 종합하여 이를 특정할 수 있으면 족하다. 대법원 1992. 3. 10. 선고 91누4140 판결

0910 O 상당한 의무이행기간을 부여하지 아니한 대집행계고처분이 있었다면, 설사 피고가 대집행영장으로써 대집행의 시기를 늦추었더라도 위 대집행계고처분은 상당한 이행기한을 정하여 한 것이 아니어서 대집행의 적법절차에 위배한 것으로 위법한 처분이라고 할 것이다. 대법원 1990. 9. 14. 선고 90누2048 판결

0911 × 계고서라는 명칭의 1장의 문서로서 일정기간 내에 위법건축물의 자진철거를 명함과 동시에 그 소정기한 내에 자진철거를 하지 아니할 때에는 대집행할 뜻을 미리 계고한 경우라도 건축법에 의한 철거명령과 행정대집행법에 의한 계고처분은 독립하여 있는 것으로서 각 그 요건이 충족되었다고 볼 것이고, 이 경우 철거명령에서 주어진 일정기간이 자진철거에 필요한 상당한 기간이라면 그 기간 속에는 계고시에 필요한 '상당한 이행기간'도 포함되어 있다고 보아야 할 것이다. 대법원 1992. 6. 12. 선고 91누13564 판결

0912 × 계고서라는 명칭의 1장의 문서로서 일정기간 내에 위법건축물의 자진철거를 명함과 동시에 그 소정기한 내에 자진철거를 하지 아니할 때에는 대집행할 뜻을 미리 계고한 경우라도 건축법에 의한 철거명령과 행정대집행법에 의한 계고처분은 독립하여 있는 것으로서 각 그 요건이 충족되었다고 볼 것이고, 이 경우 철거명령에서 주어진 일정기간이 자진철거에 필요한 상당한 기간이라면 그 기간 속에는 계고시에 필요한 '상당한 이행기간'도 포함되어 있다고 보아야 할 것이다. 대법원 1992. 6. 12. 선고 91누13564 판결

0913 O 시장이 무허가건물소유자인 원고들에게 일정기간까지 철거할 것을 명함과 아울러 불이행할 때에는 대집행한다는 내용의 철거 대집행계고처분을 고지한 후 원고들이 불응하자 다시 2차 계고서를 발송하여 일정기간까지의 자진철거를 촉구하고 불이행하면 대집행을 한다는 뜻을 고지하였다면 원고들의 행정대집행법상의 건물철거의무는 제1차 철거명령 및 계고처분으로서 발생하였고 제2차의 계고처분은 원고들에게 새로운 철거의무를 부과하는 것이 아니고 다만 대집행기한의 연기통지에 불과하므로 행정처분이 아니다. 대법원 1991. 1. 25. 선고 90누5962 판결

0914 O 행정대집행법 제3조(대집행의 절차) ③ 비상시 또는 위험이 절박한 경우에 있어서 당해 행위의 급속한 실시를 요하여 전2항에 규정한 수속(주 : 계고 및 대집행영장 통지)을 취할 여유가 없을 때에는 그 수속을 거치지 아니하고 대집행을 할 수 있다.

0915 × 행정대집행법 제4조(대집행의 실행 등) ① 행정청(제2조에 따라 대집행을 실행하는 제3자를 포함한다)은 해가 뜨기 전이나 해가 진 후에는 대집행을 하여서는 아니 된다. 다만, 다음 각 호의 어느 하나에 해당하는 경우에는 그러하지 아니하다.
　1. 의무자가 동의한 경우
　2. 해가 지기 전에 대집행을 착수한 경우
　3. 해가 뜬 후부터 해가 지기 전까지 대집행을 하는 경우에는 대집행의 목적 달성이 불가능한 경우
　4. 그 밖에 비상시 또는 위험이 절박한 경우

0916 O 건물의 점유자가 철거의무자일 때에는 건물철거의무에 퇴거의무도 포함되어 있는 것이어서 별도로 퇴거를 명하는 집행권원이 필요하지 않으므로, 행정청이 행정대집행의 방법으로 건물철거의무의 이행을 실현할 수 있는 경우에는 건물철거 대집행 과정에서 부수적으로 건물의 점유자들에 대한 퇴거 조치를 할 수 있다. 대법원 2017. 4. 28. 선고 2016다213916 판결

0917 × 건물의 점유자가 철거의무자일 때에는 건물철거의무에 퇴거의무도 포함되어 있는 것이어서 별도로 퇴거를 명하는 집행권원이 필요하지 않으므로, 행정청이 행정대집행의 방법으로 건물철거의무의 이행을 실현할 수 있는 경우에는 건물철거 대집행 과정에서 부수적으로 건물의 점유자들에 대한 퇴거 조치를 할 수 있다(주 : 따라서 별도의 민사소송으로 점유자들의 퇴거를 구하는 소송은 소의 이익이 없어 부적법함). 대법원 2017. 4. 28. 선고 2016다213916 판결

0918 O 점유자들이 적법한 행정대집행을 위력을 행사하여 방해하는 경우 형법상 공무집행방해죄가 성립하므로, 필요한 경우에는 '경찰관 직무집행법'에 근거한 위험발생 방지조치 또는 형법상 공무집행방해죄의 범행방지 내지 현행범체포의 차원에서 경찰의 도움을 받을 수도 있다. 대법원 2017. 4. 28. 선고 2016다213916 판결

0919 대집행 비용은 원칙상 의무자가 부담하며 행정청은 그 비용액과 납기일을 정하여 의무자에게 문서로 납부를 명하여야 한다. 20. 지방 (   )

0920 대집행에 요한 비용은 「국세징수법」의 예에 의하여 징수할 수 있다. 23. 국가 (   )

0921 대집행에 요한 비용에 대하여서는 행정청은 사무비의 소속에 따라 국세와 동일한 순위의 선취득권을 가지며, 대집행에 요한 비용을 징수하였을 때에는 그 징수금은 국고의 수입으로 한다. 23. 국가 (   )

0922 대집행에 요한 비용을 징수하였을 때에는 그 징수금은 사무비의 소속에 따라 국고 또는 지방자치단체의 수입으로 한다. 21. 지방 (   )

0923 대집행이 완료되어 취소소송을 제기할 수 없는 경우에도 국가배상청구는 가능하다. 15. 국가 (   )

0924 후행처분인 대집행비용납부명령 취소청구 소송에서 선행처분인 계고처분이 위법하다는 이유로 대집행비용납부명령의 취소를 구할 수 없다. 21. 지방 (   )

0925 대집행에 대하여는 행정심판을 제기할 수 있다. 21. 지방 (   )

0926 대집행을 함에 있어 계고요건의 주장과 입증책임은 처분행정청에 있는 것이지, 의무불이행자에 있는 것이 아니다. 20. 지방 (   )

0927 이행강제금은 심리적 압박을 통하여 간접적으로 의무이행을 확보하는 수단인 행정벌과는 달리 의무이행의 강제를 직접적인 목적으로 하므로, 강학상 직접강제에 해당한다. 19. 국가 (   )

0928 형사처벌과 이행강제금은 병과될 수 있다. 20. 지방 (   )

0929 부작위의무나 비대체적 작위의무 뿐만 아니라 대체적 작위의무의 위반에 대하여도 이행강제금을 부과할 수 있다. 19. 지방 (   )

0930 「건축법」상 위반건축물에 대한 행정대집행과 이행강제금은 합리적인 재량에 의해 선택하여 활용하는 이상 중첩적인 제재에 해당한다고 볼 수 없다. 14. 국가 (   )

0931 「건축법」상 허가권자는 이행강제금을 부과하기 전에 이행강제금을 부과·징수한다는 뜻을 미리 문서로써 계고하여야 한다. 19. 지방 (   )

0932 사용자가 이행하여야 할 행정법상 의무의 내용을 초과하는 것을 '불이행 내용'으로 기재한 이행강제금 부과 예고서에 의하여 이행강제금 부과 예고를 한 다음 이를 이행하지 않았다는 이유로 이행강제금을 부과하였다면, 초과한 정도가 근소하다는 등의 특별한 사정이 없는 한 이행강제금 부과 예고는 위법하며, 이에 터 잡은 이행강제금 부과처분 역시 위법하다. 19. 국가 7급 (   )

정답 & ○×풀이

0919 ○ 행정대집행법 제5조(비용납부명령서) 대집행에 요한 비용의 징수에 있어서는 실제에 요한 비용액과 그 납기일을 정하여 의무자에게 문서로써 그 납부를 명하여야 한다.

0920 ○ 행정대집행법 제6조(비용징수) ① 대집행에 요한 비용은 국세징수법의 예에 의하여 징수할 수 있다.

0921 ✕ 행정대집행법 제6조(비용징수) ② 대집행에 요한 비용에 대하여서는 행정청은 <u>사무비의 소속에 따라 국세에 다음가는 순위의 선취득권을 가진다.</u>
③ 대집행에 요한 비용을 징수하였을 때에는 그 <u>징수금은 사무비의 소속에 따라 국고 또는 지방자치단체의 수입으로 한다.</u>

0922 ○ 행정대집행법 제6조(비용징수) ③ 대집행에 요한 비용을 징수하였을 때에는 그 <u>징수금은 사무비의 소속에 따라 국고 또는 지방자치단체의 수입으로 한다.</u>

0923 ○ <u>위법한 행정대집행이 완료되면 그 처분의 무효확인 또는 취소를 구할 소의 이익은 없다</u> 하더라도, <u>미리 그 행정처분의 취소판결이 있어야만, 그 행정처분의 위법임을 이유로 한 손해배상 청구를 할 수 있는 것은 아니다.</u> 대법원 1972. 4. 28. 선고 72다337 판결

0924 ✕ <u>후행처분인 대집행비용납부명령의 취소를 청구하는 소송에서 청구원인으로 선행처분인 계고처분이 위법한 것이기 때문에 그 계고처분을 전제로 행하여진 대집행비용납부명령도 위법한 것이라는 주장을 할 수 있다</u>(주 : 계고처분과 비용납부명령 사이에는 하자의 승계가 인정됨). 대법원 1993. 11. 9. 선고 93누14271 판결

0925 ○ 행정대집행법 제7조(행정심판) 대집행에 대하여는 행정심판을 제기할 수 있다.

0926 ○ 건축법에 위반하여 건축한 것이어서 철거의무가 있는 건물이라 하더라도 그 철거의무를 <u>대집행하기 위한 계고처분을 하려면</u> 다른 방법으로는 이행의 확보가 어렵고 불이행을 방치함이 심히 공익을 해하는 것으로 인정될 때에 한하여 허용되고 이러한 <u>요건의 주장·입증책임은 처분 행정청에 있다.</u> 대법원 1996. 10. 11. 선고 96누8086 판결

0927 ✕ 이행강제금은 의무자에게 심리적 압박을 주어 간접적으로 의무이행을 강제하는 수단이라는 점에서 <u>직접적으로 불이행한 의무를 실현시키는 수단인 직접강제와 다르다.</u>

0928 ○ 이행강제금은 일정한 기한까지 의무를 이행하지 않을 때에는 일정한 금전적 부담을 과할 뜻을 미리 계고함으로써 의무자에게 심리적 압박을 주어 장래에 그 의무를 이행하게 하려는 행정상 간접적인 강제집행 수단의 하나로서 과거의 일정한 법률위반 행위에 대한 제재로서의 형벌이 아니라 장래의 의무이행의 확보를 위한 강제수단일 뿐이어서 범죄에 대하여 국가가 형벌권을 실행한다고 하는 과벌에 해당하지 아니하므로 헌법 제13조 제1항이 금지하는 <u>이중처벌금지의 원칙이 적용될 여지가 없다.</u> 헌법재판소 2011. 10. 25. 선고 2009헌바140 결정

0929 ○ <u>이행강제금은 대체적 작위의무의 위반에 대하여도 부과될 수 있다.</u> 또한 행정청은 개별사건에 있어서 위반내용, 위반자의 시정의지 등을 감안하여 <u>대집행과 이행강제금을 선택적으로 활용할 수 있으며,</u> 이처럼 그 합리적인 재량에 의해 선택하여 활용하는 <u>이상 중첩적인 제재에 해당한다고 볼 수 없다.</u> 헌법재판소 2004. 2. 26. 선고 2001헌바80 결정

0930 ○ <u>이행강제금은 대체적 작위의무의 위반에 대하여도 부과될 수 있다.</u> 또한 행정청은 개별사건에 있어서 위반내용, 위반자의 시정의지 등을 감안하여 <u>대집행과 이행강제금을 선택적으로 활용할 수 있으며,</u> 이처럼 그 합리적인 재량에 의해 선택하여 활용하는 <u>이상 중첩적인 제재에 해당한다고 볼 수 없다.</u> 헌법재판소 2004. 2. 26. 선고 2001헌바80 결정

0931 ○ 건축법 제80조(이행강제금) ③ 허가권자는 제1항 및 제2항에 따른 이행강제금을 부과하기 전에 제1항 및 제2항에 따른 이행강제금을 부과·징수한다는 뜻을 미리 문서로써 계고하여야 한다.

0932 ○ 사용자가 이행하여야 할 <u>행정법상 의무의 내용을 초과하는 것을 '불이행 내용'으로 기재한 이행강제금 부과 예고서에 의하여 이행강제금 부과 예고를 한 다음 이를 이행하지 않았다는 이유로 이행강제금을 부과하였다면, 초과한 정도가 근소하다는 등의 특별한 사정이 없는 한 이행강제금 부과 예고는 이행강제금 제도의 취지에 반하는 것으로서 위법하고, 이에 터 잡은 이행강제금 부과처분 역시 위법하다.</u> 대법원 2015. 6. 24. 선고 2011두2170 판결

0933 「농지법」에 따른 이행강제금을 부과할 때에는 그때마다 이행강제금을 부과·징수한다는 뜻을 미리 문서로 알려야 하고, 이와 같은 절차를 거치지 아니한 채 이행강제금을 부과하는 것은 이행강제금 제도의 취지에 반하는 것으로써 위법하다. 21. 지방 7급 (   )

0934 「건축법」상 이행강제금은 반복하여 부과·징수될 수 있다. 20. 지방 (   )

0935 「건축법」상 행정청은 의무자가 행정상 의무를 이행할 때까지 이행강제금을 반복하여 부과할 수 있으나, 의무자가 의무를 이행하면 새로운 이행강제금의 부과를 즉시 중지하여야 하고 이미 부과한 이행강제금은 징수하지 아니한다. 21. 지방 7급 (   )

0936 이행강제금은 과거의 의무불이행에 대한 제재의 기능을 지니고 있으므로, 이행강제금이 부과되기 전에 의무를 이행한 경우에도 시정명령에서 정한 기간을 지나서 이행한 경우라면 이행강제금을 부과할 수 있다. 19. 지방 (   )

0937 「건축법」상 이행강제금은 시정명령의 불이행이라는 과거의 위반행위에 대한 제재이므로, 건축주가 장기간 시정명령을 이행하지 않았다면 그 기간 중에 시정명령의 이행 기회가 제공되지 않았다가 뒤늦게 이행 기회가 제공된 경우라 하더라도 이행 기회가 제공되지 않은 과거의 기간에 대한 이행강제금까지 한꺼번에 부과할 수 있다. 18. 지방 (   )

0938 「건축법」상 시정명령을 받은 의무자가 그 시정명령의 취지에 부합하는 의무를 이행하기 위한 정당한 방법으로 행정청에 신청 또는 신고를 하였으나 행정청이 위법하게 이를 거부 또는 반려함으로써 결국 그 처분이 취소되기에 이르렀더라도, 이행강제금 제도의 취지에 비추어 볼 때 그 시정명령의 불이행을 이유로 이행강제금을 부과할 수 있다. 23. 국가 (   )

0939 「건축법」상 이행강제금 납부의 최초 독촉은 징수처분으로서 항고소송의 대상이 되는 행정처분이 될 수 있다. 19. 지방 (   )

0940 「건축법」상 이행강제금의 부과에 대해서는 항고소송을 제기할 수 없고 「비송사건절차법」에 따라 재판을 청구할 수 있다. 17. 지방 (   )

0941 「농지법」상 이행강제금 부과처분에 대한 불복은 「비송사건절차법」에 따른 재판절차뿐만 아니라 「행정소송법」상 항고소송 절차에 따를 수 있다. 23. 지방 (   )

0942 관할청이 「농지법」상의 이행강제금 부과처분을 하면서 재결청에 행정심판을 청구하거나 관할 행정법원에 행정소송을 할 수 있다고 잘못 안내한 경우 행정법원의 항고소송 재판관할이 생긴다. 22. 국가 (   )

0943 사망한 건축주에 대하여 「건축법」상 이행강제금이 부과된 경우 그 이행강제금 납부의무는 상속인에게 승계된다. 16. 국가 (   )

0944 체납자는 압류된 재산에 대하여 법률상의 처분을 할 수 있다. 16. 교행 (   )

0933 ○ 농지법 제62조 제1항에 따른 이행강제금을 부과할 때에는 그때마다 이행강제금을 부과·징수한다는 뜻을 미리 문서로 알려야 하고, 이와 같은 절차를 거치지 아니한 채 이행강제금을 부과하는 것은 이행강제금 제도의 취지에 반하는 것으로서 위법하다. 대법원 2018. 11. 2.자 2018마5608 결정

0934 ○ 건축법 제80조(이행강제금) ⑤ 허가권자는 최초의 시정명령이 있었던 날을 기준으로 하여 1년에 2회 이내의 범위에서 해당 지방자치단체의 조례로 정하는 횟수만큼 그 시정명령이 이행될 때까지 반복하여 제1항 및 제2항에 따른 이행강제금을 부과·징수할 수 있다.

0935 × 건축법 제80조(이행강제금) ⑥ 허가권자는 제79조 제1항에 따라 시정명령을 받은 자가 이를 이행하면 새로운 이행강제금의 부과를 즉시 중지하되, 이미 부과된 이행강제금은 징수하여야 한다.

0936 × 건축법상의 이행강제금은 시정명령의 불이행이라는 과거의 위반행위에 대한 제재가 아니라, 의무자에게 시정명령을 받은 의무의 이행을 명하고 그 이행기간 안에 의무를 이행하지 않으면 이행강제금이 부과된다는 사실을 고지함으로써 의무자에게 심리적 압박을 주어 의무의 이행을 간접적으로 강제하는 행정상의 간접강제 수단에 해당한다. 이러한 이행강제금의 본질상 시정명령을 받은 의무자가 이행강제금이 부과되기 전에 그 의무를 이행한 경우에는 비록 시정명령에서 정한 기간을 지나서 이행한 경우라도 이행강제금을 부과할 수 없다. 대법원 2018. 1. 25. 선고 2015두35116 판결

0937 × 비록 건축주 등이 장기간 시정명령을 이행하지 아니하였더라도, 그 기간 중에는 시정명령의 이행 기회가 제공되지 아니하였다가 뒤늦게 시정명령의 이행 기회가 제공된 경우라면, 시정명령의 이행 기회 제공을 전제로 한 1회분의 이행강제금만을 부과할 수 있고, 시정명령의 이행 기회가 제공되지 아니한 과거의 기간에 대한 이행강제금까지 한꺼번에 부과할 수는 없다. 대법원 2016. 7. 14. 선고 2015두46598 판결

0938 × 시정명령을 받은 의무자가 그 시정명령의 취지에 부합하는 의무를 이행하기 위한 정당한 방법으로 행정청에 신청 또는 신고를 하였으나 행정청이 위법하게 이를 거부 또는 반려함으로써 결국 그 처분이 취소되기에 이르렀다면, 특별한 사정이 없는 한 그 시정명령의 불이행을 이유로 이행강제금을 부과할 수는 없다고 보는 것이 위와 같은 이행강제금 제도의 취지에 부합한다. 대법원 2018. 1. 25. 선고 2015두35116 판결

0939 ○ 이행강제금 부과처분을 받은 자가 이행강제금을 기한 내에 납부하지 아니한 때에는 그 납부를 독촉할 수 있으며, 납부독촉에도 불구하고 이행강제금을 납부하지 않으면 체납절차에 의하여 이행강제금을 징수할 수 있고, 이때 이행강제금 납부의 최초 독촉은 징수처분으로서 항고소송의 대상이 되는 행정처분이 될 수 있다. 대법원 2009. 12. 24. 선고 2009두14507 판결

0940 × 건축법상 이행강제금 부과처분의 경우 처분성이 인정되어 항고소송의 제기가 가능하다.

0941 × 농지법은 농지 처분명령에 대한 이행강제금 부과처분에 불복하는 자가 그 처분을 고지받은 날부터 30일 이내에 부과권자에게 이의를 제기할 수 있고, 이의를 받은 부과권자는 지체 없이 관할 법원에 그 사실을 통보하여야 하며, 그 통보를 받은 관할 법원은 비송사건절차법에 따른 과태료 재판에 준하여 재판을 하도록 정하고 있다. 따라서 농지법 제62조 제1항에 따른 이행강제금 부과처분에 불복하는 경우에는 비송사건절차법에 따른 재판절차가 적용되어야 하고, 행정소송법상 항고소송의 대상은 될 수 없다. 대법원 2019. 4. 11. 선고 2018두42955 판결

0942 × 농지법 제62조 제6항, 제7항이 위와 같이 이행강제금 부과처분에 대한 불복절차를 분명하게 규정하고 있으므로, 이와 다른 불복절차를 허용할 수는 없다. 설령 관할청이 이행강제금 부과처분을 하면서 재결청에 행정심판을 청구하거나 관할 행정법원에 행정소송을 할 수 있다고 잘못 안내하거나 관할 행정심판위원회가 각하재결이 아닌 기각재결을 하면서 관할 법원에 행정소송을 할 수 있다고 잘못 안내하였다고 하더라도, 그러한 잘못된 안내로 행정법원의 항고소송 재판관할이 생긴다고 볼 수도 없다. 대법원 2019. 4. 11. 선고 2018두42955 판결

0943 × 건축법상 이행강제금 납부의무는 상속인 기타의 사람에게 승계될 수 없는 일신전속적인 성질의 것이므로 이미 사망한 사람에게 이행강제금을 부과하는 내용의 처분이나 결정은 당연무효이고, 이행강제금을 부과받은 사람의 이의에 의하여 비송사건절차법에 의한 재판절차가 개시된 후에 그 이의한 사람이 사망한 때에는 사건 자체가 목적을 잃고 절차가 종료한다. 대법원 2006. 12. 8.자 2006마470 판결

0944 × 국세징수법 제43조(처분의 제한) ① 세무공무원이 재산을 압류한 경우 체납자는 압류한 재산에 관하여 양도, 제한물권의 설정, 채권의 영수, 그 밖의 처분을 할 수 없다.

0945 세무 공무원이 국세의 징수를 위해 납세자의 재산을 압류하는 경우 그 재산의 가액이 징수할 국세액을 초과한다면 당해 압류처분은 무효이다. 17. 국가 (   )

0946 세무공무원이 체납처분을 하기 위하여 질문·검사 또는 수색을 하거나 재산을 압류할 때에는 그 신분을 표시하는 증표를 지니고 이를 관계자에게 보여 주어야 한다. 19. 국가 (   )

0947 체납자가 사망한 후 체납자명의의 재산에 대하여 한 압류는 그 재산을 상속한 상속인에 대하여 한 것으로 본다.
10. 국가 7급 (   )

0948 「국세징수법」상의 체납처분에서 압류재산의 매각은 공매를 통해서만 이루어지며 수의계약으로 해서는 안 된다.
15. 국가 (   )

0949 세무서장은 한국자산관리공사로 하여금 공매를 대행하게 할 수 있으며, 이 경우 공매는 세무서장이 한 것으로 본다. 15. 국가 (   )

0950 과세관청이 체납처분으로서 행하는 공매는 우월한 공권력의 행사로서 행정소송의 대상이 되는 행정처분이다.
15. 국가 (   )

0951 과세관청이 체납처분으로서 행하는 공매는 우월한 공권력의 행사로서 행정소송의 대상이 되는 행정처분이나, 공매에 의하여 재산을 매수한 자는 그 공매처분이 취소된 경우에 그 취소처분의 위법을 주장하여 행정소송을 제기할 법률상 이익이 없다. 16. 지방 (   )

0952 공매통지가 적법하지 아니하다면 특별한 사정이 없는 한, 공매통지를 직접 항고소송의 대상으로 삼아 다툴 수 없고 통지 후에 이루어진 공매처분에 대하여 다투어야 한다. 17. 국가 (   )

0953 체납자에 대한 공매통지는 체납자의 법적 지위나 권리·의무에 직접적인 영향을 주는 행정처분에 해당한다.
16. 국가 (   )

0954 과세관청의 체납자 등에 대한 공매통지는 국가의 강제력에 의하여 진행되는 공매절차에서 체납자 등의 권리 내지 재산상 이익을 보호하기 위하여 법률로 규정한 절차적 요건에 해당하지만, 그 통지를 하지 아니한 채 공매처분을 하였다 하여도 그 공매처분이 당연무효로 되는 것은 아니다. 16. 지방 (   )

0955 청산 후 배분하거나 충당하고 남은 금액이 있으면 이를 체납자에게 지급하여야 한다. 16. 교행 (   )

0956 과세관청의 압류처분에 대해서는 심사청구 또는 심판청구 중 하나에 대한 결정을 거친 후 행정소송을 제기하여야 한다. 15. 국가 (   )

0957 조세부과처분에 취소사유인 하자가 있는 경우 그 하자는 후행 강제징수절차인 독촉·압류·매각·청산절차에 승계된다. 19. 국가 (   )

0945 ✕ 세무공무원이 국세의 징수를 위해 납세자의 재산을 압류하는 경우 그 재산의 가액이 징수할 국세액을 초과한다 하여 위 압류가 당연무효의 처분이라고는 할 수 없다. 대법원 1986. 11. 11. 선고 86누479 판결

0946 ○ 국세징수법 제38조(증표 등의 제시) 세무공무원은 다음 각 호의 어느 하나를 하는 경우 그 신분을 나타내는 증표 및 압류·수색 등 통지서를 지니고 이를 관계자에게 보여 주어야 한다.
1. 제31조에 따른 압류
2. 제35조에 따른 수색
3. 제36조에 따른 질문·검사

0947 ○ 국세징수법 제27조(상속 또는 합병의 경우 강제징수의 속행 등) ② 제1항을 적용할 때 체납자가 사망한 후 체납자 명의의 재산에 대하여 한 압류는 그 재산을 상속한 상속인에 대하여 한 것으로 본다.

0948 ✕ 국세징수법 제65조(매각 방법) ① 압류재산은 공매 또는 수의계약으로 매각한다.

0949 ○ 국세징수법 제103조(공매등의 대행) ① 관할 세무서장은 다음 각 호의 업무(이하 이 조에서 "공매등"이라 한다)에 전문지식이 필요하거나 그 밖에 직접 공매등을 하기에 적당하지 아니하다고 인정되는 경우 대통령령으로 정하는 바에 따라 한국자산관리 공사에 공매등을 대행하게 할 수 있다. 이 경우 공매등은 관할 세무서장이 한 것으로 본다.

0950 ○ 과세관청이 체납처분으로서 행하는 공매는 우월한 공권력의 행사로서 행정소송의 대상이 되는 공법상의 행정처분이며 공매에 의하여 재산을 매수한 자는 그 공매처분이 취소된 경우에 그 취소처분의 위법을 주장하여 행정소송을 제기할 법률상 이익이 있다. 대법원 1984. 9. 25. 선고 84누201 판결

0951 ✕ 과세관청이 체납처분으로서 행하는 공매는 우월한 공권력의 행사로서 행정소송의 대상이 되는 공법상의 행정처분이며 공매에 의하여 재산을 매수한 자는 그 공매처분이 취소된 경우에 그 취소처분의 위법을 주장하여 행정소송을 제기할 법률상 이익이 있다. 대법원 1984. 9. 25. 선고 84누201 판결

0952 ○ 체납자 등에 대한 공매통지는 국가의 강제력에 의하여 진행되는 공매에서 체납자 등의 권리 내지 재산상의 이익을 보호하기 위하여 법률로 규정한 절차적 요건이라고 보아야 하며, 공매처분을 하면서 체납자 등에게 공매통지를 하지 않았거나 공매통지를 하였더라도 그것이 적법하지 아니한 경우에는 절차상의 흠이 있어 그 공매처분은 위법하다. 대법원 2008. 11. 20. 선고 2007 두18154 판결

0953 ✕ 한국자산공사가 당해 부동산을 인터넷을 통하여 재공매(입찰)하기로 한 결정 자체는 내부적인 의사결정에 불과하여 항고소송의 대상이 되는 행정처분이라고 볼 수 없고, 또한 한국자산공사의 공매통지는 공매의 요건이 아니라 공매사실 자체를 체납자에게 알려주는 데 불과한 것으로서, 통지의 상대방의 법적 지위나 권리·의무에 직접 영향을 주는 것이 아니라고 할 것이므로 이것 역시 행정처분에 해당한다고 할 수 없다. 대법원 2007. 7. 27. 선고 2006두8464 판결

0954 ○ 체납자 등에 대한 공매통지는 국가의 강제력에 의하여 진행되는 공매절차에서 체납자 등의 권리 내지 재산상 이익을 보호하기 위하여 법률로 규정한 절차적 요건에 해당하지만, 그 통지를 하지 아니한 채 공매처분을 하였다 하여도 그 공매처분이 당연무효로 되는 것은 아니다. 대법원 2012. 7. 26. 선고 2010다50625 판결

0955 ○ 국세징수법 제97조(국가 또는 지방자치단체의 재산에 관한 권리의 매각대금의 배분) ② 관할 세무서장은 제1항에 따라 배분하고 남은 금액은 체납자에게 지급한다.

0956 ○ 국세기본법 제56조(다른 법률과의 관계) ② 제55조에 규정된 위법한 처분에 대한 행정소송은 「행정소송법」 제18조 제1항 본문, 제2항 및 제3항에도 불구하고 이 법에 따른 심사청구 또는 심판청구와 그에 대한 결정을 거치지 아니하면 제기할 수 없다. 다만, 심사청구 또는 심판청구에 대한 제65조 제1항 제3호 단서(제80조의2에서 준용하는 경우를 포함한다)의 재조사 결정에 따른 처분청의 처분에 대한 행정소송은 그러하지 아니하다.

0957 ✕ 조세의 부과처분과 압류 등의 체납처분은 별개의 행정처분으로서 독립성을 가지므로 부과처분에 하자가 있더라도 그 부과처분이 취소되지 아니하는 한 그 부과처분에 의한 체납처분은 위법이라고 할 수는 없지만, 체납처분은 부과처분의 집행을 위한 절차에 불과하므로 그 부과처분에 중대하고도 명백한 하자가 있어 무효인 경우에는 그 부과처분의 집행을 위한 체납처분도 무효라 할 것이다. 대법원 1987. 9. 22. 선고 87누383 판결

0958 즉시강제란 법령 또는 행정처분에 의한 선행의 구체적 의무의 불이행으로 인한 목전의 급박한 장해를 제거할 필요가 있는 경우에 행정기관이 즉시 국민의 신체 또는 재산에 실력을 행사하여 행정상의 필요한 상태를 실현하는 작용을 말한다. 19. 국가 (   )

0959 행정상 즉시강제는 과거의 의무위반에 대하여 가해지는 제재이다. 22. 국가 (   )

0960 행정상 즉시강제가 목전에 급박한 장해를 예방하기 위한 경우에는 예외적으로 법률의 근거가 없이도 발동될 수 있다는 것이 일반적인 견해이다. 22. 국가 (   )

0961 「소방기본법」상의 소방활동에 방해가 되는 물건 등에 대한 강제처분, 「식품위생법」상의 위해식품에 대한 압류, 「마약류 관리에 관한 법률」상의 승인을 받지 못한 마약류에 대한 폐기는 모두 행정상 즉시강제에 해당한다.
13. 국가 (   )

0962 「식품위생법」상 영업소 폐쇄명령을 받은 후에도 계속하여 영업을 하는 경우 해당 영업소를 폐쇄하는 조치는 행정상 즉시강제의 수단에 해당한다. 14. 지방 (   )

0963 「출입국관리법」상의 외국인 등록의무를 위반한 사람에 대한 강제퇴거는 행정상 즉시강제에 해당한다.
13. 국가 (   )

0964 행정상 즉시강제는 항고소송의 대상이 되는 처분의 성질을 갖는다. 22. 국가 (   )

0965 행정상 즉시강제 중 강제 건강진단과 예방접종은 대인적 강제수단에 해당한다. 22. 국가 (   )

0966 지방의회에서의 사무감사·조사를 위한 증인의 동행명령장제도는 현행범 체포와 같이 사후에 영장을 발부받지 아니하면 목적을 달성할 수 없는 긴박성이 있다고 인정할 수 있다. 23. 소방간부 (   )

0967 재범의 위험성이 현저한 자를 상대로 긴급히 보호할 필요가 있는 경우에 단기간의 동행보호를 허용한 구 「사회안전법」상 동행보호규정은 사전영장주의를 규정한 헌법규정에 반한다. 14. 지방 (   )

0968 구 「음반·비디오물 및 게임물에 관한 법률」상 등급분류를 받지 아니한 게임물을 발견한 경우 관계행정청이 관계공무원으로 하여금 이를 수거·폐기하게 할 수 있도록 한 규정은 헌법상 영장주의와 피해 최소성의 요건을 위배하는 과도한 입법으로 헌법에 위반된다. 14. 지방 (   )

0969 위법한 즉시강제작용으로 손해를 입은 자는 국가나 지방자치단체를 상대로 「국가배상법」이 정한 바에 따라 손해배상을 청구할 수 있다. 22. 국가 (   )

0970 손실발생의 원인에 대하여 책임이 없는 자가 경찰관의 적법한 보호조치에 자발적으로 협조하여 재산상의 손실을 입은 경우, 국가는 손실을 입은 자에 대하여 정당한 보상을 하여야 한다. 14. 지방 (   )

0958 × 행정상 즉시강제란 급박한 행정상 장해를 제거할 필요가 있으나 <u>미리 의무를 명할 시간적 여유가 없을 때</u> 또는 그 <u>성질상 의무를 명해서는 목적달성이 곤란한 경우</u>에 직접 국민의 신체 또는 재산에 실력을 가하여 행정상 필요한 상태를 실현하는 행정작용을 말한다(<u>즉시강제는 의무의 불이행을 전제로 하지 않음</u>).

0959 × 행정상 즉시강제는 <u>의무부과 및 그 의무의 불이행을 전제로 하지 않는다</u>. 또한 목전에 급박한 행정상 장해 등을 제거하기 위한 수단이지 <u>과거의 행정법규 위반에 대한 제재로서의 성격을 갖는 것이 아니다</u>.

0960 × 행정상 즉시강제는 <u>침익적 행위로서 법률유보의 원칙에 따라 반드시 법적 근거가 필요하다</u>.

0961 ○ 모두 의무의 부과 및 그 불이행을 전제로 하지 않는 행정상 즉시강제의 예에 해당한다.

0962 × <u>영업소 폐쇄명령을 한 것은 처분의 상대방에게 의무를 부과한 것이고, 이후 계속하여 영업을 한 것을 이유로 영업소를 폐쇄하는 조치를 한 것은 의무불이행을 전제로 실력행사를 한 것이므로</u>, 결국 식품위생법상 영업소 폐쇄는 행정상 강제집행수단의 한 종류인 <u>직접강제이다</u>.

0963 × <u>의무의 부과와 그 의무의 불이행을 전제로 하는 행정상 강제집행의 한 종류인 직접강제의 예이다</u>.

0964 ○ 행정상 즉시강제는 권력적 사실행위로서 처분성이 인정된다.

0965 ○ 강제 건강진단과 예방접종 등은 모두 사람을 대상으로 하는 것이므로 대인적 강제수단에 해당한다.

0966 × <u>지방의회에서의 사무감사·조사를 위한 증인의 동행명령장제도</u>도 증인의 신체의 자유를 억압하여 일정 장소에 인치하는 것으로서 <u>헌법 제12조 제3항의 '체포 또는 구속'에 준하는 사태</u>로 보아야 할 것이고, 거기에 현행범 체포와 같이 <u>사후에 영장을 발부받지 아니하면 목적을 달성할 수 없는 긴박성이 있다고 인정할 수는 없을 것</u>이다. 그러므로 이 경우에도 <u>헌법 제12조 제3항에 의하여 법관이 발부한 영장의 제시가 있어야 할 것</u>이다. 그럼에도 불구하고 <u>동행명령장을 법관이 아닌 의장이 발부하고 이에 기하여 증인의 신체의 자유를 침해하여 증인을 일정 장소에 인치하도록 규정된 조례안 제6조는 영장주의원칙을 규정한 헌법 제12조 제3항에 위반한 것이라고 할 것이다</u>. 대법원 1995. 6. 30. 선고 93추83 판결

0967 × <u>구 사회안전법 제11조 소정의 동행보호규정은 재범의 위험성이 현저한 자를 상대로 긴급히 보호할 필요가 있는 경우에 한하여 단기간의 동행보호를 허용한 것으로서 그 요건을 엄격히 해석하는 한, 동 규정 자체가 사전영장주의를 규정한 헌법규정에 반한다고 볼 수는 없다</u>. 대법원 1997. 6. 13. 선고 96다56115 판결

0968 × <u>관계행정청이 등급분류를 받지 아니하거나 등급분류를 받은 게임물과 다른 내용의 게임물을 발견한 경우 관계공무원으로 하여금 이를 수거·폐기하게 할 수 있도록 한 구 음반·비디오물및게임물에관한법률 규정은 영장주의에 위반되거나 헌법에 위반되지 아니한다</u>. 헌법재판소 2002. 10. 31. 선고 2000헌가12 결정

0969 ○ 행정상 즉시강제가 위법하게 이루어진 경우 국가배상법의 요건이 충족된다면 국가배상청구가 가능하다.

0970 ○ 경찰관직무집행법 제11조의2(손실보상) ① 국가는 경찰관의 적법한 직무집행으로 인하여 다음 각 호의 어느 하나에 해당하는 손실을 입은 자에 대하여 정당한 보상을 하여야 한다.
　　1. 손실발생의 원인에 대하여 책임이 없는 자가 생명·신체 또는 재산상의 손실을 입은 경우(손실발생의 원인에 대하여 책임이 없는 자가 경찰관의 직무집행에 자발적으로 협조하거나 물건을 제공하여 생명·신체 또는 재산상의 손실을 입은 경우를 포함한다)

1 의의

• 행정기관이 정책을 결정하거나 직무를 수행하는 데 필요한 정보나 자료를 수집하기 위하여 현장조사·문서열람·시료채취 등을 하거나 조사대상자에게 보고요구·자료제출요구 및 출석·진술요구를 행하는 활동

• 행정행위·사실행위 형식, 권력적·비권력적 행정조사

• 일반법 : 행정조사기본법
 − 안보·통일·외교, 국방·안전, 정보공개, 근로감독, 조세·형사, 금융감독, 공정거래 등에 대해서는 적용 ×
 − 위 경우에도 행정조사의 기본원칙은 적용됨

2 법적 근거 요부(행정조사기본법 제5조)

• **원칙** 개별법의 근거 있어야 행정조사 가능

• **예외** 자발적 협조 ➡ 개별법의 근거 없어도 행정조사 가능

• 개별법에 근거 ○ + 자발적 협조 ○ ➡ 행정조사기본법상 행정조사 가능

3 조사방법

• 조사기관 : 행정기관(권한을 위임·위탁받은 법인·단체·개인 포함)

• 조사주기 : **원칙** 정기조사 / **예외** 수시조사

• 조사대상자 선정 : 조사대상자 ➡ 선정기준에 대한 열람신청 ○(원칙적으로 열람 허용해야 함)

• 출석·진술·보고·자료제출요구 가능

• 현장조사 : **원칙** 일출 전, 일몰 후 불가 / **예외** 대상자의 동의, 업무시간, 목적 달성 불가능

• 시료채취 가능 ➡ 손실보상 규정 있음

• 자료 등의 영치 가능
 − 조사대상자의 생활·영업 불가능하게 될 우려 ➡ 사진촬영·사본작성 등의 방법으로 갈음 ○
 − But 위 경우에도 증거인멸의 우려 있으면 사진촬영 등의 방법으로 갈음 ×

- **공동조사**: 동일한 조사대상자에 대한 행정조사 ➡ 공동조사 의무

- **중복조사 제한**: 위법행위가 의심되는 **새로운 증거를 확보한 경우** 아닌 한, 재조사 금지

- **자율신고제도**: 운영할 수 있음 ➡ 신고내용을 행정조사에 갈음할 수 있음

- **정보통신수단을 통한 행정조사**: 할 수 있음

4 한계

① 행정조사의 기본원칙

- 조사목적을 달성하는 데 **필요한 최소한의 범위** 안에서 실시

- 조사목적에 적합하도록 조사대상자 선정

- 공동조사 등을 실시함으로써 행정조사가 중복되지 않도록 함

- 처벌보다는 법령 등을 준수하도록 유도하는 데 중점

- 비밀 누설 금지 및 목적 외 용도로 이용·제공 금지

② 절차법적 한계

- 적법절차의 원칙 적용(∵ 헌법상 원칙) ➡ 사전통지 및 이유제시 의무

- 공무원은 권한을 나타내는 증표를 휴대·제시 의무

- 조사의 사전통지
  - **원칙** 조사개시 7일 전까지 서면으로 통지
  - **예외** 자발적 협조 ➡ 행정조사 개시와 동시에 구두로 가능

- 조사의 연기신청 가능

- **제3자에 대한 보충조사**: 다른 법률의 규정 또는 제3자의 동의 있는 경우 가능

- 자발적 협조에 따른 행정조사 ➡ 조사대상자는 거부 가능
  - **조사에 응할 것인지 무응답**: 조사 거부한 것으로 간주

- 조사대상자의 의견제출 가능

- **조사원 교체**: 이유를 명시한 서면으로 신청

- 법률·회계 전문가 입회 및 의견진술 가능

- 행정조사과정 녹음·녹화 가능

- 조사결과의 통지: 조사결과 확정한 날로부터 7일 내로 통지

5 영장주의 적용 여부

- 행정조사: 수사기관의 강제처분 × ➡ 영장주의 적용 ×
  - 우편물 통관검사절차상 우편물개봉, 시료채취, 성분분석 등 ➡ 영장 없이 가능
- 범죄수사를 위한 압수·수색 ➡ 영장주의 적용 ○
  - 마약수사의 일환으로 행해진 수출입물품 개봉, 검사 등 ➡ 사전 또는 사후 영장 필요

6 권리구제

- 위법한 행정조사에 기초한 처분 ➡ 위법
  - 위법한 세무조사(ex 금지되는 재조사)에 근거한 과세처분 ➡ 위법
  - 위법한 조사로 얻은 자료를 처분의 근거로 삼지 않았더라도, 처분은 위법
  - 음주측정을 위한 채혈조사가 위법 ➡ 그에 기초한 운전면허취소·정지처분도 위법

- 권력적 행정조사: 권력적 사실행위 ➡ 항고소송 ○
  - 세무조사결정: 처분 ○

- 국가배상 ○, 손실보상 ○

기출 O× Check

0971 개별 법령 등에서 행정조사를 규정하고 있지 않더라도, 행정기관은 조사대상자가 자발적으로 협조하는 경우에는 행정조사를 실시할 수 있다. 23. 국가 ( )

0972 조세에 관한 사항, 「근로기준법」상 근로감독관의 직무에 관한 사항, 금융감독기관의 감독ㆍ검사ㆍ조사 및 감리에 관한 사항에 대하여는 「행정조사기본법」을 적용하지 아니한다. 12. 지방 ( )

0973 「행정조사기본법」 제4조(행정조사의 기본원칙)는 조세ㆍ보안처분에 관한 사항에 대하여 적용하지 아니한다.

22. 국가 7급 ( )

0974 행정조사를 행하는 행정기관에는 법령 및 조례ㆍ규칙에 따라 행정권한이 있는 기관뿐만 아니라 그 권한을 위임 또는 위탁받은 법인ㆍ단체 또는 그 기관이나 개인이 포함된다. 18. 지방 ( )

0975 행정조사는 수시로 실시함을 원칙으로 한다. 23. 국회 8급 ( )

0976 조사대상자가 조사대상 선정기준에 대한 열람을 신청한 경우에 행정기관은 그 열람이 당해 행정조사업무를 수행할 수 없을 정도로 조사활동에 지장을 초래한다는 이유로 열람을 거부할 수 없다. 18. 지방 ( )

정답 & O× 풀이

0971 O 행정조사기본법 제5조(행정조사의 근거) 행정기관은 <u>법령등에서 행정조사를 규정하고 있는 경우에 한하여 행정조사를 실시할 수 있다.</u> 다만, 조사대상자의 자발적인 협조를 얻어 실시하는 행정조사의 경우에는 그러하지 아니하다.

0972 O 행정조사기본법 제3조(적용범위) ② 다음 각 호의 어느 하나에 해당하는 사항에 대하여는 <u>이 법을 적용하지 아니한다.</u>
　4. 「근로기준법」 제101조에 따른 <u>근로감독관의 직무에 관한 사항</u>
　5. <u>조세</u>ㆍ형사ㆍ행형 및 <u>보안처분에 관한 사항</u>
　6. <u>금융감독기관의 감독ㆍ검사ㆍ조사 및 감리에 관한 사항</u>

0973 × 행정조사기본법 제3조(적용범위) ② 다음 각 호의 어느 하나에 해당하는 사항에 대하여는 <u>이 법을 적용하지 아니한다.</u>
　5. 조세ㆍ형사ㆍ행형 및 보안처분에 관한 사항
　<u>③ 제2항에도 불구하고 제4조(행정조사의 기본원칙)</u>, 제5조(행정조사의 근거) 및 제28조(정보통신수단을 통한 행정조사)는 <u>제2항 각 호의 사항에 대하여 적용한다.</u>

0974 O 행정조사기본법 제2조(정의) 이 법에서 사용하는 용어의 정의는 다음과 같다.
　2. "행정기관"이란 법령 및 조례ㆍ규칙(이하 "법령등"이라 한다)에 따라 행정권한이 있는 기관과 그 권한을 위임 또는 위탁받은 법인ㆍ단체 또는 그 기관이나 개인을 말한다.

0975 × 행정조사기본법 제7조(조사의 주기) 행정조사는 법령등 또는 행정조사운영계획으로 정하는 바에 따라 <u>정기적으로 실시함을 원칙으로 한다.</u> 다만, 다음 각 호 중 어느 하나에 해당하는 경우에는 수시조사를 할 수 있다.

0976 × 행정조사기본법 제8조(조사대상의 선정) ② 조사대상자는 조사대상 선정기준에 대한 열람을 행정기관의 장에게 신청할 수 있다.
　③ 행정기관의 장이 제2항에 따라 열람신청을 받은 때에는 다음 각 호의 어느 하나에 해당하는 경우를 제외하고 신청인이 조사대상 선정기준을 열람할 수 있도록 하여야 한다.
　1. 행정기관이 당해 <u>행정조사업무를 수행할 수 없을 정도로 조사활동에 지장을 초래하는 경우</u>
　2. 내부고발자 등 제3자에 대한 보호가 필요한 경우

0977 조사대상자의 동의가 있는 경우 해가 뜨기 전이나 해가 진 뒤에도 현장조사가 가능하다. 17. 서울 (   )

0978 행정기관의 장은 조사원이 조사목적의 달성을 위하여 한 시료채취로 조사대상자에게 손실을 입힌 때에는 그 손실을 보상하여야 한다. 23. 국가 (   )

0979 조사원이 현장조사 중에 자료·서류·물건 등을 영치하는 경우에 조사대상자의 생활이나 영업이 사실상 불가능하게 될 우려가 있는 때에는 조사원은 증거인멸의 우려가 있는 경우가 아니라면 사진촬영 등의 방법으로 영치에 갈음할 수 있다. 18. 국가 7급 (   )

0980 행정기관의 장은 당해 행정기관 내의 2 이상의 부서가 동일하거나 유사한 업무분야에 대하여 동일한 조사대상자에게 행정조사를 실시하는 경우에는 공동조사를 하여야 한다. 23. 국가 (   )

0981 정기조사 또는 수시조사를 실시한 행정기관의 장은 조사대상자의 자발적인 협조를 얻어 실시하는 경우가 아닌 한, 동일한 사안에 대하여 동일한 조사대상자를 재조사하여서는 아니 된다. 18. 지방 (   )

0982 행정기관의 장은 조사대상자가 신고한 내용이 거짓의 신고라고 인정할 만한 근거가 있거나 신고내용을 신뢰할 수 없는 경우를 제외하고는 그 신고내용을 행정조사에 갈음하여야 한다. 12. 지방 (   )

0983 행정기관의 장은 조사대상자의 신상이나 사업비밀 등이 유출될 우려가 있으므로 인터넷 등 정보통신망을 통하여 조사대상자로 하여금 자료의 제출 등을 하게 할 수 없다. 23. 국가 (   )

0984 행정조사는 조사목적을 달성하는 데 필요한 최소한의 범위 안에서 실시하여야 한다. 16. 국가 (   )

0985 행정조사는 법령등의 위반에 대한 처벌보다는 법령등을 준수하도록 유도하는 것에 중점을 두어야 한다.
10. 지방 (   )

0986 헌법 제12조 제1항에서 규정하고 있는 적법절차의 원칙은 형사소송절차에 국한되지 않고 모든 국가작용 전반에 대하여 적용되는 원칙이므로 세무공무원의 세무조사권의 행사에서도 적법절차의 원칙은 준수되어야 한다.
18. 국가 (   )

0987 「행정조사기본법」에 따르면, 행정조사를 실시하는 경우 조사개시 7일 전까지 조사대상자에게 출석요구서, 보고요구서·자료제출요구서, 현장출입조사서를 서면으로 통지하여야 하나, 조사대상자의 자발적인 협조를 얻어 행정조사를 실시하는 경우에는 미리 서면으로 통지하지 않고 행정조사의 개시와 동시에 이를 조사대상자에게 제시할 수 있다. 18. 국가 (   )

0977 ○ 행정조사기본법 제11조(현장조사) ② 제1항에 따른 현장조사는 <u>해가 뜨기 전이나 해가 진 뒤에는 할 수 없다.</u> 다만, 다음 각 호의 어느 하나에 해당하는 경우에는 그러하지 아니하다.
　　1. <u>조사대상자(대리인 및 관리책임이 있는 자를 포함한다)가 동의한 경우</u>
　　2. 사무실 또는 사업장 등의 업무시간에 행정조사를 실시하는 경우
　　3. 해가 뜬 후부터 해가 지기 전까지 행정조사를 실시하는 경우에는 조사목적의 달성이 불가능하거나 증거인멸로 인하여 조사대상자의 법령등의 위반 여부를 확인할 수 없는 경우

0978 ○ 행정조사기본법 제12조(시료채취) ② 행정기관의 장은 제1항에 따른 <u>시료채취로 조사대상자에게 손실을 입힌 때에는 대통령령으로 정하는 절차와 방법에 따라 그 손실을 보상하여야 한다.</u>

0979 ○ 행정조사기본법 제13조(자료등의 영치) ② 조사원이 제1항에 따라 <u>자료등을 영치하는 경우에 조사대상자의 생활이나 영업이 사실상 불가능하게 될 우려가 있는 때에는 조사원은 자료등을 사진으로 촬영하거나 사본을 작성하는 등의 방법으로 영치에 갈음할 수 있다.</u> 다만, 증거인멸의 우려가 있는 자료등을 영치하는 경우에는 그러하지 아니하다.

0980 ○ 행정조사기본법 제14조(공동조사) ① 행정기관의 장은 다음 각 호의 어느 하나에 해당하는 행정조사를 하는 경우에는 공동조사를 하여야 한다.
　　1. 당해 행정기관 내의 2 이상의 부서가 동일하거나 유사한 업무분야에 대하여 동일한 조사대상자에게 행정조사를 실시하는 경우

0981 ✕ 행정조사기본법 제15조(중복조사의 제한) ① 제7조에 따라 정기조사 또는 수시조사를 실시한 행정기관의 장은 <u>동일한 사안에 대하여 동일한 조사대상자를 재조사 하여서는 아니 된다.</u> 다만, 당해 행정기관이 이미 조사를 받은 조사대상자에 대하여 <u>위법행위가 의심되는 새로운 증거를 확보한 경우에는 그러하지 아니하다.</u>

0982 ✕ 행정조사기본법 제25조(자율신고제도)
　　① 행정기관의 장은 법령등에서 규정하고 있는 조사사항을 조사대상자로 하여금 스스로 신고하도록 하는 <u>제도를 운영할 수 있다.</u>
　　② 행정기관의 장은 조사대상자가 제1항에 따라 신고한 내용이 거짓의 신고라고 인정할 만한 근거가 있거나 신고내용을 신뢰할 수 없는 경우를 제외하고는 그 <u>신고내용을 행정조사에 갈음할 수 있다.</u>

0983 ✕ 행정조사기본법 제28조(정보통신수단을 통한 행정조사) ① 행정기관의 장은 <u>인터넷 등 정보통신망을 통하여 조사대상자로 하여금 자료의 제출 등을 하게 할 수 있다.</u>

0984 ○ 행정조사기본법 제4조(행정조사의 기본원칙) ① 행정조사는 조사목적을 달성하는데 필요한 최소한의 범위 안에서 실시하여야 하며, 다른 목적 등을 위하여 조사권을 남용하여서는 아니 된다.

0985 ○ 행정조사기본법 제4조(행정조사의 기본원칙) ④ 행정조사는 법령등의 위반에 대한 처벌보다는 법령등을 준수하도록 유도하는 데 중점을 두어야 한다.

0986 ○ <u>헌법 제12조 제1항에서 규정하고 있는 적법절차의 원칙은 형사소송절차에 국한되지 아니하고 모든 국가작용 전반에 대하여 적용된다.</u> 세무조사는 국가의 과세권을 실현하기 위한 행정조사의 일종으로서 과세자료의 수집 또는 신고내용의 정확성 검증 등을 위하여 필요불가결하며, 종국적으로는 조세의 탈루를 막고 납세자의 성실한 신고를 담보하는 중요한 기능을 수행한다. 이러한 <u>세무공무원의 세무조사권의 행사에서도 적법절차의 원칙은 마땅히 준수되어야 한다.</u> 대법원 2014. 6. 26. 선고 2012두911 판결

0987 ○ 행정조사기본법 제17조(조사의 사전통지) ① 행정조사를 실시하고자 하는 행정기관의 장은 제9조에 따른 출석요구서, 제10조에 따른 보고요구서·자료제출요구서 및 제11조에 따른 현장출입조사서(이하 "출석요구서등"이라 한다)를 조사개시 <u>7일 전까지 조사대상자에게 서면으로 통지하여야 한다.</u> 다만, 다음 각 호의 어느 하나에 해당하는 경우에는 <u>행정조사의 개시와 동시에 출석요구서등을 조사대상자에게 제시하거나 행정조사의 목적 등을 조사대상자에게 구두로 통지할 수 있다.</u>
　　1. 행정조사를 실시하기 전에 관련 사항을 미리 통지하는 때에는 증거인멸 등으로 행정조사의 목적을 달성할 수 없다고 판단되는 경우
　　2. 「통계법」 제3조 제2호에 따른 지정통계의 작성을 위하여 조사하는 경우
　　3. 제5조 단서에 따라 <u>조사대상자의 자발적인 협조를 얻어 실시하는 행정조사의 경우</u>

0988 「행정조사기본법」에 따르면 조사대상자의 자발적인 협조를 얻어 행정조사를 실시하고자 하는 경우 조사대상자는 문서·전화·구두 등의 방법으로 당해 행정조사를 거부할 수 있다. 23. 지방 (   )

0989 자발적인 협조에 따라 실시하는 행정조사에 대하여 조사 대상자가 조사에 응할 것인지에 대한 응답을 하지 아니하는 경우에는 법령 등에 특별한 규정이 없는 한 그 조사에 동의한 것으로 본다. 17. 서울 (   )

0990 조사대상자에 의한 조사원 교체신청은 그 이유를 명시한 서면으로 행정기관의 장에게 하여야 한다. 15. 지방 (   )

0991 행정기관의 장은 법령등에 특별한 규정이 있는 경우를 제외하고는 행정조사의 결과를 확정한 날부터 7일 이내에 그 결과를 조사대상자에게 통지하여야 한다. 22. 국가 7급 (   )

0992 우편물 통관검사절차에서 이루어지는 우편물 개봉 등의 검사는 행정조사의 성격을 가지는 것으로서 수사기관의 강제처분이라고 할 수 없으므로, 압수·수색영장 없이 검사가 진행되었다 하더라도 특별한 사정이 없는 한 위법하다고 볼 수 없다. 16. 국가 (   )

0993 위법한 세무조사를 통하여 수집된 과세자료에 기초하여 과세처분을 하였더라도 그러한 사정만으로 그 과세처분이 위법하게 되는 것은 아니다. 16. 국가 (   )

0994 「국세기본법」상 금지되는 재조사에 기하여 과세처분을 하는 것은 과세관청이 그러한 재조사로 얻은 과세자료를 배제하고서도 동일한 과세처분이 가능한 경우라면 적법하다. 22. 국회 8급 (   )

0995 음주운전 여부에 대한 조사 과정에서 운전자 본인의 동의를 받지 아니하고 법원의 영장 없이 채혈조사를 한 결과를 근거로 한 운전면허 정지·취소처분은 특별한 사정이 없는 한 위법한 처분으로 볼 수밖에 없다.
22. 소방간부 (   )

0996 행정조사는 처분성이 인정되지 않으므로 세무조사결정이 위법하더라도 이에 대해서는 항고소송을 제기할 수 없다. 18. 국가 (   )

0988　○　행정조사기본법 제20조(자발적인 협조에 따라 실시하는 행정조사) ① 행정기관의 장이 제5조 단서에 따라 조사대상자의 자발적인 협조를 얻어 행정조사를 실시하고자 하는 경우 조사대상자는 문서·전화·구두 등의 방법으로 당해 행정조사를 거부할 수 있다.

0989　×　행정조사기본법 제20조(자발적인 협조에 따라 실시하는 행정조사) ② 제1항에 따른 행정조사에 대하여 조사대상자가 조사에 응할 것인지에 대한 응답을 하지 아니하는 경우에는 법령등에 특별한 규정이 없는 한 그 조사를 거부한 것으로 본다.

0990　○　행정조사기본법 제22조(조사원 교체신청) ① 조사대상자는 조사원에게 공정한 행정조사를 기대하기 어려운 사정이 있다고 판단되는 경우에는 행정기관의 장에게 당해 조사원의 교체를 신청할 수 있다.
② 제1항에 따른 교체신청은 그 이유를 명시한 서면으로 행정기관의 장에게 하여야 한다.

0991　○　행정조사기본법 제24조(조사결과의 통지) 행정기관의 장은 법령등에 특별한 규정이 있는 경우를 제외하고는 행정조사의 결과를 확정한 날부터 7일 이내에 그 결과를 조사대상자에게 통지하여야 한다.

0992　○　우편물 통관검사절차에서 이루어지는 우편물의 개봉, 시료채취, 성분분석 등의 검사는 수출입물품에 대한 적정한 통관 등을 목적으로 한 행정조사의 성격을 가지는 것으로서 수사기관의 강제처분이라고 할 수 없으므로, 압수·수색영장 없이 우편물의 개봉, 시료채취, 성분분석 등 검사가 진행되었다 하더라도 특별한 사정이 없는 한 위법하다고 볼 수 없다. 대법원 2013. 9. 26. 선고 2013도7718 판결

0993　×　위법한 세무조사에 기초하여 이루어진 부가가치세부과처분은 위법하다. 대법원 2006. 6. 2. 선고 2004두12070 판결

0994　×　구 국세기본법 제81조의4 제1항, 제2항 규정의 문언과 체계, 재조사를 엄격하게 제한하는 입법 취지, 그 위반의 효과 등을 종합하여 보면, 구 국세기본법 제81조의4 제2항에 따라 금지되는 재조사에 기하여 과세처분을 하는 것은 단순히 당초 과세처분의 오류를 경정하는 경우에 불과하다는 등의 특별한 사정이 없는 한 그 자체로 위법하고, 이는 과세관청이 그러한 재조사로 얻은 과세자료를 과세처분의 근거로 삼지 않았다거나 이를 배제하고서도 동일한 과세처분이 가능한 경우라고 하여 달리 볼 것은 아니다. 대법원 2017. 12. 13. 선고 2016두55421 판결

0995　○　음주운전 여부에 대한 조사 과정에서 운전자 본인의 동의를 받지 아니하고 또한 법원의 영장도 없이 채혈조사를 한 결과를 근거로 한 운전면허 정지·취소 처분은 도로교통법 제44조 제3항을 위반한 것으로서 특별한 사정이 없는 한 위법한 처분으로 볼 수밖에 없다. 대법원 2016. 12. 27. 선고 2014두46850 판결

0996　×　부과처분을 위한 과세관청의 질문조사권이 행해지는 세무조사결정이 있는 경우 납세의무자는 세무공무원의 과세자료 수집을 위한 질문에 대답하고 검사를 수인하여야 할 법적 의무를 부담하게 되는 점 등을 종합하면, 세무조사결정은 납세의무자의 권리·의무에 직접 영향을 미치는 공권력의 행사에 따른 행정작용으로서 항고소송의 대상이 된다. 대법원 2011. 3. 10. 선고 2009두23617 판결

_{주제} 50 행정형벌

---

1 의의

- 행정법규 위반자에 대하여 형법상 형벌을 과하는 행정벌

- 형법총칙이 적용되며, 형사소송절차에 따라 과벌

2 형법총칙의 적용

① 고의 또는 과실

- 고의 또는 과실 없으면 형벌 부과 ×

- 과실 : 원칙적으로 과실행위를 처벌하는 명문의 규정이 있어야만 처벌 ○
  - 법규의 해석상 과실행위 처벌한다는 뜻이 도출 ➡ 명문 규정 없더라도 처벌 ○
  - 대기환경보전법 ➡ 과실로 배출가스를 초과 배출하여 운전한 자도 처벌하는 것으로 해석 ○

② 위법성의 착오(금지착오)

- 자기의 행위가 법령에 의하여 죄가 되지 않는 것으로 오인한 행위 : 오인에 정당한 이유 ○ ➡ 처벌 ×

- 단순한 법령의 부지 ➡ 정당한 이유 ×

③ 양벌규정

(1) 의의

- 범죄행위자뿐만 아니라 행위자 이외의 자를 함께 처벌하도록 하는 규정
  - 종업원의 법위반행위 ➡ 사업주도 함께 처벌

- 명문의 양벌규정 없더라도, 해석상 과실 있는 사업주도 처벌 가능 ○

(2) 행위자 이외의 자의 책임

- 종업원 등에 대한 관리감독의무를 소홀히 한 독자적인 과실책임 ○(무과실책임 ×)

- 사업주에 대한 처벌은 종업원의 처벌에 종속하는 것 ×

- 사업주에 대한 처벌 위해서 종업원에 대한 처벌이 전제되어야 할 필요 ×
- 종업원 처벌하지 않고, 사업주만 처벌하는 것도 가능

(3) 법인의 책임

- 법인의 범죄능력은 부정되나, 형벌능력은 인정된다고 보는 것이 일반적인 견해

- 양벌규정의 대상 : 법인도 포함 ➡ 법인의 임직원이 법위반행위 한 경우, 법인도 처벌
  - 법인의 대표자가 범한 범죄에 따른 법인의 책임 : 법인의 직접책임
  - 법인의 종업원이 범함 범죄에 따른 법인의 책임 : 법인의 과실책임
    ➡ 종업원의 행위에 대해 법인이 무과실책임 지도록 한 법규정은 위헌

- 지방자치단체
  - 자치사무 ➡ 공법인 ○ ➡ 양벌규정 적용 ○
  - 기관위임사무 ➡ 위임기관의 하위행정기관에 불과(공법인 ×) ➡ 양벌규정 적용 ×

3 통고처분

① 의의

- 형사절차에 따른 형벌 부과 전, 형벌을 대신하여 금전적 제재인 '범칙금'을 과하는 것
  - 도로교통법, 조세법, 관세법, 출입국관리법 등 개별법에 규정 ○

- 제재수단의 선택 : 행정청의 재량 ➡ 통고처분하지 않고 고발하였다고 하여 위법한 것 ×

② 범칙금 납부의 효과

- 범칙금 납부기간 내 ➡ 즉결심판 청구 ×, 검사의 공소제기 ×, 이미 한 통고처분 취소 ×

- 범칙금 납부 ➡ 과벌절차 종료 ➡ 일사부재리의 원칙(확정재판에 준하는 효력) : 다시 처벌 ×
  - 다시 처벌받지 않게 되는 행위사실 ➡ 통고처분서에 기재된 범칙행위 및 이와 기사동 있는 행위
  - 고발 ➡ 통고처분 ➡ 범칙금 납부 ➡ 일사부재리 적용 ×(∵고발 후에 한 통고처분은 무효)

- 통고처분 : 처분성 × ➡ 항고소송 ×(∵다른 특별한 불복절차 존재)
  - 기간 내 범칙금 납부 × ➡ 통고처분 효력 상실 ➡ 즉결심판(형사재판)

주제 51 행정질서벌(과태료)

1 의의

- 행정법규 위반자에 대하여 과태료를 과하는 행정벌

- 형법총칙(죄형법정주의) 적용 ×, But 과태료도 침익적 처분 ➡ 관련 규정 엄격하게 해석

- 일반법 : 질서위반행위규제법

2 질서위반행위규제법의 주요 내용

① 총칙

- 질서위반행위 : 법률(조례 포함)상 의무를 위반하여 과태료를 부과하는 행위

- 법률에 규정 없는 한, 과태료 부과 ×

- 과태료 부과 등의 절차에 관하여 개별법이 달리 규정 ➡ 질서위반행위규제법 적용

- 시간적 적용 범위
  - 원칙 행위시 시행 중인 법률 적용
  - 예외 행위 후 유리하게 변경 ➡ 유리하게 개정된 법률 적용
    ➡ 행위 후, 과태료 대상 × or 과태료금액 감액 ➡ 개정된(재판 시) 법률 적용
    ➡ 과태료 처분 또는 법원의 재판 확정 후, 과태료 대상 × ➡ 과태료 징수 or 집행 면제

- 장소적 적용 범위
  - 대한민국 영역 안에서 질서위반행위를 한 자
  - 대한국의 영역 밖에서 질서위반행위를 한 대한민국 국민
  - 대한민국 영역 밖에 있는 대한민국의 선박 또는 항공기 안에서 질서위반행위를 한 외국인

② 부과 요건

- 고의 또는 과실 없으면 부과 ×
  - 과태료 재판 과정에서 '자신에게 책임 없는 사유로 위반행위에 이르렀다.'라고 주장한 경우
    ➡ 법원은 고의·과실의 존부를 살펴봐야 함

- 자신의 행위가 위법하지 않은 것으로 오인한 행위 : 오인에 정당한 이유 ○ ➡ 부과 ×

- 책임연령 : 14세 미만자 ➡ 과태료 부과 ×

- 심신장애
  - 심신상실자 ➡ 과태료 부과 × / 심신미약자 ➡ 과태료 감경 ○
  - 스스로 심신장애 상태를 일으켜 질서위반행위를 한 자 ➡ 부과 ○, 감경 ×

- 법인의 임직원, 개인의 대리인 등의 업무상 행위 ➡ 법인 또는 개인에 대해 부과(임직원·대리인 ×)

- 다수인의 가담
  - 2인 이상이 가담 ➡ 각자가 과태료 부과대상
  - 신분에 의하여 성립하는 행위에 신분 없는 자가 가담 ➡ 신분 없는 자도 과태료 ○
  - 신분에 의하여 과태료 감경 or 가중 or 부과 × 하는 경우 ➡ 신분 없는 자에 대해서는 효과 ×

- 하나의 행위가 2 이상의 과태료 부과 대상 ➡ 가장 중한 과태료 부과
  - 위 경우를 제외한 경우 ➡ 각 행위에 대하여 각각 부과

- 과태료 부과처분 또는 과태료 재판 확정 후 5년 간 징수 또는 집행 × ➡ 과태료 시효 소멸

③ 부과 절차

- 사전통지 및 10일 이상의 의견제출기회 부여

- 서면으로 부과(당사자 동의 시, 전자문서 가능)

- 제척기간 : 행위 종료(다수인 가담의 경우 최종행위 종료) 후 5년 경과 ➡ 부과 ×

- 출석요구·진술청취·보고명령·자료제출명령, 장부·서류·기타 물건 검사 가능

④ 과태료 재판

(1) 항고소송 제기 가부

- 과태료 부과 : 처분성 × ➡ 항고소송 ×(∵ 다른 특별한 불복절차 존재)

(2) 과태료 재판의 절차

- 이의제기 : 과태료 부과 통지서 받은 날부터 60일 내, 해당 행정청에 서면으로 제기
  ➡ 이의제기 있으면 과태료 부과처분은 효력 상실

- 법원통보 : 행정청은 이의제기 받은 날부터 14일 내, 관할법원에 통보

- 관할법원 : 당사자(행정청 ×)의 주소지 관할하는 법원

- 심문 : 원칙 심문 ○ / 예외 법원이 상당하다고 인정 시, 심문 없이 재판(약식재판)
  - 약식재판에 대해서, 당사자와 검사는 7일 내 이의신청 가능

- 재판 : 과태료 재판은 이유를 붙인 '결정'으로써 함
  - 직권심리 ➡ 기록상 현출되어 있는 사항에 관하여 직권 증거조사 가능
  - 신뢰보호의 원칙 적용 없음

- 부과 범위 : 과태료부과처분사유와 기사동이 인정되는 한도 내에서만 과태료 부과 가능

- 즉시항고 : 당사자와 검사는 즉시항고 가능 ➡ 집행정지 효력 있음

- 과태료 재판의 집행 : 검사의 명령으로써 집행 ➡ 명령은 집행력 있는 집행권원과 동일한 효력 ○

⑤ 행정형벌과 과태료의 병과 가부

- 대법원 : 양 자는 목적과 성질을 달리하는 별개의 것 ➡ 병과 가능
  - 임시운행허가기간 도과한 번호판을 부착하여 운전 ➡ 형벌 + 과태료 병과 ○

- 헌재 : 양 자는 목적·기능이 중복되는 면 없지 않음 ➡ 병과 불가능(이중처벌금지의 원칙 위반)

⑥ 징수의 실효성 확보

- 자진납부자에 대한 과태료 감경 가능

- 체납 ➡ 3/100에 상당하는 가산금 징수

- 상속재산에 대해 집행 가능

- 관허사업의 제한 가능

- 고액·상습체납자 ➡ 30일 내 감치 가능

기출 Check

0997 구 「행형법」에 의한 징벌을 받은 뒤에 형사처벌을 한다고 하여 일사부재리의 원칙에 반하는 것은 아니다.

22. 국가 7급 (　　)

0998 어떤 행정법규 위반행위에 대해 과태료를 과할 것인지 행정형벌을 과할 것인지는 기본적으로 입법재량에 속한다. 14. 지방 (　　)

0999 과실범을 처벌한다는 명문의 규정이 없더라도 행정형벌법규의 해석에 의하여 과실행위도 처벌한다는 뜻이 도출되는 경우에는 과실범도 처벌될 수 있다. 19. 국가 (　　)

1000 구 「대기환경보전법」에 따라 배출허용기준을 초과하는 배출가스를 배출하는 자동차를 운행하는 행위를 처벌하는 규정은 과실범의 경우에 적용하지 아니한다. 14. 국가 (　　)

1001 양벌규정은 행위자에 대한 처벌규정임과 동시에 그 위반행위의 이익귀속주체인 영업주에 대한 처벌규정이다.

22. 국가 (　　)

정답 & 풀이

0997 ○ 피고인이 행형법에 의한 징벌을 받아 그 집행을 종료하였다고 하더라도 <u>행형법상의 징벌은 수형자의 교도소 내의 준수사항위반에 대하여 과하는 행정상의 질서벌의 일종으로서 형법 법령에 위반한 행위에 대한 형사책임과는 그 목적, 성격을 달리하는 것이므로 징벌을 받은 뒤에 형사처벌을 한다고 하여 일사부재리의 원칙에 반하는 것은 아니다.</u> 대법원 2000. 10. 27. 선고 2000도3874 판결

0998 ○ 어떤 행정법규위반의 행위에 대하여 이를 단지 간접적으로 행정상의 질서에 장애를 줄 위험성이 있음에 불과한 경우로 보아 <u>행정질서벌인 과태료를 과할 것인지</u> 아니면 직접적으로 행정목적과 공익을 침해한 행위로 보아 <u>행정형벌을 과할 것인지</u>는 기본적으로 입법권자가 제반사정을 고려하여 결정할 <u>입법재량에 속하는 문제이다.</u> 헌법재판소 1998. 5. 28. 선고 96헌바83 결정

0999 ○ 행정범에 있어서 판례는 <u>과실행위를 처벌하는 명문의 규정이 없는 경우에도 법규의 해석에 의하여 과실행위도 처벌한다는 뜻이 도출되는 경우에는 과실행위를 처벌할 수 있다</u>고 한다.

1000 ✕ 대기환경보전법의 입법목적이나 제반 관계규정의 취지 등을 고려하면, 위 법 제36조에 위반하는 행위 즉, <u>법정의 배출허용기준을 초과하는 배출가스를 배출하면서 자동차를 운행하는 행위</u>를 처벌하고자 하는 위 법 제57조 제6호의 규정은 고의범 즉, 자동차의 운행자가 그 자동차에서 배출되는 배출가스가 소정의 운행 자동차 배출허용기준을 초과한다는 점을 실제로 인식하면서 운행한 경우는 물론이고, <u>과실범 즉, 운행자의 과실로 인하여 그러한 내용을 인식하지 못한 경우도 함께 처벌하는 규정이라고 해석함이 상당하다.</u> 대법원 1993. 9. 10. 선고 92도1136 판결

1001 ○ 구 건축법 제54조 내지 제56조의 벌칙규정에서 그 적용대상자를 건축주, 공사감리자, 공사시공자 등 일정한 업무주로 한정한 경우에 있어서, 같은 법 제57조의 <u>양벌규정</u>은 업무주가 아니면서 당해 업무를 실제로 집행하는 자가 있는 때에 위 벌칙규정의 실효성을 확보하기 위하여 그 적용대상자를 당해 업무를 실제로 집행하는 자에게까지 확장함으로써 그러한 자가 당해 업무집행과 관련하여 위 벌칙규정의 위반행위를 한 경우 위 양벌규정에 의하여 처벌할 수 있도록 한 <u>행위자의 처벌규정임과 동시에 그 위반행위의 이익귀속주체인 업무주에 대한 처벌규정이라고 할 것이다.</u> 대법원 1999. 7. 15. 선고 95도2870 전원합의체 판결

1002 양벌규정에 의한 법인의 처벌은 어디까지나 행정적 제재처분일 뿐 형벌과는 성격을 달리한다. 22. 국가 (　　)

1003 종업원의 범죄성립이나 처벌이 영업주 처벌의 전제조건이 되는 것은 아니다. 22. 국가 (　　)

1004 양벌규정에 의한 영업주의 처벌은 금지위반행위자인 종업원의 처벌에 종속되는 것이므로 영업주만 따로 처벌할 수는 없다. 22. 지방 (　　)

1005 종업원의 위반행위에 대해 사업주도 처벌하는 경우, 사업주가 지는 책임은 무과실책임이다. 12. 지방 (　　)

1006 지방자치단체 소속 공무원이 지방자치단체 고유의 자치사무를 수행하던 중 구 「도로법」에 위반하는 행위를 한 경우 지방자치단체는 구 「도로법」상 양벌규정에 따라 처벌대상이 되는 법인에 해당한다. 23. 지방 (　　)

1007 국가가 그의 사무의 일부를 지방자치단체의 장에게 위임하여 처리하게 하는 기관위임사무의 경우 지방자치단체는 양벌규정에 의한 처벌대상이 되는 법인에 해당한다고 볼 수 없다. 12. 국회 8급 (　　)

1008 법인 대표자의 법규위반행위에 대한 법인의 책임은 법인 자신의 법규위반행위로 평가될 수 있는 행위에 대한 법인의 직접책임이다. 22. 국가 (　　)

1009 종업원 등의 범죄에 대해 법인에게 어떠한 잘못이 있는지를 전혀 묻지 않고, 곧바로 그 종업원 등을 고용한 법인에게도 종업원 등에 대한 처벌조항에 규정된 벌금형을 과하도록 규정하는 것은 책임주의에 반한다. 17. 국가 (　　)

1010 법률에 따라 통고처분을 할 수 있으면 행정청은 통고처분을 하여야 하며, 통고처분 이외의 조치를 취할 재량은 없다. 15. 지방 (　　)

1011 행정법규 위반자가 통고처분에 의해 부과된 금액을 납부하면 과벌절차가 종료되며 동일한 사건에 대하여 다시 처벌받지 아니한다. 15. 지방 (　　)

1012 통고처분에 의해 범칙금을 납부한 경우, 그 납부의 효력에 따라 다시 벌 받지 아니하게 되는 행위사실은 범칙금 통고의 이유에 기재된 당해 범칙행위 자체에 한정될 뿐, 그 범칙행위와 동일성이 인정되는 범칙행위에는 미치지 않는다. 17. 국가 7급 (　　)

1013 지방국세청장 또는 세무서장이 「조세범 처벌절차법」에 따라 통고처분을 거치지 아니하고 즉시 고발하였다면 이로써 조세범칙사건에 대한 조사 및 처분 절차는 종료되고 형사사건 절차로 이행되어 지방국세청장 또는 세무서장으로서는 동일한 조세범칙행위에 대하여 더 이상 통고처분을 할 권한이 없다. 23. 국가 7급 (　　)

1002 X 양벌규정이란 행위자와 함께 행위자 이외의 자에 대하여 형벌을 부과하도록 한 개별법상의 규정을 의미한다.

1003 O 양벌규정에 의한 영업주의 처벌은 금지위반행위자인 종업원의 처벌에 종속하는 것이 아니라 독립하여 그 자신의 종업원에 대한 선임감독상의 과실로 인하여 처벌되는 것이므로 종업원의 범죄성립이나 처벌이 영업주 처벌의 전제조건이 될 필요는 없다. 대법원 2006. 2. 24. 선고 2005도7673 판결

1004 X 양벌규정에 의한 영업주의 처벌은 금지위반행위자인 종업원의 처벌에 종속하는 것이 아니라 독립하여 그 자신의 종업원에 대한 선임감독상의 과실로 인하여 처벌되는 것이므로 종업원의 범죄성립이나 처벌이 영업주 처벌의 전제조건이 될 필요는 없다. 대법원 2006. 2. 24. 선고 2005도7673 판결

1005 X 양벌규정에 의한 영업주의 처벌은 금지위반행위자인 종업원의 처벌에 종속하는 것이 아니라 독립하여 그 자신의 종업원에 대한 선임감독상의 과실로 인하여 처벌되는 것이므로 종업원의 범죄성립이나 처벌이 영업주 처벌의 전제조건이 될 필요는 없다. 대법원 2006. 2. 24. 선고 2005도7673 판결

1006 O 지방자치단체가 그 고유의 자치사무를 처리하는 경우에는 지방자치단체는 국가기관의 일부가 아니라 국가기관과는 별도의 독립한 공법인이므로, 지방자치단체 소속 공무원이 지방자치단체 고유의 자치사무를 수행하던 중 도로법 제81조 내지 제85조의 규정에 의한 위반행위를 한 경우에는 지방자치단체는 도로법 제86조의 양벌규정에 따라 처벌대상이 되는 법인에 해당한다. 대법원 2005. 11. 10. 선고 2004도2657 판결

1007 O 이 사건 항만순찰 등 업무는 부산광역시장이 국가로부터 위임받은 기관위임사무에 해당한다고 봄이 상당하고, 이러한 경우에 지방자치단체인 피고인을 양벌규정에 의한 처벌대상이 되는 법인에 해당하는 것으로 보아 처벌할 수는 없으므로 피고인에게는 이 사건 자동차관리법 위반죄가 성립할 수 없다. 대법원 2009. 6. 11. 선고 2008도6530 판결

1008 O 법인은 기관을 통하여 행위하므로 법인이 대표자를 선임한 이상 그의 행위로 인한 법률효과는 법인에게 귀속되어야 하고, 법인 대표자의 범죄행위에 대하여는 법인이 자신의 행위에 대한 책임을 부담하는 것이다. 법인 대표자의 법규위반행위에 대한 법인의 책임은, 법인 자신의 법규위반행위로 평가될 수 있는 행위에 대한 법인의 직접책임으로서, 대표자의 고의에 의한 위반행위에 대하여는 법인 자신의 고의에 의한 책임을, 대표자의 과실에 의한 위반행위에 대하여는 법인 자신의 과실에 의한 책임을 부담하는 것이다. 따라서 '심판대상조항 중 법인의 대표자 관련 부분'은 대표자의 책임을 요건으로 하여 법인을 처벌하는 것이므로 책임주의원칙에 반하지 아니한다. 헌법재판소 2013. 10. 24. 선고 2013헌가18 전원재판부

1009 O 이 사건 심판대상 법률조항들은 법인이 고용한 종업원 등의 범죄행위에 관하여 비난할 근거가 되는 법인의 의사결정 및 행위구조, 즉 종업원 등이 저지른 행위의 결과에 대한 법인의 독자적인 책임에 관하여 전혀 규정하지 않은 채, 단순히 법인이 고용한 종업원 등이 업무에 관하여 범죄행위를 하였다는 이유만으로 법인에 대하여 형사처벌을 과하고 있는바, 이는 다른 사람의 범죄에 대하여 그 책임 유무를 묻지 않고 형벌을 부과함으로써 법치국가의 원리 및 죄형법정주의로부터 도출되는 책임주의원칙에 반하여 헌법에 위반된다. 헌법재판소 2010. 7. 29. 선고 2009헌가18 결정

1010 X 통고처분을 할 것인지의 여부는 관세청장 또는 세관장의 재량에 맡겨져 있고, 따라서 관세청장 또는 세관장이 관세범에 대하여 통고처분을 하지 아니한 채 고발하였다는 것만으로는 그 고발 및 이에 기한 공소의 제기가 부적법하게 되는 것은 아니다. 대법원 2007. 5. 11. 선고 2006도1993 판결

1011 O 통고처분에 따른 범칙금 납부의무를 이행한 경우, 과벌절차는 종료되며 일사부재리의 원칙이 적용되어 동일한 사건에 대해 다시 처벌받지 아니한다.

1012 X 범칙금의 통고 및 납부 등에 관한 규정들의 내용과 취지 등에 비추어 볼 때, 범칙자가 경찰서장으로부터 범칙행위를 하였음을 이유로 범칙금의 통고를 받고 납부기간 내에 그 범칙금을 납부한 경우 범칙금의 납부에 확정판결에 준하는 효력이 인정됨에 따라 다시 벌받지 아니하게 되는 행위사실은 범칙금 통고의 이유에 기재된 당해 범칙행위 자체 및 그 범칙행위와 동일성이 인정되는 범칙행위에 한정된다고 해석함이 상당하다. 대법원 2002. 11. 22. 선고 2001도849 판결

1013 O 지방국세청장 또는 세무서장이 조세범 처벌절차법 제17조 제1항에 따라 통고처분을 거치지 아니하고 즉시 고발하였다면 이로써 조세범칙사건에 대한 조사 및 처분 절차는 종료되고 형사사건 절차로 이행되어 지방국세청장 또는 세무서장으로서는 동일한 조세범칙행위에 대하여 더 이상 통고처분을 할 권한이 없다. 따라서 지방국세청장 또는 세무서장이 조세범칙행위에 대하여 고발을 한 후에 동일한 조세범칙행위에 대하여 통고처분을 하였더라도, 이는 법적 권한 소멸 후에 이루어진 것으로서 특별한 사정이 없는 한 효력이 없고, 조세범칙행위자가 이러한 통고처분을 이행하였더라도 조세범 처벌절차법 제15조 제3항에서 정한 일사부재리의 원칙이 적용될 수 없다. 대법원 2016. 9. 28. 선고 2014도10748 판결

1014 통고처분은 상대방의 임의의 승복을 그 발효요건으로 하기 때문에 그 자체만으로는 통고이행을 강제하거나 상대방에게 아무런 권리·의무를 형성하지 않으므로 행정심판이나 행정소송의 대상으로서의 처분성을 인정할 수 없다. 23. 지방 (   )

1015 경찰서장이 범칙행위에 대하여 통고처분을 한 이상, 통고처분에서 정한 범칙금 납부 기간까지는 원칙적으로 경찰서장은 즉결심판을 청구할 수 없고, 검사도 동일한 범칙행위에 대하여 공소를 제기할 수 없다. 21. 지방 (   )

1016 행정법규 위반자가 법정기간 내에 통고처분에 의해 부과된 금액을 납부하지 않으면 「비송사건절차법」에 의해 처리된다. 15. 지방 (   )

1017 과태료는 행정질서벌에 해당할 뿐 형벌이라고 할 수 없어 죄형법정주의의 규율대상에 해당하지 아니한다.
19. 국가 (   )

1018 지방자치단체의 조례도 과태료 부과의 근거가 될 수 있다. 16. 국가 (   )

1019 「지방자치법」상 사기나 부정한 방법으로 사용료 징수를 면한 자에 대한 과태료의 부과·징수 등의 절차에 관한 사항은 「질서위반행위규제법」에 따른다. 22. 국가 7급 (   )

1020 법률에 따르지 아니하고는 어떤 행위도 질서위반행위로 과태료를 부과하지 아니한다. 21. 지방 (   )

1021 질서위반행위 후 법률이 변경되어 그 행위가 질서위반행위에 해당하지 아니하게 되거나 과태료가 변경되기 전의 법률보다 가볍게 된 때에는 법률에 특별한 규정이 없는 한 변경된 법률을 적용하여야 한다. 23. 지방 (   )

1022 행정청의 과태료 처분이나 법원의 과태료 재판이 확정된 후 법률이 변경되어 그 행위가 질서위반행위에 해당하지 아니하게 되더라도 변경된 법률에 특별한 규정이 없는 한 과태료의 징수 또는 집행은 면제되지 않는다.
13. 국가 (   )

1023 질서위반행위는 행정질서벌이므로 대한민국 영역 밖에서 질서위반행위를 한 대한민국의 국민에게는 적용되지 않는다. 10. 지방 (   )

1024 「질서위반행위규제법」에 따르면 고의 또는 과실이 없는 질서위반행위에는 과태료를 부과하지 아니한다.
16. 국가 (   )

1025 판례에 따르면, 질서위반행위를 한 자가 자신의 책임 없는 사유로 위반행위에 이르렀다고 주장하는 경우 법원은 그 내용을 살펴 행위자에게 고의나 과실이 있는지 여부를 따져보아야 한다. 13. 국가 (   )

1026 자신의 행위가 위법하지 아니한 것으로 오인하고 행한 질서위반행위는 그 오인에 정당한 이유가 있는 때에 한하여 과태료를 부과하지 아니한다. 23. 국가 (   )

1027 다른 법률에 특별한 규정이 없는 경우, 14세가 되지 아니한 자의 질서위반행위는 과태료를 부과하지 아니한다.
20. 국가 (   )

1014 ○ 통고처분은 <u>상대방의 임의의 승복을 그 발효요건으로 하기 때문에 그 자체만으로는 통고이행을 강제하거나 상대방에게 아무런 권리의무를 형성하지 않으므로</u> 행정심판이나 행정소송의 대상으로서의 처분성을 부여할 수 없고, 통고처분에 대하여 이의가 있으면 통고내용을 이행하지 않음으로써 고발되어 형사재판절차에서 통고처분의 위법·부당함을 얼마든지 다툴 수 있기 때문에 관세법 제38조 제3항 제2호가 법관에 의한 재판받을 권리를 침해한다든가 적법절차의 원칙에 저촉된다고 볼 수 없다. 헌법재판소 1998. 5. 28. 선고 96헌바4 전원재판부

1015 ○ <u>경찰서장이 범칙행위에 대하여 통고처분을 한 이상</u>, 범칙자의 위와 같은 절차적 지위를 보장하기 위하여 <u>통고처분에서 정한 범칙금 납부기간까지는 원칙적으로 경찰서장은 즉결심판을 청구할 수 없고, 검사도 동일한 범칙행위에 대하여 공소를 제기할 수 없다고 보아야 한다.</u> 대법원 2020. 4. 29. 선고 2017도13409 판결

1016 ✕ 도로교통법 제118조에서 규정하는 <u>경찰서장의 통고처분은 행정소송의 대상이 되는 행정처분이 아니므로 그 처분의 취소를 구하는 소송은 부적법하고</u>, 도로교통법상의 통고처분을 받은 자가 그 처분에 대하여 이의가 있는 경우에는 <u>통고처분에 따른 범칙금의 납부를 이행하지 아니함으로써 경찰서장의 즉결심판청구에 의하여 법원의 심판을 받을 수 있게 될 뿐이다.</u> 대법원 1995. 6. 29. 선고 95누4674 판결

1017 ○ <u>과태료는 행정상의 질서유지를 위한 행정질서벌에 해당할 뿐 형벌이라고 할 수 없어 죄형법정주의의 규율대상에 해당하지 아니한다.</u> 헌법재판소 1998. 5. 28. 선고 96헌바83 결정

1018 ○ 질서위반행위규제법 제2조(정의) 이 법에서 사용하는 용어의 뜻은 다음과 같다.
　　1. "질서위반행위"란 <u>법률(지방자치단체의 조례를 포함한다. 이하 같다)상의 의무를 위반하여 과태료를 부과하는 행위를 말한다.</u>

1019 ○ 지방자치법 제156조(사용료의 징수조례 등) ③ 제2항에 따른 과태료의 부과·징수, 재판 및 집행 등의 절차에 관한 사항은 「<u>질서위반행위규제법</u>」에 따른다.
　　질서위반행위규제법 제5조(다른 법률과의 관계) 과태료의 부과·징수, 재판 및 집행 등의 절차에 관한 <u>다른 법률의 규정 중 이 법의 규정에 저촉되는 것은 이 법으로 정하는 바에 따른다.</u>

1020 ○ 질서위반행위규제법 제6조(질서위반행위 법정주의) 법률에 따르지 아니하고는 어떤 행위도 질서위반행위로 과태료를 부과하지 아니한다.

1021 ○ 질서위반행위규제법 제3조(법 적용의 시간적 범위) ② 질서위반행위 후 법률이 변경되어 그 행위가 질서위반행위에 해당하지 아니하게 되거나 과태료가 변경되기 전의 법률보다 가볍게 된 때에는 법률에 특별한 규정이 없는 한 변경된 법률을 적용한다.

1022 ✕ 질서위반행위규제법 제3조(법 적용의 시간적 범위) ③ <u>행정청의 과태료 처분이나 법원의 과태료 재판이 확정된 후 법률이 변경되어 그 행위가 질서위반행위에 해당하지 아니하게 된 때에는</u> 변경된 법률에 특별한 규정이 없는 한 <u>과태료의 징수 또는 집행을 면제한다.</u>

1023 ✕ 질서위반행위규제법 제4조(법 적용의 장소적 범위) ② 이 법은 <u>대한민국 영역 밖에서 질서위반행위를 한 대한민국의 국민에게 적용한다.</u>

1024 ○ 질서위반행위규제법 제7조(고의 또는 과실) 고의 또는 과실이 없는 질서위반행위는 과태료를 부과하지 아니한다.

1025 ○ 질서위반행위규제법은 과태료의 부과대상인 질서위반행위에 대하여도 책임주의 원칙을 채택하여 제7조에서 "고의 또는 과실이 없는 질서위반행위는 과태료를 부과하지 아니한다."고 규정하고 있으므로, <u>질서위반행위를 한 자가 자신의 책임 없는 사유로 위반행위에 이르렀다고 주장하는 경우 법원으로서는 그 내용을 살펴 행위자에게 고의나 과실이 있는지를 따져보아야 한다.</u> 대법원 2011. 7. 14.자 2011마364 결정

1026 ○ 질서위반행위규제법 제8조(위법성의 착오) 자신의 행위가 위법하지 아니한 것으로 오인하고 행한 질서위반행위는 그 오인에 <u>정당한 이유가 있는 때에 한하여</u> 과태료를 부과하지 아니한다.

1027 ○ 질서위반행위규제법 제9조(책임연령) 14세가 되지 아니한 자의 질서위반행위는 과태료를 부과하지 아니한다. 다만, 다른 법률에 특별한 규정이 있는 경우에는 그러하지 아니하다.

1028 스스로 심신장애 상태를 일으켜 질서위반행위를 한 자에 대하여는 과태료를 감경한다. 19. 국가 7급 (   )

1029 「질서위반행위규제법」상 개인의 대리인이 업무에 관하여 그 개인에게 부과된 법률상의 의무를 위반한 때에는 행위자인 대리인에게 과태료를 부과한다. 17. 국가 (   )

1030 2인 이상이 질서위반행위에 가담한 때에는 각자가 질서위반행위를 한 것으로 본다. 14. 사복 (   )

1031 신분에 의하여 성립하는 질서위반행위에 신분이 없는 자가 가담한 때에는 신분이 없는 자에 대하여도 질서위반행위가 성립한다. 23. 국가 (   )

1032 신분에 의하여 과태료를 감경 또는 가중하거나 과태료를 부과하지 아니하는 때에는 그 신분의 효과는 신분이 없는 자에게는 미치지 않는다. 21. 국가 7급 (   )

1033 하나의 행위가 2 이상의 질서위반행위에 해당하는 경우에는 각 질서위반행위에 대하여 정한 과태료 중 가장 중한 과태료를 부과한다. 23. 국가 (   )

1034 행정청에 의해 부과된 과태료는 질서위반행위가 종료된 날(다수인이 질서위반행위에 가담한 경우에는 최종행위가 종료된 날을 말한다)부터 5년간 징수하지 아니하거나 집행하지 아니하면 시효로 인하여 소멸한다.
20. 국가 (   )

1035 행정청이 질서위반행위에 대하여 과태료를 부과하고자 하는 때에는 미리 당사자에게 대통령령으로 정하는 사항을 통지하고, 10일 이상의 기간을 정하여 의견을 제출할 기회를 주어야 한다. 20. 국가 (   )

1036 행정청은 질서위반행위가 종료된 날(다수인이 질서위반행위에 가담한 경우에는 최종행위가 종료된 날을 말한다)부터 5년이 경과한 경우에는 해당 질서위반행위에 대하여 과태료를 부과할 수 없다. 14. 국가 (   )

1037 「질서위반행위규제법」에 따른 과태료부과처분은 항고소송의 대상인 행정처분에 해당한다. 16. 국가 (   )

1038 행정청이 위반사실을 적발하면 과태료를 부과받을 자의 주소지를 관할하는 지방법원에 통보하여야 하고, 당해 법원은 「비송사건절차법」에 따라 결정으로써 과태료를 부과한다. 23. 국가 (   )

1039 행정청의 과태료 부과처분을 받은 자가 그 통지를 받은 날부터 60일 이내에 해당 행정청에 서면으로 이의를 제기하면 행정청의 과태료 부과처분은 그 효력을 상실한다. 13. 국가 (   )

1040 과태료 사건은 다른 법령에 특별한 규정이 있는 경우를 제외하고는 과태료 부과관청의 소재지의 지방법원 또는 그 지원의 관할로 한다. 20. 국가 (   )

1041 법원이 심문 없이 과태료 재판을 하고자 하는 때에는 당사자와 검사는 특별한 사정이 없는 한 약식재판의 고지를 받은 날부터 7일 이내에 이의신청을 할 수 있다. 23. 지방 (   )

1042 법원이 하는 과태료재판에는 원칙적으로 행정소송에서와 같은 신뢰보호의 원칙이 적용된다. 22. 지방 (   )

1028 × 질서위반행위규제법 제10조(심신장애) ① 심신장애로 인하여 행위의 옳고 그름을 판단할 능력이 없거나 그 판단에 따른 행위를 할 능력이 없는 자의 질서위반행위는 과태료를 부과하지 아니한다.
② 심신장애로 인하여 제1항에 따른 능력이 미약한 자의 질서위반행위는 과태료를 감경한다.
③ 스스로 심신장애 상태를 일으켜 질서위반행위를 한 자에 대하여는 제1항 및 제2항을 적용하지 아니한다.

1029 × 질서위반행위규제법 제11조(법인의 처리 등) ① 법인의 대표자, 법인 또는 개인의 대리인·사용인 및 그 밖의 종업원이 업무에 관하여 법인 또는 그 개인에게 부과된 법률상의 의무를 위반한 때에는 법인 또는 그 개인에게 과태료를 부과한다.

1030 O 질서위반행위규제법 제12조(다수인의 질서위반행위 가담) ① 2인 이상이 질서위반행위에 가담한 때에는 각자가 질서위반행위를 한 것으로 본다.

1031 O 질서위반행위규제법 제12조(다수인의 질서위반행위 가담) ② 신분에 의하여 성립하는 질서위반행위에 신분이 없는 자가 가담한 때에는 신분이 없는 자에 대하여도 질서위반행위가 성립한다.

1032 O 질서위반행위규제법 제12조(다수인의 질서위반행위 가담) ③ 신분에 의하여 과태료를 감경 또는 가중하거나 과태료를 부과하지 아니하는 때에는 그 신분의 효과는 신분이 없는 자에게는 미치지 아니한다.

1033 O 질서위반행위규제법 제13조(수개의 질서위반행위의 처리) ① 하나의 행위가 2 이상의 질서위반행위에 해당하는 경우에는 각 질서위반행위에 대하여 정한 과태료 중 가장 중한 과태료를 부과한다.

1034 × 질서위반행위규제법 제15조(과태료의 시효) ① 과태료는 행정청의 과태료 부과처분이나 법원의 과태료 재판이 확정된 후 5년간 징수하지 아니하거나 집행하지 아니하면 시효로 인하여 소멸한다.

1035 O 질서위반행위규제법 제16조(사전통지 및 의견 제출 등) ① 행정청이 질서위반행위에 대하여 과태료를 부과하고자 하는 때에는 미리 당사자(제11조 제2항에 따른 고용주등을 포함한다. 이하 같다)에게 대통령령으로 정하는 사항을 통지하고, 10일 이상의 기간을 정하여 의견을 제출할 기회를 주어야 한다.

1036 O 질서위반행위규제법 제19조(과태료 부과의 제척기간) ① 행정청은 질서위반행위가 종료된 날(다수인이 질서위반행위에 가담한 경우에는 최종행위가 종료된 날을 말한다)부터 5년이 경과한 경우에는 해당 질서위반행위에 대하여 과태료를 부과할 수 없다.

1037 × 과태료처분의 당부는 최종적으로 비송사건절차법에 의한 절차에 의하여만 판단되어야 한다고 보아야 할 것이므로 위와 같은 과태료처분은 행정소송의 대상이 되는 행정처분이라고 볼 수 없다. 대법원 1993. 11. 23. 선고 93누16833 판결

1038 × 질서위반행위규제법 제21조(법원에의 통보) ① 제20조 제1항에 따른 이의제기를 받은 행정청은 이의제기를 받은 날부터 14일 이내에 이에 대한 의견 및 증빙서류를 첨부하여 관할 법원에 통보하여야 한다(주 : 행정청이 관할 법원에 통보하는 경우는 질서위반행위 사실을 적발한 때가 아니라, 상대방이 이의를 제기한 때임).

1039 O 질서위반행위규제법 제20조(이의제기) ① 행정청의 과태료 부과에 불복하는 당사자는 제17조 제1항에 따른 과태료 부과 통지를 받은 날부터 60일 이내에 해당 행정청에 서면으로 이의제기를 할 수 있다.
② 제1항에 따른 이의제기가 있는 경우에는 행정청의 과태료 부과처분은 그 효력을 상실한다.

1040 × 질서위반행위규제법 제25조(관할 법원) 과태료 사건은 다른 법령에 특별한 규정이 있는 경우를 제외하고는 당사자의 주소지의 지방법원 또는 그 지원의 관할로 한다.

1041 O 질서위반행위규제법 제44조(약식재판) 법원은 상당하다고 인정하는 때에는 제31조 제1항에 따른 심문 없이 과태료 재판을 할 수 있다.
질서위반행위규제법 제45조(이의신청) ① 당사자와 검사는 제44조에 따른 약식재판의 고지를 받은 날부터 7일 이내에 이의신청을 할 수 있다.

1042 × 법원이 비송사건절차법에 따라서 하는 과태료 재판은 관할 관청이 부과한 과태료처분에 대한 당부를 심판하는 행정소송절차가 아니라 법원이 직권으로 개시·결정하는 것이므로, 원칙적으로 과태료 재판에서는 행정소송에서와 같은 신뢰보호의 원칙 위반 여부가 문제로 되지 아니하고, 다만 위반자가 그 의무를 알지 못하는 것이 무리가 아니었다고 할 수 있어 그것을 정당시할 수 있는 사정이 있을 때 또는 그 의무의 이행을 그 당사자에게 기대하는 것이 무리라고 하는 사정이 있을 때 등 의무 해태를 탓할 수 없는 정당한 사유가 있는 때에는 이를 부과할 수 없다(주 : 법원이 비송사건절차법에 따라서 하는 과태료 재판에 있어서는 신뢰보호의 원칙이 적용되지 않음). 대법원 2006. 4. 28.자 2003마715 결정

1043 당사자는 과태료 재판에 대하여 즉시항고할 수 있으나 이 경우의 항고는 집행정지의 효력이 없다.

17. 교행 (   )

1044 과태료의 재판은 판사의 명령으로 집행하며, 이 경우 그 명령은 집행력 있는 집행권원과 동일한 효력이 있다.

12. 지방 (   )

1045 행정법상의 질서벌인 과태료의 부과처분과 형사처벌은 그 성질이나 목적을 달리하는 별개의 것이므로 행정법상의 질서벌인 과태료를 납부한 후에 형사처벌을 한다고 하여 이를 일사부재리의 원칙에 반하는 것이라고 할 수는 없다. 23. 국가 (   )

1046 임시운행허가기간을 벗어난 무등록차량을 운행한 자는 과태료와 별도로 형사처벌의 대상이 된다. 14. 국가 (   )

1047 행정청은 당사자가 납부기한까지 과태료를 납부하지 아니한 때에는 납부기한을 경과한 날부터 체납된 과태료에 대하여 100분의 5에 상당하는 가산금을 징수한다. 19. 소방간부 (   )

1048 과태료는 당사자가 과태료 부과처분에 대하여 이의를 제기하지 아니한 채 이의제기 기한이 종료한 후 사망한 경우에는 그 상속재산에 대하여 집행할 수 있다. 14. 사복 (   )

1049 과태료의 고액상습체납자에 대해서도 자유를 박탈하는 제재인 감치처분을 행할 수는 없다. 11. 지방 (   )

정답 & ⭕❌ 풀이

1043 ✕ 질서위반행위규제법 제38조(항고) ① 당사자와 검사는 <u>과태료 재판에 대하여 즉시항고를 할 수 있다.</u> 이 경우 <u>항고는 집행정지의 효력이 있다.</u>

1044 ✕ 질서위반행위규제법 제42조(과태료 재판의 집행) ① 과태료 재판은 <u>검사의 명령으로써</u> 집행한다. 이 경우 그 <u>명령은 집행력 있는 집행권원과 동일한 효력이 있다.</u>

1045 ⭕ <u>행정법상의 질서벌인 과태료의 부과처분과 형사처벌은 그 성질이나 목적을 달리하는 별개의 것이므로 행정법상의 질서벌인 과태료를 납부한 후에 형사처벌을 한다고 하여 이를 일사부재리의 원칙에 반하는 것이라고 할 수는 없고,</u> 따라서 <u>임시운행허가기간을 벗어나 무등록차량을 운행한 자에 대한 과태료의 제재와 형사처벌은 일사부재리의 원칙에 반하지 않는다.</u> 대법원 1996. 4. 12. 선고 96도158 판결

1046 ⭕ <u>행정법상의 질서벌인 과태료의 부과처분과 형사처벌은 그 성질이나 목적을 달리하는 별개의 것이므로 행정법상의 질서벌인 과태료를 납부한 후에 형사처벌을 한다고 하여 이를 일사부재리의 원칙에 반하는 것이라고 할 수는 없고,</u> 따라서 <u>임시운행허가기간을 벗어나 무등록차량을 운행한 자에 대한 과태료의 제재와 형사처벌은 일사부재리의 원칙에 반하지 않는다.</u> 대법원 1996. 4. 12. 선고 96도158 판결

1047 ✕ 질서위반행위규제법 제24조(가산금 징수 및 체납처분 등) ① 행정청은 당사자가 납부기한까지 과태료를 납부하지 아니한 때에는 납부기한을 경과한 날부터 체납된 과태료에 대하여 <u>100분의 3에</u> 상당하는 가산금을 징수한다.

1048 ⭕ 질서위반행위규제법 제24조의2(상속재산 등에 대한 집행) ① 과태료는 당사자가 과태료 부과처분에 대하여 이의를 제기하지 아니한 채 제20조 제1항에 따른 기한이 종료한 후 사망한 경우에는 그 상속재산에 대하여 집행할 수 있다.

1049 ✕ 질서위반행위규제법 제54조(고액·상습체납자에 대한 제재) ① 법원은 검사의 청구에 따라 결정으로 30일의 범위 이내에서 과태료의 납부가 있을 때까지 다음 각 호의 사유에 모두 해당하는 경우 체납자(법인인 경우에는 대표자를 말한다. 이하 이 조에서 같다)를 <u>감치에 처할 수 있다.</u>

주제 52 그 밖의 실효성 확보수단

1 과징금

① 의의

- 본래적 과징금
  - 의무 위반으로 경제적 이익을 얻은 경우 그 이익을 박탈하기 위하여 부과하는 금전상의 제재
  - 행정상 제재금 + 부당이득 환수의 성격

- 변형된 과징금
  - 공익침해 방지를 위해 영업정지처분에 갈음하여(대신하여) 부과되는 과징금
  - 제재수단의 선택(변형된 과징금 or 영업정지) ➡ **행정청의** 재량

② 법적 성질

- 행정기본법 규정 신설 ➡ 개별법에 규정 있어야 부과 가능

- 처분성 ○ ➡ 항고소송 ○

- 일반적으로 재량행위(공정거래법상 과징금)
  - 기속행위인 경우도 있음(부동산실명법상 명의신탁자에 대해 부과하는 과징금)

- 일신전속적 × ➡ 상속 ○

- 형벌과 과징금 병과 가능(이중처벌 ×)

③ 부과

- 행정기본법 제29조 ➡ 원칙 일괄 납부 / 예외 분할 납부 가능

- 반드시 현실적인 행위자 아니더라도 법령상 책임자로 규정된 자에게 부과

- 위반자의 고의·과실 불요, But 의무 해태를 탓할 수 없는 정당한 사유 ➡ 부과 ×

- 부과처분 당시까지 확인한 사실을 기초로 '일의적'으로 확정 ➡ 변경권 유보하면서 부과처분 ×

- 공정거래위원회의 과징금 처분에 대한 위법판단의 기준시 ➡ 의결일

- 여러 가지 법 위반행위를 한 경우
  - 부과 전 모두 인지 ➡ 일괄하여 하나의 과징금 부과 ○, 일부씩 나누어 부과 ×
  - 부과 전 일부 인지 ➡ 추가 인지한 행위에 대한 과징금은 부과 전 모두 인지한 경우와 형평 고려 ○

2 가산세 · 가산금

① 가산세

- 납세자가 정당한 이유 없이 세법상 신고 · 납세의무 불이행 시, 세액에 가산하여 부과 · 징수하는 금액

- 납세자의 고의 · 과실 · 책임능력 불요, But 의무 해태를 탓할 수 없는 정당한 사유 ➡ 부과 ✕
  - 단순한 법령의 부지 ➡ 정당한 사유 ✕
  - 세무공무원의 설명을 믿었으나, 그 설명이 법령에 어긋난 것임이 명백 ➡ 정당한 사유 ✕
  - 정당한 사유 존부에 대한 판단의 기준시점 : 개별 세법에 따른 신고 · 납부기한

- 가산세 부과처분 : 본세의 부과처분과 구분되는 별개의 과세처분 ○

② 가산금

- 체납된 세금에 대한 지연이자의 성격 ➡ 부과관청의 부과행위 없이도 법령상 당연히 발생
  ➡ 가산금 · 중가산금 고지 : 처분 ✕

3 명단의 공표(법령 위반사실 등의 공표)

① 의의

- 행정법규 위반자의 성명 · 위반내용 등을 일반에게 공개하여 명예에 침해를 가함으로써 심리적 압박을 가하여 간접적으로 의무이행을 확보하는 수단

- ⓔⓧ 고액 · 상습체납자의 명단공개, 병역기피자 명단공개

② 행정절차법

- 행정절차법 규정 신설 ➡ 개별법에 규정 있어야 부과 가능

- 명단공표 전 원칙적으로 사전통지 및 의견제출의 기회 부여
  - 긴급한 경우, 성질상 의견청취 곤란, 당사자가 포기한 경우에는 적용 ✕

- 공표된 내용이 사실과 상이 or 공표에 포함된 처분이 취소 ➡ 정정내용을 같은 방법으로 공표

③ **최신판례** **종교적 이유에 의한 병역거부자의 명단공개**

- 병무청장의 명단공개결정 : 처분 ○
  - **홈페이지에 공개하는 행위** : 사실행위로서 행정결정의 집행행위에 불과
  - 병무청장이 공개결정을 미리 통보 × 또는 처분서 작성·교부하지 않은 사정 ➡ 본안판단 요소

- even if 인적사항 등이 이미 공개 ➡ 대상적격 및 소의 이익 인정할 필요 있음
  - 취소판결 선고 시, 기속력에 따른 위법상태제거의무 존재
  - 국가배상청구 외에는 다른 권리구제절차의 부존재

- 관할 지방병무청장의 공개 대상자 결정 : 행정기관 내부의 중간적 결정에 불과
  - 항고소송의 대상인 처분으로 보아야 할 필요성 크지 않음
  - 병무청장의 최종 공개결정 있었다면, 지방병무청장의 공개결정을 다툴 소의 이익 ×

- **참고** 소송계속 중 대법원 판례 변경 ＋ 행정청의 공개결정 취소 및 게시물 삭제
  ➡ 소의 이익 ×(∵ 위법한 처분의 반복 위험성 ×, 법률문제에 대한 해명의 필요성 ×)

4 제재처분

① 의의

- 법령 등에 따른 의무 위반을 이유로 당사자에게 의무를 부과하거나 권익을 제한하는 처분

- 행정기본법 규정 신설

② 요건 및 효과

- 반드시 현실적인 행위자 아니더라도 법령상 책임자로 규정된 자에게 부과

- 위반자의 고의·과실 불요, But 의무 해태를 탓할 수 없는 정당한 사유 ➡ 부과 ×

- 형벌과 병과 가능 ➡ 유죄판결 확정에 앞서 제재처분 하였더라도 절차 위반 ×

- **최신판례** 화물자동차법상 가중처분기준의 적용 ➡ 기간 내 동일한 법위반행위가 존재하면 충분
  - 선행 제재처분이 반드시 재량준칙에 따른 것일 필요 없음
  - 선행 제재처분이 재량권 일탈·남용한 경우여도, 법위반행위가 있었던 이상 가중처분기준 적용 ○

③ 제척기간(행정기본법 제23조)

- **원칙** 법위반행위 종료 후 5년 경과 ➡ 제재처분 불가능

- **예외** 부정한 방법, 알았거나 중과실, 조사방해·거부, 국민의 안전·생명·환경 ➡ 5년 경과 후에도 가능

- 행정심판의 재결 또는 법원의 판결에 따라 제재처분이 취소된 경우
  ➡ 재결·판결 확정 후 1년(합의제의 경우 2년) 경과 전까지 그 취지에 따른 새로운 제재처분 가능

- 개별법에 다른 규정 ➡ 기간의 장단 불문하고 그 규정에 따름

- **최신판례** 제재처분의 효력이 유지되는 한, 제재처분 후 처분의 시기와 종기만을 다시 정하는 변경처분 가능

5 시정명령

- 행정법규 위반에 의해 초래된 위법상태를 제거하는 것을 명하는 행정행위

- 시정명령의 대상
  - **원칙** 과거의 위반행위로 야기되어 현재에도 존재하는 위법상태
    ➡ 위반행위의 결과가 더 이상 존재하지 않는 경우, 시정명령 불가능
  - **예외** 가까운 장래에 반복될 우려가 있는 동일한 유형의 행위의 반복금지(**ex** 공정거래법)

- 시정명령의 상대방 : 명령의 내용을 이행할 수 있는 법률상 또는 사실상 지위에 있는 자
  - 명의만 빌려준 명목상 건축주 ➡ 시정명령의 상대방 ○
  - 건물의 소유자인 법인의 대표이사가 실질적으로 건물을 관리하는 경우 ➡ 시정명령의 상대방 ○

6 공급거부

- 행정법규 위반자에 대하여 행정상 서비스 또는 재화의 공급을 거부하는 행위(**ex** 단수, 단전)

- 공급거부 : 처분성 ○(But 공급거부 요청은 처분성 ×)

7 관허사업의 제한

- 행정법규 위반자에 대하여 각종 인·허가 등을 거부하거나 철회·정지할 수 있게 하는 것

- 관련 관허사업제한 : 의무위반사항과 관련된 인허가의 제한

- 일반적 관허사업제한 : 의무위반사항과 무관한 인허가의 제한
  - 부당결부금지의 원칙 위반 여부와 관련하여 견해의 대립 ○(명확한 판례 ×)

기출 OX Check

1050 「행정기본법」제28조 제1항에 과징금 부과의 법적 근거를 마련하였으므로 행정청은 직접 이 규정에 근거하여 과징금을 부과할 수 있다. 22. 지방 7급 (　　　)

1051 과징금의 근거가 되는 법률에는 과징금의 상한액을 명확하게 규정하여야 한다. 22. 지방 7급 (　　　)

1052 영업정지에 갈음하여 부과되는 이른바 변형된 과징금의 부과 여부는 통상 행정청의 재량행위이다. 22. 국가 (　　　)

1053 「부동산 실권리자명의 등기에 관한 법률」상 명의신탁자에 대한 과징금의 부과 여부는 행정청의 재량행위이다. 22. 국가 (　　　)

1054 과징금은 한꺼번에 납부하는 것이 원칙이나 행정청은 과징금을 부과받은 자가 재해 등으로 재산에 현저한 손실을 입어 전액을 한꺼번에 내기 어렵다고 인정될 때에는 그 납부기한을 연기하거나 분할납부하게 할 수 있다. 23. 소방간부 (　　　)

1055 공정거래위원회의 과징금 납부명령이 재량권 일탈·남용으로 위법한지는 다른 특별한 사정이 없는 한 과징금 납부명령이 행하여진 '의결일' 당시의 사실상태를 기준으로 판단하여야 한다. 18. 국회 8급 (　　　)

정답 & OX 풀이

1050 ✕ 행정기본법 제28조(과징금의 기준) ① 행정청은 법령등에 따른 의무를 위반한 자에 대하여 <u>법률로 정하는 바에 따라</u> 그 위반행위에 대한 제재로서 과징금을 부과할 수 있다(주: 개별법의 정함이 있어야 그에 기초하여 과징금 부과가 가능함).

1051 ○ 행정기본법 제28조(과징금의 기준) ② <u>과징금의 근거가 되는 법률에는 과징금에 관한 다음 각 호의 사항을 명확하게 규정하여야 한다.
3. 상한액</u>

1052 ○ 영업정지처분에 갈음하는 과징금이 규정되어 있는 경우, <u>과징금을 부과할 것인지 아니면 영업정지처분을 내릴 것인지는 통상 행정청의 재량에 속한다.</u>

1053 ✕ 부동산 실권리자명의 등기에 관한 법률 및 시행령 상 <u>명의신탁자에 대하여 과징금을 부과할 것인지 여부는 기속행위에 해당한다.</u> 대법원 2007. 7. 12. 선고 2005두17287 판결

1054 ○ 행정기본법 제29조(과징금의 납부기한 연기 및 분할 납부) 과징금은 한꺼번에 납부하는 것을 원칙으로 한다. 다만, 행정청은 과징금을 부과받은 자가 다음 각 호의 어느 하나에 해당하는 사유로 과징금 전액을 한꺼번에 내기 어렵다고 인정될 때에는 그 납부기한을 연기하거나 분할 납부하게 할 수 있으며, 이 경우 필요하다고 인정하면 담보를 제공하게 할 수 있다.

1055 ○ 행정소송에서 행정처분의 위법 여부는 행정처분이 행하여졌을 때의 법령과 사실상태를 기준으로 판단함이 원칙이고, 이는 공정거래법에 따른 공정거래위원회의 과징금 납부명령 등에 대한 판단에서도 마찬가지이다. 따라서 <u>공정거래위원회의 과징금 납부명령 등이 재량권 일탈·남용으로 위법한지 여부는 다른 특별한 사정이 없는 한 과징금 납부명령 등이 행하여진 '의결일' 당시의 사실상태를 기준으로 판단하여야 한다.</u> 대법원 2019. 1. 31. 선고 2017두68110 판결

1056 「부동산 실권리자명의 등기에 관한 법률」상 실권리자명의 등기의무에 위반하여 부과된 과징금 채무는 대체적 급부가 가능한 의무이므로 과징금을 부과받은 자가 사망한 경우 그 상속인에게 포괄승계된다. 14. 사복 (   )

1057 甲이 현실적인 위반행위자가 아닌 법령상 책임자인 경우에도 甲에게 과징금을 부과할 수 있다. 22. 지방 (   )

1058 과징금부과처분은 원칙적으로 위반자의 고의·과실을 요하지 아니하나, 위반자의 의무 해태를 탓할 수 없는 정당한 사유가 있는 등의 특별한 사정이 있는 경우에는 이를 부과할 수 없다. 22. 지방 7급 (   )

1059 「독점규제 및 공정거래에 관한 법률」상의 과징금은 법이 규정한 범위 내에서 그 부과처분 당시까지 부과관청이 확인한 사실을 기초로 일의적으로 확정되어야 할 것이지, 추후에 부과금 산정기준이 되는 새로운 자료가 나왔다고 하여 새로운 부과처분을 할 수 있는 것은 아니다. 22. 국가 (   )

1060 관할 행정청이 여객자동차운송사업자가 범한 여러 가지 위반행위 중 일부만 인지하여 과징금 부과처분을 하였는데 그 후 과징금 부과처분 시점 이전에 이루어진 다른 위반행위를 인지하여 이에 대하여 별도의 과징금 부과처분을 하게 되는 경우, 종전 과징금 부과처분의 대상이 된 위반행위와 추가 과징금 부과처분의 대상이 된 위반행위에 대하여 일괄하여 하나의 과징금 부과처분을 하는 경우와의 형평을 고려하여 추가 과징금 부과처분의 처분양정이 이루어져야 한다. 23. 국가 (   )

1061 과징금은 행정상 제재금이고 범죄에 대한 국가 형벌권의 실행이 아니므로 행정법규 위반에 대해 벌금 이외에 과징금을 부과하는 것은 이중처벌금지의 원칙에 위반되지 않는다. 22. 국가 (   )

1062 가산세는 납세자가 정당한 이유 없이 법에 규정된 신고, 납세 등 각종 의무를 위반한 경우에 개별세법이 정하는 바에 따라 부과되는 행정상의 제재로서 납세자의 고의·과실 또한 중요한 고려 요소가 된다. 23. 국가 7급 (   )

1063 세법상 가산세는 과세권 행사 및 조세채권 실현을 용이하게 하기 위하여 납세자가 정당한 이유 없이 법에 규정된 신고, 납세 등의 의무를 위반한 경우에 개별세법에 따라 부과하는 행정상 제재로서, 납세자의 고의·과실은 고려되지 아니하고 법령의 부지·착오 등은 그 의무위반을 탓할 수 없는 정당한 사유에 해당하지 아니한다.
19. 국가 (   )

1064 「법인세법」상 가산세는 형벌이 아니므로 행위자의 고의 또는 과실·책임능력·책임조건 등을 고려하지 아니하며, 조세의 부과절차에 따라 과징할 수 있다. 21. 지방 7급 (   )

1065 세법상 가산세는 납세자가 정당한 이유 없이 법에 규정된 신고·납세의무 등을 위반한 경우에 부과되는 행정상 제재로서, 납세의무자가 세무공무원의 잘못된 설명을 믿고 그 신고납부의무를 이행하지 아니한 경우에는 그것이 관계 법령에 어긋나는 것임이 명백하다고 하더라도 정당한 사유가 있는 경우에 해당한다. 17. 지방 7급 (   )

1066 가산세는 세법에서 규정하는 의무의 성실한 이행을 확보하기 위하여 세법에 따라 산출한 본세액에 가산하여 징수하는 조세로서, 본세에 감면사유가 인정된다면 가산세도 감면대상에 포함된다. 23. 국가 7급 (   )

1056 ○ 부동산 실권리자명의 등기에 관한 법률 제5조에 의하여 부과된 과징금 채무는 대체적 급부가 가능한 의무이므로 위 과징금을 부과받은 자가 사망한 경우 그 상속인에게 포괄승계된다. 대법원 1999. 5. 14. 선고 99두35 판결

1057 ○ 과징금부과처분은 반드시 현실적인 행위자가 아니라도 법령상 책임자로 규정된 자에게 부과되고 원칙적으로 위반자의 고의·과실을 요하지 아니하나, 위반자의 의무 해태를 탓할 수 없는 정당한 사유가 있는 등의 특별한 사정이 있는 경우에는 이를 부과할 수 없다. 대법원 2014. 10. 15. 선고 2013두5005 판결

1058 ○ 과징금부과처분은 반드시 현실적인 행위자가 아니라도 법령상 책임자로 규정된 자에게 부과되고 원칙적으로 위반자의 고의·과실을 요하지 아니하나, 위반자의 의무 해태를 탓할 수 없는 정당한 사유가 있는 등의 특별한 사정이 있는 경우에는 이를 부과할 수 없다. 대법원 2014. 10. 15. 선고 2013두5005 판결

1059 ○ 공정거래법상 부과되는 과징금은 행정법상의 의무를 위반한 자에 대하여 당해 위반행위로 얻게 된 경제적 이익을 박탈하기 위한 목적으로 부과하는 금전적인 제재로서, 같은 법이 규정한 범위 내에서 그 부과처분 당시까지 부과관청이 확인한 사실을 기초로 일의적으로 확정되어야 할 것이고, 그렇지 아니하고 부과관청이 과징금을 부과하면서 추후에 부과금 산정 기준이 되는 새로운 자료가 나올 경우에는 과징금액이 변경될 수도 있다고 유보한다든지, 실제로 추후에 새로운 자료가 나왔다고 하여 새로운 부과처분을 할 수는 없다. 대법원 1999. 5. 28. 선고 99두1571 판결

1060 ○ 관할 행정청이 여객자동차운송사업자가 범한 여러 가지 위반행위 중 일부만 인지하여 과징금 부과처분을 하였는데 그 후 과징금 부과처분 시점 이전에 이루어진 다른 위반행위를 인지하여 이에 대하여 별도의 과징금 부과처분을 하게 되는 경우에도 종전 과징금 부과처분의 대상이 된 위반행위와 추가 과징금 부과처분의 대상이 된 위반행위에 대하여 일괄하여 하나의 과징금 부과처분을 하는 경우와의 형평을 고려하여 추가 과징금 부과처분의 처분양정이 이루어져야 한다. 다시 말해, 행정청이 전체 위반행위에 대하여 하나의 과징금 부과처분을 할 경우에 산정되었을 정당한 과징금액에서 이미 부과된 과징금액을 뺀 나머지 금액을 한도로 하여서만 추가 과징금 부과처분을 할 수 있다. 행정청이 여러 가지 위반행위를 언제 인지하였느냐는 우연한 사정에 따라 처분상대방에게 부과되는 과징금의 총액이 달라지는 것은 그 자체로 불합리하기 때문이다. 대법원 2021. 2. 4. 선고 2020 두48390 판결

1061 ○ 구 독점규제 및 공정거래에 관한 법률 제24조의2에 의한 부당내부거래에 대한 과징금은 행정상의 제재금으로서의 기본적 성격에 부당이득환수적 요소도 부가되어 있는 것이라 할 것이고, 이를 두고 헌법 제13조 제1항에서 금지하는 국가형벌권 행사로서의 '처벌'에 해당한다고는 할 수 없으므로, 공정거래법에서 형사처벌과 아울러 과징금의 병과를 예정하고 있더라도 이중처벌금지원칙에 위반된다고 볼 수 없다. 헌법재판소 2003. 7. 24. 선고 2001헌가25 결정

1062 ✕ 세법상 가산세는 과세권의 행사 및 조세채권의 실현을 용이하게 하기 위하여 납세자가 정당한 이유 없이 법에 규정된 신고, 납세 등 각종 의무를 위반한 경우에 개별세법이 정하는 바에 따라 부과되는 행정상의 제재로서 납세자의 고의, 과실은 고려되지 않는 반면, 이와 같은 제재는 납세의무자가 그 의무를 알지 못한 것이 무리가 아니었다고 할 수 있어서 그를 정당화할 수 있는 사정이 있거나 그 의무의 이행을 당사자에게 기대하는 것이 무리라고 하는 사정이 있을 때 등 그 의무해태를 탓할 수 없는 정당한 사유가 있는 경우에는 이를 과할 수 없다. 대법원 2005. 1. 27. 선고 2003두13632 판결

1063 ○ 세법상 가산세는 과세권의 행사 및 조세채권의 실현을 용이하게 하기 위하여 납세자가 정당한 이유 없이 법에 규정된 신고·납세의무 등을 위반한 경우에 법이 정하는 바에 의하여 부과하는 행정상의 제재로서 납세자의 고의·과실은 고려되지 아니하는 것이며, 법령의 부지는 그 정당한 사유에 해당한다고 볼 수 없다. 대법원 1999. 12. 28. 선고 98두3532 판결

1064 ○ 이 사건 법률조항은 납세자의 고의과실을 묻지 아니하나, 가산세는 형벌이 아니므로 행위자의 고의 또는 과실·책임능력·책임조건 등을 고려하지 아니하고 가산세 과세요건의 충족 여부만을 확인하여 조세의 부과 절차에 따라 과징할 수 있다. 헌법재판소 2006. 7. 27. 선고 2004헌가13 전원재판부

1065 ✕ 납세의무자가 세무공무원의 잘못된 설명을 믿고 그 신고납부의무를 이행하지 아니하였다 하더라도 그것이 관계 법령에 어긋나는 것임이 명백한 때에는 그러한 사유만으로 정당한 사유가 있다고 볼 수 없다. 대법원 1997. 8. 22. 선고 96누15404 판결

1066 ✕ 가산세는 세법에서 규정하는 의무의 성실한 이행을 확보하기 위하여 세법에 따라 산출한 본세액에 가산하여 징수하는 독립된 조세로서, 본세에 감면사유가 인정된다고 하여 가산세도 감면대상에 포함되는 것이 아니고, 반면에 그 의무를 이행하지 아니한 데 대한 정당한 사유가 있는 경우에는 본세 납세의무가 있더라도 가산세는 부과하지 않는다. 대법원 2018. 11. 29. 선고 2015두 56120 판결

1067 행정재산의 사용·수익 허가에 따른 사용료에 대하여는 「국세징수법」에 따라 가산금과 중가산금을 징수할 수 있고, 이는 미납분에 관한 지연이자의 의미로 부과되는 부대세의 일종이다. 12. 국가 (   )

1068 국세를 납부기한까지 납부하지 아니하면 과세권자의 가산금 확정절차 없이 「국세징수법」 제21조에 의하여 가산금이 당연히 발생하고 그 액수도 확정된다. 17. 국가 (   )

1069 구 「국세징수법」상 가산금 또는 중가산금의 고지는 항고소송의 대상이 되는 처분이 아니다. 23. 지방 (   )

1070 행정청은 위반사실등의 공표를 할 때에는 특별한 사정이 없는 한 미리 당사자에게 그 사실을 통지하고 의견제출의 기회를 주어야 하며, 의견제출의 기회를 받은 당사자는 공표 전에 관할 행정청에 서면이나 말 또는 정보통신망을 이용하여 의견을 제출할 수 있다. 23. 국가 7급 (   )

1071 병무청장이 「병역법」에 따라 병역의무 기피자의 인적사항 등을 인터넷 홈페이지에 게시하는 등의 방법으로 공개한 경우 병무청장의 공개결정은 항고소송의 대상이 되는 행정처분이다. 23. 국가 (   )

1072 「병역법」에 따라 관할 지방병무청장이 1차로 병역의무기피자 인적사항 공개 대상자 결정을 하고 그에 따라 병무청장이 같은 내용으로 최종적 공개결정을 하였더라도, 해당 공개 대상자는 관할 지방병무청장의 공개 대상자 결정을 다툴 수 있다. 22. 국가 7급 (   )

1073 행정법규 위반에 대하여 가하는 제재조치는 반드시 현실적인 행위자가 아니라도 법령상 책임자로 규정된 자에게 부과되고 특별한 사정이 없는 한 위반자에게 고의나 과실이 없더라도 부과할 수 있다. 22. 국가 7급 (   )

1074 일정한 법규위반 사실이 행정처분의 전제사실이자 형사법규의 위반사실이 되는 경우, 형사판결이 확정되기 전에 그 위반사실을 이유로 제재처분을 하였다면 절차적 위반에 해당한다. 22. 국가 7급 (   )

1075 당사자가 인허가나 신고의 위법성을 경과실로 알지 못한 경우에도 「행정기본법」상 제재처분의 제척기간인 5년이 지나면 제재처분을 할 수 없다. 23. 국가 (   )

1076 시정명령이란 행정법령의 위반행위로 초래된 위법상태의 제거 내지 시정을 명하는 행정행위를 말하는 것으로서, 그 위법행위의 결과가 더 이상 존재하지 않는다면 시정명령을 할 수 없다. 18. 지방 7급 (   )

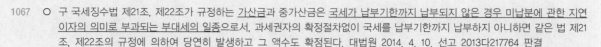

1067 ○ 구 국세징수법 제21조, 제22조가 규정하는 <u>가산금과 중가산금은 국세가 납부기한까지 납부되지 않은 경우 미납분에 관한 지연 이자의 의미로 부과되는 부대세의 일종으로서</u>, 과세권자의 확정절차없이 국세를 납부기한까지 납부하지 아니하면 같은 법 제21조, 제22조의 규정에 의하여 당연히 발생하고 그 액수도 확정된다. 대법원 2014. 4. 10. 선고 2013다217764 판결

1068 ○ 구 국세징수법 제21조, 제22조가 규정하는 <u>가산금과 중가산금은 국세가 납부기한까지 납부되지 않은 경우 미납분에 관한 지연 이자의 의미로 부과되는 부대세의 일종으로서</u>, <u>과세권자의 확정절차없이 국세를 납부기한까지 납부하지 아니하면 같은 법 제21조, 제22조의 규정에 의하여 당연히 발생하고 그 액수도 확정된다.</u> 대법원 2014. 4. 10. 선고 2013다217764 판결

1069 ○ 국세징수법 제21조, 제22조가 규정하는 <u>가산금 또는 중가산금은 국세를 납부기한까지 납부하지 아니하면 과세청의 확정절차 없이도 법률 규정에 의하여 당연히 발생하는 것이므로 가산금 또는 중가산금의 고지가 항고소송의 대상이 되는 처분이라고 볼 수 없다.</u> 대법원 2005. 6. 10. 선고 2005다15482 판결

1070 ○ <u>행정절차법 제40조의3(위반사실 등의 공표)</u> ③ 행정청은 위반사실등의 공표를 할 때에는 미리 당사자에게 그 사실을 통지하고 의견제출의 기회를 주어야 한다. 다만, 다음 각 호의 어느 하나에 해당하는 경우에는 그러하지 아니하다.
④ 제3항에 따라 <u>의견제출의 기회를 받은 당사자는 공표 전에 관할 행정청에 서면이나 말 또는 정보통신망을 이용하여 의견을 제출할 수 있다.</u>

1071 ○ <u>병무청장이 병역법 제81조의2 제1항에 따라 병역의무 기피자의 인적사항 등을 인터넷 홈페이지에 게시하는 등의 방법으로 공개한 경우 병무청장의 공개결정을 항고소송의 대상이 되는 행정처분으로 보아야 한다.</u> 그 구체적인 이유는 다음과 같다. 첫째, 병무청장이 하는 병역의무 기피자의 인적사항 등 공개는, 특정인을 병역의무 기피자로 판단하여 그 사실을 일반 대중에게 공표함으로써 그의 명예를 훼손하고 그에게 수치심을 느끼게 하여 병역의무 이행을 간접적으로 강제하려는 조치로서 병역법에 근거하여 이루어지는 <u>공권력의 행사에 해당한다.</u> 대법원 2019. 6. 27. 선고 2018두49130 판결

1072 X 관할 지방병무청장이 위원회의 심의를 거쳐 공개 대상자를 1차로 결정하기는 하지만, 병무청장에게 최종적으로 공개 여부를 결정할 권한이 있으므로, <u>관할 지방병무청장의 공개 대상자 결정은 병무청장의 최종적인 결정에 앞서 이루어지는 행정기관 내부의 중간적 결정에 불과하다.</u> 가까운 시일 내에 최종적인 결정과 외부적인 표시가 예정된 상황에서, 외부에 표시되지 않은 행정기관 내부의 결정을 항고소송의 대상인 처분으로 보아야 할 필요성은 크지 않다. <u>관할 지방병무청장이 1차로 공개 대상자 결정을 하고, 그에 따라 병무청장이 같은 내용으로 최종적 공개결정을 하였다면, 공개 대상자는 병무청장의 최종적 공개결정만을 다투는 것으로 충분하고, 관할 지방병무청장의 공개 대상자 결정을 별도로 다툴 소의 이익은 없어진다.</u> 대법원 2019. 6. 27. 선고 2018두49130 판결

1073 ○ <u>행정법규 위반에 대한 제재조치는</u> 행정목적의 달성을 위하여 행정법규 위반이라는 객관적 사실에 착안하여 가하는 제재이므로, <u>반드시 현실적인 행위자가 아니라도 법령상 책임자로 규정된 자에게 부과되고, 특별한 사정이 없는 한 위반자에게 고의나 과실이 없더라도 부과할 수 있다.</u> 대법원 2017. 5. 11. 선고 2014두8773 판결

1074 X 행정처분과 형벌은 각각 그 권력적 기초, 대상, 목적이 다르다. 일정한 법규 위반 사실이 행정처분의 전제사실이자 형사법규의 위반 사실이 되는 경우에 동일한 행위에 관하여 <u>독립적으로 행정처분이나 형벌을 부과하거나 이를 병과할 수 있다.</u> 법규가 예외적으로 형사소추 선행 원칙을 규정하고 있지 않은 이상 <u>형사판결 확정에 앞서 일정한 위반사실을 들어 행정처분을 하였다고 하여 절차적 위반이 있다고 할 수 없다.</u> 대법원 2017. 6. 19. 선고 2015두59808 판결

1075 ○ 행정기본법 제23조(제재처분의 제척기간) ① 행정청은 <u>법령등의 위반행위가 종료된 날부터 5년이 지나면 해당 위반행위에 대하여 제재처분(</u>인허가의 정지·취소·철회, 등록 말소, 영업소 폐쇄와 정지를 갈음하는 과징금 부과를 말한다. 이하 이 조에서 같다)을 할 수 없다.
② 다음 각 호의 어느 하나에 해당하는 경우에는 <u>제1항을 적용하지 아니한다.</u>
1. 거짓이나 그 밖의 부정한 방법으로 인허가를 받거나 신고를 한 경우
2. 당사자가 인허가나 신고의 위법성을 알고 있었거나 <u>중대한 과실로 알지 못한 경우</u>
3. 정당한 사유 없이 행정청의 조사·출입·검사를 기피·방해·거부하여 제척기간이 지난 경우
4. 제재처분을 하지 아니하면 국민의 안전·생명 또는 환경을 심각하게 해치거나 해칠 우려가 있는 경우

1076 ○ <u>시정명령은</u> 제13조 위반의 행위가 있음을 확인하거나 재발방지 등을 위한 조치를 취하는 것이 아니라, <u>당해 위반행위로 인하여 현실로 존재하는 위법한 결과를 바로잡는 것을 내용으로 하는 것이므로</u>, 비록 법 위반행위가 있었더라도 하도급대금 채무의 불발생 또는 변제, 상계, 정산 등 사유 여하를 불문하고 <u>위반행위의 결과가 더 이상 존재하지 아니한다면, 그 결과의 시정을 명하는 내용의 시정명령을 할 여지는 없다고 보아야 한다.</u> 대법원 2002. 11. 26. 선고 2001두3099 판결

강성빈
행정법총론

OX
+요약노트

PART

05

행정절차 및
정보공개

행정절차 일반론

1 헌법적 근거: 적법절차의 원칙

- 헌법 제12조 ① 누구든지 법률에 의하지 아니하고는 체포·구속·압수·수색 또는 심문을 받지 아니하며, 법률과 적법한 절차에 의하지 아니하고는 처벌·보안처분 또는 강제노역을 받지 아니한다.

  ➡ 형사절차 영역뿐 아니라 기본권 제한 여부를 불문하고 모든 국가작용에 대하여 광범위하게 적용됨

- 개별법에 절차 규정 없는 경우 ➡ 적법절차의 원칙 직접 적용 ○
  - 개별법에 별도의 절차규정 없더라도, 세액 산출근거 기재하지 않은 과세처분은 위법 ○
  - 하나의 납세고지서에 의해 복수의 과세처분 ➡ 과세처분별로 세액과 산출근거를 구분하여 기재

2 행정절차법의 총칙 규정

① 개괄

- 규정 ○ ➡ 처분, 신고, 확약, 위반사실 공표, 형량계획(형량명령), 입법예고, 행정예고, 행정지도

- 규정 × ➡ 행정계획의 확정, 행정조사, 공법상 계약

② 당사자등

- 처분의 직접 상대방 및 행정청이 직권 또는 신청에 따라 행정절차에 참여하게 한 이해관계인

- 처분에 대해 법률상 이익 갖는 제3자이더라도 위 이해관계인에 해당하지 않는 한 당사자등 ×

③ 일반원칙

- 신의성실 및 신뢰보호의 원칙

- 투명성원칙 및 법령해석 요청권

④ 행정응원

- 행정응원을 위해 파견된 직원 ➡ 응원 요청한 행정청의 지휘·감독

- 행정응원에 드는 비용 ➡ 응원 요청한 행정청이 부담(부담금액 및 방법은 협의하여 결정)

⑤ 대표자의 선정

- 다수의 당사자등 ➡ 대표자 선정 가능(행정청은 3인 이내의 대표자 선정 요청 가능)

- 대표자는 행정절차에 관한 모든 행위 할 수 있음 ➡ 절차 끝맺는 행위는 당사자등의 동의 필요
  - 당사자등은 대표자를 통해서만 행정절차에 관한 행위를 할 수 있음

- 다수의 대표자 ➡ 1인에 대한 행정청의 행위는 모든 당사자등에게 효력 ○
  - 행정청의 통지는 대표자 모두에게 하여야 효력이 있음

3 행정절차법의 적용 범위(행정절차법 제3조)

① 일반법(제3조 제1항)

- 개별법에 규정 없는 사항 ➡ 행정절차법 적용

② 적용 배제(제3조 제2항)

- 1–5호. 헌법기관 : 국회·지방의회, (군사)법원, 헌법재판소, 선거관리위원회, 감사원

- 6–8호. 특수한 행정작용 : 형사·행형, 국가안보·국방·외교·통일, 해양안전·조세·특허·행정심판

- 9호. 병역법에 따른 징집·소집, 외국인의 출입국·난민인정·귀화, 공무원에 대한 인사상 불이익 처분 中
  - 성질상 행정절차 거치기 곤란하거나 거칠 필요 없다고 인정되는 사항 또는
  - 행정절차에 준하는 절차를 거친 사항

행정 절차법 적용 ✕	• 공무원에 대한 직위해제(∵ 국가공무원법에 별도의 불복절차 규정 ○) • 공정거래위원회의 의결·결정 거쳐 행하는 사항(∵ 공정거래법상 별도 규정 ○) 　➡ 행정절차법상 의견청취 생략사유 존재하더라도 공정거래법상 의견청취절차 생략할 수 없음 • 국적법상 귀화 • 군인사법상 보직해임처분
행정 절차법 적용 ○	• 진급예정자 명단에 포함된 자의 진급선발 취소(수사·징계과정에서 해명기회 가진 경우에도 동일) • 대통령의 한국방송공사(KBS) 사장의 해임 • 사관학교 생도에 대한 퇴학처분 　- 교육·훈련 목적을 '직접' 달성하기 위해 행하는 사항에 대해서만 절차법 적용 배제됨 • 별정직 공무원에 대한 직권면직처분 • 산업기능요원 편입취소처분 • 재외동포의 사증발급 신청에 대한 거부처분

---

1 공통의 처분절차

① 처분기준의 설정·공표(행정절차법 제20조)

- 행정청은 필요한 처분기준을 구체적으로 정하여 공표해야 함(처분기준 변경하는 경우에도 동일)
  - But 처분의 성질상 현저히 곤란 or 공익 현저히 해할 우려 ➡ **공표 생략 가능**
  - 미리 공표하지 않은 기준 적용하여 처분 ➡ **곧바로 위법 ✕(∵ 처분기준＝행정규칙)**
- 인·허가의제 ➡ **관련 행정청은 처분기준을 주된 행정청에 제출 ➡ 주된 행정청이 통합하여 공표**
- 처분기준 불명확 ➡ **당사자등은 해석·설명 요청 ○(행정청은 특별한 사정이 없는 한 요청에 응해야 함)**

② 처분의 이유제시

(1) 이유제시의무(행정절차법 제23조)

- 원칙 행정청이 처분을 할 때에는 그 근거와 이유를 제시해야 함
- 예외 다음의 경우 이유제시 생략할 수 있음
  - ① 신청한 내용을 모두 그대로 인정
  - ② 단순·반복적 처분 또는 경미한 처분으로서 당사자가 그 이유를 명백히 알 수 있는 경우
  - ③ 긴급히 처분 할 필요
  - 위 ②, ③의 경우, 당사자가 요청하는 경우에는 근거와 이유를 제시해야 함

(2) 이유제시의 정도

- 원칙 처분의 법적 근거 및 처분사유를 구체적으로 제시해야 함
  - 관련 법령에 사용료 산정방법에 관한 규정이 있더라도, 산출근거 구체적으로 밝혀야 함
- 예외 구체성의 정도가 완화되는 경우 있음
  - 처분 당시 당사자가 처분의 이유를 충분히 알 수 있어서 불복절차로 나아가는 데 별다른 지장 ✕
  - 당사자가 근거규정을 명시하여 신청하는 인·허가 등을 거부(불복절차를 밟는 데 별다른 지장 ✕)
- [교육부장관의 대학총장 후보자 임용제청 제외처분 사례]
  - 특정 후보가 부적격사유가 있다고 판단한 경우 ➡ **구체적 부적격사유 제시할 의무 ○**
  - 부적격사유 없는 후보 ➡ **다른 후보자를 임용제청하는 행위로써 이유제시의무 다한 것 ○**

③ **처분의 방식**(행정절차법 제24조)

- 원칙 서면주의(당사자등의 동의 또는 당사자가 전자문서로 처분을 신청한 경우, 전자문서 가능)

- 예외 공익을 위해 긴급히 처분을 할 필요 또는 사안이 경미 ➡ **문서 아닌 방법으로 가능**
  - But 당사자가 요청하면 지체 없이 문서를 주어야 함

- 문서에 의한 처분에 있어서 처분의 내용을 확정하는 방법
  - 처분서의 문언만으로도 처분의 내용이 명확한 경우 ➡ **처분서의 문언을 확대해석 ✕**
  - 처분서의 문언이 불명확한 경우 ➡ **여러 사정 고려하여 처분서의 문언과 달리 처분의 내용 해석 ○**
    ➡ **처분에 논리적으로 당연히 수반되어야 하는 의사표시 누락되었더라도 묵시적으로 포함된 것 ○**

---

2 **신청에 의한 처분의 절차**

① **처분의 신청**(행정절차법 제17조)

- 처분을 구하는 신청은 문서로 하여야 함
  - But 개별법의 규정 또는 미리 다른 방법을 정하여 공시 ➡ **그에 따름**

- 전자문서로 처분을 신청하는 경우 ➡ **행정청의 컴퓨터 등에 입력된 때에 신청한 것으로 봄**

- 신청에 구비서류 미비 등의 흠이 있는 경우 ➡ **선 보완요구, 후 반려**

- 신청인은 신청 후에도 처분 전까지는 신청의 내용을 보완·변경·취하 가능

- 행정청은 신청에 필요한 사항을 게시하거나 또는 편람을 갖추어 누구나 열람 가능하도록 해야 함

- 행정청은 신청인의 편의를 위하여 다른 행정청에 신청을 접수하게 할 수 있음

- 다수의 행정청이 관여하는 처분의 신청 ➡ **신속한 협조 통해 처분이 지연되지 않도록 해야 함**

② **처리기간의 설정·공표**

- 행정청은 처분의 처리기간을 종류별로 미리 정하여 공표해야 함

- 행정청은 부득이한 경우 한번만 그 기간을 연장할 수 있음

- 처리기간에 관한 규정의 성질: 강행규정 ✕, 훈시규정 ○ ➡ **처리기간 지나서 처분하더라도, 절차 하자 ✕**

3 침익적 처분의 절차

① 처분의 사전통지(행정절차법 제21조)

(1) 일반론

- 의무를 부과 또는 권익을 제한하는 처분 ➡ 미리(10일 이상) 당사자등에게 통지해야 함

- 상대방의 귀책 불문
  ➡ 상대방의 귀책에 따른 하자를 이유로 수익적 처분을 취소하는 경우에도, 사전통지의무 ○

- 사전통지의 상대방 : 당사자등
  - 행정청이 행정절차에 참여하게 한 이해관계인 아닌 제3자에 대해서는 사전통지의무 ×
  - 대형마트 영업시간제한처분의 상대방 ➡ 개설자 ○, 임차인 ×

(2) 사전통지의 생략사유

- 공공의 안전 또는 복리를 위하여 긴급히 처분을 할 필요

- 일정한 자격이 없거나 없어지게 되면 반드시 일정한 처분을 하여야 하는 경우에, 그 자격이 없거나 없어지게 된 사실이 재판 등에 의해 객관적으로 증명
  - 의견청취가 행정청의 처분 여부 또는 수위 결정에 영향 미치지 못하는 경우를 의미
  - 처분 여부 또는 수위가 달라질 수 있는 경우라면 예외사유에 해당 ×

- 처분의 성질상 현저히 곤란하거나 명백히 불필요하다고 인정될 만한 상당한 이유가 있는 경우
  - 처분의 객관적 성질에 비추어 판단 ○
  - 상대방이 법 위반사실을 시인 ➡ 사전통지 생략사유 ×(∵ 주관적 사정에 불과)

(3) 유형별 검토

- 거부처분 ➡ 사전통지 대상 ×(∵ 신청에 따른 처분 있기 전에는 아직 권익 부과 ×)

- 지위승계신고 수리처분 ➡ 양도인(종전 영업자)에 대하여 사전통지 ○

- 일반처분 ➡ 사전통지 대상 × ∵ 처분 상대방을 특정할 수 없으므로, 성질상 불가능)
  - 고시의 방법으로 통지하는 처분, 도로구역의 결정 또는 변경의 고시

② 의견청취절차(행정절차법 제22조)

(1) 일반론

- 의견청취절차의 종류 : 청문, 공청회, 의견제출(보충적)

- 의견청취절차의 생략사유
  - 사전통지 생략사유(긴·반·성)의 존재
  - 당사자가 의견진술의 기회를 포기한다는 뜻을 명백히 표시한 경우
  - 법 위반사실 시인 또는 사전통지 이전에 의견진술 할 기회가 있었다는 사정 ➡ 생략사유 ✕

⑵ 청문

- 처분을 하기 전, 당사자등의 의견을 직접 듣고 증거를 조사하는 절차

- 청문 실시사유
  - 다른 법령 등에서 청문을 하도록 규정
  - 행정청이 필요하다고 인정
  - 인·허가 등의 취소, 신분·자격의 박탈, 법인·조합의 설립허가 취소

청문 실시 의무 ○	청문 실시 의무 ✕
• 청문통지서가 반송되었고 그에 따라 상대방이 청문일시에 불출석한 경우	• 민간투자사업의 우선협상대상자 지위를 박탈하는 처분을 하는 경우
• 상대방과 협약을 체결하면서 의견청취절차를 배제하는 조항을 둔 경우	• 퇴직연금 환수결정(∵ 법령상 당연히 부과)

- 구체적 청문 절차

• 청문의 통지 ➡ 청문일 10일 전까지 통지 • 청문 주재자 ➡ 행정청이 공정하게 선정 　- 제척·기피·회피 규정 ○ 　- 다수 국민과 관련된 경우, 2명 이상 선정 가능 　- 청문일 7일 전까지 주재자에게 자료 통지 • 청문의 공개 ➡ 신청 또는 필요 시 공개 가능 • 당사자등은 의견진술, 증거제출, 참고인·감정인에게 질문 가능 • 직권 또는 당사자의 신청에 따라 병합·분리 가능 • 당사자등이 주장하지 않은 사실 조사 가능	• 청문 주재자의 청문조서 작성 　➡ 당사자등은 이의 있을 경우 정정 요구 가능 • 정당한 사유 없이 불출석 　➡ 다시 기회 주지 않고 청문 종결 가능 • 상당한 이유 ○ ➡ 청문결과를 처분에 반영해야 함 • 청문 후 처분 전까지 새로운 사정 발견 　➡ 청문의 재개를 명할 수 있음 • 당사자등은 관련된 문서의 열람·복사 요청 가능 　➡ 공개 제한되는 경우 제외하고는 요청 거부 ✕ • 청문 통해 알게 된 사생활·비밀 　➡ 정당한 이유 없이 누설 ✕ 목적 외 사용 ✕

⑶ 공청회

- 공개적인 토론을 통하여 행정작용에 대해 널리 의견을 수렴하는 절차

- 공청회 개최 사유
  - 다른 법령 등에서 공청회를 개최하도록 규정
  - 행정청이 필요하다고 인정
  - 국민생활에 큰 영향을 미치는 처분으로서 대통령령으로 정하는 처분에 대하여 대통령령으로 정하는 수(30명) 이상의 당사자등이 요구하는 경우

- 행정청 아닌 자(ex) 민관협의체인 추모공원건립추진협의회)가 개최하는 공청회 ➡ **행정절차법** 적용 ✕

- 온라인 공청회
  - **원칙** (오프라인) 공청회와 병행하여서만 실시 가능
  - **예외** 국민의 안전·권익보호, 3회 이상 무산, 필요하다고 인정 ➡ 온라인 단독 공청회 ㅇ

- 구체적 공청회 절차
  - 개최의 통지 ➡ 개최 14일 전까지 당사자등에게 통지 + 인터넷 등에 공고
  - 발표자 ➡ 발표 신청자 중 행정청이 선정(if 신청자 없을 경우 지명·위촉)
  - 공청회 후 새로운 사정 발견 ➡ 다시 공청회 개최할 수 있음
  - 온라인 공청회 ➡ 누구든지 정보통신망을 이용하여 의견제출 가능

(4) 의견제출

- 의무를 부과 또는 권익을 제한하는 처분을 할 때, 청문을 실시하거나 공청회를 개최하는 경우 외에는 당사자 등에게 의견제출의 기회를 주어야 함

- 당사자등은 처분 '전' 행정청에 서면이나 말로 또는 정보통신망을 이용하여 의견제출 가능

- if 정당한 이유 없이 기한 내 의견제출 ✕ ➡ 의견 없는 것으로 봄

주제 55 행정상 입법예고와 행정예고

Ⅰ 행정상 입법예고(행정절차법 제41조)

① 일반론

- 법령 등을 제·개정 또는 폐지하려는 경우, 행정청은 이를 예고해야 함

- 예고방법
  - 법령: 관보 및 법제처장이 구축·제공하는 정보시스템을 통한 공고
  - 자치법규: 공보를 통한 공고

- 대통령령 입법예고 ➡ **국회 소관 상임위원회에 제출해야 함**
  - 참고 법률안과 대통령령은 국무회의 심의 대상임

- 예고기간: 특별한 사정이 없는 한 40일(자치법규는 20일) 이상

- 누구든지 예고된 입법안에 대하여 의견제출 가능

- 입법예고 후 예고내용에 중요한 변경 ➡ **다시 입법예고 해야 함**

- 입법예고의 하자
  - 행정절차법 제정 전 판례) 무효 ×
  - 최근 하급심 판례) 무효 ○

② 입법예고 생략사유

- 구체적 생략사유
  - 입법이 긴급을 요하는 경우
  - 상위 법령 등의 단순한 집행을 위한 경우
  - 국민의 권리·의무 또는 일상생활과 관련 없는 경우
  - 단순한 표현·자구의 변경 등 입법내용의 성질상 예고의 필요가 없거나 곤란하다고 판단되는 경우
  - 예고함이 공공의 안전 또는 복리를 현저히 해칠 우려가 있는 경우

- 입법예고 하지 않은 법령안의 심사 요청 받은 경우, 법제처장은 입법예고를 권고하거나 직접 예고 ○

2 **행정예고**(행정절차법 제42조)

① **일반론**

- 행정청은 정책, 제도 및 계획을 수립·시행하거나 변경하려는 경우, 이를 예고해야 함

- 법령 등의 입법을 포함하는 행정예고는 입법예고로 갈음 가능

- 예고기간
  - **원칙** 20일 이상
  - **예외** 긴급한 필요 있는 경우 단축 가능(단축된 예고기간 ➡ 10일 **이상**)

- 예고방법 : 관보·공보나 인터넷·신문·방송 등

② **행정예고 생략사유**

- 긴급한 사유로 예고가 현저히 곤란한 경우

- 법령 등의 단순한 집행을 위한 경우

- 국민의 권리·의무 또는 일상생활과 관련 없는 경우

- 예고가 공공의 안전 또는 복리를 현저히 해칠 우려가 상당한 경우

주제 56 인허가 의제 제도

1 의의

- 하나의 인·허가를 받으면 다른 법률에서 규정하고 있는 인·허가 등을 받은 것으로 의제하는 제도

- 원스톱 행정 ➡ 민원인의 절차편의 도모

- 법률의 명시적 근거 필요

2 인·허가의 절차

① 인·허가의 신청

- 주된 인·허가를 신청하면서 관련 인·허가에 필요한 서류를 함께 제출

- 인·허가의제규정이 있다고 하여, 반드시 인·허가의제 처리를 신청할 의무가 있는 것은 아님
  - But 국토계획법상 개발행위허가가 의제되는 건축허가 ➡ 별도로 신청 ✕, 동시에 신청·심사·결정 ○
    ➡ 개발행위허가 요건 미충족 시: 의제되지 않은 것으로 처리 ✕, 건축허가 거부처분 ○

② 주무 행정청과 관련 행정청의 협의

- 관련 행정청은 협의 요청 받은 날부터 20일 이내에 의견 제출(if 의견제출 ✕ ➡ 협의가 된 것 ○)

③ 절차집중 ○

- 관련 인·허가의 절차 거칠 필요 ✕, 주된 인·허가에 요구되는 절차만 거치면 됨
  - ex 국토계획법상 도시관리계획결정이 의제되는 주택건설사업계획승인
    ➡ 주택건설사업계획승인을 위해 주택법상 요구되는 절차만 거치면 됨

- 관련 인·허가의 절차는 법률에 명시적인 규정이 있는 경우에만 거침

3 **인·허가의 결정**

- 실체집중 ✕ : if 관련 인·허가의 요건 충족 ✕ ➡ 주된 인·허가 ✕
  - 주된 인·허가의 요건뿐만 아니라 관련 인·허가의 요건까지 모두 갖춰야 함
  - ex 국토계획법상 실시계획인가가 의제되는 건축허가 신청
    ➡ 건축허가 요건 + 국토계획법상 실시계획인가 요건 충족 여부도 검토해야 함

4 **인·허가의제의 효과**

① **일반론**

- 주된 인·허가가 있으면, 협의된 사항에 대해서는 관련 인·허가를 받은 것으로 의제

- 관련 인·허가 행정청 ➡ 관련 인·허가를 직접 한 것으로 보아 관리·감독 등 사후조치의무 O

② **의제되는 인·허가의 범위**

- 인·허가의제의 효과는 주된 인·허가의 해당 법률에 규정된 관련 인·허가에 한정됨
  - 다른 법률에 의하여 인·허가 받았음을 전제로 하는 그 다른 법률의 모든 규정들까지 적용되는 것 ✕

- 인·허가의제의 효과는 주된 인·허가를 통해 달성하려는 사업목적을 위해 필요한 범위 내로 제한
  - 택지개발사업 실시계획승인을 받으면 택지 '공사'를 위한 도로점용허가 의제
    ➡ 사업시행(공사) 완료 후 택지 '유지·관리'를 위한 도로점용허가까지 의제되는 것 ✕

5 **불복절차**

① **관련 인·허가와 관련된 사유로 주된 인·허가 신청을 거부한 경우**

- 관련 인·허가에 대한 거부처분은 현실적으로 존재 ✕

- 관련 인·허가와 관련된 처분사유에 불가쟁력이 발생하는 것 ✕

- 항고소송의 대상 : 주된 인·허가 신청에 대한 거부처분(관련 인·허가 처분사유의 위법 주장 가능)
  - ex 주된 A허가 신청 ➡ 의제되는 B허가 관련 사유로 거부처분
    ➡ A허가신청 거부처분에 대한 취소소송 제기(B허가 관련 위법사유 주장)

② 주된 인·허가를 함으로써 관련 인·허가가 의제된 경우

- 의제된 인·허가: 통상적인 인·허가와 동일한 효력

- 부분 인·허가 의제가 허용되는 경우, 의제되는 인·허가처분에 대해서만 직권취소 또는 쟁송취소 가능
  - ex 주된 A허가를 받음으로써 B허가가 의제된 경우 ➡ 의제되는 B허가만을 대상으로 취소소송 ○

- 관련 인·허가처분에만 하자 ○ ➡ 주된 인·허가처분 자체의 위법사유가 될 수 없음

6 관련 문제

① 선승인후협의제

- 관련 행정청과의 모든 협의 완료 전, 협의 완료되지 않은 인·허가에 대한 협의 완료를 조건으로 각종 공사·사업의 시행을 승인하는 제도
  - ex A허가 ➡ B, C, D허가 의제되는 상황에서, B허가에 대해서만 협의 ○
    ➡ (C, D허가에 대한 협의 완료를 조건으로) A, B, C, D허가의 효과 발생

- 명문의 법적 근거 필요

- 협의가 완료되지 않은 인·허가도 의제 ○

② 부분 인·허가의제 제도

- 협의가 완료된 부분에 대해서만 인·허가를 의제하는 제도
  - ex A허가 ➡ B, C, D허가 의제되는 상황에서, B허가에 대해서만 협의 ○ ➡ A, B허가의 효과만 발생

- 인·허가의제 사항에 관하여 관계 행정청과 일괄하여 사전 협의를 거칠 것을 요건으로 하는 것 아님

- 명문의 법적 근거 불요

- 협의가 완료된 인·허가만 의제 ○

기출 ⭕❌ Check

1077 헌법 제12조 제1항과 제3항은 형사사건의 적법절차에 관한 규정이므로 행정절차에는 적용되지 아니한다.

14. 사복 (　　)

1078 하나의 납세고지서에 의하여 복수의 과세처분을 합계하는 경우에는 과세처분별로 그 세액과 산출근거 등을 구분하여 기재함으로써 납세의무자가 각 과세처분의 내용을 알 수 있도록 해야 한다. 16. 지방 (　　)

1079 행정응원에 소요되는 비용은 응원을 요청한 행정청이 부담하며, 그 부담금액 및 부담방법은 응원을 행하는 행정청의 결정에 의한다. 21. 소방 (　　)

1080 다수의 당사자등이 공동으로 행정절차에 관한 행위를 할 때에는 대표자를 선정할 수 있고, 다수의 대표자가 있는 경우 그중 1인에 대한 행정청의 행위는 모든 당사자등에게 효력이 있지만, 행정청의 통지는 대표자 모두에게 하여야 그 효력이 있다. 23. 국가 7급 (　　)

1081 지방의회의 동의를 얻어 행하는 처분에 대해서는 「행정절차법」이 적용되지 아니한다. 14. 사복 (　　)

1082 헌법재판소의 심판을 거쳐 행하는 사항 및 「병역법」에 따른 징집·소집에 대해서는 「행정절차법」이 적용되지 아니한다. 20. 지방 7급 (　　)

1083 행정절차법령이 '공무원 인사관계 법령에 의한 처분에 관한 사항'에 대하여 「행정절차법」의 적용이 배제되는 것으로 규정하고 있는 이상, '공무원 인사관계 법령에 의한 처분에 관한 사항' 전부에 대해 「행정절차법」의 적용이 배제되는 것으로 보아야 한다. 16. 국가 (　　)

1084 「국가공무원법」상 직위해제처분은 공무원의 인사상 불이익을 주는 처분이므로 「행정절차법」상 사전통지 및 의견청취절차를 거쳐야 한다. 21. 지방 (　　)

1085 「군인사법」에 따라 당해 직무를 수행할 능력이 없다고 인정하여 장교를 보직해임 하는 경우, 처분의 근거와 이유제시 등에 관하여 「행정절차법」의 규정이 적용된다. 21. 국가 7급 (　　)

1086 공정거래위원회의 시정조치 및 과징금납부명령에 「행정절차법」 소정의 의견청취절차 생략사유가 존재하면 공정거래위원회는 「행정절차법」을 적용하여 의견청취절차를 생략할 수 있다. 19. 지방 (　　)

1087 군인사법령에 의하여 진급예정자명단에 포함된 자에 대하여 사전통지를 하지 아니하거나 의견제출의 기회를 부여하지 아니한 채 진급선발을 취소하였다고 하여 그것만으로 위법하다고 할 수는 없다. 10. 지방 7급 (　　)

1088 대통령이 한국방송공사 사장을 해임하면서 사전통지절차를 거치지 않은 경우에는 그 해임처분은 위법하다.

22. 국가 (　　)

1077 X 적법절차의 원칙은 헌법조항에 규정된 형사절차상의 제한된 범위 내에서만 적용되는 것이 아니라 국가작용으로서 기본권제한과 관련되든 관련되지 않든 모든 입법작용 및 행정작용에도 광범위하게 적용된다. 헌법재판소 1992. 12. 24. 선고 92헌가8 결정

1078 O 하나의 납세고지서에 의하여 복수의 과세처분을 함께 하는 경우에는 과세처분별로 그 세액과 산출근거 등을 구분하여 기재함으로써 납세의무자가 각 과세처분의 내용을 알 수 있도록 해야 한다. 대법원 2012. 10. 18. 선고 2010두12347 판결

1079 X 행정절차법 제8조(행정응원) ⑥ 행정응원에 드는 비용은 응원을 요청한 행정청이 부담하며, 그 부담금액 및 부담방법은 응원을 요청한 행정청과 응원을 하는 행정청이 협의하여 결정한다.

1080 O 행정절차법 제11조(대표자) ⑥ 다수의 대표자가 있는 경우 그중 1인에 대한 행정청의 행위는 모든 당사자등에게 효력이 있다. 다만, 행정청의 통지는 대표자 모두에게 하여야 그 효력이 있다.

1081 O 행정절차법 제3조(적용 범위) ② 이 법은 다음 각 호의 어느 하나에 해당하는 사항에 대하여는 적용하지 아니한다.
1. 국회 또는 지방의회의 의결을 거치거나 동의 또는 승인을 받아 행하는 사항

1082 O 행정절차법 제3조(적용 범위) ② 이 법은 다음 각 호의 어느 하나에 해당하는 사항에 대하여는 적용하지 아니한다.
3. 헌법재판소의 심판을 거쳐 행하는 사항
9. 「병역법」에 따른 징집·소집, 외국인의 출입국·난민인정·귀화, 공무원 인사 관계 법령에 따른 징계와 그 밖의 처분, 이해조정을 목적으로 하는 법령에 따른 알선·조정·중재·재정 또는 그 밖의 처분 등 해당 행정작용의 성질상 행정절차를 거치기 곤란하거나 거칠 필요가 없다고 인정되는 사항과 행정절차에 준하는 절차를 거친 사항으로서 대통령령으로 정하는 사항

1083 X 공무원 인사 관계 법령에 의한 처분에 관한 사항 전부에 대하여 행정절차법의 적용이 배제되는 것이 아니라 성질상 행정절차를 거치기 곤란하거나 불필요하다고 인정되는 처분이나 행정절차에 준하는 절차를 거치도록 하고 있는 처분의 경우에만 행정절차법의 적용이 배제된다. 대법원 2007. 9. 21. 선고 2006두20631 판결

1084 X 국가공무원법상 직위해제처분은 당해 행정작용의 성질상 행정절차를 거치기 곤란하거나 불필요하다고 인정되는 사항 또는 행정절차에 준하는 절차를 거친 사항에 해당하므로, 처분의 사전통지 및 의견청취 등에 관한 행정절차법의 규정이 별도로 적용되지 않는다. 대법원 2014. 5. 16. 선고 2012두26180 판결

1085 X 구 군인사법상 보직해임처분은 구 행정절차법 제3조 제2항 제9호, 같은 법 시행령 제2조 제3호에 의하여 당해 행정작용의 성질상 행정절차를 거치기 곤란하거나 불필요하다고 인정되는 사항 또는 행정절차에 준하는 절차를 거친 사항에 해당하므로, 처분의 근거와 이유 제시 등에 관한 구 행정절차법의 규정이 별도로 적용되지 아니한다고 봄이 상당하다. 대법원 2014. 10. 15. 선고 2012두5756 판결

1086 X 행정절차법 제3조 제2항, 같은 법 시행령 제2조 제6호에 의하면 공정거래위원회의 의결·결정을 거쳐 행하는 사항에는 행정절차법의 적용이 제외되게 되어 있으므로, 설사 공정거래위원회의 시정조치 및 과징금납부명령에 행정절차법 소정의 의견청취절차 생략사유가 존재한다고 하더라도, 공정거래위원회는 행정절차법을 적용하여 의견청취절차를 생략할 수는 없다. 대법원 2001. 5. 8. 선고 2000두10212 판결

1087 X 군인사법령에 의하여 진급예정자명단에 포함된 자에 대하여 의견제출의 기회를 부여하지 아니한 채 진급선발을 취소하는 처분을 한 것은 절차상 하자가 있어 위법하다. 대법원 2007. 9. 21. 선고 2006두20631 판결

1088 O 대통령의 한국방송공사 사장의 해임 절차에 관하여 방송법이나 관련 법령에도 별도의 규정을 두지 않고 있고, 행정절차법의 입법 목적과 행정절차법 제3조 제2항 제9호와 관련 시행령의 규정 내용 등에 비추어 보면, 이 사건 해임처분이 행정절차법과 그 시행령에서 열거적으로 규정한 예외 사유에 해당한다고 볼 수 없으므로 이 사건 해임처분에도 행정절차법이 적용된다고 할 것이다(해임처분 과정에서 한국방송공사 사장 甲이 처분 내용을 사전에 통지받거나 그에 대한 의견제출 기회 등을 받지 못했고 해임처분 시 법적 근거 및 구체적 해임 사유를 제시받지 못하였으므로 해임처분이 행정절차법에 위배되어 위법하지만, 절차나 처분형식의 하자가 중대하고 명백하다고 볼 수 없어 역시 당연무효가 아닌 취소 사유에 해당한다고 본 원심판단을 정당하다고 한 사례). 대법원 2012. 2. 23. 선고 2011두5001 판결

1089 「행정절차법 시행령」 제2조 제8호는 '학교·연수원 등에서 교육·훈련의 목적을 달성하기 위하여 학생·연수생들을 대상으로 하는 사항'을 「행정절차법」이 적용되지 않는 경우로 규정하고 있으나 생도의 퇴학처분과 같이 신분을 박탈하는 징계처분은 여기에 해당한다고 할 수 없다. 20. 국회 8급 (   )

1090 징계심의대상자가 선임한 변호사가 징계위원회에 출석하여 징계심의대상자를 위하여 필요한 의견을 진술하는 것은 방어권 행사의 본질적 내용에 해당하므로, 행정청은 특별한 사정이 없는 한 이를 거부할 수 없다.
19. 서울 (   )

1091 공무원에 대한 징계절차에서 징계심의대상자가 대리인으로 선임한 변호사가 징계위원회 심의에 출석하여 진술하려고 하였음에도 불구하고 징계권자나 그 소속직원이 변호사가 심의에 출석하는 것을 막았다면 징계위원회의 심의·의결의 절차적 정당성이 상실되어 그 징계의결에 따른 징계처분은 위법하며 원칙적으로 취소되어야 한다.
22. 지방 7급 (   )

1092 별정직 공무원인 대통령기록관장에 대한 직권면직 처분에는 처분의 사전통지 및 의견청취 등에 관한 「행정절차법」 규정이 적용되지 않는다. 22. 국가 (   )

1093 산업기능요원편입취소처분에 대해서는 「행정절차법」이 적용되지 아니한다. 20. 지방 7급 (   )

1094 처분의 이유제시에 관한 「행정절차법」의 규정은 침익처분 및 수익처분 모두에 적용된다. 15. 사복 (   )

1095 과세처분 시 납세고지서에 법으로 규정한 과세표준 등의 기재가 누락되면 그 과세처분 자체가 위법한 처분이 되어 취소의 대상이 된다. 22. 지방 (   )

1096 처분기준의 설정·공표의 규정은 침익적 처분뿐만 아니라 수익적 처분의 경우에도 적용된다. 23. 국가 (   )

1097 처분기준을 공표하는 것이 해당 처분의 성질상 현저히 곤란하거나 공공의 안전 또는 복리를 현저히 해치는 것으로 인정될 만한 상당한 이유가 있는 경우에는 처분기준을 공표하지 아니할 수 있다. 23. 지방 (   )

1098 행정청이 처분기준 사전공표 의무를 위반하여 미리 공표하지 아니한 기준을 적용하여 처분을 하였다고 하더라도, 그러한 사정만으로 곧바로 해당 처분에 취소사유에 이를 정도의 흠이 존재한다고 볼 수는 없다.
23. 국가 7급 (   )

1099 신청내용을 모두 그대로 인정하는 처분인 경우 이유제시의무가 면제되지만 처분 후 당사자가 요청하는 경우에는 그 근거와 이유를 제시하여야 한다. 12. 국가 (   )

1089 ○ 행정절차법 시행령 제2조 제8호는 '학교·연수원 등에서 교육·훈련의 목적을 달성하기 위하여 학생·연수생들을 대상으로 하는 사항'을 행정절차법의 적용이 제외되는 경우로 규정하고 있으나, 이는 교육과정과 내용의 구체적 결정, 과제의 부과, 성적의 평가, 공식적 징계에 이르지 아니한 질책·훈계 등과 같이 교육·훈련의 목적을 직접 달성하기 위하여 행하는 사항을 말하는 것으로 보아야 하고, 생도에 대한 퇴학처분과 같이 신분을 박탈하는 징계처분은 여기에 해당한다고 볼 수 없다. 대법원 2018. 3. 13. 선고 2016두33339 판결

1090 ○ 행정절차법령의 규정과 취지, 헌법상 법치국가원리와 적법절차원칙에 비추어 징계와 같은 불이익처분절차에서 징계심의대상자에게 변호사를 통한 방어권의 행사를 보장하는 것이 필요하고, 징계심의대상자가 선임한 변호사가 징계위원회에 출석하여 징계심의대상자를 위하여 필요한 의견을 진술하는 것은 방어권 행사의 본질적 내용에 해당하므로, 행정청은 특별한 사정이 없는 한 이를 거부할 수 없다. 대법원 2018. 3. 13. 선고 2016두33339 판결

1091 ○ 육군3사관학교의 사관생도에 대한 징계절차에서 징계심의대상자가 대리인으로 선임한 변호사가 징계위원회 심의에 출석하여 진술하려고 하였음에도, 징계권자나 그 소속 직원이 변호사가 징계위원회의 심의에 출석하는 것을 막았다면 징계위원회 심의·의결의 절차적 정당성이 상실되어 그 징계의결에 따른 징계처분은 위법하여 원칙적으로 취소되어야 한다. 대법원 2018. 3. 13. 선고 2016두33339 판결

1092 ✕ 공무원 인사관계 법령에 의한 처분에 관한 사항이라 하더라도 전부에 대하여 행정절차법의 적용이 배제되는 것이 아니라, 성질상 행정절차를 거치기 곤란하거나 불필요하다고 인정되는 처분이나 행정절차에 준하는 절차를 거치도록 하고 있는 처분의 경우에만 행정절차법의 적용이 배제되는 것으로 보아야 하고, 이러한 법리는 '공무원 인사관계 법령에 의한 처분'에 해당하는 별정직 공무원에 대한 직권면직 처분의 경우에도 마찬가지로 적용된다(주 : 별정직 공무원에 대한 직권면직처분에 대해서는 행정절차법이 적용된다는 의미). 대법원 2013. 1. 16. 선고 2011두30687 판결

1093 ✕ 지방병무청장이 병역법 규정에 따라 산업기능요원에 대하여 한 산업기능요원 편입취소처분은, 행정처분을 할 경우 '처분의 사전통지'와 '의견제출 기회의 부여'를 규정한 행정절차법 제21조 제1항, 제22조 제3항에서 말하는 '당사자의 권익을 제한하는 처분'에 해당하는 한편, 행정절차법의 적용이 배제되는 사항인 행정절차법 제3조 제2항 제9호, 같은법 시행령 제2조 제1호에서 규정하는 '병역법에 의한 소집에 관한 사항'에는 해당하지 아니하므로, 행정절차법상의 '처분의 사전통지'와 '의견제출 기회의 부여'등의 절차를 거쳐야 한다. 대법원 2002. 9. 6. 선고 2002두554 판결

1094 ○ 처분의 이유제시는 법에서 정한 예외사유에 해당하지 아니하는 한 원칙적으로 모든 처분에 대하여 적용되므로, 침익적 처분은 물론 수익적 처분에도 적용된다.

1095 ○ 납세고지서에 과세표준등의 기재를 누락시킨 하자가 있는 때에는 적법한 부과결정의 고지라 볼 수 없어 부과처분자체가 위법한 것이므로 설사 납세의무자가 사실상 과세표준과 세액 등을 알고 쟁송에 이르렀다 하여 그 위법이 치유될 수는 없다 할 것이다. 대법원 1984. 6. 26. 선고 83누679 판결

1096 ○ 행정절차법 제20조(처분기준의 설정·공표) ① 행정청은 필요한 처분기준을 해당 처분의 성질에 비추어 되도록 구체적으로 정하여 공표하여야 한다. 처분기준을 변경하는 경우에도 또한 같다(주 : 처분기준의 설정·공표 의무를 정한 행정절차법 제20조 규정은 침익적·수익적 처분 등 모든 처분에 대하여 공통적으로 적용됨).

1097 ○ 행정절차법 제20조(처분기준의 설정·공표) ③ 제1항에 따른 처분기준을 공표하는 것이 해당 처분의 성질상 현저히 곤란하거나 공공의 안전 또는 복리를 현저히 해치는 것으로 인정될 만한 상당한 이유가 있는 경우에는 처분기준을 공표하지 아니할 수 있다.

1098 ○ 행정청이 행정절차법 제20조 제1항의 처분기준 사전공표 의무를 위반하여 미리 공표하지 아니한 기준을 적용하여 처분을 하였다고 하더라도, 그러한 사정만으로 곧바로 해당 처분에 취소사유에 이를 정도의 흠이 존재한다고 볼 수는 없다. 대법원 2020. 12. 24. 선고 2018두45633 판결

1099 ✕ 행정절차법 제23조(처분의 이유 제시) ① 행정청은 처분을 할 때에는 다음 각 호의 어느 하나에 해당하는 경우를 제외하고는 당사자에게 그 근거와 이유를 제시하여야 한다.
1. 신청 내용을 모두 그대로 인정하는 처분인 경우
② 행정청은 제1항 제2호 및 제3호의 경우에 처분 후 당사자가 요청하는 경우에는 그 근거와 이유를 제시하여야 한다.

1100 단순·반복적인 처분 또는 경미한 처분으로서 당사자가 그 이유를 명백히 알 수 있는 경우라 하더라도 처분 후 당사자가 요청하는 경우에는 행정청은 그 근거와 이유를 제시하여야 한다. 18. 국가 (   )

1101 교육부장관이 부적격사유가 없는 후보자들 사이에서 어떤 후보자를 상대적으로 더욱 적합하다고 판단하여 국립 대학교의 총장으로 임용제청을 하였다면, 그러한 임용제청행위 자체로서 이유제시의무를 다한 것이다.
22. 지방 (   )

1102 처분 당시 당사자가 어떠한 근거와 이유로 처분이 이루어진 것인지를 충분히 알 수 있어서 그에 불복하여 행정구 제절차로 나아가는 데에 별다른 지장이 없었던 것으로 인정되는 경우에도 처분서에 처분의 근거와 이유가 구체 적으로 명시되어 있지 않았다면 그 처분은 위법하다. 21. 지방 (   )

1103 행정청이 처분을 하면서 당사자가 그 근거를 알 수 있을 정도로 이유를 제시한 경우에는 처분의 근거와 이유를 구체적으로 명시하지 않았더라도 그로 말미암아 그 처분이 위법하다고 볼 수는 없다. 23. 지방 (   )

1104 당사자가 근거규정 등을 명시하여 신청하는 인·허가 등을 거부하는 처분을 함에 있어 당사자가 그 근거를 알 수 있을 정도로 상당한 이유를 제시한 경우에는 당해 처분의 근거 및 이유를 구체적 조항 및 내용까지 명시하지 않았더라도 그로 말미암아 그 처분이 위법한 것이 된다고 할 수 없다. 15. 지방 (   )

1105 행정청에 처분을 구하는 신청은 문서로 함이 원칙이며, 행정청은 신청에 필요한 구비서류, 접수기관, 처리기간, 그 밖에 필요한 사항을 게시하거나 이에 대한 편람을 갖추어 두고 누구나 열람할 수 있도록 하여야 한다.
17. 지방 (   )

1106 행정청은 공공의 안전 또는 복리를 위하여 긴급히 처분을 할 필요가 있어 처분을 말로써 하는 경우, 당사자가 요청하면 지체 없이 해당 처분에 관한 문서를 주어야 한다. 15. 교행 (   )

1107 외국인의 출입국에 관한 사항은 「행정절차법」이 적용되지 않으므로, 미국국적을 가진 교민에 대한 사증거부처분 에 대해서도 처분의 방식에 관한 「행정절차법」 제24조는 적용되지 않는다. 20. 국회 8급 (   )

1108 「행정절차법」상 문서주의 원칙에도 불구하고, 행정청의 처분서의 문언만으로는 행정청이 어떤 처분을 하였는지 불분명하다는 등 특별한 사정이 있는 때에는 처분 경위나 처분 이후의 상대방의 태도 등 다른 사정을 고려하여 처분서의 문언과 달리 그 처분의 내용을 해석할 수도 있다. 22. 지방 7급 (   )

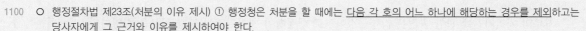

1100 ○ 행정절차법 제23조(처분의 이유 제시) ① 행정청은 처분을 할 때에는 <u>다음 각 호의 어느 하나에 해당하는 경우를 제외하고는</u> 당사자에게 그 근거와 이유를 제시하여야 한다.
1. 신청 내용을 모두 그대로 인정하는 처분인 경우
2. <u>단순·반복적인 처분 또는 경미한 처분으로서 당사자가 그 이유를 명백히 알 수 있는 경우</u>
3. 긴급히 처분을 할 필요가 있는 경우
② 행정청은 제1항 제2호 및 제3호의 경우에 처분 후 당사자가 요청하는 경우에는 그 근거와 이유를 제시하여야 한다.

1101 ○ <u>교육부장관이 어떤 후보자를 총장 임용에 부적격하다고 판단하여 배제하고 다른 후보자를 임용제청하는 경우라면 배제한 후보</u><u>자에게 연구윤리 위반, 선거부정, 그 밖의 비위행위 등과 같은 부적격사유가 있다는 점을 구체적으로 제시할 의무가 있다.</u> 그러나 <u>부적격사유가 없는 후보자들 사이에서 어떤 후보자를 상대적으로 더욱 적합하다고 판단하여 임용제청하는 경우라면,</u> 이는 후보자의 경력, 인격, 능력, 대학운영계획 등 여러 요소를 종합적으로 고려하여 총장 임용의 적격성을 정성적으로 평가하는 것으로 그 판단 결과를 수치화하거나 이유제시를 하기 어려울 수 있다. 이 경우에는 <u>교육부장관이 어떤 후보자를 총장으로</u> <u>임용제청하는 행위 자체에 그가 총장으로 더욱 적합하다는 정성적 평가 결과가 당연히 포함되어 있는 것으로, 이로써 행정절차</u> <u>법상 이유제시의무를 다한 것이라고 보아야 한다.</u> 여기에서 나아가 <u>교육부장관에게 개별 심사항목이나 고려요소에 대한 평가</u> <u>결과를 더 자세히 밝힐 의무까지는 없다.</u> 대법원 2018. 6. 15. 선고 2016두57564 판결

1102 × <u>처분 당시 당사자가 어떠한 근거와 이유로 처분이 이루어진 것인지를 충분히 알 수 있어서 그에 불복하여 행정구제절차로 나아</u> <u>가는 데에 별다른 지장이 없었던 것으로 인정되는 경우에는 처분서에 처분의 근거와 이유가 구체적으로 명시되어 있지 않았다</u> <u>고 하더라도 그로 말미암아 그 처분이 위법한 것으로 된다고 할 수는 없다.</u> 대법원 2013. 11. 14. 선고 2011두18571 판결

1103 ○ 일반적으로 당사자가 근거규정 등을 명시하여 신청하는 인·허가 등을 거부하는 처분을 함에 있어 <u>당사자가 그 근거를 알 수</u> <u>있을 정도로 상당한 이유를 제시한 경우에는 당해 처분의 근거 및 이유를 구체적 조항 및 내용까지 명시하지 않았더라도 그로</u> <u>말미암아 그 처분이 위법한 것이 된다고 할 수 없다.</u> 대법원 2002. 5. 17. 선고 2000두8912 판결

1104 ○ 일반적으로 <u>당사자가 근거규정 등을 명시하여 신청하는 인·허가 등을 거부하는 처분을 함에 있어 당사자가 그 근거를 알 수</u> <u>있을 정도로 상당한 이유를 제시한 경우에는 당해 처분의 근거 및 이유를 구체적 조항 및 내용까지 명시하지 않았더라도 그로</u> <u>말미암아 그 처분이 위법한 것이 된다고 할 수 없다.</u> 대법원 2002. 5. 17. 선고 2000두8912 판결

1105 ○ 행정절차법 제17조(처분의 신청) ① 행정청에 처분을 구하는 신청은 문서로 하여야 한다. 다만, 다른 법령등에 특별한 규정이 있는 경우와 행정청이 미리 다른 방법을 정하여 공시한 경우에는 그러하지 아니하다.
③ 행정청은 신청에 필요한 구비서류, 접수기관, 처리기간, 그 밖에 필요한 사항을 게시(인터넷 등을 통한 게시를 포함한다)하거나 이에 대한 편람을 갖추어 두고 누구나 열람할 수 있도록 하여야 한다.

1106 ○ 행정절차법 제24조(처분의 방식) ① 행정청이 처분을 할 때에는 다른 법령등에 특별한 규정이 있는 경우를 제외하고는 문서로 하여야 하며, 다음 각 호의 어느 하나에 해당하는 경우에는 전자문서로 할 수 있다.
1. 당사자등의 동의가 있는 경우
2. 당사자가 전자문서로 처분을 신청한 경우
② 제1항에도 불구하고 <u>공공의 안전 또는 복리를 위하여 긴급히 처분을 할 필요가 있거나 사안이 경미한 경우에는 말, 전화,</u> <u>휴대전화를 이용한 문자 전송, 팩스 또는 전자우편 등 문서가 아닌 방법으로 처분을 할 수 있다. 이 경우 당사자가 요청하면</u> <u>지체 없이 처분에 관한 문서를 주어야 한다.</u>

1107 × 행정절차법의 적용이 제외되는 '외국인의 출입국에 관한 사항'이란 해당 행정작용의 성질상 행정절차를 거치기 곤란하거나 거칠 필요가 없다고 인정되는 사항이나 행정절차에 준하는 절차를 거친 사항으로서 행정절차법 시행령으로 정하는 사항만을 가리킨다. '외국인의 출입국에 관한 사항'이라고 하여 행정절차를 거칠 필요가 당연히 부정되는 것은 아니다. 대법원 2019. 7. 11. 선고 2017두38874 판결

1108 ○ <u>행정청이 문서로 처분을 한 경우 원칙적으로 처분서의 문언에 따라 어떤 처분을 하였는지 확정하여야 한다. 그러나 처분서의</u> <u>문언만으로는 행정청이 어떤 처분을 하였는지 불분명한 경우에는 처분 경위와 목적, 처분 이후 상대방의 태도 등 여러 사정을</u> <u>고려하여 처분서의 문언과 달리 처분의 내용을 해석할 수 있다.</u> 특히 행정청이 행정처분을 하면서 논리적으로 당연히 수반되어야 하는 의사표시를 명시적으로 하지 않았다고 하더라도, 그것이 행정청의 추단적 의사에도 부합하고 상대방도 이를 알 수 있는 경우에는 행정처분에 위와 같은 의사표시가 묵시적으로 포함되어 있다고 볼 수 있다. 대법원 2020. 10. 29 선고 2017다 269152 판결

1109 행정청은 처분에 오기, 오산 기타 이에 준하는 명백한 잘못이 있는 때에는 직권 또는 신청에 의하여 지체없이 정정하고 이를 당사자에게 통지하여야 한다. 12. 지방 (   )

1110 처분의 처리기간에 관한 규정은 강행규정이므로 행정청이 처리기간이 지나 처분을 하였다면 이는 처분을 취소할 절차상 하자로 볼 수 있다. 23. 국가 7급 (   )

1111 상대방의 귀책사유로 야기된 처분의 하자를 이유로 수익적 행정행위를 취소하는 경우에는 특별한 규정이 없는 한 「행정절차법」상 사전통지의 대상이 되지 않는다. 16. 국가 (   )

1112 「행정절차법」상 사전통지 및 의견제출에 대한 권리를 부여하고 있는 '당사자등'에는 불이익처분의 직접 상대방인 당사자와 행정청이 직권으로 또는 신청에 따라 행정절차에 참여하게 한 이해관계인, 그 밖에 제3자가 포함된다. 23. 지방 (   )

1113 행정청은 행정처분으로 인하여 권익을 침해받게 되는 제3자에 대하여 처분의 원인이 되는 사실과 처분의 내용 및 법적 근거를 미리 통지하여야 한다. 15. 국가 7급 (   )

1114 영업시간 제한 등 처분의 대상인 대규모 점포 중 개설자의 직영매장 이외에 개설자에게서 임차하여 운영하는 임대매장이 병존하는 경우에도, 전체 매장에 대하여 법령상 대규모 점포 등의 유지·관리책임을 지는 개설자만이 처분 상대방이 되고, 임대매장의 임차인이 별도로 처분 상대방이 되는 것은 아니므로, 사전통지·의견청취절차는 원고(대규모 점포 개설자)를 상대로 거치면 충분하다. 18. 소방간부 (   )

1115 법령등에서 요구된 자격이 없거나 없어지게 되면 반드시 일정한 처분을 하여야 하는 경우에 그 자격이 없거나 없어지게 된 사실이 법원의 재판에 의하여 객관적으로 증명된 경우에는 사전통지를 생략할 수 있다. 22. 국가 (   )

1116 수익적 행정행위의 신청에 대한 거부처분은 직접 당사자의 권익을 제한하는 처분에 해당하므로, 그 거부처분은 「행정절차법」상 처분의 사전통지대상이 된다. 20. 국가 (   )

1117 고시의 방법으로 불특정 다수인을 상대로 권익을 제한하는 처분을 하는 경우, 상대방에게 사전에 통지하여 의견제출 기회를 주어야 한다. 19. 국가 (   )

1118 「도로법」 제25조 제3항에 의한 도로구역변경고시의 경우는 「행정절차법」상 사전통지나 의견청취의 대상이 되는 처분에 해당한다. 14. 지방 (   )

1119 처분상대방이 이미 행정청에 위반사실을 시인하였다는 사정은 사전통지의 예외가 적용되는 '의견청취가 현저히 곤란하거나 명백히 불필요하다고 인정될 만한 상당한 이유가 있는 경우'에 해당한다. 17. 국가 7급 (   )

1109 ○ 행정절차법 제25조(처분의 정정) 행정청은 처분에 오기, 오산 또는 그 밖에 이에 준하는 명백한 잘못이 있을 때에는 직권으로 또는 신청에 따라 지체 없이 정정하고 그 사실을 당사자에게 통지하여야 한다.

1110 × 처분이나 민원의 처리기간을 정하는 것은 신청에 따른 사무를 가능한 한 조속히 처리하도록 하기 위한 것이다. 처리기간에 관한 규정은 훈시규정에 불과할 뿐 강행규정이라고 볼 수 없다. 행정청이 처리기간이 지나 처분을 하였더라도 이를 처분을 취소할 절차상 하자로 볼 수 없다. 민원처리법 시행령 제23조에 따른 민원처리진행상황 통지도 민원인의 편의를 위한 부가적인 제도일 뿐, 그 통지를 하지 않았더라도 이를 처분을 취소할 절차상 하자로 볼 수 없다. 대법원 2019. 12. 13. 선고 2018두41907 판결

1111 × 행정청에게 사전통지의무가 있는 경우, 상대방의 귀책 여부는 불문하므로 상대방의 귀책사유로 야기된 처분의 하자를 이유로 수익적 행정행위를 취소하는 경우에도 특별한 규정이 없는 한 그 처분은 사전통지의 대상이 된다.

1112 × [1] 행정절차법 제2조(정의) 이 법에서 사용하는 용어의 뜻은 다음과 같다.
    4. "당사자등"이란 다음 각 목의 자를 말한다.
        ① 행정청의 처분에 대하여 직접 그 상대가 되는 당사자
        ② 행정청이 직권으로 또는 신청에 따라 행정절차에 참여하게 한 이해관계인
        (주 : 따라서 그 밖에 제3자는 포함되지 않음)
    [2] 불이익처분의 직접 상대방인 당사자 또는 행정청이 참여하게 한 이해관계인이 아닌 제3자에 대하여는 사전통지 및 의견제출에 관한 행정절차법 제21조, 제22조가 적용되지 않는다. 대법원 2009. 4. 23. 선고 2008두686 판결

1113 × 불이익처분의 직접 상대방인 당사자 또는 행정청이 참여하게 한 이해관계인이 아닌 제3자에 대하여는 사전통지 및 의견제출에 관한 행정절차법 제21조, 제22조가 적용되지 않는다. 대법원 2009. 4. 23. 선고 2008두686 판결

1114 ○ 구 유통산업발전법에 따른 영업시간 제한 등 처분의 법적 성격, 구 유통산업발전법상 대규모점포 개설자에게 점포 일체를 유지·관리할 일반적인 권한을 부여한 취지 등에 비추어 보면, 영업시간 제한 등 처분의 대상인 대규모점포 중 개설자의 직영매장 이외에 개설자에게서 임차하여 운영하는 임대매장이 병존하는 경우에도, 전체 매장에 대하여 법령상 대규모점포 등의 유지·관리 책임을 지는 개설자만이 처분상대방이 되고, 임대매장의 임차인이 별도로 처분상대방이 되는 것은 아니다. 대법원 2015. 11. 19. 선고 2015두295 전원합의체 판결

1115 ○ 행정절차법 제21조(처분의 사전통지) ④ 다음 각 호의 어느 하나에 해당하는 경우에는 제1항에 따른 통지를 하지 아니할 수 있다.
    1. 공공의 안전 또는 복리를 위하여 긴급히 처분을 할 필요가 있는 경우
    2. 법령등에서 요구된 자격이 없거나 없어지게 되면 반드시 일정한 처분을 하여야 하는 경우에 그 자격이 없거나 없어지게 된 사실이 법원의 재판 등에 의하여 객관적으로 증명된 경우
    3. 해당 처분의 성질상 의견청취가 현저히 곤란하거나 명백히 불필요하다고 인정될 만한 상당한 이유가 있는 경우

1116 × 신청에 따른 처분이 이루어지지 아니한 경우에는 아직 당사자에게 권익이 부과되지 아니하였으므로 특별한 사정이 없는 한 신청에 대한 거부처분이라고 하더라도 직접 당사자의 권익을 제한하는 것은 아니어서 신청에 대한 거부처분을 여기에서 말하는 '당사자의 권익을 제한하는 처분'에 해당한다고 할 수 없는 것이어서 처분의 사전통지대상이 된다고 할 수 없다. 대법원 2003. 11. 28. 선고 2003두674 판결

1117 × '고시'의 방법으로 불특정 다수인을 상대로 의무를 부과하거나 권익을 제한하는 처분은 성질상 의견제출의 기회를 주어야 하는 상대방을 특정할 수 없으므로, 이와 같은 처분에 있어서까지 구 행정절차법 제22조 제3항에 의하여 그 상대방에게 의견제출의 기회를 주어야 한다고 해석할 것은 아니다. 대법원 2014. 10. 27. 선고 2012두7745 판결

1118 × 행정절차법 제2조 제4호가 행정절차법의 당사자를 행정청의 처분에 대하여 직접 그 상대가 되는 당사자로 규정하고, 도로법 제25조 제3항이 도로구역을 결정하거나 변경할 경우 이를 고시에 의하도록 하면서, 그 도면을 일반인이 열람할 수 있도록 한 점 등을 종합하여 보면, 도로구역을 변경한 이 사건 처분은 행정절차법 제21조 제1항의 사전통지나 제22조 제3항의 의견청취의 대상이 되는 처분은 아니라고 할 것이다. 대법원 2008. 6. 12. 선고 2007두1767 판결

1119 × '의견청취가 현저히 곤란하거나 명백히 불필요하다고 인정될 만한 상당한 이유가 있는 경우'에 해당하는지는 해당 행정처분의 성질에 비추어 판단하여야 하며, 처분상대방이 이미 행정청에 위반사실을 시인하였다거나 처분의 사전통지 이전에 의견을 진술할 기회가 있었다는 사정을 고려하여 판단할 것은 아니다. 대법원 2016. 10. 27. 선고 2016두41811 판결

1120 「건축법」상의 공사중지명령에 대한 사전통지를 하고 의견제출의 기회를 준다면 많은 액수의 손실보상금을 기대하여 공사를 강행할 우려가 있다는 사정은 사전통지 및 의견제출절차의 예외사유에 해당하지 아니한다.
10. 지방 7급 (   )

1121 행정청의 처분으로 의무가 부과되거나 권익이 제한되는 경우라도 당사자가 의견진술의 기회를 포기한다는 뜻을 명백히 표시한 경우에는 의견청취를 생략할 수 있다. 22. 국가 (   )

1122 행정청이 신분·자격의 박탈 처분을 할 때에는 청문을 한다. 17. 국가 (   )

1123 행정처분의 상대방에 대한 청문통지서가 반송되었거나 행정처분의 상대방이 청문일시에 불출석하였다는 이유만으로 행정청이 관계 법령상 그 실시가 요구되는 청문을 실시하지 아니하고 한 침해적 행정처분은 위법하다.
23. 지방 (   )

1124 행정청이 당사자와 사이에 도시계획사업의 시행과 관련한 협약을 체결하면서 관련 법령상 요구되는 청문절차를 배제하는 조항을 두었다면, 이는 청문을 실시하지 않아도 되는 예외적인 경우에 해당한다. 20. 국가 (   )

1125 퇴직연금의 환수결정은 당사자에게 의무를 과하는 처분이기는 하나 관련 법령에 따라 당연히 환수금액이 정하여지는 것이므로, 퇴직연금의 환수결정에 앞서 당사자에게 의견진술의 기회를 주지 아니하여도 「행정절차법」에 어긋나지 아니한다. 20. 국가 (   )

1126 청문은 행정청이 어떠한 처분을 하기 전에 당사자 등의 의견을 직접 듣는 절차일 뿐, 증거를 조사하는 절차는 아니다. 18. 지방 7급 (   )

1127 행정청이 청문을 실시하고자 하는 경우에 처분의 사전통지를 청문이 시작되는 날부터 10일전까지 당사자 등에게 하여야 한다. 12. 지방 (   )

1128 청문 주재자는 당사자의 신청을 받아 행정청이 선정한다. 16. 교행 (   )

1129 청문주재자는 직권으로 또는 당사자의 신청에 따라 필요한 조사를 할 수 있으며, 당사자 등이 주장하지 아니한 사실에 대하여도 조사할 수 있다. 14. 국가 (   )

1130 행정청은 직권으로 또는 당사자 및 이해관계인의 신청에 따라 여러 개의 사안을 병합하거나 분리하여 청문을 할 수 있다. 17. 국가 (   )

1131 청문은 원칙적으로 당사자가 공개를 신청하거나 청문주재자가 필요하다고 인정하는 경우 공개할 수 있다.
16. 지방 (   )

1132 당사자등은 청문조서의 내용을 열람·확인할 수 있을 뿐, 그 청문조서에 이의가 있더라도 정정을 요구할 수는 없다. 21. 지방 (   )

1133 청문 주재자는 당사자등의 전부 또는 일부가 정당한 사유 없이 청문기일에 출석하지 아니한 경우라도 이들에게 다시 의견진술 및 증거제출의 기회를 주지 아니하고는 청문을 마칠 수 없다. 15. 국가 (   )

1120 ○ 건축법상의 공사중지명령에 대한 사전통지를 하고 의견제출의 기회를 준다면 많은 액수의 손실보상금을 기대하여 공사를 강행할 우려가 있다는 사정은 사전통지 및 의견제출절차의 예외사유에 해당하지 아니한다. 대법원 2004. 5. 28. 선고 2004두1254 판결

1121 ○ 행정절차법 제22조(의견청취) ④ 제1항부터 제3항까지의 규정에도 불구하고 제21조 제4항 각 호의 어느 하나에 해당하는 경우와 당사자가 의견진술의 기회를 포기한다는 뜻을 명백히 표시한 경우에는 의견청취를 하지 아니할 수 있다.

1122 ○ 행정절차법 제22조(의견청취) ① 행정청이 처분을 할 때 다음 각 호의 어느 하나에 해당하는 경우에는 청문을 한다.
　　1. 다른 법령등에서 청문을 하도록 규정하고 있는 경우
　　2. 행정청이 필요하다고 인정하는 경우
　　3. 다음 각 목의 처분을 하는 경우
　　　　① 인허가 등의 취소
　　　　② 신분·자격의 박탈
　　　　③ 법인이나 조합 등의 설립허가의 취소

1123 ○ 행정처분의 상대방에 대한 청문통지서가 반송되었다거나, 행정처분의 상대방이 청문일시에 불출석하였다는 이유로 청문을 실시하지 아니하고 한 침해적 행정처분은 위법하다. 대법원 2001. 4. 13. 선고 2000두3337 판결

1124 × 행정청이 당사자와 사이에 도시계획사업의 시행과 관련한 협약을 체결하면서 관계 법령 및 행정절차법에 규정된 청문의 실시 등 의견청취절차를 배제하는 조항을 두었다고 하더라도, 국민의 행정참여를 도모함으로써 행정의 공정성·투명성 및 신뢰성을 확보하고 국민의 권익을 보호한다는 행정절차법의 목적 및 청문제도의 취지 등에 비추어 볼 때, 위와 같은 협약의 체결로 청문의 실시에 관한 규정의 적용을 배제할 수 있다고 볼 만한 법령상의 규정이 없는 한, 이러한 협약이 체결되었다고 하여 청문의 실시에 관한 규정의 적용이 배제된다거나 청문을 실시하지 않아도 되는 예외적인 경우에 해당한다고 할 수 없다. 대법원 2004. 7. 8. 선고 2002두8350 판결

1125 ○ 퇴직연금의 환수결정은 당사자에게 의무를 과하는 처분이기는 하나, 관련 법령에 따라 당연히 환수금액이 정하여지는 것이므로, 퇴직연금의 환수결정에 앞서 당사자에게 의견진술의 기회를 주지 아니하여도 행정절차법 제22조 제3항이나 신의칙에 어긋나지 아니한다. 대법원 2000. 11. 28. 선고 99두5443 판결

1126 × 행정절차법 제2조(정의) 이 법에서 사용하는 용어의 뜻은 다음과 같다.
　　5. "청문"이란 행정청이 어떠한 처분을 하기 전에 당사자등의 의견을 직접 듣고 증거를 조사하는 절차를 말한다.

1127 ○ 행정절차법 제21조(처분의 사전 통지) ② 행정청은 청문을 하려면 청문이 시작되는 날부터 10일 전까지 제1항 각 호의 사항을 당사자등에게 통지하여야 한다. 이 경우 제1항제4호부터 제6호까지의 사항은 청문 주재자의 소속·직위 및 성명, 청문의 일시 및 장소, 청문에 응하지 아니하는 경우의 처리방법 등 청문에 필요한 사항으로 갈음한다.

1128 × 행정절차법 제28조(청문 주재자) ① 행정청은 소속 직원 또는 대통령령으로 정하는 자격을 가진 사람 중에서 청문 주재자를 공정하게 선정하여야 한다(주 : 청문 주재자는 당사자의 신청을 받아 선정하는 것이 아니라, 행정청이 직권으로 선정함).

1129 ○ 행정절차법 제33조(증거조사) ① 청문 주재자는 직권으로 또는 당사자의 신청에 따라 필요한 조사를 할 수 있으며, 당사자등이 주장하지 아니한 사실에 대하여도 조사할 수 있다.

1130 × 행정절차법 제32조(청문의 병합·분리) 행정청은 직권으로 또는 당사자의 신청(주 : 이해관계인의 신청은 ×)에 따라 여러 개의 사안을 병합하거나 분리하여 청문을 할 수 있다.

1131 ○ 행정절차법 제30조(청문의 공개) 청문은 당사자가 공개를 신청하거나 청문 주재자가 필요하다고 인정하는 경우 공개할 수 있다. 다만, 공익 또는 제3자의 정당한 이익을 현저히 해칠 우려가 있는 경우에는 공개하여서는 아니 된다.

1132 × 행정절차법 제34조(청문조서) ② 당사자등은 청문조서의 내용을 열람·확인할 수 있으며, 이의가 있을 때에는 그 정정을 요구할 수 있다.

1133 × 행정절차법 제35조(청문의 종결) ② 청문 주재자는 당사자등의 전부 또는 일부가 정당한 사유 없이 청문기일에 출석하지 아니하거나 제31조 제3항에 따른 의견서를 제출하지 아니한 경우에는 이들에게 다시 의견진술 및 증거제출의 기회를 주지 아니하고 청문을 마칠 수 있다.

1134 행정청은 처분을 함에 있어서 청문조서, 청문주재자의 의견서, 그 밖의 관계서류 등을 충분히 검토하고 상당한 이유가 있다고 인정하는 경우에는 청문결과를 반영하여야 한다. 11. 사복 (   )

1135 대법원은 묘지공원과 화장장의 후보지를 선정하는 과정에서 서울특별시, 비영리법인, 일반 기업 등이 공동발족한 협의체인 추모공원건립추진협의회가 후보지 주민들의 의견을 청취하기 위하여 그 명의로 개최한 공청회에 대해 「행정절차법」에서 정한 절차를 준수하여야 한다고 보았다. 13. 국회 8급 (   )

1136 행정청은 온라인공청회를 개최하는 경우 공청회와 병행하여 실시할 수 없다. 14. 국가 (   )

1137 공청회가 개최는 되었으나 정상적으로 진행되지 못하고 무산된 횟수가 2회인 경우 온라인공청회를 단독으로 개최할 수 있다. 23. 국가 (   )

1138 행정청은 공청회의 발표자를 관련전문가 중에서 우선적으로 지명 또는 위촉하여야 하며, 적절한 발표자를 선정하지 못하거나 필요한 경우에만 발표를 신청한 자 중에서 지명할 수 있다. 10. 지방 (   )

1139 상위법령 등의 단순한 집행을 위해 총리령을 제정하려는 경우, 행정상 입법예고를 하지 아니할 수 있다.
19. 국가 (   )

1140 법제처장은 입법예고를 하지 아니한 법령안의 심사 요청을 받은 경우에 입법예고를 하는 것이 적당하다고 판단할 때에는 해당 행정청에 입법예고를 권고하거나 직접 예고할 수 있다. 18. 지방 7급 (   )

1141 행정청은 대통령령을 입법예고하는 경우에는 이를 국회 소관 상임위원회에 제출하여야 한다. 18. 국가 (   )

1142 입법예고기간은 예고할 때 정하되, 특별한 사정이 없으면 40일(자치법규는 20일) 이상으로 한다. 15. 지방 7급 (   )

1143 행정예고기간은 예고내용의 성격 등을 고려하여 정하되, 특별한 사정이 없으면 14일 이상으로 한다. 14. 국가 (   )

1144 인·허가의제는 의제되는 행위에 대하여 본래적으로 권한을 갖는 행정기관의 권한행사를 보충하는 것이므로 법령의 근거가 없는 경우에도 인정된다. 14. 지방 (   )

1145 주택건설사업계획 승인권자가 구 「주택법」에 따라 도시·군관리계획 결정권자와 협의를 거쳐 관계 주택건설사업계획을 승인하면 도시·군관리계획결정이 이루어진 것으로 의제되고, 이러한 협의 절차와 별도로 「국토의 계획 및 이용에 관한 법률」 등에서 정한 도시·군관리계획 입안을 위한 주민 의견청취 절차를 거칠 필요는 없다. 21. 국가 (   )

1146 「건축법」에서 관련 인·허가 의제 제도를 둔 취지는 인·허가 의제사항 관련 법률에 따른 각각의 인·허가 요건에 관한 일체의 심사를 배제하려는 것이 아니다. 21. 국가 (   )

1147 건축물의 건축이 「국토의 계획 및 이용에 관한 법률」상 개발행위에 해당할 경우 그 건축의 허가권자는 국토계획법령의 개발행위허가기준을 확인하여야 하므로, 국토계획법상 건축물의 건축에 관한 개발행위허가가 의제되는 건축허가신청이 국토계획법령이 정한 개발행위허가기준에 부합하지 아니하면 허가권자로서는 이를 거부할 수 있다. 21. 국가 (   )

1134 ○ 행정절차법 제35조의2(청문결과의 반영) 행정청은 처분을 할 때에 제35조 제4항에 따라 받은 청문조서, 청문 주재자의 의견서, 그 밖의 관계 서류 등을 충분히 검토하고 상당한 이유가 있다고 인정하는 경우에는 청문결과를 반영하여야 한다.

1135 ✕ 묘지공원과 화장장의 후보지를 선정하는 과정에서 서울특별시, 비영리법인, 일반 기업 등이 공동 발족한 협의체인 추모공원건립추진협의회가 후보지 주민들의 의견을 청취하기 위하여 그 명의로 개최한 공청회는 행정청이 도시계획시설결정을 하면서 개최한 공청회가 아니므로, 위 공청회의 개최에 관하여 행정절차법에서 정한 절차를 준수하여야 하는 것은 아니다. 대법원 2007. 4. 12. 선고 2005두1893 판결

1136 ✕ 행정절차법 제38조의2(온라인공청회) ① 행정청은 제38조에 따른 공청회와 병행하여서만 정보통신망을 이용한 공청회(이하 "온라인공청회"라 한다)를 실시할 수 있다.

1137 ✕ 행정절차법 제38조의2(온라인공청회) ② 제1항에도 불구하고 다음 각 호의 어느 하나에 해당하는 경우에는 온라인공청회를 단독으로 개최할 수 있다. 〈신설 2022. 1. 11.〉
  1. 국민의 생명·신체·재산의 보호 등 국민의 안전 또는 권익보호 등의 이유로 제38조에 따른 공청회를 개최하기 어려운 경우
  2. 제38조에 따른 공청회가 행정청이 책임질 수 없는 사유로 개최되지 못하거나 개최는 되었으나 정상적으로 진행되지 못하고 무산된 횟수가 3회 이상인 경우
  3. 행정청이 널리 의견을 수렴하기 위하여 온라인공청회를 단독으로 개최할 필요가 있다고 인정하는 경우. 다만, 제22조 제2항 제1호 또는 제3호에 따라 공청회를 실시하는 경우는 제외한다.

1138 ✕ 행정절차법 제38조의3(공청회의 주재자 및 발표자의 선정) ② 공청회의 발표자는 발표를 신청한 사람 중에서 행정청이 선정한다. 다만, 발표를 신청한 사람이 없거나 공청회의 공정성을 확보하기 위하여 필요하다고 인정하는 경우에는 다음 각 호의 사람 중에서 지명하거나 위촉할 수 있다.

1139 ○ 행정절차법 제41조(행정상 입법예고) ① 법령등을 제정·개정 또는 폐지(이하 "입법"이라 한다)하려는 경우에는 해당 입법안을 마련한 행정청은 이를 예고하여야 한다. 다만, 다음 각 호의 어느 하나에 해당하는 경우에는 예고를 하지 아니할 수 있다.
  2. 상위 법령등의 단순한 집행을 위한 경우

1140 ○ 행정절차법 제41조(행정상 입법예고) ③ 법제처장은 입법예고를 하지 아니한 법령안의 심사 요청을 받은 경우에 입법예고를 하는 것이 적당하다고 판단할 때에는 해당 행정청에 입법예고를 권고하거나 직접 예고할 수 있다.

1141 ○ 행정절차법 제42조(예고방법) ② 행정청은 대통령령을 입법예고하는 경우 국회 소관 상임위원회에 이를 제출하여야 한다.

1142 ○ 행정절차법 제43조(예고기간) 입법예고기간은 예고할 때 정하되, 특별한 사정이 없으면 40일(자치법규는 20일) 이상으로 한다.

1143 ✕ 행정절차법 제46조(행정예고) ③ 행정예고기간은 예고 내용의 성격 등을 고려하여 정하되, 20일 이상으로 한다.

1144 ✕ 인·허가의제는 행정기관의 권한에 변경을 가져오므로 법률에 명시적인 근거가 있어야 한다.

1145 ○ 인허가 의제 규정의 입법 취지를 고려하면, 주택건설사업계획 승인권자가 구 주택법 제17조 제3항에 따라 도시·군관리계획 결정권자와 협의를 거쳐 관계 주택건설사업계획을 승인하면 같은 조 제1항 제5호에 따라 도시·군관리계획결정이 이루어진 것으로 의제되고, 이러한 협의 절차와 별도로 국토의 계획 및 이용에 관한 법률 제28조 등에서 정한 도시·군관리계획 입안을 위한 주민 의견청취 절차를 거칠 필요는 없다. 대법원 2018. 11. 29. 선고 2016두38792 판결

1146 ○ 건축법에서 인허가의제 제도를 둔 취지는, 인허가의제사항과 관련하여 건축허가의 관할 행정청으로 창구를 단일화하고 절차를 간소화하며 비용과 시간을 절감함으로써 국민의 권익을 보호하려는 것이지, 인허가의제사항 관련 법률에 따른 각각의 인허가 요건에 관한 일체의 심사를 배제하려는 것으로 보기는 어려우므로, 도시계획시설인 주차장에 대한 건축허가신청을 받은 행정청으로서는 건축법상 허가 요건뿐 아니라 국토의 계획 및 이용에 관한 법령이 정한 도시계획시설사업에 관한 실시계획인가 요건도 충족하는 경우에 한하여 이를 허가해야 한다. 대법원 2015. 7. 9. 선고 2015두39590 판결

1147 ○ 국토계획법상 건축물의 건축에 관한 개발행위허가가 의제되는 건축허가신청이 국토계획법령이 정한 개발행위허가기준에 부합하지 아니하면 허가권자로서는 이를 거부할 수 있다. 대법원 2016. 8. 24. 선고 2016두35762 판결

1148 주된 인·허가에 의해 의제되는 인·허가는 원칙적으로 주된 인·허가로 인한 사업을 시행하는 데 필요한 범위 내에서만 그 효력이 유지되는 것은 아니므로, 주된 인·허가로 인한 사업이 완료된 이후에도 효력이 있다.
16. 지방 7급 (   )

1149 주된 인·허가에 관한 사항을 규정하고 있는 법률에서 주된 인·허가가 있으면 다른 법률에 의한 인·허가를 받은 것으로 의제한다는 규정을 둔 경우, 주된 인·허가가 있으면 다른 법률에 의하여 인·허가를 받았음을 전제로 하는 그 다른 법률의 모든 규정들까지 적용되는 것은 아니다. 18. 국가 7급 (   )

1150 인·허가의제에 있어서 인·허가가 의제되는 행위의 요건불비를 이유로 사인이 신청한 주된 인·허가에 대한 거부처분이 있는 경우 주된 인·허가의 거부처분을 대상으로 소송을 제기해야 한다. 14. 지방 (   )

1151 건축허가를 받은 경우에 토지형질변경허가나 농지전용허가를 받은 것으로 보는 인허가의제의 경우, 건축허가권자가 건축불허가처분을 하면서 그 처분사유로 건축불허가사유뿐만 아니라 형질변경불허가사유나 농지전용불허가사유를 들고 있다면, 그 건축불허가처분에 대한 쟁송과는 별개로 형질변경불허가처분이나 농지전용불허가처분에 대한 쟁송도 제기하여야 한다. 11. 지방 7급 (   )

1152 주택건설사업계획 승인처분에 따라 의제된 인·허가가 위법함을 다투고자 하는 이해관계인은, 주택건설사업계획 승인처분의 취소를 구해야지 의제된 인·허가의 취소를 구해서는 아니되며, 의제된 인·허가는 주택건설사업계획 승인처분과 별도로 항고소송의 대상이 되는 처분에 해당하지 않는다. 21. 국가 (   )

1153 인·허가와 관련 있는 행정기관 간에 협의가 모두 완료되기 전이라도 일정한 경우 인·허가에 대한 협의를 완료할 것을 조건으로 각종의 사업시행승인이나 시행인가를 할 수 있다. 14. 지방 (   )

1154 인·허가 의제에 관계기관의 장과 협의가 요구되는 경우, 주된 인·허가를 하기 전에 의제되는 모든 인·허가 사항에 관하여 관계기관의 장과 사전협의를 거쳐야 한다. 16. 지방 7급 (   )

1148 ✕ 구 택지개발촉진법 제11조 제1항 제9호에서는 사업시행자가 택지개발사업 실시계획승인을 받은 때 도로법에 의한 도로공사시행허가 및 도로점용허가를 받은 것으로 본다고 규정하고 있는바, 이러한 인허가 의제제도는 목적사업의 원활한 수행을 위해 행정절차를 간소화하고자 하는 데 그 취지가 있는 것이므로 위와 같은 실시계획승인에 의해 의제되는 도로공사시행허가 및 도로점용허가는 원칙적으로 당해 택지개발사업을 시행하는 데 필요한 범위 내에서만 그 효력이 유지된다고 보아야 한다. 따라서 원고가 이 사건 택지개발사업과 관련하여 그 사업시행의 일환으로 이 사건 도로예정지 또는 도로에 전력관을 매설하였다고 하더라도 사업시행완료 후 이를 계속 유지·관리하기 위해 도로를 점용하는 것에 대한 도로점용허가까지 그 실시계획 승인에 의해 의제된다고 볼 수는 없다. 대법원 2010. 4. 29. 선고 2009두18547 판결

1149 O 주된 인허가에 관한 사항을 규정하고 있는 법률에서 주된 인허가가 있으면 다른 법률에 의한 인허가를 받은 것으로 의제한다는 규정을 둔 경우, 주된 인허가가 있으면 다른 법률에 의한 인허가가 있는 것으로 보는 데 그치고, 거기에서 더 나아가 다른 법률에 의하여 인허가를 받았음을 전제로 하는 그 다른 법률의 모든 규정들까지 적용되는 것은 아니다. 대법원 2016. 11. 24. 선고 2014두47686 판결

1150 O 주무행정청이 의제되는 인·허가와 관련된 사유를 근거로 주된 인·허가신청에 대해 거부처분을 하였다 하더라도, 의제되는 인·허가에 대한 거부처분이 현실적으로 존재하는 것은 아니므로, 주된 인·허가의 거부처분에 대하여 항고쟁송을 제기하면서 그 쟁송과정에서 의제되는 인·허가의 거부사유를 다투어야 한다.

1151 ✕ 건축불허가처분을 하면서 그 처분사유로 건축불허가사유뿐만 아니라 형질변경불허가사유나 농지전용불허가사유를 들고 있다고 하여 그 건축불허가처분 외에 별개로 형질변경불허가처분이나 농지전용불허가처분이 존재하는 것이 아니므로, 그 건축불허가처분을 받은 사람은 그 건축불허가처분에 관한 쟁송에서 건축법상의 건축불허가사유뿐만 아니라 같은 도시계획법상의 형질변경불허가사유나 농지법상의 농지전용불허가사유에 관하여도 다툴 수 있는 것이지, 그 건축불허가처분에 관한 쟁송과는 별개로 형질변경불허가처분이나 농지전용불허가처분에 관한 쟁송을 제기하여 이를 다투어야 하는 것은 아니며, 그러한 쟁송을 제기하지 아니하였어도 형질변경불허가사유나 농지전용불허가사유에 관하여 불가쟁력이 생기지 아니한다. 대법원 2001. 1. 16. 선고 99두10988 판결

1152 ✕ 의제된 인허가는 통상적인 인허가와 동일한 효력을 가지므로, 적어도 '부분 인허가 의제'가 허용되는 경우에는 그 효력을 제거하기 위한 법적 수단으로 의제된 인허가의 취소나 철회가 허용될 수 있고, 이러한 직권 취소·철회가 가능한 이상 그 의제된 인허가에 대한 쟁송취소 역시 허용된다. 따라서 주택건설사업계획 승인처분에 따라 의제된 인허가가 위법함을 다투고자 하는 이해관계인은, 주택건설사업계획 승인처분의 취소를 구할 것이 아니라 의제된 인허가의 취소를 구하여야 하며, 의제된 인허가는 주택건설사업계획 승인처분과 별도로 항고소송의 대상이 되는 처분에 해당한다. 대법원 2018. 11. 29. 선고 2016두38792 판결

1153 O 이른바 선승인후협의제에 대한 내용으로, 명문의 법적 근거가 있는 경우 인정된다.

1154 ✕ 구 지원특별법 제11조에 의한 사업시행승인을 하는 경우 같은 법 제29조 제1항에 규정된 사업 관련 모든 인허가의제 사항에 관하여 관계 행정기관의 장과 일괄하여 사전 협의를 거칠 것을 요건으로 하는 것은 아니고, 사업시행승인 후 인허가의제 사항에 관하여 관계 행정기관의 장과 협의를 거치면 그때 해당 인허가가 의제된다고 보는 것이 타당하다. 대법원 2012. 2. 9. 선고 2009두16305 판결

주제 57 정보공개법

1 정보공개청구권

- 헌법적 근거: 헌법 제21조 표현의 자유에 포함되는 알 권리(자유권 + 청구권의 성질)
  - 알 권리의 핵심: 일반적 정보공개청구권 ➡ 헌법 제21조에 의해 직접 보장
    ➡ 개별 법률의 제정 없더라도 정보공개청구 가능
  - 참고 일반적 정보공개청구권: 이해관계 없는 자의 정보공개청구권
- 지자체는 법령의 범위에서 정보공개에 관한 조례를 정할 수 있음(법률의 위임 불요)

2 정보공개법 총칙

① 일반론

- 정보: 공공기관이 직무상 작성 또는 취득하여 관리하고 있는 문서(전자문서 포함) 및 전자매체 등 매체에 기록된 사항
- 공개: 열람 or 사본·복제물 제공 or 정보통신망을 통한 정보 제공
- 공공기관: 국가기관, 지방자치단체, 공공기관운영법에 따른 공공기관, 학교, 지방공사 및 지방공단, 특별법에 따라 설립된 특수법인 등
  - 학교 ➡ 사립학교 포함(국비의 지원을 받는 범위 내에서만 공공기관 성격 갖는 것 ×)
  - 한국방송공사(KBS) ➡ 공공기관 ○(특수법인 ○) / 한국증권업협회 ➡ 공공기관 ×(특수법인 ×)
- 일반법: 개별법에 특별한 규정 있는 경우 그에 따름
  - 학교 ➡ 교육기관 정보공개법에 규정 없는 사항에 대해서는, 정보공개법 적용 ○
  - 형사재판확정기록의 공개 ➡ 형사소송법 적용 ○, 정보공개법 적용 ×
  - 민사소송법상 문서제출명령 거부사유 존재 ➡ 정보공개법에 따른 정보공개 ○
- 행정안전부장관 ➡ 전년도 정보공개운영 보고서를 매년 정기국회 개회 전까지 국회에 제출해야 함
- 정보공개의무 ➡ 원칙적으로 정보공개청구가 있어야 비로소 존재

② 정보공개청구권자

- 모든 국민: 자연인 + 법인 + 권리능력 없는 사단·재단
  - 법인과 권리능력 없는 사단·재단의 경우 설립목적도 불문(즉 공익단체·사익단체 모두 포함됨)

- 외국인 : 국내 주소 두고 거주 + 학술·연구를 위해 일시적 체류 + 국내 사무소 둔 법인이나 단체
- 지방자치단체 : 포함 ╳

③ 공개대상 정보

- 공공기관이 현재 보유·관리하고 있는 정보에 한정, But 반드시 원본일 필요 없음
- 이미 다른 사람에게 널리 알려졌거나, 인터넷 검색을 통해 쉽게 알 수 있는 정보 ➡ **공개대상 정보 O**

3 비공개대상 정보

① 일반론

- 비공개사유에 대한 **증명책임** : 공공기관(몇 호 사유인지 구체적으로 주장·증명)
- 비공개사유 해당 여부에 대한 판단 ➡ **이익형량 필요**(구체적 사안에 따라 개별적 판단)
- 권리구제의 가능성 ➡ **정보공개 여부의 결정에 영향 ╳**(∵일반적 정보공개청구권 인정)
  − 손해배상청구소송에 활용할 목적이었으나 이미 종결된 경우 ➡ **권리남용 ╳**
  − But 정보공개청구가 권리남용에 해당함이 명백한 경우 ➡ **공개청구 ╳**
    ➡ **부당한 이득 목적 or 오직 담당공무원 괴롭힐 목적인 경우** ➡ **권리남용 O**

② **구체적 비공개사유**(정보공개법 제9조 제1항)

- 1호. 다른 법률 또는 법규명령(국회·대법원·헌재·중선위규칙, 대통령령 및 조례로 한정)에 따라 비밀 또는 비공개사항으로 규정된 정보
  − **법규명령** : 법률의 구체적 위임 아래 제정된 위임명령만을 의미

비공개	• 학교폭력대책자치위원회의 회의록 • 국가정보원의 조직·소재지 및 정원에 관한 정보 • 국가정보원이 직원에게 지급하는 현금급여 및 월초수당에 관한 정보 • 국방부의 한국형 다목적 헬기(KHM) 도입사업에 대한 감사원의 감사보고서(군사비밀)
공개	• 검찰보존사무규칙 중 불기소사건기록의 열람·등사를 제한하고 있는 부분 • 공직자윤리법상 등록의무자가 제출한 '고지 거부한 직계존비속의 관계, 성명, 고지거부사유, 서명(날인)이 기재된 문서' • 교육공무원승진규정에서 비공개로 규정한 근무성적평정의 결과 • 소송에 관한 서류를 공판 개정 전에 공개하지 못하도록 한 형사소송법 　− 사건의 고소인에게 공소제기내용을 알려주는 것을 금지하는 취지 ╳ (즉 비공개사유 ╳)

- 2호. 국가안전보장·국방·통일·외교관계 등 국가의 중대한 이익과 관련된 정보

- 3호. 국민의 생명·신체 및 재산의 보호에 현저한 지장을 초래할 우려가 있는 정보
  - 보안관찰법 소정의 보안관찰 관련 통계자료 ➡ 비공개 ○

- 4호. 진행 중인 재판 및 형사절차와 관련된 정보
  - 반드시 진행 중인 재판의 소송기록에 포함된 내용일 필요 ✕
  - But 재판·수사와 관련된 일체의 정보 의미 ✕
  - 재판의 심리·결과에 구체적으로 영향을 미칠 위험 있거나, 수사기관의 직무수행을 현저히 곤란하게 할 상당한 이유 있는 정보만 비공개 ○.
  - 비공개: 징벌위원회 회의록 중 비공개 심사·의결 부분
  - 공개: 교도관이 작성한 근무보고서, 징벌위원회 회의록 중 징벌절차 진행 부분

- 5호. 의사결정 과정 또는 내부검토 과정에 있는 사항으로서 업무의 공정한 수행에 현저한 지장을 초래할 우려가 있는 정보
  - 비공개결정 통지 시 의사결정·내부검토 과정의 단계 및 종료 예정일을 함께 안내해야 함
  - 의사결정·내부검토 과정 종료 시 청구인에게 이를 통지해야 함

비공개	• 의사결정과정에 제공된 회의관련 자료 또는 의사결정과정이 기록된 회의록 ➡ 의사가 결정되거나 의사가 집행된 경우에도 '이에 준하는 사항'으로서 비공개대상 될 수 있음 • 학교환경위생정화위원회 회의록 중 발언자의 인적사항 부분 • 독립유공자서훈 공적심사위원회의 심의·의결 과정 및 내용을 기재한 회의록 • 문제은행 출제방식의 치과의사 국가시험의 문제지와 정답지 • 사법시험 2차 시험의 채점위원별 채점결과 • 2002년도 및 2003년도 국가 수준 학업성취도평가 자료 • 도시공원위원회 심의 관련 회의자료 및 회의록(시장의 대외적 공표행위 전)
공개	• 사법시험 2차 시험의 답안지 • 2002학년도부터 2005학년도까지의 대학수학능력시험 원데이터 • 외국(기관)으로부터 비공개를 전제로 입수한 정보 ➡ 그것만으로 당연히 비공개인 것 ✕ • 국회 특수활동비 내역 • 도시공원위원회 심의 관련 회의자료 및 회의록(시장의 대외적 공표행위 후)

- 6호. 사생활의 비밀 또는 자유를 침해할 우려가 있다고 인정되는 정보(개인식별정보에 한정 ✕)
  - 이익형량 결과, 공개하는 공익 > 사생활의 이익 ➡ 공개 ○
  - 직무 수행한 공무원의 성명·직위, 국가·지자체의 업무를 위탁받은 개인의 성명·직업 ➡ 공개 ○
  - 공공기관이 보유·관리하는 '개인정보'의 공개 ➡ 정보공개법이 개인정보보호법에 우선하여 적용

비공개	• 공무원이 직무와 관련 없이 개인적인 자격으로 간담회 등에서 금품을 수령한 정보 • 지방자치단체의 업무추진비 집행내역 및 그 증빙서류에 포함된 개인정보 • 공직자윤리법상 등록의무자가 제출한 문서에 기재된 고지거부자의 인적사항(성명, 서명) • 피의자신문조서에 기재된 인적사항 이외의 진술내용

공개	• 사면대상자들의 사면실시건의서 및 그와 관련된 국무회의 안건자료 • 지자체의 업무추진비 집행내역 및 그 증빙서류 중 개인정보 포함되지 않은 부분

- 7호. 경영상·영업상 비밀에 관한 정보
  - 부정경쟁방지법상 영업비밀에 한정 ✕, 알려지지 아니함이 유리한 일체의 정보 ○
  - 이익형량 결과, 공개하는 공익 > 영업비밀의 이익 ➡ **공개 ○**
  - 비공개 : 법인의 금융계좌번호
  - 공개 : 재건축조합원에게 제공될 무상보상평수의 사업수익성 검토자료, 분양원가 산출내역

- 8호. 부동산 투기, 매점매석 등으로 특정인에게 이익 또는 불이익을 줄 우려가 있는 정보

4 정보공개의 절차

① 정보공개의 청구

- 정보공개청구서의 제출 또는 말로써 청구

- 사회일반인의 관점에서 청구대상정보의 내용·범위를 확정할 수 있을 정도로 특정해야 함
  - if 비공개결정 취소소송 과정에서도 특정 불가 ➡ **해당 부분 분리하여 청구기각 판결**

② 정보공개 여부의 결정

- 공개청구를 받은 날부터 10일 내 공개 여부 결정 ➡ **10일의 범위에서 연장 가능**

- 제3자와 관련 있는 정보 ➡ **제3자에게 지체 없이 통지**

- 공공기관이 보유·관리하지 않는 정보 or 정보공개법에 따른 정보공개청구로 보기 어려운 경우
  ➡ **민원처리법에 따른 민원으로 처리 가능한 경우, 민원으로 처리**

- 정당한 사유 없이 반복하여 정보공개청구 or 민원으로 처리되었으나 다시 동일한 청구
  ➡ **해당 청구를 종결 처리할 수 있음**

③ 정보공개 여부 결정의 통지

- 정보공개결정
  - 사본·복제물 교부 원하는 경우, 교부의무 ○
  - 정보의 양이 너무 많아 업무수행에 현저한 지장 초래 ➡ **나누어 제공 또는 열람과 병행하여 제공**

- 정보비공개결정 ➡ **비공개 이유 및 불복방법을 구체적으로 밝힌 문서로 통지(전자문서 가능)**

④ 정보공개의 방법

- 청구인은 특정한 공개방법을 지정하여 정보공개 청구할 수 있는 법령상 신청권 있음
  - 공공기관은 공개방법 선택할 재량 ✕ ➡ 다른 방법의 공개는 공개방법에 관하여 일부 거부처분 ○

- 부분공개 : 공개대상정보와 비공개대상정보가 혼합된 경우
  - 분리 가능하면, 비공개대상 제외하고 공개해야 함(법원도 비공개결정에 대해 일부취소 가능)
  - 참고 분리 가능 : 물리적 의미 ✕, 비공개정보 제외하고 공개 가능 + 나머지 부분만으로도 공개 가치 ○

- 전자적 공개 : 전자적 형태로 공개 요청 ➡ 업무수행에 지장 없는 한 전자적 형태로 변환하여 공개

- 즉시 또는 말로 처리가 가능한 정보(ex 공개하기로 결정된 정보로서 공개에 오랜 시간 소요 ✕)
  ➡ 공개 여부의 결정 절차 거치지 않고 공개

⑤ 비용부담

- 실비의 범위에서 청구인 부담

- 정보의 사용 목적이 공공복리의 유지·증진을 위한 경우 비용 감면 가능

5　불복절차

① 이의신청

- 대상 : 비공개결정, 부분공개결정 또는 정보공개청구 후 20일이 경과하도록 정보공개결정 없는 경우

- 기간 : 정보공개 여부의 결정 통지를 받은 날 또는 정보공개청구 후 20일이 경과한 날부터 30일 이내

- 기관 및 방법 : 해당 공공기관에 문서로 신청

- 조치 : 이의신청 받은 날부터 7일 이내에 결정(7일의 범위에서 연장 가능), 결정 전 정보공개심의회 개최

- 임의적 절차 ➡ 이의신청 절차를 거침이 없이 곧바로 행정심판 또는 행정소송 제기 가능

② 행정심판

- 공공기관의 결정에 대하여 불복 또는 정보공개청구 후 20일이 경과하도록 정보공개결정 없는 경우, 행정심판 청구 가능

- 임의적 절차 ➡ 행정심판 절차를 거침이 없이 곧바로 행정소송 제기 가능

③ 행정소송

- 공공기관의 결정에 대하여 불복 또는 정보공개청구 후 20일이 경과하도록 정보공개결정 없는 경우, 행정소송 제기 가능

- **대상적격**: 정보공개신청에 대한 거부 ➡ 거부처분 ○

- **원고적격**: 정보공개를 청구하였다가 거부처분을 받은 것 자체가 법률상 이익의 침해 ○

- **피고적격**: 행정청인 공공기관 ○

- **소의 이익**: 공공기관이 정보를 보유·관리 × ➡ 소의 이익 ×
  - 취소소송 과정에서 피고인 공공기관이 증거로서 제출한 정보가 법원을 통해 원고에게 교부·송달
    ➡ 소의 이익 소멸 ×(∵ 우회적 방법 ➡ 정보공개법에 의한 공개 ×)
  - 비공개결정 취소소송 계속 중 정보제출을 계획한 다른 소송의 판결 확정되었더라도, 소의 이익 ○

- 재판장은 공개청구의 대상이 되는 정보를 공공기관으로부터 제출받아 비공개로 열람·심사 가능

- **증명책임**
  - 청구권자: 정보를 공공기관이 보유·관리하고 있을 개연성
  - 공공기관: 정보 등이 폐기되어 더 이상 보유·관리하고 있지 않다는 사정

④ 제3자의 불복절차

- 공개청구 사실을 통지받은 제3자
  ➡ 통지받은 날부터 3일 내 비공개요청 가능(공공기관은 비공개요청에 구속 ×)

- 비공개요청에도 불구하고 공개결정을 하는 경우
  ➡ 공개결정일과 공개실시일 사이에 최소한 30일의 간격을 두어야 함

- 제3자는 이의신청(통지받은 날부터 7일 내), 행정심판, 행정소송 가능

6 기타 내용

- **정보공개심의회**: 국가기관, 지방자치단체, 공공기관운영법에 따른 공기업에 설치
  - 위원장 1명을 포함하여 5명 이상 7명 이하의 위원으로 구성

- **정보공개위원회**: 국무총리 소속으로 설치
  - 성별 고려하여 위원장과 부위원장 각 1명을 포함한 11명의 위원으로 구성
  - 위원장을 포함한 7명은 공무원 아닌 사람으로 위촉

개인정보 보호법

1 의의

- 헌법적 근거: 헌법상 기본권인 개인정보자기결정권
  - 사생활의 비밀과 자유, 일반적 인격권 등을 기초로 하는 헌법에 명시되지 않은 독자적 기본권

- 일반법: 개인정보 보호법

2 개인정보 보호법의 주요 내용

① 총칙

- 개인정보: 살아 있는 개인에 관한 정보 ➡ 사자(死者) ✕, 법인 등 단체 ✕
  - 가명처리를 통해 특정 개인을 알아볼 수 없도록 한 정보 ○
  - 개인의 동일성 식별할 수 있게 하는 일체의 정보 ○
    ➡ 내밀한 영역에 속하는 정보에 국한 ✕, 공적 생활에서 형성 또는 이미 공개된 개인정보 포함 ○
  - 사람의 지문정보 ➡ 개인정보 ○

- 개인정보보호위원회: 국무총리 소속으로 설치

② 개인정보처리의 규제

- 개인정보의 제공(제17조)
  - 원칙 정보주체의 동의 있어야 제3자에 대해 제공 가능
  - 예외 일정한 경우 동의 없이도 제3자에 대해 제공 가능

- [로앤비 사건] ➡ 개인정보 보호법 위반 ✕
  - 이미 정보주체의 의사에 따라 공개된 개인정보를 별도의 동의 없이 영리 목적으로 수집·제공
    ➡ 곧바로 위법하게 되는 것 ✕(이익형량 후 위법성 판단 ○)
  - 이미 공개된 개인정보를 정보주체의 동의가 있었다고 객관적으로 인정되는 범위에서 수집·이용·제공
    ➡ 정보주체의 별도의 동의 불필요

- 영상정보처리기기의 설치·운영 제한(제25조)
  - 목욕탕, 화장실, 탈의실 등 ➡ 영상정보처리기기 설치·운영 금지(교도소, 정신병원 등은 예외)

- 업무위탁에 따른 개인정보의 처리 제한(제26조)
  - 개인정보제공(제17조) : 정보를 제공받는 제3자의 이익을 위하여 정보를 제공하는 것
  - 업무처리위탁(제26조) : 위탁자 본인의 이익을 위하여 정보를 이전하는 것
    ➡ 수탁자는 개인정보처리에 관하여 독자적 이익 × ➡ 제17조의 제3자에 해당 ×(동의 불요)
- 손해배상책임(제39조)
  - 정보주체의 손해배상청구소송에 대한 증명책임 ➡ 개인정보처리자(무과실을 증명해야 함)
  - 개인정보처리자의 고의 또는 중과실 ➡ 법원은 손해액의 5배를 넘지 않는 범위에서 배상액 결정

③ 개인정보 단체소송

- 일정한 단체(모든 단체 ×)는 개인정보처리자가 집단분쟁조정을 거부하거나 또는 집단분쟁조정의 결과를 수락하지 않는 경우, 단체소송 제기 가능(법원의 허가 필요)

- 관할 ➡ 피고의 주된 사무소 또는 영업소가 있는 곳의 지방법원 본원 합의부가 전속하여 관할

- 원고는 변호사를 소송대리인으로 선임해야 함

- 단체소송에 관하여 개인정보보호법에 규정 없는 사항 ➡ 민사소송법 적용

- 단체소송의 절차에 관한 사항 ➡ 대법원규칙으로 정함

PART
05

기출 ⭕❌ Check

1155 국민의 알 권리의 내용에는 일반 국민 누구나 국가에 대하여 보유·관리하고 있는 정보의 공개를 청구할 수 있는 이른바 일반적인 정보공개청구권이 포함된다. 21. 국가 (   )

1156 지방자치단체는 그 소관 사무에 관하여 법령의 범위에서 정보공개에 관한 조례를 정할 수 있다. 23. 국가 7급 (   )

1157 「공공기관의 정보공개에 관한 법률」상 공개청구의 대상이 되는 정보란 공공기관이 직무상 작성 또는 취득하여 현재 보유·관리하고 있는 원본인 문서만을 의미한다. 21. 국가 (   )

1158 한국방송공사는 「공공기관의 정보공개에 관한 법률 시행령」 제2조 제4호에 규정된 '특별법에 따라 설립된 특수법인'에 해당한다. 17. 지방 (   )

1159 '한국증권업협회'는 정보공개의무를 지는 '특별법에 의하여 설립된 특수법인'에 해당한다. 11. 국가 7급 (   )

1160 국·공립의 초등학교는 공공기관의 정보공개에 관한 법령상 공공기관에 해당하지만, 사립 초등학교는 이에 해당하지 않는다. 16. 국가 (   )

1161 사립학교에 대하여 「교육관련기관의 정보공개에 관한 특례법」이 적용되는 경우에도 「공공기관의 정보공개에 관한 법률」을 적용할 수 없는 것은 아니다. 17. 지방 (   )

1162 「형사소송법」은 형사재판확정기록의 공개 여부 등에 대하여 「공공기관의 정보공개에 관한 법률」과 달리 규정하고 있으므로, 형사재판확정기록의 공개에 관하여는 「공공기관의 정보공개에 관한 법률」에 의한 공개청구가 허용되지 아니한다. 22. 국가 7급 (   )

1163 「민사소송법」상 문서제출의무 예외에 해당하는 '공무원 또는 공무원이었던 사람'이 그 직무와 관련하여 보관하거나 가지고 있는 문서에 대한 공개는 「공공기관의 정보공개에 관한 법률」의 규정에도 불구하고 「민사소송법」의 절차에 따라야 한다. 12. 국가 (   )

1164 모든 국민은 정보의 공개를 청구할 권리를 가진다. 23. 지방 (   )

1165 정보공개청구권자에는 자연인은 물론 법인, 권리능력 없는 사단·재단도 포함되고, 법인, 권리능력 없는 사단·재단 등의 경우에는 설립목적을 불문한다. 20. 국가 (   )

1166 「공공기관의 정보공개에 관한 법률」은 모든 국민을 정보공개청구권자로 규정하고 있는데, 이에는 자연인은 물론 법인, 권리능력 없는 사단·재단, 지방자치단체 등이 포함된다. 16. 국가 7급 (   )

1167 정보공개청구는 시민단체의 정보공개청구와 같이 개인적인 이해관계가 없는 공익을 위한 경우에도 인정된다. 10. 국가 (   )

1155 ○ "알 권리", 즉 국민의 정부에 대한 일반적 정보공개를 구할 권리(청구권적 기본권)라고 할 것이며, 이러한 "알 권리"의 실현은 법률의 제정이 뒤따라 이를 구체화시키는 것이 충실하고도 바람직하지만, 그러한 법률이 제정되어 있지 않다고 하더라도 불가능한 것은 아니고 헌법 제21조에 의해 직접 보장될 수 있다고 하는 것이 헌법재판소의 확립된 판례인 것이다. 헌법재판소 1991. 5. 13. 선고 90헌마133 결정

1156 ○ 정보공개법 제4조(적용 범위) ② 지방자치단체는 그 소관 사무에 관하여 법령의 범위에서 정보공개에 관한 조례를 정할 수 있다.

1157 ✕ 공공기관의 정보공개에 관한 법률상 공개청구의 대상이 되는 정보란 공공기관이 직무상 작성 또는 취득하여 현재 보유·관리하고 있는 문서에 한정되는 것이기는 하나, 그 문서가 반드시 원본일 필요는 없다. 대법원 2006. 5. 25. 선고 2006두3049 판결

1158 ○ 방송법이라는 특별법에 의하여 설립 운영되는 한국방송공사(KBS)는 공공기관의 정보공개에 관한 법률 시행령 제2조 제4호의 '특별법에 의하여 설립된 특수법인'으로서 정보공개의무가 있는 공공기관의 정보공개에 관한 법률 제2조 제3호의 '공공기관'에 해당한다. 대법원 2010. 12. 23. 선고 2008두13101 판결

1159 ✕ '한국증권업협회'는 공공기관의 정보공개에 관한 법률 시행령 제2조 제4호의 '특별법에 의하여 설립된 특수법인'에 해당한다고 보기 어렵다. 대법원 2010. 4. 29. 선고 2008두5643 판결

1160 ✕ 정보공개법 시행령 제2조 제1호가 정보공개의무를 지는 공공기관의 하나로 사립대학교를 들고 있는 것이 모법인 구 공공기관의 정보공개에 관한 법률의 위임 범위를 벗어났다거나 사립대학교가 국비의 지원을 받는 범위 내에서만 공공기관의 성격을 가진다고 볼 수 없다. 대법원 2006. 8. 24. 선고 2004두2783 판결

1161 ○ 교육기관정보공개법은 공공기관이 직무상 작성 또는 취득하여 관리하고 있는 정보 가운데 교육관련기관이 학교교육과 관련하여 직무상 작성 또는 취득하여 관리하고 있는 정보의 공개에 관하여 특별히 규율하는 법률이므로, 학교에 대하여 교육기관정보공개법이 적용된다고 하여 더 이상 정보공개법을 적용할 수 없게 되는 것은 아니라고 할 것이다. 대법원 2013. 11. 28. 선고 2011두5049 판결

1162 ○ 형사소송법 제59조의2는 형사재판확정기록의 공개 여부나 공개 범위, 불복절차 등에 대하여 구 공공기관의 정보공개에 관한 법률과 달리 규정하고 있는 것으로 정보공개법 제4조 제1항에서 정한 '정보의 공개에 관하여 다른 법률에 특별한 규정이 있는 경우'에 해당한다. 따라서 형사재판확정기록의 공개에 관하여는 정보공개법에 의한 공개청구가 허용되지 아니한다. 대법원 2016. 12. 15. 선고 2013두20882 판결

1163 ✕ 민사소송법 제344조 제2항은 같은 조 제1항에서 정한 문서에 해당하지 아니한 문서라도 문서의 소지자는 원칙적으로 그 제출을 거부하지 못하나, 다만 '공무원 또는 공무원이었던 사람이 그 직무와 관련하여 보관하거나 가지고 있는 문서'는 예외적으로 제출을 거부할 수 있다고 규정하고 있는바, 여기서 말하는 '공무원 또는 공무원이었던 사람이 그 직무와 관련하여 보관하거나 가지고 있는 문서'는 국가기관이 보유·관리하는 공문서를 의미한다고 할 것이고, 이러한 공문서의 공개에 관하여는 공공기관의 정보공개에 관한 법률에서 정한 절차와 방법에 의하여야 할 것이다. 대법원 2010. 1. 19.자 2008마546 결정

1164 ○ 정보공개법 제5조(정보공개 청구권자) ① 모든 국민은 정보의 공개를 청구할 권리를 가진다.

1165 ○ 공공기관의 정보공개에 관한 법률 제6조 제1항은 "모든 국민은 정보의 공개를 청구할 권리를 가진다."고 규정하고 있는데, 여기에서 말하는 국민에는 자연인은 물론 법인, 권리능력 없는 사단·재단도 포함되고, 법인, 권리능력 없는 사단·재단 등의 경우에는 설립목적을 불문한다. 대법원 2003. 12. 12. 선고 2003두8050 판결

1166 ✕ 공공기관의 정보공개에 관한 법률은 국민을 정보공개청구권자로, 지방자치단체를 국민에 대응하는 정보공개의무자로 상정하고 있다고 할 것이므로, 지방자치단체는 공공기관의 정보공개에 관한 법률 제5조에서 정한 정보공개청구권자인 '국민'에 해당되지 아니한다. 서울행정법원 2005. 10. 12. 선고 2005구합10484 판결

1167 ○ 정보공개법 상 정보공개청구권은 일반적 정보공개청구권을 포함하므로, 시민단체의 정보공개청구와 같이 정보공개청구가 이해관계 없이 오로지 공익을 위한 경우에도 인정된다.

1168 국내에 학술행사 참석차 방문하여 일시적으로 체류하는 외국 학자도 정보공개를 청구할 수 있다. 11. 국가 (   )

1169 공개청구의 대상이 되는 정보가 이미 다른 사람에게 공개되어 널리 알려져 있다거나 인터넷 등을 통하여 공개되어 인터넷검색 등을 통하여 쉽게 알 수 있다는 사정만으로는 비공개결정이 정당화될 수 없다. 20. 국가 (   )

1170 「공공기관의 정보공개에 관한 법률」은 정보공개청구권자가 공개를 청구하는 정보와 어떤 관련성을 가질 것을 요구하거나 정보공개청구의 목적에 특별한 제한을 두고 있지 아니하므로 정보공개청구권자의 권리구제 가능성 등은 정보의 공개 여부 결정에 아무런 영향을 미치지 못한다. 20. 국가 (   )

1171 해당 정보를 취득 또는 활용할 의사가 전혀 없이 정보공개 제도를 이용하여 사회통념상 용인될 수 없는 부당한 이득을 얻으려 하거나, 오로지 공공기관의 담당 공무원을 괴롭힐 목적으로 정보공개청구를 하는 경우 권리 남용에 해당함이 명백하므로 정보공개청구권의 행사가 허용되지 아니한다. 23. 지방 (   )

1172 정보공개를 청구한 목적이 손해배상소송에 제출할 증거자료를 획득하기 위한 것이었고 그 소송이 이미 종결되었다면, 그러한 정보공개청구는 권리남용에 해당한다. 19. 국가 7급 (   )

1173 공공기관이 정보공개를 거부하는 경우에는 어느 부분이 어떠한 법익 또는 기본권과 충돌되어 비공개사유에 해당하는지를 주장·증명하여야 하고, 그에 이르지 아니한 채 개괄적인 사유만을 들어 공개를 거부하는 것은 허용되지 아니한다. 22. 지방 (   )

1174 「공공기관의 정보공개에 관한 법률」에 의하면 "다른 법률 또는 법률에서 위임한 명령에 의하여 비밀 또는 비공개 사항으로 규정된 정보"는 이를 공개하지 아니할 수 있다고 규정하고 있는바, 여기에서 '법률에 의한 명령'은 정보의 공개에 관하여 법률의 구체적인 위임 아래 제정된 법규명령(위임명령)을 의미한다. 20. 지방 (   )

1175 다른 법률 또는 법률에서 위임한 대통령령 및 부령에 따라 비밀이나 비공개사항으로 규정된 정보는 비공개의 대상이 된다. 14. 지방 7급 (   )

1176 학교폭력대책자치위원회의 회의록은 공개대상정보에 해당한다. 13. 국가 (   )

1177 국가정보원이 그 직원에게 지급하는 현금급여 및 월초수당에 관한 정보는 비공개대상 정보에 해당한다.
14. 지방 (   )

1178 감사원장의 감사결과가 군사2급비밀에 해당한다고 하여 공공기관의 정보공개에 관한 법률 제9조 제1항 제1호에 의하여 공개하지 아니할 수는 없다. 10. 지방 (   )

1179 법무부령인 「검찰보존사무규칙」은 행정기관 내부의 사무처리준칙인 행정규칙이지만, 「검찰보존사무규칙」상의 열람·등사의 제한은 「공공기관의 정보공개에 관한 법률」 제9조 제1항 제1호의 '다른 법률 또는 법률에 의한 명령에 의하여 비공개사항으로 규정된 경우'에 해당한다. 23. 지방 (   )

1168 ◯ 정보공개법 시행령 제3조(외국인의 정보공개 청구) 법 제5조 제2항에 따라 정보공개를 청구할 수 있는 외국인은 다음 각 호의 어느 하나에 해당하는 자로 한다.
　　1. 국내에 일정한 주소를 두고 거주하거나 학술·연구를 위하여 일시적으로 체류하는 사람
　　2. 국내에 사무소를 두고 있는 법인 또는 단체

1169 ◯ 공개청구의 대상이 되는 정보가 이미 다른 사람에게 공개하여 널리 알려져 있다거나 인터넷이나 관보 등을 통하여 공개하여 인터넷검색이나 도서관에서의 열람 등을 통하여 쉽게 알 수 있다는 사정만으로는 소의 이익이 없다거나 비공개결정이 정당화될 수는 없다. 대법원 2008. 11. 27. 선고 2005두15694 판결

1170 ◯ 공공기관의 정보공개에 관한 법률은 비공개대상정보에 해당하지 않는 한 공공기관이 보유·관리하는 정보는 공개 대상이 된다고 규정하고 있을 뿐, 정보공개 청구권자가 공개를 청구하는 정보와 어떤 관련성을 가질 것을 요구하거나 정보공개청구의 목적에 특별한 제한을 두고 있지 아니하므로 정보공개 청구권자의 권리구제 가능성 등은 정보의 공개 여부 결정에 아무런 영향을 미치지 못한다. 대법원 2017. 9. 7. 선고 2017두44558 판결

1171 ◯ 실제로는 해당 정보를 취득 또는 활용할 의사가 전혀 없이 정보공개 제도를 이용하여 사회통념상 용인될 수 없는 부당한 이득을 얻으려 하거나, 오로지 공공기관의 담당공무원을 괴롭힐 목적으로 정보공개청구를 하는 경우처럼 권리의 남용에 해당하는 것이 명백한 경우에는 정보공개청구권의 행사를 허용하지 아니하는 것이 옳다. 대법원 2014. 12. 24. 선고 2014두9349 판결

1172 ✕ 원고가 이 사건 정보공개를 청구한 목적이 이 사건 손해배상소송에 제출할 증거자료를 획득하기 위한 것이었고 위 소송이 이미 종결되었다고 하더라도, 원고가 오로지 피고를 괴롭힐 목적으로 정보공개를 구하고 있다는 등의 특별한 사정이 없는 한, 위와 같은 사정만으로는 원고가 이 사건 소송을 계속하고 있는 것이 권리남용에 해당한다고 볼 수 없다. 대법원 2004. 9. 23. 선고 2003두1370 판결

1173 ◯ 국민으로부터 보유·관리하는 정보에 대한 공개를 요구받은 공공기관으로서는 같은 법 제7조 제1항 각 호에서 정하고 있는 비공개사유에 해당하지 않는 한 이를 공개하여야 할 것이고, 만일 이를 거부하는 경우라 할지라도 대상이 된 정보의 내용을 구체적으로 확인·검토하여 어느 부분이 어떠한 법익 또는 기본권과 충돌되어 같은 법 제7조 제1항 몇 호에서 정하고 있는 비공개사유에 해당하는지를 주장·입증하여야만 할 것이며, 그에 이르지 아니한 채 개괄적인 사유만을 들어 공개를 거부하는 것은 허용되지 아니한다. 대법원 2003. 12. 11. 선고 2001두8827 판결

1174 ◯ 공공기관의 정보공개에 관한 법률 제9조 제1항 제1호에서 '법률이 위임한 명령'에 의하여 비밀 또는 비공개 사항으로 규정된 정보는 공개하지 아니할 수 있다고 할 때의 '법률이 위임한 명령'은 정보의 공개에 관하여 법률의 구체적인 위임 아래 제정된 법규명령(위임명령)을 의미한다. 대법원 2006. 10. 26. 선고 2006두11910 판결

1175 ✕ 정보공개법 제9조(비공개 대상 정보) ① 공공기관이 보유·관리하는 정보는 공개 대상이 된다. 다만, 다음 각 호의 어느 하나에 해당하는 정보는 공개하지 아니할 수 있다.
　　1. 다른 법률 또는 법률에서 위임한 명령(국회규칙·대법원규칙·헌법재판소규칙·중앙선거관리위원회규칙·대통령령 및 조례로 한정한다)에 따라 비밀이나 비공개 사항으로 규정된 정보

1176 ✕ 학교폭력대책자치위원회의 회의록은 다른 법령에 따라 비밀이나 비공개 사항으로 규정된 정보로서 비공개대상이다. 대법원 2010. 6. 10. 선고 2010두2913 판결

1177 ◯ 국가정보원이 그 직원에게 지급하는 현금급여 및 월초수당에 관한 정보는 국가정보원 예산집행내역의 일부를 구성하는 것이므로, 위 현금급여 및 월초수당에 관한 정보는 국가정보원법 제12조에 의하여 비공개 사항으로 규정된 정보로서 공공기관의 정보공개에 관한 법률 제9조 제1항 제1호의 비공개대상정보인 '다른 법률에 의하여 비공개 사항으로 규정된 정보'에 해당한다고 보아야 하고, 위 현금급여 및 월초수당이 근로의 대가로서의 성격을 가진다거나 정보공개청구인이 해당 직원의 배우자라고 하여 달리 볼 것은 아니다. 대법원 2010. 12. 23. 선고 2010두14800 판결

1178 ✕ 국방부의 한국형 다목적 헬기(KMH) 도입사업에 대한 감사원장의 감사결과보고서가 군사2급비밀에 해당하는 이상 공공기관의 정보공개에 관한 법률 제9조 제1항 제1호에 의하여 공개하지 아니할 수 있다. 대법원 2006. 11. 10. 선고 2006두9351 판결

1179 ✕ 검찰보존사무규칙은 비록 법무부령으로 되어 있으나, 그 중 불기소사건기록 등의 열람·등사에 대하여 제한하고 있는 부분은 위임 근거가 없어 행정기관 내부의 사무처리준칙으로서 행정규칙에 불과하므로, 위 규칙에 의한 열람·등사의 제한을 구 정보공개법 제7조 제1항 제1호의 '다른 법률 또는 법률에 의한 명령에 의하여 비공개사항으로 규정된 경우'에 해당한다고 볼 수 없다. 대법원 2004. 9. 23. 선고 2003두1370 판결

1180 교육공무원의 근무성적평정 결과를 공개하지 아니한다고 규정하고 있는 「교육공무원 승진규정」을 근거로 정보 공개청구를 거부하는 것은 위법하다. 20. 국가 7급 (   )

1181 「보안관찰법」 소정의 보안관찰 관련 통계자료는 「공공기관의 정보공개에 관한 법률」 소정의 비공개대상정보에 해당하지 않는다. 19. 지방 (   )

1182 비공개대상정보로 '진행 중인 재판에 관련된 정보'는 재판에 관련된 일체의 정보가 그에 해당하는 것은 아니고, 진행 중인 재판의 심리 또는 재판결과에 구체적으로 영향을 미칠 위험이 있는 정보에 한정된다. 21. 지방 7급 (   )

1183 「공공기관의 정보공개에 관한 법률」 제9조 제1항 제4호의 '진행 중인 재판에 관련된 정보'에 해당한다는 사유로 정보공개를 거부하기 위해서는 그 정보가 진행 중인 재판의 소송기록 그 자체에 포함된 내용이어야 한다.
20. 국가 7급 (   )

1184 공개청구된 정보가 수사의견서인 경우 수사의 방법 및 절차 등이 공개되더라도 수사기관의 직무수행을 현저히 곤란하게 하지 않는 때에는 비공개대상정보에 해당하지 않는다. 20. 국가 7급 (   )

1185 교도관이 직무 중 발생한 사유에 관하여 작성한 근무보고서는 비공개대상정보에 해당한다. 13. 국가 (   )

1186 '감사·감독·검사·시험·규제·입찰계약·기술개발·인사관리·의사결정과정 또는 내부검토과정에 있는 사항 등으로서 공개될 경우 업무의 공정한 수행에 현저한 지장을 초래한다고 인정할 만한 상당한 이유가 있는 정보'란 공개될 경우 업무의 공정한 수행이 객관적으로 현저하게 지장을 받을 것이라는 고도의 개연성이 존재하는 경우를 말한다. 14. 지방 (   )

1187 의사결정과정에 제공된 회의관련자료나 의사결정과정이 기록된 회의록은 의사가 결정되거나 의사가 집행된 경우에는 더 이상 의사결정과정에 있는 사항 그 자체라고는 할 수 없으므로 비공개대상정보에 포함될 수 없다.
22. 지방 7급 (   )

1188 학교환경위생구역 내 금지행위 해제결정에 관한 학교환경위생정화위원회의 회의록에 기재된 발언내용에 대한 해당 발언자의 인적사항 부분에 관한 정보는 비공개대상에 해당하지 아니한다. 22. 지방 (   )

1189 독립유공자서훈 공적심사위원회의 심의·의결 과정 및 그 내용을 기재한 회의록은 독립유공자 등록에 관한 신청 당사자의 알 권리 보장과 공정한 업무수행을 위해서 공개되어야 한다. 19. 국회 8급 (   )

1190 문제은행 출제방식을 채택하고 있는 치과의사 국가시험의 문제지와 정답지는 비공개정보에 해당한다.
10. 국가 (   )

1191 사법시험 제2차 시험의 답안지와 시험문항에 대한 채점위원별 채점 결과는 비공개정보에 해당한다. 13. 국가 (   )

정답 & ○× 풀이

1180 ○ 교육공무원승진규정 제26조에서 근무성적평정의 결과를 공개하지 아니한다고 규정하고 있다고 하더라도 위 교육공무원승진규정은 법률이 위임한 명령에 해당하지 아니하므로 위 규정을 근거로 정보공개청구를 거부하는 것은 잘못이다. 대법원 2006. 10. 26. 선고 2006두11910 판결

1181 × 보안관찰법 소정의 보안관찰 관련 통계자료는 공공기관의 정보공개에 관한 법률 제7조 제1항 제2호 소정의 공개될 경우 국가안전보장·국방·통일·외교관계 등 국가의 중대한 이익을 해할 우려가 있는 정보, 또는 제3호 소정의 공개될 경우 국민의 생명·신체 및 재산의 보호 기타 공공의 안전과 이익을 현저히 해할 우려가 있다고 인정되는 정보에 해당한다(주 : 비공개대상에 해당함). 대법원 2004. 3. 18. 선고 2001두8254 판결

1182 ○ '진행 중인 재판에 관련된 정보'에 해당한다는 사유로 정보공개를 거부하기 위하여는 반드시 그 정보가 진행 중인 재판의 소송기록 자체에 포함된 내용일 필요는 없다. 그러나 재판에 관련된 일체의 정보가 그에 해당하는 것은 아니고 진행 중인 재판의 심리 또는 재판결과에 구체적으로 영향을 미칠 위험이 있는 정보에 한정된다고 보는 것이 타당하다. 대법원 2011. 11. 24. 선고 2009두19021 판결

1183 × '진행 중인 재판에 관련된 정보'에 해당한다는 사유로 정보공개를 거부하기 위하여는 반드시 그 정보가 진행 중인 재판의 소송기록 자체에 포함된 내용일 필요는 없다. 그러나 재판에 관련된 일체의 정보가 그에 해당하는 것은 아니고 진행 중인 재판의 심리 또는 재판결과에 구체적으로 영향을 미칠 위험이 있는 정보에 한정된다고 보는 것이 타당하다. 대법원 2011. 11. 24. 선고 2009두19021 판결

1184 ○ 수사기록 중의 의견서, 보고문서, 메모, 법률검토, 내사자료 등(이하 '의견서 등'이라고 한다)은 '수사에 관한 사항으로서 공개될 경우 그 직무수행을 현저히 곤란하게 한다고 인정할 만한 상당한 이유가 있는 정보'에 해당하나, 공개청구대상인 정보가 의견서 등에 해당한다고 하여 곧바로 정보공개법 제9조 제1항 제4호에 규정된 비공개대상정보라고 볼 것은 아니고, 의견서 등의 실질적인 내용을 구체적으로 살펴 수사의 방법 및 절차 등이 공개됨으로써 수사기관의 직무수행을 현저히 곤란하게 한다고 인정할 만한 상당한 이유가 있어야만 위 비공개대상정보에 해당한다. 대법원 2017. 9. 7. 선고 2017두44558 판결

1185 × 교도관이 작성한 근무보고서는 비공개대상정보에 해당한다고 볼 수 없다. 대법원 2009. 12. 10. 선고 2009두12785 판결

1186 ○ 공공기관의 정보공개에 관한 법률 제9조 제1항 제5호는 시험에 관한 사항으로서 공개될 경우 업무의 공정한 수행에 현저한 지장을 초래한다고 인정할 만한 상당한 이유가 있는 정보는 공개하지 아니한다고 규정하고 있는바, 여기에서 규정하고 있는 '공개될 경우 업무의 공정한 수행에 현저한 지장을 초래한다고 인정할 만한 상당한 이유가 있는 경우'란 공개될 경우 업무의 공정한 수행이 객관적으로 현저하게 지장을 받을 것이라는 고도의 개연성이 존재하는 경우를 의미한다. 대법원 2010. 2. 25. 선고 2007두9877 판결

1187 × 정보공개법 제9조 제1항 제5호에서의 '감사·감독·검사·시험·규제·입찰계약·기술개발·인사관리·의사결정과정 또는 내부검토과정에 있는 사항'은 비공개대상정보를 예시적으로 열거한 것이라고 할 것이므로 의사결정과정에 제공된 회의관련자료나 의사결정과정이 기록된 회의록 등은 의사가 결정되거나 의사가 집행된 경우에는 더 이상 의사결정과정에 있는 사항 그 자체라고는 할 수 없으나, 의사결정과정에 있는 사항에 준하는 사항으로서 비공개대상정보에 포함될 수 있다. 대법원 2003. 8. 22. 선고 2002두12946 판결

1188 × 학교환경위생구역 내 금지행위(숙박시설) 해제결정에 관한 학교환경위생정화위원회의 회의록에 기재된 발언내용에 대한 해당 발언자의 인적사항 부분에 관한 정보는 공공기관의 정보공개에 관한 법률 제9조 제1항 제5호 소정의 비공개대상에 해당한다. 대법원 2003. 8. 22. 선고 2002두12946 판결

1189 × 독립유공자서훈 공적심사위원회의 심의·의결 과정 및 그 내용을 기재한 회의록은 비공개대상에 해당한다. 대법원 2014. 7. 24. 선고 2013두20301 판결

1190 ○ 문제은행 출제방식을 채택하고 있는 치과의사 국가시험의 문제지와 정답지는 비공개대상에 해당한다. 대법원 2007. 6. 15. 선고 2006두15936 판결

1191 × 사법시험 제2차 시험의 답안지 열람은 시험문항에 대한 채점위원별 채점 결과의 열람과 달리 사법시험업무의 수행에 현저한 지장을 초래한다고 볼 수 없다(주 : 사법시험 제2차 시험의 답안지는 비공개대상에 해당하지 않으나, 시험문항에 대한 채점위원별 채점 결과는 비공개대상에 해당함). 대법원 2003. 3. 14. 선고 2000두6114 판결

1192 '2002학년도부터 2005학년도까지의 대학수학능력시험 원데이터'는 연구목적으로 그 정보의 공개를 청구하는 경우라도 공개로 인하여 초래될 부작용이 공개로 얻을 수 있는 이익보다 더 클 것이므로, 그 공개로 대학수학능력시험 업무의 공정한 수행이 객관적으로 현저하게 지장을 받을 것이라는 개연성이 있어 비공개대상정보에 해당한다. 16. 사복 (   )

1193 외국 또는 외국 기관으로부터 비공개를 전제로 입수한 정보는 비공개를 전제로 하였다는 이유만으로 비공개대상정보에 해당한다. 20. 국가 7급 (   )

1194 국민의 알권리를 두텁게 보호하기 위해 「공공기관의 정보공개에 관한 법률」 제9조 제1항 제6호 본문의 규정에 따라 비공개대상이 되는 정보는 이름·주민등록번호 등 '개인식별정보'로 한정된다. 20. 지방 (   )

1195 직무를 수행한 공무원의 성명과 직위는 공개될 경우 개인의 사생활의 비밀 또는 자유를 침해할 우려가 있다면 비공개대상정보에 해당한다. 14. 지방 (   )

1196 불기소처분기록 중 피의자신문조서 등에 기재된 피의자 등의 인적사항 이외의 진술내용이 개인의 사생활의 비밀 또는 자유를 침해할 우려가 인정된다면 비공개대상에 해당한다. 18. 지방 (   )

1197 공무원이 직무와 관련 없이 개인적 자격으로 금품을 수령한 정보는 공개대상이 되는 정보이다. 15. 사복 (   )

1198 지방자치단체의 업무추진비 세부항목별 집행내역 및 그에 관한 증빙서류에 포함된 개인에 관한 정보는 「공공기관의 정보공개에 관한 법률」 소정의 '공개하는 것이 공익을 위하여 필요하다고 인정되는 정보'에 해당하여 공개대상이 된다. 19. 지방 (   )

1199 사면대상자들의 사면실시건의서와 그와 관련된 국무회의 안건자료는 공개대상이 되는 정보이다. 15. 사복 (   )

1200 비공개대상인 '법인 등의 경영·영업상 비밀'은 「부정경쟁방지 및 영업비밀보호에 관한 법률」 제2조 제2호에 규정된 '영업비밀'에 한하지 않고, '타인에게 알려지지 아니함이 유리한 사업활동에 관한 일체의 정보' 또는 '사업활동에 관한 일체의 비밀사항'을 말한다. 14. 지방 (   )

1201 법인 등이 거래하는 금융기관의 계좌번호에 관한 정보는 영업상 비밀에 관한 사항으로서 「공공기관의 정보공개에 관한 법률」상 비공개대상정보에 해당한다. 16. 국가 7급 (   )

1202 공개될 경우 부동산 투기로 특정인에게 이익 또는 불이익을 줄 우려가 있다고 인정되는 정보는 비공개대상에 해당한다. 18. 지방 (   )

1203 청구대상정보를 기재할 때는 사회일반인의 관점에서 청구대상정보의 내용과 범위를 확정할 수 있을 정도로 특정하여야 한다. 15. 국가 (   )

1192 ✕ '2002학년도부터 2005학년도까지의 대학수학능력시험 원데이터'는 연구목적으로 그 정보의 공개를 청구하는 경우 위 조항의 비공개대상정보에 해당하지 않는다. 대법원 2010. 2. 25. 선고 2007두9877 판결

1193 ✕ 외국 또는 외국 기관으로부터 비공개를 전제로 정보를 입수하였다는 이유만으로 이를 공개할 경우 업무의 공정한 수행에 현저한 지장을 받을 것이라고 단정할 수는 없다. 다만 위와 같은 사정은 정보 제공자와의 관계, 정보 제공자의 의사, 정보의 취득 경위, 정보의 내용 등과 함께 업무의 공정한 수행에 현저한 지장이 있는지를 판단할 때 고려하여야 할 형량 요소이다. 2018. 9. 28. 선고 2017두69892 판결

1194 ✕ 정보공개법 제9조 제1항 제6호 본문의 규정에 따라 비공개대상이 되는 정보에는 구 공공기관의 정보공개에 관한 법률의 이름·주민등록번호 등 정보 형식이나 유형을 기준으로 비공개대상정보에 해당하는지를 판단하는 '개인식별정보'뿐만 아니라 그 외에 정보의 내용을 구체적으로 살펴 '개인에 관한 사항의 공개로 개인의 내밀한 내용의 비밀 등이 알려지게 되고, 그 결과 인격적·정신적 내면생활에 지장을 초래하거나 자유로운 사생활을 영위할 수 없게 될 위험성이 있는 정보'도 포함된다고 새겨야 한다. 대법원 2012. 6. 18. 선고 2011두2361 판결

1195 ✕ 정보공개법 제9조(비공개 대상 정보) ① 공공기관이 보유·관리하는 정보는 공개 대상이 된다. 다만, 다음 각 호의 어느 하나에 해당하는 정보는 공개하지 아니할 수 있다.
　　　　6. 해당 정보에 포함되어 있는 성명·주민등록번호 등 「개인정보 보호법」 제2조 제1호에 따른 개인정보로서 공개될 경우 사생활의 비밀 또는 자유를 침해할 우려가 있다고 인정되는 정보. 다만, 다음 각 목에 열거한 사항은 제외한다.
　　　　　④ 직무를 수행한 공무원의 성명·직위

1196 ○ 불기소처분 기록 중 피의자신문조서 등에 기재된 피의자 등의 인적사항 이외의 진술내용 역시 개인의 사생활의 비밀 또는 자유를 침해할 우려가 인정되는 경우 정보공개법 제9조 제1항 제6호 본문 소정의 비공개대상에 해당한다. 대법원 2012. 6. 18. 선고 2011두2361 전원합의체 판결

1197 ✕ 공무원이 직무와 관련 없이 개인적인 자격으로 간담회·연찬회 등 행사에 참석하고 금품을 수령한 정보는 정보공개법 제9조 제1항 제6호 단서 (다)목 소정의 '공개하는 것이 공익을 위하여 필요하다고 인정되는 정보'에 해당하지 않는다(주 : 비공개대상에 해당함). 대법원 2003. 12. 12. 선고 2003두8050 판결

1198 ✕ 지방자치단체의 업무추진비 집행내역 중 개인에 관한 정보가 포함되지 아니한 부분은 비공개대상에 해당하지 않으나(즉 '공개하는 것이 공익을 위하여 필요하다고 인정되는 정보'에 해당), 지방자치단체의 업무추진비 세부항목별 집행내역 및 그에 관한 증빙서류에 포함된 '개인에 관한 정보'는 비공개대상에 해당한다(즉 '공개하는 것이 공익을 위하여 필요하다고 인정되는 정보'에 해당하지 않음). 대법원 2003. 3. 11. 선고 2001두6425 판결

1199 ○ 사면대상자들의 사면실시건의서와 그와 관련된 국무회의 안건자료에 관한 정보는 비공개대상에 해당하지 않는다. 대법원 2006. 12. 7. 선고 2005두241 판결

1200 ○ 정보공개법 제9조 제1항 제7호 소정의 '법인 등의 경영·영업상 비밀'은 부정경쟁방지법 제2조 제2호 소정의 '영업비밀'에 한하지 않고, '타인에게 알려지지 아니함이 유리한 사업활동에 관한 일체의 정보' 또는 '사업활동에 관한 일체의 비밀사항'으로 해석함이 상당하다. 대법원 2008. 10. 23. 선고 2007두1798 판결

1201 ○ 법인 등이 거래하는 금융기관의 계좌번호에 관한 정보는 법인 등의 영업상 비밀에 관한 사항으로서 공개될 경우 법인 등의 정당한 이익을 현저히 해할 우려가 있다고 인정되는 정보에 해당한다. 대법원 2004. 8. 20. 선고 2003두8302 판결

1202 ○ 정보공개법 제9조 제1항(비공개 대상 정보) ① 공공기관이 보유·관리하는 정보는 공개 대상이 된다. 다만, 다음 각 호의 어느 하나에 해당하는 정보는 공개하지 아니할 수 있다.
　　　　8. 공개될 경우 부동산 투기, 매점매석 등으로 특정인에게 이익 또는 불이익을 줄 우려가 있다고 인정되는 정보

1203 ○ 공공기관의 정보공개에 관한 법률 제10조 제1항 제2호는 정보의 공개를 청구하는 자는 정보공개청구서에 '공개를 청구하는 정보의 내용' 등을 기재할 것을 규정하고 있는바, 청구대상정보를 기재함에 있어서는 사회일반인의 관점에서 청구대상정보의 내용과 범위를 확정할 수 있을 정도로 특정함을 요한다. 대법원 2007. 6. 1. 선고 2007두2555 판결

1204 공공기관은 정보공개의 청구를 받으면 그 청구를 받은 날부터 10일 이내에 공개 여부를 결정하여야 하나 부득이한 사유로 이 기간 이내에 공개 여부를 결정할 수 없는 때에는 그 기간이 끝나는 날의 다음 날부터 기산하여 10일의 범위에서 공개 여부 결정기간을 연장할 수 있다. 17. 국가 (　　　)

1205 공공기관은 공개청구된 공개대상정보의 전부 또는 일부가 제3자와 관련이 있다고 인정되는 때에는 그 사실을 제3자에게 지체없이 통지하여야 한다. 12. 지방 (　　　)

1206 공공기관은 공개 청구된 정보가 공공기관이 보유·관리하지 아니하는 정보인 경우로서 「민원 처리에 관한 법률」에 따른 민원으로 처리할 수 있는 경우에는 민원으로 처리할 수 있다. 21. 지방 (　　　)

1207 정보공개를 청구하여 정보공개 여부에 대한 결정의 통지를 받은 자가 정당한 사유 없이 해당 정보의 공개를 다시 청구하는 경우, 공공기관은 종전 청구와의 내용적 유사성·관련성 등을 고려하여 해당 청구를 종결 처리할 수 있다. 23. 국회 8급 (　　　)

1208 행정소송의 재판기록 일부의 정보공개청구에 대한 비공개결정은 전자문서로 통지할 수 없다. 19. 국가 (　　　)

1209 공공기관이 공개청구의 대상이 된 정보를 공개는 하되, 청구인이 신청한 공개방법 이외의 방법으로 공개하기로 하는 결정을 한 경우 이는 정보공개방법만을 달리 한 것이므로 일부 거부처분이라 할 수 없다. 20. 지방 (　　　)

1210 공개방법을 선택하여 정보공개를 청구하였더라도 공공기관은 정보공개청구자가 선택한 방법에 따라 정보를 공개하여야 하는 것은 아니며, 원칙적으로 그 공개방법을 선택할 재량권이 있다. 16. 국가 (　　　)

1211 정보공개가 결정되고 공개에 오랜 시간이 걸리지 않는 정보는 구술로도 공개할 수 있다. 11. 국가 (　　　)

1212 정보의 공개 및 우송 등에 드는 비용은 정보공개청구를 받은 행정청이 부담한다. 19. 국가 (　　　)

1213 정보의 공개 및 우송 등에 소요되는 비용은 실비의 범위에서 청구인이 부담하나, 공개를 청구하는 정보의 사용목적이 공공복리의 유지·증진을 위하여 필요하다고 인정되는 경우에는 그 비용을 감면할 수 있다. 15. 지방 (　　　)

1214 청구인이 정보공개와 관련한 공공기관의 결정에 대하여 불복이 있거나 정보공개청구 후 10일이 경과하도록 정보공개 결정이 없는 때에는 「행정심판법」에서 정하는 바에 따라 행정심판을 청구할 수 있다. 23. 지방 (　　　)

1215 정보공개 청구 후 20일이 경과하도록 정보공개 결정이 없는 경우, 이의신청은 허용되나 행정심판청구는 허용되지 않는다. 19. 국가 (　　　)

1204 ○ 정보공개법 제11조(정보공개 여부의 결정) ① 공공기관은 제10조에 따라 정보공개의 청구를 받으면 그 청구를 받은 날부터 10일 이내에 공개 여부를 결정하여야 한다.
② 공공기관은 부득이한 사유로 제1항에 따른 기간 이내에 공개 여부를 결정할 수 없을 때에는 그 기간이 끝나는 날의 다음 날부터 기산하여 10일의 범위에서 공개 여부 결정기간을 연장할 수 있다. 이 경우 공공기관은 연장된 사실과 연장 사유를 청구 인에게 지체 없이 문서로 통지하여야 한다.

1205 ○ 정보공개법 제11조(정보공개 여부의 결정) ③ 공공기관은 공개 청구된 공개 대상 정보의 전부 또는 일부가 제3자와 관련이 있다 고 인정할 때에는 그 사실을 제3자에게 지체 없이 통지하여야 하며, 필요한 경우에는 그의 의견을 들을 수 있다.

1206 ○ 정보공개법 제11조(정보공개 여부의 결정) ⑤ 공공기관은 정보공개 청구가 다음 각 호의 어느 하나에 해당하는 경우로서 「민원 처리에 관한 법률」에 따른 민원으로 처리할 수 있는 경우에는 민원으로 처리할 수 있다. 〈신설 2020. 12. 22.〉
1. 공개 청구된 정보가 공공기관이 보유·관리하지 아니하는 정보인 경우
2. 공개 청구의 내용이 진정·질의 등으로 이 법에 따른 정보공개 청구로 보기 어려운 경우

1207 ○ 정보공개법 제11조의2(반복 청구 등의 처리) ① 공공기관은 정보공개를 청구하여 정보공개 여부에 대한 결정의 통지를 받은 자가 정당한 사유 없이 해당 정보의 공개를 다시 청구하는 경우 또는 정보공개 청구가 민원처리법에 따른 민원으로 처리되었으 나 다시 같은 청구를 하는 경우에는 관련 사정을 종합적으로 고려하여 해당 청구를 종결 처리할 수 있다.

1208 ✕ (甲이 재판기록 일부의 정보공개를 청구한 데 대하여 서울행정법원장이 민사소송법 제162조를 이유로 소송기록의 정보를 비공 개한다는 결정을 전자문서로 통지한 사안에서) 비공개결정 당시 정보의 비공개결정은 구 공공기관의 정보공개에 관한 법률 제13조 제4항에 의하여 전자문서로 통지할 수 있다고 본 사례. 대법원 2014. 4. 10. 선고 2012두17384 판결

1209 ✕ 청구인에게는 특정한 공개방법을 지정하여 정보공개를 청구할 수 있는 법령상 신청권이 있다. 따라서 공공기관이 공개청구의 대상이 된 정보를 공개는 하되, 청구인이 신청한 공개방법 이외의 방법으로 공개하기로 하는 결정을 하였다면, 이는 정보공개청 구 중 정보공개방법에 관한 부분에 대하여 일부 거부처분을 한 것이고, 청구인은 그에 대하여 항고소송으로 다툴 수 있다. 대법 원 2016. 11. 10. 선고 2016두44674 판결

1210 ✕ 정보공개를 청구하는 자가 공공기관에 대해 정보의 사본 또는 출력물의 교부의 방법으로 공개방법을 선택하여 정보공개청구를 한 경우에 공개청구를 받은 공공기관으로서는 같은 법 제8조 제2항에서 규정한 정보의 사본 또는 복제물의 교부를 제한할 수 있는 사유에 해당하지 않는 한 정보공개청구자가 선택한 공개방법에 따라 정보를 공개하여야 하므로 그 공개방법을 선택할 재량권이 없다고 해석함이 상당하다. 대법원 2003. 12. 12. 선고 2003두8050 판결

1211 ○ 정보공개법 제16조(즉시 처리가 가능한 정보의 공개) 다음 각 호의 어느 하나에 해당하는 정보로서 즉시 또는 말로 처리가 가능 한 정보에 대해서는 제11조에 따른 절차를 거치지 아니하고 공개하여야 한다.
1. 법령 등에 따라 공개를 목적으로 작성된 정보
2. 일반국민에게 알리기 위하여 작성된 각종 홍보자료
3. 공개하기로 결정된 정보로서 공개에 오랜 시간이 걸리지 아니하는 정보
4. 그 밖에 공공기관의 장이 정하는 정보

1212 ✕ 정보공개법 제17조(비용 부담) ① 정보의 공개 및 우송 등에 드는 비용은 실비의 범위에서 청구인이 부담한다.

1213 ○ 정보공개법 제17조(비용 부담) ① 정보의 공개 및 우송 등에 드는 비용은 실비의 범위에서 청구인이 부담한다.
② 공개를 청구하는 정보의 사용 목적이 공공복리의 유지·증진을 위하여 필요하다고 인정되는 경우에는 제1항에 따른 비용을 감면할 수 있다.

1214 ✕ 정보공개법 제19조(행정심판) ① 청구인이 정보공개와 관련한 공공기관의 결정에 대하여 불복이 있거나 정보공개 청구 후 20일 이 경과하도록 정보공개 결정이 없는 때에는 「행정심판법」에서 정하는 바에 따라 행정심판을 청구할 수 있다. 이 경우 국가기 관 및 지방자치단체 외의 공공기관의 결정에 대한 감독행정기관은 관계 중앙행정기관의 장 또는 지방자치단체의 장으로 한다.

1215 ✕ 정보공개법 제19조(행정심판) ① 청구인이 정보공개와 관련한 공공기관의 결정에 대하여 불복이 있거나 정보공개 청구 후 20일 이 경과하도록 정보공개 결정이 없는 때에는 「행정심판법」에서 정하는 바에 따라 행정심판을 청구할 수 있다. 이 경우 국가기 관 및 지방자치단체 외의 공공기관의 결정에 대한 감독행정기관은 관계 중앙행정기관의 장 또는 지방자치단체의 장으로 한다.

1216 공공기관은 이의신청을 받은 날부터 7일 이내에 그 이의신청에 대하여 결정하고 그 결과를 청구인에게 지체없이 문서로 통지하여야 한다. 11. 지방 (   )

1217 정보공개청구인은 공공기관의 비공개결정에 불복하는 행정심판을 청구하려면 「공공기관의 정보공개에 관한 법률」에서 정하는 이의신청 절차를 거쳐야 한다. 23. 국가 7급 (   )

1218 정보공개와 관련한 공공기관의 처분에 대하여 행정소송을 제기하는 경우에는 이의신청을 반드시 거쳐야 한다. 11. 지방 (   )

1219 정보공개청구권은 법률상 보호되는 구체적인 권리이므로 청구인이 공공기관에 대하여 정보공개를 청구하였다가 거부처분을 받은 것 자체가 법률상 이익의 침해에 해당한다. 21. 국가 (   )

1220 정보공개가 신청된 정보를 공공기관이 보유·관리하고 있지 아니한 경우에는 특별한 사정이 없는 한 정보공개거부처분의 취소를 구할 법률상의 이익이 없다. 21. 국가 (   )

1221 정보공개거부처분의 취소를 구하는 소송에서 공공기관이 청구정보를 증거 등으로 법원에 제출하여 법원을 통하여 그 사본을 청구인에게 교부 또는 송달되게 하여 청구인에게 정보를 공개하는 셈이 되었다면, 이러한 우회적인 방법에 의한 공개는 「공공기관의 정보공개에 관한 법률」에 의한 공개라고 볼 수 있다. 20. 국가 (   )

1222 정보공개 관련결정에 대하여 행정소송이 제기된 경우에 재판장은 필요시 당사자 없이 비공개로 해당정보를 열람할 수 있다. 15. 국가 (   )

1223 공개를 구하는 정보를 공공기관이 한때 보유·관리하였으나 후에 그 정보가 담긴 문서등이 폐기되어 존재하지 않게 된 것이라면 그 정보를 더 이상 보유·관리하고 있지 아니하다는 점에 대한 증명책임은 공공기관에게 있다. 22. 지방 (   )

1224 공개를 거부한 정보에 비공개대상정보에 해당하는 부분과 공개가 가능한 부분이 혼합되어 있고, 공개청구의 취지에 어긋나지 아니하는 범위 안에서 두 부분을 분리할 수 있을 때에는 청구취지의 변경이 없더라도 공개가 가능한 부분만의 일부취소를 명할 수 있다. 15. 국가 (   )

1225 공개청구된 사실을 통지받은 제3자가 당해 공공기관에 공개하지 아니할 것을 요청하는 때에는 공공기관은 비공개결정을 하여야 한다. 12. 지방 (   )

1226 자신과 관련된 정보에 대한 제3자의 비공개요청에도 불구하고 공공기관이 공개결정을 하는 때에는 제3자는 당해 공공기관에 문서 또는 구두로 이의신청을 하거나 행정심판 또는 행정소송을 제기할 수 있다. 11. 사복 (   )

1227 공공기관은 제3자의 비공개요청에도 불구하고 공개결정을 하는 때에는 공개결정일과 공개실시일의 사이에 최소한 20일의 간격을 두어야 한다. 11. 사복 (   )

1228 헌법재판소는 개인정보자기결정권을 사생활의 비밀과 자유, 일반적 인격권 등을 이념적 기초로 하는 독자적 기본권으로서 헌법에 명시되지 않은 기본권으로 보고 있다. 18. 국가 (   )

1229 「개인정보 보호법」상 '개인정보'란 살아있는 개인에 관한 정보로서 사자(死者)나 법인의 정보는 포함되지 않는다.

14. 국가 (　　)

정답 & ○×풀이

1216 ○ 정보공개법 제18조(이의신청) ③ 공공기관은 <u>이의신청을 받은 날부터 7일 이내에</u> 그 이의신청에 대하여 결정하고 그 결과를 청구인에게 지체 없이 문서로 통지하여야 한다. 다만, <u>부득이한 사유로</u> 정하여진 기간 이내에 결정할 수 없을 때에는 그 기간이 끝나는 날의 다음 날부터 기산하여 <u>7일의 범위에서 연장할 수 있으며</u>, 연장 사유를 청구인에게 통지하여야 한다.

1217 × 정보공개법 제19조(행정심판) ② 청구인은 제18조에 따른 <u>이의신청 절차를 거치지 아니하고 행정심판을 청구할 수 있다.</u>

1218 × 정보공개를 청구한 청구인은 <u>이의신청 절차를 거치지 아니하고 행정심판을 청구할 수 있고</u>, 마찬가지로 <u>이의신청절차나 행정심판절차를 거치지 아니하고 행정소송을 청구할 수도 있다.</u>

1219 ○ <u>정보공개청구권은 법률상 보호되는 구체적인 권리이므로</u> 청구인이 <u>공공기관에 대하여 정보공개를 청구하였다가 거부처분을 받은 것 자체가 법률상 이익의 침해에 해당한다.</u> 대법원 2004. 8. 20. 선고 2003두8302 판결

1220 ○ 만일 공개청구자가 특정한 바와 같은 <u>정보를 공공기관이 보유·관리하고 있지 않은 경우라면</u> 특별한 사정이 없는 한 해당 정보에 대한 공개거부처분에 대하여는 <u>취소를 구할 법률상 이익이 없다.</u> 대법원 2013. 1. 24. 선고 2010두18918 판결

1221 × <u>청구인이 정보공개거부처분의 취소를 구하는</u> 소송에서 공공기관이 청구정보를 증거 등으로 법원에 제출하여 법원을 통하여 그 사본을 청구인에게 교부 또는 송달되게 하여 결과적으로 청구인에게 정보를 공개하는 셈이 되었다고 하더라도, 이러한 우회적인 방법은 정보공개법이 예정하고 있지 아니한 방법으로서 정보공개법에 의한 공개라고 볼 수는 없으므로, 당해 정보의 비공개결정의 취소를 구할 <u>소의 이익은 소멸되지 않는다.</u> 대법원 2016. 12. 15. 선고 2012두11409 판결

1222 ○ 정보공개법 제20조(행정소송) ② 재판장은 필요하다고 인정하면 당사자를 참여시키지 아니하고 제출된 공개 청구 정보를 비공개로 열람·심사할 수 있다.

1223 ○ 정보공개제도는 공공기관이 보유·관리하는 정보를 그 상태대로 공개하는 제도로서 <u>공개를 구하는 정보를 공공기관이 보유·관리하고 있을 상당한 개연성이 있다</u>는 점에 대하여 원칙적으로 <u>공개청구자에게 증명책임이 있다</u>고 할 것이지만, 공개를 구하는 정보를 공공기관이 한 때 보유·관리하였으나 후에 그 정보가 담긴 문서 등이 폐기되어 존재하지 않게 된 것이라면 <u>그 정보를 더 이상 보유·관리하고 있지 아니하다는 점에 대한 증명책임은 공공기관에게 있다.</u> 대법원 2004. 12. 9. 선고 2003두12707 판결

1224 ○ 법원이 행정기관의 정보공개거부처분의 위법 여부를 심리한 결과 <u>공개를 거부한 정보에 비공개대상 정보에 해당하는 부분과 공개가 가능한 부분이 혼합되어 있고</u> 공개청구의 취지에 어긋나지 아니하는 범위 안에서 <u>두 부분을 분리할 수 있음을</u> 인정할 수 있을 때에는 청구취지의 변경이 없더라도 공개가 가능한 정보에 관한 부분만의 일부취소를 명할 수 있다. 대법원 2004. 12. 9. 선고 2003두12707 판결

1225 × <u>제3자의 비공개요청이 있다는 사유만으로</u> 정보공개법상 정보의 비공개사유에 해당한다고 볼 수 없다(주 : 제3자의 비공개요청이 있다고 하여 공공기관이 비공개결정을 해야 하는 것은 아님). 대법원 2008. 9. 25. 선고 2008두8680 판결

1226 × 정보공개법 제21조(제3자의 비공개 요청 등) ② 제1항에 따른 <u>비공개 요청에도 불구하고</u> 공공기관이 공개 결정을 할 때에는 공개 결정 이유와 공개 실시일을 분명히 밝혀 지체 없이 문서로 통지하여야 하며, <u>제3자는 해당 공공기관에 문서로 이의신청을 하거나 행정심판 또는 행정소송을 제기할 수 있다.</u> 이 경우 이의신청은 통지를 받은 날부터 7일 이내에 하여야 한다.

1227 × 정보공개법 제21조(제3자의 비공개 요청 등) ③ 공공기관은 제2항에 따른 <u>공개 결정일과 공개 실시일 사이에 최소한 30일의 간격을 두어야 한다.</u>

1228 ○ 개인정보자기결정권의 헌법상 근거로는 헌법 제17조의 <u>사생활의 비밀과 자유</u>, 헌법 제10조 제1문의 <u>인간의 존엄과 가치 및 행복추구권에 근거를 둔 일반적 인격권</u> 또는 위 조문들과 동시에 우리 헌법의 자유민주적 기본질서 규정 또는 국민주권원리와 민주주의원리 등을 고려할 수 있으나, 개인정보자기결정권으로 보호하려는 내용을 위 각 기본권들 및 헌법원리들 중 일부에 완전히 포섭시키는 것은 불가능하다고 할 것이므로, 그 헌법적 근거를 굳이 어느 한 두개에 국한시키는 것은 바람직하지 않은 것으로 보이고, 오히려 <u>개인정보자기결정권은 이들을 이념적 기초로 하는 독자적 기본권으로서 헌법에 명시되지 아니한 기본권</u>이라고 보아야 할 것이다. 헌법재판소 2005. 5. 26. 선고 99헌마513 등 결정

1229 ○ 개인정보 보호법 제2조(정의) 이 법에서 사용하는 용어의 뜻은 다음과 같다.
　　1. "개인정보"란 <u>살아 있는 개인에 관한 정보</u>로서 다음 각 목의 어느 하나에 해당하는 정보를 말한다.

1230 가명정보는 원래의 상태로 복원하기 위한 추가 정보의 사용·결합 없이는 특정 개인을 알아볼 수 없는 정보이기 때문에 개인정보에 해당하지 않는다. 21. 소방간부 (   )

1231 개인정보자기결정권의 보호대상이 되는 개인정보는 반드시 개인의 내밀한 영역에 속하는 정보에 국한되지 않고 공적 생활에서 형성되었거나 이미 공개된 개인정보까지 포함한다. 21. 국가 (   )

1232 개인의 고유성, 동일성을 나타내는 지문은 그 정보주체를 타인으로부터 식별가능하게 하는 개인정보이다.
21. 지방 (   )

1233 「개인정보 보호법」은 공공기관에 의해 처리되는 정보뿐만 아니라 민간에 의해 처리되는 정보까지 보호대상으로 하고 있다. 14. 국가 (   )

1234 정보주체는 자신의 개인정보 처리와 관련하여 개인정보의 처리 정지, 정정·삭제 및 파기를 요구할 권리를 가진다. 12. 지방 (   )

1235 이미 공개된 개인정보를 정보주체의 동의가 있었다고 객관적으로 인정되는 범위 내에서 처리를 할 때는 정보주체의 별도의 동의는 불필요하다고 보아야 하고, 별도의 동의를 받지 아니하였다고 하여 「개인정보 보호법」을 위반한 것으로 볼 수 없다. 21. 국가 (   )

1236 영상정보처리기기운영자는 영상정보처리기기의 설치 목적과 다른 목적으로 영상정보처리기기를 임의로 조작하거나 다른 곳을 비춰서는 아니 되며, 녹음기능은 사용할 수 없다. 12. 지방 (   )

1237 개인정보 처리위탁에 있어 수탁자는 정보제공자의 관리·감독 아래 위탁받은 범위 내에서만 개인정보를 처리하게 되지만, 위탁자로부터 위탁사무 처리에 따른 대가를 지급받는 이상 개인정보 처리에 관하여 독자적인 이익을 가지므로, 그러한 수탁자는 「개인정보 보호법」 제17조에 의해 개인정보처리자가 정보주체의 개인정보를 제공할 수 있는 '제3자'에 해당한다. 21. 국가 (   )

1238 개인정보처리자의 「개인정보 보호법」 위반행위로 손해를 입은 정보주체는 개인정보처리자에게 손해배상을 청구할 수 있고, 그 개인정보처리자는 고의 또는 과실이 없음을 입증하지 않으면 책임을 면할 수 없다. 18. 국가 (   )

1239 「개인정보 보호법」은 집단분쟁조정제도에 대하여 규정하고 있다. 18. 국가 (   )

1240 「개인정보 보호법」에는 개인정보 단체소송을 제기할 수 있는 단체에 대한 제한을 두고 있지 않으므로 법인격이 있는 단체라면 어느 단체든지 권리침해 행위의 금지·중지를 구하는 소송을 제기할 수 있다. 18. 국가 (   )

1241 개인정보 단체소송은 개인정보처리자가 「개인정보보호법」상의 집단분쟁조정을 거부하거나 집단분쟁조정의 결과를 수락하지 아니한 경우에 법원의 허가를 받아 제기할 수 있다. 16. 지방 (   )

1242 개인정보 단체소송을 허가하거나 불허가하는 법원의 결정에 대하여는 불복할 수 없다. 16. 지방 (   )

1243 개인정보 단체소송에 관하여 「개인정보보호법」에 특별한 규정이 없는 경우에는 「행정소송법」을 적용한다.
16. 지방 (   )

정답 & ○✕ 풀이

1230 ✕ 개인정보 보호법 제2조(정의) 이 법에서 사용하는 용어의 뜻은 다음과 같다.
1. "개인정보"란 살아 있는 개인에 관한 정보로서 다음 각 목의 어느 하나에 해당하는 정보를 말한다.
다. 가목 또는 나목을 제1호의2에 따라 <u>가명처리함으로써 원래의 상태로 복원하기 위한 추가 정보의 사용·결합 없이는 특</u>
<u>정 개인을 알아볼 수 없는 정보(이하 "가명정보"라 한다)</u>

1231 ○ 개인정보자기결정권의 보호대상이 되는 <u>개인정보는 개인의 신체, 신념, 사회적 지위, 신분 등과 같이 인격주체성을 특징짓는</u>
<u>사항으로서 개인의 동일성을 식별할 수 있게 하는 일체의 정보를 의미하며, 반드시 개인의 내밀한 영역에 속하는 정보에 국한</u>
<u>되지 않고 공적 생활에서 형성되었거나 이미 공개된 개인정보까지도 포함한다.</u> 대법원 2016. 3. 10. 선고 2012다105482 판결

1232 ○ 개인정보자기결정권은 자신에 관한 정보가 언제 누구에게 어느 범위까지 알려지고 또 이용되도록 할 것인지를 그 정보주체가
스스로 결정할 수 있는 권리, 즉 정보주체가 개인정보의 공개와 이용에 관하여 스스로 결정할 권리를 말하는바, <u>개인의 고유성,</u>
<u>동일성을 나타내는 지문은 그 정보주체를 타인으로부터 식별가능하게 하는 개인정보이므로, 시장·군수 또는 구청장이 개인의</u>
<u>지문정보를 수집하고, 경찰청장이 이를 보관·전산화하여 범죄수사목적에 이용하는 것은 모두 개인정보자기결정권을 제한하</u>
<u>는 것이다.</u> 헌법재판소 2005. 5. 26. 선고 99헌마513 등 전원재판부

1233 ○ 개인정보처리자란 업무를 목적으로 개인정보파일을 운용하기 위하여 스스로 또는 다른 사람을 통하여 <u>개인정보를 처리하는</u>
<u>공공기관, 법인, 단체 및 개인 등을 말한다</u>(개인정보 보호법 제2조). 즉 개인정보 보호법은 공공기관뿐만 아니라 민간에 의해
처리되는 정보까지 그 대상으로 하고 있다.

1234 ○ 개인정보 보호법 제4조(정보주체의 권리) 정보주체는 자신의 개인정보 처리와 관련하여 다음 각 호의 권리를 가진다.
4. 개인정보의 처리 정지, 정정·삭제 및 파기를 요구할 권리

1235 ○ <u>이미 공개된 개인정보를 정보주체의 동의가 있었다고 객관적으로 인정되는 범위 내에서 수집·이용·제공 등 처리를 할 때는</u>
<u>정보주체의 별도의 동의는 불필요하다고 보아야 하고, 별도의 동의를 받지 아니하였다고 하여 개인정보 보호법 제15조나 제17</u>
<u>조를 위반한 것으로 볼 수 없다.</u> 대법원 2016. 8. 17. 선고 2014다235080 판결

1236 ○ 개인정보 보호법 제25조(고정형 영상정보처리기기의 설치·운영 제한) ⑤ 고정형 영상정보처리기기운영자는 고정형 영상정보
처리기기의 설치 목적과 다른 목적으로 고정형 영상정보처리기기를 임의로 조작하거나 다른 곳을 비춰서는 아니 되며, 녹음기
능은 사용할 수 없다.

1237 ✕ 개인정보 처리위탁에 있어 <u>수탁자는 위탁자로부터 위탁사무 처리에 따른 대가를 지급받는 것 외에는 개인정보 처리에 관하여</u>
<u>독자적인 이익을 가지지 않고,</u> 정보제공자의 관리·감독 아래 위탁받은 범위 내에서만 개인정보를 처리하게 되므로, <u>개인정보</u>
<u>보호법 제17조와 정보통신망법 제24조의2에 정한 '제3자'에 해당하지 않는다.</u> 대법원 2017. 4. 7. 선고 2016도13263 판결

1238 ○ 개인정보 보호법 제39조(손해배상책임) ① 정보주체는 개인정보처리자가 이 법을 위반한 행위로 손해를 입으면 개인정보처리
자에게 손해배상을 청구할 수 있다. 이 경우 그 <u>개인정보처리자는 고의 또는 과실이 없음을 입증하지 아니하면 책임을 면할</u>
<u>수 없다.</u>

1239 ○ 개인정보 보호법 제49조(집단분쟁조정) ① 국가 및 지방자치단체, 개인정보 보호단체 및 기관, 정보주체, 개인정보처리자는 정
보주체의 피해 또는 권리침해가 다수의 정보주체에게 같거나 비슷한 유형으로 발생하는 경우로서 대통령령으로 정하는 사건에
대하여는 분쟁조정위원회에 일괄적인 분쟁조정(이하 "<u>집단분쟁조정</u>"이라 한다)을 <u>의뢰 또는 신청할 수 있다.</u>

1240 ✕ 개인정보 보호법은 <u>일정한 요건을 갖춘 단체에 대해서만 단체소송을 허용하고 있다.</u>

1241 ○ 개인정보 보호법 제51조(단체소송의 대상 등) 다음 각 호의 어느 하나에 해당하는 단체는 <u>개인정보처리자가 제49조에 따른</u>
<u>집단분쟁조정을 거부하거나 집단분쟁조정의 결과를 수락하지 아니한 경우에는</u> 법원에 권리침해 행위의 금지·중지를 구하는
소송(이하 "단체소송"이라 한다)을 제기할 수 있다.

1242 ✕ 개인정보 보호법 제55조(소송허가요건 등) ② 단체소송을 허가하거나 불허가하는 결정에 대하여는 <u>즉시항고할 수 있다.</u>

1243 ✕ 개인정보 보호법 제57조(「민사소송법」의 적용 등) ① 단체소송에 관하여 이 법에 특별한 규정이 없는 경우에는 「민사소송법」을
<u>적용한다.</u>

강성빈
행정법총론

OX
+요약노트

행정상 손해전보

주제 59 직무상 위법행위에 따른 손해배상 책임(국가배상법 제2조)

쟁점 MAP

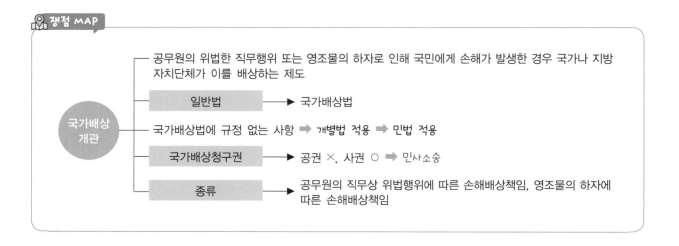

국가배상 개관

공무원의 위법한 직무행위 또는 영조물의 하자로 인해 국민에게 손해가 발생한 경우 국가나 지방자치단체가 이를 배상하는 제도

- **일반법** → 국가배상법
- 국가배상법에 규정 없는 사항 ➡ 개별법 적용 ➡ 민법 적용
- **국가배상청구권** → 공권 ×, 사권 ○ ➡ 민사소송
- **종류** → 공무원의 직무상 위법행위에 따른 손해배상책임, 영조물의 하자에 따른 손해배상책임

---

1 공무원

- 공무원법상 공무원 + '널리 공무를 위탁받아 실질적으로 공무에 종사하고 있는 일체의 자'를 의미
  - 공무수탁사인도 공무원 ○ ➡ 공무의 위탁이 일시적·한정적인 경우도 포함
  - **공무원 ○**: 교통할아버지, 향토예비군, 국가(지자체)에서 근무하는 청원경찰, 통장, 업무위탁 받은 수산업협동조합, 구청 청소차량 운전원
  - **공무원 ×**: 의병소방대원

- 공법인이 '법령에 의하여' 공무를 위탁받은 경우 ➡ 행정주체 ○, 공무원 ×
  - ex 한국토지공사가 법령에 따라 대집행 권한을 위탁받은 경우
    ➡ 대집행 과정에서 담당 직원의 과실로 국민에게 손해가 발생하더라도, 국가는 국가배상책임 ×

---

2 직무행위

① 직무행위의 범위

- 직무행위 ○: 권력적 작용 + 비권력적 작용(ex 행정지도)
  - ex 서울시의 청소차량 운행, 시영아파트 분양권 부여 등 세입자 지원 대책

- 직무행위 ×: 사경제의 주체로서 하는 행위(사법행위)
  - ex 시영버스 사고, 철도운행사업과 관련한 사고

2 판단기준 : 외형이론

- 실질적으로는 직무행위 ×, 외관상 직무행위 ○ ➡ **직무행위 ○**
  - 주관적으로 공무집행의사 없었더라도, 외관상 직무행위이면 직무행위 ○
  - 인사업무담당 공무원이 공무원증 위조 ➡ **직무행위 ○**
  - 군인이 자신의 오토바이로 훈련지역 답사 후 귀대하다가 교통사고 ➡ **직무행위 ○**

- 실질적으로 직무행위가 아닌 것을 피해자가 알았더라도, 직무행위 ○

3 국회의 입법작용

- 원칙 국가배상 × ➡ **법률에 대한 위헌결정 있었다 하여 곧바로 국가배상책임 성립 ×**

- 예외 아래의 두 가지 경우에는 국가배상 ○
  - 입법 내용이 헌법의 문언에 명백히 위반됨에도 불구하고 국회가 굳이 당해 입법을 한 경우
  - 헌법이 부과한 구체적인 입법의무 있음에도 상당기간 입법 부작위한 경우

4 법원의 사법작용

- 의미 : 판결 자체의 위법 ×, 공정한 재판을 위한 법관의 직무상 의무 위반 ○

- 원칙 재판에 법령의 규정을 따르지 않은 잘못이 있더라도 곧바로 국가배상 성립 ×(∵ 심급제도 존재)

- 예외 아래의 세 가지 경우에는 국가배상 ○
  - 법관이 위법·부당한 목적을 가지고 재판
  - 법관이 직무수행상 준수할 것을 요구하고 있는 기준을 현저하게 위반
  - 재판에 대한 불복절차 또는 시정절차가 없는 경우
  - ex 헌법재판소 재판관이 심판청구기간 오인하여 적법한 헌법소원을 각하한 사례
  - ➡ **설령 본안에서 기각될 내용이었다 하더라도, 국가배상 ○**

3 고의 또는 과실

1 일반론

- 과실 : '객관적' 주의의무 위반 ➡ **당해 공무원의 주의능력 기준 ×**
  - 당해 직무를 담당하는 평균적 공무원이 통상 갖춰야 할 주의의무 기준 ○(추상적 과실)

- 가해공무원의 특정 불요

- **증명책임** : 피해자(국민)

- **면책규정** ✕(사용자의 면책사유를 규정한 민법상 사용자책임과의 차이)
  - 국가나 지방자치단체는 소속 공무원의 선임·감독에 상당한 주의를 다 한 경우에도 배상책임 ○

- **구체적 판례**
  - 불법어로행위 특별합동단속 중 선박이 도주하다 암초와 충돌 후 침몰한 사례 ➡ **과실 ✕**
  - 국세 확정 전 보전압류 후 국세의 전부 또는 일부가 확정되지 못한 사례 ➡ **과실 ○**

② 유형별 검토

- **공무원의 법령 해석·적용의 잘못** : 공무원은 담당 업무와 관련된 법령의 내용을 숙지할 의무 ○
  - 관계법규를 알지 못하거나 필요한 지식을 갖추지 못하여 잘못된 행정처분 ➡ **과실 ○**
  - But 법령에 대한 해석이 복잡하여 어렵고 판례도 불명확한 경우 ➡ **과실 ✕**

- **처분(형벌)의 근거법령에 대한 위헌결정** : 공무원에게는 위헌 여부 판단 권한 ✕ ➡ **과실 ✕**

- **재량준칙에 따른 처분** ➡ **과실 ✕**(사후 법원에서 재량권 일탈·남용 인정되어 취소되더라도 **과실 ✕**)

- **항고소송에서의 취소판결** ➡ 그 사정만으로 곧바로 국가배상책임 성립하는 것 ✕

4 법령 위반(위법성)

① 의의

- **법령 위반** : 형식적 의미의 법령 위반 + 행위의 객관적 정당성 결여

위법 ○	• 성폭력범죄 수사관이 개방된 공간에서 피해자에게 피의자를 지목하도록 한 행위 • 피고인의 변호인 조력권 및 변호인의 피고인에 대한 접견교통권을 침해하는 행위 • 수사기관이 범죄를 구성하지 않는 사실관계까지 피의사실에 포함시켜 수사결과로서 발표
위법 ✕	• 해군본부 홈페이지에 게시된 제주해군기지 반대 취지의 글을 삭제한 행위 • 경찰관이 교통법규 위반하고 도주하는 차량을 순찰차로 추적하던 중 그 도주차량의 주행에 의하여 제3자가 손해를 입은 경우

② 유형별 검토

- 직무행위가 법령이 정한 요건과 절차에 부합 ➡ 원칙적으로 **위법 ✕**
  - 그 과정에서 개인의 권리가 침해되었다고 하여, 그것만으로 위법한 것 ✕

- 항고소송에서의 취소판결 ➡ 취소판결의 기판력에 의해 그 처분이 곧바로 국가배상책임을 구성하는 것 ✕

- 형사상 무죄이더라도 민사상 국가배상책임이 인정될 수 있음(∵ 민사와 형사는 별개의 법리가 적용)

- if 신청인을 위해서도 처분을 거부할 것이 요구되는 특별한 사정의 존재 ➡ 수익적 처분은 위법 ○

③ 부작위의 위법성

(1) 부작위로 인한 국가배상책임

- 작위의 경우와 마찬가지로 제2조의 요건 충족해야 함

(2) 공무원의 부작위가 위법하기 위한 전제요건 ➡ '작위의무'의 존재

- 재량행위: 재량이 0으로 수축 ➡ 작위의무 ○(∵ 행정개입청구권 발생: 재량행위 ➡ 기속행위)
  - 작위의무 ○: 트랙터 사례, 토석채취공사 도중 굴러 내린 암석이 가스저장시설을 충격한 사례
  - 작위의무 ✕: 미니컵 젤리 사례

- 조리에 의한 작위의무: 법령에 명문의 근거가 없더라도, 조리에 의한 작위의무 ○
  - 요건: 개인의 생명·신체·재산에 절박하고 중대한 위험 + 국가가 나서지 않으면 위험 제거 불가능

(3) if 부작위의 위법성 ○ ➡ 특별한 사정이 없는 한, 과실 ○

5 타인에 대한 손해

① 일반론

- 다른 공무원도 타인에 해당 ○

- 손해: 일체의 손해(재산, 생명·신체 등 비재산, 정신적 손해, 적극적·소극적 손해 모두 포함)

- 손해는 현실로 입은 확실한 손해에 한함

② 주요 판례

- 국가나 지자체가 공익사업을 시행하는 과정에서 인근 주민들이 갖는 의견제출 등 절차권리
  - 공익 일반을 위한 것 ○, 사적인 권리로서의 성질 ✕
  - 주민들이 일시적으로 절차에 참여할 권리를 침해받은 것만으로 곧바로 국가배상 성립 ✕
    ➡ if 절차를 다시 진행, 처분 ✕ or 취소·철회, 행정쟁송 통해 취소 ⇒ 정신적 손해 배상 의무 ✕

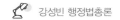

• 한국전력공사가 송전선로 예정경과지 변경하면서 지역 주민들의 의견수렴절차 거치지 않은 사례
  ➡ 정신적 손해 배상할 의무 ○ (∵ 최종적으로 건설사업승인처분 ○)

6　상당인과관계(사익보호성)

• 직무상 의무위반과 손해 사이에는 상당인과관계(사익보호성) 필요

• 직무상 의무의 내용이 사회 구성원 개인의 이익 보호를 위한 것이어야 인과관계 ○

사익 보호성 ○ (인과관계 ○)	• 개명을 이유로 주민등록상 성명 정정한 경우, 본적지 관할관청에 통지할 의무 • 선거후보자용 범죄경력조회 회보서에 범죄사실을 기재할 의무 • 시설이 불량한 선박에 대하여 선박검사 합격을 증명하는 선박검사증서 발급 후 화재사고 • 하천의 유지·관리 및 점용허가 관련 업무(하천노상주차장에 주차된 차가 침수된 사례) • (주점 화재 사례에서) 시정조치 등 적절한 지도·감독을 하지 않은 소방공무원 • 허위의 인감증명서에 의해 계약을 체결한 자가 입은 손해와 인감증명서 교부 • 헌병대 영창에서 탈주한 군인들이 민가에 침입하여 범죄를 저지른 사례 • 음주운전으로 적발된 자가 단속경찰관으로부터 열쇠를 받아 도주하던 중 교통사고 • 대간첩작전 수행 위해 대기 중 인근 거리에서 무장간첩에 의해 주민 사망한 사례
사익 보호성 × (인과관계 ×)	• 상수원수의 수질을 유지해야 할 의무 • (주점 화재 사례에서) 시정명령 등 적절한 조치를 취하지 않은 행정공무원 • 잘못 산정·공시한 개별공시지가를 신뢰하고 근저당권 설정 후 물품을 공급한 사례 • 금융감독원의 금융기관에 대한 검사·감독의무 • 산업기술혁신 촉진법령에서 정한 인증신제품 구매의무를 위반한 경우

7　자동차사고와 국가배상

① 의의

• 국가배상법 제2조 제1항 본문 후단의 규정
  – 국가나 지방자치단체는「자동차손해배상보장법」에 따라 손해배상의 책임이 있을 때에는 국가배상법에 따라 그 손해를 배상하여야 한다.

• 배상책임의 성립요건 ➡ 자배법이 국가배상법에 우선하여 적용

• 자배법의 적용 요건: 자기를 위하여 자동차를 운행하는 자(운행자: 운행이익 + 운행지배)
  – 국가배상법의 요건보다 완화 ➡ 국가배상책임의 범위를 확대하는 결과

② 공무원이 공무 수행을 위하여 관용차를 운전한 경우

- 운행자 : 국가 또는 지방자치단체 ➡ 국가배상 ○

- 공무원 ➡ 고의·중과실 있는 경우에만 피해자에 대한 배상책임 ○

③ 공무원이 공무 수행을 위하여 자차를 운전한 경우

- 운행자 : 국가 또는 지방자치단체 ×, 운전자인 공무원 ○
  - 공무원은 경과실만 있는 경우에도(고의·중과실 아닌 경우에도) 자배법에 따른 배상책임 ○
  - 국가 또는 지방자치단체는 국가배상법 제2조의 요건 충족되는 경우에만 국가배상책임 ○

영조물 책임(국가배상법 제5조)

www.pmg.co.kr

1 의의

① 국가배상법 규정

> **국가배상법 제5조(공공시설 등의 하자로 인한 책임)** ① 도로·하천, 그 밖의 공공의 영조물의 설치나 관리에 하자가 있기 때문에 타인에게 손해를 발생하게 하였을 때에는 국가나 지방자치단체는 그 손해를 배상하여야 한다.

② 일반론

- 헌법에 규정 ×, 국가배상법에만 규정 ○

- 면책규정 ×(점유자의 면책사유를 규정한 민법상 공작물책임과의 차이)
  - 자연공물을 포함하는 영조물은 민법상 공작물보다 더 넓은 개념임

2 요건

① 공공의 영조물(공물)

- 공물(행정재산)인 이상, 그 물건이 국유인지 사유인지 불문

- 권한에 기하여 관리하는 경우뿐만 아니라, 국가나 지자체가 사실상의 관리를 하고 있는 경우 포함

- 구체적 사례
  - 영조물 ○ : 철도역 대합실과 승강장
  - 영조물 × : 아직 완성되지 않은 옹벽, 공용개시 없는 도로

② 설치 또는 관리의 하자

- 하자의 개념 : 영조물이 그 용도에 따라 통상 갖추어야 할 안전성을 갖추지 못한 상태에 있는 것
  - 항상 완전무결한 상태를 유지할 정도의 고도의 안전성 의미 ×
  - 상식적이고 질서 있는 이용방법을 기대한 상대적인 안전성을 갖추는 것으로 족함
  - 영조물의 이용 상태가 일정한 한도를 초과하여 수인한도를 넘는 피해를 입히는 경우 포함
    ➡ ex 김포공항에서 발생하는 소음

- 하자의 판단 : 영조물에 대한 설치·관리자의 방호조치의무 이행 여부를 기준으로 판단
  - 손해발생의 예견가능성 및 회피가능성 기준

하자 ○	• 김포공항에서 발생한 소음이 수인한도를 초과한 사례 • 공군 매향리 사격장의 소음이 수인한도를 초과한 사례 • 가변차로에 설치된 두 개의 신호등에서 서로 모순되는 신호가 들어온 사례 • 강설이 충분히 예견 가능했던 사례
하자 ×	• 겨울철 산간 지역에 위치한 도로에 위험표지판 설치하지 않은 사례 • 고교 3학년 학생이 흡연 위해 3층 난간 지나다가 실족하여 사망한 사례 • 하천정비기본계획에서 정한 계획홍수량 및 홍수위를 충족하여 관리된 사례 • 고속도로에 떨어져 있는 자동차 타이어에 걸려 교통사고가 발생한 사례 • 교차로 진행방향 신호기의 정지신호가 단선으로 소등되어 있던 사례 • 고속도로에 낙하물(쇠파이프)이 있었던 사례

3 책임감면사유

① 불가항력

- 손해발생에 대한 예견·회피 가능성이 없는 불가항력에 기초한 손해 ➡ 면책 ○
  - 불가항력 ○ : 600년 또는 1,000년 발생 빈도 강우량
  - 불가항력 × : 50년 빈도 강우량, 예산부족(참작요소에 불과)

② 위험에의 접근 이론

- 소음 등 공해지역으로 이주한 경우
  - 피해자가 위험의 존재를 인식하면서도 이를 용인하며 접근 ➡ 면책 가능
  - 피해자가 위험의 존재를 인식하면서 이를 용인한 것으로 볼 수 없는 경우
    ➡ 형평의 원칙상 과실상계에 준하여 감액사유로 고려해야 함

③ 그 밖의 쟁점

- 과실의 경합 : 영조물의 하자 + 다른 자연적 사실 or 제3자의 행위 ➡ 영조물책임 ○
  - 영조물의 하자가 손해발생의 유일한 원인이 되어야 하는 것 아님

- 국가배상법 제2조의 책임과 제5조의 책임이 경합하는 경우 : 피해자는 선택적으로 주장할 수 있음

- 증명책임
  - 영조물에 하자가 존재한다는 사실 ➡ 피해자
  - 불가항력 등 책임감면사유가 존재한다는 사실 ➡ 영조물의 관리주체

주제 61 배상책임자

1 국가 또는 지방자치단체

- 헌법 : 국가배상의 책임자로 '국가 또는 공공단체'를 규정

- 국가배상법 : 국가배상의 책임자로 '국가 또는 지방자치단체'를 규정
  - 국가나 지방자치단체가 아닌 공공단체 : 국가배상책임 ✕ ➡ 민법에 따른 책임 ○
  - ex 사인이 지방자치단체로부터 위탁 받아 운영하는 수영장에서 사고 발생
    ➡ 국가배상책임 ✕, 민법상 손해배상책임 ○

2 사무귀속주체와 비용부담주체

① 국가배상법 규정

> **국가배상법 제6조(비용부담자 등의 책임)** ① 국가나 지방자치단체가 손해를 배상할 책임이 있는 경우에 공무원의 선임·감독 또는 영조물의 설치·관리를 맡은 자와 공무원의 봉급·급여, 그 밖의 비용 또는 영조물의 설치·관리 비용을 부담하는 자가 동일하지 아니하면 그 비용을 부담하는 자도 손해를 배상하여야 한다.
> ② 제1항의 경우에 손해를 배상한 자는 내부관계에서 그 손해를 배상할 책임이 있는 자에게 구상할 수 있다.

② 사무귀속주체와 비용부담주체

- 사무귀속주체 : 공무원의 선임·감독 또는 영조물의 설치·관리를 맡은 자
  - 기관위임사무에 있어서 위임기관(국가 또는 다른 지방자치단체)
  - 국가가 지방자치단체로부터 위임받는 경우, 지방자치단체가 사무귀속주체
  - 국도의 관리권한이 지방자치단체장인 시장에게 위임된 경우 ➡ 국가 : 사무귀속주체
  - 신호등 관리 권한이 지방자치단체에서 관할 경찰청장에게 위임된 경우
    ➡ 지방자치단체가 사무귀속주체, 국가는 비용부담주체(∵ 경찰에게 봉급 지급)

- 비용부담주체 : 공무원의 봉급·급여, 그 밖의 비용 또는 영조물의 설치·관리 비용을 부담하는 자
  - 비용부담주체란 사무에 필요한 경비를 '대외적으로 지출하는 자'를 의미함
  - 수임기관이 위임기관으로부터 돈을 받은 후 이를 대외적으로 지출 ➡ 수임기관이 비용부담주체

- 사무귀속주체와 비용부담주체가 다른 경우 ➡ 둘 다 배상책임 ○

③ 종국적 배상책임자

- 사무귀속주체와 비용부담주체 사이 ➡ 손해발생의 기여도에 따라 최종배상책임자 결정
  - 사무귀속주체에 해당하여야만 종국적인 배상책임자가 되는 것 ×

- 국가배상법 제5조 제2항 : 영조물책임에 있어서 원인책임자에 대한 구상
  - 영조물 책임 성립 ➡ 손해의 원인에 대하여 책임을 질 자가 따로 있으면 국가나 지자체는 구상 ○

3 공무원의 배상책임

① 공무원의 피해자에 대한 배상책임

- 헌법 제29조 제1항 단서. 공무원 자신의 책임은 면제되지 아니한다.
  - 공무원 개인의 구체적인 손해배상책임의 범위까지 규정한 것 ×

- 국가배상법 규정 × ➡ 판례의 법리에 따라 해결
  - 공무원 경과실 ➡ 피해자에 대해 직접 배상책임 ×
  - 공무원 고의·중과실 ➡ 피해자에 대해 직접 배상책임 ○

② 공무원의 국가에 대한 구상책임

- 국가배상법 규정 ○
  - 공무원 경과실 ➡ 국가에 대해 구상책임 ×
  - 공무원 고의·중과실 ➡ 국가에 대해 구상책임 ○

- 구상 범위 : 손해배상 전액 ×, 신의칙상 상당하다고 인정되는 한도 내
  - 국가배상청구권의 소멸시효 완성, But 시효 주장이 신의칙 위반되어 배상책임 이행 ➡ 구상 ×

- 공무원의 국가에 대한 구상
  - 경과실인 공무원이 피해자에게 직접 손해를 배상한 경우 : 민법상 제3자의 변제 등에 해당
    ➡ 피해자는 공무원에 대해 반환 의무 없음
    ➡ 공무원은 국가에 대하여 구상 가능

주제 62 국가배상법 특례규정

1 배상심의회에 대한 배상신청

• 국가배상을 받기 위해 배상심의회에 배상신청을 할 수 있음

• 배상신청 하지 않고도 국가배상청구소송 가능 ○

• 심의회의 결정은 구속력 없음 ➡ 배상결정에 동의하거나 배상금 수령 후에도, 국가배상소송 가능

2 손해배상의 기준

• 국가배상법 제3조 : 배상기준 규정 ➡ 단순한 기준에 불과(∴ 법원 구속 ×)

• 손익상계 : 손해를 입은 동시에 이익 얻은 경우, 손해액에서 이익액 만큼 공제

3 이중배상금지

① 국가배상법 규정(제2조 제1항 단서)

군인·군무원·경찰공무원 또는 예비군대원이 전투·훈련 등 직무집행과 관련하여 전사·순직하거나 공상을 입은 경우에, 본인이나 유족이 다른 법령에 따른 보상을 지급받을 수 있을 때에는 국가배상법 및 민법에 따른 손해배상을 청구할 수 없다.

• 이중배상금지조항은 헌법 제29조 제2항에 근거 ➡ 위헌 ×

② 이중배상금지의 요건

• 이중배상이 금지되는 자 : 전투경찰순경 ○, 경비교도대원 ×, 공익근무요원 ×

• 이중배상이 금지되는 직무행위 : 전투·훈련과 무관한 일반 직무집행 포함
  – 경찰이 낙석사고 현장의 교통정리를 위해 자동차로 이동 중 낙석으로 사망 ➡ 이중배상금지 ○
  – But 경찰서 숙직실은 전투·훈련시설 아니라 하여 배상청구 긍정한 과거 사례 있음

• 다른 법령에 따른 보상을 지급받을 수 있을 것
  – 다른 법령에 따른 보상금의 성격 ➡ 손해배상에 준하는 것 ○, 순수한 사회보장적 성격 ×
    ➡ 다른 법령에 따른 보상 ○ : 국가유공자예우법, 군인연금법, 보훈보상대상자지원법
    ➡ 다른 법령에 따른 보상 × : 공무원연금법상 공무상요양비
  – 별도의 보상을 받을 수 없는 경우 ➡ 국가배상청구 가능
  – 보상을 받을 수 있었으나, 보상청구권이 시효로 소멸된 경우 ➡ 국가배상청구 불가능

- 이중배상이 금지됨에도 보상금을 지급받기 전 국가배상을 받은 경우
  - 보훈보상자법상 보훈급여금 ➡ 청구 가능
  - 군인연금법상 사망보상금 ➡ 청구 불가능

③ 이중배상금지와 구상의 문제

> **사례** 민간인A 운전 차량과 군인B 운전 차량이 충돌하여 군인B 차량에 동승하고 있던 군인C가 사망
> ➡ A가 B의 유족에 대하여 전액 배상한 경우, A는 국가에 구상 가능?

- 대법원: 구상 ×(∵ 민간인은 공불의 일반적인 경우와 달리 자신의 부담부분에 한하여 손해배상의무 부담)

- 헌재: 구상 ○(∵ 구상 불가능하다는 해석은 평등원칙 위반 ＋ 비례원칙 위반하여 재산권 침해)

4 기타 특례 규정

- 생명·신체의 침해로 인한 국가배상청구권 ➡ 양도·압류 금지

- 소멸시효: 국가배상법 규정 × ➡ 민법 적용
  - 손해 및 가해자를 안 날(국가배상의 요건 인식한 날)로부터 3년 또는 가해행위 있은 날로부터 5년
  - 불법구금이나 고문을 원인으로 한 국가배상 ➡ 재심의 무죄판결 확정시까지는 청구권 행사에 장애 ○
    - ➡ 국가의 소멸시효 완성 주장은 신의칙에 반하여 허용 ×

- 외국인이 피해자인 경우: 해당 국가와 상호보증 있는 경우에만 국가배상 ○
  - 상호보증: 반드시 당사국과 조약이 체결되어 있을 필요는 없음

기출 ⭕❌ Check

1244 서울특별시 강서구 교통할아버지사건과 같은 경우 공무를 위탁받아 수행하는 일반 사인(私人)은 「국가배상법」 제2조 제1항에 따른 공무원이 될 수 없다. 12. 국가 (   )

1245 사인이 지방자치단체로부터 공무를 위탁받아 공무에 종사하는 경우 공무의 위탁이 일시적이고 한정적인 사항에 관한 활동이라면 「국가배상법」상 공무원에 해당하지 아니한다. 14. 지방 (   )

1246 법령의 위탁에 의해 지방자치단체로부터 대집행을 수권받은 구 한국토지공사는 지방자치단체의 기관으로서 「국가배상법」 제2조 소정의 공무원에 해당한다. 19. 지방 (   )

1247 국가배상의 요건인 '공무원의 직무'에는 국가나 지방자치단체의 비권력적 작용과 사경제 주체로서 하는 작용이 포함된다. 21. 국가 (   )

1248 「국가배상법」상 공무원의 직무행위는 객관적으로 직무행위로서의 외형을 갖추고 있어야 할 뿐만 아니라 주관적 공무집행의 의사도 있어야 한다. 18. 국가 (   )

1249 인사업무담당 공무원이 다른 공무원의 공무원증 등을 위조하여 대출받은 경우, 인사업무담당 공무원의 공무원증 위조행위는 실질적으로 직무행위에 속하지 아니하므로 대출은행은 국가배상청구를 할 수 없다. 14. 지방 (   )

1250 국회의원의 입법행위는 그 입법 내용이 헌법의 문언에 명백히 위배됨에도 불구하고 국회가 굳이 당해 입법을 한 것과 같은 특수한 경우가 아닌 한 「국가배상법」 제2조 제1항 소정의 위법행위에 해당된다고 볼 수 없다.
16. 지방 (   )

1251 국가가 일정한 사항에 관하여 헌법에 의하여 부과되는 구체적인 입법의무를 부담하고 있음에도 불구하고 그 입법에 필요한 상당한 기간이 경과하도록 고의·과실로 입법의무를 이행하지 아니하는 경우, 국가배상책임이 인정될 수 있다. 19. 국가 (   )

1252 재판행위로 인한 국가배상에 있어서 위법은 판결 자체의 위법이 아니라 법관의 공정한 재판을 위한 직무수행상 의무의 위반으로서의 위법이다. 12. 국가 (   )

1253 재판에 대하여 불복절차 내지 시정절차 자체가 없는 경우, 부당한 재판으로 인하여 불이익 내지 손해를 입은 사람에게는 배상책임의 요건이 충족되는 한 국가배상책임이 인정될 수 있다. 19. 국가 (   )

1254 헌법재판소 재판관이 청구기간 내에 제기된 헌법소원심판청구 사건에서 청구기간을 오인하여 각하결정을 한 경우, 이에 대한 불복절차 내지 시정절차가 없는 때에는 배상책임의 요건이 충족되는 한 국가배상책임을 인정할 수 있다. 23. 지방 (   )

1244　✕　지방자치단체가 '교통할아버지 봉사활동 계획'을 수립한 후 관할 동장으로 하여금 '교통할아버지'를 선정하게 하여 어린이 보호, 교통안내, 거리질서 확립 등의 공무를 위탁하여 집행하게 하던 중 '교통할아버지'로 선정된 노인이 위탁받은 업무 범위를 넘어 교차로 중앙에서 교통정리를 하다가 교통사고를 발생시킨 경우, 지방자치단체가 국가배상법 제2조 소정의 배상책임을 부담한다. 대법원 2001. 1. 5. 선고 98다39060 판결

1245　✕　국가배상법 제2조 소정의 '공무원'이라 함은 국가공무원법이나 지방공무원법에 의하여 공무원으로서의 신분을 가진 자에 국한하지 않고, 널리 공무를 위탁받아 실질적으로 공무에 종사하고 있는 일체의 자를 가리키는 것으로서, 공무의 위탁이 일시적이고 한정적인 사항에 관한 활동을 위한 것이어도 달리 볼 것은 아니다. 대법원 2001. 1. 5. 선고 98다39060 판결

1246　✕　한국토지공사는 이러한 법령의 위탁에 의하여 대집행을 수권 받은 자로서 공무인 대집행을 실시함에 따르는 권리·의무 및 책임이 귀속되는 행정주체의 지위에 있다고 볼 것이지 지방자치단체 등의 기관으로서 국가배상법 제2조 소정의 공무원에 해당한다고 볼 것은 아니다. 대법원 2010. 1. 28. 선고 2007다82950 판결

1247　✕　국가배상법이 정한 배상청구의 요건인 '공무원의 직무'에는 권력적 작용만이 아니라 행정지도와 같은 비권력적 작용도 포함되나 행정주체가 사경제주체로서 하는 활동만 제외된다. 대법원 1998. 7. 10. 선고 96다38971 판결

1248　✕　국가배상법 제2조 제1항의 '직무를 집행함에 당하여'라 함은 직접 공무원의 직무집행행위이거나 그와 밀접한 관련이 있는 행위를 포함하고, 이를 판단함에 있어서는 행위 자체의 외관을 객관적으로 관찰하여 공무원의 직무행위로 보여질 때에는 비록 그것이 실질적으로 직무행위가 아니거나 또는 행위자로서는 주관적으로 공무집행의 의사가 없었다고 하더라도 그 행위는 공무원이 '직무를 집행함에 당하여' 한 것으로 보아야 한다. 대법원 2005. 1. 14. 선고 2004다26805 판결

1249　✕　인사업무담당 공무원이 다른 공무원의 공무원증 등을 위조하는 행위는 비록 그것이 실질적으로는 직무행위에 속하지 아니한다 할지라도 적어도 외관상으로는 공무원증과 재직증명서를 발급하는 행위로서 직무집행으로 보여지므로 결국 그 위조행위는 국가배상법 제2조 제1항 소정의 공무원이 직무를 집행함에 당하여 한 행위로 인정된다. 대법원 2005. 1. 14. 선고 2004다26805 판결

1250　○　국회의원의 입법행위는 그 입법 내용이 헌법의 문언에 명백히 위반됨에도 불구하고 국회가 굳이 당해 입법을 한 것과 같은 특수한 경우가 아닌 한 국가배상법 제2조 제1항 소정의 위법행위에 해당된다고 볼 수 없다. 대법원 1997. 6. 13. 선고 96다56115 판결

1251　○　국가가 일정한 사항에 관하여 헌법에 의하여 부과되는 구체적인 입법의무를 부담하고 있음에도 불구하고 그 입법에 필요한 상당한 기간이 경과하도록 고의 또는 과실로 이러한 입법의무를 이행하지 아니하는 등 극히 예외적인 사정이 인정되는 사안에 한정하여 국가배상법 소정의 배상책임이 인정될 수 있으며, 위와 같은 구체적인 입법의무 자체가 인정되지 않는 경우에는 애당초 부작위로 인한 불법행위가 성립할 여지가 없다. 대법원 2008. 5. 29. 선고 2004다33469 판결

1252　○　법관의 재판에 법령의 규정을 따르지 아니한 잘못이 있다 하더라도 이로써 바로 그 재판상 직무행위가 국가배상법 제2조 제1항에서 말하는 위법한 행위로 되어 국가의 손해배상책임이 발생하는 것은 아니고, 그 국가배상책임이 인정되려면 당해 법관이 위법 또는 부당한 목적을 가지고 재판을 하였다거나 법이 법관의 직무수행상 준수할 것을 요구하고 있는 기준을 현저하게 위반하는 등 법관이 그에게 부여된 권한의 취지에 명백히 어긋나게 이를 행사하였다고 인정할 만한 특별한 사정이 있어야 한다. 대법원 2003. 7. 11. 선고 99다24218 판결

1253　○　재판에 대하여 불복절차 내지 시정절차 자체가 없는 경우에는 부당한 재판으로 인하여 불이익 내지 손해를 입은 사람은 국가배상 이외의 방법으로는 자신의 권리 내지 이익을 회복할 방법이 없으므로, 이와 같은 경우에는 배상책임의 요건이 충족되는 한 국가배상책임을 인정하지 않을 수 없다. 대법원 2003. 7. 11. 선고 99다24218 판결

1254　○　헌법재판소 재판관이 청구기간 내에 제기된 헌법소원심판청구 사건에서 청구기간을 오인하여 각하결정을 한 경우, 이에 대한 불복절차 내지 시정절차가 없는 때에는 국가배상책임(위법성)을 인정할 수 있다. 대법원 2003. 7. 11. 선고 99다24218 판결

PART
06

1255 헌법재판소 재판관의 위법한 직무집행의 결과 잘못된 각하결정을 함으로써 청구인으로 하여금 본안판단을 받을 기회를 상실하게 한 경우, 만약 본안판단을 하였더라도 어차피 청구가 기각되었을 것이라는 사정이 있다면 국가배상책임이 인정되지 아니한다. 16. 사복 (   )

1256 공무원의 직무집행상의 과실이라 함은 공무원이 그 직무를 수행함에 있어 당해 직무를 담당하는 평균인이 통상 갖추어야 할 주의의무를 게을리한 것을 말한다. 11. 사복 (   )

1257 손해배상책임을 묻기 위해서는 가해 공무원을 특정하여야 한다. 21. 국가 (   )

1258 가해공무원의 과실 여부에 대한 입증책임은 원고에게 있다. 14. 지방 7급 (   )

1259 국가나 지방자치단체는 공무원이 직무를 집행하면서 고의 또는 과실로 위법하게 타인에게 손해를 가한 때에 「국가배상법」상 배상책임을 지고, 공무원의 선임 및 감독에 상당한 주의를 한 경우에도 그 배상책임을 면할 수 없다. 18. 국가 (   )

1260 일반적으로 공무원이 필요한 지식을 갖추지 못하고 법규의 해석을 그르쳐 행정처분을 하였다면 그가 법률전문가가 아닌 행정직공무원이라고 하여 과실이 없다고는 할 수 없다. 21. 국가 (   )

1261 공무원이 관계 법령의 해석이 확립되기 전에 어느 한 설을 취하여 업무를 처리한 것이 결과적으로 위법하더라도 처분 당시 그 이상의 업무처리를 성실한 평균적 공무원에게 기대하기 어려웠던 경우라면 원칙적으로 공무원의 과실을 인정할 수 없다. 22. 국가 (   )

1262 영업허가취소처분이 행정심판에 의하여 재량권의 일탈을 이유로 취소되었다고 하더라도 그 처분이 당시 시행되던 「공중위생법 시행규칙」에 정해진 행정처분의 기준에 따른 것인 이상 그 영업허가취소처분을 한 행정청 공무원에게 그와 같은 위법한 처분을 한 데 있어 직무집행상의 과실이 있다고 할 수는 없다. 16. 지방 (   )

1263 형벌에 관한 법령이 헌법재판소의 위헌결정으로 소급하여 효력을 상실한 경우, 위헌 선언 전 그 법령에 기초하여 수사가 개시되어 공소가 제기되고 유죄판결이 선고되었더라도, 그러한 사정만으로 국가의 손해배상책임이 발생한다고 볼 수 없다. 19. 지방 (   )

1264 국가배상책임에서의 법령위반은, 인권존중·권력남용금지·신의성실·공서양속 등의 위반도 포함해 널리 그 행위가 객관적인 정당성을 결여하고 있음을 의미한다. 20. 지방 (   )

1265 행정처분의 담당공무원이 주관적 주의의무를 결하여 그 행정처분이 주관적 정당성을 상실하였다고 인정될 정도에 이른 경우에 「국가배상법」 제2조의 요건을 충족하였다고 봄이 상당하다. 20. 지방 7급 (   )

1266 공무원의 직무집행이 법령이 정한 요건과 절차에 따라 이루어진 것이라면 특별한 사정이 없는 한 공무원의 행위는 법령에 적합한 것이나, 그 과정에서 개인의 권리가 침해된 경우에는 법령적합성이 곧바로 부정된다. 14. 지방 7급 (   )

1255 × 헌법재판소 재판관의 위법한 직무집행의 결과 잘못된 각하결정을 함으로써 청구인으로 하여금 본안판단을 받을 기회를 상실하게 한 이상, 설령 본안판단을 하였더라도 어차피 청구가 기각되었을 것이라는 사정이 있다고 하더라도 잘못된 판단으로 인하여 헌법소원심판 청구인의 위와 같은 합리적인 기대를 침해한 것이고 이러한 기대는 인격적 이익으로서 보호할 가치가 있다고 할 것이므로 그 침해로 인한 정신상 고통에 대하여는 위자료를 지급할 의무가 있다. 대법원 2003. 7. 11. 선고 99다24218 판결

1256 ○ 공무원의 직무집행상의 과실이라 함은 공무원이 그 직무를 수행함에 있어 당해 직무를 담당하는 평균인이 보통(통상) 갖추어야 할 주의의무를 게을리 한 것을 말한다. 대법원 1987. 9. 22. 선고 87다카1164 판결

1257 × 가해행위가 공무원의 행위에 의한 것으로 인정되는 한 가해공무원의 특정은 필요하지 않다.

1258 ○ 입증책임의 일반원칙에 따라 가해 공무원의 과실이 존재한다는 사실은 이를 주장하는 원고에게 입증책임이 있다.

1259 ○ 민법상 사용자책임의 경우 사용자에게 피용자의 선임·감독에 관한 과실이 없었다는 것을 면책사유로 규정하고 있는 반면, 국가배상법에는 이와 같이 국가 등의 면책사유를 정한 규정이 없다. 따라서 국가나 지방자치단체는 공무원의 선임 및 감독에 상당한 주의를 한 경우에도 그 배상책임을 면할 수 없다.

1260 ○ 일반적으로 공무원이 직무를 집행함에 있어서 관계법규를 알지 못하거나 필요한 지식을 갖추지 못하여 법규의 해석을 그르쳐 잘못된 행정처분을 하였다면 그가 법률전문가가 아닌 행정직 공무원이라고 하여 과실이 없다고 할 수 없다. 대법원 1995. 10. 13. 선고 95다32747 판결

1261 ○ 법령에 대한 해석이 그 문언 자체만으로는 명백하지 아니하여 여러 견해가 있을 수 있는데다가 이에 대한 선례나 학설, 판례 등도 귀일된 바 없어 이의가 없을 수 없는 경우에 관계 공무원이 그 나름대로 신중을 다하여 합리적인 근거를 찾아 그 중 어느 한 견해를 따라 내린 해석이 후에 대법원이 내린 입장과 같지 않아 결과적으로 잘못된 해석에 돌아가고, 이에 따른 처리가 역시 결과적으로 위법하게 되어 그 법령의 부당집행이라는 결과를 가져오게 되었다고 하더라도, 그와 같은 처리 방법 이상의 것을 성실한 평균적 공무원에게 기대하기는 어려운 일이고, 따라서 이러한 경우에까지 국가배상법상 공무원의 과실을 인정할 수는 없다. 대법원 1995. 10. 13. 선고 95다32747 판결

1262 ○ 영업허가취소처분이 나중에 행정심판에 의하여 재량권을 일탈한 위법한 처분임이 판명되어 취소되었다고 하더라도 그 처분이 당시 시행되던 공중위생법시행규칙에 정하여진 행정처분의 기준에 따른 것인 이상 그 영업허가취소처분을 한 행정청 공무원에게 그와 같은 위법한 처분을 한 데 있어 어떤 직무집행상의 과실이 있다고 할 수는 없다. 대법원 1994. 11. 8. 선고 94다26141 판결

1263 ○ 형벌에 관한 법령이 헌법재판소의 위헌결정으로 소급하여 효력을 상실하였거나 법원에서 위헌·무효로 선언된 경우, 그 법령이 위헌으로 선언되기 전에 그 법령에 기초하여 수사가 개시되어 공소가 제기되고 유죄판결이 선고되었더라도, 그러한 사정만으로 수사기관의 직무행위나 법관의 재판상 직무행위가 국가배상법 제2조 제1항에서 말하는 공무원의 고의 또는 과실에 의한 불법행위에 해당하여 국가의 손해배상책임이 발생한다고 볼 수는 없다. 대법원 2014. 10. 27. 선고 2013다217962 판결

1264 ○ '법령을 위반하여'라고 함은 엄격하게 형식적 의미의 법령에 명시적으로 공무원의 행위의무가 정하여져 있음에도 이를 위반하는 경우만을 의미하는 것은 아니고, 인권존중·권력남용금지·신의성실과 같이 공무원으로서 마땅히 지켜야 할 준칙이나 규범을 지키지 아니하고 위반한 경우를 비롯하여 널리 그 행위가 객관적인 정당성을 결여하고 있는 경우도 포함한다. 대법원 2015. 8. 27. 선고 2012다204587 판결

1265 × 행정처분의 담당공무원이 보통 일반의 공무원을 표준으로 하여 볼 때 객관적 주의의무를 결하여 그 행정처분이 객관적 정당성을 상실하였다고 인정될 정도에 이른 경우에 국가배상법 제2조 소정의 국가배상책임의 요건을 충족하였다고 봄이 상당할 것이다. 대법원 2000. 5. 12. 선고 99다70600 판결

1266 × 국가배상책임은 공무원의 직무집행이 법령에 위반한 것임을 요건으로 하는 것으로서, 공무원의 직무집행이 법령이 정한 요건과 절차에 따라 이루어진 것이라면 특별한 사정이 없는 한 이는 법령에 적합한 것이고 그 과정에서 개인의 권리가 침해되는 일이 생긴다고 하여 그 법령적합성이 곧바로 부정되는 것은 아니다. 대법원 2000. 11. 10. 선고 2000다26807 판결

1267 공무원에 대한 전보인사가 인사권을 다소 부적절하게 행사한 것으로 볼 여지가 있다 하더라도 그러한 사유만으로 그 전보인사가 당연히 불법행위를 구성한다고 볼 수는 없다. 22. 국가 7급 (   )

1268 공무원의 가해행위에 대해 형사상 무죄판결이 있었더라도 그 가해행위를 이유로 국가배상책임이 인정될 수 있다. 17. 국가 7급 (   )

1269 공무원의 부작위로 인한 국가배상책임을 인정하기 위해서는 법령에 명시적으로 공무원의 작위의무가 규정되어 있어야 한다. 10. 국가 (   )

1270 식품의약품안전청장이 구 「식품위생법」상의 규제 권한을 행사하지 않아서 미니컵 젤리가 수입·유통되어 이를 먹던 아동이 질식사 하였다면 국가는 이에 대한 손해배상책임을 부담해야 한다. 19. 소방간부 (   )

1271 행정처분이 후에 항고소송에서 취소되었다고 할지라도 그 기판력에 의하여 당해 행정처분이 곧바로 공무원의 고의 또는 과실로 인한 것으로서 불법행위를 구성한다고 단정할 수는 없다. 22. 국가 (   )

1272 공무원이 직무를 수행하면서 그 근거가 되는 법령의 규정에 따라 구체적으로 의무를 부여받았어도 그것이 국민의 이익과 관계없이 순전히 행정기관 내부의 질서를 유지하기 위한 것이라면 그 의무에 위반하여 국민에게 손해를 가하여도 국가 등은 배상책임을 부담하지 않는다. 22. 국가 (   )

1273 주민등록사무를 담당하는 공무원은 개명과 같은 사유로 주민등록상의 성명을 정정한 경우에는 반드시 본적지 관할관청에 그 변경사항을 통보하여 본적지의 호적관서로 하여금 그 정정사항의 진위를 재확인할 수 있도록 할 직무상의 의무가 있다. 12. 국가 7급 (   )

1274 국민이 법령에 정하여진 수질기준에 미달한 상수원수로 생산된 수돗물을 마심으로써 건강상의 위해 발생에 대한 염려 등에 따른 정신적 고통을 받았다고 하더라도, 이러한 사정만으로는 국가 또는 지방자치단체가 국민에게 손해배상책임을 부담하지 아니한다. 20. 지방 7급 (   )

1275 「공직선거법」이 후보자가 되고자 하는 자와 그 소속 정당에게 전과기록을 조회할 권리를 부여하고 수사기관에 회보의무를 부과한 것은 공공의 이익만을 위한 것이지 후보자가 되고자 하는 자나 그 소속 정당의 개별적 이익까지 보호하기 위한 것은 아니다. 19. 국가 7급 (   )

1267 ○ 공무원에 대한 전보인사가 법령이 정한 기준과 원칙에 위배되거나 인사권을 다소 부적절하게 행사한 것으로 볼 여지가 있다 하더라도 그러한 사유만으로 그 전보인사가 당연히 불법행위를 구성한다고 볼 수는 없고, 인사권자가 당해 공무원에 대한 보복 감정 등 다른 의도를 가지고 인사재량권을 일탈·남용하여 객관적 정당성을 상실하였음이 명백한 경우 등 전보인사가 우리의 건전한 사회통념이나 사회상규상 도저히 용인될 수 없음이 분명한 경우에, 그 전보인사는 위법하게 상대방에게 정신적 고통을 가하는 것이 되어 당해 공무원에 대한 관계에서 불법행위를 구성한다. 그리고 이러한 법리는 구 부패방지법에 따라 다른 공직 자의 부패행위를 부패방지위원회에 신고한 공무원에 대하여 위 신고행위를 이유로 불이익한 전보인사가 행하여진 경우에도 마찬가지이다. 대법원 2009. 5. 28. 선고 2006다16215 판결

1268 ○ 불법행위에 따른 형사책임은 사회의 법질서를 위반한 행위에 대한 책임을 묻는 것으로서 행위자에 대한 공적인 제재(형벌)를 그 내용으로 함에 비하여, 민사책임은 타인의 법익을 침해한 데 대하여 행위자의 개인적 책임을 묻는 것으로서 피해자에게 발생한 손해의 전보를 그 내용으로 하는 것이고, 손해배상제도는 손해의 공평·타당한 부담을 그 지도원리로 하는 것이므로, 형사상 범죄를 구성하지 아니하는 침해행위라고 하더라도 그것이 민사상 불법행위를 구성하는지 여부는 형사책임과 별개의 관점에서 검토하여야 한다. 대법원 2008. 2. 1. 선고 2006다6713 판결

1269 × 국민의 생명, 신체, 재산 등에 대하여 절박하고 중대한 위험상태가 발생하였거나 발생할 우려가 있어서 국민의 생명, 신체, 재산 등을 보호하는 것을 본래적 사명으로 하는 국가가 초법규적, 일차적으로 그 위험 배제에 나서지 아니하면 국민의 생명, 신체, 재산 등을 보호할 수 없는 경우에는 형식적 의미의 법령에 근거가 없더라도 국가나 관련 공무원에 대하여 그러한 위험을 배제 할 작위의무를 인정할 수 있다. 대법원 1998. 10. 13. 선고 98다18520 판결

1270 × (어린이가 '미니컵 젤리'를 먹다가 질식하여 사망한 사안에서) 당시의 미니컵 젤리에 대한 외국의 규제수준, 그 이전에 피고가 실시한 규제조치 등에 비추어 식품의약품안전청장 등 관계공무원으로서는 미니컵 젤리로 인한 질식의 위험을 인식하거나 예견 하기 어려웠던 사정 등을 종합하면 식품의약품안전청장 등이 그 사고 발생 시까지 구 식품위생법상의 규제 권한을 행사하여 미니컵 젤리의 수입·유통 등을 금지하거나 그 기준과 규격, 표시 등을 강화하고 그에 필요한 검사 등을 실시하는 조치를 취하 지 않은 것이 현저하게 합리성을 잃어 사회적 타당성이 없다거나 객관적 정당성을 상실하여 위법하다고 할 수 있을 정도에까지 이르렀다고 보기 어렵고, 그 권한 불행사에 과실이 있다고 할 수도 없다. 대법원 2010. 9. 9. 선고 2008다77795 판결

1271 ○ 어떠한 행정처분이 후에 항고소송에서 취소되었다고 할지라도 그 기판력에 의하여 당해 행정처분이 곧바로 공무원의 고의 또 는 과실로 인한 것으로서 불법행위를 구성한다고 단정할 수는 없는 것이다. 대법원 2000. 5. 12. 선고 99다70600 판결

1272 ○ 공무원이 고의 또는 과실로 그에게 부과된 직무상 의무를 위반하였을 경우라고 하더라도 국가는 그러한 직무상의 의무 위반과 피해자가 입은 손해 사이에 상당인과관계가 인정되는 범위 내에서만 배상책임을 지는 것이고, 이 경우 상당인과관계가 인정되 기 위하여 공무원에게 부과된 직무상 의무의 내용이 단순히 공공 일반의 이익을 위한 것이거나 행정기관 내부의 질서를 규율 하기 위한 것이 아니고 전적으로 또는 부수적으로 사회구성원 개인의 안전과 이익을 보호하기 위하여 설정된 것이어야 한다. 대법원 2010. 9. 9. 선고 2008다77795 판결

1273 ○ 주민등록사무를 담당하는 공무원으로서는 만일 개명과 같은 사유로 주민등록상의 성명을 정정한 경우에는 법령의 규정에 따라 반드시 본적지의 관할관청에 대하여 그 변경사항을 통보하여 본적지의 호적관서로 하여금 그 정정사항의 진위를 재확인할 수 있도록 할 직무상의 의무가 있다고 할 것이고, 이러한 직무상 의무는 단순히 공공 일반의 이익을 위한 것이거나 행정기관 내부 의 질서를 규율하기 위한 것이 아니고 전적으로 또는 부수적으로 사회구성원 개인의 안전과 이익을 보호하기 위하여 설정된 것이다. 대법원 2003. 4. 25. 선고 2001다59842 판결

1274 ○ 국가 등에게 일정한 기준에 따라 상수원수의 수질을 유지하여야 할 의무를 부과하고 있는 법령의 규정은 국민에게 양질의 수돗 물이 공급되게 함으로써 국민 일반의 건강을 보호하여 공공 일반의 전체적인 이익을 도모하기 위한 것이지, 국민 개개인의 안전과 이익을 직접적으로 보호하기 위한 규정이 아니므로, 국가 또는 지방자치단체가 법령이 정하는 상수원수 수질기준 유지 의무를 다하지 못하고, 법령이 정하는 고도의 정수처리방법이 아닌 일반적 정수처리방법으로 수돗물을 생산·공급하였다는 사유만으로 그 수돗물을 마신 개인에 대하여 손해배상책임을 부담하지는 않는다. 대법원 2001. 10. 23. 선고 99다36280 판결

1275 × 공직선거법이 위와 같이 후보자가 되고자 하는 자와 그 소속 정당에게 전과기록을 조회할 권리를 부여하고 수사기관에 회보의 무를 부과한 것은 단순히 유권자의 알권리 보호 등 공공 일반의 이익만을 위한 것이 아니라, 그와 함께 후보자가 되고자 하는 자가 자신의 피선거권 유무를 정확하게 확인할 수 있게 하고, 정당이 후보자가 되고자 하는 자의 범죄경력을 파악함으로써 부적격자를 공천함으로 인하여 생길 수 있는 정당의 신뢰도 하락을 방지할 수 있게 하는 등 개별적인 이익도 보호하기 위한 것이다. 대법원 2011. 9. 8. 선고 2011다34521 판결

1276 인감증명사무를 처리하는 공무원은 인감증명이 타인과의 권리·의무에 관계되는 일에 사용되는 것을 예상하여 그 발급된 인감증명으로 인한 부정행위의 발생을 방지할 직무상의 의무가 있다. 12. 국가 7급 (   )

1277 유흥주점의 화재로 여종업원들이 사망한 경우, 담당 공무원의 유흥주점의 용도변경, 무허가 영업 및 시설기준에 위배된 개축에 대하여 시정명령 등 「식품위생법」상 취하여야 할 조치를 게을리 한 직무상 의무위반행위와 여종 업원들의 사망 사이에는 상당인과관계가 존재하지 아니한다. 14. 지방 (   )

1278 개별공시지가 산정업무 담당공무원 등이 그 직무상 의무에 위반하여 현저하게 불합리한 개별공시지가가 결정되 도록 함으로써 갑의 재산권을 침해한 경우 상당인과관계가 인정되는 범위에서 그 손해에 대하여 그 담당공무원 등이 속한 지방자치단체가 배상책임을 지게 된다. 19. 국가 7급 (   )

1279 「자동차손해배상 보장법」은 배상책임의 성립요건에 관하여 「국가배상법」에 우선하여 적용된다. 15. 지방 (   )

1280 공무원이 자기소유 차량으로 공무수행 중 사고를 일으킨 경우 공무원 개인은 경과실에 의한 것인지 또는 고의 또는 중과실에 의한 것인지를 가리지 않고 「자동차손해배상 보장법」상의 운행자성이 인정되는 한 배상책임을 부담한다. 15. 국회 8급 (   )

1281 '공공의 영조물'이란 국가 또는 지방자치단체가 소유권, 임차권 그 밖의 권한에 기하여 관리하고 있는 경우를 의 미하고, 그러한 권원 없이 사실상의 관리를 하고 있는 경우는 제외된다. 16. 국가 (   )

1282 국가 또는 지방자치단체가 관리하지만 사인의 소유에 속하는 공물에 대하여는 「국가배상법」 제5조가 적용되지 아니한다. 14. 국가 7급 (   )

1283 '공공의 영조물'에는 철도시설물인 대합실과 승강장 및 도로 상에 설치된 보행자 신호기와 차량 신호기도 포함된 다. 20. 국가 7급 (   )

1284 국가의 철도운행사업과 관련하여 발생한 사고로 인한 손해배상청구의 경우 그 사고에 공무원이 간여하였다고 하더라도 「국가배상법」이 아니라 「민법」이 적용되어야 하지만, 철도시설물의 설치 또는 관리의 하자로 인한 손 해배상청구의 경우에는 「국가배상법」이 적용된다. 21. 국가 7급 (   )

1285 설치 공사 중인 옹벽은 아직 완성되지 아니하여 일반 공중의 이용에 제공되지 않고 있었던 이상 공공의 영조물에 해당한다고 할 수 없다. 21. 지방 7급 (   )

1286 사실상 군민(郡民)의 통행에 제공되고 있던 도로라고 하여도 군(郡)에 의하여 노선인정 기타 공용개시가 없었던 이상 이 도로를 '공공의 영조물'이라 할 수 없다. 20. 국가 7급 (   )

1287 '영조물의 설치 또는 관리의 하자'란 공공의 목적에 제공된 영조물이 그 용도에 따라 통상 갖추어야 할 안전성을 갖추지 못한 상태에 있음을 말하므로, 영조물의 설치 및 관리에 있어서 항상 완전무결한 상태를 유지할 정도의 고도의 안전성을 갖추지 아니하였다고 하여 영조물의 설치 또는 관리에 하자가 있다고 단정할 수 없다.
17. 국가 (   )

1276 ○ <u>인감증명사무를 처리하는 공무원</u>으로서는 그것이 타인과의 권리의무에 관계되는 일에 사용되어 지는 것을 예상하여 <u>그 발급된 인감으로 인한 부정행위의 발생을 방지할 직무상의 의무가 있다.</u> 대법원 2004. 3. 26. 선고 2003다54490 판결

1277 ○ (유흥주점에 감금된 채 윤락을 강요받으며 생활하던 여종업원들이 유흥주점에 화재가 났을 때 미처 피신하지 못하고 유독가스에 질식해 사망한 사안에서) <u>지방자치단체의 담당 공무원</u>이 위 유흥주점의 용도변경, 무허가 영업 및 시설기준에 위배된 개축에 대하여 시정명령 등 식품위생법상 취하여야 할 조치를 게을리 한 직무상 의무위반행위와 위 종업원들의 사망 사이에 <u>상당인과관계가 존재하지 않는다.</u> 대법원 2008. 4. 10. 선고 2005다48994 판결

1278 ○ 개별공시지가 산정업무 담당공무원 등이 그 직무상 의무에 위반하여 <u>현저하게 불합리한 개별공시지가가 결정되도록 함으로써</u> 국민 개개인의 재산권을 침해한 경우에는 그 손해에 대하여 상당인과관계 있는 범위 내에서 그 담당공무원 등이 소속된 지방자치단체가 <u>배상책임을 지게 된다.</u> 대법원 2010. 7. 22. 선고 2010다13527 판결

1279 ○ 국가배상법 제2조(배상책임) ① 국가나 지방자치단체는 공무원 또는 공무를 위탁받은 사인(이하 "공무원"이라 한다)이 직무를 집행하면서 고의 또는 과실로 법령을 위반하여 타인에게 손해를 입히거나, 「<u>자동차손해배상 보장법</u>」에 따라 손해배상의 책임이 있을 때에는 이 법에 따라 그 손해를 배상하여야 한다(주 : 자동차손해배상 보장법상 배상책임의 성립요건은 국가배상법에 우선하여 적용됨).

1280 ○ <u>공무원이 자기 소유의 자동차로 공무수행 중 사고</u>를 일으킨 경우에는 그 손해배상책임은 자동차손해배상보장법이 정한 바에 의하게 되어, 그 사고가 자동차를 운전한 공무원의 <u>경과실에 의한 것인지 중과실 또는 고의에 의한 것인지를 가리지 않고 그 공무원이 자동차손해배상보장법 제3조 소정의 '자기를 위하여 자동차를 운행하는 자'에 해당하는 한 손해배상책임을 부담한다.</u> 대법원 1996. 5. 31. 선고 94다15271 판결

1281 × 국가배상법 제5조 제1항 소정의 '<u>공공의 영조물</u>'이라 함은 <u>국가 또는 지방자치단체에 의하여 특정 공공의 목적에 공여된 유체물 내지 물적 설비</u>를 말하며, 국가 또는 지방자치단체가 소유권, 임차권 그 밖의 권한에 기하여 관리하고 있는 경우뿐만 아니라 <u>사실상의 관리를 하고 있는 경우도 포함된다.</u> 대법원 1998. 10. 23. 선고 98다17381 판결

1282 × <u>국가배상법 제5조 소정의 공공의 영조물이란 공유나 사유임을 불문하고</u> 행정주체에 의하여 특정공공의 목적에 공여된 유체물 또는 물적 설비를 의미하므로 사실상 군민의 통행에 제공되고 있던 도로 옆의 암벽으로부터 떨어진 낙석에 맞아 소외인이 사망하는 사고가 발생하였다고 하여도 동 사고지점 도로가 피고 군에 의하여 노선인정 기타 공용개시가 없었으면 이를 영조물이라 할 수 없다. 대법원 1981. 7. 7. 선고 80다2478 판결

1283 ○ 철도시설물인 대합실과 승강장 및 도로 상에 설치된 교통 신호기는 모두 공물로서 국가배상법에서 규정하는 영조물에 해당한다.

1284 ○ <u>국가의 철도운행사업은 국가가 공권력의 행사로서 하는 것이 아니고 사경제적 작용</u>이라 할 것이므로, 이로 인한 사고에 공무원이 간여하였다고 하더라도 국가배상법을 적용할 것이 아니고 일반 민법의 규정에 따라야 하므로, 국가배상법상의 배상전치절차를 거칠 필요가 없으나, 공공의 영조물인 철도시설물의 설치 또는 관리의 하자로 인한 불법행위를 원인으로 하여 국가에 대하여 손해배상청구를 하는 경우에는 국가배상법이 적용되므로 배상전치절차를 거쳐야 한다. 대법원 1999. 6. 22. 선고 99다7008 판결

1285 ○ 이 사건 사고 당시 <u>설치하고 있던 옹벽</u>은 소외 회사가 그 공사를 도급받아 공사 중에 있었을 뿐만 아니라 <u>아직 완성도 되지 아니하여 일반 공중의 이용에 제공되지 않고 있었던 이상</u> 원심 판시와 같이 국가배상법 제5조 제1항 소정의 <u>영조물에 해당한다고 할 수 없고,</u> 따라서 이 사건 사고를 영조물의 설치상의 하자로 인하여 발생한 것이라고는 볼 수 없다. 대법원 1998. 10. 23. 선고 98다17381 판결

1286 ○ 국가배상법 제5조 소정의 공공의 영조물이란 공유나 사유임을 불문하고 행정주체에 의하여 특정공공의 목적에 공여된 유체물 또는 물적 설비를 의미하므로 <u>사실상 군민의 통행에 제공되고 있던 도로</u> 옆의 암벽으로부터 떨어진 낙석에 맞아 소외인이 사망하는 사고가 발생하였다고 하여도 동 사고지점 도로가 피고 군에 의하여 노선인정 기타 <u>공용개시가 없었으면 이를 영조물이라 할 수 없다.</u> 대법원 1981. 7. 7. 선고 80다2478 판결

1287 ○ 국가배상법 제5조 제1항에 정하여진 '<u>영조물 설치·관리상의 하자</u>'라 함은 공공의 목적에 공여된 <u>영조물이 그 용도에 따라 통상 갖추어야 할 안전성을 갖추지 못한 상태</u>에 있음을 말하는바, 영조물의 설치 및 관리에 있어서 <u>항상 완전무결한 상태를 유지할 정도의 고도의 안전성을 갖추지 아니하였다고 하여 영조물의 설치 또는 관리에 하자가 있다고 단정할 수 없다.</u> 대법원 2002. 8. 23. 선고 2002다9158 판결

1288 '공공의 영조물의 설치·관리의 하자'에는 영조물이 공공의 목적에 이용됨에 있어 그 이용 상태 및 정도가 일정한 한도를 초과하여 제3자에게 사회통념상 참을 수 없는 피해를 입히고 있는 경우가 포함된다. 17. 국가 (   )

1289 차량이 통행하는 도로에서 유입되는 소음 때문에 인근 주택의 거주자에게 사회통념상 일반적으로 수인할 정도를 넘어서는 침해가 있는지 여부는 「환경정책기본법」 등에서 설정하고 있는 환경기준보다 「주택법」 등에서 제시하는 주택건설기준을 우선적으로 고려하여 판단하여야 한다. 21. 국회 8급 (   )

1290 영조물이 안전성을 갖추었는지 여부는 영조물의 설치자 또는 관리자가 그 영조물의 위험성에 비례하여 사회통념상 일반적으로 요구되는 정도의 방호조치의무를 다하였는지를 기준으로 판단하여야 하고, 그 설치자 또는 관리자의 재정적·인적·물적 제약 등은 고려하지 않는다. 23. 국가 7급 (   )

1291 객관적으로 보아 영조물의 결함이 영조물의 설치·관리자의 관리행위가 미칠 수 없는 상황 아래에 있는 경우에는 영조물의 설치·관리의 하자를 인정할 수 없다. 23. 국가 7급 (   )

1292 강설에 대처하기 위하여 완벽한 방법으로 도로 자체에 융설 설비를 갖추는 것은 현대의 과학기술 수준이나 재정사정에 비추어 사실상 불가능하다고 할 것이므로, 고속도로의 관리자에게 도로의 구조, 기상예보 등을 고려하여 사전에 충분한 인적·물적 설비를 갖추어 강설 시 신속한 제설작업을 하고 필요한 경우 제때에 교통통제 조치를 취할 관리의무가 있다고 할 수 없다. 14. 국가 7급 (   )

1293 하천의 제방이 계획홍수위를 넘고 있더라도, 하천이 그 후 새로운 하천시설을 설치할 때 '하천시설기준'으로 정한 여유고(餘裕高)를 확보하지 못하고 있다면 그 사정만으로 안정성이 결여된 하자가 있다고 보아야 한다.
20. 국가 7급 (   )

1294 가변차로에 설치된 2개의 신호등에서 서로 모순된 신호가 들어오는 오작동이 발생하였고 그 고장이 현재의 기술수준상 부득이 하다는 사정만으로 영조물의 하자가 면책되는 것은 아니다. 10. 지방 (   )

1295 예산부족 등 설치·관리자의 재정사정은 배상책임 판단에 있어 참작사유는 될 수 있으나 안전성을 결정지을 절대적 요건은 아니다. 16. 국가 (   )

1296 소음 등을 포함한 공해 등의 위험지역으로 이주하여 거주하는 것이 피해자가 위험의 존재를 인식하고 그로 인한 피해를 용인하면서 접근한 것이라고 볼 수 있는 경우 가해자의 면책이 인정될 수 있다. 16. 국가 (   )

1297 소음 등의 공해로 인한 법적 쟁송이 제기되거나 그 피해에 대한 보상이 실시되는 등 피해지역임이 구체적으로 드러나고 이러한 사실이 그 지역에 널리 알려진 이후에 이주하여 오는 경우에는 위와 같은 위험에의 접근에 따른 가해자의 면책 여부를 보다 적극적으로 인정할 여지가 있다. 17. 지방 (   )

1298 국가배상청구소송에서 공공의 영조물에 하자가 있다는 입증책임은 피해자가 지지만, 관리주체에게 손해발생의 예견가능성과 회피가능성이 없다는 입증책임은 관리주체가 진다. 17. 국가 (   )

1299 영조물의 설치·관리상의 하자로 인한 손해의 원인에 대하여 책임을 질 사람이 따로 있는 경우에는 국가·지방자치단체는 그 사람에게 구상할 수 있다. 17. 지방 7급 (   )

1288 O 안전성을 갖추지 못한 상태, 즉 타인에게 위해를 끼칠 위험성이 있는 상태라 함은 당해 영조물을 구성하는 물적 시설 그 자체에 있는 물리적·외형적 흠결이나 불비로 인하여 그 이용자에게 위해를 끼칠 위험성이 있는 경우뿐만 아니라, 그 영조물이 공공의 목적에 이용됨에 있어 그 이용상태 및 정도가 일정한 한도를 초과하여 제3자에게 사회통념상 수인할 것이 기대되는 한도를 넘는 피해를 입히는 경우까지 포함된다고 보아야 한다. 대법원 2005. 1. 27. 선고 2003다49566 판결

1289 X 차량이 통행하는 도로에서 유입되는 소음 때문에 인근 주택의 거주자에게 사회통념상 일반적으로 수인할 정도를 넘어서는 침해가 있는지 여부는, 주택법 등에서 제시하는 주택건설기준보다는 환경정책기본법 등에서 설정하고 있는 환경기준을 우선적으로 고려하여 판단하여야 한다. 대법원 2008. 8. 21. 선고 2008다9358,9365 판결

1290 X 국가배상법 제5조 제1항에 규정된 '영조물 설치·관리상의 하자'는 공공의 목적에 공여된 영조물이 그 용도에 따라 통상 갖추어야 할 안전성을 갖추지 못한 상태에 있음을 말한다. 그리고 위와 같은 안전성의 구비 여부는 영조물의 설치자 또는 관리자가 그 영조물의 위험성에 비례하여 사회통념상 일반적으로 요구되는 정도의 방호조치의무를 다하였는지를 기준으로 판단하여야 하고, 아울러 그 설치자 또는 관리자의 재정적·인적·물적 제약 등도 고려하여야 한다. 대법원 2022. 7. 28. 선고 2022다 225910 판결

1291 O 객관적으로 보아 시간적·장소적으로 영조물의 기능상 결함으로 인한 손해발생의 예견가능성과 회피가능성이 없는 경우 즉 그 영조물의 결함이 영조물의 설치관리자의 관리행위가 미칠 수 없는 상황 아래에 있는 경우에는 영조물의 설치관리상의 하자를 인정할 수 없다. 대법원 2000. 2. 25. 선고 99다5400 판결

1292 X 강설에 대처하기 위하여 완벽한 방법으로 도로 자체에 융설 설비를 갖추는 것이 현대의 과학기술 수준이나 재정사정에 비추어 사실상 불가능하다고 하더라도, 최저 속도의 제한이 있는 고속도로의 경우에 있어서는 도로관리자가 도로의 구조, 기상예보 등을 고려하여 사전에 충분한 인적·물적 설비를 갖추어 강설시 신속한 제설작업을 하고 나아가 필요한 경우 제때에 교통통제 조치를 취함으로써 고속도로로서의 기본적인 기능을 유지하거나 신속히 회복할 수 있도록 하는 관리의무가 있다. 대법원 2008. 3. 13. 선고 2007다29287 등 판결

1293 X 하천의 관리청이 관계 규정에 따라 설정한 계획홍수위를 변경시켜야 할 사정이 생기는 등 특별한 사정이 없는 한, 이미 존재하는 하천의 제방이 계획홍수위를 넘고 있다면 그 하천은 용도에 따라 통상 갖추어야 할 안전성을 갖추고 있다고 보아야 하고, 그와 같은 하천이 그 후 새로운 하천시설을 설치할 때 기준으로 삼기 위하여 제정한 '하천시설기준'이 정한 여유고를 확보하지 못하고 있다는 사정만으로 바로 안전성이 결여된 하자가 있다고 볼 수는 없다. 대법원 2003. 10. 23. 선고 2001다48057 판결

1294 O 가변차로에 설치된 두 개의 신호등에서 서로 모순되는 신호가 들어오는 오작동이 발생하였고 그 고장이 현재의 기술 수준상 부득이한 것이라고 가정하더라도 그와 같은 사정만으로 손해발생의 예견가능성이나 회피가능성이 없어 영조물의 하자를 인정할 수 없는 경우라고 단정할 수 없다. 대법원 2001. 7. 27. 선고 2000다56822 판결

1295 O 하자 유무는 객관적 견지에서 본 안전성의 문제이고 그 설치자의 재정사정이나 영조물의 사용목적에 의한 사정은 안전성을 요구하는데 대한 정도 문제로서 참작사유에는 해당할지언정 안전성을 결정지을 절대적 요건에는 해당하지 아니한다 할 것이다. 대법원 1967. 2. 21. 선고 66다1723 판결

1296 O 소음 등을 포함한 공해 등의 위험지역으로 이주하여 들어가서 거주하는 경우와 같이 위험의 존재를 인식하면서 그로 인한 피해를 용인하며 접근한 것으로 볼 수 있는 경우에, 그 피해가 직접 생명이나 신체에 관련된 것이 아니라 정신적 고통이나 생활방해의 정도에 그치고 그 침해행위에 고도의 공공성이 인정되는 때에는, 위험에 접근한 후 실제로 입은 피해 정도가 위험에 접근할 당시에 인식하고 있었던 위험의 정도를 초과하는 것이거나 위험에 접근한 후에 그 위험이 특별히 증대하였다는 등의 특별한 사정이 없는 한 가해자의 면책을 인정하여야 하는 경우도 있다. 대법원 2010. 11. 25. 선고 2007다74560 판결

1297 O 소음 등의 공해로 인한 법적 쟁송이 제기되거나 그 피해에 대한 보상이 실시되는 등 피해지역임이 구체적으로 드러나고 또한 이러한 사실이 그 지역에 널리 알려진 이후에 이주하여 오는 경우에는 위와 같은 위험에의 접근에 따른 가해자의 면책 여부를 보다 적극적으로 인정할 여지가 있다. 대법원 2010. 11. 25. 선고 2007다74560 판결

1298 O 고속도로의 보존상의 하자의 존재에 관한 입증책임은 피해자에게 있으나 일단 그 하자있음이 인정되는 이상 고속도로의 점유관리자는 그 하자가 불가항력에 의한 것이거나 손해의 방지에 필요한 주의를 해태하지 아니하였다는 점을 주장·입증하여야 비로소 그 책임을 면할 수가 있다. 대법원 1988. 11. 8. 선고 86다카775 판결

1299 O 국가배상법 제5조(공공시설 등의 하자로 인한 책임) ② 제1항을 적용할 때 손해의 원인에 대하여 책임을 질 자가 따로 있으면 국가나 지방자치단체는 그 자에게 구상할 수 있다.

1300 국가나 지방자치단체가 손해를 배상할 책임이 있는 경우에 공무원의 선임·감독 또는 영조물의 설치·관리를 맡은 자와 공무원의 봉급·급여, 그 밖의 비용 또는 영조물의 설치·관리 비용을 부담하는 자가 동일하지 아니하면 그 비용을 부담하는 자도 손해를 배상하여야 한다. 21. 지방 (   )

1301 영조물의 설치·관리자와 비용부담자가 다른 경우 피해자에게 손해를 배상한 자는 내부관계에서 그 손해를 배상할 책임이 있는 자에게 구상할 수 있다. 23. 지방 (   )

1302 지방자치단체의 장이 국도의 관리청이 되었다 하더라도 국가는 도로관리상 하자로 인한 손해배상책임을 면할 수 없다. 11. 사복 (   )

1303 시·도경찰청장 또는 경찰서장이 지방자치단체의 장으로부터 권한을 위탁받아 설치·관리하는 신호기의 하자로 인해 손해가 발생한 경우 「국가배상법」 제5조 소정의 배상책임의 귀속 주체는 국가뿐이다. 23. 지방 (   )

1304 공무원 개인이 고의 또는 중과실이 있는 경우에는 불법행위로 인한 손해배상책임을 진다고 할 것이지만, 공무원의 위법행위가 경과실에 기한 경우에는 공무원은 손해배상책임을 부담하지 않는다. 21. 지방 (   )

1305 국가가 가해 공무원에 대하여 구상권을 행사하는 경우 국가가 배상한 배상액 전액에 대하여 구상권을 행사하여야 한다. 21. 국가 (   )

1306 국가배상청구권의 소멸시효 기간은 지났으나 국가가 소멸시효 완성을 주장하는 것이 신의성실의 원칙에 반하는 권리남용으로 허용될 수 없어 배상책임을 이행한 경우, 국가는 원칙적으로 해당 공무원에 대해 구상권을 행사할 수 있다. 22. 국가 (   )

1307 경과실로 불법행위를 한 공무원이 피해자에게 손해를 배상하였다면 이는 타인의 채무를 변제한 경우에 해당하므로 피해자는 공무원에게 이를 반환할 의무가 있다. 22. 지방 (   )

1308 피해자에게 손해를 직접 배상한 경과실이 있는 공무원은 특별한 사정이 없는 한 국가에 대하여 국가의 피해자에 대한 손해배상책임의 범위 내에서 공무원이 변제한 금액에 관하여 구상권을 취득한다. 19. 국가 (   )

1300 ○ 국가배상법 제6조(비용부담자 등의 책임) ① 제2조·제3조 및 제5조에 따라 국가나 지방자치단체가 손해를 배상할 책임이 있는 경우에 공무원의 선임·감독 또는 영조물의 설치·관리를 맡은 자와 공무원의 봉급·급여, 그 밖의 비용 또는 영조물의 설치·관리 비용을 부담하는 자가 동일하지 아니하면 그 비용을 부담하는 자도 손해를 배상하여야 한다.

1301 ○ 국가배상법 제6조(비용부담자 등의 책임) ① 제2조·제3조 및 제5조에 따라 국가나 지방자치단체가 손해를 배상할 책임이 있는 경우에 공무원의 선임·감독 또는 영조물의 설치·관리를 맡은 자와 공무원의 봉급·급여, 그 밖의 비용 또는 영조물의 설치·관리 비용을 부담하는 자가 동일하지 아니하면 그 비용을 부담하는 자도 손해를 배상하여야 한다.
② 제1항의 경우에 손해를 배상한 자는 내부관계에서 그 손해를 배상할 책임이 있는 자에게 구상할 수 있다.

1302 ○ 도로법 제22조 제2항에 의하여 지방자치단체의 장인 시장이 국도의 관리청이 되었다 하더라도 이는 시장이 국가로부터 관리업무를 위임받아 국가행정기관의 지위에서 집행하는 것이므로 국가는 도로관리상 하자로 인한 손해배상책임을 면할 수 없다. 대법원 1993. 1. 26. 선고 92다2684 판결

1303 × 지방자치단체장이 교통신호기를 설치하여 그 관리권한이 도로교통법 제71조의2 제1항의 규정에 의하여 관할 지방경찰청장에게 위임되어 지방자치단체 소속 공무원과 지방경찰청 소속 공무원이 합동 근무하는 교통종합관제센터에서 그 관리업무를 담당하던 중 위 신호기가 고장난 채 방치되어 교통사고가 발생한 경우, 국가배상법 제2조 또는 제5조에 의한 배상책임을 부담하는 것은 지방경찰청장이 소속된 국가가 아니라, 그 권한을 위임한 지방자치단체장이 소속된 지방자치단체라고 할 것이나, (중략) 교통신호기를 관리하는 지방경찰청장 산하 경찰관들에 대한 봉급을 부담하는 국가도 국가배상법 제6조 제1항에 의한 배상책임을 부담한다. 대법원 1999. 6. 25. 선고 99다11120 판결

1304 ○ 공무원이 직무수행 중 불법행위로 타인에게 손해를 입힌 경우에 국가 등이 국가배상책임을 부담하는 외에 공무원 개인도 고의 또는 중과실이 있는 경우에는 불법행위로 인한 손해배상책임을 진다고 할 것이지만, 공무원에게 경과실뿐인 경우에는 공무원 개인은 손해배상책임을 부담하지 아니한다. 대법원 1996. 2. 15. 선고 95다38677 판결

1305 × 국가 또는 지방자치단체의 산하 공무원이 그 직무를 집행함에 당하여 중대한 과실로 인하여 법령에 위반하여 타인에게 손해를 가함으로써 국가 또는 지방자치단체가 손해배상책임을 부담하고, 그 결과로 손해를 입게 된 경우에는 국가 등은 당해 공무원의 직무내용, 당해 불법행위의 상황, 손해발생에 대한 당해 공무원의 기여정도, 당해 공무원의 평소 근무태도, 불법행위의 예방이나 손실분산에 관한 국가 또는 지방자치단체의 배려의 정도 등 제반사정을 참작하여 손해의 공평한 분담이라는 견지에서 신의 칙상 상당하다고 인정되는 한도 내에서만 당해 공무원에 대하여 구상권을 행사할 수 있다고 봄이 상당하다. 대법원 1991. 5. 10. 선고 91다6764 판결

1306 × 공무원의 직무상 불법행위로 손해를 입은 피해자가 국가배상청구를 하였을 때, 비록 그 소멸시효 기간이 경과하였다고 하더라도 국가가 소멸시효의 완성 전에 피해자의 권리행사나 시효중단을 불가능 또는 현저히 곤란하게 하였거나 객관적으로 피해자가 권리를 행사할 수 없는 장애사유가 있었다는 등의 사정이 있어 국가에게 채무이행의 거절을 인정하는 것이 현저히 부당하거나 불공평하게 되는 등 특별한 사정이 있는 경우에는, 국가가 소멸시효 완성을 주장하는 것은 신의성실 원칙에 반하여 권리남용으로서 허용될 수 없다. 이와 같이 공무원의 불법행위로 손해를 입은 피해자의 국가배상청구권의 소멸시효 기간이 지났으나 국가가 소멸시효 완성을 주장하는 것이 신의성실의 원칙에 반하는 권리남용으로 허용될 수 없어 배상책임을 이행한 경우에는, 그 소멸시효 완성 주장이 권리남용에 해당하게 된 원인행위와 관련하여 해당 공무원이 그 원인이 되는 행위를 적극적으로 주도하였다는 등의 특별한 사정이 없는 한, 국가가 해당 공무원에게 구상권을 행사하는 것은 신의칙상 허용되지 않는다고 봄이 상당하다. 대법원 2016. 6. 9. 선고 2015다200258 판결

1307 × 공무원이 직무수행 중 불법행위로 타인에게 손해를 입힌 경우에 국가 등이 국가배상책임을 부담하는 외에 공무원 개인도 고의 또는 중과실이 있는 경우에는 불법행위로 인한 손해배상책임을 지고, 공무원에게 경과실이 있을 뿐인 경우에는 공무원 개인은 손해배상책임을 부담하지 아니한다. 이처럼 경과실이 있는 공무원이 피해자에 대하여 손해배상책임을 부담하지 아니함에도 피해자에게 손해를 배상하였다면 그것은 채무자 아닌 사람이 타인의 채무를 변제한 경우에 해당하고, 이는 민법 제469조의 '제3자의 변제' 또는 민법 제744조의 '도의관념에 적합한 비채변제'에 해당하여 피해자는 공무원에 대하여 이를 반환할 의무가 없고, 그에 따라 피해자의 국가에 대한 손해배상청구권이 소멸하여 국가는 자신의 출연 없이 채무를 면하게 되므로, 피해자에게 손해를 직접 배상한 경과실이 있는 공무원은 특별한 사정이 없는 한 국가에 대하여 국가의 피해자에 대한 손해배상책임의 범위 내에서 공무원이 변제한 금액에 관하여 구상권을 취득한다고 봄이 타당하다. 대법원 2014. 8. 20. 선고 2012다54478 판결

1308 ○ 직무수행 중 경과실로 피해자에게 손해를 입힌 공무원이 손해를 배상하였다면, 공무원은 국가 등이 피해자에 대하여 부담하는 손해배상책임의 범위 내에서 자신이 변제한 금액에 관하여 국가에 대해 구상권을 취득한다. 대법원 2014. 8. 20. 선고 2012다54478 판결

1309 국가배상소송은 배상심의회에 배상신청을 하지 아니하고도 제기할 수 있다. 15. 사복 (   )

1310 배상심의회의 결정은 대외적인 법적 구속력을 가지므로 배상 신청인과 상대방은 그 결정에 항상 구속된다.
20. 지방 (   )

1311 판례는 구 「국가배상법」(67. 3. 3. 법률 제1899호) 제3조의 배상액 기준은 배상심의회 배상액 결정의 기준이 될 뿐 배상 범위를 법적으로 제한하는 규정이 아니므로 법원을 기속하지 않는다고 보았다. 20. 지방 (   )

1312 피해자가 손해를 입은 동시에 이익을 얻은 경우에는 손해배상액에서 그 이익에 상당하는 금액을 **빼야** 한다.
15. 사복 (   )

1313 공익근무요원은 「국가배상법」 제2조 제1항 단서규정에 의하여 손해배상청구가 제한된다. 22. 국가 7급 (   )

1314 군인이 교육훈련으로 공상을 입은 경우라도 「군인연금법」 또는 「국가유공자예우등에관한법률」에 의하여 재해보상금·유족연금·상이연금 등 별도의 보상을 받을 수 없는 경우에는 「국가배상법」 제2조 제1항 단서의 적용 대상에서 제외하여야 한다. 23. 국가 (   )

1315 「국가배상법」 제2조 제1항 단서에서 정한 '다른 법령의 규정'에 따른 보상금청구권이 모두 시효로 소멸된 경우라고 하더라도 「국가배상법」 제2조 제1항 단서 규정이 적용된다. 23. 국가 (   )

1316 경찰공무원인 피해자가 「공무원연금법」에 따라 공무상 요양비를 지급받는 것은 「국가배상법」 제2조 제1항 단서에서 정한 '다른 법령의 규정'에 따라 보상을 지급받는 것에 해당하지 않는다. 23. 국가 (   )

1317 훈련으로 공상을 입은 군인이 「국가배상법」에 따라 손해배상금을 지급받은 다음 「보훈보상대상자 지원에 관한 법률」이 정한 보훈급여금의 지급을 청구하는 경우, 국가는 「국가배상법」 제2조 제1항 단서에 따라 그 지급을 거부할 수 있다. 23. 국가 (   )

1318 군 복무 중 사망한 군인 등의 유족이 「국가배상법」에 따른 손해배상금을 지급받은 경우 그 손해배상금 상당 금액에 대해서는 「군인연금법」에서 정한 사망보상금을 지급받을 수 없다. 23. 지방 (   )

1319 민간인과 직무집행 중인 군인의 공동불법행위로 인하여 직무집행 중인 다른 군인이 피해를 입은 경우 민간인이 피해 군인에게 자신의 과실비율에 따라 내부적으로 부담할 부분을 초과하여 피해금액 전부를 배상한 경우에 대법원 판례에 따르면 민간인은 국가에 대해 가해 군인의 과실비율에 대한 구상권을 행사할 수 있다. 18. 국가 (   )

1309 ○ 국가배상법 제9조(소송과 배상신청의 관계) 이 법에 따른 손해배상의 소송은 배상심의회에 배상신청을 하지 아니하고도 제기할 수 있다.

1310 ✕ 심의회의 결정은 구속력을 갖지 않으므로, 신청인은 배상결정에 동의하거나 배상금을 수령한 경우에도 법원에 국가배상청구소송을 제기하여 배상금의 증액을 청구할 수 있다.

1311 ○ 구 국가배상법 제3조 제1항과 제3항의 손해배상의 기준은 배상심의회의 배상금지급기준을 정함에 있어서의 하나의 기준을 정한 것에 지나지 아니하는 것이고 이로써 배상액의 상한을 제한한 것으로 볼 수 없다 할 것이며 따라서 법원이 국가배상법에 의한 손해배상액을 산정함에 있어서 그 기준에 구애되는 것이 아니라 할 것이니 이 규정은 국가 또는 공공단체에 대한 손해배상청구권을 규정한 구 헌법 제26조에 위반된다고 볼 수 없다. 대법원 1970. 1. 29. 선고 69다1203 전원합의체 판결

1312 ○ 국가배상법 제3조의2(공제액) ① 제2조 제1항을 적용할 때 피해자가 손해를 입은 동시에 이익을 얻은 경우에는 손해배상액에서 그 이익에 상당하는 금액을 빼야 한다.

1313 ✕ 비록 병역법 제75조 제2항이 공익근무요원으로 복무 중 순직한 사람의 유족에 대하여 국가유공자등예우및지원에관한법률에 따른 보상을 하도록 규정하고 있다고 하여도, 공익근무요원이 국가배상법 제2조 제1항 단서의 규정에 의하여 국가배상상 손해배상청구가 제한되는 군인·군무원·경찰공무원 또는 향토예비군대원에 해당한다고 할 수 없다. 대법원 1997. 3. 28. 선고 97다4036 판결

1314 ○ 군인·군무원 등 국가배상법 제2조 제1항에 열거된 자가 전투, 훈련 기타 직무집행과 관련하는 등으로 공상을 입은 경우라고 하더라도 군인연금법 또는 국가유공자예우등에관한법률에 의하여 재해보상금·유족연금·상이연금 등 별도의 보상을 받을 수 없는 경우에는 국가배상법 제2조 제1항 단서의 적용 대상에서 제외하여야 한다. 대법원 1997. 2. 14. 선고 96다28066 판결

1315 ○ 국가배상법 제2조 제1항 단서 규정은 다른 법령에 보상제도가 규정되어 있고, 그 법령에 규정된 상이등급 또는 장애등급 등의 요건에 해당되어 그 권리가 발생한 이상, 실제로 그 권리를 행사하였는지 또는 그 권리를 행사하고 있는지 여부에 관계없이 적용된다고 보아야 하고, 그 각 법률에 의한 보상금청구권이 시효로 소멸되었다 하여 적용되지 않는다고 할 수는 없다. 대법원 2002. 5. 10. 선고 2000다39735 판결

1316 ○ 구 공무원연금법에 따라 각종 급여를 지급하는 제도는 공무원의 생활안정과 복리향상에 이바지하기 위한 것이라는 점에서 국가배상법 제2조 제1항 단서에 따라 손해배상금을 지급하는 제도와 그 취지 및 목적을 달리하므로, 경찰공무원인 피해자가 구 공무원연금법의 규정에 따라 공무상 요양비를 지급받는 것은 국가배상법 제2조 제1항 단서에서 정한 '다른 법령의 규정'에 따라 보상을 지급받는 것에 해당하지 않는다. 대법원 2019. 5. 30. 선고 2017다16174 판결

1317 ✕ 국가배상법 제2조 제1항 단서가 보훈보상자법 등에 의한 보상을 받을 수 있는 경우 국가배상법에 따른 손해배상청구를 하지 못한다는 것을 넘어 국가배상법상 손해배상금을 받은 경우 보훈보상자법상 보상금 등 보훈급여금의 지급을 금지하는 것으로 해석하기는 어려운 점 등에 비추어, 국가보훈처장은 국가배상법에 따라 손해배상을 받았다는 사정을 들어 보상금 등 보훈급여금의 지급을 거부할 수 없다. 대법원 2017. 2. 3. 선고 2015두60075 판결

1318 ○ 다른 법령에 따라 지급받은 급여와의 조정에 관한 조항을 두고 있지 아니한 보훈보상대상자 지원에 관한 법률과 달리, 군인연금법 제41조 제1항은 "다른 법령에 따라 국가나 지방자치단체의 부담으로 이 법에 따른 급여와 같은 종류의 급여를 받은 사람에게는 그 급여금에 상당하는 금액에 대하여는 이 법에 따른 급여를 지급하지 아니한다."라고 명시적으로 규정하고 있다. 나아가 군인연금법이 정하고 있는 급여 중 사망보상금(군인연금법 제31조)은 일실손해의 보전을 위한 것으로 불법행위로 인한 소극적 손해배상과 같은 종류의 급여라고 봄이 타당하다. 따라서 피고에게 군인연금법 제41조 제1항에 따라 원고가 받은 손해배상금 상당 금액에 대하여는 사망보상금을 지급할 의무가 존재하지 아니한다(군 복무 중 사망한 군인 등의 유족이 국가배상법에 따른 손해배상금을 지급받은 경우, 군인연금법 제31조에서 정한 사망보상금을 지급받을 수 없는 것으로 본 사례). 대법원 2018. 7. 20. 선고 2018두36691 판결

1319 ✕ 국가배상법 제2조 제1항 단서가 적용되는 공무원의 직무상 불법행위로 인하여 직무집행과 관련하여 피해를 입은 군인 등에 대하여 위 불법행위에 관련된 일반국민이 공동불법행위책임, 사용자책임, 자동차운행자책임 등에 의하여 그 손해를 자신의 귀책부분을 넘어서 배상한 경우에도, 국가 등은 피해 군인 등에 대한 국가배상책임을 면할 뿐만 아니라, 나아가 민간인에 대한 국가의 귀책비율에 따른 구상의무도 부담하지 않는다고 하여야 할 것이다. 위와 같은 경우에는 공동불법행위자 등이 부진정연대채무자로서 각자 피해자의 손해 전부를 배상할 의무를 부담하는 공동불법행위의 일반적인 경우와 달리 예외적으로 민간인은 피해 군인 등에 대하여 그 손해 중 국가 등이 민간인에 대한 구상의무를 부담한다면 그 내부적인 관계에서 부담하여야 할 부분을 제외한 나머지 자신의 부담부분에 한하여 손해배상의무를 부담하고, 한편 국가 등에 대하여는 그 귀책부분의 구상을 청구할 수 없다. 대법원 2001. 2. 15. 선고 96다42420 전원합의체 판결

1320 생명·신체의 침해로 인한 국가배상을 받을 권리는 양도하거나 압류하지 못한다. ^{13. 국가} ( )

1321 국가배상청구권은 피해자나 그 법정대리인이 그 손해 및 가해자를 안 날로부터 3년간 이를 행사하지 아니하면 시효로 인하여 소멸한다. ^{15. 사복} ( )

1322 배상청구권의 시효와 관련하여 '가해자를 안다는 것'은 피해자나 그 법정대리인이 가해 공무원의 불법행위가 그 직무를 집행함에 있어서 행해진 것이라는 사실까지 인식함을 요구하지 않는다. ^{17. 국가 7급} ( )

1323 외국인이 피해자인 경우에는 해당 국가와 상호보증이 있을 때에만 「국가배상법」이 적용되며, 상호보증은 해당 국가와 조약이 체결되어 있어야 한다. ^{22. 국가 7급} ( )

정답 & ⭕❌ 풀이

1320 ⭕ 국가배상법 제4조(양도 등 금지) 생명·신체의 침해로 인한 국가배상을 받을 권리는 양도하거나 압류하지 못한다.

1321 ⭕ 국가배상법은 배상청구권의 소멸시효에 대한 명문의 규정을 두고 있지 않은바, 따라서 민법이 적용되어 배상청구권은 피해자나 그 법정대리인이 손해 및 가해자를 안 날로부터 3년간 이를 행사하지 아니하면 시효로 소멸한다.

1322 ❌ 국가배상법 제2조 제1항 본문 전단 규정에 따른 배상책임을 묻는 사건에 대하여는 동법 제8조의 규정에 의하여 민법 제766조 소정의 단기소멸시효제도가 적용되는 것인 바, 여기서 가해자를 안다는 것은 피해자가 가해 공무원이 국가 또는 지방자치단체와의 간에 공법상 근무관계가 있다는 사실을 알고, 또한 일반인이 당해 공무원의 불법행위가 국가 또는 지방자치단체의 직무를 집행함에 있어서 행해진 것이라고 판단하기에 족한 사실까지도 인식하는 것을 의미한다. 대법원 1989. 11. 14. 선고 88다카 32500 판결

1323 ❌ 상호보증은 외국의 법령, 판례 및 관례 등에 의하여 승인요건을 비교하여 인정되면 충분하고 반드시 당사국과 조약이 체결되어 있을 필요는 없으며, 해당 외국에서 구체적으로 우리나라의 같은 종류의 판결을 승인한 사례가 없다고 하더라도 실제로 승인할 것이라고 기대할 수 있을 정도이면 충분하다. 대법원 2017. 5. 30. 선고 2012다23832 판결

주제 63 손실보상

1 의의

- 적법한 공권력 행사로 인해 국민에게 재산상 특별한 손해가 발생한 경우 국가·지방자치단체 또는 공익사업의 주체가 이를 보상하는 것

- 이론적 근거: 기본권인 재산권 보장 + 공적부담 앞의 평등(특별희생설)

- 법률적 근거: 일반법 ×, 토지보상법 등 개별법상 규정

2 경계이론과 분리이론

① 헌법 규정

> **헌법 제23조** ① 모든 국민의 재산권은 보장된다. 그 내용과 한계는 법률로 정한다.
> ② 재산권의 행사는 공공복리에 적합하도록 하여야 한다.
> ③ 공공필요에 의한 재산권의 수용·사용 또는 제한 및 그에 대한 보상은 법률로써 하되, 정당한 보상을 지급하여야 한다.

- 제23조 제1항, 제2항: 재산권의 사회적 제약 ➡ **보상규정 불요**

- 제23조 제3항: 공용침해 ➡ **보상규정 필요**
  - 헌법은 보상청구권의 근거 및 그 기준과 방법을 모두 법률에 유보

- 사회적 제약과 공용침해를 구분하는 기준에 대한 이론으로 경계이론과 분리이론이 있음

② 경계이론

- 사회적 제약과 공용침해는 별개의 제도 × ➡ 양자는 '재산권 제한의 정도'에 의해서만 구별
  - 보상 필요 없는 제한: 사회적 제약 / 보상 필요한 제한: 공용침해

- if 사회적 제약이 한계를 넘어서서 특별한 희생 요구 ➡ **공용침해로 전환: 보상 필요**

- 재산권의 '가치보장' 중시(∵사회적 제약의 한계 넘어도 위헌 ×, 보상만 해주면 문제없음)
  - 가치보장: 공공필요에 의해 재산권에 대한 침해가 행해지는 경우, 보상조치를 취하는 것

③ 분리이론

- 사회적 제약과 공용침해는 서로 다른 별개의 제도 ○ ➡ 양자는 '입법자의 의사'에 따라 분리

- if 사회적 제약이 한계를 넘어서서 특별한 희생 요구 ➡ 비례원칙 위반으로 위헌(공용침해로 전환 ✕)

- 재산권의 '존속보장' 중시(∵과도한 사회적 제약을 위헌으로 봄으로써 재산권의 계속 사용을 보장)
  - 존속보장 : 재산권자가 재산권을 보유하고 사용·수익·처분하는 것을 보장하는 것

④ 헌법재판소 : 분리이론(개발제한구역 사건)

- 개발제한구역제도를 규정한 도시계획법 ➡ 재산권의 사회적 제약 규정임(∴ 비례원칙 준수해야 함)

- 개발제한구역 제도 자체는 원칙적으로 합헌
  - But 일부 토지소유자에게 사회적 제약의 범위를 넘는 가혹한 부담 발생
    (∵실질적으로 토지의 사용·수익이 전혀 불가능한 예외적인 경우 발생)
  - 아무런 보상 없이 그러한 사회적 제약을 감수하도록 하는 것은 비례원칙 위반으로 위헌

- 보상의 구체적 기준과 방법 : 입법자에게 광범위한 입법형성권 ➡ 헌법불합치 결정
  - 국회는 보상입법 제정의무, 행정청은 보상입법 전까지 개발제한구역 새로 지정 ✕
  - 소유자는 입법 후에야 그에 따른 권리행사(보상청구) 가능

- 위 위헌결정 이후 개발제한구역 지정과 관련된 보상규정이 마련됨 ➡ 위헌 ✕

- [유사 판례]
  - 도시정비법에 따른 정비기반시설의 소유권 귀속 ➡ 재산권의 내용과 한계를 정한 것 ○(사회적 제약)
    ➡ 공용침해가 아니므로, 정당한 보상의 원칙 적용될 여지 ✕

---

3 손실보상의 요건

① 공공의 필요

- 국민의 재산권을 그 의사에 반하여 강제적으로라도 취득해야 할 공익의 필요성
  - 추상적 공익 일반 ✕, 기본권 제한사유인 공공복리보다 '좁은' 개념

- if 공공필요 인정 ➡ 사인(ex 산업단지 개발하는 민간기업)도 수용의 주체가 될 수 있음
  - 사인에게 부당한 특혜 없도록 공익보장책 필요

② 재산권의 침해

- 재산권 : 모든 재산가치 있는 구체적 권리 ➡ 경제적 가치 있는 모든 공법상·사법상 권리

- 단순한 경제적 기회, 기대이익, 반사적 이익, 기업활동의 사실적·법적 여건 ➡ 재산권 ×
  - 재산권 × : 지가상승의 기회, 금연구역 지정으로 인한 영업손실, 문화적·학술적 가치
  - 재산권 ○ : 토지에 정착한 지장물(무허가건물도 원칙적으로 보상의 대상이 되는 재산권 ○)

- 재산권의 침해는 현실적으로 발생해야 함
  - 공유수면매립면허·고시가 있었다는 것만으로는 관행어업권자에게 아직 손실 발생 ×
    ➡ 매립공사가 실행되어 실질적·현실적 피해 발생한 경우에만 손실보상청구권 발생

- 공익사업의 시행과 재산권 침해 사이에 인과관계 필요
  - 공익사업시행 후, 토석채취허가(기속재량행위) 연장 거부 ➡ 인과관계 ×

③ 침해의 적법성

- 침해는 적법해야 함(if 불법한 침해 ➡ 손실보상 ×, 국가배상 ○)

④ 특별한 희생(손해)

- 사회적 제약의 한계를 넘는 손해의 발생

- 한계 넘었는지 판단 기준 ➡ 관련 사정 종합적으로 고려
  - 특별한 희생 ○ : 아무런 보상 없이 토지의 사적 이용권을 10년간 배제
  - 특별한 희생 × : 공물의 일반사용 제한, 어업에 대한 재산적 이익

⑤ 보상규정의 존재

- 손실보상은 원칙적으로 개별법에서 보상규정 두고 있는 경우에만 가능

4 보상입법의 흠결

- 위헌무효설 : 헌법 제23조 제3항은 불가분조항(재산권 침해하는 법률에는 반드시 보상규정 두어야 함)
  - 공용침해를 규정하면서 보상규정을 두지 않은 법률은 위헌무효
- 직접효력설 : 헌법 제23조 제3항(불가분조항 ×)을 근거로 직접 보상청구 가능

- **유추적용설**: 헌법 제23조 제3항 또는 개별법상 규정 유추적용하여 보상청구 가능

- **보상입법부작위 위헌설**: 보상규정 없는 법률 자체가 위헌 ×, 보상입법 하지 않은 입법부작위가 위헌 ○

- **대법원**: 다양한 청구원인에 기초하여 보상청구를 인정하고 있음
  - 개별 법령상의 관련 보상규정 유추적용, 민법상 불법행위 손배청구 또는 부당이득청구도 가능

- **헌재**: 과거 보상입법부작위를 위헌으로 본 사례 있음

5 손실보상청구권

- **종래 판례**: 사권 ➡ 민사소송

- **하천법 사례**: 공권 ➡ 당사자소송(But 판례의 견해가 변경된 것은 아님)
  - 당사자소송의 대상으로 본 사례: 토지보상법에 따른 각종 보상금청구(ex 농업손실, 사업폐지)
  - 민사소송의 대상으로 본 사례: 수산업법에 따른 손실보상청구, 유추적용에 의한 손실보상청구

주제 64 토지보상법의 주요 내용

1 공익사업의 절차 개관

> 사업시행자 선정 ➡ 토지 및 물건조서 작성 ➡ 보상계획의 공고 ➡ 협의 및 계약
> ➡ 사업인정·고시(사업시행자에게 수용권 설정하는 설권행위) ➡ 협의 및 계약 ➡ 수용재결(및 보상금 지급)
> ➡ 불복절차: 이의신청(행정심판), 행정소송

2 보상금액의 결정

① 협의에 의한 결정(협의전치주의)

- 협의취득: 사법상 계약 ➡ 협의 내용이 토지보상법의 기준과 맞지 않아도 추가보상청구 ✕

- 수용재결 후에도 다시 협의하여 계약체결 가능

② 토지수용위원회의 재결에 의한 결정

- 협의 ✕ ➡ 사업시행자는 토지수용위원회에 재결 신청
  - 토지수용위원회는 중앙토지수용위원회와 지방토지수용위원회로 구분됨
  - 국가 또는 광역지자체가 사업시행자인 경우에는 중토위가, 그 외 경우에는 지토위가 관할함

- 토지소유자 ➡ 직접 재결 신청 ✕, 사업시행자에게 재결신청 청구
  - 재결신청 청구에 대해 사업시행자가 거부처분 또는 부작위 ➡ 항고소송 ○
  - 토지보상법에 따른 공익사업절차를 개시한 적 없는 경우 ➡ 재결신청 청구권 ✕ ➡ 항고소송 ✕

- 재결의 범위: 신청 범위 내에서 재결, But 수용보상금에 대해서는 증액재결 가능

3 재결에 대한 불복절차

① 일반론

- 불복절차의 종류: 이의신청(특별행정심판), 행정소송

- 토지보상법에 따른 재결 및 불복절차 거치지 않고, 곧바로 손실보상 청구 ✕

- 재결절차를 거쳤는지 여부는 '보상항목'별로 판단
  - 일부 보상항목에 관한 재결에 대해서만 불복 가능
  - 법원은 보상항목 상호 간 유용을 허용하여 항목별 과다·과소 부분 합산하여 정당한 보상금 결정 ○

② 이의신청(행정심판)

- 이의신청의 상대방
  - 중앙토지수용위원회의 재결에 이의 ➡ 중앙토지수용위원회에 이의신청
  - 지방토지수용위원회의 재결에 이의 ➡ 지방토지수용위원회 거쳐 중앙토지수용위원회에 이의신청

- 이의신청의 기간 : 재결서 정본 받은 날로부터 30일 내

- 임의적 전치주의 : 이의신청 없이 곧바로 행정소송 가능

- 이의신청에 대한 재결 확정 : 민소법상의 확정판결이 있는 것으로 봄(집행권원의 효력)

- **집행부정지** : 이의신청 하더라도 사업진행 등의 정지 ✕

③ 항고소송

- 수용재결의 내용 중 수용 자체를 다투는 경우

- 제소기간 : 재결서 받은 날로부터 90일 내, 이의신청에 대한 재결서 받은 날로부터 60일 내

- 원처분주의(이의신청에 대한 재결 자체에 고유한 하자가 없는 한, 원처분을 대상으로 해야 함)
  - 대상적격 : 원처분(지방 또는 중앙토지수용위원회의 수용재결)
  - 피고적격 : 수용재결을 한 토지수용위원회

- **집행부정지** : 항고소송 제기하더라도 사업진행 등의 정지 ✕

④ 당사자소송(보상금증감소송)

- 수용재결의 내용 중 수용 자체는 다투지 않으면서 보상금의 수액을 다투는 경우

- 제소기간 : 재결서 받은 날로부터 90일 내, 이의신청에 대한 재결서 받은 날로부터 60일 내

- 피고적격 : 사업시행자 또는 토지소유자 ○, 토지수용위원회 ✕

- 형식적 당사자소송에 해당(형식 : 당사자소송, 실질 : 수용재결 처분에 대한 불복)

- 어떠한 보상항목이 법령상 손실보상 대상임에도 토수위가 손실보상 대상 아닌 것으로 잘못된 재결
  ➡ 항고소송 ✕, 당사자소송 ○(피고는 사업시행자 ○, 토지수용위원회 ✕)

4 보상의 기준

① 정당한 보상(헌법 제23조 제3항)

- '정당한 보상'의 의미 : 완전보상 ○(상당보상 ×) ➡ **발생한 손실 전부에 대한 보상**

- 개발이익(공익사업 시행으로 인해 발생한 지가 상승 등의 이익) ➡ **완전보상에 포함 ×**

② 손실보상의 기준

- 사업시행자 보상

- 현금보상(예외적으로 채권보상 가능, 개별법상 현물보상 정해놓은 경우도 있음)

- 사전보상 및 전액보상 : 공사 착수하기 이전에 보상금 전액 지급

- 개인별 보상(물건별 보상 ×)

- 동일 사업지역 내 보상시기를 달리하는 동일 소유자의 여러 토지 ➡ **소유자 요구 시 한꺼번에 지급**

- 상계금지 : 공익사업 시행으로 인한 잔여지 가격 상승 그 밖의 이익과 보상금(손실) 상계 금지

5 보상의 대상

① 재산권 보상

(1) 의의

- 피침해재산의 객관적 가치 보상 + 부대적 손실(ex 영업손실, 시설이전비용) 보상

- 보상액 산정 기준(가격시점) : 협의 성립 또는 재결 당시의 가격

- 토지의 가격 기준 : 표준지공시지가 기준(표준지공시지가 < 개별공시지가 ➡ **위법 ×**)
  - 현실적 이용 상황 또는 일반적 이용방법에 따른 객관적 상황 고려 ○
  - 일시적 이용 상황 또는 주관적 가치 및 특별한 용도에 사용할 상황 고려 ×

(2) 개발이익의 배제

- 해당 공익사업으로 인하여 토지의 가격이 변동 ➡ **고려 ×**

- 자연적인 지가상승분 or 공익사업과는 관계없는 다른 사업의 시행으로 인한 개발이익 ➡ **고려 ○**

- 공법상 제한
  - 당해 공공사업을 직접 목적 ○ ➡ 제한 받지 않는 상태대로 평가
  - 당해 공공사업을 직접 목적 × ➡ 제한 받는 상태대로 평가

(3) 부대적 손실의 보상

- 잔여지 · 잔여건축물 손실, 건축물 등 이전비용, 광업권 등 투자비용, 농업손실, 임금손실, 영업손실 등

- 하천법에 따른 하천수 사용권 ➡ 손실보상의 대상인 '물의 사용에 관한 권리'에 해당 ○

(4) 보상청구권 존부의 판단시점

- 공공사업의 시행 당시를 기준으로 판단
  - 실시계획승인 · 고시 이후 영업을 위한 허가 · 신고 등이 있는 경우, 보상의 대상 ×

② 간접손실 보상(사업시행지 외 손실보상)

- 공익사업 시행으로 인해 사업시행지 '밖'의 재산권에 발생하는 손실에 대한 보상

- 요건 : 사업시행지 밖 손실 + 손실 발생의 예견가능성 + 손실 범위 구체적으로 특정

- 타 법령에 따른 공익사업 ➡ 개별법상 규정 없더라도 토지보상법 규정 유추적용 ○

③ 확장수용

(1) 잔여지 수용

- 동일 소유자 토지 중 일부만 매수(수용) ➡ 잔여지를 종래 목적으로 사용하는 것이 현저히 곤란한 경우
  - 먼저 사업시행자에게 잔여지 매수 청구
  - 사업시행자가 매수 거부 시, 토지수용위원회에 수용 청구
  - 참고 사업시행자에 대한 매수청구를 토지수용위원회에 대한 수용청구로 볼 수는 없음

- 수용청구권 : 형성권(∴수용청구의 의사표시만으로 수용의 효과 발생)
  - 토지수용위원회가 수용 거절하여도 수용의 효과 ○
  - 수용 거절에 대한 불복 ➡ 항고소송 ×, 당사자소송 ○(피고는 사업시행자 ○, 토지수용위원회 ×)
  - 수용청구권의 행사기간 : 공사완료일까지(제척기간)

(2) 공용사용으로 인한 손실보상

- 토지사용기간이 3년 이상, 토지사용으로 인해 토지의 형질 변경, 사용하려는 토지에 건축물 존재
  - 토지소유자는 사업시행자에게 토지의 매수를 청구 또는 토지수용위원회에 수용 청구

- 수용청구권 : 형성권 ➡ 잔여지 수용의 경우와 동일한 법리 적용
  - 수용 거절에 대한 불복 ➡ 항고소송 ×, 당사자소송 ○(피고는 사업시행자 ○, 토지수용위원회 ×)

④ 생활보상

(1) 의의

- 피수용자에게 물질적 보상을 함으로써 종전과 같은 생활을 유지하는 것을 보장하는 보상

- 종류 : 이주대책, 생활대책

- 생활보상이 헌법 제23조 제3항의 정당한 보상에 포함되는지 여부
  - 대법원 : 생활대책 ○, 이주대책 ×(생존권적 기본권에 근거)
  - 헌재 : 생활대책 ×, 이주대책 ×(모두 생존권적 기본권에 근거)

(2) 이주대책

- 종전과 같은 생활을 유지할 수 있도록 다른 지역으로 이주시키는 대책

- 토지보상법 : 사업시행자에게 이주대책 수립·실시의무 부과 ➡ 강행법규
  - 이주대책의 구체적 내용 결정 ➡ 사업시행자의 재량 ○
  - 입법자가 이주대책 대상자에서 세입자 제외 ➡ 위헌 ×(∵ 이주대책은 입법에 의해 비로소 인정)

- 이주대책 대상자 : 주거용 건축물을 제공함에 따라 생활의 근거를 상실하게 된 자
  - 사업인정고시일을 기준으로 판단 ➡ 이후 주거용으로 용도 변경, 대상자 ×

- 수분양권의 취득시기 ➡ 토지보상법의 이주대책 규정만으로 곧바로 발생 ×
  - 이주대책대상자 선정신청 후 그에 대한 사업시행자의 확인·결정(처분) 있어야만 취득 ○
  - 사업시행자의 이주대책대상자 선정 거부행위 : 거부처분 ○
    ➡ 거부처분에 대한 항고소송 ○, 수분양권 확인을 구하는 당사자소송 ×

- 참고 재개발·재건축 사업에 있어서 수분양권 취득시기 : 분양신청 후 관리처분계획 있어야만 취득 ○
  - if 분양신청 내용과 달리 관리처분계획 수립 ➡ 관리처분계획에 대한 항고소송 ○
  - if 관리처분계획 수립 전 단계에서 수분양권 확인을 구하는 당사자소송 ➡ 각하

- 이주대책 수립·실시하지 않거나 대상자가 이주정착지 아닌 다른 지역으로 이주 ➡ 이주정착금 지급
  - 주거이전비 보상청구 ➡ 당사자소송 ○

(3) 생활대책(생계대책)

- 종전과 같은 경제수준을 유지할 수 있도록 하는 조치

- 토지보상법상 명문의 규정 ×

- 헌법 제23조 제3항의 정당한 보상에 포함 ➡ 선정 여부의 확인·결정 신청권 ○
  - 사업시행자의 생활대책대상자 선정 거부행위 : 거부처분 ○ ➡ 항고소송 ○

기출 ⭕❌ Check

1324 헌법은 보상청구권의 근거뿐만 아니라 보상의 기준과 방법에 관해서도 법률에 유보하고 있다. 12. 국가 7급 (   )

1325 헌법재판소는 구 「도시계획법」상 개발제한구역의 지정으로 일부 토지소유자에게 사회적 제약의 범위를 넘는 가혹한 부담이 발생하는 경우에 보상규정을 두지 않은 것은 위헌성이 있는 것이고, 보상의 구체적 기준과 방법은 입법자가 입법정책적으로 정할 사항이라고 결정하였다. 14. 지방 (   )

1326 헌법재판소는 「개발제한구역의 지정 및 관리에 관한 특별조치법」 제11조 제1항 등에 대한 위헌소원사건에서 토지의 효용이 감소한 토지소유자에게 토지매수청구권을 인정하는 등 보상규정을 두었지만 적절한 손실보상에 해당하지 않는다고 위헌결정을 하였다. 23. 국가 (   )

1327 정비기반시설과 그 부지의 소유·관리·유지관계를 정한 「도시 및 주거환경정비법」 제65조 제2항의 전단에 따른 정비기반시설의 소유권 귀속은 헌법 제23조 제3항의 수용에 해당한다. 14. 지방 (   )

1328 헌법재판소는 헌법 제23조 제3항의 '공공필요'는 '국민의 재산권을 그 의사에 반하여 강제적으로라도 취득해야 할 공익적 필요성'을 의미하고, 이 요건 중 공익성은 기본권 일반의 제한사유인 '공공복리'보다 좁은 것으로 보고 있다. 17. 국가 (   )

1329 공용수용은 공공필요에 부합하여야 하므로, 수용 등의 주체를 국가 등의 공적 기관에 한정하여야 한다.

21. 국가 7급 (   )

1330 토지의 문화적·학술적 가치는 특별한 사정이 없는 한 손실보상의 대상이 되지 않는다. 12. 국가 (   )

1331 지장물인 건물은 적법한 건축허가를 받아 건축된 건물만이 손실보상의 대상이 된다. 11. 지방 7급 (   )

1332 손실보상이 인정되기 위하여 재산권에 대한 침해가 현실적으로 발생하여야 하는 것은 아니다. 12. 국가 (   )

1333 공유수면매립면허의 고시가 있는 경우 그 사업이 시행되고 그로 인하여 직접 손실이 발생한다고 할 수 있으므로, 관행어업권자는 공유수면매립면허의 고시를 이유로 손실보상을 청구할 수 있다. 19. 지방 (   )

1334 공공용물에 관하여 적법한 개발행위 등이 이루어짐으로 말미암아 이에 대한 일정 범위의 사람들의 일반사용이 종전에 비하여 제한받게 되었다 하더라도 특별한 사정이 없는 한 그로 인한 불이익은 손실보상의 대상이 되는 특별한 손실에 해당한다고 할 수 없다. 11. 국가 (   )

1335 헌법 제23조 제3항을 국민에 대한 직접적인 효력이 있는 규정으로 보는 견해는 동조항의 재산권의 수용·사용·제한 규정과 보상규정을 불가분조항으로 본다. 17. 국가 (   )

1324 ○ 헌법 제23조 제3항은 보상청구권의 근거에 관하여서 뿐만 아니라 보상의 기준과 방법에 관하여서도 법률의 규정에 유보하고 있는 것으로 보아야 한다. 법원 1993. 7. 13. 선고 93누2131 판결

1325 ○ 도시계획법 제21조에 규정된 개발제한구역제도 그 자체는 원칙적으로 합헌적인 규정인데, 다만 개발제한구역의 지정으로 말미암아 일부 토지소유자에게 사회적 제약의 범위를 넘는 가혹한 부담이 발생하는 예외적인 경우에 대하여 보상규정을 두지 않은 것에 위헌성이 있는 것이다. (중략) 보상의 구체적 기준과 방법은 헌법재판소가 결정할 성질의 것이 아니라 광범위한 입법형성권을 가진 입법자가 입법정책적으로 정할 사항이므로, 입법자가 보상입법을 마련함으로써 위헌적인 상태를 제거할 때까지 위 조항을 형식적으로 존속케 하기 위하여 헌법불합치결정을 하는 것이다. 헌법재판소 1998. 12. 24. 선고 89헌마214 결정

1326 ✕ 개발제한구역의 지정으로 인하여 토지의 효용이 현저히 감소하거나 그 사용·수익이 사실상 불가능한 토지소유자에게 토지매수청구권을 인정하는 등 보상규정을 두고 있는 점에 비추어, 이 사건 특조법 조항이 토지재산권의 제한을 통하여 실현하고자 하는 공익의 비중과 이 사건 특조법 조항에 의하여 발생하는 토지재산권의 침해의 정도를 비교형량할 때 양자 사이에 적정한 비례관계가 성립한다고 보이므로 법익균형성도 충족된다. 따라서 개발제한구역내에서 건축물의 건축 및 용도변경 등의 행위를 제한한 이 사건 특조법 조항이 비례의 원칙을 위반하여 청구인들의 재산권을 과도하게 침해한 것으로 보기 어렵다. 헌법재판소 2004. 2. 26. 선고 2001헌바80 등 병합 전원재판부

1327 ✕ 도시정비법 제65조 제2항 전단에 따른 정비기반시설의 소유권 귀속은 헌법 제23조 제3항의 수용에 해당하지 않고, 이 사건 법률조항이 그에 대한 보상의 의미를 가지는 것도 아니므로, 이 사건 법률조항에 관하여 정당한 보상의 원칙이 적용될 여지가 없다. 헌법재판소 2013. 10. 24. 선고 2011헌바355 결정

1328 ○ 헌법 제23조 제3항에서 규정하고 있는 '공공필요'는 "국민의 재산권을 그 의사에 반하여 강제적으로라도 취득해야 할 공익적 필요성"으로서, '공공필요'의 개념은 '공익성'과 '필요성'이라는 요소로 구성되어 있다. 공익성은 추상적인 공익 일반 또는 국가의 이익 이상의 중대한 공익을 요구하므로 기본권 일반의 제한사유인 '공공복리'보다 좁게 보는 것이 타당하며, 공익성의 정도를 판단함에 있어서는 공용수용을 허용하고 있는 개별법의 입법목적, 사업내용, 사업이 입법목적에 이바지 하는 정도는 물론, 특히 그 사업이 대중을 상대로 하는 영업인 경우에는 그 사업 시설에 대한 대중의 이용·접근가능성도 아울러 고려하여야 한다. 헌법재판소 2014. 10. 30. 선고 2011헌바129 결정

1329 ✕ 우리 헌법상 수용의 주체를 국가로 한정한 바 없으므로 민간기업도 수용의 주체가 될 수 있고, 산업입지의 공급을 통해 산업발전을 촉진하여 국민경제의 발전에 이바지하고자 함에는 공공의 필요성이 있으며, 피수용자에게 환매권이 보장되고 정당한 보상이 지급되며, 나아가 수용과정이 적법절차에 의해 규율되는 점에 비추어 볼 때 민간기업에게 산업단지개발사업에 필요한 토지 등을 수용할 수 있도록 규정한 산업입지 및 개발에 관한 법률 제22조 제1항은 헌법에 위반된다고 할 수 없다. 헌법재판소 2009. 9. 24. 선고 2007헌바114 결정

1330 ○ 문화적, 학술적 가치는 특별한 사정이 없는 한 그 토지의 부동산으로서의 경제적, 재산적 가치를 높여 주는 것이 아니므로 토지수용법 제51조 소정의 손실보상의 대상이 될 수 없다. 대법원 1989. 9. 12. 선고 88누11216 판결

1331 ✕ 지장물인 건물은 그 건물이 적법한 건축허가를 받아 건축된 것인지 여부에 관계없이 토지수용법상의 사업인정의 고시 이전에 건축된 건물이기만 하면 손실보상의 대상이 됨이 명백하다. 대법원 2000. 3. 10. 선고 99두10896 판결

1332 ✕ 공유수면 매립면허의 고시가 있다고 하여 반드시 그 사업이 시행되고 그로 인하여 손실이 발생한다고 할 수 없으므로, 매립면허 고시 이후 매립공사가 실행되어 관행어업권자에게 실질적이고 현실적인 피해가 발생한 경우에만 공유수면매립법에서 정하는 손실보상청구권이 발생하였다고 할 것이다. 대법원 2010. 12. 9. 선고 2007두6571 판결

1333 ✕ 공유수면 매립면허의 고시가 있다고 하여 반드시 그 사업이 시행되고 그로 인하여 손실이 발생한다고 할 수 없으므로, 매립면허 고시 이후 매립공사가 실행되어 관행어업권자에게 실질적이고 현실적인 피해가 발생한 경우에만 공유수면매립법에서 정하는 손실보상청구권이 발생하였다고 할 것이다. 대법원 2010. 12. 9. 선고 2007두6571 판결

1334 ○ 일반 공중의 이용에 제공되는 공공용물에 대하여 특허 또는 허가를 받지 않고 하는 일반사용은 다른 개인의 자유이용과 국가 또는 지방자치단체 등의 공공목적을 위한 개발 또는 관리·보존행위를 방해하지 않는 범위 내에서만 허용된다 할 것이므로, 공공용물에 관하여 적법한 개발행위 등이 이루어짐으로 말미암아 이에 대한 일정범위의 사람들의 일반사용이 종전에 비하여 제한받게 되었다 하더라도 특별한 사정이 없는 한 그로 인한 불이익은 손실보상의 대상이 되는 특별한 손실에 해당한다고 할 수 없다. 대법원 2002. 2. 26. 선고 99다35300 판결

1335 ✕ 보상규정의 흠결과 관련하여, 재산권의 수용·사용·제한 규정과 보상규정을 불가분조항으로 보는 이론은 '직접효력설'이 아닌 '위헌무효설'이다.

1336 헌법 제23조 제3항을 불가분조항으로 볼 경우, 보상규정을 두지 아니한 수용법률은 헌법위반이 된다.

17. 지방 (   )

1337 대법원은 구 「하천법」 부칙 제2조와 이에 따른 특별조치법에 의한 손실보상청구권의 법적 성질을 사법상의 권리로 보아 그에 대한 쟁송은 행정소송이 아닌 민사소송절차에 의하여야 한다고 판시하고 있다. 17. 지방 (   )

1338 「공익사업을 위한 토지 등의 취득 및 보상에 관한 법률」에 따른 사업폐지 등에 대한 보상청구권은 사법상 권리로서 그에 관한 소송은 민사소송절차에 의하여야 한다. 19. 지방 (   )

1339 사업인정은 공익사업의 시행자에게 그 후 일정한 절차를 거칠 것을 조건으로 일정한 내용의 수용권을 설정하여 주는 형성행위이다. 23. 지방 (   )

1340 토지수용위원회는 「공익사업을 위한 토지 등의 취득 및 보상에 관한 법률」에 의한 사업인정 후 그 사업이 공익성을 결한다고 판단할 경우에 수용재결을 하지 않을 수 있다. 19. 소방간부 (   )

1341 손실보상금에 관한 당사자 간의 합의가 성립하면, 그 합의내용이 토지보상법에서 정하는 손실보상 기준에 맞지 않는다고 하더라도 합의가 적법하게 취소되는 등의 특별한 사정이 없는 한 추가로 토지보상법상 기준에 따른 손실보상금 청구를 할 수 없다. 18. 국가 7급 (   )

1342 토지수용위원회의 수용재결이 있은 후라고 하더라도 토지소유자와 사업시행자가 다시 협의하여 토지 등의 취득·사용 및 그에 대한 보상에 관하여 임의로 계약을 체결할 수 있다. 18. 국가 7급 (   )

1343 토지소유자 등이 손실보상대상에 해당한다고 주장하며 보상을 요구하는데도 사업시행자가 손실보상대상에 해당하지 아니한다며 보상대상에서 이를 제외한 채 협의를 하지 않아 결국 협의가 성립하지 않은 경우, 토지소유자 등에게는 재결신청청구권이 인정된다. 22. 지방 7급 (   )

1344 사업시행자가 토지소유자 등의 재결신청의 청구를 거부하는 경우, 토지소유자 등은 민사소송의 방법으로 그 절차 이행을 구할 수 있다. 22. 지방 7급 (   )

1345 하나의 수용재결에서 여러 가지의 토지, 물건, 권리 또는 영업의 손실의 보상에 관하여 심리·판단이 이루어졌을 때, 피보상자는 재결 전부에 관하여 불복하여야 하고 여러 보상항목들 중 일부에 관해서만 개별적으로 불복할 수는 없다. 18. 국가 7급 (   )

1346 토지수용위원회는 손실보상의 신청범위와 관계없이 손실보상의 증액재결을 할 수 없다. 11. 지방 (   )

1336 ○ 불가분조항이란 재산권침해의 근거가 되는 법률에는 반드시 보상에 관한 규정도 두어야 한다는 것을 의미하므로, 헌법 제23조 제3항을 불가분조항으로 볼 경우, 보상규정을 두지 아니한 법률은 위헌무효가 된다.

1337 ✕ 하천구역 편입토지에 대한 손실보상청구권은 공법상의 권리임이 분명하고, 따라서 그 손실보상을 둘러싼 쟁송은 사인 간의 분쟁을 대상으로 하는 민사소송이 아니라 공법상의 법률관계를 대상으로 하는 행정소송절차에 의하여야 한다. 위 규정들에 의한 손실보상청구권은 1984. 12. 31. 전에 토지가 하천구역으로 된 경우에는 당연히 발생되는 것이지, 관리청의 보상금지급결정에 의하여 비로소 발생하는 것은 아니므로, 위 규정들에 의한 손실보상금의 지급을 구하거나 손실보상청구권의 확인을 구하는 소송은 행정소송법 제3조 제2호 소정의 당사자소송에 의하여야 할 것이다. 대법원 2006. 5. 18. 선고 2004다6207 판결

1338 ✕ 공익사업을 위한 토지 등의 취득 및 보상에 관한 법률 시행규칙 제57조에 따른 사업폐지 등에 대한 보상청구권은 공익사업의 시행 등 적법한 공권력의 행사에 의한 재산상 특별한 희생에 대하여 전체적인 공평부담의 견지에서 공익사업의 주체가 손해를 보상하여 주는 손실보상의 일종으로 공법상 권리임이 분명하므로 그에 관한 쟁송은 민사소송이 아닌 행정소송절차에 의하여야 한다. 대법원 2012. 10. 11. 선고 2010다23210 판결

1339 ○ 사업인정이란 공익사업을 토지 등을 수용 또는 사용할 사업으로 결정하는 것으로서 공익사업의 시행자에게 그 후 일정한 절차를 거칠 것을 조건으로 일정한 내용의 수용권을 설정하여 주는 형성행위이다. 대법원 2011. 1. 27. 선고 2009두1051 판결

1340 ○ 사업시행자가 사업인정을 받은 후 그 사업이 공용수용을 할 만한 공익성을 상실하거나 사업인정에 관련된 자들의 이익이 현저히 비례의 원칙에 어긋나게 된 경우 또는 사업시행자가 해당 공익사업을 수행할 의사나 능력을 상실하였음에도 여전히 그 사업인정에 기하여 수용권을 행사하는 것은 수용권의 공익 목적에 반하는 수용권의 남용에 해당하여 허용되지 않는다. 대법원 2011. 1. 27. 선고 2009두1051 판결

1341 ○ 토지보상법에 의한 보상합의는 공공기관이 사경제주체로서 행하는 사법상 계약의 실질을 가지는 것으로서, 당사자 간의 합의로 같은 법 소정의 손실보상의 기준에 의하지 아니한 손실보상금을 정할 수 있으며, (중략) 손실보상금에 관한 합의 내용이 공익사업법에서 정하는 손실보상 기준에 맞지 않는다고 하더라도 합의가 적법하게 취소되는 등의 특별한 사정이 없는 한 추가로 공익사업법상 기준에 따른 손실보상금 청구를 할 수는 없다. 대법원 2013. 8. 22. 선고 2012다3517 판결

1342 ○ 토지수용위원회의 수용재결이 있은 후라고 하더라도 토지소유자 등과 사업시행자가 다시 협의하여 토지 등의 취득이나 사용 및 그에 대한 보상에 관하여 임의로 계약을 체결할 수 있다고 보아야 한다. 대법원 2017. 4. 13. 선고 2016두64241 판결

1343 ○ 공익사업을 위한 토지 등의 취득 및 보상에 관한 법률 제30조 제1항은 재결신청을 청구할 수 있는 경우를 사업시행자와 토지소유자 및 관계인 사이에 '협의가 성립하지 아니한 때'로 정하고 있을 뿐 (중략) '협의가 성립되지 아니한 때'에는 사업시행자가 토지소유자 등과 공익사업법 제26조에서 정한 협의절차를 거쳤으나 보상액 등에 관하여 협의가 성립하지 아니한 경우는 물론 토지소유자 등이 손실보상대상에 해당한다고 주장하며 보상을 요구하는데도 사업시행자가 손실보상대상에 해당하지 아니한다며 보상대상에서 이를 제외한 채 협의를 하지 않아 결국 협의가 성립하지 않은 경우도 포함된다. 대법원 2011. 7. 14. 선고 2011두2309 판결

1344 ✕ 공익사업을 위한 토지 등의 취득 및 보상에 관한 법률 제28조, 제30조에 따르면, 편입토지 보상, 지장물 보상, 영업·농업 보상에 관해서는 사업시행자만이 재결을 신청할 수 있고 토지소유자와 관계인은 사업시행자에게 재결신청을 청구하도록 규정하고 있으므로, 토지소유자나 관계인의 재결신청 청구에도 사업시행자가 재결신청을 하지 않을 때 토지소유자나 관계인은 사업시행자를 상대로 거부처분 취소소송 또는 부작위 위법확인소송의 방법으로 다투어야 한다. 구체적인 사안에서 토지소유자나 관계인의 재결신청 청구가 적법하여 사업시행자가 재결신청을 할 의무가 있는지는 본안에서 사업시행자의 거부처분이나 부작위가 적법한가를 판단하는 단계에서 고려할 요소이지, 소송요건 심사단계에서 고려할 요소가 아니다. 대법원 2019. 8. 29. 선고 2018두57865 판결

1345 ✕ 하나의 재결에서 피보상자별로 여러 가지의 토지, 물건, 권리 또는 영업(이처럼 손실보상 대상에 해당하는지, 나아가 그 보상금액이 얼마인지를 심리·판단하는 기초 단위를 이하 '보상항목'이라고 한다)의 손실에 관하여 심리·판단이 이루어졌을 때, 피보상자 또는 사업시행자가 반드시 그 재결 전부에 관하여 불복하여야 하는 것은 아니며, 여러 보상항목들 중 일부에 관해서만 불복하는 경우에는 그 부분에 관해서만 개별적으로 불복의 사유를 주장하여 행정소송을 제기할 수 있다. 이러한 보상금 증감소송에서 법원의 심판범위는 하나의 재결 내에서 소송당사자가 구체적으로 불복신청을 한 보상항목들로 제한된다. 대법원 2018. 5. 15. 선고 2017두41221 판결

1346 ✕ 토지보상법 제50조(재결사항) ② 토지수용위원회는 사업시행자, 토지소유자 또는 관계인이 신청한 범위에서 재결하여야 한다. 다만, 제1항 제2호의 손실보상의 경우에는 증액재결을 할 수 있다.

1347 공익사업으로 인해 농업손실을 입은 자가 사업시행자에게서 「공익사업을 위한 토지 등의 취득 및 보상에 관한 법률」에 따른 보상을 받으려면 재결절차를 거쳐야 하고, 이를 거치지 않고 곧바로 민사소송으로 보상금을 청구하는 것은 허용되지 않는다. 19. 국가 7급 (   )

1348 구 「토지수용법」 및 관계법령에 따라 행해진 재결에 대하여 불복절차를 취하지 아니함으로써 그 재결에 대하여 더 이상 다툴 수 없게 된 경우, 기업자(사업시행자)는 그 재결이 당연무효이거나 취소되지 않는 한 이미 보상금을 지급받은 자에 대하여 민사소송으로 그 보상금을 부당이득이라 하여 반환청구할 수 없다. 14. 지방 7급 (   )

1349 중앙토지수용위원회의 재결에 이의가 있는 자는 중앙토지수용위원회에, 지방토지수용위원회의 재결에 이의가 있는 자는 해당 지방토지수용위원회를 거쳐 중앙토지수용위원회에 이의를 신청할 수 있다. 15. 국회 8급 (   )

1350 토지소유자가 수용재결에 대하여 이의신청을 제기하면 사업의 진행 및 토지의 수용 또는 사용을 정지시키는 효력이 있다. 22. 국가 (   )

1351 토지소유자가 수용 자체를 다투는 경우 관할 지방토지수용위원회를 상대로 수용재결에 대하여 취소소송을 제기할 수 있다. 22. 국가 (   )

1352 수용재결에 불복할 때에는 그 재결서를 받은 날부터 60일 이내에, 이의신청을 거쳤을 때에는 이의신청에 대한 재결서를 받은 날부터 30일 이내에 각각 행정소송을 제기하여야 한다. 22. 국가 7급 (   )

1353 보상금 증감에 관한 행정소송의 경우 그 소송을 제기하는 자가 토지소유자 또는 관계인일 때에는 사업시행자를, 사업시행자일 때에는 토지소유자 또는 관계인을 각각 피고로 한다. 11. 지방 7급 (   )

1354 토지수용위원회의 수용재결에 불복하여 취소소송을 제기하는 때에는 이의신청을 거친 경우에도 원칙적으로 수용재결을 한 지방토지수용위원회 또는 중앙토지수용위원회를 피고로 하여 수용재결의 취소를 구하여야 한다. 16. 지방 (   )

1355 「공익사업을 위한 토지 등의 취득 및 보상에 관한 법률」상 토지소유자가 보상금의 증감에 관한 소송을 제기하고자 하는 경우에는 지방토지수용위원회 또는 중앙토지수용위원회를 피고로 행정소송을 제기하여야 한다. 14. 사복 (   )

1356 어떤 보상항목이 공익사업을 위한 토지 등의 취득 및 보상에 관한 법령상 손실보상대상에 해당함에도 관할 토지수용위원회가 사실을 오인하거나 법리를 오해함으로써 손실보상대상에 해당하지 않는다고 잘못된 내용의 재결을 한 경우에는, 피보상자는 관할 토지수용위원회를 상대로 재결취소소송을 제기하여야 한다. 23. 지방 (   )

1357 수용에 따른 손실보상액 산정의 경우 헌법 제23조 제3항에 따른 정당한 보상이란 원칙적으로 피수용재산의 객관적인 재산가치를 완전하게 보상하여야 한다는 완전보상을 뜻한다. 20. 군무원 7급 (   )

1358 재결에 의한 수용 또는 사용의 경우 보상액의 산정은 재결 당시의 가격을 기준으로 하고, 해당 공익사업으로 인하여 토지등의 가격이 변동되었을 때에는 이를 고려하여야 한다. 13. 국가 (   )

1359 공익사업의 시행으로 인한 개발이익을 손실보상액에서 배제하는 것은 헌법에 위반되지 않는다. 12. 국가 (   )

1347 ○ 공익사업으로 인하여 농업의 손실을 입게 된 자가 사업시행자로부터 구 공익사업법 제77조 제2항에 따라 농업손실에 대한 보상을 받기 위해서는 구 공익사업법 제34조, 제50조 등에 규정된 재결절차를 거친 다음 그 재결에 대하여 불복이 있는 때에 비로소 구 공익사업법 제83조 내지 제85조에 따라 권리구제를 받을 수 있다. 대법원 2011. 10. 13. 선고 2009다43461 판결

1348 ○ 재결에 대하여 불복절차를 취하지 아니함으로써 그 재결에 대하여 더 이상 다툴 수 없게 된 경우에는 기업자는 그 재결이 당연 무효이거나 취소되지 않는 한, 이미 보상금을 지급받은 자에 대하여 민사소송으로 그 보상금을 부당이득이라 하여 반환을 구할 수 없다. 대법원 2001. 4. 27. 선고 2000다50237 판결

1349 ○ 토지보상법 제83조(이의의 신청) ① 중앙토지수용위원회의 제34조에 따른 재결에 이의가 있는 자는 중앙토지수용위원회에 이의를 신청할 수 있다.
② 지방토지수용위원회의 제34조에 따른 재결에 이의가 있는 자는 해당 지방토지수용위원회를 거쳐 중앙토지수용위원회에 이의를 신청할 수 있다.

1350 ✕ 토지보상법 제88조(처분효력의 부정지) 제83조에 따른 이의의 신청이나 제85조에 따른 행정소송의 제기는 사업의 진행 및 토지의 수용 또는 사용을 정지시키지 아니한다.

1351 ○ 수용재결의 내용 중 보상금액이 아닌 수용 자체를 다투는 경우 수용재결을 행한 재결청(사례의 경우 관할 지방토지수용위원회)을 피고로 하여 항고소송을 제기해야 한다.

1352 ✕ 토지보상법 제85조(행정소송의 제기) ① 사업시행자, 토지소유자 또는 관계인은 제34조에 따른 재결에 불복할 때에는 재결서를 받은 날부터 90일 이내에, 이의신청을 거쳤을 때에는 이의신청에 대한 재결서를 받은 날부터 60일 이내에 각각 행정소송을 제기할 수 있다. 이 경우 사업시행자는 행정소송을 제기하기 전에 제84조에 따라 늘어난 보상금을 공탁하여야 하며, 보상금을 받을 자는 공탁된 보상금을 소송이 종결될 때까지 수령할 수 없다.

1353 ○ 토지보상법 제85조(행정소송의 제기) ② 제1항에 따라 제기하려는 행정소송이 보상금의 증감에 관한 소송인 경우 그 소송을 제기하는 자가 토지소유자 또는 관계인일 때에는 사업시행자를, 사업시행자일 때에는 토지소유자 또는 관계인을 각각 피고로 한다.

1354 ○ 수용재결에 불복하여 취소소송을 제기하는 때에는 이의신청을 거친 경우에도 수용재결을 한 중앙토지수용위원회 또는 지방토지수용위원회를 피고로 하여 수용재결의 취소를 구하여야 한다(주 : 원처분주의가 적용됨). 대법원 2010. 1. 28. 선고 2008두1504 판결

1355 ✕ 토지보상법 제85조(행정소송의 제기) ② 제1항에 따라 제기하려는 행정소송이 보상금의 증감에 관한 소송인 경우 그 소송을 제기하는 자가 토지소유자 또는 관계인일 때에는 사업시행자를, 사업시행자일 때에는 토지소유자 또는 관계인을 각각 피고로 한다.

1356 ✕ 어떤 보상항목이 공익사업을 위한 토지 등의 취득 및 보상에 관한 법령상 손실보상대상에 해당함에도 관할 토지수용위원회가 사실을 오인하거나 법리를 오해함으로써 손실보상대상에 해당하지 않는다고 잘못된 내용의 재결을 한 경우에는, 피보상자는 관할 토지수용위원회를 상대로 그 재결에 대한 취소소송을 제기할 것이 아니라, 사업시행자를 상대로 구 공익사업을 위한 토지 등의 취득 및 보상에 관한 법률 제85조 제2항에 따른 보상금증감소송을 제기하여야 한다. 대법원 2018. 7. 20. 선고 2015두4044 판결

1357 ○ 헌법이 규정한 '정당한 보상'이란 원칙적으로 피수용재산의 객관적인 재산가치를 완전하게 보상하는 것이어야 한다는 완전보상을 뜻하는 것으로서 보상금액 뿐만 아니라 보상의 시기나 방법 등에 있어서도 어떠한 제한을 두어서는 아니 된다는 것을 의미한다고 할 것이다. 헌법재판소 1990. 6. 25. 선고 89헌마107 결정

1358 ✕ 토지보상법 제67조(보상액의 가격시점 등) ① 보상액의 산정은 협의에 의한 경우에는 협의 성립 당시의 가격을, 재결에 의한 경우에는 수용 또는 사용의 재결 당시의 가격을 기준으로 한다.
② 보상액을 산정할 경우에 해당 공익사업으로 인하여 토지등의 가격이 변동되었을 때에는 이를 고려하지 아니한다.

1359 ○ 개발이익은 그 성질상 완전보상의 범위에 포함되는 피수용자의 손실이라고는 볼 수 없으므로, 개발이익을 배제하고 손실보상액을 산정한다 하여 헌법이 규정한 정당보상의 원리에 어긋나는 것이라고는 판단되지 않는다. 헌법재판소 1990. 6. 25. 선고 89헌마107 결정

1360 토지수용으로 인한 손실보상액은 당해 공공사업의 시행을 직접 목적으로 하는 계획의 승인·고시로 인한 가격변동을 고려함이 없이 수용재결 당시의 가격을 기준으로 하여 정하여야 한다. 14. 국가 7급 (　　　)

1361 구 「하천법」에 의한 하천수 사용권은 「공익사업을 위한 토지 등의 취득 및 보상에 관한 법률」이 손실보상의 대상으로 규정하고 있는 '물의 사용에 관한 권리'에 해당한다. 23. 지방 (　　　)

1362 공공사업 시행으로 사업시행지 밖에서 발생한 간접손실은 손실 발생을 쉽게 예견할 수 있고 손실 범위도 구체적으로 특정할 수 있더라도, 사업시행자와 협의가 이루어지지 않고 그 보상에 관한 명문의 근거 법령이 없는 경우에는 보상의 대상이 아니다. 19. 국가 7급 (　　　)

1363 「공익사업을 위한 토지 등의 취득 및 보상에 관한 법률」상의 잔여지수용청구는 매수에 관한 협의가 성립되지 아니한 경우에만 할 수 있으며, 그 사업의 공사 완료일까지 하여야 한다. 19. 소방 (　　　)

1364 「공익사업을 위한 토지 등의 취득 및 보상에 관한 법률」에 의한 잔여지 수용청구를 받아들이지 않은 토지수용위원회의 재결에 대하여 토지소유자가 불복하여 제기하는 소송은 항고소송에 해당한다. 19. 지방 (　　　)

1365 「공익사업을 위한 토지 등의 취득 및 보상에 관한 법률」에 따라 사업인정고시가 된 후 토지의 사용으로 인하여 토지의 형질이 변경되는 경우에 토지소유자는 중앙토지수용위원회에 그 토지의 매수청구권을 행사할 수 있다.
23. 국가 (　　　)

1366 사업인정고시가 된 후 사업시행자가 토지를 사용하는 기간이 3년 이상인 경우 토지소유자는 토지수용위원회에 토지의 수용을 청구할 수 있고, 토지수용위원회가 이를 받아들이지 않는 재결을 한 경우에는 사업시행자를 피고로 하여 토지보상법상 보상금의 증감에 관한 소송을 제기할 수 있다. 18. 국가 (　　　)

1367 헌법재판소는 생업의 근거를 상실하게 된 자에 대하여 일정 규모의 상업용지 또는 상가분양권 등을 공급하는 생활대책이 헌법 제23조 제3항이 규정하는 정당한 보상에 포함된다고 결정하였다. 14. 지방 (　　　)

1368 이주대책은 생활보상의 일환으로 국가의 적극적이고 정책적인 배려에 의하여 마련된 제도이다. 20. 국회 8급 (　　　)

1369 이주대책의 실시여부는 입법자의 입법정책적 재량의 영역에 속하므로, 세입자를 이주대책대상자에서 제외하는 것은 세입자의 평등권과 재산권을 침해하지 않는다. 11. 사복 (　　　)

정답 & ○✕ 풀이

1360 ○ 수용 대상 토지의 보상액을 산정함에 있어 해당 공익사업의 시행을 직접 목적으로 하는 계획의 승인, 고시로 인한 가격변동은 이를 고려함이 없이 재결 당시의 가격을 기준으로 하여 적정가격을 정하여야 하나, 해당 공익사업과는 관계없는 다른 사업의 시행으로 인한 개발이익은 이를 포함한 가격으로 평가하여야 하고, 개발이익이 해당 공익사업의 사업인정고시일 후에 발생한 경우에도 마찬가지이다. 대법원 2014. 2. 27. 선고 2013두21182 판결

1361 ○ 하천법 제50조에 의한 하천수 사용권은 공익사업을 위한 토지 등의 취득 및 보상에 관한 법률 제76조 제1항이 손실보상의 대상으로 규정하고 있는 '물의 사용에 관한 권리'에 해당한다. 대법원 2018. 12. 27. 선고 2014두11601 판결

1362 ✕ 공공사업의 시행으로 인하여 그러한 손실이 발생하리라는 것을 쉽게 예견할 수 있고 그 손실의 범위도 구체적으로 이를 특정할 수 있는 경우라면 그 손실의 보상에 관하여 공공용지의 취득 및 손실보상에 관한 특례법 시행규칙의 관련 규정 등을 유추적용할 수 있다고 해석함이 상당하다. 대법원 1999. 10. 8. 선고 99다27231 판결

1363 ○ 토지보상법 제74조(잔여지 등의 매수 및 수용 청구) ① 동일한 소유자에게 속하는 일단의 토지의 일부가 협의에 의하여 매수되거나 수용됨으로 인하여 잔여지를 종래의 목적에 사용하는 것이 현저히 곤란할 때에는 해당 토지소유자는 사업시행자에게 잔여지를 매수하여 줄 것을 청구할 수 있으며, 사업인정 이후에는 관할 토지수용위원회에 수용을 청구할 수 있다. 이 경우 수용의 청구는 매수에 관한 협의가 성립되지 아니한 경우에만 할 수 있으며, 사업완료일까지 하여야 한다.

1364 ✕ 구 '공익사업을 위한 토지 등의 취득 및 보상에 관한 법률' 제74조 제1항에 규정되어 있는 잔여지 수용청구권은 손실보상의 일환으로 토지소유자에게 부여되는 권리로서 그 요건을 구비한 때에는 잔여지를 수용하는 토지수용위원회의 재결이 없더라도 그 청구에 의하여 수용의 효과가 발생하는 형성권적 성질을 가지므로, 잔여지 수용청구를 받아들이지 않은 토지수용위원회의 재결에 대하여 토지소유자가 불복하여 제기하는 소송은 위 법 제85조 제2항에 규정되어 있는 '보상금의 증감에 관한 소송'에 해당하여 사업시행자를 피고로 하여야 한다. 대법원 2010. 8. 19. 선고 2008두822 판결

1365 ✕ 토지보상법 제72조(사용하는 토지의 매수청구 등) 사업인정고시가 된 후 다음 각 호의 어느 하나에 해당할 때에는 해당 토지소유자는 사업시행자에게 해당 토지의 매수를 청구하거나 관할 토지수용위원회에 그 토지의 수용을 청구할 수 있다. 이 경우 관계인은 사업시행자나 관할 토지수용위원회에 그 권리의 존속을 청구할 수 있다.
1. 토지를 사용하는 기간이 3년 이상인 경우
2. 토지의 사용으로 인하여 토지의 형질이 변경되는 경우
3. 사용하려는 토지에 그 토지소유자의 건축물이 있는 경우

1366 ○ 토지보상법 제72조는 사업인정고시가 된 후 '토지를 사용하는 기간이 3년 이상인 때(제1호)' 등의 경우 당해 토지소유자는 사업시행자에게 그 토지의 매수를 청구하거나 관할 토지수용위원회에 그 토지의 수용을 청구할 수 있도록 정하고 있다. 위 규정의 문언, 연혁 및 취지 등에 비추어 보면, 위 규정이 정한 수용청구권은 토지보상법 제74조 제1항이 정한 잔여지 수용청구권과 같이 손실보상의 일환으로 토지소유자에게 부여되는 권리로서 그 청구에 의하여 수용효과가 생기는 형성권의 성질을 지니므로, 토지소유자의 토지수용청구를 받아들이지 아니한 토지수용위원회의 재결에 대하여 토지소유자가 불복하여 제기하는 소송은 토지보상법 제85조 제2항에 규정되어 있는 '보상금의 증감에 관한 소송'에 해당하고, 그 피고는 토지수용위원회가 아니라 사업시행자로 하여야 한다. 대법원 2015. 4. 9. 선고 2014두46669 판결

1367 ✕ 생업의 근거를 상실하게 된 자에 대하여 일정 규모의 상업용지 또는 상가분양권 등을 공급하는 생활대책은 헌법 제23조 제3항에 규정된 정당한 보상에 포함되는 것이라기보다는 생활보상의 일환으로서 국가의 정책적인 배려에 의하여 마련된 제도이므로, 그 실시 여부는 입법자의 입법정책적 재량의 영역에 속한다. 이 사건 법률조항이 공익사업의 시행으로 인하여 농업 등을 계속할 수 없게 되어 이주하는 농민 등에 대한 생활대책 수립의무를 규정하고 있지 않다는 것만으로 재산권을 침해한다고 볼 수 없다. 헌법재판소 2013. 7. 25. 선고 2012헌바71 결정

1368 ○ 위 특례법상의 이주대책은 (중략) 그 본래의 취지에 있어 이주자들에 대하여 종전의 생활상태를 원상으로 회복시키면서 동시에 인간다운 생활을 보장하여 주기 위한 이른바 생활보상의 일환으로 국가의 적극적이고 정책적인 배려에 의하여 마련된 제도라 할 것이다. 대법원 2003. 7. 25. 선고 2001다57778 판결

1369 ○ 이주대책은 헌법 제23조 제3항에 규정된 정당한 보상에 포함되는 것이라기보다는 이에 부가하여 이주자들에게 종전의 생활상태를 회복시키기 위한 생활보상의 일환으로서 국가의 정책적인 배려에 의하여 마련된 제도라고 볼 것이다. 따라서 이주대책의 실시 여부는 입법자의 입법정책적 재량의 영역에 속하므로 공익사업을 위한 토지 등의 취득 및 보상에 관한 법률 시행령 제40조 제3항 제3호가 이주대책의 대상자에서 세입자를 제외하고 있는 것이 세입자의 재산권을 침해하는 것이라 볼 수 없다. 헌법재판소 2006. 2. 23. 선고 2004헌마19 결정

1370 「공익사업을 위한 토지 등의 취득 및 보상에 관한 법률」상 사업시행자에 의한 이주대책 수립·실시 및 이주대책의 내용에 관한 규정은 당사자의 합의에 의하여 적용을 배제할 수 있다. 17. 국가 7급 (   )

1371 도시개발사업의 사업시행자가 이주대책기준을 정하여 이주대책대상자 가운데 이주대책을 수립·실시하여야 할 자를 선정하여 그들에게 공급할 택지 등을 정할 때는 재량권을 갖는다. 20. 국회 8급 (   )

1372 「공익사업을 위한 토지 등의 취득 및 보상에 관한 법률」상 행정청이 아닌 사업시행자가 이주대책을 수립·실시하는 경우에 이주정착지에 대한 도로 등 통상적인 생활기본시설에 필요한 비용은 지방자치단체가 부담하여야 한다. 15. 지방 (   )

1373 이주대책은 이른바 생활보상에 해당하는 것으로서 헌법 제23조 제3항이 규정하는 손실보상의 한 형태로 보아야 하므로, 법률이 사업시행자에게 이주대책의 수립·실시의무를 부과하였다면 이로부터 사업시행자가 수립한 이주대책상의 택지분양권 등의 구체적 권리가 이주자에게 직접 발생한다. 19. 국가 7급 (   )

1374 「공익사업을 위한 토지 등의 취득 및 보상에 관한 법률」상 주거용 건축물 세입자의 주거이전비 보상청구권은 사법상의 권리이고, 주거이전비 보상청구소송은 민사소송에 의해야 한다. 19. 국가 7급 (   )

1375 사업시행자 스스로 생활대책을 수립·실시하는 경우, 이는 내부적인 기준에 불과하므로 생활대책대상자 선정기준에 해당하는 자는 사업시행자에게 생활대책대상자 선정여부의 확인·결정을 신청할 수 있는 권리를 갖지 못한다. 15. 국회 8급 (   )

1376 공익사업에 필요한 토지등의 취득 또는 사용으로 인하여 토지소유자나 관계인이 입은 손실은 사업시행자가 보상하여야 한다. 13. 국가 (   )

1377 손실보상은 금전(현금)보상을 원칙으로 하고 채권보상은 인정되지 않는다. 12. 국가 7급 (   )

1378 「공익사업을 위한 토지 등의 취득 및 보상에 관한 법률」에 따른 보상은 토지소유자나 관계인 개인별로 하는 것이 아니라 수용 또는 사용의 대상이 되는 물건별로 행해지는 것이다. 21. 국가 7급 (   )

1379 사업시행자는 동일한 사업지역에 보상시기를 달리하는 동일인 소유의 토지등이 여러 개가 있는 경우 토지등의 소유자가 일괄보상을 요구하더라도 「공익사업을 위한 토지 등의 취득 및 보상에 관한 법률」에 따라 단계적으로 보상금을 지급하여야 한다. 23. 국가 (   )

1380 사업시행자는 동일한 소유자에게 속하는 일단의 토지의 일부를 취득하거나 사용하는 경우 해당 공익사업의 시행으로 인하여 잔여지의 가격이 증가하거나 그 밖의 이익이 발생한 경우에도 그 이익을 그 취득 또는 사용으로 인한 손실과 상계할 수 없다. 13. 국가 (   )

1370 × 사업시행자의 이주대책 수립·실시의무를 정하고 있는 구 공익사업법 제78조 제1항은 물론 이주대책의 내용에 관하여 규정하고 있는 같은 조 제4항 본문 역시 당사자의 합의 또는 사업시행자의 재량에 의하여 적용을 배제할 수 없는 강행법규이다. 대법원 2011. 6. 23. 선고 2007다63089 판결

1371 ○ 사업시행자는 이주대책기준을 정하여 이주대책대상자 중에서 이주대책을 수립·실시하여야 할 자를 선정하여 그들에게 공급할 택지 또는 주택의 내용이나 수량을 정할 수 있고, 이를 정하는 데 재량을 가지므로, 이를 위해 사업시행자가 설정한 기준은 그것이 객관적으로 합리적이 아니라거나 타당하지 않다고 볼 만한 다른 특별한 사정이 없는 한 존중되어야 한다. 대법원 2009. 3. 12. 선고 2008두12610 판결

1372 × 토지보상법 제78조(이주대책의 수립 등) ④ 이주대책의 내용에는 이주정착지(이주대책의 실시로 건설하는 주택단지를 포함한다)에 대한 도로, 급수시설, 배수시설, 그 밖의 공공시설 등 통상적인 수준의 생활기본시설이 포함되어야 하며, 이에 필요한 비용은 사업시행자가 부담한다. 다만, 행정청이 아닌 사업시행자가 이주대책을 수립·실시하는 경우에 지방자치단체는 비용의 일부를 보조할 수 있다.

1373 × 같은 법 제8조 제1항이 사업시행자에게 이주대책의 수립·실시의무를 부과하고 있다고 하여 그 규정 자체만에 의하여 이주자에게 사업시행자가 수립한 이주대책상의 택지분양권이나 아파트 입주권 등을 받을 수 있는 구체적인 권리(수분양권)가 직접 발생하는 것이라고는 도저히 볼 수 없으며, 사업시행자가 이주대책에 관한 구체적인 계획을 수립하여 이를 해당자에게 통지 내지 공고한 후, 이주자가 수분양권을 취득하기를 희망하여 이주대책에 정한 절차에 따라 사업시행자에게 이주대책대상자 선정신청을 하고 사업시행자가 이를 받아들여 이주대책대상자로 확인·결정하여야만 비로소 구체적인 수분양권이 발생하게 된다. 대법원 1994. 5. 24. 선고 92다35783 판결

1374 × 적법하게 시행된 공익사업으로 인하여 이주하게 된 주거용 건축물 세입자의 주거이전비 보상청구권은 공법상의 권리이고, 따라서 그 보상을 둘러싼 쟁송은 민사소송이 아니라 공법상의 법률관계를 대상으로 하는 행정소송에 의하여야 한다. 대법원 2008. 5. 29. 선고 2007다8129 판결

1375 × 생활대책대상자 선정기준에 해당하는 자는 사업시행자에게 생활대책대상자 선정 여부의 확인·결정을 신청할 수 있는 권리를 가지는 것이어서, 만일 사업시행자가 그러한 자를 생활대책대상자에서 제외하거나 선정을 거부하면, 이러한 생활대책대상자 선정기준에 해당하는 자는 사업시행자를 상대로 항고소송을 제기할 수 있다고 보는 것이 타당하다. 대법원 2011. 10. 13. 선고 2008두17905 판결

1376 ○ 토지보상법 제61조(사업시행자 보상) 공익사업에 필요한 토지등의 취득 또는 사용으로 인하여 토지소유자나 관계인이 입은 손실은 사업시행자가 보상하여야 한다.

1377 × 토지보상법은 손실보상의 방법에 대해 현금보상을 원칙으로 하면서도 예외적으로 채권보상이 가능한 경우를 정하고 있다.

1378 × 토지보상법 제64조(개인별 보상) 손실보상은 토지소유자나 관계인에게 개인별로 하여야 한다. 다만, 개인별로 보상액을 산정할 수 없을 때에는 그러하지 아니하다.

1379 × 토지보상법 제65조(일괄보상) 사업시행자는 동일한 사업지역에 보상시기를 달리하는 동일인 소유의 토지등이 여러 개 있는 경우 토지소유자나 관계인이 요구할 때에는 한꺼번에 보상금을 지급하도록 하여야 한다.

1380 ○ 토지보상법 제66조(사업시행 이익과의 상계금지) 사업시행자는 동일한 소유자에게 속하는 일단의 토지의 일부를 취득하거나 사용하는 경우 해당 공익사업의 시행으로 인하여 잔여지의 가격이 증가하거나 그 밖의 이익이 발생한 경우에도 그 이익을 그 취득 또는 사용으로 인한 손실과 상계할 수 없다.

강성빈

주요 약력

고려대학교 사회학과, 법학과 졸업
고려대학교 대학원 법학과 졸업(법학 석사)
전북대학교 법학전문대학원 졸업
공군 학사장교
변호사시험 합격
現) 변호사
前) 메가공무원/메가소방 행정법
現) 박문각공무원 행정법

주요 저서

2024 박문각 공무원 입문서 시작! 강성빈 행정법(박문각출판)
2024 박문각 공무원 강성빈 행정법총론 기본 이론서(박문각출판)
2024 박문각 공무원 강성빈 행정법총론 기출문제집(전2권)(박문각출판)
2024 박문각 공무원 강성빈 행정법총론 OX + 요약노트(박문각출판)
강성빈 행정법총론 기본서(사피엔스넷)
강성빈 행정법총론 서브&요약노트(사피엔스넷)
강성빈 행정법총론 진도별 기출문제집(사피엔스넷)
강성빈 소방행정법 진도별 기출문제집(사피엔스넷)

강성빈
행정법총론

OX
+요약노트

초판 인쇄 | 2023. 11. 20. **초판 발행** | 2023. 11. 27. **편저** | 강성빈

발행인 | 박 용 **발행처** | (주)박문각출판 **등록** | 2015년 4월 29일 제2015-000104호

주소 | 06654 서울시 서초구 효령로 283 서경 B/D 4층 **팩스** | (02)584-2927

전화 | 교재 문의 (02)6466-7202

정가 35,000원
ISBN 979-11-6987-600-1